PIERRE LE GENTIL

Professeur à la Sorbonne

VILLON

Connaissance des Lettres

HATIER   8, RUE D'ASSAS, PARIS-6e

© Hatier 1967

Avant-propos

*P*armi les poètes français, Villon est un des plus sincèrement admirés, un des plus constamment lus, mais aussi un de ceux dont les vers contiennent le plus de difficultés, visibles ou cachées. Son œuvre, transmise dans de mauvaises conditions, offre souvent un texte fautif ou suspect et pose même, lorsqu'elle présente toutes les garanties d'authenticité, des problèmes qui défient la science et la perspicacité des commentateurs les plus avertis. Aucun lyrisme n'est à la fois de nature plus personnelle et de portée plus générale que celui de l'auteur du Testament. Aucun ne se situe de façon plus anecdotique dans l'espace et dans le temps, mais aucun ne se révèle aussi plus intemporel ni plus universel. Nul poète n'est simultanément plus éloigné et plus proche du commun des hommes, n'est simultanément plus antipathique et plus attachant. Nul artiste ne sait être aussi simple, aussi direct et par ailleurs ne se montre plus alambiqué et plus secret. Faire revivre l'homme et ses chefs-d'œuvre, selon le programme de cette collection, est donc une tâche redoutable, qu'un long travail critique, commencé depuis Marot et poursuivi sans cesse de siècle en siècle, loin de toujours faciliter, rend souvent plus délicate encore, tant elle exige de connaissances, de pénétration et de talent. Dresser le bilan de ces efforts constamment renouvelés, tantôt érudits, tantôt tendancieusement chaleureux, suscite à chaque instant des hésitations et des scrupules.

Photo couverture : « EN L'AN DE MON TRENTIESME AAGE... »
Gravure sur bois de l'édition Pierre Levet (1489).
Bibliothèque Nationale.

Avant-propos

On peut en effet sympathiser avec Villon de bien des manières et aborder l'étude de ses poésies selon des méthodes très différentes. Hommes de lettres et universitaires, spécialistes et amateurs, également bien intentionnés, n'ont cependant pas les mêmes réactions. Certes, chacun, devant un cas aussi exceptionnel, a le droit de penser et de sentir selon sa culture et ses goûts propres. Et pourtant juger une destinée et un art qui sortent à ce point de l'ordinaire exigerait une objectivité rigoureuse. Or comment, devant un François Villon, être impartial autant que bienveillant ? Comment partager les rires du « bon folâtre » et les pleurs du « pauvre écolier », comprendre les regrets de celui-ci et les sarcasmes de celui-là, quand les uns et les autres peuvent signifier, au fond, autre chose que ce que les apparences donneraient à penser ? Car Villon se dérobe autant qu'il se livre !

Prendre conscience des dangers que comporte une entreprise n'est pas s'assurer tous les moyens de réussir, mais c'est au moins se protéger contre certaines erreurs. Nous ne prétendons pas avoir fait mieux dans le présent ouvrage. Après avoir essayé d'interpréter avec plus de prudence que de pittoresque les documents dont nous disposons aujourd'hui, nous avons à notre tour écrit une biographie de Villon qui voudrait être une équitable mise au point. Ensuite nous nous sommes occupé du texte des poésies, des sources dont nous disposons pour l'établir, des travaux qui ont été faits ou se poursuivent afin de le restituer aussi bien que possible. Puis, selon un plan qui groupe et ordonne les thèmes d'inspiration, nous avons tenté de montrer ce que le lyrisme villonnien continue et emprunte, ce qu'il renouvelle et apporte de neuf ou d'unique. L'artiste a retenu toute notre attention, qu'il se montre spontané ou subtil, simple ou hermétique. Avons-nous, pour conclure, pénétré dans l'intimité de l'homme ou du poète, trouvé le pourquoi et le sens de toutes leurs attitudes et de tous leurs propos ? Avons-nous dégagé toutes les raisons qui expliquent le lamentable échec du premier et l'extraordinaire succès du second ? Nous serions satisfait si seulement nous avions contribué à mieux informer certaines admirations trop sommaires, obligé surtout nos étudiants à se persuader qu'avec Villon la bonne volonté, la sensibilité, voire certaines affinités plus ou moins vivement ressenties, seraient insuffisantes si elles ne s'appuyaient pas sur une solide information historique et philologique. Ajouterai-je même que, devant un poète tel que Villon, notre désir d'effraction devra toujours limiter ses exigences, quand bien même aux enseignements de la critique traditionnelle on voudrait ajouter les réponses, ambitieuses mais combien dangereusement indiscrètes, d'une plus moderne psychocritique ?

LA VIE DE FRANÇOIS VILLON 1

Le moins qu'on puisse dire est que les documents dont on dispose — à côté des confidences mêmes de l'œuvre, qui restent habituellement fort discrètes — pour se représenter quel homme fut François Villon ne sont pas faits pour servir sa réputation et le rapprocher de nous. Ce sont pour la plupart des pièces de procédure. Elles montrent le poète mêlé à de tristes affaires, aux prises avec une justice qui l'accuse, l'absout ou le condamne à la prison, voire à la peine capitale. Bien sûr, si Villon a passé la majeure partie de son existence exposé à de durs châtiments, il n'en résulte pas forcément que les tribunaux aient toujours eu raison de le poursuivre. Il est clair que les archives enregistrent les fautes plus facilement qu'elles ne conservent le souvenir des bonnes actions. Bref, comme d'une part il serait injuste de s'en tenir aux seuls témoignages externes et comme d'autre part les révélations du *Lais* et du *Testament* sont ambiguës, on ne saurait écrire, avec la meilleure volonté du monde et le plus loyal effort d'équité, qu'une biographie incomplète et conjecturale de François Villon.

Première inquiétude : ce nom même est-il bien le sien ? Certes, dès le début du *Lais*, en 1456, il le donne sans ambages pour tel. Mais c'est sous un autre

— *François de Montcorbier* — que le registre de la Faculté des Arts de Paris constate qu'il a obtenu le *baccalauréat* en 1449 et trois ans après la *licence*, puis la *maîtrise ès arts*. C'est ce même François de Montcorbier, maître ès arts, qui bénéficie en 1456 d'une *lettre de rémission*, à la suite du meurtre qu'on lui imputait d'un prêtre appelé Philippe Sermoise, alors qu'au même moment une première lettre de rémission, visant les mêmes faits, désignait autrement le bénéficiaire : *François des Loges*. L'incertitude de cet état civil peut trouver une explication assez simple dans le cadre de l'hypothèse communément admise : notre poète serait né à Paris au début de l'année 1432 — puisqu'il dit avoir trente ans en 1461 (ancien style) quand il commence le *Testament* —; il aurait appartenu à une pauvre famille, mais aurait eu la chance de trouver un bienfaiteur en la personne d'un chapelain de Saint-Benoît le Bétourné, Guillaume de Villon ou plutôt Guillaume Villon, lequel lui aurait donné les moyens de faire de bonnes études ouvrant les carrières cléricales ; il aurait alors pris le nom de ce *plus que père*, ainsi qu'il le qualifie dans le *Testament*. Voilà qui est, en effet, fort vraisemblable. Mais en sait-on un peu plus long sur les patronymes *Montcorbier*, *des Loges* et *Villon* ? Il a existé en Bourbonnais, sur le territoire de la commune de Bouchaud, une famille noble dite de *Montcorbier*, qui aurait au surplus possédé près de Villers-en-Forez une terre *des Loges*. Comme François a proclamé qu'il était de *petite extrace*, il est peu probable qu'il ait appartenu à une branche quelconque de cette famille, même en qualité de bâtard. Descendrait-il plutôt d'un domestique des Montcorbier ? Comment le savoir ? Tout récemment encore des preuves ont été recherchées afin d'accréditer cette idée, mais l'argumentation laisse sceptique. Ajoutons seulement que *Villon* — qui, soulignons-le, rime avec *pavillon* et par conséquent comporte un *l* mouillé — désigne un village situé près de Tonnerre, dans le diocèse de Langres : là était né peut-être le protecteur et second père de François de Montcorbier, alias François des Loges, appelé à devenir célèbre — dans le meilleur et le pire sens du mot — sous le nom emprunté de François Villon.

Pour ce qui est des études parisiennes du futur poète, nous ne savons pratiquement que la date et la nature des grades obtenus par lui, dans des conditions qui semblent normales. A partir de là on peut faire toutes les suppositions qu'on voudra : les plus logiques ne sont pas forcément les plus proches de la vérité. Villon a travaillé et réussi; il est fier d'avoir été l'élève de l'Université de Paris. Mais ses titres ne lui ont valu aucun « bénéfice ». En revanche travail et examens ne l'ont pas empêché de s'amuser, et de s'amuser à l'excès ou dangereusement, c'est tout ce que l'on peut ajouter aux mentions des registres universitaires.

Aussitôt vient en discussion la première affaire grave dont la justice ait eu à connaître : le meurtre de Philippe Sermoise. A supposer que les lettres de rémission la présentent sous un jour exact, sans trop minimiser les responsabilités du bénéficiaire, on peut en déduire ceci, qui ne constitue pas en effet un cas tout à fait pendable : le 5 juin 1455, jour de la Fête-Dieu, Villon, en compagnie d'un prêtre nommé Gilles et d'une femme nommée Isabeau, est pris à partie vers neuf heures du soir par un autre prêtre, Philippe Sermoise, et un certain Maître Jean le Mardi. La discussion s'envenime et François Villon reçoit un coup de dague qui lui fend la lèvre. Gilles et Isabeau disparaissent et Villon reste seul en face de Sermoise qui le poursuit, toujours menaçant, jusqu'aux abords du cloître de Saint-Benoît, tandis que Jean le Mardi tente en vain de s'interposer. Finalement Villon frappe à son tour, pour prévenir un nouveau coup, à ce qu'il semble. Philippe Sermoise tombe : la dague de son adversaire l'a profondément atteint à l'aine, tandis qu'une grosse pierre, lancée avec force, venait ensanglanter son visage. Relevé fort mal en point, il meurt quelques jours plus tard à l'Hôtel-Dieu. Villon quant à lui s'est fait panser, sous un faux nom, chez un barbier. Après quoi, il s'est mis en sûreté hors de Paris. Certains pensent qu'il n'alla pas bien loin, à Bourg-la-Reine ou à Port-Royal — « Pourras » —, lieux qu'il associe dans un même souvenir en rédigeant la strophe 105 du *Testament*. Ce qui est sûr, c'est qu'au bout de quelques mois, grâce à des interventions dont nous ignorons tout, la chancellerie lui fit tenir deux lettres de pardon qui, sans mentionner les causes de la rixe mortelle, le rendent à « sa bone fame et renommée et à ses biens non confisqués ». On avait tenu compte de sa conduite antérieure, qualifiée d'irréprochable, et du pardon qu'avant de mourir la victime avait spontanément accordé au meurtrier. Qu'y a-t-il de vrai dans ces considérants, destinés à justifier une mesure de clémence ? Nous pouvons difficilement en juger avec les moyens d'information dont nous disposons. Ne profitons pas toutefois de cette incertitude pour charger l'intéressé, bien que la justice du temps ait parfois des indulgences aussi surprenantes que ses excessives sévérités.

Le malheur est que Villon ne s'en tient pas là. A peine rassuré sur son sort et rentré à Paris, il se signale de nouveau, et très fâcheusement, à l'attention de ses biographes. Il s'agit du vol avec effraction commis dans la nuit du 24 décembre 1456, au détriment du Collège de Navarre. On peut même se demander si ce fut là pour lui un coup d'essai, car, dès 1455, un sieur Villon, non autrement désigné il est vrai, est convaincu d'avoir dépouillé de tous ses biens un régent de la Faculté des Arts, Me Jean Dejean. L'assemblée de l'Université eut à délibérer sur le cas, le 31 décembre de ladite année, et s'éleva contre une décision à elle soumise, qui visait à relever le coupable d'une sentence d'excommunication; elle exigeait que toute mesure gracieuse fût subordonnée à une restitution totale : « Non placet quod Villon absolvatur nisi prius restitutis bonis magistri Johannis Johannis. » Il n'est pas sûr que ce « sieur Villon » se confonde avec le poète, puisqu'il est désigné sans prénom. Il est à présumer du reste que le responsable de la mort du prêtre Sermoise n'a reparu à Paris qu'après les lettres de rémission de 1456, lesquelles, ne l'oublions pas, font encore état de sa « bonne renommée ». Quant à l'affaire du Collège de Navarre, elle n'est, hélas ! que trop claire. Elle eût mis en échec la perspicacité des enquêteurs, chargés de retrouver les malfaiteurs et les cinq cents écus d'or disparus, si un complice trop bavard n'eût, en mai 1457 seulement, attiré sur lui l'attention dans les tavernes de *la Chaise* et de *la Pomme de pin*. Trompé par un de ses interlocuteurs, « prêtre du diocèse de Chartres », l'imprudent, un certain Guy Tabarie, croyant faire une recrue à la veille de nouveaux exploits, nomma les principaux membres de sa bande et offrit de faire admirer son outillage. Dans cette équipe de crocheteurs, il mit en très bonne place François Villon, parti récemment pour Angers, afin d'organiser un autre coup. Dénoncé, interrogé et mis à la question en juin 1458, Guy Tabarie essaya de se tirer d'affaire, ce qui ne mit pas pour autant en bonne posture ses acolytes et plus spécialement notre poète. Moyennant un remboursement supporté par sa mère, Guy fut remis en liberté. Mais Villon ne pouvait plus regagner Paris et reparaître à Saint-Benoît. Comment eût-il restitué sa part de butin ? Et ne pouvait-il pas craindre une sanction plus grave ? Il resta donc éloigné de la capitale. Sur son rôle dans le crochetage de 1456 sommes-nous bien renseignés, grâce aux propos et aveux de Tabarie ? Tout porte à croire que, comme ce dernier l'avait d'abord révélé, Villon ne s'est pas contenté d'être un comparse mais qu'il a au contraire monté l'entreprise, participé à l'escalade et à l'ouverture des coffres. Qui, mieux que lui, connaissait le monde universitaire et la façon dont il pouvait, bien ou mal, surveiller ses trésors ? Il est d'autant plus difficile de plaider ici les circonstances atténuantes que le délit, grave en lui-même, coïncide avec la rédaction du *Lais*, où rien apparemment ne trahit des remords de conscience ! Ne nous est-il pas dit, dans ce poème, que son auteur a décidé de partir pour Angers, désespéré par les inhumaines rigueurs de sa « dame », alors que selon Tabarie, il aurait eu en vue un nouveau et fructueux cambriolage ? Il est vrai qu'on peut faire à ce sujet d'autres hypothèses, beaucoup moins pessimistes, dont il sera parlé plus loin.

Qu'a fait exactement Villon depuis les derniers jours de 1456 jusqu'au moment où, en 1461, il commence le *Testament* ? Aucun document ne nous renseigne sur son itinéraire ni sur ses activités en province. Quant aux allusions qu'on cherche à découvrir dans son œuvre à ce sujet, elles sont bien vagues et prêtent toujours à contestation. Des noms de villes sont cités : Angers, Bourges, Moulins, Saint-Généroux et Roussillon, mais que peut signifier une expression du genre de celle-ci : pauvre *mercerot de Rennes* ? On est sûr pourtant que Villon est passé à Blois, car deux de ses poèmes, peut-être même davantage, — et transcrits de sa propre main ? — figurent dans l'album poétique de Charles d'Orléans. L'un d'eux développe le thème *Je meurs de soif auprès de la fontaine*, dont on sait qu'il fit auprès du duc l'objet d'un débat, à la fin de l'année 1457 ou au début de 1458. Mais le *dit* de la *Naissance de Marie d'Orléans* pose plus de problèmes qu'il n'apporte de précisions.

On s'interroge sur la date exacte et surtout sur le bienfait que le poète dit devoir à la petite princesse qui vient de naître. Elle l'aurait arraché à la mort. Mais de quelle sorte de mort s'agit-il ? Condamnation capitale, emprisonnement à vie, et pour quel motif ? Il y a peu de chances pour qu'on le sache jamais, pas plus qu'on ne saura rien de précis sur un séjour possible dans la capitale des ducs de Bourbon ou dans celle du bon roi René. A coup sûr c'était pour Villon un honneur de participer au « concours de Blois », mais il n'a fait sans doute que passer. Aussi bien le *Dit à la princesse Marie* permet-il de faire d'inquiétantes suppositions ! Disons seulement, à défaut de plus amples informations, que Villon n'était pas fait pour trouver dans la maison d'un prince, même protecteur des poètes, un gîte stable et tranquille. Qu'il ait pu être accueilli à Blois, Angers ou Moulins et appelé à y montrer ses talents, a déjà de quoi surprendre. N'était-il pas trop parisien et trop bohème pour s'arrêter là, s'y plaire et, l'eût-il souhaité, s'y faire vraiment accepter ?

Le plus clair, malheureusement, est qu'on le retrouve bientôt dans les terribles cachots de Meung-sur-Loire. Les premières strophes du *Testament* nous le montrent indigné du sévère régime auquel il venait là d'être soumis ; elles débordent de haine contre le persécuteur, l'évêque d'Orléans Thibaut d'Aussigny. Mais, des motifs de cette cruelle incarcération, Villon se garde bien de parler ! En résulte-t-il qu'il avait sans doute à se reprocher plus qu'une peccadille ? L'hypothèse ne saurait être écartée, bien qu'il soit permis d'en formuler d'autres et, en particulier, de supposer qu'ayant fait partie d'une troupe de baladins, il avait été *dégradé* et ainsi privé de tous ses privilèges de clerc. Cette fois, c'est au roi Louis XI qu'il doit le salut, et en tout cas la liberté. Passant à Meung en octobre 1461, le souverain, usant d'un vieux privilège, a gracié quelques détenus. Ému par cette aventure si heureusement terminée, François Villon, « ni du tout fol, ni du tout sage, mais ayant toutes hontes bues », commence bientôt son chef-d'œuvre, le *Testament*, entre décembre 1461 et mars 1462. Quelques mois plus tard, il revient à Paris, pour se faire aussitôt incarcérer et inculper de vol. Mais, très vite, il est question de sa mise en liberté, comme s'il s'était agi d'un délit mineur. Or, l'affaire du Collège de Navarre n'était pas oubliée depuis 1457, et la Faculté de Théologie intervient, moins pour obtenir une punition que pour récupérer l'argent dérobé. Comme naguère Guy Tabarie, Villon, sans ressources, mais non tout à fait dépourvu d'amitiés, fit la promesse qu'on lui demanda de rembourser sa part de butin, soit 120 écus d'or, payables en trois ans. Ainsi put-il quitter le Châtelet, sous condition.

Un mois plus tard il y est reconduit et cette fois la justice se montre impitoyable, puisqu'elle le condamne à être « pendu et étranglé » au gibet de Paris. Pourtant elle ne lui reproche rien de très sérieux. Il s'était trouvé mêlé à une rixe nocturne, au cours de laquelle un très honorable personnage, Me François Ferrebouc, notaire pontifical, avait été blessé d'un coup de dague, en intervenant au milieu de ses clercs. Villon semble bien n'avoir eu d'autre torts en l'occurrence que d'avoir appartenu au groupe de perturbateurs. En tout cas, ce n'est pas lui qui a malmené le notaire. Le vrai coupable est un certain Robin Dogis, demeurant rue de la Parcheminerie, qui sera en fin de compte gracié en novembre 1463. Pourquoi donc la justice prévôtale — et non l'officialité — a-t-elle, si hâtivement, voulu pendre un simple spectateur, qui n'avait sans doute fait que mêler ses cris et ses injures à ceux de ses compagnons? Peut-être, voulant faire un exemple, s'est-elle acharnée contre un homme — un clerc dégradé? — qui pouvait à ses yeux passer pour un récidiviste ? Dans l'espoir de sauver sa peau, le poète fit appel et bien lui en prit. Car le Parlement cassa la sentence capitale, et, compte tenu de la « mauvaise vie » de l'intéressé, le bannit pour dix ans de la ville et prévôté de Paris. Il n'est pas interdit de penser que certaines influences avaient agi en faveur du poète, montrant l'iniquité de la sentence de mort. Encouragé par ce succès presque inespéré, Villon demanda à la Cour trois jours de délai pour saluer ses amis et recueillir quelque argent.

Dès lors on perd sa trace : on ignore ce que, banni, il est devenu, et comment il a pu finir. Ce que raconte Rabelais à ce sujet n'éclaircit pas le mystère et appartient au domaine de la légende. La première historiette, au livre IV, chap. 67 du *Pantagruel*, met en présence Villon et le roi d'Angleterre Édouard IV. Celui-ci, qui n'avait pas de secrets pour le poète exilé et le tenait en grande privauté, lui montra un jour, paraît-il, les armes de France qu'il avait fait peindre dans le « retrait » où était sa chaise percée. « Excellente idée, aurait répliqué le Français ; voilà un bon remède pour la constipation ; il vous suffit de voir cette image pour être aussitôt pris de colique ! » Selon l'autre historiette, dans le même *Quart Livre* au chapitre 13, Villon se serait réfugié à Saint-Maixent, en qualité d'organisateur de représentations théâtrales, « sous la faveur d'un abbé ». Ayant entrepris ainsi de faire jouer une *passion* en langage poitevin, il se serait vengé sauvagement de Frère Étienne Tappecoue qui lui aurait refusé, pour costumer ses acteurs, une chape et une étole. Rencontrant le Cordelier au cours de la « montre » qui précédait le jeu, il aurait lancé contre lui à l'improviste toute sa troupe de diables. Le malheureux, désarçonné et le pied pris à l'étrier, aurait été mis en pièces par sa monture, lancée au galop. Certains estiment que Rabelais a pu se faire ici l'écho d'une tradition orale, au moins en partie fondée. Mais on tient la première anecdote pour entièrement imaginaire. Le plus vraisemblable est que, dans un cas comme dans l'autre, on a affaire à des inventions dont on ne saurait s'étonner, Villon ayant laissé des souvenirs propres à créer autour de son nom une légende haute en couleur. En tout cas le silence du poète, après janvier 1463, incline à penser qu'il n'a pas survécu longtemps à la sentence d'exil du Parlement de Paris. Doit-on s'interroger sur ce que fut sa mort ? On devine quelle dut être la détresse du banni. Mais saura-t-on jamais si, enfin assagi, il s'est converti avant de rendre le dernier soupir, ou si, au contraire, il est resté jusqu'au bout incorrigible ?

Que l'incertitude en tout cas ne fasse pas taire la compassion et la sympathie. Car Villon, malgré tout ce que l'on peut lui reprocher ou tout ce qu'ont cru pouvoir avancer des diagnostics médicaux très rétrospectifs, ne donne pas l'impression d'avoir été un être foncièrement anormal, méchant et pervers. C'était plutôt un faible, avide de plaisir, peu enclin à se donner de la peine, à s'imposer une discipline, et que la chance n'a pas favorisé. Avis et protections, nous en avons la preuve, ne lui ont pourtant pas fait défaut : voilà qui n'incline guère à l'indulgence. Mais, encore une fois, n'oublions pas que les données biographiques dont nous venons de faire état fournissent les éléments d'un réquisitoire et que tout réquisitoire appelle une plaidoirie. Celle-ci, l'œuvre seule peut la faire entendre. Dans quelle mesure réhabilite-t-elle son auteur, tout en faisant éclater son génie ? Il faut la bien connaître avant d'esquisser une réponse.

LE TEXTE DES POÉSIES DE VILLON 2

Très vite célèbre, l'œuvre de Villon ne nous a pourtant pas été transmise dans des conditions qui permettent d'en établir le texte avec toute l'exactitude souhaitable. Plusieurs manuscrits et éditions du XVe siècle nous sont cependant parvenus, auxquels il faut joindre, entre autres imprimés du XVIe, l'édition, déjà « critique », de Clément Marot, parue en 1533 [1].

Parmi ces sources, cinq doivent être prises avant tout en considération : les manuscrits A (Arsenal 3523), B (BN fr. 1661), C (BN fr. 20041), F (Bibl. royale de Stockholm 53) et l'imprimé I (Pierre Levet, 1489). Précisons que B ne peut intervenir que pour le *Lais*, puisqu'il ne fournit qu'une copie de ce poème. Comment se classent ces versions et quelle est leur valeur respective ? Ou plus exactement quel parti en ont tiré les éditeurs modernes ?

L'édition unanimement reconnue aujourd'hui comme la meilleure est celle qu'a établie en 1892 Auguste Longnon, pour la librairie Lemerre. Elle a été reprise par son auteur en 1911 pour les *Classiques*

---

[1]. Voir à ce sujet, pour plus de détails, notre *appendice I*.

français du moyen âge et depuis améliorée à trois reprises, dans la même collection, par Lucien Foulet, en 1914, 1923, 1932. C'est, à de très rares exceptions près, le texte de Longnon-Foulet que tous les éditeurs modernes ont reproduit. Il importe donc de préciser ici les conditions dans lesquelles ce travail fondamental a été conçu et réalisé, et par là d'en déterminer les qualités et aussi les défauts.

Longnon semble avoir pris pour point de départ les éditions en usage à la fin du XIXe siècle en se fixant pour objectif de les épurer ou de les compléter à l'aide des manuscrits dont il disposait. Mais, faute d'avoir soumis ces manuscrits à une étude comparative minutieuse, il s'appuyait en somme sur une tradition séculaire qui remontait à I, c'est-à-dire à l'édition princeps de Pierre Levet; se contentant, avec beaucoup de flair mais très empiriquement, de l'améliorer, il ne prit pas suffisamment garde à toutes ses déficiences. On s'explique qu'ainsi le nettoyage, même poursuivi par Lucien Foulet, n'ait pas été complet et qu'il ait fallu le continuer depuis. Malheureusement les récents additifs auxquels je fais allusion sont dispersés dans des notes fragmentaires, d'accès parfois difficile. Pouvait-on faire mieux, en appliquant de façon rigoureuse les méthodes de la critique lachmanienne ou en choisissant un texte de base plus sûr que I? Il semble bien que non. Qu'on en juge plutôt par les quelques précisions qui vont suivre.

Prenons d'abord le cas du *Lais*. Deux des copies conservées, C et I, présentent des lacunes importantes par rapport à A et B. Ni l'une ni l'autre n'offrent les huitains 4-9 et 36-39, qui sont pourtant très révélateurs. On s'est donc demandé si d'une part A et B et d'autre part C et I n'offriraient pas deux versions successives du poème. Mais, en regardant les choses de plus près, on s'aperçoit que l'hypothèse, loin de s'imposer, doit être finalement écartée, le hasard seul pouvant expliquer les lacunes constatées. Il faut encore convenir que la succession des strophes est impossible à rétablir dans l'ordre voulu par le poète. Dans ces conditions, il est naturel qu'on en reste, par habitude, à l'ordre depuis longtemps accrédité par I, bien qu'il soit suspect; aucun autre ne saurait valablement et sans conteste lui être préféré. Un seul changement a été adopté à l'initiative de Longnon : conformément à la disposition de ABCF, la strophe treize de I est devenue la vingt-et-unième. Lucien Foulet, à ce sujet, conclut : « L'ordre (actuel) ne diffère pas beaucoup de celui de B, ou de celui de C, mais il se distingue très notablement de celui de A ou de celui de F. Rien ne nous permet de décider entre ces différentes suites et de dire quelle est la meilleure, c'est-à-dire celle qui remonte au poète même. Nous ne conservons l'ordre traditionnel que pour notre commodité. Certains points faibles en sont (pourtant) très visibles. Ainsi la place actuelle de 22 ne repose que sur le témoignage de I et celle de 23 ne repose que sur le témoignage de C... »

Nous aboutissons pour le *Testament* à des constatations du même genre. Les sources, ici au nombre de quatre, A, C, F et I, se répartissent en deux groupes AF et CI. Longnon s'est appliqué à corriger I en se servant surtout de A et de F, alors qu'il eût été préférable toutes les fois que la chose était possible de s'appuyer sur C, parent de I, et meilleur représentant de la famille. Certes, il y a des cas où il faut améliorer CI en se servant de AF, mais I présente parfois des leçons particulières qui, bien que s'opposant à ACF, pourraient se défendre. Les retenir alors est attribuer à I une autorité qu'il ne mériterait qu'à la condition d'avoir utilisé et connu une troisième recension, différente à la fois du groupe AF et de C. Or nous ne pouvons savoir si cette troisième recension a bien existé, ni surtout quel crédit, dans cette éventualité, il conviendrait de lui accorder. Félix Lecoy a donc raison d'écrire : « Il faut bien dire que le problème des manuscrits de Villon, et plus particulièrement en ce qui concerne le *Testament*, mériterait d'être repris d'ensemble. »

Il serait déplacé, dans un ouvrage comme celui-ci, d'insister plus longuement sur les problèmes de critique textuelle que posent les œuvres de Villon. Il était nécessaire et suffisant de souligner, car on l'ignore trop souvent, que ces œuvres sont encore — à quelques modifications près, inspirées entre 1892 et 1933 par le travail sérieux mais incomplet de A. Longnon et L. Foulet —, offertes au public sous la forme très défectueuse que Pierre Levet leur a donnée en 1489. C'est ce qui vient d'être fait et nous espérons que cette mise en garde servira. Signalons d'ailleurs que le *Lexique de la langue de Villon* publié en 1957 par André Burger contient une précieuse introduction où l'on trouvera une série de rectifications à l'édition des *Classiques français du moyen âge*.

Une remarque nous paraît encore indispensable. Elle concerne les *titres* habituellement donnés aux poésies de Villon. Ici également nous restons tributaires de traditions qui ne remontent qu'exceptionnellement au poète lui-même. Certes, le *Lais* a été appelé *Testament* du vivant de l'auteur, mais malgré lui, si l'on en juge par ce passage non équivoque :

> Si me souvient bien, Dieu mercis,
> Que je feis a mon partement
> Certains laiz, l'an cinquante six,
> Qu'aucuns, sans mon consentement,
> Voulurent nommer Testament.
> Leur plaisir fut et non le mien... (*Test.*, st. 75)

L'appellation *Petit Testament* pour le *Lais* et *Grand Testament* pour le *Testament* se rencontre pour la première fois dans l'édition de Pierre Levet. Il n'y a donc pas lieu de la conserver, comme certains persistent à le faire. La remarque vaut aussi pour le terme *codicille* dont la provenance est identique. L'usage par ailleurs subsiste de donner un titre à chacune des *poésies diverses*, comme aux autres compositions lyriques insérées dans le *Testament*. La plupart de ces titres ont été imaginés par Marot en 1533, ou, depuis, par les éditeurs du xixe siècle. Sagement l'édition Longnon-Foulet les a rappelés hors texte, en marge et entre crochets, pour ne retenir que les rubriques, de caractère plus général, qui figurent dans les manuscrits ou imprimés du xve siècle — ce qui ne veut pas dire naturellement qu'il faille les attribuer à Villon lui-même. Prenons un exemple parmi d'autres : le *débat* intitulé par F *Complainte de Villon a son cuer*, par I *le Débat du cuer et du corps de Villon en forme de ballade* et par Marot *le Dit du corps et du cœur de Villon*. Ces deux derniers titres correspondent mal au contenu du poème, car il n'y est jamais dit que le *corps* soit l'interlocuteur du *cœur*. Quant au premier, il n'est pas non plus sans reproche, étant donné que l'initiative du dialogue, ou de la *complainte*, revient au *cœur* et non à Villon. Il est clair que celui-ci n'a pas pu s'exprimer de façon aussi approximative. Sachons donc que si, faute de mieux, nous conservons la rubrique traditionnelle, nous le faisons par pure commodité. Sachons de même que ce que nous appelons la *Ballade des pendus* était présenté par F et I comme l'*Épitaphe Villon*, Marot ayant pour sa part écrit : *Épitaphe en forme de ballade que feit Villon pour luy et pour ses compaignons, s'attendant estre pendu avec eulx*.

Si tant d'incertitudes subsistent sur les *titres* comme sur la teneur des poèmes de Villon, on comprendra qu'il ne se passe pas d'années sans qu'ici ou là quelque lecteur érudit ne verse au dossier un avis ou une suggestion utiles. Dans notre *appendice II* nous avons essayé d'informer nos lecteurs de toutes ces tentatives, dans l'espoir de leur éviter certaines erreurs ou certains doutes dont l'édition Longnon-Foulet, pas plus que l'excellent *Lexique* d'André Burger, ne leur permettraient de se libérer sans d'ingrates et difficiles recherches. Il va de soi que ces références, indispensables à quiconque se soucie de bien comprendre, n'offriront pas les moyens de tout éclaircir — à supposer qu'un jour tout puisse être éclairci ! Dès qu'elle aura paru, notre liste appellera des compléments, car le travail dont elle dresse l'inventaire se poursuivra longtemps encore, si jamais il s'achève.

LES ANAGRAMMES 3

Divers articles de journaux ont attiré l'attention, dès 1959, sur les recherches et découvertes assez extraordinaires que Tristan Tzara se proposait d'exposer en détail dans deux volumes consacrés à François Villon. La mort, malheureusement, a surpris le pionnier de l'aventure dada et surréaliste, avant qu'il ait pu réaliser son projet. Les spécialistes ont pratiquement gardé le silence devant les révélations partielles auxquelles je viens de faire allusion : déconcertés, ils attendaient pour se prononcer la publication intégrale des travaux annoncés. Rompre ce silence était une tentation à laquelle il m'était difficile de résister, d'autant qu'il pouvait s'agir plus encore d'un devoir que d'une simple curiosité.

Je dois à l'obligeance et à la confiance de M. Christophe Tzara, fils de l'écrivain, d'avoir pu récemment consulter les papiers laissés par son père et je suis autorisé à faire part ici des impressions que j'ai recueillies au cours de cette passionnante lecture. Encore n'ai-je pu parcourir que les liasses destinées à constituer le premier volume, l'élaboration du second m'ayant paru beaucoup moins avancée. Il est donc probable que si le début peut bientôt être imprimé, la fin restera toujours à l'état d'ébauche manuscrite. Il n'en reste pas moins que l'entreprise, même inachevée, mérite d'être suivie avec la plus grande attention et méditée soigneusement par tous les exégètes d'aujourd'hui et de demain.

C'est une anagramme de type banal découverte par Lucien Foulet qui est à l'origine des abondantes trouvailles de Tristan Tzara.

Le vers 199 du *Testament*

> Qui est ramply sur les chantiers

contient en effet quatre groupes de lettres RAM-Y-CHAN-TIERS avec lesquelles il est fort aisé de reconstituer le nom d'Itiers Marchant, personnage qui semble avoir joué un rôle important dans les aventures amoureuses du poète. D'anagrammes analogues, il n'existe apparemment aucune trace nulle part ailleurs dans les vers de Villon. Mais, et c'est là qu'intervient le flair de Tristan Tzara, un procédé y serait couramment appliqué qui consiste « à inclure dans un vers, ou la portion de celui-ci dévolue à l'anagramme, un mot ou plusieurs dont les lettres sont distribuées symétriquement par rapport à un centre formé d'un ou deux signes alphabétiques, les blancs entre les mots ne comptant pas ». Il se vérifie ainsi que toute lettre faisant partie de l'anagramme aura pour correspondant une autre lettre symétriquement disposée par rapport au centre. Ainsi, avec le vers cité plus haut, l'anagramme *Itiers Marchant* aura la disposition suivante :

```
QUI  EST  RAMPLY  SUR  LE  CHANTIER
+++  ++00+        +    00  ++++++
4614 9127    1         5   1011 8 13 23
```

Les anagrammes

On constate bien que, si l'on replie l'une sur l'autre les deux moitiés du texte, les lettres à utiliser se recouvrent très exactement, laissant apparaître les mêmes vides (indiqués par le signe o). Cela dit, l'ordre dans lequel il faut utiliser les lettres entrant dans l'anagramme (indiquées par le signe +) reste assez libre, comme le montre le numérotage placé sous les +. S'il y a des correspondances, elles ne sont pas rigoureuses.

Pour être aussi précis et complet que possible, il convient d'ajouter que la disposition et l'étendue des *pleins* ou des *vides* varient pour chaque anagramme, un même vers d'ailleurs pouvant en contenir plusieurs. Avec le vers 69 du *Lais* on obtient ainsi :

```
JE LAISSE DE PAR DIEU MON BRUIT
 + 00++00 00 0+0 0000 ++0 0+      = Sarmoie
 7   61    2        45  3
```

```
JE LAISSE DE PAR DIEU MON BRUIT
 + 0000++            ++00 00 0+   = Denise
 6   52              14      3
```

```
JE LAISSE DE PAR DIEU MON BRRUIT
++ 000000  0+ +   + +000 000 0++  = Perdrier
6 7        2 1   3 4      5 8
```

```
JE LAISSE DE PAR DIEU MON BRUIT
    ++0+                  + 0++   = Itiers
    16 4                  5 32
```

```
JE LAISSE DE PAR DIEU MON BRUIT
 +000++ 000+    +00 0++ 000+      = Noé
 6   83  2    4   51    7         Jolis
```

Tristan Tzara ne cache pas que, pour en arriver là, il a dû tirer parti de certaines hésitations phonétiques ou graphiques de la langue du temps. On vient de voir que l'anagramme *Perdrier* du vers 69 du *Lais* exige qu'on double l'*r* de *bruit*. On peut jouer aussi de l'équivalence de *ar* et *er* comme dans l'anagramme de Noé Jolis et admettre une interchangeabilité relative de *m* et *n*, *g* et *c*, *j* et *i*. Toutes ces *licences* — du moins certaines — que la difficulté du mécanisme justifie, ne sont pas inconcevables à l'époque et le fait par exemple qu'un nom comme *Sermoise* se lise sous la forme *Sarmoie* ou *Sermoie* ne saurait surprendre.

Faut-il, en présence de ces résultats, concéder sans discussion à Tristan Tzara que sa méthode de déchiffrement peut et doit être tenue pour valable ? Qu'elle puisse se vanter d'avoir tiré *tant de fois* des vers de Villon des noms de personnages ailleurs cités en clair par le poète ou bien connus de ses biographes peut aussi bien accréditer qu'infirmer l'hypothèse d'un heureux effet du hasard. Comment ne pas s'étonner que le nombre des anagrammes soit si élevé ? N'est-il pas invraisemblable que Villon, si virtuose qu'il fût de l'anagramme, se soit donné la peine d'en composer tant ? A vrai dire, l'essentiel n'est pas là. Nous offre-t-on en effet une *clé*, une *grille*, preuves irréfutables d'une intention et d'un effort délibérés ? Pas tout à fait. Il y a bien cette symétrie entre les lettres à retenir et les lettres à éliminer, mais chaque fois leur répartition varie, de sorte qu'il faut essayer plusieurs noms possibles avant de trouver le bon, par tâtonnement [1]. Les contemporains du poète, à l'exception de quelques initiés très avertis, ont dû comme nous ignorer la présence d'anagrammes de cette sorte. Les initiés eux-mêmes pouvaient-ils les identifier sans l'aide

---

1. Impossible, en effet, de découvrir autre chose que des noms *connus d'avance ;* impossible de découvrir par ce système des noms *ignorés,* Tristan Tzara le reconnaît bien lui-même.

du poète? Leur a-t-il commenté verbalement ses vers ou leur a-t-il fourni des copies munies de signes propres à faciliter leur tâche? On ne sait. Aussi, devant la découverte de Tristan Tzara, est-on également porté à croire et à douter. Rien n'autorise à la récuser, bien au contraire, mais on ne saurait la retenir avant qu'une large et franche discussion ait fait apparaître une majorité d'avis favorables, car en l'occurrence une opinion isolée ne saurait suffire. Des vérifications doivent être faites, avec patience et précision, aucune contre-épreuve n'étant négligée. Souhaitons que ce travail, trop longtemps retardé, soit entrepris le plus tôt possible. Il vaut la peine d'être mené à bien, Tristan Tzara ayant tiré de ses recherches un ingénieux parti et formulé à leur lumière d'importantes conclusions.

Ornement difficile, l'anagramme peut être en effet beaucoup mieux qu'un jeu gratuit, surtout entre les mains d'un artiste aussi subtil et compliqué que Villon. Elle peut, de toute évidence, changer le sens du contexte où elle s'insère; ou plus exactement elle peut lui en donner un second, différent de celui qui apparaît en clair. A ce sujet les lacunes de notre information ne permettent guère que d'avancer des hypothèses, mais nous en savons tout de même assez pour courir les risques de l'entreprise. On ne saurait en tous cas reprocher à Tristan Tzara de l'avoir pensé et d'avoir très vite expérimenté sa méthode de déchiffrement sur des textes contemporains des poèmes de Villon. Un succès imprévu l'attendait lorsqu'il examina de la sorte l'œuvre d'un certain *Vaillant*[1], conservée pour une part

---

1. On a discuté sur l'identité de ce Vaillant; P. Champion a cru à tort qu'il s'agissait en réalité de Pierre Chastellain, dont *Vaillant* aurait été le surnom. L'incertitude qui entoure ce personnage de Vaillant autorisait d'envisager de nouvelles hypothèses, en particulier celle que Tristan Tzara devait être amené à soutenir, comme on va le voir.

Villon

dans le recueil personnel de Charles d'Orléans et de façon plus complète dans un manuscrit exécuté pour la belle-sœur du duc, Marguerite de Rohan, épouse de Jean d'Angoulême, frère du prince-poète. Là, dans une composition intitulée le *Débat des deux sœurs ou embusche Vaillant*, des anagrammes, au début et à la fin, offrent les noms *Catherine*, *Vaucelle*, *Villon*. Voilà qui équivaut à une signature, d'autant que le reste de ladite composition complète abondamment la série et plaide dans le même sens[1]. On y relève en effet à profusion les noms de divers personnages qui furent certainement en relation avec l'auteur du *Lais* avant 1456 : Sermoise, Itiers Marchand, Noé Jolis, Le Cornu, François Perdrier. Fort de ces résultats, Tristan Tzara soutient qu'il faut voir dans l'*Embuche Vaillant* une œuvre que Villon aurait écrite avant 1455 et signée d'un pseudonyme parce qu'elle mettait en cause de façon très injurieuse, grâce au jeu des anagrammes, Catherine de Vausselles, alias Denise, et les galants qui se disputaient ses faveurs. Parmi eux, le plus malmené, parce que préféré de la belle, aurait été Philippe Sermoie. Si l'on admet maintenant que les victimes de Villon ont soupçonné ses intentions et forcé le secret des anagrammes, on est en droit d'imaginer

---

[1]. Voici quelques exemples (Ed. Montaiglon : *Recueil de poésies fr.....*, t. IX, p. 92 et 147); début :

HIER ANSIQUE CHASCUN SE PART
++ 0 0 +00 0 0 0 ++ +0 0 0 0+ 00 ++ = Catherine
 7 5   8   1 4 2   9   6 3

A LEUR PARLER FUS TRAVEILLANT
  ++0 0++   000+ +00++
  6 8   3 4   1 5 7 2   = Vauselle

SI NOMME L'EMBUCHE VAILLANT
+ 0+0 0 0   +   +0 0 0 +0 +
2   5   4   1   3 6   = Villon

qu'elles ont songé à punir leur détracteur et, pour ce faire, organisé contre lui un guet-apens : d'où la rixe du 5 juin 1455, qui fut fatale à Sermoie et obligea le meurtrier involontaire à prendre le large. Ni l'un ni l'autre n'avaient intérêt à éclairer les dessous de l'affaire. Sermoie était prêtre, aussi avant de mourir déclara-t-il qu'il n'y avait pas lieu de poursuivre, puisqu'il pardonnait. Quant à Villon, il savait que, si le sens caché de ses vers était connu, la justice, pouvant l'accuser de diffamation, se montrerait beaucoup plus sévère à son égard. Il désigna donc sous de faux noms les témoins de la bagarre[1] : c'était éviter de les compromettre, mais surtout ne pas leur donner l'occasion d'être interrogés et donc de trop parler.

On sait que Villon a obtenu sans difficulté des lettres de rémission qui lui ont permis de regagner Paris. Or Tristan Tzara croit deviner que le poète avait de bonnes raisons de sentir encore sa sécurité menacée. Il n'était pas, en effet, à l'abri de la haine que ses rivaux et Catherine elle-même entretenaient contre lui depuis qu'ils avaient compris la signification de l'*Embuche Vaillant*, et assisté ou participé à l'affaire du 5 juin 1455. Des dénonciations pouvaient d'un jour à l'autre provoquer une enquête et des poursuites de l'officialité, chargée de réprimer le délit de diffamation dont l'auteur des anagrammes s'était rendu coupable. Le poète dut donc se résigner à quitter Paris de nouveau, par mesure de prudence — et ce serait pour subvenir aux frais de ce voyage à Angers, en quête d'un nouveau coup ou de protections princières, qu'il aurait organisé le crochetage du Collège de Navarre. Le *Lais*, habilement interprété à la lumière des anagrammes, peut effectivement

---

[1]. Lui-même s'était fait panser sous le nom de Michel Mouton, après avoir reçu un coup de dague.

accréditer cette interprétation. Il prendrait ainsi une signification et une actualité toutes nouvelles, à condition de supposer qu'il n'a pas été écrit d'un seul jet dans la nuit de Noël 1456, mais longuement travaillé et complété après la découverte du vol, et même après les aveux du « trop véridique » Tabarie, en 1458[1]. Car le nom de ce dernier peut y être déchiffré très souvent, au moins dans certains passages, à côté de ceux d'Itiers et Perrenet Marchand[2], de Noé Jolis, de Catherine et de Sermoie. A l'origine du poème il y aurait donc le « roman d'un amour déçu », comme son début le donne à entendre sur un ton de parodie, et le jeu des anagrammes viserait les protagonistes des démêlés inquiétants qui aboutirent à la rixe de juin 1455. Hanté par le souvenir de ce proche passé, et par ses conséquences qui l'acculent au vol, Villon donnerait ainsi libre cours à sa verve vengeresse et souvent obscène, n'épargnant même pas le mort Philippe Sermoie, coupable à ses yeux d'avoir partagé et servi les intentions peut-être homicides du petit groupe de galants dont s'entourait Catherine de Vausselles.

Ce ne sont donc pas des scrupules de conscience ni de douloureuses obsessions morales qui auraient agité le poète au moment de partir pour Angers ou d'écrire le *Lais*. Qu'espérait-il en gagnant cette ville? Commettre un nouveau vol en cas de besoin, comme l'a assuré Guy Tabarie? C'est probable. Mais il

---

[1]. On a vu plus haut que l'hypothèse d'une double édition du *Lais* a été déjà discutée en raison des lacunes de certains manuscrits. Tristan Tzara reprend la question sous un nouvel éclairage avec beaucoup d'habileté. La place me manque ici pour exposer son point de vue clairement. Il mérite d'être examiné minutieusement.

[2]. Celui-ci ne serait autre que le curé Pierre Marchand qui provoqua les aveux de Tabarie. Parent d'Itiers et agissant pour les ennemis de Villon, il se serait employé à mettre en relief le rôle de ce dernier, afin d'aggraver son cas, à la demande des premiers, qui soupçonnaient quelque chose.

pouvait s'agir en même temps d'obtenir des protections avantageuses et efficaces, en particulier celle du roi René. Tristan Tzara estime que plusieurs personnes ont pu alors user de leur influence en faveur du fugitif, dont les méfaits, connus seulement de certains, n'avaient pas encore compromis la réputation. Seraient ainsi conjointement intervenus le prévôt Robert d'Estouteville que Villon paraît avoir personnellement approché, Andry Courault, notaire parisien du souverain d'Angers et Louis de Bauveau son chambellan, traducteur du *Filostrato* de Boccace, auquel ferait allusion le vers 1377 du *Testament*. Ces trois hommes se connaissaient et pouvaient conjuguer leurs efforts, Bauveau ne tenant pas rigueur à Estouteville d'avoir, au tournoi de Saumur en 1446, conquis à ses dépens la belle Ambroise de Loré. Malheureusement, les « recommandations » de François Perdrier — « langue envieuse » — auraient tout fait échouer. Villon se serait alors tourné vers la cour de Blois, où il aurait reçu, comme à Angoulême, un accueil flatteur, à la fois sous son vrai nom et sous son pseudonyme, Vaillant. En témoigneraient non seulement les poèmes qui, avec cette double signature, figurent dans le recueil de Charles d'Orléans, mais encore les œuvres officiellement attribuées à Vaillant, qui furent copiées à part pour Marguerite d'Angoulême. De là à dire que Charles d'Orléans eut connaissance de la « clé » des anagrammes et que celles-ci ne le choquèrent nullement, en raison de la prouesse technique qu'elles représentaient, il n'y a qu'un pas que Tristan Tzara franchit pour sa part volontiers.

Un autre point mérite d'être pris en considération dans cette perspective : l'âge de Villon. Si Villon et Vaillant ne font qu'un, il ne convient pas de prendre dans un sens trop restrictif les indications qui figurent à ce sujet dans les premiers vers du *Testament* ou le *Débat du Cœur et du Corps*, voire dans les lettres de rémission. Le poète ne dirait pas en 1461 qu'il a exactement « trente ans » mais qu'il a atteint la « trentaine ». Si on le fait naître en 1429, autrement dit, si on le vieillit d'environ deux années, il est plus facile de lui attribuer toute l'œuvre jusqu'ici connue sous la signature de « Vaillant », à commencer par une *Ballade à Jacques Cœur*, où se lit l'anagramme *François Villon* (le pseudonyme *Vaillant* pouvant avoir été suggéré par la devise même du célèbre marchand : « *A cuer vaillant* rien impossible »).

Dans les pages du manuscrit que j'ai pu consulter, Tristan Tzara se réfère plus d'une fois au *Testament* dont il utilise certaines parties pour illustrer et compléter son commentaire du *Lais*. Il semble n'avoir pas eu le temps de mettre aussi clairement en forme ses conclusions sur le grand poème de 1461. J'ignore donc ce qu'aurait pu être la portée de ces conclusions. A première vue, je n'ai pas l'impression qu'elles auraient ajouté beaucoup à ce que l'étude du *Lais* et de ses anagrammes avait déjà apporté...

Au terme de ce rapide exposé, je ne reviendrai pas sur ce que les « découvertes » et les hypothèses de Tristan Tzara peuvent avoir de séduisant et de suggestif. Je n'insisterai pas non plus de nouveau sur les réserves qu'elles appellent — et qui interdisent encore de les exploiter comme, peut-être, elles le mériteraient. Je soulignerai seulement que, tout bien pesé, elles ne modifient pas sensiblement le jugement qu'on pouvait jusqu'ici porter sur Villon et sur son œuvre. J'ajouterai même que si Villon a intentionnellement multiplié dans ses vers les anagrammes, priorité doit, malgré tout, être réservée à ce qu'il dit « en clair ». Car rien ne prouve qu'en dissimulant ses arrière-pensées sous de surprenantes acrobaties verbales, il ait été plus sincère et plus vrai que lorsqu'il parle à la grande masse des lecteurs non initiés, ses « frères humains ».

LE LAIS 4

Les difficultés qu'on éprouve à établir le texte de ce poème ont été déjà rapidement signalées. Il convient ici de revenir sur les plus notables, qui résultent des trois lacunes que présentent le manuscrit Coislin et l'imprimé de Levet par rapport au manuscrit de l'Arsenal et au manuscrit B de la Bibliothèque Nationale. Avec la première, en effet, disparaît la mention du voyage à Angers (strophes 4 à 9), avec la seconde des propos assez cruels sur certains personnages appartenant à la police parisienne (strophes 22 et 23), avec la troisième le passage sur la *Mémoire*, en jargon scolastique (strophes 36-39). Aussi s'est-on demandé si Villon n'avait pas fait circuler deux versions successives de son poème : dans la plus développée, antérieure au vol du Collège de Navarre, il n'avait aucune raison de modérer sa verve et de ménager qui que ce soit; dans l'autre, établie quelques mois plus tard, il aurait par prudence édulcoré le texte primitif en opérant d'habiles coupures. Lucien Foulet a sagement combattu cette ingénieuse hypothèse, en faisant observer que, sans le couplet 9, le couplet 10 s'explique très mal. Il est donc difficile d'imputer la version tronquée au poète, car il aurait pris soin d'en rétablir la logique par un raccord, dont l'absence nuit à l'équilibre du développement. Le hasard est donc ici la meilleure explication de l'accident relevé dans C et I. Et sans doute faut-il de nouveau l'incriminer pour l'omission des strophes scolastiques : nullement compromettantes, elles ont dû tout simplement dérouter certains lecteurs ou scribes et disparaître de ce fait. Quant aux legs dont sont gratifiés le chevalier du Guet et Perrenet Marchand, ils furent probablement omis par inadvertance, insérés qu'ils sont dans une suite assez désordonnée de couplets qui commencent tous par le même mot *Item*.

Quoi qu'il faille penser de cette solide argumentation, la date même de composition du *Lais*, bien qu'elle soit donnée par Villon dans sa strophe I, appelle un commentaire. A en croire ce qui est dit dans le poème et ce que les révélations de Tabarie nous apprennent, le « bon folâtre » aurait eu le temps, dans la froide nuit du 24 au 25 décembre 1456, de faire bombance dans une taverne, de crocheter les coffres du Collège de Navarre, puis de rédiger un poème de quarante couplets. Est-ce vraisemblable ? Certes, Villon, immédiatement avant ou après le vol, avait intérêt à donner le change et à se ménager une sorte d'alibi, en rimant le *Lais* et en annonçant son incessant départ pour Angers. Mais cet alibi, il a très bien pu ne chercher à l'accréditer qu'après coup, quand, peu avant Pâques sans doute, les écus d'or ayant été gaspillés, il eut l'idée de préparer en province un nouveau coup. On se rappelle que le cambriolage ne fut pas immédiatement découvert et que l'on mit longtemps à trouver la piste des coupables. On aurait tort pourtant, comme le fait remarquer Lucien Foulet, de ne pas tenir compte du décor hivernal évoqué dans le poème : n'est-il pas trop heureusement décrit pour qu'on puisse parler de supercherie ? Le souper à la *Mule* et le vol ont pu avoir lieu le jour de Noël et la rédaction du poème avoir commencé la veille et s'être poursuivie le lendemain. L'allusion au départ pour Angers? On pouvait craindre à ce moment que le vol ne fût rapidement découvert et, dans cette éventualité, Villon pouvait plus que ses complices éprouver le besoin de prendre le large, tout en se réservant la possibilité de nier sa présence à Paris le jour même du délit, au cas où la date en serait mal établie. Qu'il ait mentionné son proche départ et la destination de son voyage ne saurait donc surprendre, d'autant que, hors de la juridiction du Châtelet, les dangers de poursuite étaient minimes, compte tenu des règles observées par la justice de l'époque. Rien ne prouve du reste qu'à Angers Villon avait bien en vue un nouveau crochetage, comme le prétendra le bavard Tabarie. Tout bien pesé donc, la sagesse, dans les deux discussions que nous venons d'évoquer, conseille de ne pas trop raffiner : à vouloir tout connaître et tout préciser ne risque-t-on pas de tout embrouiller ou de tout dénaturer? Il est vrai que, si le poème est farci d'anagrammes, il serait aussi dangereux de trop simplifier !

Un mot maintenant sur le titre. Villon, on l'a vu, récuse celui de *Testament*. Mais faut-il adopter *le Lais* ou *les Lais*? Le terme *lais*, au pluriel, est l'équivalent de *legs*, la graphie actuelle résultant d'un faux rapprochement opéré au XVIe siècle entre *lais*, dérivé de *laisser*, et *legatum* ou *legare*. Mais le singulier se rencontre dans le poème de 1456, au vers 64, dans l'expression *si establis ce present lais*, avec le sens de « poème contenant des lais ». Le titre à retenir est donc bien *le Lais*. D'ailleurs *lais* et *testament* diffèrent en ceci que le second suppose une mort prochaine, alors que le premier se conçoit plutôt comme un *congé* que l'on prend avant une longue absence, impliquant certains risques ou aléas. Effectivement Villon, en 1456, n'est pas dans la situation critique où il prétendra se trouver en 1461, après avoir craint pour sa vie.

Cela dit, rappelons brièvement le contenu du poème.

Villon se présente sous l'aspect d'un « amant martyr » qui, rebuté par les refus impitoyables d'une « belle dame sans merci », ou indigné plutôt de voir cette cruelle réserver à un autre ses faveurs, se décide, pour éviter le désespoir et la mort qui menacent en pareil cas les amoureux sincères, à prendre la fuite, à quitter Paris pour Angers. Comme c'est là une décision grave et qu'un voyageur n'est jamais assuré du retour, il prend congé de ses amis et distribue entre eux tous les biens qu'il abandonne, généreusement ou par nécessité. Est-il sérieux sous ce déguisement courtois et chevaleresque? Certains de ses propos pourraient le faire croire un instant, car il manie avec aisance la phraséologie léguée par les trouvères. Mais il ne tarde pas à mêler à ses plaintes des propos discordants, des comparaisons triviales, ou des sous-entendus grossiers, de sorte que le développement prend vite l'allure d'une parodie. Aussi ne sait-on plus que penser lorsque, méditant sur la fragilité des choses humaines, il ajoute : « Ma vie n'est pas plus assurée que celle des autres humains, car je ne suis pas plus qu'un autre d'acier ou d'étain ». Sans doute accompagne-t-il ce dernier mot d'un sourire. En tout cas c'est au nom du Père, du Fils, du Saint-Esprit et de la glorieuse Mère du Sauveur qu'il commence la longue suite de ses *lais*.

Le premier est pour son bienfaiteur, Me Guillaume Villon. Il le gratifie de son *bruit*, c'est-à-dire de sa renommée, sans prendre soin de la qualifier comme s'il allait de soi qu'elle fût bonne. Mais la gloire valant peu sans l'opulence, il y adjoint, comme s'il était un riche baron, ses *tentes* et son *pavillon*. A la cruelle beauté, responsable d'un si déchirant départ, reviendra le cœur pâle, piteux et transi qu'elle a torturé; il sera enchâssé, comme il convient à une aussi précieuse relique, et accompagné d'un très chrétien pardon à l'insensible amie.

RETABLE DU PARLEMENT DE PARIS (DÉTAIL). XVe siècle.
(On reconnaît le château royal du Louvre et l'hôtel de Bourbon).
Musée du Louvre.

Mais voici que l'éclat de rire jusqu'ici contenu retentit sans contrainte. La première victime est Itiers Marchand, fils d'un riche conseiller au Parlement : à lui l'équivoque *branc* (*épée*) *d'acier* du poète, à moins que Jean Cornu, le financier, ne le lui dispute, car il faudra le racheter à la taverne où il est demeuré en gage ! Et les facéties, badines ou lourdes, humoristiques ou cruelles se multiplient. Par exemple, aux clercs du trésor qui parcourent Paris sur de belles montures, quelques enseignes bien choisies conviendront, comme *l'Ane rayé qui recule*, autrement dit un *zèbre bien rétif*. Aux curés, une bonne *décrétale* donnera raison dans le conflit qui les oppose aux ordres mendiants, toujours prêts à détacher les fidèles de leurs paroisses et de leurs pasteurs naturels. Et ce pauvre Robert Valée, *clerjot* au Parlement ! Le caleçon du poète, d'ailleurs en gage dans quelque bouge, lui rendra service. Il en coiffera sa digne amie, Jeanne de Millières, dont l'autorité sera ainsi confirmée et proclamée, du fait qu'elle portera plus ostensiblement la culotte. A titre de consolation son mari, dont chacun sait qu'il est « aussi bête qu'une armoire », tirera profit d'un *Ars memorativa*, tout indiqué pour lui. Il lui suffira d'aller se le procurer chez qui de droit, Me *Maupensé* dont le nom est tout un programme. Cela évidemment ne l'enrichira pas, aussi pourra-t-on, avec la cotte d'armes laissée par le voyageur en instance de départ, lui acheter une branlante boutique le long de Saint-Jacques de la Boucherie. Jacques Cardon, riche drapier, aura la récolte de glands d'une plantation de saules pour arrondir ses profits, autant dire rien ! Deux bons procès l'empêcheront enfin de trop engraisser. Jacques Raguier, buveur notoire, pourra étancher sa soif à l'*Abreuvoir Popin*, sur les bords de la Seine, sans pour autant perdre sa place au « trou » de la *Pomme de Pin*, où, sans parler d'autres plaisirs, il sera assuré d'avoir bien chaud. Après les gens de finance et les marchands, vient le tour des clercs du Châtelet. Une bonne recommandation auprès du Prévôt, vieille connaissance du poète (et pour cause?), leur fera plaisir. Un peu égaré parmi eux, le boucher Jean Trouvé s'accommodera d'une brassée d'enseignes convenant à son négoce : le *Mouton*, le *Bœuf couronné*, la *Vache*. Le Chevalier du Guet, quant à lui, se réjouira de recevoir le *Heaume* : à défaut d'autres preuves, il pourra ainsi faire reconnaître la noblesse de son sang. Pour leur part, les sergents disposeront de la *Lanterne* : voilà qui les aidera, dans leurs courses nocturnes, à éviter les obstacles ou les bagarres qui les attendent dans les ruelles étroites et obscures de la grand'ville. L'un d'eux, Perrenet Marchand, dit le Bâtard de la Barre, mérite une mention spéciale : trois bottes de paille lui permettront, puisqu'il est incapable de gagner sa vie plus honnêtement, de *faire l'amoureux métier*, pour lequel il a tant de dispositions.

Mᵉ François se ferait-il soudain plus charitable en s'apitoyant sur les trois pauvres petits enfants tout nus, auxquels il songe après avoir offert les éléments d'un splendide mais très problématique festin à d'anciens compagnons, amateurs de *repues franches*? En réalité, ces trois nourrissons grelottants, qui ont ému le bon Théophile Gautier, sont des usuriers connus qui n'ont nul besoin, bien au contraire, de compassion! Les deux vénérables chanoines qui viennent ensuite ne sont guère plus à plaindre. Une *nomination* de pure forme, et tout à fait platonique, de l'Université grandira leur prestige : à défaut de crosse épiscopale, une béquille conviendra bien davantage à leur vieillesse chancelante, de même qu'un pot d'eau de Seine sera tout à fait recommandé pour leur régime. Les miséreux authentiques ne doivent pas s'attendre à être mieux traités : le prisonnier qui moisit au fond d'un cachot se contentera de la « grâce » de la geôlière; le malade, sur son lit d'hôpital, d'un châssis de fenêtre *tissu de toiles d'araignées*, et le clochard qui dort à la belle étoile sera tiré de ses rêves par une vigoureuse *grognée* appliquée sur l'œil! Le barbier, avec des rognures de cheveux, et le fripier, avec de vieux habits *valant moins cher qu'ils ne coûtèrent neufs*, seront-ils mieux lotis? On s'étonnerait si les ordres mendiants n'avaient point part à cette généreuse distribution. Mais comment satisfaire — ou corriger — ces moines gourmands et paillards qui infestent tous les quartiers de Paris? Mieux vaut pour finir réparer quelques oublis : gratifier, par exemple, d'un équivoque pilon à broyer la moutarde l'épicier Jehan de la Garde...

Or voici que retentit soudain la cloche de Sorbonne, qui sonne à neuf heures le couvre-feu universitaire. Le moment est venu de conclure après un mot de prière. Mais le poète s'est assoupi malgré lui, car *Mémoire* en lui s'est mise à ranger dans son armoire toutes ses *espèces, collatérales, opinatives, intellectuelles, estimatives* et *similatives*. De sorte que, quand l'engourdissement cesse, la bougie s'est éteinte et l'encre gelée. Force est de dater et signer en hâte. C'est bientôt chose faite, non sans que le signataire ajoute, avec un rire amer, qu'il a faim, qu'il est *noir comme écouvillon*, bref, qu'ayant tout distribué, il n'a plus qu'*un peu de billon qui sera tantôt mis à fin*. En posant la plume, le pseudo-baron, déguisé en martyr d'amour, jette-t-il son masque et après s'être moqué des autres et de lui-même, avoue-t-il sa misère?...

Tel est le contenu du *Lais*.

Nous avons vu que le début du poème reprend une situation typiquement courtoise en développant le *thème de l'amant martyr et de la dame sans merci*, dont Me Alain Chartier avait fait le sujet d'une de ses plus célèbres compositions. Le digne secrétaire de Charles VII avait pris l'affaire au sérieux et même au tragique, provoquant, on le sait, une vive et longue controverse. Villon est loin à coup sûr de voir les choses de la même façon, car en se déguisant en amant martyr, il ne cherche visiblement qu'à se moquer des vieilles idoles courtoises. Or d'ordinaire ceux qui, à cette époque, se sentaient pris par intermittence d'une ardeur iconoclaste, utilisaient la *sotte chanson*. Ils y déversaient ce qui, en fait de laideur et de grossièreté, pouvait faire le plus outrageusement antithèse avec le raffinement de la *chanson courtoise*. Pareilles horreurs, par leur excès même, n'étaient guère dangereuses, d'autant qu'elles avaient parfois pour auteurs des hommes qui se réclamaient d'ordinaire de la *fine amour* et qu'elles pouvaient en fin de compte inspirer la plus salutaire nostalgie de l'idéal courtois. Villon, pour sa part, fait le bon apôtre; il adopte d'emblée des attitudes et un langage distingués. On a donc au début l'impression qu'il s'identifie sincèrement avec le personnage qu'il prétend jouer. Mais, laissant vite apercevoir qu'il s'agit d'un déguisement ou d'une défroque qui lui vont mal, il mêle à ses propos des comparaisons vulgaires ou cocasses, voire des sous-entendus obscènes. Si bien qu'il brise irrespectueusement le charme qu'il semblait vouloir créer ou recréer. Sur ceux qui le connaissaient bien, l'effet devait être immédiat, irrésistible. Sans être aussi complètement renseignés, nous aussi nous ne tardons pas à comprendre la supercherie. Mais à quoi tend-elle? Nous n'avons pas de peine à deviner que le poète devait ignorer les avantages comme les déboires du parfait amant courtois, ceux-ci n'étant guère à la portée d'un « pauvre écolier », réduit sans doute à des expériences sentimentales sommaires, ce qui ne veut pas dire sans suites douloureuses. Nous comprenons que pour Villon l'amant martyr est un être quelque peu imaginaire, inadapté aux réalités de la vie, une manière de fantoche assez piètrement ridicule. A moins que tant d'acharnement à dégonfler cette baudruche ne cache un regret latent — car il n'est pas interdit de supposer qu'au fond de lui-même, notre poète n'aurait pas dédaigné de servir une authentique *dame sans merci* : pareil privilège l'aurait rapproché de cette élite opulente dont il était exclu, mais qu'il ne pouvait s'empêcher malgré tout d'envier. Il est humain de dénigrer ce que l'on n'a aucune chance d'obtenir...

Il faut aussi évoquer la date et les circonstances. Sans doute ignorons-nous les rapports chronologiques exacts qui existent entre la rédaction du *Lais* et le vol du Collège de Navarre, mais on ne saurait dissocier celui-ci de celle-là. Villon, au moment où il compose son poème, se prépare à voler ou est déjà un voleur. Peut-il oublier qu'il a tué un homme et que, loin de s'assagir, il est en train de se compromettre, définitivement peut-être, avec de dangereux malandrins? Ainsi, le désastre sentimental raconté au début du *Lais* pourrait être, au moins en partie, la transposition d'un échec plus total, celui d'une vie qui aspirait au confort et à l'estime, mais n'avait malheureusement conduit qu'à la misère et au déshonneur. Sous la fiction d'un désespoir d'amour Villon chercherait-il donc pour lui-même un alibi moral, et, dans la crainte d'une éventuelle enquête de police, un alibi juridique? S'emploierait-il à éluder — ou braver — un remords, une angoisse? On est bien tenté de le croire. On peut il est vrai, avec certains commentateurs, imaginer que le poète n'a vu dans le crochetage projeté ou accompli qu'un moyen — et le seul — pour s'assurer une existence meilleure : il fallait de l'argent pour gagner la ville d'Angers et solliciter la protection d'un mécène comme le bon roi René. Ainsi le vol n'aurait pas eu que des motifs inavouables. Les arguments ne manquent pas en faveur de cette hypothèse — qui du reste n'oblige pas à renoncer totalement à la précédente. Au point où il en est dans les derniers jours de 1456, Villon a pris le parti de recourir aux expédients, même les plus répréhensibles. En dépit des espoirs qu'il nourrit, il a mauvaise conscience. Mais il est plus porté à simuler la désinvolture, à se montrer espiègle et joyeux, à déchaîner sa verve contre les autres qu'à s'interroger avec inquiétude sur son destin. De la sorte les *lais* ironiques et méchants trouvent logiquement leur place à la suite des plaintes ironiques, sinon hypocrites, de l'exorde. La parodie initiale et la mordante satire qui lui succède apparaissent dans cette perspective comme le reflet d'un état d'âme vrai, commandé moins par l'imitation ou le souvenir du *congé*, que par les manifestations contradictoires d'un trouble profond et mal dominé. L'exceptionnelle qualité lyrique et humaine du *Lais* s'expliquerait par là avant tout.

Il faut bien reconnaître que pour apprécier les plaisanteries et éclairer les allusions qui déferlent dans la partie centrale du poème, de patientes et érudites recherches ont été indispensables. Seuls les contemporains de l'auteur et plus spécialement ceux qui le connaissaient bien ou hantaient les mêmes milieux que lui pouvaient comprendre sans effort le sens et l'actualité de cette revue pittoresque. Déjà Marot s'en est parfaitement rendu compte. Villon aurait-il ignoré le risque qu'il courait en rimant pour des initiés ? En réalité les circonstances pesaient trop sur sa vie pour qu'il pût s'en abstraire. D'ailleurs qu'eût-il gagné à trop se dégager des contingences, lui qui se plaît à intriguer, voire à mystifier ? L'essentiel est que le lecteur soit incité à deviner, à imaginer, qu'à défaut de tout comprendre il rêve et s'interroge sur le pittoresque ou la valeur évocative d'une expression bien frappée ou suggestive. C'est bien ce qui se produit en général et sauve la partie centrale du *Lais* de la caducité dont un art moins consommé ne l'aurait certainement pas préservée.

Cet art, simple et complexe à la fois, est révélateur d'une tournure d'esprit. Villon ne se soucie guère de *composition*. On a pu dire du *Lais* qu'il était une sorte « d'impromptu preste et génial, jeté sur le papier dans un état second voisin de la fièvre » (F. Desonay). Certes, la succession des légataires est dans l'ensemble très peu ordonnée. Néanmoins on remarque la place de choix qu'y occupent le protecteur Guillaume de Villon et la cruelle anonyme qui a fait du pseudo-chevalier un non moins pseudo-martyr d'amour. En léguant son *bruit* au premier, quelle fut l'intention du poète ? Cette renommée — non qualifiée, mais qui devrait « faire honneur » au bon ecclésiastique — a tout l'air d'être en réalité la réputation bien compromise d'un garçon en train de se dévoyer allègrement. L'antiphrase paraît évidente, mais sous l'insolence et l'ingratitude qu'elle trahit, on devine pourtant un reste d'affection. Aussi demeurons-nous perplexes, partagés entre l'indignation et l'indulgence. Mais est-ce bien dans cette perspective que nous devons nous placer? En ce qui regarde la *belle sans merci*, la parodie ne fait aucun doute; néanmoins nous ne pouvons pas ne pas trouver une résonance de sincérité dans les adjectifs qui accompagnent le mot *cœur* : *pâle*, *piteux*, *mort* et *transi*. On dirait donc bien qu'une fois de plus le poète veut jeter le doute sur la valeur exacte de ses propos, comme s'il était lui-même incapable de choisir entre le sérieux et la désinvolture.

Cette ambiguïté qui nous déconcerte est-elle constante dans le poème? Sans nous préoccuper de savoir qui peut au juste se cacher sous le masque de la *belle sans merci*, considérons les autres personnages à qui Villon, nommément, distribue ses richesses imaginaires. Le moins qu'on puisse dire est qu'il ne les ménage pas, rompant ainsi avec l'usage observé par les poètes d'Arras dans leurs *Congés* — exception faite il est vrai du *congé dramatique* qu'est la *Feuillée* d'Adam le Bossu, où la satire personnelle se donne libre cours. Connaissait-il de près ces personnages parfois considérables que, déguisé en chevalier courtois, il choisit pour légataires et du même coup prend pour cible ? Avait-il quelques rancunes secrètes à assouvir contre eux, ou se faisait-il l'écho d'opinions fort répandues dans le milieu frondeur qu'il fréquentait ? Les deux hypothèses peuvent être simultanément retenues. Du premier de la liste, Itiers Marchand, nous savons qu'il joua par la suite un rôle politique important, mais finit fort mal, étant mort en prison tandis que son clerc était supplicié pour avoir comploté l'empoisonnement du roi. Pourquoi reçoit-il dans le *Lais* un *branc d'acier tranchant*, laissé en gage, donc à racheter ? Est-ce parce qu'il prenait déjà des airs importants et, quoique riche, se montrait peu secourable ? Faut-il voir plutôt dans ce don une menace homicide, combinée avec quelque grossièreté (ou obscénité) — amalgame inspiré par le dépit, la rancune ou la jalousie ? Robert Valée, pour sa part, se voit consacrer trois couplets : ils donnent à entendre qu'il est domestiqué par son « amie », brille par une incurable sottise, mais jouit — au demeurant très égoïste — d'une enviable aisance. Villon a-t-il des raisons, et lesquelles, de lui en vouloir ? Saint-Amant tient les comptes du Trésor et Blarru est changeur : ce sont des hommes connus, qui s'enrichissent. L'enseigne d'une maison pour le premier et un diamant douteux pour le second seront des cadeaux dérisoires, leur opulence méritant mieux — à supposer qu'elle soit honnête. Jacques Cardon, qui apparaît ensuite, est par l'intermédiaire de ses frères, hommes d'église, en relation avec Saint-Benoît; lui-même est un drapier fort achalandé. Il est assez muni d'argent pour se contenter, on s'en souvient, du *gland d'une saulsoye* et assez gros pour supporter sans trop dépérir les soucis de deux procès. Regnier de Montigny a lui aussi des attaches avec Saint-Benoît. Il est noble homme, mais sans fortune, ce qui encourage ses mauvais penchants. Il est capable de rosser le guet, la nuit, devant la porte d'une grosse Margot. Trois chiens lui rappelleront-ils que la chasse est un passe-temps plus digne de lui — à moins qu'ils ne dissimulent une plus venimeuse malice? Les Raguier, Jean et Jacques, appartiennent à une famille anoblie au début du siècle. Le premier n'est probablement pas encore satisfait de son sort, puisque *cent francs* lui feront grand plaisir. L'autre est sans doute un ivrogne, qu'on envoie malignement étancher sa soif à l'*Abreuvoir Popin*, sur les berges de la Seine. Après Philippe Brunel, seigneur de Grigny, hobereau turbulent et sans scrupule, viennent les gens de la police et du Châtelet. Une recommandation — d'efficacité problématique — au Prévôt en personne conviendra à Jean Mautaint et à Pierre Basanier : mais pourquoi en avaient-ils besoin? Jean de Harlay, personnage autrement important puisqu'il est chevalier du Guet, a sur les bras un procès difficile. On lui conteste et sa qualité de chevalier et sa charge : à défaut de parchemins authentiques, qu'il produise, pour justifier ses prétentions, l'enseigne du *Heaume*. Perrenet Marchand, dit le Bâtard de la Barre, n'est que sergent, mais le legs dont il est pourvu donne à penser qu'il a des mœurs inavouables. Le Loup et Cholet ne sont guère mieux traités... La revue serait incomplète si les financiers et les marchands qui pratiquent l'usure, ou spéculent, étaient oubliés. Colin Laurent, Gérard Gossouyn et Jean Marceau, qui possèdent *mieux que l'anse d'un seau*, auront quelque menue monnaie pour donner à leur vieillesse décrépite un peu plus de confort. Guillaume Cotin et Thibaut de Vitry sont chanoines de Notre-Dame et membres du Parlement. On les exècre à Saint-Benoît, qu'ils ont mission d'inspecter. Il est de bonne guerre de les ridiculiser : ils bredouillent au lutrin. Une béquille leur tiendra lieu de crosse, s'ils espèrent encore obtenir un évêché. Villon n'est pas plus charitable, on s'en souvient, pour les malheureux anonymes auxquels tout bon chrétien est tenu de songer. Sans doute fait-il partie de leur confrérie, mais il parle ici en grand seigneur insensible et méprisant. Piètre revanche ! Par contre rien ne saurait le retenir quand, avant de corriger pour finir quelques oublis, il s'en prend aux mendiants, Carmes et Béguines, unanimement accusés de gourmandise et d'impudicité. Contre eux tout est permis...

La revue, on le constate, est assez complète. Seuls manquent à l'appel les complices qui firent partie de l'expédition contre le Collège de Navarre. Si cette réserve s'explique sans peine, on s'interroge le plus souvent sur les raisons qui ont déterminé le choix des victimes. Le déguisement qu'il emprunte autorise Villon à se flatter de hautes relations et à parler sans ménagement. Mais rien ne prouve qu'il ait personnellement connu tous ceux qu'il évoque si familièrement et si cruellement. On a soutenu que, par Saint-Benoît, il avait pu entrer en contact direct avec quelques-uns et non des moindres, que d'autres encore étaient assez jeunes pour avoir été ses condisciples à la Faculté des Arts. C'est possible, mais on hésite à croire en particulier qu'il ait approché de très près le Prévôt de Paris, Robert d'Estouteville, bien qu'il lui dédie dans le *Testament* une jolie ballade. Il est vrai qu'il sera reçu à Blois, chez Charles d'Orléans. Le plus probable est que, conformément aux règles du *Congé*, et prenant prétexte du rôle qu'il se donne au début du *Lais*, notre poète a voulu faire une revue générale de ses connaissances — les moins compromettantes — et aussi des personnages dont on parlait autour de lui avec envie ou malveillance. Il en a profité pour assouvir quelques rancunes ou jalousies personnelles. Il se plaindra plus tard des amis qui l'ont abandonné; d'autres ont pu par égoïsme, mépris ou avarice, lui refuser un secours ou un appui. Au moment où, à bout de ressources, il est acculé au vol, comment ne serait-il pas tenté d'attribuer ses échecs plus à l'indifférence d'autrui qu'à sa propre paresse ou à ses propres fautes? On pardonne difficilement à ceux qui ont réussi, quand on s'enfonce soi-même dans la misère ou le déshonneur. Ne cherchons pas au delà : Villon ne s'attaque pas à l'ordre établi; il ne prétend pas réformer le monde et la société. Ne faisons pas de lui un révolutionnaire. Il n'en veut qu'aux hommes, clercs du Châtelet ou du Parlement, ecclésiastiques prébendés, gens en place ou brasseurs d'affaires que lui-même, ses amis et protecteurs enviaient et détestaient de toutes leurs forces : caricatures vengeresses de quelqu'un qui se sait méprisé ou craint de l'être, ne veut ou ne peut, et pour cause, s'élever au niveau de ceux qu'il bafoue. Caricatures prodigieusement vivantes qui, allusives, donnent le branle à l'imagination, ou, plus concrètement crayonnées, s'imposent par le mouvement qu'elles fixent ou le travers qu'elles soulignent. Qu'elles attaquent de front ou prennent les détours plus ou moins laborieux de l'antiphrase, du calembour ou de l'équivoque, elles font preuve d'une virtuosité sans égale, et d'une gaîté que la cruauté dont elle s'accompagne souvent (et la complication dont elle s'enveloppe) n'empêchent pas de rester étonnamment communicative.

Le coup de cloche qui, à la Sorbonne, annonce à neuf heures le couvre-feu universitaire, change tout à coup le rythme et la tonalité du poème. En entendant ce signal, Villon se tourne de nouveau vers lui-même. Il se déclare satisfait de ce qu'il vient d'écrire. Mais l'Angélus l'invite à la prière, en même temps qu'il impose de mettre à l'œuvre un point final. A vrai dire, s'il y eut réellement prière, nous apprenons surtout qu'une sorte d'engourdissement s'est alors produit. Il nous est décrit dans un développement long et alambiqué où une pointe de parodie se mêle sans doute à un réflexe de vanité estudiantine. Après cette abstraite et scolastique allégorie qui fait peut-être subtilement allusion aux conditions dans lesquelles fut entreprise l'escalade du Collège de Navarre — dans un moment d'oubli irresponsable — Villon va-t-il conclure sur une note plus vraie et plus simple, en laissant deviner clairement cette fois sa misère et son inquiétude ? En fait, il se garde bien de bannir le rire de son dernier couplet — disons mieux, de son ultime et pitoyable aveu :

> Il n'a tente ne pavillon
> Qu'il n'ait laissé a ses amis,
> Et n'a mais qu'ung peu de billon
> Qui sera tantost a fin mis.

Rien n'illustre mieux le contraste et le lien qui existent entre le début du poème et sa fin que cette rime révélatrice, *pavillon : billon*. Mais comment ici ne pas penser aux cent écus d'*or* qui furent le butin du poète dans la seconde partie de cette nuit froide du 24 décembre 1456, où il nous est dit que le *Lais* fut composé ? Que Villon ait lui-même fait le rapprochement n'est guère douteux, et qu'il ait avec soin déguisé l'allusion ne saurait surprendre. Mais les raisons exactes et profondes de son attitude, les mobiles réels auxquels il obéit dans l'intimité de sa conscience ne sont pas pour autant éclaircis.

Villon, après avoir dressé un bilan négatif de son passé, commencerait-il à se poser des questions embarrassantes ? Ayant transposé plaisamment en termes courtois ce qui l'agite en secret, serait-il partagé entre une inquiétude contenue, puis à demi avouée, et une insouciance au moins affectée où il entrerait plus d'envie, d'amertume et d'ardeur vindicative que de gaîté authentique ou d'espoir sincère ? N'est-il pas au fond mal à l'aise quand il parle de prier *comme le cœur dit* ou simule, pour minimiser la portée de ses actes, un entre-oubli de soi ? N'est-il pas trop lucide pour être tout à fait content de lui-même, du jeu qu'il joue, du rire qu'il laisse éclater ou force à jaillir de ses lèvres ? Pour répondre honnêtement à ces questions il faudrait être informé des circonstances beaucoup mieux que nous ne le sommes et surtout peut-être savoir lire entre les lignes. Mais convient-il de chercher à tâtons des secrets dont la clé est perdue ou dont la découverte risquerait de faire surgir de nouveaux embarras ? On hésite à s'engager dans cette voie, car, en admettant même que le *Lais* ait un « envers », il présente un « endroit » qui doit avoir un sens. Il est possible que les anagrammes découvertes par Tristan Tzara fassent apparaître à travers le texte un message destiné aux intimes du poète, où l'affaire Sermoise-Sarmoie, comme l'affaire du collège de Navarre, joueraient un rôle capital. Mais nous pouvions, sans ces révélations encore mal assurées, deviner chez le poète des préoccupations de cette sorte, et comprendre pourquoi il évite de les évoquer en langage clair. Il est évident que dans le *Lais* Villon a des obsessions à dominer, des colères à exprimer, des dangers à conjurer, des justifications ou des accusations à apporter. Mais il semble bien qu'en définitive la gaîté et l'espièglerie l'emportent encore chez lui sur l'amertume et la détresse, qu'après avoir allègrement sauté le pas et compromis sa renommée, plus indulgent pour lui-même que pour les autres, il espère encore beaucoup de la vie, cherche à rire et à braver, moins disposé à s'assagir qu'à se donner du bon temps. Tout ce que pourraient apprendre ou suggérer de possibles cryptogrammes ne ferait sans doute que confirmer

MAITRE ET ÉTUDIANTS
La Mer des Hystoires » (1487). Bibliothèque Nationale.

cette impression générale, souligner l'ambiguïté de l'inspiration lyrique du poème, les malaises intérieurs qu'il cherche à dominer ou effacer par des fanfaronnades, des poses désinvoltes, des rosseries sans retenue, — tout en réalisant de brillants exploits artistiques qui compensent heureusement de trop évidentes faiblesses morales.

LE TESTAMENT 5

Il est remarquable que l'œuvre la plus importante et la plus révélatrice de Villon, le *Testament*, s'inscrive dans un cadre comparable à celui du *Lais*. Mais cette fois, il n'est plus seulement question, comme en 1456, de quitter Paris pour la province, à la suite d'un désespoir d'amour. Il s'agit d'envisager une éventualité autrement redoutable, la *mort* — une mort à laquelle on vient vraisemblablement d'échapper de justesse et dont la menace, loin d'avoir disparu, reste toujours imminente. En somme l'inspiration chez Villon ne prend une véritable ampleur que dans les moments où les circonstances lui font percevoir les dangers de l'existence qu'il mène et surtout l'obligent à envisager la possibilité d'une fin plus ou moins tragique. On comprend que dans le premier cas l'inquiétude s'accompagne d'une gaîté insouciante ou désinvolte; mais on s'attendrait à ce que dans le second, le ton change et se fasse plus grave. Certes, l'auteur du *Testament* n'est plus tout à fait le « bon folâtre » qu'il voulait ou croyait être en rédigeant le *Lais;* toutefois il est loin d'être un autre homme — un homme qui aurait définitivement jeté son ou ses masques, chez qui la tristesse, l'amertume, voire le remords l'emporteraient sur l'espièglerie, le rire ou le défi.

La première strophe du poème traduit à coup sûr une vive agitation intérieure. Comme il est de rigueur dans un *Testament*, Villon entreprend immédiatement de dater ses dernières volontés. Mais il avait été plus précis et plus calme dans le *Lais*. Ici, après avoir seulement indiqué son âge — la trentaine — il précise aussitôt dans quel état d'esprit il prend la plume : *ayant toutes hontes bues*, il ne se sent ni entièrement *fol*, ni entièrement *sage*. Va-t-il, avec franchise, essayer de se juger ? Non, faisant allusion à ses *peines*, c'est-à-dire aux malheurs qui l'ont accablé, il n'imagine pas d'emblée que sa propre responsabilité soit en cause. Dans un mouvement subit de colère et d'indignation, qui a pour effet de briser la construction de sa phrase, il se déchaîne contre l'évêque d'Orléans, Thibaut d'Aussigny, qu'il accuse d'être un prélat indigne. On ne tarde pas à comprendre pourquoi : pendant tout un été Thibaut l'a tenu enfermé dans un cachot, au pain et à l'eau. Aussi ne se prive-t-il pas de le maudire : *Tel luy soit Dieu qu'il m'a esté !* Mais s'avisant de ce qu'il y a d'impie dans ce propos, il proteste contre l'accusation qu'on pourrait formuler contre lui : tout ce qu'il demande, c'est que Dieu le traite comme il a traité son prisonnier, et qu'il décide lui-même si ce Thibaut a été miséricordieux ou cruel. Quant à prier, comme l'Église le recommande, pour son ennemi, le poète le fera seulement par une *prière mentale* comme un hérétique Picard, ou, si l'on insiste, selon le verset septième du psaume *Deus laudem !* Qu'on ne s'y trompe pas : vérification faite, ce n'est pas atténuer la malédiction initiale et pratiquer le pardon des injures, mais en réalité souhaiter la déposition et la mort du prélat, le psaume en question s'exprimant ainsi : *Fiant dies ejus pauci et episcopatum ejus accipiat alter !* Il est donc clair que Villon, conscient de ce que son attitude a de blâmable de la part d'un chrétien qui fait son testament, ne parvient pas à dominer, si toutefois il l'a jamais tenté sérieusement, la violente et vengeresse rancune qui l'obsède. Il y aurait intérêt à savoir dans quelle mesure cette rancune est ou non justifiée. Mais on se rappelle que l'affaire évoquée ici nous est connue par les seules allusions du *Testament :* or il est inquiétant que celles-ci se gardent bien de préciser le moins du monde les causes de l'emprisonnement. Si Villon n'était coupable que d'une simple peccadille, trop cruellement sanctionnée, se montrerait-il si discret ? Sans doute l'âpreté de sa diatribe est-elle proportionnée à la peur qu'il a ressentie de finir misérablement ses jours dans les cachots de l'évêque ! La chance en tout cas, une chance qui est une grâce du ciel, l'a servi, puisque au début de l'automne Louis XI, depuis peu couronné, est passé par Meung-sur-Loire et, conformément à l'usage lors d'une première « entrée royale », y a libéré les détenus de la prison, ceux du moins dont le cas n'était pas tout à fait pendable. « Dieu soit loué », s'écrie le poète, « et remercié le bon roi de France ! » Sera-t-il pour son bienfaiteur aussi chaleureux qu'il fut impitoyable pour son persécuteur ? Certes, il multiplie les souhaits à l'adresse du nouveau souverain, *qui de vie le recouvra.* Mais sa reconnaissance est plus familière et gaie qu'humblement respectueuse. Que Louis connaisse l'*heur de Jacob,* la *gloire de Salomon,* l'*âge de Mathusalem,* et soit gratifié de *douze beaux enfants mâles* aussi preux que Charlemagne et *conçus en ventre nuptial !* Qu'à la fin de ses jours, le paradis lui soit assuré de surcroît !

Ces sentiments, plus généreux et plus chrétiens que la malédiction réservée à Thibaut d'Aussigny, ramènent Villon à son sujet. Pauvre et malade, il doit profiter de la lucidité d'esprit qui lui reste et du peu de sens que Dieu lui a *prêté* pour établir, de façon *stable* et *irrévocable,* ses dernières volontés. Il nous a déjà dit son âge, mais la colère l'a empêché de dater son écrit.

De cette année 1461 il gardera surtout le souvenir de ce qu'il doit au roi Louis XI, car *bienfait ne se doit oublier*. Pourtant, dans un moment aussi solennel, où il est de règle qu'on jette un long regard sur son passé, ce sont des images sombres et douloureuses qui jaillissent surtout de sa mémoire. Que de *labeurs*, de *travaux*, de *griefs cheminements* ! A celui qu'ils ont accablé ils ont plus appris que les savants commentaires d'Averroès sur Aristote. Dieu, il est vrai, comme il l'avait fait pour les pèlerins d'Emmaüs, a veillé sur le poète exilé. Il l'a empêché de désespérer. Il est au surplus indulgent pour qui ne persévère pas dans le mal. Reste à savoir si tel est bien le cas du testateur. Villon se pose implicitement la question. Il se reconnaît coupable, mais se répète que Dieu ne veut pas la mort du pécheur. A dire vrai, il hésite à se croire digne de tant d'indulgence et n'ose pas affirmer péremptoirement qu'il est désormais pour de bon *converti*. Il préfère, pour se rassurer, se trouver des excuses. Pensant à un passage où Jean de Meung affirme qu'une vieillesse sage peut racheter une jeunesse étourdie, il s'en prend, non pas à lui-même qui aurait pu certes *mûrir* davantage, mais à ceux qui, méchamment, *en meurté ne le voudraient voir* ! Est-ce suffisant pour se sentir tout à fait tranquille ? Non sans doute. Aussi continue-t-il de raisonner. Il serait certes le premier à se condamner sans appel, si sa mort pouvait être utile au *bien public*. Or, pour un pauvre, vif ou trépassé, rien ne bouge dans le monde. La pauvreté, voilà la seule et vraie coupable ! L'histoire d'Alexandre et de Diomedès le prouve assez. Villon la conte avec complaisance d'après le témoignage de Valère-Maxime. Car il est consolant de savoir qu'un pirate est devenu un homme de bien dès qu'on l'eut sorti de sa misère. Puisse Dieu accorder à l'infortuné qui invoque cet exemple de rencontrer à son tour un nouvel Alexandre ! En attendant, qu'on ne l'accable pas : c'est la nécessité qui *fait sortir le loup du bois*. Il est vrai que Villon a plus qu'autre *gallé, jusqu'à l'entrée de vieillesse*. Celle-ci est venue si soudain qu'il s'est trouvé pris au dépourvu, *pauvre de sens et de savoir, triste, failly, sans rente ni avoir*, abandonné ou renié par ses amis. Tout cela, *par faute d'un peu de chevance*. Bien sûr, il a abusé de tous les plaisirs. Mais sans coûter bien cher à ses proches. Et qui peut se vanter d'être sans défaut ? Il a en tout cas renoncé à l'amour, qui n'est pas l'affaire d'un cœur triste et d'un ventre affamé, chacun le sait. Ainsi, peu à peu, s'est préparé l'aveu pitoyable du couplet XXVI :

> Hé ! Dieu, se j'eusse estudié
> Ou temps de ma jeunesse folle
> Et a bonnes meurs dedié,
> J'eusse maison et couche molle.
> Mais quoi ? je fuyoie l'escolle
> Comme fait le mauvais enfant.
> En escripvant ceste parolle,
> A peu que le cuer ne me fent.

Après ce *mea culpa* authentique et sans échappatoire on s'attendrait à lire ce qui logiquement devrait compléter un tel acte de contrition. Mais Villon ne se condamne jamais sans immédiatement s'esquiver. Il n'a pas l'hypocrisie de formuler de pieuses résolutions. Il préfère prendre en flagrant délit de contradiction les sages, ou s'apitoyer sur lui-même. L'Écriture lui suggère alors, pour évoquer la fuite inexorable du temps, une magnifique comparaison : celle du tisserand qui brûle les franges d'une étoffe retirée du métier. La flamme, allumée avec un bout de paille, fait soudainement tout disparaître. Ainsi se sont évanouis les *gracieux gallants* qu'il suivait naguère : les uns sont morts — Dieu ait leur âme —, les autres ont réussi, ils sont devenus *seigneurs et maîtres*, ou partagent le confort des Célestins et des Chartreux; que le ciel protège plus spécialement *ceux qui n'ont de quoi*, et qui ont grand besoin de *patience*. Les autres ne sont pas à plaindre; ils n'ont qu'à tendre la main pour manger et boire plus qu'à satiété! Ces propos, qui semblent mettre en cause l'action de la Providence dans le monde, seraient-ils déplacés? Villon s'en inquiète, mais sans se rétracter. Ce qui est dit est dit; aux théologiens d'en discuter. Lui louera le *doux Jésus Christ* et changera de sujet, laissant la pauvreté, qui est *matière ennuyeuse et déplaisante*, ou fait dire des paroles amères.

Mais comment échapper à cette hantise quand on est démuni de tout et qu'on appartient à une obscure famille? On peut se dire : « A quoi bon envier un Jacques Cœur? Mieux vaut vivre sous une robe de bure, pauvre, que d'avoir été seigneur et pourrir dans un riche tombeau! » De fait, il y a la mort à considérer. En discuter est l'affaire des prêcheurs. Mais comment Villon, dans la situation où il est, résisterait-il à l'appel de ce thème qui a fasciné tous ses contemporains? Nous mourrons tous, poursuit-il, grands et petits, sages ou fous, « larges » ou chiches, beaux ou laids. Et pour tous quelles souffrances, quelles sueurs, que rien n'allège, dont rien ni personne ne saurait diminuer l'horreur! A la vision d'agonie qui l'angoisse, Villon n'échappe qu'en citant la mélancolique et musicale *Ballade des Dames du temps jadis*, complétée par la *Ballade des Seigneurs* et *la Ballade en vieux langage*. Mais ce long intermède lyrique ne suffit pas à le rasséréner. Certes, papes et rois ne sont pas épargnés par la mort : un pauvre *mercerot* n'a donc rien à dire s'il partage leur sort. Encore devrait-il avoir lui aussi son modeste lot de bonheur. Est-ce possible? Surtout quand la vieillesse est là, qui ôte au rire toute sa saveur, et contraint de mendier? Ne fait-elle pas même souhaiter la mort et songer au suicide, que Dieu pourtant interdit? *Toujours vieux singe est déplaisant* : qu'il parle ou se taise, il est tenu pour fol. Qu'on songe plutôt à ces *pauvres femmelettes* qui se demandent pourquoi « elles *naquirent si tôt* ». La *belle Heaulmière* évoque ainsi sa jeunesse, et compare son corps aujourd'hui délabré à ce qu'il était autrefois, dans toute sa fraîcheur voluptueuse. Mais quelle morale tire-t-elle de ce pitoyable contraste? Une *Ballade aux filles de joie*, qui les invite à ne *plus envoyer les hommes paître*, à profiter de leurs belles années, avant d'être *monnaie qu'on décrie*. La leçon vaut ce qu'elle vaut, mais elle a été enregistrée fidèlement.

Et n'en dit-elle pas long sur les femmes, sur l'amour? On répétera : « Fuyez celles qui se donnent pour de l'argent et ne cherchez l'amour que là où règne le bien! » Or toutes les femmes ont commencé par être honnêtes; mais les ardeurs de la sensualité ont bien vite eu raison de leur sagesse. Mises en goût par un premier amant, elles en prennent bientôt plusieurs, *car six ouvriers font plus que trois*. Qu'on ne s'en étonne pas : la nature féminine est ainsi faite. En amour donc, *toute foi est violée* et *mille douleurs succèdent à un seul plaisir*. Heureux qui a su s'épargner de si cruelles expériences! A six reprises, le refrain d'une *double ballade* insiste sur cette chimérique espérance ou ce vain conseil. La propre vie du poète montre assez qu'il ne faut pas se faire d'illusions. Il a été *battu comme toile à la rivière* pour le plaisir de Catherine de Vausselles, avec le concours de Noël Jolis. Et rien ne l'a corrigé. Tous les beaux discours qu'on lui a prodigués, la tendresse qu'on a simulée l'ont abusé, et il a si bien pris *vessies pour lanternes* qu'il mérite le nom qu'on lui donne d'*amant renié et bafoué*. Soit. Il a maintenant compris et abandonne la partie. Si on lui reproche de maudire l'amour, il répondra qu'*un mourant a le droit de tout dire.* Vieilli avant l'âge, il *crache blanc comme coton* et le traitement que lui a infligé cette canaille d'évêque d'Orléans n'a pas arrangé les choses. Lui et ses acolytes ont bien droit aux souhaits qu'on forme pour eux !

Car le moment est venu de distribuer à chacun ce qui lui revient. De ce qui a été offert dans le *Lais* de 1456, rien ne sera révoqué. Le Bâtard de la Barre profitera tout le premier d'une affection qui ne s'est pas refroidie. De vieilles nattes s'ajouteront aux bottes de paille qu'il a déjà reçues pour mieux exercer le métier que l'on sait. Les autres, s'ils n'ont encore rien obtenu, feront valoir leurs droits auprès des héritiers. A ces *lais* anciens, vont s'en ajouter d'autres. Précieuse sera l'aide du clerc Fremin; il donnera à l'acte toute la publicité qui convient, à condition qu'il entende, bien éveillé, ce qu'on va lui dicter *au nom de la Très Sainte Trinité.* A vrai dire, les préliminaires ne sont pas encore tout à fait terminés. Il faut rappeler en particulier ce que seraient devenus sans le Christ les hommes souillés par la faute d'Adam — à l'exception des patriarches et des prophètes qui jamais, à coup sûr, en attendant la Rédemption, ne *sentirent aux fesses* la chaleur des flammes infernales. Sans être maître en théologie on peut du moins le supposer d'après la parabole de Lazare et du mauvais riche. En revanche, *bourde mise à part*, les buveurs invétérés doivent trouver là-bas qu'il coûte cher de *se rafraîchir la mâchoire.* Mais assez discuté et plaisanté. Le poète dépose son âme aux pieds du Créateur et de Notre Dame. Puis il rend à la terre son corps qui en est sorti : les vers n'y trouveront certainement pas grand'graisse. A maître Guillaume de Villon, qui a été pour son protégé plus doux que mère, reviendra la *librairie* du défunt et son *Roman du Pet au Diable*, dans la copie faite par Guy Tabarie, *homme véritable* (au point d'être trop bavard et de trahir ses complices !)

Villon a aussi de grandes obligations envers sa mère : pour la dédommager de toutes les tristesses causées par son fils, l'émouvant chef-d'œuvre qu'est la *Ballade pour prier Notre Dame* lui sera offert. Une autre femme, *l'amie*, mérite d'avoir ici sa place et son souvenir. Qu'elle s'appelle ou non Rose, elle n'est guère flattée, il faut l'avouer. Aura-t-elle, car elle aime surtout l'argent, une bourse de soie remplie d'écus ? A quoi bon : elle est déjà pourvue. Préférera-t-elle qu'on la recommande aux descendants de Michaut, lesquels ont toutes les aptitudes voulues pour satisfaire ses instincts lascifs ? Le ruffian qu'est Pernet de la Barre lui transmettra une *ballade* dont les propos courtois, les appels à la pitié, les invitations à ne pas attendre les outrages de la vieillesse et l'acrostiche inattendu (qui associe les deux prénoms de Marthe et de François) font contraste avec le contexte. Pourquoi Ithier Marchand, naguère déjà pris à partie, reçoit-il maintenant un *lay* qui est en réalité un *rondeau*? Et surtout pourquoi ce menu poème pleure-t-il la mort d'une tendre amie, par exception fidèle ? Mystère.

Personnages et dons continuent de défiler rapidement, selon les procédés et la technique du *congé* de 1456. Jean Cornu, clerc criminel au Châtelet et que nous connaissions, sert cette fois de prétexte au transfert compliqué d'un jardin sans clôture et d'une maison sans huis ni pignon. Pierre Saint-Amant et sa femme, pour leur part, suggèrent de nouveaux et inquiétants calembours sur les enseignes du *Cheval Blanc* et de la *Mule*, transformée en *âne rouge*. Denis Hesselin, *élu de Paris*, recevra des muids de vin, remplis d'eau au besoin, si pareille substitution se révèle préférable pour sa raison et sa santé. Jacques Raguier disposera du *Grand Godet* de Grève, pour pas cher, à moins qu'il n'aime mieux vendre ses braies pour boire seul à la *Pomme de Pin*. Merebeuf et Louviers, drapiers aux prétentions aristocratiques, sont certes gens à porter des éperviers de chasse : plutôt que de se compliquer l'existence, qu'ils achètent leur gibier chez la Machecoue, marchande de volailles. Robin Turgis possède la *Pomme de Pin.* Il aimerait découvrir la cachette du poète pour lui faire rembourser ses dettes. Puisse-t-il ne jamais y parvenir et se contenter du bel espoir d'être un jour échevin, comme peut le lui promettre *un enfant de Paris* qui, ayant connu deux dames du Poitou, parle un peu *poitevin,* c'est-à-dire aime à se moquer du monde.

L'ivrogne et gourmand Jean Raguier, sergent du Prévôt, récoltera sur le museau un *soufflé* (soufflet) au fromage, et pour faire passer le tout n'aura qu'à se rafraîchir à la *Fontaine Maubué.* Michaut du Four sera pour le Prince des Sots, organisateur des réjouissances publiques, une précieuse recrue, bien qu'il ne soit point du tout drôle. A chacun des deux cent vingt sergents du Prévôt, l'ornement d'une cornette conviendra pour leurs chapeaux de feutre : passé autour du cou, cet ornement fera penser à une corde de potence. Et revoici le plus ignoble d'entre eux, le Bâtard de la Barre, Pierre Marchand : qu'il modifie ses armes, et y figure des dés plombés pour mieux proclamer ce qu'il est, un tricheur. Les fièvres quartes, au surplus, l'enverront au diable. Casin Cholet, tonnelier, *qui aime bruit et noise,* remplacera son maillet par une épée lyonnaise, et Jean Le Loup, autre fripouille, sera aidé d'un petit chien pour dévaliser les poulaillers ; un grand manteau l'aidera à cacher ses larcins. L'Orfèvre de Bois, Jean Mahé, aide du *questionneur,* aura cent clous de gingembre, belle ration d'aphrodisiaque et promesse d'on ne sait quels accouplements ! Jean Riou, capitaine des archers de la ville et fourreur de son état, se partagera avec ses hommes six hures de loup. Certes, cette viande infecte, cuite avec de la piquette, est lourde à digérer ; mais elle peut convenir à des troupes en campagne et, à la rigueur, le poil peut servir à fourrer une robe pour l'hiver. Robinet Trascaille appartient quant à lui au Trésor : il ne voyage pas à pied dans Paris, mais il lui manque une jatte pour *parfaire son ménage*. Comme il n'ose pas l'emprunter, on la lui donnera. Le barbier Perrot Girard, de Bourg-la-Reine, mérite bien *deux bassins et un coquemart* en remerciement d'une généreuse hospitalité, offerte en compagnie de l'abbesse peu farouche de Port-Royal. Puisqu'il est question de couvents, où l'on se nourrit bien, mendiants, dévots et béguines auront des soupes à faire envie aux Jacobins, et des flans substantiels. A vrai dire, ces *pères et mères de tous les enfants de Paris* n'ont besoin de rien et ils sont puissants. Le docteur Jean de Pouilleu, Jean de Meung et Matheolus l'ont appris à leurs dépens. Mieux vaut donc ne pas trop insister sur des gens particulièrement aptes à se venger quand on les attaque. Frère Baude, un Carme, paiera pour les autres. C'est un débauché : des armes appropriées l'aideront à défendre sa *cage verte*, autrement dit la prostituée dont il a fait son amie. Le gardien des sceaux de l'Officialité a assez *mangé d'étrons de mouches* en exerçant ses fonctions : il n'aura plus besoin de lécher ses cachets avant de les appliquer sur la cire ; on y aura mis d'avance la salive nécessaire et son pouce aura été préalablement aplati à souhait pour remplir son office. D'autres personnages encore, appartenant au monde des tribunaux, auront ici leur lot : le plus notable est Me Jean Cotard, procureur en cour d'Église. Célèbre est l'*oraison* dont le poète le gratifie, en plaisantant sans méchanceté son gosier toujours asséché.

Au couplet 126, la verve de Villon n'a rien perdu de sa vigueur et de sa causticité. Après le jeune Merle, changeur, les trois usuriers qu'avait fustigés le *Lais* reparaissent. Ils ont grandi, les *pauvres enfants*. Ils sont en âge d'aller à l'école et peuvent prétendre à une éducation soignée. On les dispensera du *Donat*, trop difficile pour qui ne sait pas *donner :* ils auront plus de profit à étudier l'*Ave salus tibi decus* que le *Grand Credo*, car *decus* rime avec *écus*. Deux clerjons voisinaient avec eux dans le *Lais :* ces vieux chanoines branlants, devenus à leur tour par antiphrase des *enfants bien droits*, souhaitent bourses, prébendes et titres. Ils en auront. Mais où seront-ils dans trente ou quarante ans, même si Dieu les protège ? Peu importe, le *collateur* a reçu les instructions nécessaires et on leur tirera les oreilles s'ils ne prient pas pour leur bienfaiteur. Michel Culdoe et Charlot Taranne, qui sont fortunés, ne peuvent attendre que de l'argent. Villon leur promet *cent sous*, évidemment tombés du ciel, à condition qu'ils saluent de sa part *Jeanne ou une de ses pareilles*. Au seigneur de Grigny, le *Lais* avait offert Bicêtre. Il aura maintenant une autre ruine à restaurer, la *tour de Billy :* à lui de trouver les fonds nécessaires. Thibaut de la Garde, à qui le prénom de Jean conviendrait mieux en raison sans doute de ses déboires conjugaux, a été lui aussi généreusement pourvu en 1456. Cette fois, il partagera avec le *procureur* Genevoy le *Barillet*, cadeau tout indiqué pour des gens dont le vin a empourpré le nez. Entre autres suppôts du Châtelet, Pierre Basanier, greffier criminel, acceptera bien quelques *épices*. Mais le prévôt Robert d'Estouteville, qui, tel un nouvel Hector, a conquis sa dame dans un tournoi, recevra une gaillarde *ballade* où, en acrostiche, sera nommée cette dame devenue son épouse : Ambroise de Loré.

En tête d'un autre groupe de légataires, les frères Perdrier occupent une place d'honneur. L'un d'eux ayant « desservi le poète à Bourges », une diabolique recette de cuisine nous apprendra la meilleure manière d'*accommoder les langues envieuses*. Me Andry Courault, procureur du roi René, partage sans doute le goût de son maître pour les bergeries : les fameux *Contredits de Franc Gontier* remettront les choses au point. Quant à Mademoiselle de Bruyères qui prêche les filles de petite vertu, elle saura à quoi s'en tenir grâce à une *ballade* composée à son intention, sur le *bon bec des femmes de Paris*. Les femmes de Paris ! C'est un sujet qu'on ne saurait si rapidement épuiser. Il y a celles qu'on voit assises sur les plis de leurs robes aux portes des églises. Il y a les chambrières qui profitent si bien du sommeil de leurs seigneurs et dames pour faire l'amour. Il y a celles qui, comme Jacqueline, Perrette et Ysabeau, mériteraient bien d'avoir une part de tous les bons morceaux qui se perdent chez ces moines gourmands mais avares que sont Jacobins, Célestins et Chartreux. Il y a surtout la *grosse Margot*, *dévote créature* qu'une ballade à allure de *sotte chanson* met en vedette sans pudeur parmi les filles de joie du Paris de cette époque.

Achevé ce morceau de bravoure, Villon ne peut s'empêcher d'associer au souvenir de Margot celui de Marion l'Idolle et de Jeanne de Bretagne. Puis il passe à de moins notables personnages : Noël Jolis, qui mérite une vigoureuse correction, les malades de l'Hôtel-Dieu — *à menu gent menue monnaie* —, le barbier Colin Galerne à qui un gros glaçon de Marne servira bien pendant l'hiver, ou encore les *enfants trouvés*. Mais les *Enfants perdus* ne sont-ils pas plus à plaindre ? Une *belle leçon*, complétée par une *Ballade de bonne doctrine*, les engage à ne pas songer trop tard à la mort. Le poète lui-même ne peut se retenir de méditer sur la terrible menace. L'image du *cimetière des Innocents* et de ses charniers lui inspire d'abord des propos égalitaires, vu qu'en ces sinistres lieux *l'évêque n'est rien de plus qu'un porteur de lanterne*, puis un mouvement de compassion générale pour tous les trépassés : *Plaise au doux Jésus les absoudre !*

Approcherions-nous de la conclusion? Pas encore, car il y a des oublis à réparer ou des compléments à fournir. Ainsi Jacques Cardon aura droit à une plaintive *bergerette*, sur l'air de *Marionnette* composé pour Marion la Peautarde. Me Lomer, pour son compte, se contentera de quelques souhaits pour favoriser ses exploits amoureux. Aux amants malades, outre le *Laiz* de Me Alain Chartier, un bénitier rempli de larmes conviendra à merveille, à charge de dire un psautier pour l'âme du poète. Me Jacques James, qui se tue pour amasser des biens, aura loisir de se fiancer avec autant de belles qu'il voudra, mais il n'en épousera aucune : que ce que la débauche lui a procuré retourne à la débauche! Le *Sénéchal*, Pierre de Brézé sans doute, que Louis XI vient d'enfermer à Loches, se contentera de *sornettes*, bien qu'il ait un jour payé les dettes du testateur. Au tour du Chevalier du Guet, Jean de Harlay : il aura pour pages deux hommes si incapables qu'ils viennent de perdre leur emploi. Chapelain, lui, appréciera une *chapelle à simple tonsure;* une *messe sèche, où il ne faut pas grand lecture*, est tout ce qu'il est en mesure de faire; il s'intéresse d'ailleurs plus aux chambrières qu'au salut des âmes.

Mais qui interprétera en cas de litige le présent testament? Jean de Calais, bien sûr, notaire du Châtelet. Il aura pleins pouvoirs, en particulier, pour transférer certains legs, si les destinataires ont entre temps passé de vie à trépas. On peut lui faire confiance, il ne détournera rien à son profit! Reste à régler le problème de la sépulture et des obsèques. Villon entend reposer à *Sainte-Avoye*, couvent d'Augustines, rue du Temple. Comme la chapelle est au premier étage et qu'il ne faut pas surcharger le plancher, il n'y aura pas de monument. Par contre, on dessinera le portrait en pied du défunt, à l'encre si ce n'est pas trop cher; l'épitaphe étant tracée au charbon, sans entamer le plâtre. Elle rappellera *le pauvre petit écolier qui fut nommé François Villon* et invitera les *galants* visiteurs à réciter une émouvante parodie — en forme de *rondeau* — de l'office des morts : *Requiem aeternam dona eis, Domine, et lux perpetua luceat eis.* Qui sonnera les cloches au cours du service? Car il faudra mettre en branle le *Gros Beffroi* de Notre-Dame, dont le bruit a conjuré miraculeusement tant de malheurs. Les préposés à cet office recevront quatre ou six miches — des *miches de Saint-Étienne*, c'est-à-dire des cailloux ronds en forme de petits pains. Guillaume Volant et Jean de la Garde, riches négociants, accepteront ce salaire, bien qu'ils passent pour avares.

Dernières formalités. Les exécuteurs testamentaires devront inspirer confiance. Ce seront des personnages puissants, Martin Bellefaye, *lieutenant du cas criminel*, sire Colombel et Michel Jouvenel, bailli de Troyes. Ils pourraient toutefois se récuser, à cause des premiers frais. Alors on aura recours à Philippe Brunel, seigneur de Grigny, à Jacques Raguier et à Jacques James. Peu avantageusement nommés dans le *Lais* et le *Testament*, ils ont assez de raisons de craindre Dieu pour se conduire correctement, sans qu'il faille les contrôler! Pour finir, car du côté ecclésiastique tout aussi doit être en règle, un *jeune prêtre*, Thomas Tricot, sera saisi du testament à son tour. C'est un ami, rencontré où son nom l'invitait à venir régulièrement, dans les *tripots*. Le luminaire, auquel il est temps de penser, sera à la charge de Guillaume du Ru, un gros marchand de vin de Paris...

Tout a été dit maintenant et il faut conclure, car le temps presse, le testateur se sentant à toute extrémité. *Aussi crie-t-il à toutes gens merci*, mais fort joyeusement. *La Ballade de Mercy* n'est en effet rien moins qu'édifiante en dépit de son refrain. Quant à la ballade finale, elle pousse la plaisanterie jusqu'au cynisme, quand, après avoir repris la *parodie de l'amant martyr*, elle s'achève sur cet *envoi :*

> Prince, gent comme esmerillon,
> Sachiez qu'il (le pauvre Villon) fist au departir :
> Un traict but de vin morillon
> Quand de ce monde voult partir!

Cette analyse, qui s'est voulue très objective et relativement détaillée, a certainement préparé le lecteur à comprendre les questions que les critiques se sont posées sur la structure et la composition du *Testament*. Dès 1933, M. Italo Siciliano écrivait : « Je ne crois ni à l'unité historique de l'œuvre, ni à sa composition d'un seul jet, ni non plus à sa date. » Effectivement, Antoine Campaux l'avait déjà fait remarquer en 1859, un contraste surprenant s'accuse entre la première partie du poème, parfois si grave et si émouvante — à l'exception de la diatribe contre Thibaut d'Aussigny et quelques saillies isolées — et la seconde partie, exclusivement satirique ou parodique, dont on vient de lire l'inquiétante conclusion. Certains ont cru pouvoir expliquer ces disparates par la double nature d'un homme qui déclare lui-même être capable de *rire en pleurs*, sans cesser pour autant d'être un et logique avec lui-même. Mais ne serait-il pas préférable de soutenir que Villon *a achevé* son *Testament*, non au sortir de la prison de Meung en 1461, mais après son bannissement en janvier 1463, moment à partir duquel nous perdons sa trace; que cette dernière mise au point a été faite avec des éléments rédigés en divers lieux et en divers temps; que le poème constitue donc le *journal* ou les *mémoires poétiques* de l'auteur; et même que le préambule, empli d'aveux et de regrets touchants, est postérieur à la liste endiablée des *lais*, donc qu'il doit être en réalité considéré, en dépit de la place qu'il occupe, comme le dernier message de Villon, d'un Villon vraiment repenti et touché enfin par la grâce ? La question ainsi posée est de première importance, point n'est besoin de le faire remarquer. Mais y peut-on répondre affirmativement, comme l'a fait avec une si généreuse assurance M. Italo Siciliano ?

L'argumentation du critique italien fait valoir, d'abord, qu'un certain nombre au moins des « ballades intercalaires » enchâssées dans le *Testament* n'ont pas été composées spécialement pour lui, mais insérées dans la suite de ses développements quand l'occasion s'est présentée. Écrites antérieurement et indépendamment, elles ne sont pas toujours introduites sans effort, bien que le contexte ait été disposé de manière à préparer ou justifier la citation. Certaines de ces « soudures », quoique habiles, restent très apparentes : c'est le cas notamment en ce qui concerne les ballades dites des *Langues envieuses*, de *Franc Gontier*, des *Femmes de Paris*. Elles traitent des sujets très différents, n'ont pas le même ton bien qu'elles aient été alignées dans un même passage à la suite l'une de l'autre. L'*Oraison* pour Me Jean Cotard, quant à elle, a bien de quoi surprendre, car on conçoit mal « un mourant, même imaginaire, faisant des legs à un mort ». Quand Villon a-t-il écrit ce morceau de choix ? Non à la fin de l'année 1461, « car il serait saugrenu de déranger à ce moment le père Noé ou Loth... pour qu'ils se portent à la rencontre de l'âme d'un biberon mort depuis un an » ! Enfin la *ballade de la grosse Margot* est en contradiction avec le huitain qui l'introduit, puisque celui-ci donne à entendre qu'entre le poète — qui d'ailleurs ne sait plus où elle se trouve — et son amie tout est fini depuis longtemps. Il est donc clair que le *Testament* n'est pas d'une seule venue : le poète l'*arrange*, comme pour en faire *sa propre anthologie*, avec les meilleurs morceaux de son répertoire. Or, ce qui est vrai de quelques ballades pourrait bien l'être de maints passages, tels que les aveux ou regrets de la première partie. Sans rapport avec les legs facétieux du reste de l'œuvre et ne pouvant trouver place parmi eux, ils auraient été rejetés vers le début, — non sans provoquer une cassure après les tout premiers vers —, faits pour introduire un *testament burlesque*, qui ne viendra que longtemps après, aux vers 713 et suivants. Entre temps, les regrets personnels du poète s'étant prolongés par une méditation sur les dames et seigneurs du temps jadis, sur la décrépitude de la belle Heaulmière, un problème inattendu a été envisagé, qui a mis en cause l'étrangeté de la *nature féminine* et les expériences amoureuses du testateur! Et que vient faire cet épisode de l'*amant remis et renié* entre les *regrets* et les *legs*, avec lesquels il contraste également mais de façon différente, par le ton? La logique ne reprend ses droits qu'avec la « série abracadabrante des legs » qui, comme il convient, s'achève désormais sans rupture, en « vulgaire mascarade ». Mais entre cette fin et le prologue le désaccord n'en est que plus choquant, puisque d'une part on assiste à une « méditation sérieuse sur la vie et sur la mort », et d'autre part à une « parodie de la mort, du *requiem aeternam*, des funérailles ». Qu'au cours du poème un Villon jeune, étourdi et provocant se substitue à un Villon vieilli et parfaitement éclairé par le remords sur ses fautes passées, voilà qui renverse le mouvement naturel de l'évolution morale et psychologique qui a dû être effectivement celle du poète.

La vraie chronologie des parties contradictoires du *Testament* ne saurait donc correspondre à l'ordre dans lequel le texte les présente. Ici, Villon se dit mourant d'amour et près de sa fin : là, il est bien vivant et bien portant. Ici, il lègue une ballade à celle qui le tue : là, il affirme avoir cessé de souffrir pour elle. Ici, il renie l'amour : là il le regrette et souhaite encore profiter de ses plaisirs. Mieux, ici, il s'exprime comme s'il se trouvait à Paris, ailleurs comme s'il en était éloigné. En 1461, il cite Robert d'Estouteville comme s'il était toujours en fonction, alors qu'il est en disgrâce. A la même date, il mentionne la Machecoue alors qu'elle est déjà morte. Dans le *testament* proprement dit, ses *compagnons de gale* sont vivants puisqu'il s'adresse à eux, mais dans les *regrets* du début, ils ont disparu, morts ou dispersés. Ceci revient à dire que certains passages ont été écrits en 1461, d'autres avant, et d'autres plus tard. Au temps des *regrets*, Villon a dépassé les trente ans qu'il se donne dans les premiers vers du poème et qui restent son âge quand il teste ou conclut en avalant un *trait de vin morillon*. Il a donc révisé son *Testament* après 1461 pour y interpoler des morceaux plus récents, sans se préoccuper des disparates que ne pouvait manquer de produire un tel amalgame. Ces disparates ne tiennent pas à la double nature du poète. Elles ne s'expliquent pas par le fait qu'il est homme à toujours *rire en pleurs*. Elles proviennent de ce qu'en lui le *fol*, auteur du *testament burlesque* et de tout ce qui s'y rattache directement, a finalement cédé la place à un *personnage nouveau* qui, désormais instruit par ses malheurs, bat sa coulpe et met tous ses espoirs en Dieu et Notre Dame. Villon a d'ailleurs été *nourri de bonne doctrine*. Sa foi profonde a enraciné en lui une « morale saine et même sévère » qui, d'abord « submergée sous des flots de bourbe et de lie », a pu très bien un jour refaire surface, grâce à l'âge, à la crainte et à la souffrance, pour transformer le dévoyé et le coquillard en pécheur réellement repenti.

On le voit, l'argumentation de M. Siciliano ne manque pas de force persuasive. Mais elle soulève malgré tout de sérieuses objections. Bien sûr tout, dans le *Testament*, n'a pas été écrit d'un seul jet et, parmi les ballades intercalaires, un assez bon nombre remontent à une date antérieure à 1461. Il n'est pas impossible non plus que certaines additions aient été faites ultérieurement. Le malheur est qu'on ne peut pas établir avec certitude leur exacte chronologie, en particulier assurer que quelques-unes ont suivi le départ pour l'exil, en janvier 1463. De toute manière, il est difficile de nier que l'arrangement général du poème tel qu'il nous est parvenu ait été l'œuvre du poète lui-même. Or si Villon, en y mettant la dernière main, avait été vraiment l'homme assagi pour de bon que M. Siciliano voit en lui à partir de 1463, comment aurait-il pu ne pas être choqué tout le premier par le démenti que sa conclusion donnait aux *regrets* placés après coup dans le prologue? Si ces regrets étaient vraiment son dernier mot, aurait-il supporté de laisser à ses lecteurs l'impression qu'il ne s'en souciait plus le moins du monde au moment de signer et de se taire pour toujours? Force est donc d'envisager des explications plus complexes que celles dont M. Siciliano s'est servi pour défendre son point de vue. Dans ces conditions, le *je ris en pleurs* de la ballade dite du *Concours de Blois* ne peut pas ne pas revenir à l'esprit. Il s'agit bien d'un cliché banal, traité dans le prolongement d'un débat plus ou moins artificiel, imaginé par Charles d'Orléans et son entourage. Mais Villon n'est-il pas homme à s'intéresser sincèrement à des jeux de ce genre, précisément parce qu'il est d'humeur changeante et instable? Tour à tour et presque en même temps sollicité par des impulsions opposées, conscient du perpétuel combat que se livrent en lui les pires et les meilleurs instincts, il a pu se reconnaître dans une antithèse facile et lui trouver une vérité conforme à sa propre nature. Dès lors le repentir de la première partie du *Testament* pourrait ne pas apparaître plus définitif ni plus exclusif que les provocations qui le terminent. Entre celles-ci et celui-là il n'y aurait donc, chronologiquement et psychologiquement, rien de cette absolue *incompati-*

bilité que voit M. Siciliano. Après tout, au lendemain de sa condamnation à mort, Villon a bien écrit, selon toute vraisemblance, non seulement la *Ballade des Pendus*, mais encore le *Quatrain : Je suis Françoys, dont il me poise...*

Concluons. Le *Testament* laisse en effet apparaître de graves contradictions. Il a été formé d'éléments rédigés à des dates diverses, qui peuvent avoir précédé ou suivi celle que le poète assigne personnellement à son œuvre. Mais fixer avec précision les étapes qu'on soupçonne est actuellement impossible. Il est donc tout aussi difficile d'assurer que la *vraie conclusion* de l'ensemble est à chercher non à la *fin*, mais dans le *prologue* du poème. Et, à supposer même que celui-ci ait été rédigé après le testament proprement dit, il n'en résulterait pas obligatoirement que l'auteur ait voulu démentir d'avance par lui toute la suite, qu'il faille en conséquence le considérer lui-même, quand il achève le poème, comme un homme entièrement différent de celui qu'il était avant 1461 : un pécheur corrigé de ses folies et à l'abri désormais de toute récidive ou rechute. C'est dire qu'il faut interpréter le *Testament* avec prudence, et avec beaucoup de générosité sans doute, mais sans se faire trop d'illusions sur la conversion qu'il semble parfois annoncer ou promettre. On comprendra qu'avant d'entreprendre cette tâche délicate nous considérions, pour avoir une information plus complète, les seize poèmes qui, rassemblés dans les éditions modernes sous le nom de *poésies diverses*, n'ont pas été intégrés dans un ensemble plus vaste, mais peuvent très utilement éclairer aussi bien le *Lais* que le *Testament*.

LES POÉSIES DIVERSES 6

Parmi elles, trois *ballades* — celle des *Proverbes*, celle des *menus Propos*, celle des *Contre-Vérités*— sont des exercices de virtuosité dont les ambitions sont avant tout formelles et rhétoriques. Plus aisée à dater, la *Ballade du Concours de Blois*, écrite entre 1456 et 1460, comme la plupart des pièces insérées dans le *Testament*, est de la même veine. Dans cette poésie de jeu qui sacrifie à des modes fort répandues vers le milieu du xve siècle, on relève cependant des formules, notamment dans les *refrains*, qui peuvent apparaître comme autant de définitions jetées en passant par le poète pour caractériser sa manière d'être ou ses états d'âme du moment : *Je connais tout fors que moi-même, Je ris en pleurs et attens sans espoir... bien recueilli, debouté de chacun.* Cette accumulation de paradoxes, d'antithèses cocasses ou de formules proverbiales n'est donc pas absolument gratuite. L'esprit de Villon, sa sensibilité et sa technique éprouvent à manier tous ces procédés et tous ces thèmes trop de satisfaction pour que celle-ci ne traduise pas de profondes et significatives affinités.

La *Ballade de bon conseil* rejoint la *Belle leçon aux enfants perdus* et la *Ballade de bonne doctrine* du *Testament*. Le moraliste qui, nous avons eu déjà l'occasion de le dire, existe en Villon, trouve moyen d'y prouver une fois de plus, par la densité de son

Villon

langage, qu'il s'inspire de l'expérience vécue beaucoup plus que des exhortations traditionnelles des théoriciens. Aussi est-on quelque peu surpris de le voir accumuler lourdement des malédictions bibliques et mythologiques dans la *Ballade contre les ennemis de la France*, dont certains d'ailleurs lui contestent la paternité. Heureusement, un écho plus direct des péripéties dramatiques qui ont marqué la vie du poète retentit dans d'autres pièces. On relève d'abord l'*Épître à Marie d'Orléans* que nous a conservée le manuscrit La Vallière, album poétique de Charles d'Orléans. Soit à l'occasion de sa naissance en décembre 1457, soit à l'occasion de sa première « entrée » à Orléans, Villon y remercie la petite princesse de l'avoir arraché à la mort. Ici comme ailleurs, il reste très discret sur la nature exacte des malheurs ou des dangers qu'il vient d'affronter. Par ailleurs, il sait mal exprimer sa reconnaissance, utilisant un langage qu'on eût préféré plus naturel et plus spontané : il est vrai que le nom de sa bienfaitrice incitait à imiter la phraséologie hyperbolique du lyrisme marial.

A l'affaire de Meung, qui avait déchaîné tant de malédictions contre l'évêque Thibaut d'Aussigny, se rapporte encore l'*Épître aux amis :* car il s'agit d'appeler au secours d'anciens compagnons qui se montrent oublieux du prisonnier en *piteux arroi.* La *Requête à Mgr de Bourbon*, postérieure de peu, évoque par une pressante demande d'argent un rapide séjour à Moulins, avant le retour à Paris.

Les poèmes qu'il reste à envisager sont tous plus récents, qu'ils soient ou non en relation directe avec la condamnation et le bannissement de 1463. Celui qui éclaire le mieux la personnalité du poète est sans doute le *Débat* dit du *cœur et du corps de Villon*. Il oppose en fait Villon à sa propre conscience, un Villon fuyant, désinvolte et incorrigible qui, fermement sermonné, cherche des excuses à sa conduite et finalement se refuse à tout effort de redressement, dans l'immédiat tout au moins. On a les meilleures raisons de penser que Villon ne s'est jamais mieux défini et jugé que dans cette *ballade*, qui résume toute son œuvre et toute sa vie. Contemporaine ou postérieure de peu, la *Ballade de Fortune*, intitulée aussi *Problème*, nous place dans une atmosphère analogue. La Fortune, avec une franchise aussi rude qu'érudite, y invite le poète à *prendre tout en gré :* de quoi se plaindrait-il, lui qui n'est qu'un *souillon*, alors que tant de personnages illustres ont été traités avec plus de rigueur que lui ? Une fois encore Villon cherche à rejeter la responsabilité de ses malheurs ou de ses fautes sur des forces extérieures, aussi incontrôlables que maléfiques ; mais comment pourrait-il nous convaincre, lui-même ne parvenant jamais à se rassurer tout à fait ? Nous sommes en revanche émus jusqu'au fond de nous-mêmes, lorsque, renonçant à se trouver des excuses, il fait appel à l'unanime pitié de ses *frères humains*, dans la fameuse *Ballade des Pendus* ou *Épitaphe Villon. Tous hommes*, en effet, *n'ont pas bon sens rassis* et il n'en existe aucun qui n'ait, si peu que ce soit, à se faire pardonner. On ne doit pas *avoir dédain* de ceux *qui sont occis par justice :* une seule et même prière peut et doit alors nous unir *tous*, puisque *tous*, au moment de mourir, nous avons également besoin *que Dieu nous veuille absoudre*. A ce cri sincère, émouvant et persuasif, nous ferions écho plus encore si nous étions certains qu'il résume entièrement l'état d'âme du poète, au pied du gibet que lui destine en 1463 un tribunal de toute évidence trop sévère. Or si, comme on est en droit de le supposer, la *Ballade des Pendus* fut composée dans les circonstances que nous venons d'évoquer, il est non moins probable que ces mêmes circonstances sont à l'origine du *quatrain* où le poète plaisante de façon macabre sur la corde qui saura bientôt faire sentir *à son col que son cul poise*. Certes, ces deux images contradictoires d'un même corps, se balançant dans le vent et la pluie, ne sont pas au fond incompatibles. Toutes deux ont pu tour à tour hanter l'âme du condamné, suivant qu'il considérait son sort comme dérisoire ou pitoyable. Il était effectivement à la fois l'un et l'autre. Mais on préférerait savoir que le mauvais rire traduit par le *quatrain* a très vite et définitivement cédé la place à ce que la *ballade* exprime avec tant de bonheur et de conviction.

En tous cas, la *Louange à la Cour* et la *Question au clerc du guichet* ne nous renseignent guère sur les leçons que le pauvre François a finalement tirées du péril mortel auquel il venait d'échapper de justesse. La première est un remerciement où la rhétorique se donne libre cours avec lourdeur, au point qu'on a pu reprocher à l'auteur d'oublier son génie quand il s'agit de dire sa reconnaissance. Au fond ces phrases ampoulées ne sont-elles pas faites avant tout pour réclamer un délai au départ, et de l'argent pour l'exil ? Quant à la *Question*, elle est inspirée à peu près uniquement par la joie — bien naturelle sans doute — d'avoir évité le gibet :

> Prince, se j'eusse eu la pepie,
> Pieça je feusse ou est Clotaire,
> Aux champs debout comme une espie.
> Estoit il lors temps de moy taire ?

On voit le ton. C'est celui de quelqu'un qui vient de sauver sa peau et proteste contre l'iniquité d'une sentence entachée de *tricherie*. Rien là qui rappelle la *Ballade des Pendus* ou les *regrets* de la première partie du *Testament*. Rien par conséquent qui vienne à l'appui des vues d'Italo Siciliano sur la profonde transformation que les événements de décembre 1462 et de janvier 1463 auraient provoquée dans l'âme du poète. On l'a vu, aucun argument décisif ne nous oblige à considérer que le *Testament* n'a été complété et définitivement mis au point qu'après la rédaction de la *Louange* et de la *Question*. Ces deux *ballades* ont donc toutes les chances d'offrir les derniers vers écrits par Villon avant de disparaître pour toujours. Elles n'autorisent pas à voir dans leur auteur un converti authentique, même s'il n'est plus le galant d'autrefois, plein d'insouciance et de désinvolture.

C'est dire que les *poésies diverses*, non plus que le *Testament*, ne permettent de préciser l'état d'âme du poète au moment où nous perdons sa trace. Tout porte à croire que les dures leçons qu'il a reçues et les périls qu'il a courus l'ont parfaitement éclairé sur lui-même. Mais il n'est pas prouvé que ces épreuves, en même temps qu'elles le rendaient lucide, l'ont corrigé complètement et remis dans le chemin de la pénitence. Une telle éventualité n'est certes pas à écarter, mais il est tout aussi vraisemblable que Villon est resté jusqu'au bout un faible, plus porté à plaindre son sort qu'à rassembler ses énergies, à se chercher des excuses qu'à se juger sévèrement, à remettre à plus tard le moment de se ressaisir qu'à prendre de bonnes résolutions et à les tenir aussitôt. Dans ces conditions, la seule attitude qu'un lecteur éclairé, objectif et bienveillant doit s'imposer est celle qui consiste à analyser les poèmes tels qu'ils se présentent à nous sans risquer sur leur véritable chronologie des hypothèses inévitablement hasardeuses, surtout dans le cas du *Testament*. N'est-ce pas en méditant tout simplement sur les contradictions et les ambiguïtés, voulues ou inconscientes, qu'elle fait apparaître parfois de façon si surprenante, qu'on a le plus de chance de bien comprendre l'œuvre de Villon ? N'avons-nous pas affaire à un homme tourmenté, qui, bien que sincère, prend des attitudes et tient des propos sur lesquels on peut se méprendre, parce qu'ils signifient en réalité autre chose que ce qu'ils semblent dire ?

LA TRADITION LYRIQUE ET LE MILIEU PARISIEN AU LENDEMAIN DE LA GUERRE DE CENT ANS 7

O N répète souvent que Villon est le premier poète *moderne* et l'affirmation est très largement fondée. Pourtant, nul plus que lui n'est resté tributaire de la tradition littéraire médiévale : en témoigne l'important et solide ouvrage où M. Italo Siciliano s'est employé à souligner cette dépendance, *Villon et les thèmes poétiques du moyen âge*. D'autre part Villon, comme on a pu le constater, en particulier par la liste des bénéficiaires de ses legs, ne détache jamais sa pensée du Paris qu'il a connu — et aimé au point d'éprouver partout ailleurs un sentiment de profonde et obsédante nostalgie. Aussi Pierre Champion a-t-il accompagné sa longue biographie du poète d'une minutieuse évocation du Paris et des Parisiens de la seconde moitié du xve siècle, sous le titre significatif : *Villon, sa vie et son temps*. On ne peut éclairer comme il convient l'œuvre de Villon sans faire état de ces précieuses recherches.

Au moment où Villon voit le jour, la Guerre de Cent Ans n'est pas encore finie. Jeanne d'Arc a rendu aux Français l'espoir de vaincre, mais le traité d'Arras, qui détachera bientôt la Bourgogne du parti anglais, n'est pas encore signé. Paris sera libéré, sans violence ni débordement d'enthousiasme, dans la semaine de Pâques 1436, par les troupes du Connétable de Richemont et du Bâtard d'Orléans. La ville, où les

JEAN FOUQUET : LE SUPPLICE DES HÉRÉTIQUES DEVANT PHILIPPE-AUGUSTE
(au fond, la Bastille, le Temple, le gibet de Montfaucon).
Chroniques de Saint Denis. XVᵉ siècle. Bibliothèque nationale.

Anglais comme les Bourguignons avaient compté de nombreux partisans et recruté les juges les plus impitoyables de la Pucelle, n'eut pas à subir de lourdes représailles, grâce à la modération des vainqueurs. La paix, après l'expulsion définitive de l'ennemi en 1453, permit au royaume de relever ses ruines, de rétablir son économie et son prestige sous l'impulsion de Charles VII, puis à partir de 1461, de Louis XI. Sous les yeux de Villon, Paris avait donc repris sa physionomie habituelle, sa prospérité, son animation. Après les privations des années sombres, on s'y employait à bien vivre, à condition d'en avoir les moyens : d'où les redoutables tentations auxquelles devaient faire face ceux que le sort avait moins favorisés et qui voyaient autour d'eux s'étaler le luxe de la table ou du costume. Dans la foule parisienne, si dense et si contrastée, on remarquait tout particulièrement les femmes, à ce point jolies, coquettes et enjouées qu'elles eussent facilement « séduit Priam ou le vieux Nestor lui-même ». Ainsi s'exprimait un voyageur italien enthousiaste, Antonio d'Asti.

Le Paris de Villon, c'est surtout, évidemment, le Paris universitaire de la rive gauche, resserré dans la solide muraille de Philippe-Auguste. Il n'est plus le théâtre de troubles sociaux et politiques, de heurts sanglants entre Bourguignons et Armagnacs. Ce triste passé est oublié. Mais un calme studieux ne règne pas pour autant. Les maîtres, jaloux de leurs privilèges, les défendent bruyamment, mais non sans maladresse, contre les empiètements d'un pouvoir royal de plus en plus énergique et efficace. Quant aux écoliers, ils sont toujours turbulents et inquiètent à bon droit les bourgeois éberlués. Ne s'amusent-ils pas à déplacer des bornes, ou à décrocher, pour les marier ensuite, les enseignes suspendues aux maisons ? A l'appel des propriétaires exaspérés par ces coups de main et le bruit qui les accompagne, représentant du roi dans la capitale et chef de la police, le Prévôt intervient. Des bagarres éclatent. Les professeurs, recteur en tête, protestent contre cette répression, car l'Université échappe en principe à la juridiction civile et se réclame, légitimement, du tribunal épiscopal qu'est l'*Officialité* de Paris. Celle-ci et le Châtelet se disputent les coupables. Aussi les plus menus incidents ont-ils des répercussions considérables, comme lors de la mémorable affaire du *Pet au Diable*, dont Villon se vante d'avoir écrit un récit héroï-comique. Il s'agissait d'une pierre en forme de sac ou de vessie qui avait donné son nom à l'hôtel d'une dame respectable, Mlle de Bruyères. En 1451, les étudiants enlevèrent le Pet au Diable et le transportèrent sur la montagne Sainte-Geneviève. Le lieutenant criminel du Châtelet reçut mission d'enquêter et transféra au Palais la pièce à conviction. Les ravisseurs, relevant le défi, s'en prirent alors à la borne qui avait remplacé le Pet au Diable devant la maison de Mlle de Bruyères. Ils la déplacèrent à son tour et, l'ayant baptisée *Vesse*, ils obligèrent les passants à respecter ce qu'ils appelaient ses *privilèges*. Puis, poursuivant leur chasse aux enseignes et poussant des cris de mort à l'intention des bourgeois, ils allèrent jusqu'à voler des poules à Saint-Germain-des-Prés et à brutaliser une femme. Le prévôt se mit donc en campagne et fit donner l'assaut à la demeure d'un pédagogue où coupables et butin avaient trouvé refuge. Une arrestation est opérée. Un sergent ayant par dérision revêtu la robe d'un écolier, l'Université parle aussitôt de *molestations atroces*; elle vient en cortège haranguer le Prévôt. Alors une échauffourée éclate, où un écolier trouve la mort. Le Parlement lui-même doit intervenir. Il donne tort au Prévôt et sévit contre quelques comparses, ce qui n'empêche pas l'Université de recourir à son arme préférée, la grève. Les cours sont interrompus plus d'un an, et le calme ne sera totalement rétabli qu'en 1454.

Voilà qui ne devait guère favoriser les études, et il faut bien reconnaître que l'Université de Paris au xve siècle n'a pas brillé du même éclat que par le passé. Sans doute, depuis Thomas d'Aquin, des perspectives nouvelles se sont-elles ouvertes à la pensée, grâce aux philosophies critiques de Duns Scot et de Guillaume d'Ockham. De son côté, Marsile de Padoue a contribué à ébranler les vieilles structures médiévales en attaquant l'Église au nom de principes vigoureusement laïques. Mais l'effort spéculatif et l'effort scientifique sont finalement paralysés par la vaniteuse et parfois ridicule médiocrité des maîtres, leur penchant à se constituer en caste, l'attrait qu'exercent sur eux les richesses matérielles ou l'action politique. Il y a bien quelques humanistes, mais le malheur des temps a gêné leur action, en a réduit la portée et l'efficacité à des cercles restreints. Villon a donc reçu, selon toute vraisemblance, un enseignement plus verbal que propre à éveiller en lui le respect des plus hautes valeurs spirituelles. De la clergie il s'est vu aussi refuser les avantages matériels, par sa faute certes, mais encore parce que le monde des clercs s'entourait de barrières difficiles à franchir. Aussi, loin de le servir, ses études et ses titres ont-ils fait de lui, en dépit de la fierté qu'il en éprouve, un déclassé livré à lui-même et à toutes les tentations du désœuvrement, à toutes les amertumes de l'envie insatisfaite.

Si l'on considère le nombre et la diversité des hommes dont le poète cite les noms, accompagnés d'allusions aussi précises que personnelles, on est tenté de croire qu'il a pénétré dans de nombreux milieux et même parfois bénéficié de flatteuses relations, notamment parmi les clercs de finance ou du Parlement, sans parler de ceux qui gravitaient autour de Saint-Benoît-le-Bétourné, aux côtés de Me Guillaume de Villon. De ces derniers, l'auteur du *Lais* et du *Testament*, nous le verrons, semble avoir partagé l'esprit, les préjugés ou les inimitiés. Il les a donc approchés de très près. Ses relations avec les autres ont été certainement moins étroites et moins suivies, bien qu'il ait pu être le condisciple de quelques-uns d'entre eux. Mais ces derniers, une fois assagis et entrés dans une carrière lucrative, n'ont pas dû resserrer des liens qui pouvaient devenir compromettants. Divers critiques ont suggéré que Villon, au moins quelque temps, avait pu avoir ses entrées dans la demeure du prévôt Robert d'Estouteville et de son élégante épouse Ambroise de Loré.

L'éventualité n'est pas à rejeter. Mais on hésite à la prendre en considération, en dépit des propos du *Testament*, car l'incorrigible écolier qu'était notre poète n'avait pas seulement des raisons « mondaines » pour ménager un personnage aussi redoutable que le chef de la police parisienne. Ses démêlés avec la justice le prouvent, comme ses fréquentations habituelles les plus probables. Celles-ci l'ont mis surtout en rapport, dans les mauvais lieux, avec des hommes ou des femmes dont le moins qu'on puisse dire est qu'ils n'étaient guère recommandables et donnaient beaucoup de fil à retordre, précisément, au Prévôt.

Sur les tavernes, les filles et les mauvais garçons de Paris, Villon s'exprime en homme parfaitement initié. Il a donné des détails précis et beaucoup suggéré, mais il n'a pas tout dit. Sur ce sujet, qui prêtait au pittoresque et à la truculence, ses biographes modernes se sont étendus avec une complaisance qu'encourageait une documentation relativement riche. On peut en effet se faire une idée assez exacte de la vie que menaient alors les femmes folles de leur corps, soumises depuis saint Louis à une surveillance très stricte qui délimitait le périmètre de leurs exploits et réglementait sévèrement leur costume. On connaît les noms et les destinées des plus célèbres d'entre elles. On sait également que la fin de la guerre avait lâché dans les rues et sur les routes non seulement des vagabonds faméliques mais encore des brigands authentiques, groupés en associations plus ou moins clandestines et parlant un langage secret, un argot à eux seuls réservé. Villon connaissait ce jargon, à en juger par les ballades où il l'emploie, à supposer comme tout porte à le croire qu'elles soient de lui. A-t-il fait partie des *Compagnons de la Coquille*, sur lesquels le procureur de Dijon, Jean Rabustel, fut chargé d'enquêter en 1455 ? Il ne le semble pas. Mais un de ceux qu'il connaissait, Regnier de Montigny, figurait sur la liste de ces malfaiteurs, dont le chef Jacot de la Mer fut pendu, tandis qu'un de ses « sujets », faux-monnayeur, était, selon l'usage, bouilli. En tout cas, l'affaire du Collège de Navarre prouve que le protégé de Saint-Benoît était capable de s'entendre avec des crocheteurs de profession et même de se mettre à leur tête dans une expédition d'envergure. Il est non moins certain que dans les bagarres sanglantes auxquelles il participa ou assista, pour son malheur, en 1455 et 1462, il avait à ses côtés des gens fort peu inoffensifs. Ce sont là des faits trop concordants et trop révélateurs pour qu'on n'en tire pas les conséquences logiques. Villon n'a peut-être pas côtoyé et fréquenté que des mauvais garçons, mais il n'est que trop vrai qu'on le trouve toujours auprès d'eux, chaque fois qu'il fait parler de lui.

De ses aventures amoureuses, le tableau qu'on peut brosser, compte tenu de ses incomplètes confidences et de ce que nous savons de ses habitudes de vie, n'est guère plus brillant. Italo Siciliano est à ce sujet catégorique. Toutes les femmes que Villon a connues, toutes celles dont il cite les noms, sont plus ou moins des filles de joie : il n'a pas pu en rencontrer d'autres sur les chemins qu'il a suivis, et si l'on en juge par l'opinion qu'il a des femmes en général. Lucien Foulet ne partage pas l'avis, à ses yeux trop pessimiste, du critique italien. Il admet que Denise qui, pour quelque mauvaise parole, fit citer le poète devant l'Officialité, que Marion la Peautarde sur qui l'on faisait de plaisantes chansons, Marion l'Idolle et Jeanne de Bretagne se rencontraient sans doute dans des maisons où, parmi les *enfants perdus*, l'écolier a vite fait d'en remontrer à son maître. Il estime en revanche que Jacqueline, Perrette et Ysabeau — qui dit *Enné* (vraiment) — étaient des jeunes filles bien élevées, entrevues un jour et peut-être aimées un instant pour leurs manières précieuses. A Catherine de Vausselles on pourrait de même opposer la *chère rose*, qui s'appelait Marthe si l'on en croit l'acrostiche de la ballade dont le *Testament* la gratifie : coquette certes, elle devait être pourtant de bonne maison. En réalité, rien dans le contexte, bien au contraire, ne vient appuyer formellement de telles suggestions. Aussi s'explique-t-on ces conclusions d'un troisième critique, Fernand Desonay : « Plus je relis le *Testament*, et plus je suis frappé par l'indigence de cette poésie, en ce qui concerne l'expression du sentiment amoureux... A juger sur le *Lais*, nous avons affaire à un misogyne de la pire espèce, puisque, au décri d'une seule femme, s'ajoute le mépris du sexe entier. » Le reste de l'œuvre est non moins décevant : « En dehors de l'étreinte animale, Villon n'entend rien à l'amour ! » Nous aurons, le moment venu, à nuancer ces jugements catégoriques. Retenons simplement, dans la perspective où nous nous plaçons pour le moment, que les Parisiennes approchées par Villon ont toutes les chances d'avoir été le contraire de ce que la tradition courtoise appelait des *dames* et, surtout depuis Alain Chartier, des *dames sans merci*. A supposer qu'il en existât de telles dans la réalité, elles eussent appartenu à des milieux et habité des demeures qu'il n'a dû le plus souvent connaître que du dehors et par ouï-dire.

Du Paris de son temps Villon n'a donc eu qu'une vue partielle, parce que son expérience a été limitée par les conditions mêmes de sa propre vie. Mais notre évocation de ce Paris serait incomplète si nous parlions seulement de ses rues aux enseignes multicolores, de ses cloîtres paisibles — ce qui ne veut pas dire sans malice —, de ses tavernes bruyantes et mal famées, de ses écoliers farceurs, de ses clercs batailleurs, ambitieux ou faméliques, de ses truands, de ses femmes bavardes ou légères. Deux spectacles saisissants ont certainement agi aussi sur l'imagination du poète : accessibles à tous les regards, ils ont dû particulièrement attirer ceux d'un homme qui a senti très tôt peser sur lui la menace d'un dangereux destin. D'abord le *Cimetière des Innocents*. Le xve siècle est hanté par l'idée de la mort, on le sait. Or, précisément, une *danse Macabré* avait été récemment peinte et commentée en vers dans le cloître de cette nécropole, en plein centre de la ville, tandis qu'à son portail était représentée la rencontre non moins *macabre* des *Trois Morts et des Trois Vifs*. Tout autour du vaste rectangle herbeux où les épidémies du siècle avaient parfois contraint d'inhumer simultanément des dizaines, voire des centaines de cadavres, une galerie s'étendait, ornée d'impitoyables dessins et couronnée d'une sorte de grenier où les fossoyeurs accumulaient les crânes et les ossements que leur pioche déterrait en creusant de nouvelles tombes. Il y avait là de quoi impressionner une population qui s'inquiétait d'autant plus de la mort qu'elle se sentait, avec mauvaise conscience, plus follement attirée désormais, comme Villon, par les jouissances et les plaisirs de la vie. Loin de fuir ce lieu, on s'y rendait volontiers, et non pas toujours pour s'y livrer à d'austères méditations : filles et galants, paraît-il, s'y donnaient rendez-vous parmi les merciers et les camelots qu'une nombreuse clientèle attirait là. Une émotion du même genre, plus propre encore à donner le frisson, attendait le promeneur, un peu au-delà de l'Hôpital Saint-Louis, devant le *Gibet de Montfaucon*. Aux poutres de bois soutenues par seize piliers, s'y balançaient, pour l'exemple, les corps pitoyables des suppliciés. La justice du temps était sévère et les tristes séquelles de la guerre lui fournissaient souvent l'occasion d'intervenir. Villon n'aurait pas écrit sa célèbre *Ballade des Pendus* si le souvenir fascinant de ce lieu d'expiation n'avait depuis longtemps hanté sa mémoire.

LES TROIS MORTS ET LES TROIS VIFS
Heures du Duc de Berry. XVe siècle. Bibliothèque Nationale.

Mais n'oublions pas que le pauvre François fut écolier et qu'il est devenu poète. Il ne semble pas que l'enseignement de la Faculté des Arts lui ait inculqué de très vastes connaissances. La culture dont témoignent ses poèmes n'a en tout cas rien d'exceptionnel. En revanche il doit beaucoup à la tradition littéraire dont se réclamaient les poètes de son temps. Il n'a inventé aucune forme nouvelle, aucun cadre original : il n'utilise même pas, loin de là, toutes les possibilités qui s'offraient à lui. Dans le *Lais* et le *Testament*, il se rapproche de ce que l'on appelait alors le *dit*, composition strophique d'une certaine ampleur, où, recourant à la fiction et à l'allégorie, on traitait de façon mi-didactique, mi-subjective les grands thèmes amoureux ou moraux. Comme il était d'usage aussi autour de lui, il cultive à côté du *dit* les *genres à forme fixe*, en particulier la *ballade*, où le lyrisme au sens strict du terme trouvait alors son cadre favori. Mieux encore, il utilise la *ballade* comme intermède à l'intérieur du *dit*, ce que tous ses prédécesseurs et ses contemporains ont fait, souvent avec bonheur.

Cette dette une fois admise, il serait toutefois erroné d'en surestimer l'importance. Certes, le *testament fictif*, forme du *dit*, a une longue et riche histoire que des recherches récentes ont permis d'explorer et d'éclaircir. En général il prend l'allure d'une *parodie*, où l'emploi d'une phraséologie à la fois religieuse et juridique peut produire des effets burlesques ou servir des intentions satiriques. Le folklore se rencontre ici avec une tournure d'esprit que la poésie des *goliards* a depuis longtemps illustrée, et qui reste celle des clercs formés par les universités du XVe siècle. On peut songer également, nous l'avons dit, au *congé*, genre souvent cultivé par les poètes d'Arras au XIIIe siècle. Rappelons même que le plus célèbre d'entre eux, Adam de la Halle, dans le

Jeu de la Feuillée où il donne au congé lyrique une forme dramatique, fait une large place à la satire personnelle. A vrai dire, les exégètes n'ont pu jusqu'ici, dans cette tradition abondante et multiforme, découvrir aucun texte qui pût à coup sûr passer pour une source directe du *Lais* ou du *Testament*. Villon a peut-être lu le très ancien *Testamentum porcelli* ou des versions du plus récent *Testamentum asini*, facéties fort goûtées dans les milieux cléricaux ou parmi les goliards. Il a certainement eu un jour sous les yeux le *Testament* de Jean de Meung, second auteur du *Roman de la Rose*, ou le *Testament par esbatement* d'Eustache Deschamps, ou tel passage dans lequel Alain Chartier fait un legs désabusé aux amoureux malades. Il ne pouvait davantage ignorer les laborieuses allégories que la lyrique courtoise multipliera un peu partout en Occident avant de s'éteindre : *messes* ou *de profundis d'amour*, qui appelaient tout naturellement de la part des martyrs fictifs qu'on y célébrait la rédaction préalable de messages suprêmes ou de *dernières volontés*. Si donc, tout bien pesé, Villon n'a formellement imité aucun de ses devanciers, il partageait assez les goûts de son siècle pour trouver spontanément dans le *testament poétique* la forme qui convenait le mieux à son tour d'esprit, à ses préoccupations d'homme et d'artiste, celle, en somme, qui l'autorisait à mettre sur son visage tous les masques qu'il se plaisait à prendre pour mieux se peindre tout en se déguisant. Mais peut-être comprendra-t-on mieux la part d'imitation et la part d'originalité qu'il convient de distinguer dans l'œuvre de Villon si, poursuivant les rapprochements qu'on peut faire entre elle et la tradition lyrique médiévale, on passe de la notion de *genre* à celle de *thème*.

Envisagé dans son contenu, le lyrisme médiéval était resté *courtois*, en dépit des adeptes qu'il avait recrutés dans les milieux bourgeois et académiques des grandes villes commerçantes du Nord. De Machaut à Charles d'Orléans, en passant par Christine de Pisan et Alain Chartier, il avait certes évolué, mais sans cesser de se réclamer de l'idéal et de l'esthétique qu'avaient élaborés, dès le XIIe siècle, les troubadours méridionaux et leurs émules du Nord, les trouvères. Émanation caractéristique des cours féodales et princières, la *courtoisie* n'avait véritablement de sens que pour un public d'initiés, socialement bien défini et délimité, auquel l'écolier parisien qu'était Villon demeurait pratiquement étranger. Pour ce public aristocratique et ces poètes, eux-mêmes aristocrates ou vivant à la solde des grands, l'*amour* était, avec la *chevalerie*, la préoccupation essentielle — un amour qui, tout en se réclamant du *désir*, s'efforçait de le transcender jusque dans l'illégalité de l'adultère par une ascèse minutieusement formaliste. On pensait en effet qu'une savante discipline d'inhibition, fondée sur un exigeant besoin d'élégance, pouvait prendre la valeur d'une éthique formatrice du sentiment. Le paradoxe d'une pareille idéologie est qu'elle appelle la possession, mais l'écarte en même temps, dans la mesure où elle mettrait fin à tout ce qui avait fait la poésie et le prix du *service d'amour* : l'attente, l'humilité, la discrétion, l'obéissance, l'effort à la fois joyeux et douloureux pour mériter un rarissime ou inaccessible *guerredon*.

Il est clair que de la théorie à la pratique l'écart pouvait être grand. On a peine à le mesurer, car, contrairement à nos habitudes romantiques, le poète courtois ne cherche pas à particulariser le lieu commun lyrique en multipliant les confidences personnelles. Il part plutôt de son expérience pour s'efforcer de retrouver et d'approfondir les principes de la doctrine communément admise autour de lui. D'où l'aspect désincarné de la *Dame* à qui vont les hommages, d'où l'abstraction et l'apparente convention qui caractérisent ces hommages — plus intellectuellement quintessenciés que chargés d'émotions vives. De la sorte distinguer, sous le vague de l'expression, la simple galanterie de l'authentique passion est bien difficile, et cette incertitude déçoit le lecteur moderne au point qu'il accuse souvent la poésie médiévale de mensonge ou d'insincérité. Pareil malentendu était inévitable. Or à l'époque de Villon, les convictions courtoises se prétendent aussi fermes qu'elles l'étaient autrefois, mais la logique du système, poussée jusqu'à ses ultimes conséquences, conduit à privilégier deux thèmes complémentaires aussi décevants, aussi décourageants l'un que l'autre, celui de l'*amant martyr* et celui de la *dame sans merci*. En même temps, un certain réalisme encourage des compromis auxquels on se serait naguère refusé : on sourit avec indulgence et même avec une équivoque complicité devant des formes de galanterie qu'on aurait naguère blâmées. Sous les attitudes et les propos orthodoxes, transparaissent ainsi des réactions qui le sont moins, dans la mesure où elles traduisent un pessimisme nostalgique ou au contraire des impatiences très positives, un besoin de satisfaction immédiate et facile. La *chevalerie* suit une évolution parallèle : tout en proclamant l'intangibilité de son code héroïque, elle n'est plus pour certains qu'un moyen de parvenir, alors que pour d'autres elle reste un cérémonial dont l'éclat et le formalisme semblent plus faits pour conjurer des regrets que pour entretenir des espoirs prometteurs.

Telle étant la situation, aucun écrivain ne pouvait songer à définir, pour la poésie en particulier, des fins vraiment nouvelles, ni à créer un langage neuf. Il fallait s'accommoder de la doctrine et de la phraséologie traditionnelles, en se servant au besoin de l'amour courtois comme d'une *métaphore* pour exprimer d'autres sentiments, eux aussi dominés par le regret du passé ou les déceptions d'un présent auquel l'ancien idéal était de plus en plus difficile à adapter. On était d'autant plus gêné pour sortir de ces cadres imposés qu'en face de la chanson de *style courtois* n'existait alors que sa caricature, la *sotte chanson*, dont la grossièreté outrancière et systématique permettait encore moins peut-être d'approcher de la vérité que les chimériques rêveries de la première. Villon, pas plus qu'un autre, ne pouvait échapper à de telles contraintes. Il les accepte, mais il s'en sert habilement, en les opposant de diverses manières, pour suggérer ce qu'il ne peut directement exprimer. Il ne prend jamais la défroque de *l'amant martyr* sans accompagner ce déguisement, qui lui convient mal, d'un clin d'œil ironique ou d'un éclat de rire, pas plus qu'il ne s'attarde à des scènes de *sotte chanson* sans tenir quelques propos dont la gravité inattendue vient tout à coup avertir le lecteur que l'intention profonde du poème n'est pas forcément celle que les apparences pourraient suggérer. Qui n'a pas compris ces curieux mécanismes risque d'être souvent dupe d'un art que le passé et le présent littéraires commandent dans une large mesure, on vient de le le voir, mais n'asservissent et ne faussent en rien : car les difficultés techniques que Villon avait à résoudre correspondaient à celles que lui-même éprouvait pour se comprendre et se faire comprendre, en raison des contradictions de sa propre expérience et de son propre tempérament. Nous aurons à y revenir maintes fois par la suite.

Dans d'autres domaines que l'amour, en particulier lorsqu'il s'agit de la Fortune, de la Mort ou de la Foi, les problèmes qui se posaient à Villon étaient moins complexes, car ces thèmes ne pouvaient susciter en lui que des images, des diatribes ou des effusions comparables à celles de ses contemporains.

Mais cette absence de conflit risquait de l'enfermer dans une décevante banalité. Par bonheur, il évite le danger grâce à sa relative mesure, grâce aussi et surtout à la pertinence et au naturel de ses propos. Son existence tourmentée lui a permis d'être vrai là où tant d'autres s'en tenaient à de simples clichés. Villon n'est pas non plus le premier auteur médiéval à avoir jeté autour de lui un regard aigri, critique ou indigné, qu'il s'agît des hommes ou de la société. Mais sa satire tranche sur les modèles dont elle a pu s'inspirer par la vigueur du trait personnel, la justesse incisive de l'allusion, le mouvement et le pittoresque de la caricature. Les silhouettes inoubliables que les legs lui permettent de fixer contrastent heureusement avec les généralités pesantes ou les reproches abstraits que la colère ou la déception inspiraient aux autres rimeurs devant le spectacle d'un monde corrompu. Et c'est ici que nous retrouvons l'influence de Paris, du Paris populaire au langage expressif, sans cesse renouvelé aux sources impures mais énergiques de l'argot des bas-fonds. Dans ce langage qu'il a bien connu et sans doute pratiqué lui-même quotidiennement, sous ses formes les plus directes ou les plus hermétiques, Villon a découvert des moyens que la littérature ne pouvait lui offrir : judicieusement employés, ils expliquent l'exceptionnelle efficacité de sa poésie et l'heureuse originalité qu'on lui reconnaît unanimement.

Les proportions du présent ouvrage ne permettent malheureusement pas d'illustrer plus en détail ces remarques. Telles quelles, espérons-nous, elles suffiront à éclairer les développements qui vont suivre et à en confirmer, s'il en était besoin, la justesse et la portée. Sachant maintenant où il faut chercher l'originalité du poète sans négliger les dettes qu'il a pu contracter, examinons de plus près les principaux aspects de son œuvre.

LA FEMME ET L'AMOUR 8

On a vu plus haut quelles expériences ont pu inspirer les réactions de Villon en face des femmes et de l'amour. On a vu également quelles influences littéraires ont pu à ce sujet gêner autant qu'orienter l'expression de sa pensée et de ses sentiments. Ce qu'ils furent exactement n'est donc pas facile à préciser : on en peut juger par le désaccord à cet égard des critiques modernes les plus avertis.

Il est clair que l'auteur du *Lais* et du *Testament* n'a jamais respiré vraiment l'atmosphère des cours et qu'il n'a jamais *servi* une *Dame*, au sens *courtois* du terme. Il connaît certes le langage de la *fine amour*, parce qu'il a lu de nombreux poètes; mais il utilise leur langage dans une intention surtout parodique, les thèmes de l'*amant martyr* et de la *dame sans merci* n'étant visiblement pour lui que des plaisanteries. Il ne feint de les appliquer à son propre cas que pour obtenir des effets violemment comiques, qu'il produit et souligne en insérant de la façon la plus incongrue, au milieu des propos les plus choisis, des vulgarités ou des obscénités. Qu'on se rappelle plutôt le préambule du *Lais* et cette formule du *Testament* :

> Car en amour mourut martyr,
> Ce jura il sur son couillon,
> Quand de ce monde voult partir !

On peut, il est vrai, opposer à ces données sans équivoque la *ballade* bien connue qui, dans le même *Testament*, s'adresse à la « chère Rose » que l'acrostiche dénomme finalement *Marthe*. Là s'exprime, apparemment sans sourire, un idéalisme plaintif qu'on pourrait sans abus qualifier de *courtois*. Mais, quoi qu'en ait pu dire Lucien Foulet, le contexte invite à revenir quelque peu sur cette impression favorable, car le legs de cette « chaste » requête est amené par des considérations qui ne le sont guère ou peuvent sérieusement inquiéter. N'accuse-t-elle pas la belle d'aimer par dessus tout l'argent et d'en avoir obtenu un peu partout en faisant marché de ses charmes ? Que signifient aussi cette référence à Michault « qui fut nommé le Bon Fouterre », cette mission confiée au Bâtard de la Barre, Perrenet Marchand, ailleurs traité plus ou moins de souteneur, et pour finir cette apostrophe énergique : « Orde paillarde, dont viens-tu » ?

Apparemment donc le scénario et les grossièretés de la *sotte chanson* correspondaient, mieux que l'idéalisme de la *chanson courtoise*, à ce que la vie avait pu permettre au poète d'observer. Il a certes rencontré dans les mauvais lieux de jolies filles ; mais il dut très vite être édifié sur leur désintéressement et leur vertu, ayant été plus souvent leur victime que leur amant comblé ou choyé. On ne saurait donc s'étonner qu'après avoir auprès d'elles « pris souvent vessies pour lanternes », récolté ou rendu plus d'un horion, et essuyé mainte avanie, il ne puisse dissimuler son mépris et sa rancœur à l'égard de ses amies de rencontre et des femmes en général. Tout en persistant, après tant de déboires, à les désirer, il en revient fatalement à la séculaire misogynie que continuent d'afficher les clercs médiévaux à la suite du célèbre Matheolus ou même de Jean de Meung — malgré les généreuses et récentes protestations d'une Christine de Pisan. Cet état d'esprit se traduit dans tous les morceaux de bravoure qu'il a consacrés au sujet : les *Regrets de la belle Heaulmière*, la *Ballade aux filles de joie*, les curieuses considérations sur la *nature féminine* qui les complètent, la *Double ballade* sur les folles amours « *qui font les gens bestes* », les *Contredits de Franc Gontier*, la *Ballade de la grosse Margot*, la *Ballade de bonne doctrine*. Mais n'allons pas nous imaginer que Villon, tout en persiflant la courtoisie et en mettant en scène des filles perdues, prend allègrement son parti d'une réalité triviale ou dégradante, qu'il fait sienne la leçon de celle qui fut Heaulmière, ou qu'il admire la grosse Margot. À propos de celle-ci notons qu'il a écrit :

> Ordure amons, ordure nous assuit,
> Nous defuyons honeur, il nous deffuit...,

tandis qu'il fait dire à la première :

> Le glouton, de mal entechié,
> M'embrassoit... J'en suis bien plus grasse!
> Que m'en reste il? Honte et pechié!

Voilà qui invite aussitôt à se poser une question essentielle.

Villon s'est-il toujours exprimé comme si, en amour, l'homme n'avait à choisir qu'entre les sottes et chimériques illusions de la courtoisie ou la souillure avouée sans ambages du plaisir vénal? On a vu que la littérature du temps et l'expérience de la vie ne permettaient guère au poète de poser le problème des rapports amoureux autrement que sous la forme d'un dilemme apparemment insoluble. Mais du fait de la double exclusive à laquelle conduit cette attitude, n'est-on pas en droit de conclure que Villon put tenter parfois de la dépasser? Il n'est pas question, bien sûr, de minimiser la part de l'érotisme dans les réflexes du joyeux François. On a eu raison de dire que pour lui l'amour est avant tout étreinte des corps, satisfaction d'un besoin physique irrésistible. Que cette conception lui donne mauvaise conscience n'est pas moins évident : mais chacun sait que la sensualité s'atténue moins qu'elle ne s'entretient à se sentir impure. Villon ne dément pas la règle. Mais il trouve pour évoquer le charme du corps féminin des accents qui, également éloignés de ceux de la *chanson courtoise* et de la *sotte chanson*, étonnent par leur vérité et leur intensité poétiques : voluptueux sans être malsains, ils émeuvent profondément, dans la *Ballade des Dames* en particulier, le lecteur le plus délicat. Disons que, dans les rêves au moins du poète, et à certains moments, l'évocation de la beauté féminine peut être à la fois pleine de chaleur et de discrétion. Nul enfin n'a mieux souligné la précieuse fragilité de cette chair désirable, en peignant l'effroi qu'on éprouve à la voir détruite, soudain ou lentement, par la maladie, la vieillesse et la mort :

> Corps feminin, qui tant es tendre,
> Poly, souef, si precieux,
> Te faudra il ces maux attendre ?
> Oy, ou tout vif aller es cieulx !

Non, l'homme qui s'est ainsi exprimé n'est pas dominé par une sensualité vulgaire, quoi qu'il ait pu écrire ailleurs en d'impudiques défis. Même alors, on devine chez lui comme une nostalgie de pureté qui, refusant de s'exprimer, ne s'en affirme pas moins et mérite d'être mise à son actif. Chez Villon en effet, les apparences sont souvent trompeuses, qu'il fasse le bon apôtre ou cherche au contraire à scandaliser.

Cela dit, il importe d'insister sur une *ballade* dont l'intérêt n'a pas été suffisamment souligné. Il s'agit de la *Ballade pour Robert d'Estouteville*. Elle n'a rien d'une parodie, mais dans un langage à la fois gaillard et décent, elle célèbre ce que le moyen âge n'avait qu'exceptionnellement considéré comme poétique, je veux parler des joies et des satisfactions de l'*amour conjugal*. Villon parle ici au nom du légataire, le Prévôt de Paris, qui est censé s'adresser à son épouse Ambroise de Loré, nommée en acrostiche. Les débuts de cette union avaient été chevaleresques s'il est vrai, comme nous l'avons dit, que Robert d'Estouteville avait conquis sa jeune femme à l'occasion d'un tournoi. De ces débuts courtois le poète n'évoque que très rapidement le souvenir, mais il emploie des termes et des comparaisons recherchées qui soulignent son désir de s'exprimer avec distinction. En fait, ce qu'il entend surtout donner en exemple ou mettre en relief c'est la fidélité du sentiment et du désir qui unissent le couple, corps et âme, dans l'espoir d'une saine fécondité. Il est certes possible que ce morceau cache des intentions moqueuses ou piquantes qui nous échappent, en raison des lacunes de notre information. Il est néanmoins légitime de se demander si Villon ne célébrerait pas ici une forme d'amour qu'il n'a pu connaître lui-même, mais qu'il considère à la fois comme la plus naturelle et la plus digne. S'il n'est pas excessif de raisonner ainsi, on pourrait dire que le poète, osant enfin dépasser les traditions littéraires, exprime ce qu'au fond de lui-même il aurait souhaité rencontrer dans la vie, à égale distance entre les fadaises de cour et les dépravations dont il ne connaissait que trop les amères et honteuses conséquences. Un ardent amour conjugal associé aux joies de la paternité peut-il avoir été un jour, ou en dernière analyse, l'idéal de Villon ? Beaucoup se refuseront à retenir pareil paradoxe. Et pourtant n'est-ce pas quelquefois ce pourquoi il est le moins fait que l'homme désire ou imagine avec le plus d'intensité ? Un bonheur permis, un foyer régulier et aisé étaient bien, après tout, ce qui au moins dans ses moments de lucidité pouvait le plus faire envie à l'écolier dévoyé qu'était le pauvre François. Aussi bien, conscient lui-même de l'impossibilité de ce rêve, n'a-t-il pas l'outrecuidance de le présenter comme sien; il le fait formuler par un personnage qui, à tous les points de vue, par la naissance et la nature de ses fonctions, ne saurait lui être un seul instant comparé.

Quoi qu'il faille en définitive penser de ces suggestions, on peut admettre que l'inspiration amoureuse de Villon est beaucoup moins indigente ou inquiétante qu'on ne le croit d'ordinaire. Pour la bien comprendre, il ne sert à rien de percer le mystère qui enveloppe les noms de femmes cités dans les poèmes ou les allusions qui les concernent. Si ce mystère pouvait être éclairci, nous n'apprendrions sans doute rien de particulièrement inattendu ou de très réconfortant. Nous en savons ou soupçonnons assez pour comprendre, sans grand risque d'erreur, le genre de satisfactions que Villon a demandé à l'amour et aux femmes et les déceptions ou avanies qui, de son propre aveu, ont été la conséquence de sa fringale de plaisir. Il ne faut toutefois pas oublier qu'en la matière, l'incorrigible folâtre a pu, par « littérature » ou par fanfaronnade, s'attribuer plus d'aventures qu'il n'en eut. Aussi bien qu'on le pouvait à partir de ces pitoyables expériences et de la tradition littéraire, il a décrit l'appel violent du désir, mais aussi les inquiétudes et les souillures qui accompagnent les voluptés élémentaires ou défendues. Ne voyons pas, dans cette franchise crue, une réelle modernité. Villon conçoit au fond l'œuvre de chair comme l'avait toujours fait le moyen âge clérical : comme une déchéance ou un péché qui compromet le salut de l'âme. A cet égard, il est même en retrait par rapport au « naturisme » de Jean de Meung. De l'acharnement parodique avec lequel il dénonce la sentimentalité romanesque de la courtoisie, on devine sans difficulté les raisons : il ridiculise ce qui lui paraissait ne correspondre à aucune réalité et compliquer sottement des choses très simples. Mais si tout cela est vrai, ce n'est pas toute la vérité. Villon, et c'est en quoi il dépasse son temps, a su communiquer le frémissement qu'on éprouve devant la beauté du corps féminin, beauté voluptueuse comme celle de Flora ou de Thaïs, beauté presque idéale de la « Reine blanche comme lys », beauté en tout cas fragile et éphémère que le temps flétrit et la mort corrompt sans pitié. A ces accents, les lecteurs d'aujourd'hui comme ceux d'hier demeurent sensibles, parce qu'aucune recette d'école, en dépit de certaines apparences, ne suffit à les expliquer. Voilà qui rachète bien des vulgarités inconscientes ou voulues. Quant à sous-entendre en divers passages une vision comme celle que nous avons cru entrevoir à travers les strophes de la *Ballade pour Robert d'Estouteville*, je ne crois pas qu'il y ait à faire pareille hypothèse un excès de bienveillance ou de générosité. On le verra plus d'une fois encore par la suite : Villon est souvent meilleur qu'il ne veut bien le dire et son avilissement certain n'a pas détruit en lui toute fraîcheur ni toute nostalgie de pureté, de santé physique et morale. Peut-être valait-il mieux, pour l'efficacité de son lyrisme, que ces aspirations fussent plus suggérées qu'exprimées. A supposer qu'elles aient été claires dans sa conscience agitée, comment eût-il pu les formuler nettement étant l'homme qu'il était et avec les moyens insuffisants que lui offrait la poésie de son temps ? Que ces difficultés l'aient servi n'est pas douteux : l'art, étant essentiellement une lutte, ne peut atteindre les sommets sans conserver une certaine ambiguïté. Cette ambiguïté est dans la nature même de l'homme, et aucun cas particulier ne l'illustre mieux que celui de Villon : d'où l'exceptionnel intérêt qu'il prend à nos yeux, car, si distant qu'il soit parfois du nôtre, il n'en diffère pas essentiellement. D'autres aspects du lyrisme villonnien achèveront de nous en persuader.

LA MORT, LA FORTUNE ET DIEU 9

Pour Villon, nous le savons, la mort est plus qu'un thème littéraire imposé par la tradition ou l'actualité : c'est une réalité qu'il lui a fallu, très tôt et dans des circonstances souvent dramatiques, regarder personnellement bien en face. Présente sous ses formes les plus macabres dans les frayeurs paniques de ses contemporains et jusque dans le décor parisien qui a tant marqué sa propre imagination, la Mort s'est dressée, menaçante, devant le pauvre écolier dès l'affaire Sermoise sans doute et plus sûrement encore dans les cachots de Blois, de Meung et du Châtelet : chaque fois qu'un méfait le mit aux prises avec une justice sévère sinon impitoyable, chaque fois que, prenant conscience de ses déchéances morales et physiques, il était amené à réfléchir sur la triste et prochaine fin qu'il se préparait, donc à craindre pour le salut de son âme. On s'explique ainsi que, tout en s'inspirant de l'imagerie et de la phraséologie de la poésie contemporaine, il ait été plus vrai et plus émouvant qu'aucun autre poète médiéval, voire moderne.

Amateurs d'allégories, les hommes de la fin du moyen âge avaient fait de la mort un véritable personnage. Ils ne se lassaient pas de le décrire ou de le représenter sous la forme d'un affreux squelette grimaçant, tour à tour maniant une faux impitoyable ou entraînant dans une atroce et égalitaire sarabande un représentant de chaque *état*, c'est-à-dire de chaque condition, depuis le pape et l'empereur jusqu'au

99

dernier des vilains, tous voués au même irrémédiable châtiment. A cette mort personnifiée, bien propre à donner le frisson, on adressait longuement la parole, pour la maudire, pour lui reprocher sa sauvage et aveugle puissance de destruction, son acharnement à tout anéantir, son sadique plaisir à vouer les corps à la pourriture et les âmes aux tortures de l'enfer. Tout n'est pas clair dans l'histoire et le développement de ces tendances morbides. Ne s'interroge-t-on pas encore sur l'origine du mot *macabre* lui-même, qui, sous la forme *macabré*, fut initialement associé à ces danses de la mort? Il apparaît cependant que le malheur des temps fut pour beaucoup dans cet étrange débordement de pessimisme. Depuis un siècle, les guerres et les épidémies avaient fait rage, ébranlant les sensibilités et bouleversant la société, alors que partout on s'était habitué à attendre de la vie plus de jouissances, ou à donner à ses ambitions un caractère plus matérialiste. On avait donc réagi très vivement devant la souffrance, l'échec, la maladie et la mort, d'autant plus qu'en souhaitant plus de bonheur et en aspirant à plus de plaisir on se sentait mal à l'aise, l'idéal chevaleresque et la morale chrétienne conservant leur prestige et leur emprise sur les âmes.

Qu'à côté des cruautés de la mort les caprices de la Fortune aient été particulièrement redoutés n'est pas surprenant. La Fortune personnifiée, ancienne déesse du monde antique difficilement christianisée, collabore avec la Mort pour faire souffrir et déconcerter l'humanité. Aveugle et maniant depuis Boèce une roue qui élève les uns et abaisse les autres sans tenir compte du mérite ou de la justice, elle symbolise l'irrationnel et le hasard qui, combinés avec l'action d'un déterminisme astral, concourent à la marche inintelligible d'un monde pourtant mystérieusement orienté par la Providence. Rares sont ceux qui, frappés par

LA ROUE DE FORTUNE. *Manuscrit du XVe siècle.*
Église Saint-Étienne à Beauvais. Arch. photographiques.

certaines contradictions évidentes, voient alors dans la Fortune une « fiction poétique » et, dociles aux exigences du providentialisme chrétien, songent à la reléguer dans le magasin des accessoires inutiles. Il est si commode en effet de trouver un responsable à qui imputer tout ce qui se conçoit mal, ou tout ce qu'on croit subir injustement ! Faute de pouvoir s'en prendre à Dieu et à ses desseins secrets, on se plaindra donc de la Fortune, comme on se plaint de la Mort ; on les apostrophera l'une et l'autre, sans se préoccuper de savoir si elles agissent finalement selon ou contre les injonctions de la Providence. Ainsi pourra-t-on, sans trop de scrupules, rejeter sur elles des responsabilités qu'autrement il faudrait assumer soi-même, bon gré mal gré. C'est, dira-t-on, faire preuve d'un aveuglement bien étrange que de jouer pareille comédie. A vrai dire, sans aller jusqu'à s'accuser d'erreur, le XVe siècle, dans ses attaques ou ses plaintes, trahit un malaise profond, comme si en secret il doutait, sans vouloir le reconnaître, des alibis qu'il se cherche.

Il n'en est que davantage porté — et cette fois de façon plus orthodoxe — à mettre toute sa confiance dans la miséricorde divine. Car, dans la mesure où, peu sûr de son libre arbitre et de l'usage qu'on en fait, on se subordonne, pour s'excuser, à un déterminisme ou un hasard qui ne peuvent que par chance conduire au salut, on s'expose à se voir acculé au plus sombre désespoir. Heureusement chacun a droit au secours de la grâce, et la bonté de Dieu est infinie comme sa toute-puissance. Certes les œuvres comptent. Mais comme il n'a aucun intérêt à laisser le Malin remporter trop de victoires, le Créateur ne se montre pas exigeant. Il lui suffit d'un mot, d'un geste même tardif d'humilité ou de contrition pour que sa mansuétude, sollicitée par de puissantes intercessions, soit acquise aux pécheurs les plus compromis. L'orgueil

La Mort, la Fortune et Dieu

et la révolte, le défi et le désespoir dans l'impénitence finale étant en dernière analyse les seuls crimes impardonnables, il s'agit donc de toucher Dieu, le Christ, Notre Dame et les Saints en se faisant aussi chaleureux et naïf qu'il se peut, pour faire oublier tout ce qu'on a pu commettre de péchés sous l'influence maléfique des astres, de la Fortune, de la pauvreté ou de la chair. D'où les accents si simplement affectifs du lyrisme religieux de ce temps; d'où ces formes de piété qui se réclament avant tout du cœur et de la sensibilité, ou se complaisent dans l'attente quotidienne des miracles les plus inattendus, pour ne pas dire les moins mérités.

Villon n'avait pas grand effort à faire pour adopter les préoccupations de son siècle. Son expérience non seulement rejoignait celle de tous, mais encore était faite pour donner une intensité toute particulière à ce que, en accord avec ses contemporains, il pouvait être amené à ressentir personnellement. On s'explique dans ces conditions la qualité exceptionnelle des passages que nous devons rapidement évoquer dans ce chapitre. Tous sont postérieurs au *Lais*, où domine une insouciance qui, à part quelques notes discordantes, semble encore allègrement ignorer les grands problèmes. En revanche, dès le début du *Testament*, le ton a changé : la frayeur et la haine qui s'y expriment sont significatives. Aussi n'est-on pas surpris de voir bientôt, à la suite des regrets qui constituent la première partie du poème, se profiler dans les strophes célèbres qui précèdent et introduisent la *Ballade des Dames*, la silhouette redoutable de la Mort des danses macabres. A vrai dire, dans cette évocation de la mort inévitable et égale pour tous, qui détruit la vie au cours d'une affreuse agonie et s'acharne tout particulièrement sur le corps féminin fait pour le plaisir et non pour la souffrance, le macabre reste relativement discret. Villon aurait pu insister plus

103

lourdement, à l'exemple de tant d'autres de ses contemporains. Il ne l'a pas fait et cette attitude, où le tact s'allie à la vigueur, est d'un grand artiste. Elle est d'autant plus méritoire que la mode littéraire du jour ne recommandait guère la mesure, aussi bien dans les personnifications que dans les descriptions. La supériorité d'un Villon éclate plus encore dans la *ballade* elle-même, où il reprend et renouvelle le vieux thème, usé jusqu'à la corde mais toujours aussi actuel, du *Ubi sunt?* Faisant fi de toute érudition intempestive, il a su créer là une atmosphère de rêve mélancolique et mélodieuse. En plein accord avec la formule imagée du refrain qui sert de charpente au poème, *mais où sont les neiges d'antan?*, il compte sur la sonorité des noms propres et le vague de l'allusion pour donner à ses vers une aérienne et nostalgique pureté. Combinant avec maîtrise des vibrations aiguës à des notes plus graves, il suggère tour à tour l'idée d'une beauté capiteuse et charnelle, celle d'une beauté fatale et sans pitié, celle d'une beauté morale immaculée comme la neige, ne laissant plus subsister pour finir, après l'évanouissement de ces fragiles apparitions, que le souvenir d'un éblouissement aussi merveilleux qu'éphémère. Le contraste est saisissant entre la légèreté de cette vision et la cruelle précision des strophes qui l'introduisent. En quelques instants, sans que son squelette grimaçant ait eu à gambader devant nous, la mort a révélé sa terrible présence et, en même temps que les effets immédiats de ses assauts, la continuité de ses implacables coups. Rien ne peut mieux rappeler aux hommes leur égalité devant une loi commune, la fragilité de leur corps et la fuite inexorable de leurs jours dont la flamme allumée par le tisserand avait si heureusement un peu plus haut montré l'effrayante et combien dangereuse rapidité (T. v. 218-220).

La Mort, la Fortune et Dieu

Le déterminisme et le hasard ne l'ont pas moins préoccupé. On le comprend : il pouvait facilement les prendre à partie quand il cherchait les raisons de ses échecs et de ses malheurs. Il raconte ainsi avec complaisance l'anecdote d'Alexandre et du pirate Diomédès. Celui-ci a eu la chance de rencontrer en la personne du grand conquérant un interlocuteur pénétrant. Il lui a fait observer que seule sa misère l'incitait à écumer les mers et à piller : pris au mot et abondamment pourvu par le Macédonien, il devint en effet honnête homme. Malheureusement, bien rares sont ceux que pareille chance a favorisés. En le regrettant, Villon se persuade que sa pauvreté est la vraie cause de ses déboires et de ses fautes, mais il ne se demande pas si, tout bien pesé, cette pauvreté, plutôt qu'un coup de la Fortune, ne serait pas la conséquence de sa paresse ou de son insouciance. A vrai dire, il n'a pas tort de donner à entendre que les juges appliquent trop souvent les lois sans souci de l'équité, c'est-à-dire sans essayer de comprendre ceux qu'ils ont à condamner ou absoudre. Il est dommage en effet que ce qui devrait être la règle soit en réalité une exception, et qu'ainsi le salut de bien des hommes dépende d'un hasard capricieux ou d'un aveugle déterminisme. Villon n'ose pas pousser jusqu'au bout, néanmoins, un raisonnement qui pourrait avoir de graves implications théologiques. Non sans amertume et l'esprit troublé, il renvoie prudemment jusqu'à nouvel ordre aux experts en la matière. Un jour qu'il est difficile de dater, il met en cause plus directement la Fortune, non pour la vilipender, mais pour se faire endoctriner par elle. La leçon est simple : « *Par mon conseil, prens tout en gré, Villon* ». Mais il faut voir avec quelle assurance et quel orgueil le personnage énumère ses plus célèbres victimes, pour inviter le pauvre *souillon* à ne plus récriminer. Elle connaît bien l'histoire, cette Fortune, quoique son érudition ne soit pas toujours impeccable. Elle n'a qu'un regret en tout cas, c'est de voir Dieu malgré tout limiter ses méfaits : sans cette contrainte, il ne resterait plus à personne un haillon, car pour un mal qu'elle a pu faire, elle en aurait volontiers fait dix ou davantage ! L'aveu est à retenir, car, s'il est tout le contraire d'une justification, il tend à remettre les choses en place, dans une perspective plus chrétienne. Autant dire que Villon, tout en se proclamant victime au même titre que tant d'autres, admet qu'en même temps il reste justiciable d'une morale qui suppose le libre-arbitre. Dans le débat qui l'oppose à sa conscience, il en arrive plus nettement encore à cette conclusion, après avoir cette fois accusé Saturne, c'est-à-dire les astres, d'avoir *fait son fardelet*. S'il proteste en effet quand il lui est rappelé qu'*homme sage a puissance sur planètes et sur leur influence*, il sait bien qu'en réalité ses dénégations ne prouvent que sa propre lâcheté, ou sa mauvaise foi.

C'est que, loin d'être un esprit fort, Villon reste un croyant et n'a pas un instant l'idée qu'il pourrait s'enorgueillir de son malheur ou de sa déchéance. Il a certes la conviction d'avoir des excuses, parce que les circonstances ne l'ont pas favorisé, parce que ses médiocres efforts n'ont pas toujours échoué par sa seule faute. Il a donc sincèrement l'impression d'avoir été le jouet d'influences pernicieuses ou fatales contre lesquelles il ne pouvait rien. Mais la foi qu'il conserve, instinctivement plus que par logique, l'empêche de se rassurer tout à fait, malgré qu'il en ait. Il se débat contre un sentiment de culpabilité sans cesse renaissant. Il a beau afficher la désinvolture et remettre à plus tard les résolutions énergiques, il reste inquiet sinon angoissé, à l'idée des suprêmes échéances qu'il sent venir plus vite qu'il n'avait prévu. Sous peine de sombrer dans le désespoir ou la révolte, qu'il sait punis par une inévitable damnation, il ne lui reste plus qu'à se fier à l'infinie miséricorde de Dieu. C'est ce qu'il fait, non sans se dire qu'à défaut de mérites solides à faire valoir, il devra obtenir, en se montrant aussi humble que pressant, de très puissantes intercessions.

A Notre Dame il ne s'adresse donc pas directement, mais par l'intermédiaire de sa propre mère, pauvre femme que sa toute simple piété recommande. On retiendra que cette admirable ballade ne fait pas fi des hyperboles chères à la littérature mariale traditionnelle, que, soucieuse d'honorer dignement et au besoin de flatter la reine du ciel, elle risque quelques compliments mythologiques d'un effet plutôt discutable, mais que, rappelant les exemples de l'Égyptienne et de Theophilus, elle met bien l'accent sur ce qui intéresse le plus le pécheur en Marie, son efficace médiation :

> *La joye avoir me fay, haulte Deesse,*

cette joie qu'on voit régner dans le paradis peint sur les murs de l'église paroissiale, face à un enfer *où damnés sont boullus!* Quel bonheur que la reine du Ciel puisse opposer aux fautes commises par les humains beaucoup plus de sainteté qu'il n'est nécessaire pour les compenser ou les annuler! Consolante conviction bien propre à rassurer les écervelés qui, comme Villon, remettent toujours à plus tard les décisions rédemptrices.

Mais qu'a fait au juste ce Villon quand il s'est cru à la veille d'être pendu et de comparaître en supplicié devant le souverain juge? Les poèmes qu'il a écrits à cette heure de vérité vont-ils nous renseigner, en calmant nos craintes? Il s'agit de la *Ballade des Pendus* et du *Quatrain* d'une part, de l'autre de la *Ballade à la Cour du Parlement* et de la *Ballade au clerc du guichet*. Tout le monde sait par cœur le premier de ces textes. Il n'était pas, au XVe siècle, avons-nous dit, d'ouvrier de la onzième heure, il n'était pas de criminel endurci qui, avec l'intercession toute-puissante et combien indulgente de Marie, ne fût assuré de son pardon, pour peu qu'il le souhaitât et en fît humblement la requête. Villon, depuis sa tendre enfance, au cloître de Saint-Benoît et jusque dans les mauvais lieux ou les plus sombres cachots, avait naturellement vécu dans cette pensée. Il ne pouvait pas l'oublier au moment où il se voyait menacé d'une mort infamante. Il ne pouvait pas davantage oublier que la seule faute sans pardon était de mourir impénitent. Aussi, très simplement, bat-il sa coulpe, sans plus accuser la fatalité ou le hasard. Conscient de ce qu'il est et de ce qu'il reste, évitant de promettre ce qu'il n'aurait pas le temps ni même sans doute le courage de tenir, il exprime et réclame une immense pitié, pour lui-même, pour les suppliciés ses *confrères*, pour tous les hommes qui sont si semblables, en dépit des différences qui peuvent les distinguer. Villon est profondément convaincu que cette pitié unanime vaut une prière et qu'elle a pouvoir de rachat. L'esprit du christianisme est que quiconque souffre compatisse, que quiconque a besoin d'indulgence pardonne, que quiconque redoute d'être puni s'abstienne de juger. C'est bien cet esprit qui anime la fameuse *Ballade* et lui donne toute sa portée humaine et religieuse.

On dira bien : quelle bizarre fiction que ces propos de pendus ? Ils parlent comme s'ils n'étaient pas déjà morts — et doublement jugés par les hommes et par Dieu ! Mais rappelons-nous l'ambiance macabre de l'époque. Par ailleurs, quoi de plus naturel pour un condamné à mort que d'imaginer cette adjuration posthume et de lui donner pour décor ce tableau hallucinant ? Aussi bien cette mise en scène, à laquelle les circonstances ôtaient tout artifice, était-elle propre à concrétiser l'immense misère morale d'un homme encore assez lucide pour mesurer sa honte ici-bas et tout craindre pour l'au-delà. Certes, ces pendus parlent comme si — dans le Purgatoire peut-être — le sort de leurs âmes demeurait encore en suspens. Mais chacun sait que Dieu ne met aucune limite à sa miséricorde. Pourquoi ne laisserait-il pas à la prière — qu'il souhaite et donc accepte d'entendre — la possibilité d'élever vers lui une tardive mais efficace adjuration ? Voilà pourquoi ces corps noircis, balancés par le vent et criblés de coups de bec, se raniment avant de tomber en poussière pour lancer leur plainte angoissée, à laquelle font écho ceux qui, comme le poète, sont à la veille de partager un sort aussi lamentable. Et n'ont-ils pas raison, ces *occis par justice*, de rappeler avec fermeté et discrétion que les hommes sont tous solidaires dans le péché, dans la souffrance, dans la prière et dans la mort ? Dès lors, que ceux qui ont le *sens rassis* n'accablent pas les autres qui ont mal tourné, moins par méchanceté sans doute que par faiblesse. Que tous se sentent *frères* et agissent en conséquence en unissant leurs appels à la pitié divine, dont ils ont tous plus ou moins besoin pour ne pas désespérer de leur salut.

Jamais Villon n'a été plus pathétique ni plus convaincant. Jamais il ne s'est mieux rapproché de ceux qu'ailleurs tant de fois il semble se complaire à détourner de lui. Il lui fallait la menace immédiate du supplice pour le décider à s'exprimer de façon aussi directe, aussi vraie, aussi prenante. On aimerait pouvoir dire qu'il a donné là son véritable *testament*, que la *Ballade des Pendus* est son message suprême. Malheureusement, il a écrit au même moment ou peu après des poèmes qui rendent un autre son. Il ne s'agit pas tellement de la *Requête au Parlement*, ou de la *Question au clerc du guichet*. Ici s'exprime la joie d'un condamné qui vient d'échapper à la corde et se félicite d'avoir fait appel de la sentence capitale. Là, après des louanges ampoulées et aussi pesantes qu'artificielles, le bénéficiaire de la commutation de peine réclame un délai de trois jours avant de partir pour l'exil, afin de saluer des amis et de rassembler quelque argent. Dans cette explosion de joie et cette requête, rien ne fait écho aux préoccupations si graves qui la veille encore occupaient l'auteur de la *Ballade des Pendus :* mais il n'y a pas lieu de s'en formaliser outre mesure. En revanche le *Quatrain*, où retentit un rire sarcastique, provoque quelque surprise, car tout donne à penser qu'il fut rédigé avant l'arrêt qui cassait la condamnation à mort, donc dans les mêmes conditions que la *Ballade-épitaphe*. Comment expliquer ce contraste, analogue à celui qui oppose la fin cynique du *Testament* à son début, empli de touchants *regrets?* C'est là le dernier secret — le secret de ce *rire* — qu'il faut essayer de forcer.

LE RIRE DE VILLON 10

VILLON a joui pleinement, follement, de tous les plaisirs qui pouvaient tenter un étudiant parisien au cours des années qui ont suivi les dures épreuves de la Guerre de Cent Ans. Il a participé sans doute à l' « enlèvement » du « Pet au Diable ». Il l'a marié avec la « Vesse » dans le pittoresque défilé organisé à cette occasion, où figuraient aussi, drôlement associées, des enseignes arrachées aux maisons. Pour protéger ces trophées contre les sergents du Prévôt de Paris, il a dû participer aux bagarres que les réactions de l'autorité publique ne tardèrent pas à provoquer et dont l'écho bruyant est parvenu jusqu'à nous. Gaîté facile, gaîté puérile, multipliée par tous les entraînements de l'excitation collective, encouragée même par les régents et le Recteur de l'Université que gagnait sans peine le délire de leurs élèves. Villon a toujours gardé la nostalgie de ce bon temps et l'on s'en aperçoit en particulier dans les legs, assez nombreux, où, avec une générosité feinte, il s'amuse à distribuer des enseignes, bien propres à ridiculiser ceux qu'il en gratifie. On se rappelle l'envoi du « Heaume » au Chevalier du Guet, qui, pour conserver sa charge, devait prouver ses titres de noblesse dans un procès difficile. Que l'authenticité de cet

111

étrange document fût garantie par un pseudo-amant martyr, victime d'une improbable dame sans merci, soulignait encore l'ironie du trait.

Villon n'a pas trouvé seulement parmi ses condisciples de la Faculté des Arts un encouragement à sa malice naturelle. Il a bien connu, selon toute vraisemblance, le milieu des clercs de finance et celui des clercs du Palais. Ces hommes savaient se détendre, avant que l'âge et les responsabilités d'une charge les eussent contraints à se ranger. On sait que notre théâtre comique des *farces* et des *soties* leur doit beaucoup. Dans la bohème agitée qui groupait les plus joyeux d'entre eux se recrutaient ces compagnies d'acteurs qu'on désignait alors sous le nom d'*Enfants sans souci* ou de *Suppôts du Prince des Sots*. Ce prince des amuseurs bénévoles, Villon n'a d'ailleurs pas manqué de le citer : il lègue à un miséreux des écus sans valeur comme ceux que lançait parmi la foule cet étrange souverain, organisateur et héros de défilés burlesques et irrévérencieux. Parmi les sujets bizarrement accoutrés du plaisant monarque — ils portaient une robe mi-jaune, mi-verte et étaient coiffés d'un chaperon à longues oreilles — le poète n'a pu que développer son goût inné pour la moquerie, son talent de caricaturiste, sa verve satirique.

On l'a souvent noté : il est resté toujours très attaché au cloître de Saint-Benoît le Bétourné. Or c'était l'époque où clergé régulier et clergé séculier se faisaient la guerre au sujet des confessions, à coup de bulles et de décrets, s'accusant réciproquement d'abus de pouvoir ou d'intrigues intéressées. Embrassant la cause de ses amis de Saint-Benoît, Villon léguera donc aux curés des paroisses, à supposer qu'ils puissent jamais l'appliquer, l'ordonnance *Omnis utriusque sexus* qui devait sauvegarder leurs droits contre les prêcheurs ou les mendiants, scandaleusement soutenus par la papauté. D'acides querelles opposaient par ailleurs Saint-Benoît à Notre-Dame, pour de mesquines questions de préséance. Par deux fois, Villon s'attaque à des membres influents du chapitre de la cathédrale, plaisantant leur latin de cuisine, leur voix cassée, leur démarche branlante, leur vieillesse chétive et courbée : à la place de l'insigne épiscopal, inaccessible objet de leurs ambitions séniles, il leur promet l'enseigne du cabaret « de la Crosse », ou plutôt, se ravisant, une crosse de billard pour leur servir de béquille. Ainsi, à Saint-Benoît, tout en découvrant de nouvelles victimes, le rire de Villon a largement profité du mordant et de l'agilité de l'esprit clérical.

D'autres expériences ne lui ont pas été moins profitables. L'incorrigible écolier a hanté les tavernes et les maisons louches. Parmi les filles et les malfaiteurs, il s'est peut-être d'abord simplement amusé. Son œil de caricaturiste put apprécier là des scènes et des silhouettes qu'il n'eût pas rencontrées ailleurs. Son oreille a été flattée surtout, en ces mauvais lieux, par le jargon imagé et expressif des filous, des coquillards, qui, en compagnie de femmes sans vergogne, se retrouvaient au *Trou Perrette* ou à la *Pomme de Pin*. Comment ne se serait-il pas souvenu de ces personnages hauts en couleur et de leur langage efficace autant que pittoresque ? Le *Lais* et le *Testament* doivent à ces souvenirs une grande part de leur virtuosité truculente, de leur gaîté agile, — de leur grossièreté aussi. Car on ne fréquente pas impunément les truands et les filles de joie. Certes, il ne faut pas insister à l'excès sur les mauvaises compagnies du poète, ni sur ses vulgaires amours. Cependant, c'est un fait : il a, d'abord par jeu, participé aux ripailles des aigrefins, disputé à des rustres les faveurs de beautés peu farouches. Mais un jour est vite venu où il s'est davantage compromis et sali. Du rôle de comparse, il est passé à celui de protagoniste. Pour en remontrer à ses partenaires, il s'est abaissé à leur niveau. Ainsi, passant des injures aux horions, il a un certain soir tiré une dague de dessous son manteau; se croyant en danger, il a frappé et tué Philippe Sermoise. Une autre fois, après avoir écouté les vantardises d'un Guy Tabarie, il a, avec lui, crocheté les coffres du Collège de Navarre — sans pour autant, bien au contraire, cesser de rire! Mais, dès lors, ce n'est plus le rire de l'insouciance, le rire d'une jeunesse espièglement étourdie. Voyant autour de lui d'anciens condisciples satisfaire à leur gré leur fringale de plaisir, Villon se rend compte que lui-même, condamné faute d'argent au supplice de Tantale, ne peut espérer assouvir tous ses appétits qu'en recourant à des expédients incertains et malhonnêtes. Car trouver un paisible refuge à l'abri du cloître de Saint-Benoît est au-dessus de ses forces. Il constate qu'à partir de simples peccadilles un fatal enchaînement le conduit au délit caractérisé, donc au déshonneur, à la prison et peut-être enfin au gibet. Pourquoi a-t-il continué de rire au milieu de cette misère et de ces angoisses? Pourquoi est-il allé jusqu'à en rire, au moment où elles venaient de lui arracher quelques regrets, de provoquer ses larmes? Sans doute était-il plaisant de contrefaire l'amant martyr d'une belle dame sans merci! Mais avoir ri avant d'aller ou en revenant de voler, avoir ri dans les cachots du terrible Thibaut d'Aussigny, avoir ri, au pied de la potence, tout en faisant appel à la pitié des juges, des hommes et de Dieu! Est-ce là traduire une amertume, faire preuve de courage ou proférer un blasphème? Le joyeux écolier, le compagnon des turbulents Basochiens, le protégé de Saint-Benoît serait-il devenu un criminel insolent, un poète maudit, un esprit fort, qui, sûr d'être damné, s'en ferait gloire?

Pour mieux répondre à cette question, ne convient-il pas d'examiner d'abord comment s'exprime ce rire

Le rire de Villon

qui, tour à tour contagieux, désinvolte ou tragique, séduit, étonne ou fait mal ? Certes, il y a dans l'œuvre de Villon un comique simple et sans détour. D'un trait de plume, le bon folâtre sait de façon inoubliable esquisser une silhouette. L'image drolatique surgit spontanément, associée au mot pittoresque qui fait vivre et qui peint. Tous les registres de la langue, enfin, depuis l'argot des coquillards jusqu'au jargon scolastique en passant par la phraséologie courtoise ou le parler de tous les jours, sont utilisés avec aisance : ainsi sont rajeunies avec bonheur les formules les plus usées, accentués les traits caricaturaux ou au contraire obtenues toutes les nuances subtiles de l'humour. Mais, le plus souvent, le rire de Villon est compliqué : il se complaît dans la *parodie*, l'*équivoque*, le *calembour*, l'*antiphrase* ou l'*allusion* — sans oublier l'*anagramme*.

Un bon exemple de *parodie* est fourni, on s'en souvient, par le début du *Lais*, où la défroque de l'amant martyr est empruntée avec une gravité feinte, qui peut faire un moment illusion, jusqu'à ce que certaines pitreries viennent dissiper les derniers doutes qu'on pourrait conserver. De même, dans le *Testament* on voit le poète s'exprimer comme un riche changeur, trop muni d'écus pour tenir lui-même sa boutique. Ailleurs, c'est contre Thibaut d'Aussigny que sert le procédé. Le passage est ainsi commenté par un critique contemporain : « L'ex-détenu d'Orléans promet de réciter pour son bourreau le *verselet septième* du psaume *Deus laudem*. Mais il priera *par cœur*, sans user d'un psautier relié de bœuf ou de cuir rouge. Ainsi pourra-t-il excuser sa méprise et voiler en même temps la cruauté du legs. Car le verset huitième, et non pas le septième, du psaume CVIII est impitoyable dans sa concision, dans sa précision vengeresse : *Fiant dies ejus pauci, et episcopatum ejus accipiat alter!* » (F. Desonay.)

Plaisanterie bien ecclésiastique, celle-là, qui suppose une connaissance assez précise et subtilement irrévérencieuse de la Bible... Un dernier exemple : celui des trois usuriers fustigés à deux reprises dans le *Lais* et le *Testament*. Villon feint d'avoir eu de leurs nouvelles et s'amuse, plus ils vieillissent, à les rajeunir davantage. Les trois pauvres petits vont maintenant à l'école. Malheureusement le *Donat* est trop rébarbatif pour eux : *Donat* est en effet proche de *donner*, et donner n'est pas dans la nature des usuriers. Ils épèleront plutôt *ave salus tibi decus*, car le *salut* est une monnaie d'or, le mot *decus* étant composé lui-même de *de* et *écus*. Parodie cléricale et calembour fusionnent ici de façon aussi laborieuse que révélatrice.

Du calembour proprement dit les exemples sont faciles à trouver. Songeant aux frères mendiants, aussi amateurs de grosses volailles que d'argent, Villon joue sur le mot *oie*, faisant rimer *mon oie* avec *monnoie*. Parlant de l'asile des *Enfants trouvés*, il pense tout à coup aux *Enfants perdus*, qui doivent être *retrouvés* : d'où la *Ballade des enfants perdus* et la *Leçon de bonne doctrine*, qui se complètent. Quant au barbier Colin Galerne, pourquoi se voit-il gratifié d'un glaçon de Marne sur l'estomac ? Tout simplement parce qu'il porte le nom d'un vent froid, le *Galerne*... A ce jeu verbal, qui exige parfois toute une série d'associations et de rapprochements en cascade, l'*allusion* substitue des difficultés d'une autre sorte. Exigeant entre l'auteur et son public des affinités ou des connivences très précises, elle entraîne le lecteur moderne à de longues et érudites recherches, pour un résultat parfois bien mince. Villon a trop souvent écrit, dirait-on, pour ses seuls contemporains, et même pour un groupe très restreint, très spécial, d'entre eux. Entraîné par sa verve, aurait-il oublié que l'art, pour défier le temps, doit s'élever au-dessus de l'anecdote et fuir certaines formes d'hermétisme : celui des jargons secrets, celui des sous-entendus destinés à un petit nombre d'initiés, celui des procédés qui supposent la possession préalable d'une *clé*?

Sans revenir au problème posé par les *anagrammes*, un mot pour finir sur l'*antiphrase*. On se rappelle comment l'auteur du *Lais* se mue en *chevalier amoureux* et, pour mieux mettre en relief sa pauvreté, multiplie les dons généreux, distribue ses armes, ses châteaux, ses joyaux. On se rappelle comment l'auteur du *Testament* transforme en tout jeunes écoliers trois très vieux et fort riches usuriers de Paris. « La contre-vérité, écrit F. Desonay, Villon la pratique avec un tel cynisme que, l'habitude devenant une seconde nature, il lui arrive d'écrire exactement blanc pour noir. Les copistes, ou les éditeurs, s'y sont trompés plus d'une fois... Villon aime ces jeux d'esprit, d'esprit faux. La célèbre *Ballade de Blois* nous en fournit un exemple. Mais il y a surtout la *Ballade* dite des *Contre-vérités* dont l'envoi en manière d'acrostiche est comme une signature de menteur :

> Voulez vous que verté vous die ?
> Il n'est jouer qu'en maladie...
> Lasche home que chevalereux...
> Ne bien conseillé qu'amoureux ! »

Tout invite donc à ne pas se fier au rire de Villon : simple ou laborieux, il peut avoir un sens qu'on ne découvre pas d'emblée. Cache-t-il quelque chose de pire ou de meilleur que ne le suggèrent les premières apparences ? Toute la question est là. Mais il est certain qu'elle se pose, qu'on ne peut pas l'éviter, qu'on ne doit pas désespérer d'y répondre. Essayons donc de trouver cette réponse. Villon est souvent grossier et méchant. Il aime l'obscénité et la cultive. Soit. Mais prenons la peine de remarquer qu'au moment même où les plus vilaines images occupent son esprit, une réaction l'amène à prononcer, ne serait-ce qu'en sourdine, les mots *honte, déshonneur, péché* : qu'on relise *la Ballade de la grosse Margot* ou les *Regrets de la belle Heaulmière*, on y trouvera ces mots, résonnant de façon singulière au milieu de leur contexte. Si le poète, dira-t-on, tout en donnant libre cours à de bas instincts, éprouve néanmoins, de son propre aveu, le sentiment d'une souillure, pourquoi ne cesse-t-il pas aussitôt de plaisanter ? En continuant de rire, se rend-il coupable d'un irrémédiable et insolent cynisme ? Ou cherche-t-il plutôt à se libérer de ce qu'il sent en lui d'impur et de trouble, forçant le trait ou le mot moins pour solliciter de louches complicités que pour provoquer un dégoût salutaire ? On ne saurait en tout cas prétendre que Villon voit la femme exclusivement sous l'aspect de la grosse Margot ou de la belle Heaulmière. En les décrivant, malgré ses allures de mauvais garçon, il rêve certainement de beautés plus fraîches et plus saines. On a vu que, dans sa pensée, l'irréelle Dame sans Merci de la *chanson courtoise* et la non moins imaginaire virago de la *sotte chanson* s'opposent sans cesse et s'appellent réciproquement. On devine même qu'entre elles deux il y a place pour des êtres plus vrais et plus touchants, dont le jeu des antithèses suggère la discrète présence dans la rêverie du poète. Car des images opposées y coexistent toujours dont l'une ne prend de valeur que dans la mesure où l'autre, demeurée en retrait, invite à lui trouver un correctif. D'où l'irritante, mais riche ambiguïté de tant de passages sur lesquels la critique n'a pas fini de s'interroger.

Villon amer et méchant ? Certes Villon a eu plus d'une fois l'occasion de s'indigner contre des compagnons ingrats, des condisciples ou protecteurs trop avares de leurs biens, voire contre d'authentiques ennemis. On s'explique donc que ses joyeux propos se chargent souvent de rancune et de colère. Mais en vérité, même dans ce cas, on a peine à croire que son rire soit devenu foncièrement haineux, qu'il ait ajouté à une cruauté toute spontanée des fureurs longuement ruminées. Bien sûr, il s'est moqué des prisonniers dans *l'essoine;* il a souhaité aux clochards mainte *grognée*, aux malades tremblant de fièvre des fenêtres « tissues de toiles d'araignées ». Mais ne s'agit-il pas de simples facéties? Sans doute l'évêque Thibaut est-il gratifié de véritables menaces de mort, dont la sincérité n'est pas douteuse. Mais il ne faut pas oublier qu'en les formulant, le poète s'est inquiété des sentiments qui les lui dictaient. Comme lorsqu'il s'agit de l'amour et des femmes, il est partagé entre des réflexes contradictoires, superpose des images contraires dont l'une ne l'emporte que pour recevoir aussitôt de l'autre un démenti, au moins partiel.

Villon d'autre part se montre fort discret sur les tristes affaires dont, faute de mieux, nous entretiennent longuement ses biographes. C'est à propos seulement de leurs funestes conséquences qu'il gémit ou ricane. Le silence qu'il garde sur leur nature exacte et leur gravité ne doit pas faire envisager le pire : mieux vaut cette sorte de honte qu'un aveu insolent, cette réserve embarrassée qu'une totale inconscience. Remarquons encore que l'impitoyable rieur a des respects dont il faut lui savoir gré. Il a pour son protecteur, dans le *Testament*, un mot affectueux que ne gâte aucune pitrerie. Il ne songe à sa mère qu'avec tendresse et émotion. Il associe la pauvre femme, qu'il a tant fait souffrir, aux élans d'une foi religieuse qu'il garde intacte. Nulle part il ne lance un blasphème; jamais il ne risque un défi vraiment satanique.

Ainsi prévenu contre tout jugement trop sommaire, peut-on demander à la *Ballade* dite *Débat du cœur et du corps de Villon*, l'explication nuancée qui reste à formuler ? Dans ce mémorable poème, l'auteur oppose à son cœur qui, affectueusement, le morigène, des refus agacés et des dérobades obliques, parfois insolentes ou sarcastiques. On comprend bien vite, à la lumière de ce dialogue, que, se sachant incorrigible, il renonce à s'amender ou entend bien ne pas se donner cette peine inutile. Incorrigible pourquoi ? Parce que, prétend-il, les astres et la Fortune exercent sur lui une influence néfaste contre laquelle il serait vain de lutter. Mais il n'a pas plus tôt formulé cette démoralisante et trop commode objection que, sans vouloir tout à fait le reconnaître, il en sent la faiblesse et l'irrecevabilité. Croyant, il est bien obligé de rendre finalement à Dieu son autorité et à l'homme son libre arbitre. En outre il sait qu'au moment de mourir, un suprême acte de contrition peut suffire pour assurer le salut, tant la miséricorde de Dieu est grande et puissante l'intercession de Notre Dame. Se fierait-il à cette seule assurance ? Autrement dit, ne serait-il qu'un lâche, qui, conscient du danger couru mais bien décidé à subir les séductions du mal, s'imaginerait naïvement pouvoir à la dernière seconde obtenir malgré tout son pardon, sans avoir rien fait d'autre pour le mériter que de le demander ? La parabole de l'enfant prodigue et celle des ouvriers de la onzième heure demandent tout de même davantage. Villon ne peut l'ignorer. Il sait être lucide et clairvoyant, quand il veut ou quand il a trop peur. Faut-il mettre uniquement à son actif le fait que, lorsqu'il raille et remet tout effort à plus tard, il évite cependant de se révolter ou de désespérer tout à fait ?

On ne saurait, sans injustice, en rester là. Le rire de Villon, nous le savons, est complexe : il ne détruit pas obligatoirement ce qu'il semble défier. Le « bon Villon », celui qui regrette, s'apitoie et appelle, n'a pas forcément capitulé quand le « mauvais Villon » revient sur le devant de la scène. Dans cette conscience troublée, nous avons vu que l'image pure reste présente derrière l'image impure, que le sérieux n'abdique jamais complètement devant la méchanceté, la grossièreté, la désinvolture ou le défi. Dans ces conditions, si Villon rit insolemment, comme s'il voulait échapper à ses regrets ou à notre sympathie, ce n'est pas nécessairement pour éliminer ceux-là ou anéantir celle-ci. Ce peut être pour se délivrer de quelque chose de mauvais. Ce peut être pour chercher une revanche contre ses échecs ou ses détresses. Ce peut être surtout pour obéir à un réflexe de *pudeur*, pudeur inattendue et paradoxalement exprimée, mais réelle et douloureuse. Refus ou négation d'un aveu, le rire de Villon suppose cet aveu qu'il arrête ou fait mine de rétracter. Autrement dit, lorsqu'il retient la confidence avant qu'elle ait eu le temps de s'extérioriser, ou lorsque, après l'avoir faite, il se ravise, refuse la compassion qu'il semblait vouloir solliciter, ou aurait appelée franchement en d'autres circonstances, c'est dans une très large mesure parce qu'il doute de lui-même, parce qu'il n'ose pas se faire meilleur qu'il n'est, ni promettre qu'un généreux mouvement, un effort soutenu, le remettront un jour, pour de bon, dans le droit chemin. Ne nous y trompons pas. En versant des pleurs et en battant sa coulpe, il est sincère. Mais il sait ce que valent ces pleurs et ces regrets. Il sait qu'ils ne le transformeront pas et il en a honte, sans vouloir le reconnaître. Alors il laisse échapper un rire strident, dont l'apparent cynisme ne doit pas nous révolter. C'est en effet le réflexe d'un homme qui se sent indigne, qui, se connaissant trop bien, redoute que ses appels soient impertinents ou présomptueux. On s'explique dès lors qu'il prenne comme un air de défi, refusant de demander ce qu'il croit ne pas mériter. Cela ne veut pas dire qu'en ayant l'air de vouloir décourager la sympathie il ne se préoccupe nullement d'être deviné ou entendu. Au contraire, il y a toujours chez lui, même quand il s'acharne amèrement à le nier, une attente inquiète et timide. Ce singulier mélange de fierté et d'humilité, de gaieté intempérante et de tristesse contenue, de bravade affichée et de supplication secrète correspond assez bien à la célèbre formule du *concours de Blois : Je ris en pleurs.* Il ne s'agit pas là, achevons de nous en convaincre, d'un jeu verbal, mais d'une vérité pathétique, « pudiquement » dissimulée au milieu de propos sans queue ni tête, afin que seuls la comprennent ceux qu'une active sympathie incite à la découvrir. Voilà pourquoi j'accepte que le *Testament* s'achève sur une lamentable plaisanterie, et que cette plaisanterie soit le dernier mot du poète. En réalité ce dernier mot inquiète, mais il laisse tout aussi bien deviner, à côté de réactions trop évidemment détestables, des mérites précieux dont la valeur rédemptrice est certaine.

A ceux qui hésiteraient encore à accepter cette conclusion optimiste, un dernier argument peut être proposé. Villon, le dévoyé, est un admirable artiste. Se serait-il donné tant de peine pour atteindre un pareil degré de maîtrise, s'il n'avait pas cherché à demeurer en contact avec les autres, ni attendu beaucoup de ce dialogue ? Il est rare certes qu'il regarde au delà de ses horizons familiers, rare qu'il se dégage du milieu très particulier où il a vécu, rare enfin qu'il sorte des cadres tracés par la tradition littéraire médiévale. Aussi semble-t-il parfois n'avoir voulu atteindre que ses contemporains, voire certains d'entre eux seulement, qu'une même et très spéciale initiation préparait à deviner ses allusions ou à déchiffrer ses cryptogrammes. En réalité cette attitude, qui impose au lecteur moderne tant d'érudition, n'est pas seulement commandée par un souci trop direct des contingences, un goût trop développé de l'hermétisme, une recherche trop complaisante de très suspectes complicités. Si Villon paraît s'adresser surtout à ceux qui lui ressemblent, c'est parce qu'il a honte devant les autres et redoute non sans raison leur sévérité ou leur silence. Mais ces autres, c'est-à-dire ses *frères humains*, il ne les oublie jamais. Il leur a parlé quelquefois sans ambages et même, quand il a l'air de se détourner d'eux ou de vouloir les écarter de lui, il espère qu'ils l'écouteront. C'est pour eux, autant et plus que pour ses *compagnons de gale*, qu'artiste, il a cherché et atteint la perfection. Sinon, en dépit de tout ce qui l'isole, son œuvre n'aurait pas défié le temps ni eu tous les hommes pour lecteurs. Ce résultat ne peut avoir qu'un sens. Il n'illustre pas seulement la réussite du poète. Il est pour le pauvre écolier une manière de rachat, d'abord parce qu'il compense bien des lâchetés, bien des échecs, bien des provocations, ensuite parce qu'il démontre que le dialogue entamé avec quelques-uns cherchait sincèrement, profondément, à s'élargir, à s'élever, à prendre une portée humaine exemplaire. L'espoir dont les chefs-d'œuvre de Villon sont à la fois le produit et la récompense n'était donc pas une simple chimère. Ne l'était pas non plus, par conséquent, la difficile rédemption dont cet espoir offrait la possibilité, malgré les éclats d'un rire souvent mauvais ou déplacé. Villon a mis dans ce rire ce qu'il avait de pire, mais aussi ce qu'il avait de meilleur. Nous pouvons ne pas nous y associer, mais nous ne pouvons pas l'écouter avec indifférence ou mépris. Villon aurait certes pu faire bien davantage pour que le combat qui se livrait en lui s'achevât en victoire, mais rien ne prouve qu'il ait finalement perdu la partie.

L'ART ET LE GÉNIE DE VILLON 11

On l'a plus d'une fois constaté, Villon n'a pas cherché à sortir des cadres que la tradition littéraire lui offrait. Il convient d'insister encore sur cette dépendance et de bien montrer jusqu'où elle va, si l'on veut justement apprécier la maîtrise dont il fait preuve, sans pour autant innover.

Le *Lais* et le *Testament* sont des *compositions strophiques libres* qui alignent un nombre indéterminé de couplets construits tous sur le même schéma. On désigne alors les poèmes de cette sorte sous le nom de *dits*, entre autres raisons pour celle-ci qu'ils ne sont pas destinés à être *chantés*, mais *récités* ou *lus*. Ils doivent leur succès, depuis le xive siècle, aux initiatives de Guillaume de Machaut. Ils utilisent l'octosyllabe qui, depuis les origines de notre littérature, s'est révélé apte aux emplois les plus divers. Enfin ils préfèrent à toute autre strophe le huitain isométrique à *trois rimes* ainsi disposées : a b a b b c b c. Il ne saurait être plus solidement construit, puisque les deux quatrains dont il se compose sont reliés l'un à l'autre par la rime commune b. Pas un instant Villon n'a songé à répudier cette technique qui avait fait ses preuves. Car le *dit*, de longueur variable, peut suivre très librement le mouvement de l'inspiration.

Il admet, outre les confidences personnelles, des éléments narratifs ou didactiques. A l'élégie, il peut combiner un récit, un enseignement, un débat réel ou fictif. Souvent, il se présente comme un *songe* ou une *vision*, dans lesquels l'*allégorie* peut se développer sans entrave. Il est clair que le *Testament* poétique entre bien dans ce cadre souple : c'est une fiction où l'auteur, se croyant ou feignant de se croire à l'article de la mort, donc amené à exprimer ses dernières volontés, peut parler librement, jeter un regard vers son passé, s'accuser ou se justifier, s'inquiéter du salut de son âme. Excellent prétexte à un examen de conscience, le *Testament poétique*, en prévoyant des *legs*, peut aussi fournir l'occasion d'énumérer toute une série de personnages, autrement dit de passer en revue avec tendresse, haine ou humour, les représentants d'un milieu, ou d'une société. C'est bien ainsi qu'à la suite d'un certain nombre de devanciers, Villon a compris le genre et l'a cultivé.

A côté des compositions strophiques libres, le lyrisme des deux derniers siècles du moyen âge avait à sa disposition un certain nombre de *genres à forme fixe* dont la structure était déterminée par des règles parfois très strictes. Ces genres demeuraient plus proches que le *dit* de ce qu'était à l'origine le lyrisme roman, qui était un lyrisme au sens propre du terme, c'est-à-dire *chanté*. A la fin du XVe siècle, tous les poèmes de ce type ne sont plus obligatoirement chantés, mais ils peuvent encore l'être et le sont souvent. Les plus goûtés conservent en tout cas un *refrain*. Toutefois, contrairement à ce qui demeurait encore une règle pour Machaut, le poète n'est plus désormais que poète. Il fait appel, le cas échéant, à un musicien pour *noter* ses chansons. D'ailleurs, grâce à la régularité des schémas métriques et musicaux, une même mélodie pouvait facilement servir pour plusieurs chansons.

Dans ce domaine comme dans le cas du *dit*, le modèle et le théoricien dont on se réclame est toujours Guillaume de Machaut. A son exemple, on conserve au contenu des genres à forme fixe un caractère essentiellement subjectif, mais on peut fort bien recourir à eux dans un *dit*, où ils joueront excellemment le rôle d'intermèdes lyriques, en insistant sur un thème, en soulignant une émotion qui mérite de retenir tout spécialement l'attention complice de l'auditeur ou du lecteur. En insérant des *ballades* dans son *Testament*, Villon suit donc une fois de plus les goûts et les habitudes de son temps ([1]). Parmi les genres à forme fixe, la *ballade* est celui qu'il préfère et cultive presque exclusivement. Il y utilise, selon l'usage, soit le huitain d'octosyllabes, soit le dizain de décasyllabes. Aux trois strophes *unissonnantes*, dont les rimes conservent régulièrement les mêmes timbres et qui s'achèvent toutes par le même *vers-refrain*, il adjoint souvent un *envoi*. En tête de cet *envoi*, il va jusqu'à conserver parfois le mot *prince* qui se justifiait surtout lorsque l'auteur s'adressait au président du jury académique ou *puy*, devant lequel il concourait. On le voit, Villon pouvait difficilement, dans le domaine de la technique, pousser plus loin l'obéissance et le conformisme.

1. Rappelons que le schéma du *rondeau* se présente ainsi :
AB aA ab AB.
αβ αα αβ αβ

Celui du *virelai*, souvent réduit au xve siècle à un couplet sous le nom de *bergerette*, est sous sa forme la plus simple constitué de la sorte : AA' bb aa AA' ou AB cc ab AB.
αβ γγ αβ αβ   αβ γγ αβ αβ

On peut figurer ainsi le schéma de la *ballade :* ab ab bc bC
ab ab bc bC
ab ab bc bC
bc bC
αβ αβ γδ εζ

(Les lettres majuscules indiquent des vers dont le texte entier est répété. Les lettres grecques désignent les phrases mélodiques, si l'œuvre est chantée).

113.

Je meurs de soif auprès de la fontaine
Chault comme feu, et tremble dent à dent ;
En mon pays suis en terre loingtaine ;
Lez ung brasier frissonne tout ardent ;
Nu comme ung ver, vestu en president,
Je riz en pleurs et attens sans espoir ;
Confort reprens en triste desespoir ;
Je m'esjouys, et n'ay plaisir aucun ;
Puissant je suis, sans force et sans povoir,
Bien recueully, debouté de chascun.

Riens ne m'est seur que la chose incertaine ;
Obscur, fors ce qui est tout evident ;
Doubte ne fais, fors en chose certaine ;
Science tiens à soudain accident ;
Je gaigne tout, et demeure perdent ;
Au point du jour diz « Dieu vous doint bon soir ! »
Gisant envers, j'ay grant paour de chëoir ;
J'ay bien de quoy, et si n'en ay pas ung ;
Eschoicte attens, et d'omme ne suis hoir,
Bien recueully, debouté de chascun.

De riens n'ay soing, si metz toute ma paine
D'acquerir biens, et n'y suis pretendent ;
Qui mieulx me dit, c'est cil qui plus m'actaine,
Et qui plus vray, lors plus me va bourdent ;
Mon ami est, qui me fait entendent
D'ung cigne blanc, que c'est ung corbeau noir ;
Et qui me nuyst, croy qu'il m'ayde à povoir ;
Bourde, verté, au jour d'uy m'est tout ung ;
Je retiens tout, rien ne sçay concevoir,
Bien recueully, debouté de chascun.

L'envoy

« JE MEURS DE SOIF AUPRÈS DE LA FONTAINE ». *Recueil de poésies de Charles d'Orléans. XVe siècle. Bibliothèque nationale.*

Comme d'autre part nul plus que lui n'a vécu, pensé et senti en union étroite avec les hommes de son temps, comme nul plus que lui ne s'est mieux adapté à la rhétorique de l'époque, comme nul plus que lui n'a fait aussi naturellement siens les grands thèmes lyriques du moyen âge tardif, on se demande comment il a pu se montrer si original et écrire des chefs-d'œuvre qui n'ont aucune commune mesure avec la production poétique contemporaine. Certes la sensibilité de Villon et ses expériences peu communes devaient lui permettre d'être plus vigoureux et plus émouvant que les autres. Mais pour tirer parti de ces circonstances et de ces avantages exceptionnels il fallait du génie. De ce génie que nous avons vu si souvent à l'œuvre, essayons pour finir de donner une image, une définition qui expliquent autant que faire se peut les immortelles réussites de l'artiste qu'il animait.

La supériorité de Villon tient d'abord à ce qu'il sait voir l'essentiel et retenir ce qui commande un état d'âme ou caractérise au dehors comme au dedans un personnage. De plus les choix qu'il fait ainsi d'instinct, même s'ils simplifient ou grossissent le trait, ne conduisent jamais à une abstraite généralisation : parce qu'ils trouvent toujours le moyen d'individualiser, les choses restent présentes, les sentiments actuels, les êtres vivants. Peu sensible aux couleurs — plus d'un critique l'a remarqué — Villon saisit et note de façon prodigieuse les mouvements. Ceux de l'âme, de la sienne d'abord, en proie aux impulsions les plus contradictoires, aussi prête à s'ouvrir qu'à se fermer, à s'égayer qu'à s'attrister, à offrir qu'à refuser. Ceux du corps, quand il est à l'affût du geste ou de l'attitude qui prêtent à rire. Là est le secret des caricatures que son vers fixe sans jamais donner une impression d'immobilité :

> Et aux pietons qui vont d'aguet
> Tastonnant par ces establis
> Je leur laisse ung beau riblis :
> La Lanterne a la Pierre au Let. (*Lais*, 171-174)

Comme homme beu qui chancelle et trepigne
L'ay veu souvent, quant il s'alloit couchier,
Et une fois il se feist une bigne,
Bien m'en souvient, a l'estal d'ung bouchier. (*Test.* 1254-1257)

Rappelons encore, pour achever de convaincre, qu'une des plus belles comparaisons du *Testament* — souvent citée — évoque merveilleusement la rapidité de l'éclair :

> Mes jours s'en sont allez errant
> Comme, dit Job, d'une touaille
> Font les filetz, quant tisserant
> En son poing tient ardente paille :
> Lors, s'il y a nul bout qui saille,
> Soudainement il le ravit! (*Test.* 217-222)

Comment oublier enfin la conclusion des *Regrets* de la Belle Heaulmière : ces vieilles accroupies qui se serrent l'une contre l'autre auprès d'un maigre feu dont la flamme claire ne perce la froide obscurité qu'un bref instant?

> Assises bas, a cropetons,
> Tout en ung tas comme pelotes,
> A petit feu de chenevotes
> Tost allumees, tost estaintes... (*Test.* 527-530)

On a souligné plus d'une fois dans les précédents chapitres que les figures de rhétorique sont chez Villon tout autre chose que des élégances affectées. Une efficacité nouvelle, inattendue, leur vient de ce qu'elles rejoignent en lui des habitudes intellectuelles ou affectives fondamentales, les unes propres à son tempérament, les autres acquises à la Faculté des Arts ou au contact de milieux très divers. Cette efficacité s'accroît lorsque les différents procédés s'associent avec virtuosité l'un à l'autre, comme on l'a vu à propos du rire, mais elle ne diminue pas lorsque, par exemple, d'un calembour apparemment gratuit ou accidentel jaillit un trait plus ou moins acéré de pertinente satire : ici c'est Robert Valée « qui n'entend ne *mont ne valee* », là Thibaut d'Aussigny dont le poète jure avec force qu'il n'est ni le *serf*, ni la *biche*. Voilà, n'est-il pas vrai, des façons originales — et étonnamment appropriées au cas particulier — de dire que Valée ne comprend rien à rien (*ni peu, ni beaucoup*) ou que le méchant évêque d'Orléans ne saurait tenir sa victime pour son *serf* et encore moins pour son « mignon » — *serf-cerf* appelant *biche* de toute évidence? Tout le début du *Testament* serait ici à citer, en insistant sur le fait que la diatribe lancée contre Thibaut est commandée par le désir non seulement de proférer sans équivoque les pires malédictions, mais encore de profiter d'apparentes litotes pour corser davantage ces imprécations, tout en se ménageant la possibilité de se retrancher — hypocritement, ou sincèrement sait-on jamais? — derrière des sentiments plus chrétiens, comme il convient à un authentique testateur. Une certaine lourdeur laborieuse et embarrassée sert même ici à l'effet artistique, dans la mesure où elle reflète — volontairement ou non — à la fois la passion vengeresse du poète et sa mauvaise conscience. A ce point de naturel et de vérité, la rhétorique cesse d'être de la rhétorique, et cela ne se produit que sous la plume des meilleurs écrivains, c'est-à-dire de ceux qui n'emploient pas systématiquement les recettes d'école, mais, soucieux de la mesure et des convenances, savent adapter et proportionner aux fins qu'ils poursuivent les moyens — si usés soient-ils — dont ils peuvent disposer. Ajoutons que faire preuve d'autant de tact (la remarque vaut aussi pour certains thèmes) n'était pas un mince mérite à une époque où la Grande Rhétorique préparait son triomphe.

Mais ce qui classe surtout Villon parmi les plus grands c'est son attitude à l'égard du langage et le parti qu'il en tire. Du français de son temps il connaît à fond tous les registres. La phraséologie de la *chanson courtoise* lui est aussi familière que celle de la *sotte chanson;* il ne méprise pas le jargon scolastique, ni la conversation quotidienne; il connaît la langue des *farces*, celle du peuple, et même l'argot des malandrins. De toutes ces langues il ne possède pas seulement le vocabulaire, la syntaxe et les rythmes. Aux ressources traditionnelles qu'elles lui offrent, il est capable d'ajouter de son cru tant il a pénétré d'instinct le génie de chacune d'elles, c'est-à-dire les moyens que chacune a, selon ses structures, de s'enrichir, de rénover son expressivité. Il peut donc, d'autant mieux qu'il n'est pas question pour lui de les violenter, ni de bouleverser la hiérarchie qui les classe, les utiliser et même combiner judicieusement leur emploi, puisque aucune à elle seule ne saurait lui suffire. Car, il faut bien ici le redire, Villon ne peut pas plus prendre entièrement à son compte l'idéalisme courtois que les grossièretés qui en sont l'antithèse; il ne peut pas plus se contenter de l'argot que de la langue littéraire. Pour faire deviner ce qu'il est et exprimer ce qu'il ressent, il doit jouer simultanément de tous les instruments dont il dispose. A cet égard le début du *Lais* est particulièrement significatif, lorsque aux plaintes habituelles de l'amant martyr se mêlent des expressions familières, triviales ou brutalement équivoques :

Villon

> IV Et se j'ay prins en ma faveur
> Ces doulx regars et beaux semblans
> De tres decevante saveur
> Me trespersans jusques aux flans,
> *Bien ilz ont vers moy les piez blans*
> Et me faillent au grant besoing :
> *Planter me fault autres complans*
> *Et frapper en ung autre coing.*
>
> VII Combien que le depart me soit
> Dur, si faut il que je l'eslongne :
> Comme mon povre sens conçoit,
> *Autre que moy est en quelongne,*
> *Dont oncques soret de Boulongne*
> *Ne fut plus alteré d'umeur*...

Ainsi l'intention parodique se révèle grâce aux brusques changements de ton, tandis qu'à la faveur de contrastes discrets ou accusés, formules et images prennent un relief imprévu ou retrouvent toute leur puissance de suggestion. Le résultat est d'autant plus remarquable que les discordances verbales correspondent aux ambiguïtés de la pensée ou des attitudes. Appelé à une active complicité, le lecteur s'interroge, approfondit ses impressions et admire, car il s'aperçoit bientôt qu'un jeu aussi subtil comporte des risques. Mené de façon systématique, sans à-propos ni mesure, sans souci du contexte ou des circonstances, il ne permettrait pas de parcourir toute la gamme du rire, d'en exprimer toutes les nuances depuis les plus discrètement humoristiques jusqu'aux plus perfides, ou jusqu'aux plus bruyamment féroces. Il cesserait surtout d'être le reflet d'un état d'âme authentique, de révéler les profondeurs d'un moi qui cherche à se saisir dans toute sa fuyante ou pitoyable complexité. Au lieu d'une perpétuelle illustration du fameux et essentiel *Je ris en pleurs*, ce ne serait qu'une succession de cocasseries gratuites, monstrueuses ou minuscules, dont on aurait tôt fait d'apercevoir le vide et le néant. Que ceux qui cherchent surtout chez Villon un brutal anticonformisme veuillent bien reconnaître que, pour prendre une valeur artistique, la violence et le trouble doivent être dominés, autrement dit qu'au nombre de ses qualités maîtresses, Villon, comme tous les grands créateurs, possède un goût sûr et beaucoup de tact! D'ailleurs n'avons-nous pas dû mettre à son actif une vertu qu'à première vue on était tenté de lui refuser, la pudeur, qui est une forme de la timidité et de la discrétion?

Et n'est-il pas unanimement admis qu'on lui doit quelques-uns des vers les plus délicatement mélodieux de notre langue? Certes, depuis que le vers lyrique n'était plus obligatoirement soutenu par un chant, nos poètes avaient appris que les mots, outre leurs plus ou moins riches résonances sémantiques, possédaient des qualités musicales qu'il importait désormais d'exploiter. Plus encore qu'une Christine de Pisan ou un Charles d'Orléans, Villon s'est intéressé à la sonorité de la parole. De même qu'il a choisi le terme *bigne* pour désigner la bosse qu'en titubant s'est faite un jour ce bon ivrogne de Cotard, parce que *bigne* fait entendre en quelque sorte le coup dont cette bosse est le résultat, de même il a su découvrir dans la *Ballade des dames* des noms propres qui à eux seuls — sans qu'ils évoquent aucun être précis — suggèrent par le timbre de leurs syllabes la fragile beauté dont le poème déplore la rapide et définitive destruction : *Flora la belle Rommaine, Thaïs qui fut sa cousine germaine, la royne Blanche comme lys qui chantait a voix de seraine...* Aussi bien qu'il sait faire sonner les mots, il sait musicalement les associer dans le vers : pour produire certes des effets stridents qui conviennent à certaines de ses violences, de ses angoisses ou de ses gênes, mais aussi pour moduler des airs d'une extrême sensualité :

> Et nu a nu, pour mieulx des corps s'aisier
> Les vy tous deux, par ung trou de mortaise :
> Lors je cogneus que, pour deuil appaisier,
> Il n'est tresor que de vivre à son aise. (*Test.* 1479-1482)

ou au contraire d'une aérienne mélancolie, qu'accentue la reprise incantatoire du refrain :

> Ou sont ilz, ou, Vierge souvraine?
> Mais ou sont les neiges d'antan? (*Test.* 351-352)

Mais c'est sans doute dans la *Ballade des Pendus* que le sommet est atteint.

A ce moment Villon est au comble du désarroi; il est au bord de l'abîme; il lui faut plus que de la pitié; il doit pour lui, le condamné à mort, éveiller chez les autres, au lieu du mépris ou de la répulsion qu'il peut craindre, une sympathie, une fraternité chaleureuses et rédemptrices, sans quoi ce sera le désespoir et les ténèbres infernales, pour l'éternité. Ce qu'il va dire ne saurait être un simple raisonnement. Un accent religieux doit multiplier l'efficacité de ses paroles, et en quelque sorte les rendre sacrées. Son salut est à ce prix. Avec autant de discrétion que d'insistance, il démontre que le futur supplicié reste en lui proche des autres mortels, dont le sort dépend aussi de la miséricorde divine. Il fait remarquer que son âme fut meilleure que sa chair, déjà bien punie de ses jouissances impures. Pour donner plus de solennité à ses adjurations, il prend bien garde de se mettre seul en avant; il se fait le porte-parole des pendus; et parce qu'on doit le respect aux morts quels qu'ils soient, c'est d'outre-tombe qu'il fait entendre leur voix pathétique. Dès le premier vers, il a commencé l'incantation qui doit forcer les oreilles

« LA VIEILLE EN REGRETTANT LE TEMPS DE SA JEUNESSE »
*Gravure sur bois
de l'éd. Pierre Levet (1489).
Bibliothèque Nationale.*

La Vieille en regrettant le temps
de sa ieunesse.

Tollu m'as la haulte franchise
Que beaulte m'auoit ordonne
Sur clercs marchans & gens deglises
Car lors il n'estoit homme ne
Qui tout le sien ne meust donne
Quoy quil en fust des repentailles
Mais que luy eusse abandonne
Ce que refusent truandailles

b.iiii.

et les cœurs à s'ouvrir. Aux notes aiguës des i douloureux, il a mêlé celles, plus assourdies, de finales féminines en -ie, avant de recourir pour finir à des sons graves et profonds en -ou, dont le retour du refrain accroît l'inquiète et tragique insistance. Nécessité d'un universel, unanime et réciproque pardon ! L'angoisse, si paradoxale que la chose puisse paraître, a contraint le poète à un effort de sérénité, de simplicité ; elle l'a amené à généraliser son cas particulier, à lui trouver une valeur exemplaire ; elle l'a conduit à un sobre dépouillement, à la densité du chant populaire, dont on ne sait dire qui l'a composé, mais auquel semble-t-il, toutes les mémoires font écho depuis toujours :

> De notre mal personne ne s'en rie ;
> Mais priez Dieu que tous nous vueille absouldre !
>
> Hommes, icy n'a point de mocquerie ;
> Mais priez Dieu que tous nous vueille absouldre !

Ce cri, lancé sans artifice déplacé et en toute franchise à l'humanité entière pour obtenir la miséricorde du ciel, mérite d'autant plus d'être médité qu'il émane d'un être que l'évocation de sa propre existence risquait d'enfermer dans l'anecdote locale et éphémère ou dans le nœud de vipères de ses mauvais penchants. Inutile de revenir sur ce que ce cri peut apprendre au sujet de l'homme que fut Villon. Nous n'avons plus à considérer en lui que l'artiste et le message qu'à ce titre il a laissé. L'art, si personnel qu'il soit par les dons qu'il suppose, est toujours un appel à la compréhension de tous. Villon l'a senti et il a agi en conséquence, car s'il est permis de dégager un enseignement de ses plus belles réussites, c'est incontestablement celui-ci : on ne crée rien de grand et d'immortel en poésie si l'on ne fait pas bon usage de la langue dans laquelle on s'exprime. Rien ne sert de la torturer si, sclérosée ou compartimentée par des hiérarchisations artificielles, elle ne permet pas l'expression directe de ce qu'on porte en soi de nouveau. Villon a prouvé que des servitudes de cette sorte n'étaient pas un obstacle insurmontable. Il a trouvé en elles les éléments d'une libération. Il a fait tomber certaines barrières et rétabli certains contacts. Il a opéré des fusions et surtout fait jouer des contrastes. Mais, en aucun cas, il n'a imposé sa propre loi à des formes de langage qui, pour livrer toutes leurs richesses ou en engendrer de nouvelles, n'avaient besoin que de poursuivre librement, sans pressions arbitraires ou révoltes isolées, leur vie collective naturelle. C'est ainsi qu'en assimilant tout le passé médiéval et en profitant des fermentations linguistiques du moment, il est parvenu, au terme de conflits formateurs et de tensions révélatrices de sa propre personnalité, à une perfection et à une efficacité qui n'ont sans doute jamais été dépassées. Quoi d'étonnant s'il est aujourd'hui plus apprécié que jamais par la grande masse des lecteurs, bien ou mal informés, mais tous également sensibles aux charmes qu'il a composés? On va voir qu'en revanche il a plus souvent bénéficié de l'admiration des novateurs qu'inspiré leurs manifestes ou servi de caution à leurs doctrines révolutionnaires.

LA MODERNITÉ DE VILLON 12

Sur le succès qu'a connu au xve siècle l'œuvre de Villon et sur la manière dont les contemporains ont compris son message, aucun témoignage ne nous est parvenu. Mais il est permis de supposer que le prestige du poète fut grand, lorsqu'on songe à l'accueil flatteur qui lui fut réservé à la cour de Blois, à la date précoce de la première édition de ses poèmes, et au nombre élevé de celles qui ont suivi. En tout cas, une légende s'est vite formée autour de son nom, qui pendant longtemps, jusqu'à nos jours même, a trouvé des adeptes.

Un petit recueil très largement diffusé dans les premières années du xvie siècle a contribué à l'accréditer : le *Recueil des repues franches de Maître François Villon et ses compagnons*. On y voit en effet le poète, à la tête de ses « subjets », habiles à parler jobelin, escroquer « pin, vin et viande a grant foison ». Sans doute n'intervient-il que dans une seule « repue », mais celle-ci suffit pour mettre en relief le rôle d'aigrefin qu'elle lui attribue. Il faut bien reconnaître que l'auteur du *Lais* et du *Testament* a tenu des propos et pris des attitudes qui n'interdisaient pas de lui faire cette réputation d'écornifleur. Rien ne prouve cependant que les *Repues franches* aient le moindre fondement de vérité, car aucun document ne vient confirmer leurs dires au sujet du « bon folâtre ». Quoi qu'il en soit, Villon a d'abord et avant tout passé pour un joyeux « farceur »; au xvie siècle du moins il n'est pas d'escroc ou de plaisantin dont on ne dise qu'il soit son disciple ou son émule, tel ce Maître Pierre Faifeu dont l'histoire fut racontée en 1532 par Charles Bourdigné.

Lisait-on pour autant avec attention l'œuvre du poète ? On a quelque raison de le supposer. Parmi ses lecteurs fidèles et assidus, Jean et Clément Marot sont à citer en premier lieu. Des hémistiches villonniens chantent dans la mémoire de Clément lorsqu'il rime pour son propre compte et point n'est besoin de vanter les mérites de l'édition qu'il prépara lui-même pour complaire au roi François Ier, en consultant au besoin de « bons vieillards » qui savaient encore « par cœur » plus d'un passage du *Lais* ou du *Testament*. On n'a pas davantage oublié les deux anecdotes racontées par Rabelais ; lui aussi cite quelques vers de Villon, et s'est peut-être inspiré de sa légende pour créer le personnage de Panurge. Roger de Collerye se comporte en disciple docile ; Claude Fauchet et Etienne Pasquier, grands amateurs d'ancienne poésie, rédigent des notices, formulent des éloges, ou des réserves.

Évidemment, il fallait s'y attendre, la Pléiade fera peu de cas de Villon. Mais le *Quintil Horatian* protestera, et Mathurin Régnier, en évoquant « le temps follement dépensé » loin de l'école, fera retentir un écho lointain du fameux *Hé ! Dieu, si j'eusse estudié au temps de ma jeunesse folle*. Le XVIIe siècle sera finalement moins injuste. Boileau lui-même n'a-t-il pas écrit :

> Villon sut le premier, en ces siècles grossiers,
> Débrouiller l'art confus de nos vieux romanciers ?

Il est vrai qu'on peut se demander si pareil propos est vraiment inspiré par une connaissance précise de l'œuvre qu'elle réhabilite. En tout cas le classicisme de Boileau, en dépit de son souci des « bienséances », pouvait sans crainte de se renier consentir cet éloge, ce qui ne diminue en rien le mérite qu'il a de l'avoir formulé. Car il convient de remarquer que depuis 1542 aucune édition nouvelle de Villon n'avait vu le jour. C'est en 1696 seulement que le *Recueil des plus belles pièces des poètes françois, tant anciens que modernes, depuis Villon jusqu'à Monsieur de Benserade* établi par Fontenelle remit à la disposition d'un large public 9 extraits de « François Corbueil, dit Villon » (*Ballades des Dames et des Seigneurs, Regrets de la belle Heaulmière, Ballade des femmes de Paris, Ballade de l'appel, Ballade des Pendus...*). Le texte de Marot, avec quelques additions superflues, ne fut réimprimé qu'en 1722, avec une préface du jésuite P. du Cerceau, puis en 1742 avec des remarques et notes nouvelles. L'entreprise semble avoir surtout attiré l'attention des érudits, l'abbé Guillaume Massieu, Lenglet-Dufresnoy, La Monnoye, Goujet, Laharpe par exemple, dont les remarques restent sommaires ou les travaux souvent inédits. Pourtant, tout en insistant sur le côté « badin » et « enjoué » des poèmes de Villon, on tend à oublier la légende du « farceur », pour parler de style « naturel », de « naïveté », voire de modernité.

On s'explique qu'ainsi mis en goût, le XIXe siècle ait cherché d'assez bonne heure à en savoir davantage, d'autant que certaines modes l'incitaient de façon plus générale à remettre le moyen âge à l'honneur et qu'à l'étranger, en Angleterre notamment, Villon lui-même commençait à susciter un vif intérêt. Mais, le cas étant fort complexe, critiques, écrivains et public demeurèrent assez longtemps déroutés autant qu'attirés. On peut le constater en lisant ce qu'écrit Sainte-Beuve en 1828 dans son *Tableau de la poésie française au XVIe siècle*. Se référant encore à la légende du « farceur », il parle de perles à découvrir « en remuant le fumier » et se montre avant tout frappé par les *Contredits de Franc Gontier*, « remarquables pour l'expression », où il retrouve « le fonds original », ou « gaulois », de la poésie française. C'est en 1859 seulement qu'il insistera sur la *Ballade des Dames*, qui vaudra à son auteur de « vivre aussi longtemps qu'elle, aussi longtemps du moins que la nation et la langue dans laquelle il a proféré ce cri de génie et de sentiment ». Parmi les poètes et les romanciers, demeurés en général fort discrets, y compris l'auteur de *Notre-Dame de Paris* et de la *Légende des Siècles*, seul Théophile Gautier fait preuve d'une sympathie active dès avant la publication des *Grotesques* en 1844. Lui non plus n'a pas oublié les *Repues Franches*, mais soucieux de trouver au romantisme de lointains ancêtres, il prête à Villon des traits byroniens tout en croyant apercevoir en lui le modèle de Panurge ou la « personnification la plus complète du peuple à son époque ». « Tout complet que soit Panurge, précise-t-il, Villon cependant l'est encore plus; il a une mélancolie que l'autre n'a pas; il a le sentiment de sa misère. Quelque chose d'humain lui vibre encore sous les côtes. » Ce disant, Gautier se montre au fond plus condescendant qu'enthousiaste : son Villon est plus singulier que génial, desservi toujours par les difficultés de sa langue et les fâcheux écarts de sa conduite. Banville est-il plus clairvoyant, quand dès 1861 il compose la première de ses *Ballades joyeuses pour passer le temps à la manière de François Villon* ? En réalité, en parnassien qu'il est, il admire plus la virtuosité de l'artiste qu'il ne prête attention aux faiblesses et aux souffrances de l'homme, quand il s'écrie :

> Dans ta légende absurde, moi je nie
> Tout, grand aïeul, hors ton libre génie.

Pendant ce temps les historiens de la littérature suivent leur chemin. Ils publient des études et des éditions : la première édition critique de Prompsault en 1832, celle du bibliophile Jacob en 1854, celle de Crépet en 1861, les thèses de Profillet en 1856 et de Campaux en 1859. Le résultat de ces efforts est de concilier de façon plus ou moins chaleureuse l'image d'un Villon chef de bande joyeuse et celle d'un artiste mélancolique, touchant et sincère dans sa gaieté comme dans ses remords. La vérité est que Villon, contrairement à ce qu'on aurait pu croire, déçoit les romantiques ou les irrite — on le verra avec Michelet —, parce qu'il n'a pas la dignité qui eût convenu à un grand modèle et impose du moyen âge une vision qui ne correspond pas à celle dont on avait d'abord rêvé. Si Nisard est moins réticent, c'est en raison de son néo-classicisme et en souvenir de Boileau.

Qu'est-il advenu lorsque surgirent à partir de 1873 les documents d'archives qui éclairèrent d'un jour nouveau la biographie du poète ? Ces découvertes, dues aux recherches d'Auguste Longnon et Auguste Vitu d'abord, puis plus récemment de Marcel Schwob et Pierre Champion, ont eu pour effet de substituer au Villon écornifleur des *Repues Franches* un personnage plus dangereux, un meurtrier et un crocheteur. De la *Chanson des Gueux* de Jean Richepin, en 1876, ce refrain provocant donne le ton : *Escroc, truand, marlou, génie!* Bien plus récemment, Francis Carco répètera : « *Poète et ribaud, tout ensemble* », s'écriant à propos du premier : « *Quel magicien du rythme et du mouvement!* » Certes, l'inconduite de Villon n'est plus depuis la fin du xixe siècle un obstacle à l'admiration et à la sympathie, bien au contraire. Mais il n'est pas facile toujours de faire apparaître nettement la nature des liens qu'à partir de Baudelaire la poésie moderne et contemporaine a pu renouer avec l'auteur du *Testament*, car à côté des analogies, trop de différences s'accusent. S'ils ont contracté une dette, Baudelaire et Verlaine, apparemment, le donnent moins à entendre que Rimbaud, dont on possède, remontant à 1870, un curieux exercice scolaire, une supplique de Charles d'Orléans au roi Louis XI pour le pauvre François condamné à mort. Il s'achève ainsi :

> « Oh ! Sire, ne pouvoir mettre plumail au vent par ce temps de joie ! La corde est bien triste en mai, quand le soleil rayonne sur les murs les plus lépreux ! Pendus pour une franche repue ! Villon est aux mains de la cour de Parlement ; le corbel n'écoutera pas le petit oiseau ! Sire, ce serait méfait de pendre ces gentils clercs : ces poètes-là, voyez-vous, ne sont pas d'ici-bas ; laissez-les vivre leur vie étrange, laissez-les avoir froid et faim, laissez-les courir, aimer, chanter ; ils sont aussi riches que Jacques Cœur, tous ces fols enfants, car ils ont des rimes plein l'âme, des rimes qui rient et qui pleurent, qui nous font rire et pleurer : laissez-les vivre ! Dieu bénit tous les miséricordieux et le monde bénit les poètes ! » (Paterne Berrichon, *Les Œuvres d'A. R.*, Mercure, 1912, p. 325 et suiv.)

Poussant plus loin l'analyse, faut-il percevoir un écho du *Testament* dans le *Vampire*, la *Danse Macabre* ou les *Petites Vieilles* des *Fleurs du Mal* ? Faut-il s'arrêter au rôle que jouent Paris et la Mort dans ce recueil ? Peut-être. En tout cas, Villon n'est pas à l'origine de la recherche de l'insolite et du symbole qui oriente Baudelaire vers une surréalité poétique. Quant aux « paradis artificiels » du pauvre François, ils n'ont jamais de sa part fait l'objet d'une quête métaphysique teintée de satanisme ! En ce qui regarde Verlaine, Valéry a bien saisi la vanité des rapprochements hâtifs. Des vies comparables, un égal sens de la musique verbale, une même naïveté qui dissimule un minutieux travail du vers et de la forme ne suffisent pas à démontrer une réelle filiation. Le cas de Rimbaud requiert autant de prudence. L'âme pleine de rimes du gentil clerc défendu par Charles d'Orléans n'est pas pour l'auteur des *Illuminations* celle d'un puissant génie qui ferait exception à la médiocrité vieillotte dont souffre la poésie française de « Theroldus à

C. Delavigne ». L'absolu dont rêve le précoce révolté de Charleville l'entraîne déjà, par les chemins ambitieux de l'occultisme, bien au delà de ce que pouvait lui suggérer l'écolier trop naïvement dévoyé du xve siècle.

Le *Manifeste du Symbolisme*, cherchant à définir par la voix de Jean Moréas le style « archétype et complexe » dont la nouvelle école avait besoin, vanta la « bonne et luxuriante et fringante langue française d'avant les Vaugelas et les Boileau-Despréaux, la langue de François Rabelais, de Philippe de Commines, de Villon, de Rutebeuf et de tant d'autres écrivains libres et dardant le terme du langage, tels des Toxotes de Thrace leurs flèches sinueuses ». Cet éloge ne doit pas faire illusion. Car, si Claude Debussy, en 1910, mit en musique trois *ballades* de Villon, les poètes qui, de près ou de loin, se sont réclamés du symbolisme ne semblent guère avoir entretenu avec l'auteur du *Testament* un commerce très suivi. Ces hommes avaient des prétentions trop systématiquement novatrices pour se contenter vraiment d'un modèle médiéval, ou lui demander autre chose qu'un encouragement de principe. Il faut d'ailleurs reconnaître que l'exemple de Villon n'était pas d'un grand secours dans les discussions doctrinales qui s'employèrent alors à dégager toutes les subtiles vertus poétiques du symbole. Il est plus facile d'apercevoir les affinités certaines qui existent entre Guillaume Apollinaire et Villon. Mais peut-on dire que l'auteur d'*Alcools*, comme ces autres poètes « du rire en pleurs » que sont J. Laforgue et T. Corbière, ont eu conscience de ces affinités, qu'ils les ont délibérément entretenues et cultivées? Leur cas n'est-il pas comparable à celui du « pauvre Lélian »? Quant au surréalisme, il a certes attiré l'attention des psychanalystes sur les complexes du « pauvre François ». De leurs études souvent pénibles rien de notable n'est sorti, ou qu'on ne soupçonnait déjà. L'attitude des poètes eux-mêmes fut celle qu'on pouvait attendre de révolutionnaires convaincus, ennemis déclarés de la pensée logique et champions parfois excessifs de l'écriture automatique. Ils surent gré à Villon de son anti-conformisme, comme d'autres révoltés l'avaient fait si souvent avant eux. Mais est-ce lui qui pouvait cautionner les excès parfois délirants qu'engendra leur doctrine ? Paul Éluard résume bien cette sympathie et ces réserves, quand il écrit dans la préface de l'*Anthologie de la poésie française* : « Villon, malgré sa voix juvénile, est notre ancêtre ; il ne nous donne qu'à rêver ». Inutile de revenir sur la tentative de Tristan Tzara.

Ce n'est donc pas parmi les plus grands maîtres du lyrisme, ni parmi les plus notables représentants des diverses écoles poétiques que Villon semble avoir trouvé de nos jours les admirateurs les plus chaleureux, les plus aptes à tirer parti sans arrière-pensée de son exemple. Ses plus fidèles amis, ceux qui consentent même à l'imiter ou à le pasticher, ont été d'abord des humoristes, des peintres de la bohème moderne et des bas-fonds. Ils entretiennent sa « légende » en la corsant au besoin de truculence, quand en particulier, comme Francis Carco, ils lui font gloire systématiquement d'avoir été un « mauvais garçon ». Mais il leur arrive aussi de faire mieux pour lui, quand ils s'emploient, plus artistement, à rendre vie à sa technique, à reprendre ou transposer tel ou tel de ses thèmes favoris. On pourrait ainsi citer certains poèmes des *Contrerimes* de P. J. Toulet, la *Villonelle* du *Laboratoire central* de Max Jacob, les *Triolets fantaisistes* de Charles Cros [1]. Aujourd'hui

---

1. Grâce à l'obligeance de M. Bellemin-Noël, je puis préciser ces indications: Toulet, *Contrerimes*, 1921, VIII, *l'Alchimiste*, XII *Dizains*; Ch. Cros, voir *Insoumission, Ballade des mauvaises personnes*; R. Desnos, *Complainte de Fantômas*, 1933. Pour les chansons, voir *Poètes d'aujourd'hui*, éd. Seghers : Brassens, p. 45, 84, 113, 132, 187, 198; Léo Ferré, p. 67, 88, 94, 117 et 134 surtout.

même, ceux qui doivent leur célébrité à la chanson, un Georges Brassens et un Léo Ferré notamment, gardent assez étroitement le contact, au moins à certaines heures : en s'inspirant des traditions populaires tout en recherchant des effets d'art, ils ont trouvé une façon efficace de rendre hommage, sans le trahir, à l'écolier parisien du xve siècle et par là sans doute de remonter parfois aux sources vives d'une poésie authentique.

Il ressort des données qui précèdent que, même si son influence sur le mouvement poétique moderne et contemporain n'a pas été profonde et déterminante, Villon a vu jusqu'à nos jours grandir sa renommée et croître sans cesse le nombre de ses lecteurs. Depuis longtemps même la France n'est plus seule à l'admirer. Dès le début du xixe siècle, entre 1821 et 1825, donc avant Sainte-Beuve, un Anglais lui consacre d'intéressantes notices dans le *London Magazine*. En Angleterre toujours, les traductions bientôt se succèdent et les études se multiplient, malgré les préventions que la « légende » du poète peut susciter. Il est significatif en particulier que parmi ses admirateurs se rangent au premier plan le chef de l'école préraphaélite, Dante Gabriel Rossetti, un poète comme Swinburne, un critique comme Matthew Arnold. Ce dernier assure même préférer Villon à Chaucer, dont on sait pourtant quel cas font outre-Manche les historiens de la littérature. Il suffit de consulter une bibliographie de notre poète pour constater que cette faveur n'a fait depuis que s'amplifier. Elle a contribué à l'élever au tout premier rang dans la littérature universelle : « *Art is the last word to use in connexion with him — his is the genius that transcends all art* », écrit en 1943 Laurence Bisson, auteur d'une *Short history of French literature*. L'Allemagne aussi a traduit et commenté Villon, mais l'Italie s'est plus particulièrement distinguée grâce à Ferdinando Neri et Italo Siciliano dont les travaux font autorité. Partout dans le monde et dans toutes les langues, les plaintes et les rires de l'écolier parisien prolongent leur écho, inspirant des études, des romans, des pièces de théâtre, voire des films ! ([1]).

Cette unanimité dans l'admiration et ce sentiment d'une actualité permanente ne sauraient surprendre, bien que l'œuvre soit difficilement intelligible, et l'homme parfois assez énigmatique. A vrai dire sa légende, même aggravée par ce qu'on sait maintenant de source sûre, nuit moins à Villon qu'elle ne le sert. Les uns lui trouvent affectueusement des excuses. Les autres prennent plaisir à se le représenter, même abusivement, sous les traits d'un « poète maudit » ou d'un véritable truand. Qu'on le plaigne ou lui sache gré d'avoir bravé la morale et la société, qu'on choisisse entre les deux attitudes ou tente plutôt de les concilier, qu'on s'efforce d'être objectif ou accepte au contraire d'être tendancieux et anachronique, on s'entend en tout cas pour reconnaître l'incomparable maîtrise de l'artiste et souligner l'universalité de son message. Peu importent les menus contresens de détail. Tout le monde est sensible à l'extraordinaire magie d'une forme où le choix des mots est aussi strictement juste qu'apte à éveiller mille résonances, où le rythme épouse à merveille le mouvement de la pensée et de l'émotion, où la phrase chante tour à tour idéalement mélodieuse et douloureusement stridente, où le trait s'accuse tout en se simplifiant pour noter un mouvement, définir un caractère, exécuter une victime,

---

1. Les œuvres d'imagination auxquelles il est fait allusion n'ont eu qu'un médiocre succès et ne méritent guère d'être tirées de l'oubli. On en trouvera la liste dans la thèse de l'Australien Julian Wayden : *Le sort de Villon et de son œuvre...* Paris, 1950 (exemplaires dactylographiés), ou dans la bibliographie du livre de Brunelli.

où le rire enfin prend toutes les nuances de la gaieté, de l'humour, du défi ou de la pudeur. Point n'est besoin de noter les citations qui se pressent nombreuses dans la mémoire à mesure que l'on évoque chacun de ces mérites, mérites si évidents qu'il n'est pas nécessaire d'être français pour les reconnaître et les apprécier

Voilà pourquoi les jeunes lecteurs se réjouiront toujours de retrouver chez Villon leurs impatiences, leurs envies, leurs mépris et aussi leurs déceptions. Attirés par les mythes et les idéologies du moment, ils apprendront chez lui, avant de rebâtir fiévreusement le monde et la littérature, à refuser, détruire ou braver. S'ils échouent dans leur quête ou doivent en rabattre, ils ne se sentiront plus seuls pour ricaner, trouver des excuses et se faire plaindre. S'ils prennent conscience de leur étourderie, de leur présomption ou de leur lâcheté, Villon sera encore près d'eux pour leur enseigner à être lucides jusqu'au bout. Quant aux hommes mûrs et riches d'expérience, ils revivront volontiers avec lui les conflits ou les aventures de leur passé, pour déplorer les mêmes défaites ou mesurer la chance qui les a sauvés d'un désastre que le joyeux folâtre n'a pas su conjurer. En un temps où le pathologique cesse d'être opposé au normal, où les mystères du moi profond ne font plus peur, la fréquentation de Villon est donc naturellement recherchée. Elle devrait être salutaire pour tous — à condition toutefois de faire un effort d'objectivité, c'est-à-dire de ne pas trop « moderniser » l'auteur du *Lais* et du *Testament*. Car, si l'on tombe dans ce travers, on risque d'aggraver « le mal du siècle » dont on souffre au lieu d'y trouver remède. Ce remède le vrai Villon peut l'offrir aux autres, même s'il l'a pour lui-même refusé. Car il nous rappelle à sa manière, quoi qu'on en ait pu dire, les limites de la condition humaine et les périls qu'on court à vouloir les oublier. Il ne conseille pas plus la révolte que le désespoir, dont il faudra bien que le monde moderne un jour se lasse ou se libère. Loin des paradis artificiels et des colères métaphysiques, loin des sarcasmes amers et des bravades vaines, chercher ici-bas des satisfactions paisibles et saines en attendant qu'un jour les consolants tableaux qu'on peint sur les églises deviennent une bienheureuse réalité, serait-ce donc là la suprême recommandation que destine à ses frères le déconcertant écolier ? On doit au moins l'envisager. Ce n'est pas diminuer son génie en tout cas, ni trahir ses vœux les plus chers que d'insister sur ce qui le rapproche d'une commune et modeste humanité. Ne s'est-il pas donné la peine de devenir un grand poète, précisément pour renouer avec tous les hommes des liens qu'il croyait rompus ou sur le point de l'être ? Qu'aucune école n'ait pu vraiment l'accaparer et que ses lecteurs d'hier et d'aujourd'hui appartiennent à tous les âges ou obéissent aux tendances les plus diverses, prouve — nous semble-t-il — que son appel, à tous destiné et par tous entendu, peut avoir en dernière analyse le sens à la fois humble et sage, simple et profond que nous venons d'envisager. N'est-il pas merveilleux pour son efficacité que la leçon ait été donnée, de façon plus implicite que déclamatoire, plus gaie que tragique, par un « enfant perdu » dont on ne saura jamais s'il s'est enfin lui-même « retrouvé » ?

APPENDICE I

Les sources du texte de Villon
(manuscrits et éditions)

1 Ms. Arsenal, 3523, dit ms. A : contient le *Lais*, le *Testament* et la *B. de Fortune*. Manquent au *Testament* la *B. en vieil langage françoys*, la *B. de bonne doctrine* et les huitains 46, 96, 106.
Manquent au *Lais* les huitains 22 et 23, l'ordre des strophes étant le suivant par rapport à la numérotation habituellement admise aujourd'hui : 1-12, 16-21, 24-34, 13-15, 35-40. La copie doit être contemporaine de l'édition de 1489; elle est élégante et soignée.

2 Ms. de la B. N. de Paris, fr. 1661, dit ms. B : contient seulement le *Lais*, moins le couplet 23, dans l'ordre suivant : 1-11, 13-15, 12, 16-18, 22, 19-21, 24-40. L'écriture est claire en dépit de sa finesse; le travail paraît postérieur à 1464.

3 Ms. B. N. fr. 20041 dit ms. C, successivement possédé par le chancelier Séguier et par le marquis de Coislin avant de passer dans les mains des religieux de St.-Germain-des-Prés. Contient la *B. des Pendus*, le *Lais*, la *B. de l'appel*, le *Testament*, l'*Épître aux amis*, la *B. de Fortune*. Trois scribes sont intervenus; la copie du *Testament*, à peu près complète, est tenue pour une des meilleures dont nous disposions.

4 Ms. fr. 53 de la Bibliothèque Royale de Stockholm, ms. F; a appartenu au Président Claude Fauchet, puis est entré dans la collection de la reine Christine de Suède. Transcrit à part, hors du *Testament*, la *B. des dames de Paris*, la *B. de la grosse Margot*, la *B. des langues envieuses*, puis la *B. des contre-vérités*, la *B. des proverbes*, une *B. en jargon*, le *Lais* (auquel manque le huitain 29, dans l'ordre : 1-12, 16, 13-15, 17-21, 24, 27, 28, 25, 26, 22, 31, 32, 34, 33, 23, 30, 35-40), le *Débat du cœur*, la *B. des Pendus*, la *Requête au Parlement*, la *B. de l'appel*, le *Testament* (auquel manque, dans la première partie, le huitain 97 et les vers 633-648 de la *Double Ballade*,

dans la seconde partie les couplets 141, 146-150, 153, 154, 160-166, 170, 173-176, 179, 180, les vers 1784-1795 et la *B. de Mercy* ainsi que la *B. de Conclusion*). Semble un des plus anciens mss. conservés; beaucoup de ses leçons particulières sont à préférer.

5 Ms. 78-B. 17 du Cabinet des estampes de Berlin, dit ms. H ou ms. de Rohan. Contient cinq poèmes : *Requête à Mgr de Bourbon, B. contre les ennemis de la France, B. des langues envieuses, B. de la grosse Margot,* et *rondeau.* Il s'agit d'un florilège des poètes du xve siècle, compilé entre 1475 et 1485 pour l'amiral Louis Malet de Graville.

6 Ms. B. N. fr. 1104 ou ms. O, copie tirée du ms. V cité plus bas.

7 Ms. B. N. fr. 1719, dit ms. P. Contient quinze compositions connues par ailleurs, appartenant au *Testament* ou aux *poésies diverses.* Date de la fin du xve siècle, et ne semble en aucun cas faire autorité.

8 Ms. B. N. fr. 12490, dit ms. R : a été établi vers 1515 pour Jacques Robertet; contient 24 compositions de Villon insérées dans un plus vaste florilège comparable à celui du ms. P, avec lequel il est apparenté.

9 Ms. B. N. fr. 25458, dit ms. V : il s'agit du ms. personnel de Charles d'Orléans, ou ms. La Vallière; contient la *B. du concours de Blois* et l'*Épître à Marie d'Orléans.* On date en général ces compositions de la fin de 1457 ou du début de 1458. La question se pose de savoir si elles ont été transcrites de la main même de Villon et s'il faut attribuer à ce dernier une troisième composition. L'hypothèse est soutenable, bien que la qualité de la transcription ne contribue pas à l'accréditer (Cf. S. Cigada, *Studi su Ch. d'Orléans e F. V., relativi al ms. B. N. fr. 25458,* dans *Studi francesi,* 1960, pp. 201-219 et G. A. Brunelli, *F. Villon,* 1961 pp. 211-212).

10 Édition de Paris, 1489, chez Pierre Levet, désignée par la lettre I; contient dans l'ordre suivant : *Testament, B. de l'appel, Quatrain, B. des Pendus, Débat du cœur, Requête au Parlement, Requête à Mgr de Bourbon, B. des proverbes, B. des menus propos, six ballades en jargon, le Lais.* On connaît trois exemplaires de cette

édition, dont l'un porte à la B. N. la cote Rés. Y^e 245 et l'autre la cote Rés. Y^e 238. On pense en général que c'est la première de toutes les éditions et que toutes les autres s'en inspirent, à commencer par l'édition lyonnaise citée plus bas, au numéro 13, et par l'édition parisienne citée au numéro 12. Le texte est incomplet; au *Lais* manquent les huitains 4-9, 23, 29, 36 à 39, au *Testament* les huitains 97, 146, 165, 167 et les vers 2004-2023. Manquent également cinq des *poésies diverses*. Le livre est illustré de dix gravures sur bois, qui ont été souvent reproduites, surtout celle qui accompagne la *B. des Pendus*. Cette édition paraît solidaire de C et B, mais elle a une réputation détestable (Cf. F. Lecoy, *Notes sur le T. de Villon*, Romania, 1959, pp. 491-514).

11 Édition Germain Bineaut, Paris 1490; un exemplaire au musée Condé de Chantilly, IV, p. 20 E 69.

12 Édition Pierre Le Caron, sans date (B. N. Rés. Y^e 244); reproduit fidèlement le texte de Levet, mais modifie quelque peu l'illustration; ne paraît pas antérieure à 1491.

13 Édition dite de Lyon (B. N. Rés. Y^e 247) attribuée à l'imprimeur Guillaume Le Roy, ou plutôt à son confrère Jean Dupré, dont l'activité est intense entre 1491 et 1496. Elle semble en tout cas postérieure à l'édition Levet et faite avec plus de soin.

14 Neuf compositions de Villon figurent dans le vaste florilège qu'a imprimé en 1501 Antoine Vérard sous le titre de *Jardin de plaisance*. L'une d'elles, le *rondeau Jenin l'Avenu*, est inconnue des autres sources.

15 Six autres éditions du xve siècle sont connues qui procèdent plus ou moins fidèlement de la première et n'ajoutent pratiquement rien à son témoignage.

16 Le xvie siècle a vu paraître plus d'une douzaine d'éditions avant celle que Marot publia sous le titre *Les œuvres de F. V. de Paris, revues et remises en leur entier par Clément Marot valet de chambre du roy*. Elle a été reproduite plus d'une douzaine de fois à partir de 1537, par des imprimeurs de Paris ou de Lyon. Elle-même a paru en 1533 chez Galiot du Pré.

17 Le xviie siècle a produit une édition et le xviiie deux.

18 La première édition critique moderne a paru à Paris en 1832, sous la responsabilité de J. H. R. Prompsault. Le bibliophile Jacob a offert la seconde dans la Bibliothèque Elzévirienne en 1854. D'autres ont vu le jour en 1861 (Crépet), 1867 (La Monnoye et P. Jannet), 1877, 1879 (Louis Moland), 1882 (W. G. C. Bijvanck), 1884 (P. Jannet).

19 La plus importante et qui fait date a été procurée par Auguste Longnon en 1892, chez Lemerre. Elle a préparé celle que le même auteur a offerte en 1911 pour les *Classiques français du m. âge*. Revue par Lucien Foulet à plusieurs reprises, en 1914, 1923 et 1932, elle est actuellement la meilleure dont nous disposions, ce qui ne veut pas dire qu'elle soit absolument définitive (voir à ce sujet notre *Appendice II*).

20 En France signalons encore l'édition L. Thuasne, en 3 volumes, parue chez Picard en 1923, et ajoutons que, depuis cette époque, il n'est pas une année où un éditeur n'offre à sa clientèle d'amateurs ou de bibliophiles les œuvres de François Villon. Dans l'ensemble ces éditions, souvent luxueuses, n'ont aucune prétention ni valeur scientifique, bien que certaines soient présentées par des hommes de talent. Cf. Livre de poche, 1964; éd. A. Mary-D. Poirion, Garnier-Flammarion, 1965; éd. Club français du Livre, 1965 (R. Guiette).

21 Villon a été édité à l'étranger. Citons l'édition Ferdinando Néri, parue à Turin en 1923, reprise et complétée en 1944 et en 1950, l'édition anglaise de G. Atkinson, Londres 1930; l'édition G. A. Brunelli, Milan, 1933; l'édition H. Küchler et W. Rheinfelder, Heidelberg, 1956.

22 Les *Ballades en jargon* ont fait l'objet d'éditions particulières : cf. (A. Vitu) *Le Jargon du XVe siècle...* Paris, 1884, et surtout A. de Bercy et A. Ziwès, *Le Jargon de Me F. V.*, Paris, 1954, 2 vol.
Pour un inventaire plus détaillé se reporter à G. A. Brunelli : *F. Villon con bibliografia e indici a cura di P. Morabito*, Milan, 1961, pp. 201 à 289.

APPENDICE II

Bibliographie sommaire[1]

La plus récente et la plus complète bibliographie relative à Villon est à chercher dans : Giuseppe Antonio Brunelli, *F. V. con bibliografia e indici a cura di P. Morabito*, Milan, Marzoretti, 1961; elle remplace le travail plus ancien de L. Cons, *État présent des études sur Villon*, Paris, Belles-Lettres, 1936.

ÉTUDES ET TRAVAUX

A. Campaux, *F. V., sa vie et ses œuvres*, Paris, 1859; A. Vitu, *Notice sur F. V.*, Paris, 1873; A. Longnon, *Étude biographique sur F. V.*, Paris, 1877; W. G. C. Bijvanck, *Spécimen d'un essai critique sur les œuvres de F. V.*, Leyde, 1886; G. Paris, *F. V.* (Les grands écrivains français), Paris 1901; M. Schwob, *F. V. et son temps* ou *F. V., rédactions et notes*, Paris, 1912; ou *Œuvres Complètes de M. Schwob*, t. VII, Paris, 1928; P. Champion, *F. V. Sa vie et son temps*, Paris, 2 vol. 1913, 2e éd. en 1933; A. Suarès, *F. V.* dans *Nouv. Rev. Franç.*, janvier 1913; et *Cahiers de la Quinzaine*, 1914; H. de V. Stacpoole, *F. V. His Life and Times*, Londres, 1916; J. M. Bernard, *F. V. Sa vie, son œuvre*, Paris, 1918; P. Champion, *Le pauvre V.*, t. II de l'*Histoire poétique du XVe siècle*, Paris, 1923; E. Gilson, *De la Bible à F. V*, Ec. des Htes Études, 1923, réimprimé dans *Les idées et les lettres*, Paris, 1932; R. Yves-Plessis, *La psychose de F. V.*, Paris, 1925; D. B. W. Lewis, *F. V. A documented survey*, Londres, 1928; F. Desonay, *Villon*, Paris, Droz, 1933; P. Champion, *Paris et F. Villon* dans *La vie à Paris au Moyen Age...*, Paris, 1934; Italo Siciliano, *F. V. et les thèmes poétiques du Moyen Age*, Paris, Colin, 1934; L. et F. Saisset, *Le grand Test. de F. V.*, Paris, 1937; P. Valéry, *Villon et Verlaine*, Paris, 1937; I. Siciliano, *Sur le Test. de F. V.*, dans *Romania*, 1939, pp. 39-90; Léo Spitzer, *Étude a-historique d'un texte : Ballade des Dames du temps jadis*, dans *Modern Language Quarterly*, 1940, pp. 7-22; W. H. Rice, *The European Ancestry of Villon's Satirical Testaments*, New-York, 1941 (*Syracuse Univ. Monographs*); J. Castelnau, *F. V.*, Paris, 1942 (*Grandes*

[1]. Voir un complément à l'appendice III.

Figures); F. Carco, *La Danse des morts comme l'a décrite F. Villon*, Genève, 1944; P. Mayer, *Étude sur la criminalité de F. V.*, Lausanne, 1944; E. F. Chaney, *F. V. and his environment*, Oxford, 1946; G. Frank, *The Impenitence of F. V.*, dans *Romanic Rev.*, 1946, pp. 225-236; Dr. P. Lôo, *Villon, étude psychologique et médico-légale*, Paris, 1947; L. Foulet, article *F. V.* dans la *Littérature Française* de Bédier et Hazard, Paris, 1949, t. I, pp. 144-154; F. Néri, *F. V.*, Turin, 1949; R. O. Bertrand, *F. V. Vida, obra y época*, Barcelone, 1950; G. Esnault, *Le jargon de V.*, dans *Romania*, 1951, pp. 289-309; S. Battaglia, *F. V.*, Naples, 1953; J. Fox, *The date and composition of Villon's Test.*, dans *French Studies*, 1953, pp. 310-322; R. Vivier, *Et la poésie fut langage*, Bruxelles, 1954, pp. 55-121; A. Burger, *Lexique de la langue de Villon*, Genève-Paris, 1957; A. Tenenti, *Il senso della morte e l'amore della vita nel Rinascimento*, Turin, 1957 (cf. pp. 145, 151-154, 329-330); A. Burger, *L'entroubli de Villon*, *Romania*, 1958, pp. 485-495; S. Cigada, *Studi su Charles d'Orléans e F. V.* (Ms. B. N. Fr. 15458), dans *Studi Francesi*, 1960, pp. 201-219; O. Jodogne, *A propos du 5e centenaire du Test.*, Bul. Acad. Royale de Belgique, cl. des lettres, t. 47, 1961, pp. 525-539, *Pour le 5e centenaire du Test.*, dans *Lettres Romanes*, 1961, pp. 327-334; J. Fox, *The poetry of Villon*, Londres-New York, 1962.

APPENDICE III

Notes critiques et commentaires

Liste des vers ou passages du texte de Villon qui ont fait l'objet d'une note critique ou d'un commentaire importants, avec référence aux études en question ([1]).

I. — LAIS.

Vers 4, *Romania*, 1921 p. 585; Brunelli, p. 31; — V. 29, *Mélanges Hoepffner*, p. 95-106; — V. 44, *Romania*, 1921, p. 580-588; Burger, p. 12. Cf. aussi *Modern Language Notes*, 1932, 154-159 et 498-505; — V. 52, *Romania*, 1921, p. 586;

---

[1]. Brunelli = *F. Villon con bibliografia...* Milan, 1961; Burger = *Lexique de la langue de V.*

— V. 56, Brunelli, p. 46-47; — V. 64, *Romania*, 1920, p. 387; — V. 81, *Romania*, 1965, p. 374 et suiv.; — V. 141, *Romania*, 1920, p. 387 et suiv.; — V. 147, Burger, p. 14; — V. 155, *Romania*, 1963, p. 343 et suiv.; — V. 173, Burger, p. 13-14; — V. 217, Schwob, *F. Villon.*, p. 95-108; — V. 224-322, *Romania*, 1944, p. 59 et suiv.; — V. 245, Burger, p. 14; — V. 252, Burger, p. 14; — V. 265-272, A. Rey, *Bul. de la Conférence des Soc. Savantes de Seine-et-Oise*, 1904, p. 54-66 et *Moyen Age*, 1906, p. 121-133; — V. 275, Burger, p. 14; — V. 279, *Romania*, 1920, p. 387; — V. 281-304, *Romania*, 1939, p. 457-477 et 1958, p. 485-495; Burger, p. 15.

II. — TESTAMENT

Vers 31-32, *Mod. Lang. Review*, 1954, p. 53-56 (Fox); — V. 33-48, *Mélanges I. Siciliano*, 1966, p. 437-445 (J. Frappier); cf. *Romania*, 1959, p. 497 (F. Lecoy); Brunelli, p. 157-159; *Mélanges Delbouille*, II, p. 251-257 (R. Guiette); Burger, p. 15; cf. *Romania*, 1920, p. 386 et 1921, p. 580 et suiv., (L. Foulet); — V. 81 et 87, Burger, p. 16; — V. 97, 102, 103, Burger, p. 16; — V. 140, Burger, p. 17 (également vers 149); — V. 157-158, *Romania*, 1950, p. 512 et 1963, p. 552; cf. *Mélanges R. Guiette*, 1961, p. 165-176 (R. L. Wagner); — V. 169, Burger, p. 17; — V. 191, *Romania*, 1921, p. 587 et suiv. (L. Foulet); — V. 209, *Romania*, 1920, p. 388 (L. Foulet); — V. 229, *Romania*, 1921, p. 584; — V. 284 et suiv., Burger, p. 17; — V. 290 et suiv., Burger, p. 17; — V. 297-299, M. Roques, *Et. de litt. française*, Lille, 1949, p. 67-74; — V. 303, *Romania*, 1920, p. 389 (L. Foulet); — V. 313, *Romania*, 1965, p. 75-76; — V. 329 et suiv. (*Bal. des Dames*), L. Spitzer, *Mod. Language Quarterly*, 1940, p. 7-22 et *Critica Stilistica*, Bari, 1954, p. 75-82, 93, 100. Cf. *Romania*, 1950, p. 130-131 et Brunelli, p. 182-187, et 196-200; — V. 337-340, *Mod. Lang. Notes*, 1942, p. 527-529; — V. 353, *Romania*, 1920, p. 390 (L. Foulet); Burger, p. 18; — V. 357-384 (*Bal. des Seigneurs*), *Romanic Review*, 1932, p. 48-53; *Rev. Belge de Philologie et d'Histoire*, 1934, p. 157-166; *Romance Philology*, 1951, p. 38-41; *Mod. Lang. Review*, 1960, p. 414-417; — V. 401-405, *Romania*, 1959, p. 499-500; — V. 447, *Romania*, 1938, p. 522-523, et 1950, p. 510-511; — V. 477, *Romania*, 1959, p. 500 (F. Lecoy); — V. 489, Burger, p. 18; — V. 503, *Romania*, 1959, p. 500;

— V. 534 *Romania*, 1959, p. 511; — V. 540, Brunelli, p, 166-167; — V. 553-555 Burger, p. 18; *Romania*, 1953, p. 383-389; — V. 601-604, *Mélanges I. Siciliano*, 1966, p. 541-542; — V. 612, Burger, p. 19; voir *ibid.* pour le vers 624; — V. 623 *Romania*, 1959, p. 512 (F. Lecoy); — V. 628 Burger p. 19; — V. 660, *Rom.*, 1959, p. 501 (F. Lecoy); — V. 662, Burger, p. 19-20 et *Romania*, 1959, p. 510 (F. Lecoy); — V. 685, *Romania*, 1953, p. 388 (J. Rychner); — V. 695 *Romania*, 1959, p. 502; — V. 699, *Romania*, 1959, p. 512 (F. Lecoy); — V. 717, *Romania*, 1920, p. 119 et 1932, p. 83-85; — V. 751-752, *Romania*, 1959, p. 191-207 (J. Frappier); cf. Brunelli, p. 175-177; — V. 770, Burger, p. 21; — V. 773, Burger, p. 21; — V. 795-796, Brunelli, p. 21; — V. 833, Burger, p. 21; — V. 857-864, *Modern Language Notes*, 1942, p. 527-529; — V. 858, *Archivum Romanicum*, 1920, p. 506-524; — V. 865-872, *Romance Philology*, 1959, p. 251-252; cf. Benedetto, *Alla ricerca di Villon*, Milan-Naples, 1953, p. 99-124, et Brunelli p. 177-178; Burger, p. 21; — V. 882, Burger, p. 22, Brunelli, p. 21; *Revue Ling. Romane*, 1962, p. 165-169; — V. 889, Burger, p. 23. — V. 910-941, *Romance Philology*, 1959, p. 253-257, et *Rev. Ling. Romane*, 1962, p. 166-169; — V. 916, *Romania*, 1959, p. 502; — V. 942 et suiv. (*Ballade a s'amye*) *Mélanges G. Schoepperle*, 1927, p. 355-380 (L. Foulet); cf. *Romania*, 1944, p. 91 (L. Foulet); — V. 952, Burger p. 22; — V. 982, Burger, p. 23; — V. 998-1005, *Moyen Age*, 1966, p. 107-111 (Dufournet); — V. 1013, Brunelli, p. 32-33; — V. 1024, Burger, p. 23 (et 1026) ;— V. 1047 *Bul. de la Conférence des Sociétés Sav. de Seine-et-Oise*, 1906, p. 54-66; — V. 1060-1064 *Romania*, 1959, p. 512-513 et 243-253; — V. 1078-1085, *Moyen Age*, 1966, p. 111-115 (Dufournet); — V. 1118-1125 *Rev. Belge de Philologie et d'Histoire*, 1957, p. 763-770 (Brunelli), Burger p. 23, Brunelli, p. 145-149; — V. 1166, *R. Linguist. Romane*, 1961, p. 446-447 (J. Fox); — V. 1178-1179, Burger, p. 24; *Studies in Philology*, 1950, p. 453-459; — V. 1189, Burger, p. 24; *Romania*, 1921, p. 587; — V. 1194, *Mod. Lang. Notes*, 1926, p. 116-118, *Zeitschrift für rom. Phil.*, 1936, p. 70-71 (Leo Spitzer), *Moyen Age* (Dufournet) 1966, p. 115-118; — V. 1198-1201, *Romania*, 1921, p. 580 et suiv.; — V. 1210-1213, *Moyen Age*, 1966, p. 118-122 (Dufournet); — V. 1214-1221, *Modern Lang. Review*, 1949, p. 199-206, et *Romania*, 1959, p. 503 (F. Lecoy); — V. 1244, Burger

p. 24; — V. 1296, Burger, p. 24; — V. 1330, Burger, p. 25; — V. 1362-1369, PMLA, 1940, p. 931-933; — V. 1378 et suiv. (*Bal. pour Robert d'Estouteville*), *Rev. Belge de Phil. et Hist.*, 1957, p. 763-770, *Rom.*, 1959, p. 504 (F. Lecoy), *Studies in Philology*, 1962, p. 31-41, *Romania*, 1964, p. 342-354 (Dufournet), *Mélanges I. Siciliano*, 1966, p. 445-449 (J. Frappier). Cf. Brunelli, p. 143-149; — V. 1422-1456 (*Langues envieuses*), *Mél. I. Siciliano*, 1966, p. 449-451 (J. Frappier); pour 1425 cf. Burger p. 25; — V. 1486, Burger, p. 25; — V. 1493, *Romania*, 1959, p. 504 (F. Lecoy); — V. 1496, *Romania*, 1959, p. 513 (F. Lecoy); — V. 1503, Burger, p. 25; — V. 1573, Burger, p. 26; — V. 1610-1611, *Mod. Lang. Notes*, 1936, p. 33-34 (Holmes); — V. 1614, *Romania*, 1959, p. 505 (F. Lecoy); cf. Brunelli, 173-174; — V. 1665, Burger, p. 27; — V. 1668-1691 (*Enfants perdus*) *Rom.*, 1920, p. 383-386 (L. Foulet); — V. 1672, *Romania*, 1920, p. 390 (L. Foulet); — V. 1685, *Rom.* 1920, p. 390 et suiv. (L. Foulet); — V. 1692-1719 (*Bon conseil*), Brunelli, p. 138 et suiv.; — V. 1702, *Romania*, 1921, p. 581 (L. Foulet); — V. 1708, Burger, p. 27; — V. 1731, Burger p. 27; — V. 1737, Burger, p. 27; — V. 1761-1765, Burger, p. 27; — V. 1784-1795, Brunelli, p. 109-113; — V. 1791, Burger, p. 27; — V. 1802, *Romania*, 1959, p. 505 (F. Lecoy); — V. 1804-1811, Burger, p. 27, *Mod. Lang. Notes*, 1942, p. 527-529 (L. Cons); — V. 1820, Burger, p. 28; — V. 1836-1843, *Mélanges I. Siciliano*, 1966, p. 451-452 (J. Frappier); — V. 1849, Burger, p. 28; et *Rom.* 1959, p. 506 (F. Lecoy) — V. 1850, *Romanische Forschungen*, 1961, p. 148-150; — V. 1866 *Romania*, 1959, p. 506; — V. 1891 Burger, p. 28; — V. 1942, Burger, p. 28; — V. 1948, Burger, p. 28; — V. 1960-1961, Brunelli, p. 22-23; — V. 1966, *Romania*, 1920, p. 391 (L. Foulet); — V. 1982, *Romania*, 1959, p. 507 (F. Lecoy); — V. 1996-2023, *Neuphilologische Mitteilungen*, 1935, p. 207-211 (Spitzer), *Archiv...*, 1937, p. 212-214, *Romania*, 1939, p. 101-103 (Spitzer); cf. Brunelli, p. 74.

III. — POÉSIES DIVERSES.

I (*Bon conseil*) *Mélanges R. Guiette*, 1961, p. 177-183, Burger, p. 29.

II (*Proverbes*) *Studi Francesi*, 1958, p. 76-78; Brunelli, p. 124-135.

III (*Menus propos*), Brunelli, p. 124-137.

IV (*Contre-vérités*), Brunelli, p. 116-123; *Studi Francesi*, 1957, p. 255-257.

V (*Ennemis de la France*), *Symposium*, 1953, p. 140-146 (Rice).

VII (*Concours de Blois*) *Archivum romanicum*, 1920, p. 506-524 (Charlier), *Mélanges G. Schoepperle*, 1927, p. 355-380 (Foulet), *Mod. Lang. Notes*, 1932, p. 498-506 (G. Frank), *Medium Aevum*, 1958, p. 194-198, *Studi Francesi*, 1960, p. 414-417 (Cigada); Burger, p. 29.

VIII (Voir les références pour VII) *Mélanges I. Frank*, 1957, p. 91-99 (Burger), Burger, p. 29.

IX (*Epistre*) *Mélanges Siciliano*, 1966, p. 433-456 (J. Frappier), Burger, p. 30.

X (*Requeste à Mgr. de Bourbon*), *Mélanges A. Thomas*, 1927, p. 165-171 (L. Foulet).

XI (*Débat du cuer...*) *Atti dell' Accademia delle Scienze di Torino*, 1952-1953, p. 1-48 (Benedetto); cf. *Romania*, 1954, p. 264-265 (J. Frappier); Burger, p. 30.

XII (*Fortune*) Brunelli, 109-115.

XIV (*Pendus*) *Rom. Review*, 1941, p. 39-43; *Moyen Age*, 1966, p. 125-128 (Dufournet).

XVI (*Appel*) v. 6, *Romania* 1959, p. 509 (F. Lecoy), Burger, p. 30.

Ballades en jargon, *Romania*, 1951, p. 289-309 et A. Ziwès et Anne de Bercy, *Le jargon de F. V.*, Paris 1954, 2 vol.

TABLE DES MATIÈRES

	Avant-propos	2
1	La vie de François Villon.	5
2	Le texte des poésies de Villon.	15
3	Les anagrammes	21
4	Le Lais	31
5	Le Testament	50
6	Les poésies diverses	71
7	La tradition lyrique et le milieu parisien au lendemain de la guerre de Cent Ans .	76
8	La femme et l'amour	92
9	La mort, la fortune et Dieu.	99
10	Le rire de Villon	111
11	L'art et le génie de Villon	124
12	La modernité de Villon	138

Appendice I
Les sources du texte de Villon 150

Appendice II
Bibliographie sommaire. 154

Appendice III
Notes critiques et commentaires 155

IMPRIMERIE BERGER-LEVRAULT, NANCY. - 779143-10-68
DÉPÔT LÉGAL n° 1222. - 4ᵉ TRIMESTRE 1968

A. E. JOHANN

Hinter den Bergen das Meer

Der große Kanada-Roman

C. BERTELSMANN VERLAG

Die Trilogie »Aus der Frühe Kanadas« umfaßt
die Bände

»Ans dunkle Ufer«
»Wälder jenseits der Wälder«
»Hinter den Bergen das Meer«

© 1979 C. Bertelsmann Verlag GmbH, München / 5 4 3 2 1
Vor- und Hintersatz: Adolf Böhm
Gesamtherstellung: Mohndruck Reinhard Mohn GmbH, Gütersloh
ISBN 3-570-06594-4 · Printed in Germany

I

Die beiden Männer standen am Ufer und blickten dem Kanu entgegen. Das schöne Fahrzeug mit dem hochgeschwungenen Bug näherte sich schnell mit silbern schäumender Welle. Gleich dem Gefieder eines Pfeils fächerten die beiden Schaumzeilen über die stille Oberfläche des Gewässers davon. Das Boot trug keine Last. Sechs Ruderer trieben es an. Sie stemmten ihre Paddel im Takt mit harten Schlägen durch die dunkle Flut. Im Heck des Bootes stand aufrecht ein Mann und führte das lange Steuerpaddel. Er war nur mittelgroß. Sein dunkelblondes zerzaustes Haar zeigte einen Anflug von Rot. Der Mann war in einen dunkelblauen Tuchrock gekleidet, der fast bis zu den Knien hinunterreichte. Der Rock war geschlossen – mit einer Reihe von silbernen Knöpfen –, ließ aber am Halse den Kragen eines weißen Hemdes frei. Das war eine höchst ungewöhnliche und zugleich vornehme Kleidung. Der Mann im Heck legte offenbar Wert darauf, für einen Herrn gehalten zu werden.

»Kennst du den, Paul?« fragte der Indianer und starrte mit angestrengt gerunzelten Brauen dem stolz heranrauschenden Boot entgegen. Das Gesicht des Fragenden war durch grobe Blatternarben verunstaltet. Sie reichten bis in den Ansatz seines schwarzen Haares. Aus den dunklen Augen aber in dem entstellten Gesicht schimmerten unmißverständlich Ernst, Klugheit, Verläßlichkeit und auch ein versteckter Humor. Es war Mes Coh Thoutin, der »Rote Wind«, ein Cree-Indianer, Sohn des Masqua, des »Bären«; der Vater war 1782 mit den meisten anderen seines Stammes an den schwarzen Pocken gestorben. Die schreckliche Seuche hatte den Indianern des amerikanischen Nordwestens Anfang der achtziger Jahre des achtzehnten Jahrhunderts einen furchtbaren Zoll abverlangt, hatte manche Stämme bis auf klägliche Reste vernichtet, so auch den bis dahin machtvollen Stamm der Cree entscheidend geschwächt.

Der mit »Paul« angeredete Mann, eine kräftige, breitschultrige, jedoch nicht allzu große Gestalt in Mokassins, einer schweren grauen Wollhose, die unterhalb der Knie mit zwei Lederbändern gerafft war, und einem weitläufigen Hemd aus ungebleichtem Leinen – Paul Soldat, so hieß er allgemein –, hatte die Daumen in den Hosenbund geschoben und gab zunächst keine Antwort. Er starrte dem von fernher über das stille Wasser heranrauschenden Kanu entgegen, schien ganz von diesem Anblick gefesselt zu sein. Die beiden Männer nahmen nichts wahr von dem wunderbaren Frieden dieses Spätsommerabends über der verhalten blinkenden, riesenbreit sich öffnenden Einmündung des gewaltigen Saskatchewan-Flusses in den meeresgleichen Winnipeg-See. Die Sonne war schon hinter den Wäldern im Westen versunken, doch ihr goldrotes Abschiedslicht glühte immer noch bis in den Zenit. Ein Fischadler schwebte in diesem Licht, zog darin seine weiten Kreise, ein winziges Spielzeug nur, von der Erde aus betrachtet, und doch ein untrügliches Zeichen dafür, daß die unabsehbare Wildnis und Einsamkeit weit umher von verborgenem Leben erfüllt war. Paul Soldat hatte die Augen zusammengekniffen, als könnte er so schärfer sehen. Als aber das Kanu nur noch zwanzig Längen entfernt war, hoben sich seine Brauen voller Erstaunen.

»Ich müßte mich sehr irren, Thoutin, wenn das nicht Alexander Mackenzie ist, einer der Partner der North-West Company.«

Der Indianer kannte den Genannten nicht, aber er hatte von ihm gehört. Alexander Mackenzie, einer dieser jungen Abenteurer und Geldverdiener, die von der mächtigen North-West Company, der Vereinigung der finanzstärksten Pelzhändler im kanadischen Nordwesten (angesiedelt aber in Montréal am Unterlauf des gewaltigen Sankt-Lorenz-Stroms), in die Gebiete jenseits der Hudson Bay geschickt wurden, um über hundertfach verästelte Wasserstraßen hinweg neue Einkaufsgebiete für kostbare Pelze, besonders aber für Biberfelle, zu erschließen und zugleich den Einfluß und die Handelswege der großen Company weiter und weiter nach Norden und Westen zu dehnen.

Bevor noch der Bug des Kanus den flach aus der Flut aufsteigenden Ufersand berührte, warf der vorderste der Ruderer sein Paddel beiseite und sprang über die Bordwand ins Wasser, um das Boot aufzuhalten. Die übrigen Ruderer bohrten ihre Paddel senkrecht zur Bordwand in den sandigen Grund, so daß das Fahrzeug zum Stillstand kam und gewissermaßen kurz vor dem Ufer festgenagelt wurde. Auch der Mann im Tuchrock am Heck des Kanus hatte sein Steuerpaddel beiseite gelegt. Zu ihm trat der Ruderer, der das Kanu zum Stillstand gebracht hatte, hob ihn über den Bootsrand und trug ihn ans Ufer, so daß er sein Schuhwerk nicht zu nässen brauchte. Einen klareren Beweis dafür, daß der Mann als ein Herr zu gelten hatte, konnte es nicht geben.

Der Mann im Tuchrock trat auf die beiden am Ufer wartenden Männer, den Weißen und den Indianer, zu, erhob die Rechte mit der offenen Handfläche nach vorn zum Gruß und sagte mit klarer, sicherer Stimme: »Ich bin Alexander Mackenzie von der North-West Company. Ich hoffe, Walter Corssen vor mir zu haben.«

Den Indianer hatte Alexander Mackenzie gar nicht beachtet. Er streckte dem Weißen seine Hand entgegen (in Wahrheit war das Gesicht des »Weißen« genauso vom Wetter dunkel gegerbt wie das des Indianers). Paul Soldat ergriff die ihm gebotene Rechte, beantwortete aber die Frage des Besuchers nicht in englischer, sondern in französischer Sprache:

»Walter Corssen, Mister Mackenzie, ist im vergangenen Oktober nicht weit von diesem Ort im See ertrunken. Wir haben ihm dort, wo seine Mütze angetrieben wurde, ein Kreuz gesetzt. Seinen Leichnam haben wir nicht gefunden. Ich war seit längerer Zeit Corssens engster Mitarbeiter und habe mit unserem kundigen Helfer, dem Cree hier, Mes Coh Thoutin, den Bau und Verkauf von Kanus in der bisherigen Weise weitergeführt. Sollten Sie einen oder mehrere Kanus kaufen wollen, Mister Mackenzie, so sind Sie bei mir an der richtigen Adresse. Mein Name ist Paul Soldat.«

Mackenzie zeigte sich betroffen. »Corssen tot –? Schon wieder einer der Alten dahin, die noch auf eigene Faust und ohne eine große Gesellschaft im Hintergrund das Pays d'en haut* aufgeschlossen haben. Jammerschade! Ich hätte den bedeuten-

---

* Pays d'en haut – eigentlich etwa »das Land von oben hinten« –: So nannten die französich-kanadischen Voyageurs das weite gesetzlose Land jenseits der Großen Amerikanischen Seen und der Hudson Bay im Norden des Kontinents. Ohne diese mit den westlichen Wildnissen wie kein anderer vertrauten französisch-kanadischen Voyageurs hätten die schottisch-englischen, später auch die amerikanischen Pelzhandels-Gesellschaften niemals die ungeheuren wilden Weiten des Nordwestens aufschließen können.

den Mann gerne kennengelernt. Er segelte eine Zeitlang, wenn ich nicht irre, unter dem Namen MacCorssen. Doch war ihm das ohne sein Zutun angeflogen, wie ich gehört habe. Er hat dann das ›Mac‹ wieder abgetan. Kam er nicht aus den Hannoverschen Stammlanden des Englischen Königshauses?«

Paul Soldat bestätigte: »Ja, so war es, aber er hat seine Heimat nicht wiedergesehen. Er wollte auch nichts mehr von ihr wissen. Er hat immer gesagt, daß er hierher gehört, ins Pays d'en haut, und nirgendwo sonsthin. Dies wäre seine Heimat. Hier hätte ihm keiner etwas zu sagen, wenn er sich nur mit den Indianern zu stellen wüßte. Und daran hat es bei ihm, weiß Gott, nie gefehlt!«

Paul Soldat fügte nach einer kurzen Pause, in der sich die beiden Männer für eine unwägbare Sekunde mit den Augen gemessen hatten, hinzu: »Wir haben es nicht weit bis zu meinem Hause, Mister Mackenzie. Wenn wir etwas zu besprechen haben, so können wir das dort besser tun als hier. Vielleicht trinken wir einen Brandy oder einen Portwein zusammen?«

»Gern!« erwiderte Mackenzie und schritt mit Soldat den Strand hinauf. Der Indianer, Mes Coh Thoutin, folgte den beiden in gemessenem Abstand, begleitete sie aber nicht zu dem langen, niedrigen Blockhaus seines Meisters, das sich auf enger Lichtung in den Rand des Waldes duckte. Der Indianer bog vielmehr zu einem anderen kleineren Hause ab, fünfzig Schritte weiter am Strand entlang, wo ihm von der offenen Tür aus seine junge Frau, Losseh Thiegah mit Namen (was »Schwarzhaar« bedeutet), neugierig entgegenblickte. Auch sie hatte das vom anderen Ufer der Mündung des großen Saskatchewan her sich nähernde Kanu beobachtet und wollte nun wissen, wer sich da so spät am Abend als Besuch eingefunden hatte.

Thoutins Söhnchen lief dem Vater aus der Hütte entgegen, kreischend vor Vergnügen. Was der Kleine erhofft und erwartet hatte, geschah auch: der Vater hob das Kind hoch, herzte es und behielt es im Arm, während er die letzten Schritte zu seinem Hause zurücklegte. Er bot seiner Frau, die nicht mehr am Türpfosten lehnte, sondern sich aufgerichtet hatte, keinen Willkommensgruß, warf ihr aber einen freundlichen Blick zu, den sie mit einem kühlen Lächeln um die Mundwinkel beantwortete. Er tat ihr gleich Genüge:

»Ein hochmögender Herr, der da gekommen ist, Losseh Thiegah. Wenn ich den Namen richtig verstanden habe, so heißt er Alexander Mackenzie und muß ein Partner der großen Company sein oder zum mindesten ein wichtiger Mann in der Gesellschaft, denn einer seiner Voyageurs hat ihn an Land getragen, damit er sich nicht die Füße naß zu machen brauchte.«

Obgleich es nicht schicklich war – aber es war ja kein fremder Lauscher in der Nähe –, wagte Thoutins Frau eine Frage: »Will er eines von unseren Kanus kaufen? Wir haben doch vier fertige auf Lager, und ihr arbeitet jetzt schon am sechsten.«

Thoutin setzte sein Söhnchen ab, um durch die niedrige Tür des Hauses eintreten zu können. Dabei gab er seiner Frau Antwort: »Ich hoffe, daß er uns eines oder zwei unserer Kanus abnimmt. Sie sind diesmal besonders gut gelungen. Die Rinden der beiden Silberbirken, die wir verarbeitet haben, waren vollständig rein und astlos, so daß wir fast überhaupt nicht zu flicken brauchten. Aber ich habe keine Sorge. Bald werden andere Kanu-Flottillen eintreffen, die sich beeilen müssen, vor dem Eis ihre Standorte im fernen Westen zu erreichen. Ganz gewiß schlagen wir dann alle unsere fertigen Boote los, wahrscheinlich werden wir nicht einmal genug Kanus auf Lager haben.«

Im Hause wartete das Abendessen auf die kleine Familie, eine mit vielen Waldkräutern gewürzte Fischsuppe, dazu als Nachtisch Stücke getrockneten Wildfleisches, um die letzten Lücken im Magen zu füllen. Das an der Luft getrocknete, wenig gesalzene rohe Fleisch schmeckte beinahe wie Brot.

Inzwischen hatten Mackenzie und Soldat längst das große Haus erreicht und sich vor der breiten Front an einem groben Tisch auf breiten Hockern niedergelassen, die nichts weiter waren als vom Stamm einer mächtigen Fichte geschnittene runde Blöcke. Auf dem Tisch standen zwei dickwandige, aber geschliffene Gläser, in denen der beinahe schwarze Portwein, vom Abendlicht befeuert, ein warmes Leuchten auszustrahlen schien. Paul Soldat hatte die Gläser aus einer dickbauchigen Flasche gefüllt, hob das seine und trank dem Gast zu: »Ihre Gesundheit, Sir!«

»Auf die Ihre, Monsieur Soldat!«

Die beiden Männer tranken die Gläser leer, aber der Gastgeber füllte sie sofort von neuem. Mackenzie strich sich genießersich mit der Zunge über die Lippen: ein vorzüglicher Portwein! Die Leute hier müssen mit ihren Kanus gutes Geld verdienen. Er fragte: »Sie sind Franko-Kanadier, Monsieur Soldat?«

Soldat drehte an seinem Glase, blickte den Fragenden nicht an und meinte dann, so, als hätte er sich die Sache erst zu überlegen: »Franko-Kanadier, Mister Mackenzie, bin ich erst geworden. Ursprünglich stamme ich, wie Sie auch, aus dem Alten Kontinent, aus Europa, und zwar, wie mein verstorbener Meister, Walther Corssen, aus dem Hannöverschen, also aus Deutschland. Aber das habe ich längst vergessen, ich bin Franko-Kanadier.«

Die beiden Männer schwiegen eine lange Zeit vor sich hin und blickten zwischen den Stämmen des Ufers auf den weiten See hinaus, über dem das Abendlicht sachte verging; die Nacht begann bereits von Osten her ihre violenfarbene Haube aufzustülpen. Ja, so war es in diesem wilden, weiten Lande im innersten Herzen des amerikanischen Kontinents, das niemand gehörte, es sei denn vielleicht den Indianern. Doch die Indianer waren sich ihres Rechtes der Erstgeburt in den grenzen- und wegelosen Weiten der Gebiete westlich der Hudson Bay überhaupt noch nicht bewußt geworden, würden es vielleicht nie werden, wenn nicht die mit dem Pelzhandel langsam westwärts einsickernden Weißen in ihnen ein solches Bewußtsein erweckten, indem sie selbst Ansprüche anmeldeten, die in Wahrheit weder rechtens noch sinnvoll waren. Ja, so war es in der Tat: Im Pays d'en haut hatte kein Kaiser und kein König etwas zu sagen. Es galten allein die Sitten der indianischen Stämme und darüber hinaus die Regeln menschlichen Anstands. Erzwingen ließen sie sich nicht, aber wer sie brach, erklärte sich selber für vogelfrei. Sie wurden nur selten gebrochen.

Alexander Mackenzie wollte zur Sache kommen. Aber zuvor machte er eine Bemerkung am Rande, die bei seinem Gastgeber keineswegs unterging: »Ich habe einen vorzüglichen Voyageur in meiner Mannschaft – sein Name ist Claas Forke –, der ebenfalls behauptet, deutscher Abstammung zu sein, sich aber in nichts von den echt franko-kanadischen Voyageurs unterscheidet. Für mich kommt er vom unteren Sankt Lorenz wie die anderen auch. Was kümmern mich die

Vorgeschichten meiner Leute. Hier fragt man, Gott sei Dank, nicht nach Woher und Wohin. Es kommt nur darauf an, ob sie das Paddel beherrschen und das Kanu, und ob sie notfalls mit den Indianern zu handeln wissen und sich mit ihnen vernünftig verständigen können. Lassen wir das, Monsieur Soldat, es versteht sich von selbst! Ich habe mich von meinem Lagerplatz an der anderen Seite der Saskatchewan-Mündung herüberrudern lassen, um erstens mit Ihnen über den Ankauf von ein oder zwei guten Lastkanus zu verhandeln, die ich gegen zwei schon überalterte Kanus meiner Flottille austauschen möchte. Dagegen werden Sie ja wohl kaum etwas einzuwenden haben, und über den Preis werden wir uns schnell einigen. Ich weiß natürlich, daß man die berühmten Corssenschen Kanus nicht gerade billig bekommt. Aber das muß wohl so sein.«

Paul Soldat unterbrach seinen Besucher mit dem Hinweis: »Ich habe einige gute Boote anzubieten, Mister Mackenzie, wir haben die Böden der Kanus – verglichen mit den indianischen, wie die Cree sie bauen – besonders verstärkt, haben auch die Bootswände etwas höher gezogen, um sie als Lastkanus für den Pelzhandel besonders geeignet zu machen. Aber das wissen Sie wahrscheinlich ohnehin. Jetzt allerdings scheint es mir schon zu dunkel zu sein, um die Boote auf unserer kleinen Werft noch von den Stellagen herunterzunehmen, auf denen sie aufgebockt sind, um sie vor Schaden zu bewahren. Sie werden also morgen noch einmal wiederkommen müssen, Mister Mackenzie, dann kommen wir sicherlich zu einem Abschluß.«

Der Besucher nahm den Faden wieder auf: »Ja, natürlich, ich habe nichts anderes erwartet. Aber vor allem bin ich noch aus einem anderen Grunde zu Ihnen gekommen: Ich habe vor, in diesem oder wahrscheinlich erst im nächsten Jahr über den Athabasca-See hinaus nach Westen, genauer Nordwesten, vorzustoßen, um festzustellen, wohin der mächtige Strom eigentlich fließt, der den See nordwestwärts verläßt. Sie leben schon lange im Pays d'en haut, Monsieur Soldat, Sie haben wahrscheinlich längst vom Athabasca-See und vom Athabasca-Strom, auch vom Peace River, gehört, oder täusche ich mich?«

»Sie täuschen sich nicht, Mister Mackenzie. Am mittleren Athabasca habe ich selbst lange gesessen, habe als Voyageur mehr als eine Fahrt aus dem fernen Westen nach Grand Portage am Lac Supérieur und wieder zurück in den Westen mitgemacht. Auch den mittleren Peace habe ich schon zu Gesicht bekommen. Am See Athabasca selbst war ich noch nicht, weiß aber, daß Sie dort Fort Chipewyan gegründet haben und daß der Peace unmittelbar nordwestlich des Athabasca-Sees in den mächtigen Ausfluß aus dem See, der nach Nordwesten weiterzieht, mündet. Daß Sie weiter ins Unbekannte vorstoßen wollen, Mister Mackenzie, verwundert mich weniger, als Sie vielleicht denken. Ich war ja ein Schüler und Helfer meines Vorgängers hier unterhalb der Großen Schnellen des Saskatchewan, des Walther Corssen, den der See verschlungen hat. Corssen war immer vorneweg. Auf eigene Faust hat er manche Gegend für den Pelzhandel aufgeschlossen, in die dann die North-West Company erst nachrückte. Sein Konzern ist schließlich in der North-West Company aufgegangen und mit zwei Partnerschafts-Anteilen bedacht worden, die heute Corssens Sohn und Tochter gehören. Er selber und schließlich auch ich, übrigens auch mein Indianer, Mes Coh Thoutin, hier, wir wollten uns nicht in die große Gesellschaft fügen und machten uns lieber auf bescheidene Weise selbständig. Das Geschäft geht übrigens ausgezeichnet. Wir brauchen uns um den Absatz unserer Kanus keine Sorgen zu machen.«

Mackenzie ließ sich ein drittes Glas Portwein einschenken. Während Paul Soldat die dunkelrote Flüssigkeit noch ins Glas rinnen ließ, fuhr Mackenzie fort: »Da haben Sie beinahe schon die Sache berührt, auf die es mir ankommt, Monsieur Soldat. Ich will mit einigen Kanus nach Nordwesten. Wie lange das dauern wird und wohin der Strom mich führen wird, das weiß der liebe Himmel. Ich weiß es noch nicht. Aber eines weiß ich bestimmt, wenn wir nicht gute Kanus haben, dann werden wir kaum von der gefährlichen Reise zurückkehren. Ersatzkanus können wir nicht mitnehmen, das würde eine neue Bootsmannschaft erfordern, weiteren Proviant und uns übermäßig belasten. Ich neige nicht dazu, auf gut Glück loszufahren und mich von vornherein in dem Glauben zu wiegen, daß alles nach Wunsch ablaufen wird. Ich möchte einen vorzüglichen Kanubauer mit auf die Reise nehmen, der notfalls, sollten wir ein Kanu verlieren, sogar aus dem Nichts, das heißt aus dem, was das Land unmittelbar liefert, Ersatzboote bauen kann. Viele Indianer verstehen das auch, aber für schwere Lasten sind ihre Kanus meist zu leicht gebaut, vor allem auch nicht sorgfältig genug konstruiert, als daß man sich in ihnen mit vielen Männern und Lasten einer weiten Reise anvertrauen könnte. Also, um es glatt herauszusagen, Monsieur Soldat, ich wollte Sie fragen, ob Sie bereit wären, gegen guten Lohn sich meiner Mannschaft für die Reise nach Norden anzuschließen, als Voyageur für den Alltag, aber für den Notfall als ein Mann, der beschädigte Kanus zuverlässig zu flicken vermag und innerhalb weniger Tage auch ein vollkommen neues Kanu zu bauen fähig ist. Ich erwarte natürlich nicht, daß Sie mir sogleich Antwort geben. Sicherlich wollen Sie sich meinen Vorschlag genauer überlegen. Damit habe ich gerechnet und mir vorgenommen, hier einige Tage Rast einzulegen. Meine Männer werden mir dankbar sein. Ich habe die Flottille ziemlich stark angetrieben, obendrein haben wir auf dem gefährlichen See zweimal schlechtes Wetter gehabt, und ein großer Teil unserer Lastenpacks ist naß geworden. Die müssen aufgeschnürt, getrocknet und umgepackt werden. Wenn es Ihnen recht ist, besuche ich Sie morgen nachmittag, damit ich mit zweien meiner Gouvernails* die neuen Kanus aussuchen kann; vielleicht sind Sie dann schon zu einem Entschluß gekommen.«

»Gut, Mister Mackenzie, einverstanden! Wenn Sie erlauben, komme ich morgen abend, wenn wir hier fertig sind, mit Ihnen in Ihr Lager hinüber auf die andere Seite und nehme auch meine Frau mit, sie sieht sich ebenfalls gern dort drüben um. Ich möchte mir gern ein Urteil über Ihre Kanus bilden und vielleicht auch den Voyageur deutscher Abstammung, von dem Sie berichteten – er hieß ja wohl Claas Forke –, kennenlernen.«

»Ganz wie Sie wollen, Soldat! Sie sind mir in meinem Lager willkommen! Sie können dann gleich bei mir Abendbrot essen, wenn Sie schon einmal da sind, nicht wahr?«

Während die beiden Männer wieder zum Strand hinunterschritten, bedankte sich Soldat bei seinem Besucher für die

---

* Gouvernail: der im Heck der indianischen Rindenkanus das lange Steuerpaddel führende Anführer eines jeden der großen Kanus, welche die Tauschwaren in die Wildnisse des Nordwestens und im Frühling danach die gegen diese Waren eingehandelten Pelze nach Osten zum Lac Supérieur und schließlich weiter nach Montréal frachteten.

Einladung zum nächsten Abend. Es war inzwischen beinahe dunkel geworden. Nur noch über dem dunklen Saum der Wälder weiter im Westen lag der letzte Nachglanz der Sonne, wie ein von einem fernen Feuer dahinter durchleuchteter riesiger Fuchsschwanz – so wenigstens pflegten die Indianer diesen letzten Rest der Abendröte zu kennzeichnen. Der Spiegel des ungeheuren Winnipeg-Sees breitete sich so unbewegt und makellos nach Norden und Osten, als bestände er aus sorgsam geschliffenem schwärzlich-hartem Metall. Schon war der Große Wagen im sachte ins Nachtblau hinüberdunkelnden Himmel deutlich auszumachen und wies mit seinen beiden hintersten Sternen wie seit Urzeiten auf den Polarstern im Zenit des Himmels, den ewig ruhenden, der allen Männern der Wildnis im Norden stets der unverbrüchlich getreue Wegweiser gewesen ist.

Die Ruderer in Mackenzies Kanus setzten sich bereit, als sie die beiden Gestalten vom Strande her dem Bootsliegeplatz zuschreiten sahen. Der schier unglaublich breitschultrige Mann, der Mackenzie aus dem Boot an Land gehoben hatte, erwartete seinen Herrn schon am Ufer.

»Also auf morgen, Soldat!« rief Mackenzie leise, indem er sich verabschiedete.

»Ja, auf morgen, ich werde Sie erwarten, Mackenzie!«

Alexander Mackenzie zögerte einen Augenblick, als wollte er noch etwas sagen, ließ sich dann aber von seinem bärenstarken Voyageur vom Boden aufnehmen und ins Boot hinübertragen.

Während das Kanu, von kräftigen Paddelschlägen angetrieben, auf das dunkle Wasser hinausglitt, gestand sich Alexander Mackenzie im stillen: Nun gut, ich habe ihn nicht mehr »Monsieur Soldat« genannt, sondern nur noch »Soldat«. Er ist von mir nicht abhängig, erst recht nicht mein Untergebener, mag er mir also das »Mister« verweigern. – Walther Corssen ist tot, ertrunken, in diesem Wasser unter mir, ruht irgendwo hier in der Tiefe des Sees. Man hat ihn nicht gefunden. Ich wollte ihm eigentlich einen seiner Leute ausspannen, um auf die Dauer jemand bei mir zu haben, der sich auf den Bau von Kanus versteht. Nun ist sein Helfer selber zum Meister aufgerückt. Aber vielleicht ist mit Walther Corssens Tod das ganze Unternehmen hinfällig geworden, und Paul Soldat läßt sich überreden, sich mir für die große Reise nach Nordwesten anzuschließen – vielleicht auch dieser Indianer Mes Coh Thoutin, der sicherlich ebensoviel vom Kanubau versteht. Ich bin im großen Niemandsland, in dem kein Mensch sich an irgend etwas gebunden zu fühlen braucht. Vielleicht wirft dieser Paul Soldat sein Los mit mir zusammen. Er wäre keine schlechte Wahl, scheint mir.

Als Paul Soldat das sich sehr schnell entfernende Kanu auf dem schwärzlichen Wasser nicht mehr erkennen konnte, machte er sich auf den Rückweg in seine Hütte. Dort würde ihn Atak, seine Frau, mit dem Abendessen erwarten. Auch Atak war eine Cree, stammte aber aus einem der westlichsten Unterstämme des großen Volkes; ihre Heimat lag am mittleren Athabasca-Fluß. Atak hatte sich am großen Winnipeg-See niemals wohl gefühlt. Es ist nicht mein Land, klagte sie stets. Es gibt keinen Fluß hier, der so schnell fließt wie der Strom meines Stammes, der Athabasca, und keiner spricht das Cree hier so, wie es in meiner Heimat gesprochen wurde. Paul Soldat hatte das Heimweh seiner Atak niemals sehr ernst genommen. Man fragt nicht viel nach den Stimmungen einer indianischen Frau. Das hatten ihn die Indianer selbst gelehrt. Auch dachte er stets: Sie muß ja glücklich sein, denn sie hat mir unsere entzückende kleine Nagamoun beschert, die Tochter, und sie selbst hat ihr den Namen Nagamoun, das heißt »Gesang«, verliehen, weil sie als ganz kleines Kind so melodische kleine Juchzer von sich zu geben pflegte.

Und außerdem hatte Paul seinen »Stern« Atak stets freundlich und liebevoll behandelt, war niemals so verächtlich und grob mit ihr umgegangen, wie dies viele Indianer selbstverständlich zu finden schienen. Und in den Nächten kargte sie niemals mit ihrer Bereitschaft. Jetzt würde er ihr von seinem Besuch berichten müssen. Sicherlich wollte sie wissen, was vorgefallen war. Auch hatte Paul längst gelernt, Ataks ruhiges Urteil zu schätzen.

Paul Soldats indianische Gefährtin hätte nicht nur in den wilden, gesetzlosen Gefilden des Pays d'en haut als eine schöne Frau gegolten. Atak stand am Feuer des Kamins und hatte den Rücken halb der Tür zugewendet, durch die Paul Soldat aus der Dunkelheit sein Haus betrat. Atak rührte anscheinend geistesabwesend in einem rußigen Kochtopf, der über der offenen Feuerstelle des Kamins an einer eisernen Kette hing. Aus dem Topf dampfte es in den Schornstein hinauf. Trotzdem hatte sich auch im Raum der Duft einer vor sich hin brodelnden Wildbret-Suppe verbreitet, die offenbar mit vielen Kräutern und Beeren des Waldes gewürzt war. Der in dem großen Zimmer des Blockhauses schwebende Duft war so angenehm, daß dem Paul Soldat buchstäblich das Wasser im Munde zusammenlief. Er umfaßte seine Frau mit einem freundlichen Blick und blieb stehen. Atak schien ihn gar nicht bemerkt zu haben. Das Knistern der Flammen und das Brodeln im Kochtopf hatten ihr wahrscheinlich die ohnehin nur sehr leisen Laute verdeckt, die von ihres Mannes weichledernen Mokassins ausgegangen waren, als er das Haus betreten hatte.

Ja, in der Tat, Atak war eine schöne Frau. Sie trug ein fast bis zu den Knöcheln reichendes Gewand aus gegerbtem Wildleder mit langen dicht anliegenden Ärmeln, bis zum Hals geschlossen, um die Hüften zusammengehalten von einem geflochtenen Gürtel. Das Lederkleid war an den Oberarmen und über den Brüsten mit bunten Mustern aus Glasperlen bestickt, jenen Glasperlen, die der Pelzhandel in die entlegensten Gebiete des Nordwestens gebracht hatte, um sie dort gegen hundertfach wertvollere Pelze einzutauschen. Das blauschwarze Haar der Indianerin war in der Mitte gescheitelt und hing im Rücken, zu einem festen, schweren Zopf geflochten, bis zu den Hüften hinunter. Das Profil der jungen Frau wurde von den Flammen des Herdfeuers beleuchtet, ein ganz indianisches Profil: die Nase leicht gekrümmt, die Augenbrauen sehr dicht und mit leichtem Schwung bis an die Schläfen gezeichnet, der Mund nicht üppig, sondern mit eher schmalen Lippen, aber keineswegs eng, das Kinn ausgeprägt und unter der Unterlippe kräftig gekurvt, die Linie der Kinnbacken deutlich und schön geschwungen; die Backenknochen betont; die Ohren zierlich gerundet mit nur eben angedeuteten Läppchen. Ein schlanker, fester Hals trug dieses schöne Haupt.

Paul Soldat umfaßte das vom Herdfeuer rötlich angestrahlte Bild seiner Frau mit einem einzigen Blick – und war glücklich. Er streifte das zusammengerollte Tuch ab, das er nach der Weise der Voyageurs um die Stirn gewunden hatte, um dem Wind zu wehren, ihm die Haare ins Gesicht zu treiben. Er sagte in die Stille des großen Raums unter dem offen liegenden Gebälk des Dachstuhls mit gedämpfter Stimme: »Sei gegrüßt, Atak! Du hast Nagamoun schon schlafen gelegt.

Schade! Aber ich komme wirklich spät heute abend. Es ging nicht anders.«

Atak wandte sich nicht nach ihrem Mann um. Sie zeigte sich nicht überrascht oder gar erschrocken bei den plötzlich in der Stille der Nacht hinter ihr auftönenden Worten. Sie hob mit einem Holzscheit den Topf vom Haken über dem Feuer und stellte ihn auf den mit runden Steinen gepflasterten Platz vor dem Kamin ab. Danach erst wandte sie sich ihrem Mann zu: »Paul – sei gegrüßt! Ja, ich habe die Kleine schon zu Bett gebracht. Sie hätte dich gern noch gesehen, du weißt ja, das will sie immer. Aber ich glaubte, es wäre schon zu spät für sie. Bist zu bereit zum Essen?«

»Natürlich, Atak, es wäre zu spät für sie gewesen. Ich wasche mir die Hände und komme gleich.«

Neben der Hütte rann ein Quell in einen hölzernen Brunnentrog, lief durch eine Kerbe im Trogrand über, zeichnete einen Wasserfaden in den Sand zum Ufer hinunter und war schon wieder versickert, ehe er noch die Fläche des Sees erreichte. Paul Soldat spülte Gesicht und Hände in dem Trog, ließ sich dann klares Quellwasser in die hohlen Hände rinnen und trank ein paar Schlucke. Wie stets erfreute er sich auch jetzt wieder an dem reinen, kühlen Trunk. Dieser Quell war es eigentlich gewesen, für den sich vor Jahren Walther Corssen entschieden hatte, als er am Ausfluß des Saskatchewan-Stroms in den Winnipeg-See einen Platz gesucht hatte, wo er sich als Erbauer und Verkäufer von Birkenrinde-Kanus niederlassen konnte. An den üblichen Lagerplätzen der Kanu-Flottillen weiter stromauf, vom offenen See also weiter entfernt, hatte er sich nicht festsetzen wollen. Dort gab es nach seiner Meinung im Frühling und im Herbst, wenn die Kanus des Pelzhandels west- oder ostwärts zogen, zuviel Unruhe. Wenn die Brigade- oder Flottillenführer der kleinen Kanuschwärme, die alle die Mündung des Saskatchewan passieren mußten, ehe sie sich dann in den weiteren Westen auffächerten, ein gebrochenes Kanu ersetzen oder ein überaltertes und durch reichliche Flickerei zu schwer gewordenes gegen ein neues tauschen wollten, so würden sie, hatte Walther Corssen sich gesagt, auch fünf Meilen am Südrand der Saskatchewan-Mündung weiter fahren, um sich von ihm ein neues, nach allen Regeln der Pelzfahrt meisterhaft gebautes Fahrzeug einzuhandeln. Das war eine richtige Rechnung gewesen.

Paul Soldat begann zu berichten, während Atak aus dem Kessel am Boden die dicke Fleischsuppe in die hölzernen Schalen schöpfte: »Atak, es war einer der wichtigen Leute der North-West Company, der mich heute besucht hat. Er wird morgen wiederkommen, um zwei Kanus zu erstehen. Aber ich glaube nicht, daß das der eigentliche Anlaß zu seinem Besuch war. Er will mich überreden, mitzukommen, ihn als Voyageur und Kanubauer auf einer Erkundungsreise in den weiteren Nordwesten vom Athabasca-See aus zu begleiten. Die Boote kann er natürlich haben, wir stellen ihm gern zwei von unseren besten Nordkanus bereit. Über den Preis werden wir uns schnell einig werden.«

Atak hatte sich am Ende des groben Tisches auf einer Bank niedergelassen. Sie hatte die beiden Näpfe mit der dampfenden Fleischsuppe über Eck auf die Tischplatte gestellt und die dazugehörigen Holzlöffel bereitgelegt. Sie wartete darauf, daß Paul in der Ecke neben ihr Platz nahm. Dann sagte Atak verhalten und nachdenklich:

»Corssen, unser Meister, der uns hierher gebracht hat, ist tot; wir sind allein. Gewiß, Paul, du kannst weiter Kanus bauen. Du verstehst es genauso, wie Walther Corssen es verstanden hat, und Mes Coh Thoutin weiß alles, was wir vom Stamme der Cree überhaupt über den Kanubau wissen. Walther Corssen ist ertrunken; unsere kleine Nagamoun fragt noch jetzt manchmal nach dem Großvater, der doch gar nicht ihr Großvater war. Dabei ist Nagamoun erst vier Jahre alt. Es geht also alles weiter wie bisher. Du machst Geschäfte mit den Kanus, und Männer der großen Company wollen dich für eine weite Reise anheuern; ja, alles geht so weiter wie bisher. Aber Walther Corssen ist tot und kommt nicht wieder.«

Es war, als sei plötzlich durch die noch immer weit geöffnete Tür eine schattenhafte Gestalt in den Hüttenraum getreten und lehnte stumm und nur in blassen Umrissen erkennbar in einer Ecke. Die kleine Nagamoun schlief in der entgegengesetzten Ecke des Raums in ihrem liebevoll aus weißem Birkenholz zurechtgezimmerten Bettchen. Die Eheleute sprachen plötzlich sehr leise und wie von einer großen Befangenheit ergriffen. Verschlug ihnen der stille, fast unsichtbare Gast die Sprache, oder mußten sie sich Mühe geben, ihr Kind nicht zu wecken?

Paul Soldat nahm den Faden wieder auf, nachdem er

schweigend seine Mahlzeit ausgelöffelt hatte: »Ich habe noch nie daran gedacht, Atak, den Betrieb aufzugeben. Warum sollen wir nicht noch viele Jahre weiter hier Kanus bauen? Gute Kanus werden stets gefragt sein. Und daß die Engländer, die Amerikaner oder die Russen oder sonstwer hier im fernen Westen erscheinen, um irgendwelche politischen Ansprüche geltend zu machen, das werden wir nicht mehr erleben. Wir bleiben hier unangefochten von jedem Kaiser und König und sind auf uns selbst gestellt. Mehr wollen wir nicht. Ich bin ein Cree geworden und gehöre hierher. Der Besucher, Atak, Alexander Mackenzie, hat mich gefragt, was ich sei. Ich habe ihm gesagt, ich gehörte nur ins Pays d'en haut! Ich könnte nicht so schnell, wie er das haben will, hier meine Zelte abbrechen. Wir müssen erst die Kanus verkaufen, die wir im Sommer gebaut haben. Und was soll aus Mes Coh Thoutin werden? Er rechnet damit, daß sein Leben weitergeht wie bisher.«

Atak schwieg lange und blickte vor sich hin in den geleerten Teller. Das Feuer in der Herdstatt war zusammengesunken. Es war fast dunkel im Raum, und durch die geöffnete Tür ließ sich über der tiefschwarzen stillen Wasserfläche des Sees das Gefunkel einiger Sterne erkennen; sie spiegelten sich zu einem feinen Strich gedehnt silbern im Gewässer wider.

Atak nahm das Wort, so leise, daß ihr Mann genau hinhören mußte: »Paul, ich habe meine Heimat und meinen Stamm am Athabasca damals verlassen, weil Walther Corssen es wollte und dem Häuptling nahelegte, daß ich dich heiratete. Dem Häuptling und dem großen Weißen Mann, dem mächtigen Händler, ohne den der Stamm kaum noch auskommen konnte, habe ich damals gehorcht. Nun ist Walther Corssen tot. Es ist noch nicht ein Jahr her, seit wir ihm das weiße Kreuz errichtet haben, dort, wo wir seine Wollmütze fanden, ans Ufer getrieben als einziges, was von ihm zu entdecken war. Paul, du weißt, daß ich hier in diesem Lande nicht glücklich gewesen bin. Laß uns wieder nach Westen zurückkehren in meine Heimat. Vielleicht baut dir der Vorschlag von Alexander Mackenzie dorthin eine Brücke. Du solltest ihn nicht von vornherein ablehnen.«

Paul hatte mit steigender Aufmerksamkeit zugehört. Ihm war, als spürte er in den Worten seiner indianischen Frau eine leise Aufsässigkeit. Er hatte sich längst daran gewöhnt, seine

Frau so zu nehmen, wie die Indianer es fast ohne Ausnahme taten. Die Frauen haben zu gehorchen und werden nicht gefragt. Sie werden mit Lasten bepackt und dürfen sich nicht beklagen. Wenn sie den Wünschen und Befehlen der Männer nicht Folge leisten, werden sie bestraft. Sie selbst finden das in Ordnung. Daß in Wirklichkeit die wahren Beziehungen zwischen Mann und Frau auch in indianischen Ehen andere Züge tragen mögen, als sich nach außen hin erkennen läßt, versteht sich von selbst.

Paul Soldat war stets der Meinung gewesen, daß seine Atak sich glücklich schätzen mußte, ihn, einen weißen Mann, geheiratet zu haben, liebte er sie doch und war ihr erst recht ergeben, seit sie ihm die kleine Nagamoun geschenkt hatte, in die er zärtlich vernarrt war. Daß sein Söhnchen schon im ersten Jahr nach der Geburt an einer unbekannten Krankheit gestorben war, war ein sehr schmerzlicher Verlust gewesen. Es starben bei den Indianern viele Kleinkinder schon im ersten Jahr nach der Geburt, beinahe die Hälfte aller Neugeborenen. Der Mutter des Kindes war kein Vorwurf daraus zu machen. Und, Gott sei Dank, die kleine Nagamoun war schon aus dem Säuglingsalter heraus und so gesund, heiter und lebhaft wie ein Fisch im Wasser.

Nun hatte also Atak zum erstenmal – soweit er sich erinnern konnte – einen Wunsch geäußert, sehr bestimmt dazu, nämlich mit ihm und dem Kinde zurückzukehren in ihr Heimatland, in das Gebiet ihrer Sippe am mächtigen Athabasca-Strom oberhalb der Großen Schnellen – sie werden nach dem Pelikan-Fluß benannt, der wenig weiter stromauf in den Athabasca von Westen einmündet. Paul war erstaunt, beinahe bestürzt: Wünsche und einen eigenen Willen – dergleichen hatte er bisher an Atak nicht erlebt.

Doch es ging nicht an, sich nach den Vorstellungen oder Absichten einer Frau zu richten. Das hätte den indianischen Regeln, die im Pays d'en haut gültig waren, nicht entsprochen, denen zu folgen sich auch die wenigen Weißen in den unermeßlichen Gefilden des Nordwestens längst gewöhnt hatten. Ein Indianer wäre wahrscheinlich auf die Wünsche einer Frau überhaupt nicht eingegangen. Paul war kein Indianer. Er sagte: »Ach, Atak, wir wollen uns nicht entscheiden. Laß uns abwarten, was morgen geschieht, ob Alexander Mackenzie uns wirklich zwei Kanus zu gutem Preis abkauft oder nicht. Und ich will auch nicht allein mit ihm in sein Lager auf der anderen Seite der Mündung hinüberfahren; du kannst mitkommen, um zu sehen, wie es bei einer richtigen Brigade der North-West Company zugeht. An unseren Gesprächen kannst du nicht teilnehmen; aber vielleicht haben einige der Mackenzieschen Voyageurs oder Indianer ihre Frauen mit. Die werden sich gern mit dir unterhalten.«

Atak schien die Worte ihres Mannes als ein Zeichen aufzufassen, das nächtliche Gespräch zu beenden. Sie erwiderte nichts weiter als: »Gewiß, wenn du es so willst, Paul.«

Sie erhob sich lautlos, entzündete einen kleinen Kienspan an der Herdglut, schloß die Tür des Blockhauses von innen, legte den schweren Holzbalken vor und trat mit ihrem Mann noch einmal an die Bettstatt der kleinen Nagamoun.

Das Kind schlief fest mit geballten Fäustchen. Das Köpfchen ruhte zur Seite geneigt auf einem mit feinem Gras gestopften Kissen. Das Kind hatte die Wolldecke, mit der es zugedeckt gewesen war, beiseite geschoben, so daß das kräftige, in ein Nachtgewand aus rotem Flanell gekleidete Körperchen sich im rötlichen Flackerschein des Kienspans anmutig entspannt darbot. Die Wangen des Kindes waren von einem rosa Schimmer des Schlafs und Wohlbefindens überhaucht. Indianisch war das nicht, sondern ein Erbteil von seines Vaters Seite, genauso wie die dunkelbraunen zierlichen Locken, die das Köpfchen wie eine zarte Wolke umbauschten. Auch dies war nicht indianisch, denn indianische Kinder haben stets tiefschwarzes, glattes Haar. Der Vater beugte sich über die Bettstatt und deckte den kleinen Körper wieder mit dem Wolltuch zu. Als er sich aufrichtete, erfaßte er, wie seltsam unbeteiligt und ernst, fast ablehnend die Mutter auf ihr Kind hinunterblickte. Paul empfand es wie einen feinen Stich. Er fragte: »Was hast du, Atak?«

»Was soll ich haben? Nichts!«

Sie wandte sich ab und deckte das eheliche Lager auf. Dann löschte sie den Kienspan. Die Eheleute entkleideten sich wie immer im Dunkeln.

Paul spürte keinen Widerstand, als er seine Frau in dieser Nacht in die Arme nahm. Nie hatte er einen Widerstand gespürt. Er liebte sie. Das war genug. Flammende Zärtlichkeit, das Verlangen, sich ihm hinzugeben, hatte er nie an seiner Atak gekannt. Er hatte deshalb auch nichts vermißt.

Am Vormittag des folgenden Tages bereiteten sich Paul Soldat und Mes Coh Thoutin sorgfältig auf den für den Nachmittag angesetzten Besuch Alexander Mackenzies vor. Sie bockten die zwei Kanus, die ihnen in den vergangenen Monaten am vollkommensten gelungen waren, auf hölzerne Ständer hoch, so daß sie von oben und unten betrachtet und genau untersucht werden konnten. Dabei halfen ihnen die beiden Indianer aus einer Kleinsiedlung von Cree-Leuten, die eine halbe Tagereise am Seeufer südwärts zu Hause waren. Diese beiden verheirateten Männer waren nicht regelmäßig bei Paul Soldat in der Kanuwerft tätig, wie ja Indianer überhaupt nur schwer zu regelmäßigen Arbeitszeiten zu bewegen sind. Wie es die Art der Eingeborenen war, vermochten auch diese Männer, wenn es ihnen Spaß machte, vom ersten Morgengrauen bis in die sinkende Nacht unermüdlich tätig zu sein, geradezu glühend vor Fleiß. Andererseits aber konnte ihre Stimmung von heute auf morgen umschlagen; was sie gestern noch begeistert hatte, langweilte sie, sie verschwanden, um fischen und jagen zu gehen, auf unbestimmte Zeit – oder auch um einfach nichts zu tun, den lieben Gott einen guten Mann sein zu lassen (das heißt in ihrem Falle Manitou, den »Großen Geist«) und den Tag mit vollendetem Gleichmut zu vertrödeln.

An diesem Tag waren die beiden Männer wieder einmal erschienen, um sich einige Pennies zu verdienen, die dann, wenn sich genügend davon angesammelt hatte, gierig in Branntwein umgesetzt wurden. Paul Soldat hatte stets darauf zu achten gehabt, daß sie sich nicht auf der Werft betranken, sondern das Feuerwasser in ihr Dörfchen mitnahmen. Denn betrunkene Indianer, das hatte Paul oft genug erlebt, sind unberechenbar; die schönen Kanus aber, die er mit seinem Helfer und Freunde Mes Coh Thoutin herstellte, wobei die beiden Indianer Handlangerdienste leisteten, waren sehr verletzlich und durften nicht von blindlings umhertaumelnden und vielleicht zerstörungswütigen Männern gefährdet werden.

Gegen Mittag prangten die beiden zum Verkauf bereitgestellten Kanus auf ihren Postamenten am Strand des Sees und warteten auf ihren künftigen Herrn, Alexander Mackenzie. Werft und Strand waren von den beiden Indianern sauber gefegt worden, Späne und Rindenschnitzel waren zusammengekehrt und verbrannt, die wenigen einfachen Werkzeuge waren beiseitegeräumt. Die übrigen fertiggestellten Kanus lagen, auf die Bordkante gekippt, im Schatten des Waldrandes. Sollte der erwartete Käufer Lust bekommen, außer den zwei bestellten auch noch weitere Boote zu erwerben, so würde er nicht weit zu suchen brauchen. Auch konnte er gern die beiden Boote besichtigen, an denen noch gearbeitet wurde, wobei er sich davon überzeugen durfte, mit welch gewissenhafter Genauigkeit die Spanten zurechtgebogen und geschnitzt, die Rindenstücke eingepaßt, die Säume zwischen den Rindenstücken vernäht und gepicht wurden, und wie aus einer Fülle von zähem und keineswegs leicht bearbeitbarem Material die wunderbaren Fahrzeuge der Wildnis – ausschließlich aus Baustoffen, die dort selbst zu finden waren – geschaffen wurden. Es war eine Lust, die schönen Boote mit dem hochgeschwungenen Bug und Heck anzuschauen. Der dahingegangene Walther Corssen hatte die indianischen Rindenkanus, in der Form, wie sie von dem großen Stamm der Cree gebaut wurden, für die besonderen Zwecke der Frachtfahrt des Pelzhandels noch widerstandsfähiger und brauchbarer werden lassen.

2

Man hatte sich auf je zwanzig Guineas für die drei Kanus geeinigt. Alexander Mackenzie hatte sie nach einigem Zögern Paul Soldat und seinem pockennarbigen Partner, Mes Co Thoutin, zugebilligt. Aber es war von Anfang an klar gewesen, daß Paul und Mes Coh Thoutin über den Preis nicht würden mit sich reden lassen. Der erst vor zehn Monaten im großen, tückereichen Winnipeg-See ertrunkene Walther Corssen hatte seinen beiden jüngeren Gefährten mehr als einmal eingeschärft, daß so vorzügliche Nordwest-Kanus, wie sie sie da an der Mündung des Saskatchewan-Stroms in den großen See mit größter Sorgfalt und Überlegung erbauten, im ganzen fernen Westen des mächtigen Landes der unabsehbaren Wälder und Felsenwildnisse nicht aufzutreiben wären, und daß es also nur falsche Bescheidenheit bedeutete, weniger als die allerhöchsten Preise dafür zu fordern.

Alexander Mackenzie hatte zwei der erfahrensten Gouvernails aus seinem Lager an der Nordseite der Saskatchewan-

Mündung mitgebracht und sich von ihnen mehrfach im Vertrauen bestätigen lassen, daß für so vorzügliche Boote, wie Paul Soldat und Mes Coh Thoutin sie vorführten, jeder Preis berechtigt wäre. Mackenzie hatte also schließlich nicht nur die zwanzig Guineas für jedes Boot akzeptiert, sondern noch ein drittes übernommen. Er sagte: »Zwei von meinen alten Booten gebe ich gleich auf, Monsieur Soldat, und lasse sie hier zurück. Sie sind durch die viele Flickerei längst zu schwer geworden, und ich möchte nicht riskieren, unterwegs eine Ladung zu verlieren. Das dritte Boot, von dem Sie sagten, Walther Corssen habe es seinerzeit als ein ganz besonders robustes bezeichnet, das werde ich nächstes Jahr auf die weite Reise nach Nordwesten nehmen, die ich vorhabe. Wenn Sie sich entschießen könnten, Monsieur Soldat, sich mir für diese Reise ins Ungewisse anzuschließen, würde ich Sie zum Gouvernail dieses Bootes bestimmen.«

Paul Soldat hatte keine klare Antwort auf dies Angebot gegeben, aber er dachte, dem Mann muß viel daran liegen, mich mit auf die Fahrt zu nehmen, die er im nächsten Frühjahr vorhat. Seit gestern scheine ich ihm noch ein bißchen wertvoller geworden zu sein.

Der Handel wurde schließlich mit dem üblichen Handschlag besiegelt. Dann fragte Mackenzie: »Wollen Sie lieber eine Zahlungsanweisung auf Montréal, Monsieur Soldat, oder soll ich Ihnen den Kaufpreis in bar erlegen?«

Paul Soldat schob seine Kappe aus der Stirn, kratzte sich am Hinterkopf und meinte: »Wir gehören keiner Pelzhandelsgesellschaft an und verfügen nicht mehr über direkte Beziehungen nach Montréal. Also wäre es mir lieber, Sie gäben mir den Betrag in bar.«

»Gut, Monsieur Soldat, Sie kommen ja jetzt zu mir hinüber zum Abendessen. Meine Männer nehmen die drei neuen Boote gleich mit. Ich bin mit mehr als reichlicher Rudermannschaft angefahren. Drüben gehe ich dann an meine Reisekasse und zahle Sie aus, Monsieur Soldat.«[*]

---

[*] Gegen Ende des achtzehnten Jahrhunderts hatte sich im ganzen Pays d'en haut die englische Währung durchgesetzt. Man rechnete also nach Pfund Sterling und Shilling. Eine Guinea ist gleich einem Pfund Sterling plus ein Shilling. Zwanzig Guineas also gleich einundzwanzig Pfund Sterling. Bis auf den heutigen Tag ist in den monetären Vorstellungen der Engländer die »Guinea« immer noch nicht gänzlich gestorben.

Paul spürte im geheimen ein Gefühl des Triumphes: Er hatte sich nach den Weisungen seines Meisters, Walther Corssen, gerichtet, zum erstenmal ein so großes Geschäft auf eigene Faust abschließend. Ein voller Erfolg war ihm beschieden. Er schickte einen schnellen Blick zu seinem indianischen Gefährten mit dem von tiefen Narben entstellten Gesicht hinüber und nahm wahr, daß auch in den dunklen Augen Mes Coh Thoutins Genugtuung aufblitzte. Laut sagte er:

»Gut, Mister Mackenzie, vielen Dank! Fahren Sie nur voraus! Wir folgen Ihnen bald nach. Ich bringe meine indianische Frau Atak mit hinüber. Sie kann sich in Ihrem Lager umsehen, während wir essen. Vielleicht findet sie auch unter Ihren indianischen Leuten Bekannte oder Stammesgenossen.«

Mackenzie erwiderte: »Ganz nach Ihrem Belieben, Monsieur Soldat. Übrigens wird es Sie und Ihre Frau interessieren zu hören, daß gestern abend noch zwei indianische Kanus in meinem Lager eingetroffen sind, Leute vom Athabasca, wie ich verstanden habe, die noch nach alter Weise ihre Pelze zur York-Factory an der Hudson Bay gebracht und sie dort bei der Hudson's Bay Company gegen Gebrauchswaren eingetauscht haben. Sie sind jetzt auf dem Rückweg zum Athabasca. Wir Händler aus Montréal haben also der Hudson's Bay Company nicht alle alten Kunden abspenstig machen können. Obgleich, weiß Gott, der Weg vom Athabasca zur Hudson Bay lang und schwierig ist.«

Paul Soldat und sein indianischer Gefährte achteten darauf, daß die verkauften Boote vorsichtig zu Wasser gebracht wurden. Mes Coh Thoutin holte auf Pauls Anweisung neun neue Paddel herbei, um sie den je drei Ruderern, welche die Boote zu Mackenzies Lager hinübertreiben würden, zu übergeben; sie stellten den »Rabatt« dar für den guten Preis, den Mackenzie, ohne viel zu feilschen, zugestanden hatte. Der Schotte, der schon in der Mitte seines Bootes auf dem mit einem Bärenfell gepolsterten Sitz Platz genommen hatte, bemerkte es, lächelte und dachte: Jeder von uns glaubt, ein besonders gutes Geschäft gemacht zu haben; vielleicht haben wir beide recht.

Paul Soldat jedoch war nicht bei der Sache. Die letzte Bemerkung Mackenzies hatte einen ganzen Schwall von Gedanken in ihm entfesselt. Indianer vom Athabasca also hatten die weite Reise zur Hudson Bay angetreten, um ihre Pelzausbeute gegen Waren des weißen Mannes und seinen Branntwein einzutauschen. Aber am mittleren Athabasca, dort, wo der Abfluß aus dem Lac la Biche, der Fluß gleichen Namens, in den Athabasca einmündet, saßen zwei Händler, die ihm sehr vertraut waren und von denen auch Mackenzie gehört haben mußte, Justin und Anna Leblois, die Tochter und der Schwiegersohn des im großen Winnipeg-See verschollenen Walther Corssen. Justin und Anna »verstanden sich«, wie Paul Soldat wohl wußte, ganz ausgezeichnet auf Indianer, behandelten sie als ihresgleichen, rechneten mit ihnen bei allen Tauschgeschäften peinlich genau und ließen es doch niemals, wenn es darauf ankam, an Großzügigkeit und Hilfsbereitschaft mangeln. Sicherlich: dort tauschten die Indianer vom mittleren und oberen Athabasca ihre Pelze gegen die ihnen längst unentbehrlich gewordenen Erzeugnisse des weißen Mannes ein, anstatt sich mit ihnen auf die weite, viele Monate dauernde Kanureise an die ferne Hudson Bay zu machen.

Als Paul Soldat sich bei Mackenzie für die nächste Stunde entschuldigt hatte, und der Schotte schon mit seinem alten und seinen drei neuen Booten über die weite Wasserfläche der Mündung des Saskatchewan zum anderen Ufer strebte, fiel dem sehr nachdenklich gewordenen Paul Soldat als einzige mögliche Lösung ein: die Indianer, die gestern bei Mackenzie angekommen sind, müssen lügen; entweder stammen sie nicht vom Athabasca, oder sie kamen nicht von der York-Factory an der Hudson Bay. Oder: sind Justin und Anna gar nicht mehr auf ihrem Posten – ist den beiden etwas passiert? Eine beängstigende Vorstellung!

Und Paul hörte sich plötzlich flüstern: »Anna, mein Gott, es darf ihr nichts passiert sein! Die beiden waren doch stets vorsichtig und besonnen und wußten, wie mit den Indianern umzugehen ist. Gebe Gott, daß ich mir nur etwas einbilde! Wenn wir jetzt hinüberfahren, werde ich Atak beauftragen, die Indianer bei Mackenzie auszufragen. Vielleicht findet sie eine Lösung des Rätsels.«

Die Anstandsregeln der Wildnis erforderten es, Mackenzie und seinen Leuten einige Zeit Vorsprung zu lassen. Der Schotte hatte in seinem Lager sicherlich eine Reihe von Anordnungen wegen der neuen Boote zu treffen und außerdem das gemeinsame Abendessen vorzubereiten, zu dem er Paul Soldat eingeladen hatte, diesen Mann des unabsehbaren Niemandslandes im Nordwesten des amerikanischen Kontinents, offenbar ohne Heimat und Nation, der sich aber nach seinem eigenen Bekenntnis in diesem Zustand sehr wohl und mit sich einig fühlte. Und der sich eine indianische Frau genommen hatte, Atak geheißen (was in der Cree-Sprache »Stern« bedeutet), eine Frau, die er durchaus als vollgültige Ehefrau anzusehen und entsprechend zu behandeln schien. Während Mackenzie in seinem Boot thronte und sich über die stille, weite Wasserfläche zu seinem Lager zurückrudern ließ, überdachte er dies alles; die vergangene Stunde hatte ihm nicht nur Geschäfte, sondern auch neue Begegnungen beschert. Indianerinnen sind ja manchmal sehr lecker, dachte Mackenzie weiter, aber so ernst wie dieser Paul Soldat seine Atak nimmt, sollte man solche Beziehungen nicht nehmen. Ein bißchen sonderbar, dieser Paul Soldat! Französisch ist er seiner Wesensart nach nicht, erst recht nicht englisch oder schottisch. Was ist er dann? Vielleicht ist was Deutsches zurückgeblieben. Da weiß man nie, was zu erwarten ist. Aber wahrscheinlich ist er vor allem eins: ein Produkt des Pays d'en haut. Aber was soll's! Mir kann's gleich sein – seine Boote sind vorzüglich!

Als der Tag sich schon in den Abend neigte, hatten Paul Soldat, seine indianische Frau und sein Partner, Mes Coh Thoutin, das Boot bestiegen und waren den längst im Wasser vergangenen Spuren des Schotten zu seinem Lager gefolgt.

Paul Soldat hatte nur das kleinste seiner Kanus gewählt, sein »Haus-Kanu«, ein für höchstens drei Ruderer bestimmtes Fahrzeug, kräftig, aber schlank und schnittig, dessen man sich nicht für weite Reisen, wohl aber für schnellen Verkehr in der Umgegend und am Ufer entlang bediente. Auch von einem einzigen Ruderer konnte das Fahrzeug schnell und sicher vorangetrieben werden.

Sie ruderten alle drei, Paul Soldat, Atak und Mes Coh Thoutin. Die Richtung einzuhalten, überließen die beiden Indianer dem Weißen im Heck des Bootes. Paul Soldat war zum »Maître« aufgestiegen, seit Walther Corssen in die Ewigen Jagdgründe fortgegangen war. Darüber hatte man nicht zu sprechen brauchen, es verstand sich von selbst.

Mes Coh Thoutins Frau, Losseh Thiegah (was »Schwarzhaar« bedeutet), war in dem kleinen Lager bei der Kanuwerft zurückgeblieben, um die Kinder zu warten, ihr eigenes Söhnchen Nekik, dazu Pauls und Ataks kleine Tochter Nagamoun.

Nekik bedeutet »Otter« und Nagamonun »Gesang« – hübsche Namen für zwei hübsche Kinder, die sich gut miteinander vertrugen, und die von der freundlichen und sanftmütigen Losseh Thiegah leicht zu lenken waren. Daß sie hatte zurückbleiben müssen, um Haus, Kinder und Werft zu hüten, hatte nicht erörtert zu werden brauchen. In der indianischen Welt – und dies hier an der Mündung des großen Saskatchewan in den gewaltigen Winnipeg-See war indianische Welt – wurde die Rangfolge in jeder kleineren oder größeren Gruppe von Menschen stets sorgfältig eingehalten. Losseh Thiegah, die Frau des Indianers, stand unter Atak, der Frau des Weißen.

Die drei Menschen in dem kleinen Kanu, das seine silberne Bugwelle über die abendlich stille Wasserfläche pfeilte, wechselten kaum ein Wort miteinander; sie hingen ihren Gedanken nach. Paul dachte: Mackenzie wird endgültig von mir wissen wollen, ob ich bereit bin, ihn auf seiner Nordreise als Voyageur und Kanubauer zu begleiten. Zwar verlockt es mich sehr, auf so weite und gefährliche Fahrt zu gehen, aber auf gar keinen Fall kann ich mich ihm sofort anschließen. Ich muß erst mit Mes Coh Thoutin das halbfertige Kanu fertigstellen, und dann: was soll aus Mes Coh Thoutin, den beiden Frauen und den Kindern werden, während ich abwesend bin? Doch damit ließe sich wahrscheinlich fertigwerden. Meine Leute sind mit dem Gedanken vertraut, daß Voyageurs lange abwesend bleiben. Sei ehrlich, Paul, etwas anderes beunruhigt dich viel mehr, die Frage nämlich, ob Justin und Anna am mittleren Athabasca etwas passiert ist. – Und wenn ich mich jetzt Mackenzie anschlösse, käme ich schneller als auf irgendeine andere Weise zum Athabasca und brächte in Erfahrung, was mit ihnen geschehen ist; aber vielleicht erfährt Atak von den Indianern, die bei Mackenzie einpassiert sind, warum sie ihre Pelze nicht an Justin und Anna verkauft haben. Ich darf keine vorschnellen Entschlüsse fassen. Ich muß Mackenzie hinhalten.

Mes Coh Thoutin überlegte nicht ganz ohne Bitterkeit: erst seit einem Winter ist der alte Meister, Walther Corssen, tot, und schon fühlt sich Paul versucht, das gemeinsame Werk im Stich zu lassen und mit dem hochmütigen Schotten eine weite Reise anzutreten. Allein könnte ich die Werft mit den Frauen nicht betreiben. Zwei Männer mindestens müssen beim Kanubau Hand in Hand arbeiten. Paul könnte verlangen, daß ich mit auf die große Fahrt gehe, im nächsten Frühjahr nach

Nordwesten. Aber das gäbe nichts Gutes; ich könnte es nicht ertragen, wegen meines narbigen Gesichts wiederum gehänselt zu werden; ich schlüge zu, und der Frieden wäre dahin. Nein, wenn Paul wirklich geht, dann löse ich die Werft auf und ziehe mit den beiden Frauen und den Kindern in die alte Heimat am Athabasca zurück. Dort wird sich schließlich auch Paul wieder einfinden, denn es zieht ihn zu Justin und Anna, zu Anna ganz besonders. Ich spüre es, ich bin nicht blind. Es gibt also noch keine Entscheidung. Ich muß abwarten.

Atak hockte vor den beiden Männern im Boot und zog ihr Paddel ebenso gleichmäßig und kräftig durchs Wasser wie die Männer hinter ihr. Sie wurde von einer ihr selbst nicht begreiflichen Unruhe gepeinigt. Leute vom Athabasca sind bei dem Schotten angekommen, auf weiter Rückreise von der Hudson Bay zum Strom meiner Heimat im Westen. Ich darf es nicht, aber ich werde sie doch fragen, wie es dem »Wolf« geht, Mayegan, dem Geliebten, den ich nicht vergessen kann. Vielleicht ist er selber unter den Leuten, die von der Hudson Bay gekommen sind. Denn Mayegan hat sicherlich niemals wieder mit den Leuten von Walther Corssen, zu denen Justin und Anna mehr als irgendwer sonst gehören, Handel getrieben. Mayegan kann mich nicht vergessen haben, obgleich ich auf Wunsch Walther Corssens, des großen Maître, und auf Befehl unseres Häuptlings, Aya wa Counah*, dem Paul Soldat zur Frau gegeben wurde.

Die Kanus, die im Lager des Schotten eingetroffen sind – es könnten Mayegans Kanus sein; denn wer sonst von unseren Leuten sollte sich die Mühe machen, seine Pelze bis zur Hudson Bay zu frachten, wenn er sie an der Mündung des La Biche in den Athabasca loswerden kann. Mayegan, Mayegan – was tue ich, wenn er es ist?

Paul Soldat hatte das Ledersäckchen mit den Goldstücken, die ihm Alexander Mackenzie in seinem Zelt, gegen neugierige Augen abgeschirmt, aufgezählt hatte, im Innern seines Hosenbundes festgeknüpft. Es brauchte niemand zu wissen, daß das Geschäft zu einem guten Abschluß gekommen war. Ebenso hütete Mackenzie seine Reisekasse, die er in einer

---

* Aya wa Counah: bedeutet etwa »Es gibt Schnee«. Die Indianer gaben sich untereinander die merkwürdigsten Namen.

wasserdicht schließenden kleinen Kiste aus Eichenholz aufbewahrte. Sie ließ sich, in einen Leinwandsack gehüllt, auch im Kanu stets so verstauen, daß er sie im Auge behalten konnte, obwohl er wußte, daß keiner seiner Voyageurs sich je daran vergreifen würde. Sie mochten sich zwar umbringen, weil sie sich in ihrer Ehre gekränkt glaubten, konnten sich wild in die Haare geraten, wenn es um eine Indianerin ging oder um irgendeine Kraftmeierei, sie mochten sich betrinken und dann das verrückteste Unheil anrichten, aber Diebe gab es unter ihnen nicht. Immerhin war es besser, die Reise- und Kriegskasse so unauffällig zu halten, daß das eichene Kästchen sich gar nicht erst in die Träume der Männer drängte.

Dann hatten sich der Schotte und der Mann aus dem Pays d'en haut vor dem Zelt an einem kleinen Tischchen niedergelassen, das sich, wie Paul gleich erkannte, zusammenklappen ließ. Ja, in der Tat, Alexander Mackenzie war ein großer Mann, der sich den ganz unerhörten Luxus eines im Kanu mitgeführten Zeltes und Tischchens leisten konnte. Der Voyageur, der Mackenzie als Leibdiener zugeteilt war (auch das ein Luxus, den die großen Leute der North-West Company von der Hudson's Bay Company übernommen hatten), trug einen großen, am Tag zuvor gefangenen Hecht gebraten auf, eine höchst wohlschmeckende Speise, zu der als Zukost ein goldgelber Brei aus gekochtem Mais gereicht wurde. Auch hatte Mackenzie eine große Flasche Burgunder und zwei Zinnbecher auf den kleinen Tisch stellen lassen. Es war klar, daß er den Gast ehren wollte. Aber Paul Soldat sagte sich auch: er will mich mit auf seine große Reise nehmen – oder will er noch etwas anderes?

Die Männer sprachen dem Fisch, dem Mais und auch dem Wein reichlich zu. Sie unterhielten sich locker über alles, worüber sich die Männer des fernen Westens stets unerschöpflich zu verbreiten wußten, über das Wetter, die Tauschpreise für Pelze, über Stromschnellen, Reiserouten und die Bravour der Voyageurs. Aber das war nur Vorgeplänkel. Die Sonne war schon untergegangen, als Mackenzie endlich zur Sache kam. Während er erneut den schwarzroten Wein in Pauls Zinnbecher rinnen ließ, fragte er wie beiläufig:

»Sie haben sich's gewiß überlegt, Monsieur Soldat, in der Zwischenzeit, nicht wahr? Es wäre wirklich großartig, wenn Sie nächstes Frühjahr mit auf die große Reise kämen. Es muß doch irgendeinen Wasserweg geben, der uns zum anderen Ozean im Westen bringt. Wieviel mehr Geld ließe sich verdienen, wenn die Pelze an der Westküste in Seeschiffe verladen werden könnten, um sie von dort direkt nach China oder Europa zu verschiffen. Die kostspieligen Kanureisen aus dem fernen Westen nach Montréal ließen sich so enorm verkürzen.«

Mackenzie war, vom Wein beflügelt, vielleicht ein wenig zu deutlich geworden. Paul lachte: »Ich soll also sozusagen mithelfen, mein eigenes Geschäft, nämlich Nordwest-Kanus zu bauen und zu verkaufen, zu untergraben. Mister Mackenzie, ich habe mir die Sache in der Tat überlegt. Ich käme sehr gerne mit auf die große Reise, nicht so sehr wegen späterer guter Pelzgeschäfte, sondern weil es mich juckt, das Pays d'en haut bis an seine äußerste Grenze zu erkunden. Aber daß ich mich Ihnen nun gleich, wenn Sie hier Ihre große Rast beendet haben, anschließen könnte, ist ganz unmöglich. Ich bin meinen Leuten verantwortlich, muß für sie sorgen; wir haben noch ein Kanu fertigzubauen und einige weitere zu verkaufen. Die werden sich sicherlich in den nächsten Wochen losschlagen lassen, denn bald werden weitere Brigaden westwärts hier vorbeikommen. Wenn ich alle meine Angelegenheiten geregelt habe, bliebe mir immer noch Zeit, Ihnen in einem schnellen Kanu nach Fort Chipewyan am Lake Athabasca nachzufahren. Ich könnte dann dort mit Ihnen überwintern und im nächsten Frühjahr die weite Reise antreten. Was sich dabei für mich verdienen ließe, darüber müßten wir uns noch einigen.«

Eigentlich hatte Paul Soldat eine viel weniger zustimmende Antwort geben wollen. Aber der Wein, der schöne Abend, das gute Essen und der so offensichtlich um ihn werbende stolze Schotte hatten ihn gegen seine Absicht dazu verführt, wesentlich mehr als nur ein halbes Einverständnis zuzugestehen. Mackenzie jedoch schien mehr erwartet zu haben. Er war wohl nicht gewöhnt, daß seinen Bitten oder Vorschlägen nicht sofort entsprochen wurde. Er entgegnete nach einer Weile mit deutlichem Mißmut: »Über Ihr Entgelt, Monsieur Soldat, brauchen wir nicht zu sprechen. Darüber werden wir uns ohne weiteres einigen. Aber gut, wenn Sie glauben, mich nicht sofort begleiten zu können, so folgen Sie mir in drei Wochen nach Fort Chipewyan. Ich darf wohl voraussetzen, daß Sie allein, ich meine ohne Anhang oder Begleiter, zu mir stoßen werden?«

»Gewiß, Mister Mackenzie, das versteht sich. Ich werde mich möglichst beeilen, um auf alle Fälle noch vor dem ersten Eis in Fort Chipewyan einzutreffen.«

Die beiden Männer schwiegen nach diesen Worten, beide nicht sehr zufrieden mit der Richtung, die das Gespräch genommen hatte. Paul dachte: Ich weiß schon jetzt nicht ganz genau, ob ich werde halten können, was ich da versprochen habe. Die große Reise lockt mich – aber ich müßte sie unter diesem Mann antreten, der den großen Herrn spielt. Und dann wäre ich in seinem Dienst. So bald schon nach Walther Corssens Tod soll ich sein Werk, die indianischen Gefährten und die Kinder im Stich lassen? Drei Wochen habe ich Bedenkzeit – da kann sich vieles ändern.

Alexander Mackenzie schien zu spüren, daß der kundige Mann, den er gern angeworben hätte, ihm wieder zu entgleiten drohte. Der war genau das, was er für die große Reise nötig hatte. Ein Mann, der in vielen Jahren der Erfahrung den Wildflüssen und Stromschnellen, gebrechlichen Kanus und oftmals unberechenbaren Launen der doch unentbehrlichen franko-kanadischen Voyageurs gründlich auf die Spur gekommen war, ein Schüler Walther Corssens, der seit Jahrzehnten als Großmeister des Pays d'en haut gegolten hatte. Mackenzie spürte, daß sein Gast sich überrumpelt fühlte; er mußte ihm den Wert seines Angebots vor Augen führen. Er sagte: »Monsieur Soldat – wir sollten uns doch am besten gleich über ein Handgeld einigen, das ich Ihnen noch heute zahlen würde, ein beträchtliches Handgeld, damit Sie begreifen, wie wichtig es mir ist, Sie als Partner zu gewinnen.«

Mackenzie hatte den Gast einige Minuten zu lange seinen Gedanken überlassen. Er erkannte dies, als Paul Soldat abwehrte: »Nein, Mister Mackenzie, das wäre voreilig und mir nur eine Last und Fessel. Ich vertraue Ihnen aufs Wort und Sie mir hoffentlich auch, daß ich alles tun werde, um die Verabredung einzuhalten.«

Es war nicht mehr viel zu sagen nach diesen Worten. Aber Mackenzie versuchte es doch noch einmal: »Ich werde einen oder zwei Tage hierbleiben, Monsieur Soldat. Die Kanus müssen umgepackt, die Lasten neu verteilt werden, ich muß auch die Rudermannschaften neu einteilen. Das kostet gewöhnlich Zeit, wie Sie sicherlich wissen, und wird einigen Ärger geben. Sollten Sie sich also bis übermorgen oder dem Tag danach doch noch entschließen, Handgeld von mir zu nehmen, so stehe ich Ihnen zur Verfügung.«

Deutlicher konnte der Schotte nicht bekunden, wieviel ihm an einer eindeutigen Zusage gelegen war. Paul bedankte sich.

Inzwischen war die Dunkelheit eingefallen. Mackenzie begleitete seinen Gast zum Strand hinunter. Das elegante, kleine Kanu, mit dem Paul Soldat vom Südufer herübergekommen war, lag zwar noch im Sand, wo es von seinen drei Insassen uferauf aus dem Wasser gehoben worden war. Wo aber waren Pauls Gefährten geblieben? Sie hätten eigentlich beim Boot auf ihren Maître warten müssen. Aber Paul Soldat war für sie kein richtiger »Meister«, wie etwa Alexander Mackenzie für seine Voyageurs. Paul ärgerte sich. Die beiden hätten ihn nicht vor Mackenzie bloßzustellen brauchen. Paul ließ zweimal hintereinander den Ruf des Regenpfeifers ertönen, ein Zeichen, auf das sich die Leute der Kanu-Werft Walther Corssens von Anfang an geeinigt hatten, um sich von weitem zu erkennen oder anzurufen. In der Wildnis war dergleichen notwendig.

In der Ferne tanzten die Voyageurs Mackenzies die Ronde um ein großes Feuer. Ihr Gesang drang halbverweht herüber. Paul Soldat und Alexander Mackenzie hatten es bis dahin kaum zur Kenntnis genommen. Die Männer hatten tagsüber nicht ihre sechzehn Stunden zu paddeln brauchen, der morgige Tag würde auch noch ein Rasttag sein und ihnen außer den Lagerarbeiten nicht allzu viel abverlangen. Also hatte man Zeit und Muße, sich die halbe Nacht um die Ohren zu schlagen, ums Feuer zu tanzen, die alten lustigen Gesänge anzustimmen und sich wieder einmal darüber klarzuwerden, daß sich nichts mit dem freien, vergnügten Leben der Voyageurs vergleichen ließe, so gefahrvoll und hart es auch manchmal sein mochte.

Eine schattenhafte Gestalt erschien aus der Richtung des fernen Feuers: Mes Coh Thoutin.

»Sie hatten mich eingeladen, mitzuhalten, Paul. Sie haben unsere Kanus bewundert und meinten, wenn du schon mit ihrem Maître beschäftigt wärest, so müßte ich wenigstens in der Ronde mithalten. Fahren wir jetzt, Paul?«

»Ja, wir wollen fahren, Thoutin. Wo ist Atak?«

»Ich habe sie, nachdem wir angekommen waren, zum Lager der Cree vom Athabasca gebracht. Sie wollte hören, ob es dort einiges aus ihrer Heimat zu erfahren gäbe. Ich wundere mich, daß sie noch nicht wieder da ist; sie wollte hier beim Kanu auf uns warten.«

Paul Soldat konnte seinen Ärger nur schwer verbergen.

»Lauf hinüber und hole sie, Thoutin. Es wird Zeit, daß wir abfahren!«

Es dauerte lange, bis Mes Coh Thoutin mit Atak zum Boot zurückkehrte. Paul hätte gern allein auf die beiden gewartet, aber Mackenzie hielt es offenbar für seine Pflicht, seinem Gast Gesellschaft zu leisten. Die beiden hielten ein etwas gequältes Gespräch aufrecht. Paul spürte, daß sein Ärger und seine Verlegenheit halb spöttisch, halb belustigt von Mackenzie beobachtet wurden. Aber er mußte gute Miene zum bösen Spiel machen.

Endlich! Da war auch Atak! Mit kaum verhohlenem Ärger fuhr Paul sie an: »Du hast mich warten lassen. Was soll das, Atak? Wenn ich dir sage, rechtzeitig hier beim Boot zu sein, so richte dich danach!«

Es war eine andere Atak, als Paul Soldat sie kannte, die zur Antwort gab: »Ich treffe Leute aus meiner Heimat nicht jeden Tag, Paul. Was würde es ausmachen, wenn wir erst nach Mitternacht zu unserem Hause hinüberrudern!«

Paul Soldat spürte heißen Zorn in sich aufwallen. Er beherrschte sich aber und verabschiedete sich von Mackenzie: »Zwischen uns ist alles klar, Mister Mackenzie. In spätestens drei Wochen mache ich mich auf und folge Ihnen zum Lake Athabasca und Fort Chipewyan.«

Bei der Rückfahrt über den schwarzen, völlig unbewegten Spiegel des großen Gewässers fiel im Boot kein Wort. Paul Soldat bekam sich allmählich wieder in die Gewalt: Wenn ich ein Indianer wäre, würde ich nachher einen Knüppel nehmen und sie verprügeln; aber ich bin kein Indianer, dachte er. Ich habe wahrscheinlich ihr Heimweh nicht ernstgenommen. Ich kann es ihr nicht verübeln, daß sie sich mit Leuten aus der alten Heimat festgeredet hat.

Losseh Thiegah, die Frau Mes Coh Thoutins, hatte sich mit den beiden Kindern in Paul Soldats Haupthaus niedergelassen, um auf die Rückkehr ihres Mannes und des Ehepaars zu warten. Aber der Schlaf hatte sie übermannt. Jedoch das leise Geräusch des an Land knirschenden Bootes und die wenigen gedämpften Worte der Ankommenden hatten sie geweckt. Jeder nicht der Nacht zugehörige Laut wird in der schlafenden Wildnis sofort vernommen. Die Menschen, die sich ihr anvertrau haben, verfügen über scharfe Ohren; ihr Überleben kann davon abhängen.

Als Paul Soldat, Atak und Mes Coh Thoutin das Haupthaus betraten, war Losseh Thiegah damit beschäftigt, das zusammengesunkene Feuer im Kamin neu zu entfachen. Schon züngelten die ersten hellen Flammen in dem kleinen Haufen von trockenem Holz empor, den sie über der glühenden Asche aufgerichtet hatte. Die Helligkeit im Raum verstärkte sich zusehends. Die Indianerin bot den Ankommenden nach ihrer Art nur einen scheuen Gruß, nahm ihr Söhnchen, den kleinen Nekik, vom Lager auf in ihren Arm und verließ die Hütte. Mes Coh Thoutin fragte noch: »Ist morgen früh etwas Besonderes zu tun, Paul?« Dieser antwortete: »Nichts Besonderes, Thoutin. Gute Nacht!«

Paul und Atak waren allein. Er entzündete einen Kienspan und leuchtete seinem schlafenden Töchterchen in die mit Moos ausgepolsterte Krippe, die dem Kind als Bett diente. Ein glückliches Lächeln breitete sich über sein Antlitz; es blieb ihm ganz unbewußt. Welch ein herzerwärmendes Bild! Das Kind hatte die wollene Decke zur Seite geschoben, hatte die geballten zwei Fäustchen darauf gebettet. Das Köpfchen war ein wenig nach hinten und zur Seite gedreht, die Augen fest geschlossen. Auf den rundlichen Wangen blühte ein Rosenschimmer. Die zierlichen Ohren lagen eng am Kopf, von dichtem braunschwärzlichem Gelock fast verborgen. Der Vater sagte sich zum hundertsten Male und fühlte eine seltsame Wehmut, gemischt mit grundlosem Stolz, in sich aufwallen: meine Nagamoun ist nicht ihrer indianischen Mutter ähnlich; ihrem Äußeren nach gehört sie viel eher zu mir, ihrem »weißen« Vater. Doch konnte er sich nicht enthalten, leise zu rufen: »Atak, komm einmal her! Wie hübsch sie aussieht, unsere kleine Nagamoun! Das mußt du sehen!«

Aber Atak war im Hintergrund der Hütte schon damit beschäftigt, sich zu entkleiden. Sie flüsterte nur, für Paul kaum vernehmbar: »Nein, laß mich, ich bin zu müde.« – Genau dasselbe sagte sie einige Zeit später, als ihr Mann den Kienspan gelöscht und sich zu ihr gelegt hatte. Sie verweigerte sich ihm. Das war so unerhört und einmalig, daß Paul gar nicht darauf kam, sie trotzdem in den Arm zu nehmen. Todmüde war er plötzlich nach dem langen Tag. Das Feuer fiel zusammen. Er schlief – und spürte nicht, daß Atak neben ihm lag und mit offenen Augen in die Dunkelheit starrte, von kaum bezähmbaren Wünschen und Gedanken bedrängt.

Der Tag nach dieser Nacht – es war der 12. August 1789 – verrann wie die Tage zuvor. Das kräftige Lastkanu, an dem die beiden Männer arbeiteten, mußte weitergebaut und so bald wie möglich fertiggestellt werden. Paul zögerte bis in den halben Vormittag hinein, dem indianischen Gefährten über das Gespräch mit Alexander Mackenzie vom Abend zuvor Bericht zu erstatten. Aber schließlich raffte er sich auf und bekannte, wozu er sich bereits halb und halb entschlossen hatte. Mes Coh Thoutin ließ das schwere Messer sinken, mit dem er an einer halbfertigen Spante geschabt hatte.

»Und wir anderen, was wird aus uns? Wir sind dann fünf Menschen, wenn du fort bist.«

Paul Soldat gab lange Zeit keine Antwort. Auch er ließ die Arbeit sinken. Der Vordersteven des werdenden Bootes, den er eingepaßt hatte, mußte warten. Verdrossen gab er schließlich zur Antwort: »Ich habe mich noch nicht fest entschieden, Thoutin. Mir wäre nicht wohl dabei, wenn ich mich von euch trennen müßte. Aber manchmal denke ich, seit Walther Corssen gestorben ist, dies hier wird nicht ewig dauern. Es war sein Werk, und ohne ihn hat dies alles keinen rechten Schick mehr.«

Der Indianer antwortete: »Das stimmt nicht, Paul. Mit der Zeit würde sich alles wieder richten. Wir haben beide kleine Kinder und sollten seßhaft werden.«

Seßhaft werden, dachte Paul – ein Indianer und seßhaft werden! Das paßt nicht zueinander. Wie sie doch alle von uns beeinflußt – oder verdorben! – sind, ob sie es wollen oder nicht; dabei sind wir hier selber nicht seßhaft und wollen es auch gar nicht sein! Aber Mes Coh Thoutin ist schon zu lange mit weißen Leuten zusammen und davon angesteckt, und es läßt sich eben nicht verheimlichen, daß wir irgendwann doch alle seßhaft waren und es auch irgendwann wieder werden möchten. – Paul Soldat (der einmal auf den deutschen Namen

Paul Lüders gehört hatte) neigte im allgemeinen nicht zu langem Nachdenken, erst recht nicht zum Philosophieren. Aber in dieser Stunde und an diesem Tage, an dem sich eine Wende in seinem Leben anzukündigen schien, kam es ganz von selbst, daß er über sich nachdachte.

Gegen Abend erschien vor der Werft ein Kanu Alexander Mackenzies. Einer der Ruderer überbrachte den Bescheid, daß Mackenzie alle Vorbereitungen für die Weiterreise seiner Kanu-Brigade, früher als erwartet, hatte beenden können und nun beabsichtige, am kommenden Morgen noch vor Tagesanbruch das Lager abzubrechen und weiterzureisen. Vorher aber wolle er wissen, ob Paul Soldat zu einem endgültigen Entschluß gekommen wäre und es nicht doch vorzöge, die weite Reise gleich mit ihm gemeinsam anzutreten. In diesem Falle wäre er sogar bereit, noch einen weiteren Tag zu warten.

Paul Soldat brauchte nicht zu zögern: nein, er hätte seinen Sinn in den letzten vierundzwanzig Stunden nicht geändert; es wäre ihm unmöglich, sich Mackenzie sofort anzuschließen; er hielte es aber nach wie vor für wahrscheinlich, daß er dem Schotten, der so großen Wert auf seine Mitarbeit zu legen schien, in etwa drei Wochen zum Lake Athabasca und Fort Chipewyan folgen würde. Mit dieser Nachricht schickte er das Kanu in den sinkenden Abend hinein zur fernen anderen Seite der Saskatchewan-Mündung zurück. Doch vernahm er noch, wie Mes Coh Thoutin sich erkundigte, ob die Indianer vom Athabasca noch da wären; soweit der Voyageur gehört hatte, wollen sie den Bug ihrer schlanken Kanus erst einen Tag später als der Schotte nach Westen wenden. Ehe er ins Boot stieg, fügte der Franko-Kanadier noch hinzu:

»Soweit ich gehört habe, soll unter den Indianern vom Athabasca im Nachbarlager irgendein Streit ausgebrochen sein. Das ist einer der Gründe, weswegen Mackenzie sich bemüht, so schnell wie möglich fortzukommen; er möchte nicht in den Streit verwickelt oder gar zum Schiedsrichter aufgerufen werden.«

Das war eine Nachricht, welche die beiden Männer der Kanu-Werft nur am Rande bewegte.

Paul Soldat blickte dem Boot nach, bis es in der Abenddämmerung entschwand. Er dachte: Feierabend; und es ist richtig, daß ich mich nicht noch in letzter Minute überreden ließ, in

Mackenzies Dienste zu treten. Ich gehorche am liebsten nur mir selber, wie Walther Corssen es immer ausdrückte. Also gut! Atak wird mit dem Abendessen warten. Wo ist Mes Coh Thoutin geblieben? Er hatte es offenbar sehr eilig, zu seiner Losseh Thiegah zu kommen.

Paul Soldat hatte richtig vermutet, das Abendessen stand bereits auf dem Tisch. Aus dem hölzernen Teller dampfte ein Fischragout, daneben eine Schüssel mit gekochtem Sumpfreis, eine angenehm milde schmeckende Speise. Die Indianer wußten den wilden Reis sehr geschickt in ihre Kanus zu ernten.

»Warum setzt du dich nicht mit an den Tisch, Atak?« wollte Paul wissen. Sie machte sich im halbdunklen Hintergrund der Hütte zu schaffen.

Ihre Stimme klang belegt: »Ich habe Nagamoun schon schlafen gelegt. Sie wollte so gern, daß ich mit ihr äße, da du draußen immer noch mit den Bootsleuten von drüben sprachst und nicht kamst. Da habe ich mit ihr gegessen, um sie zu beruhigen. Nun bin ich satt.«

Die Worte hatten einen mürrischen Beiklang. Paul nahm ihn deutlich wahr, aber er ging nicht darauf ein. Atak wurde manchmal von düsteren Stimmungen bewegt; dann war wenig mit ihr anzufangen; man mußte sie sich selbst überlassen.

Er vergaß seinen Unmut bald, da ihm die Mahlzeit, die Atak zubereitet hatte, vorzüglich mundete.

Paul Soldat streckte die Beine aus. Er war satt und müde. Der Tag war lang gewesen, und in der Nacht zuvor war man spät zu Bett gekommen. Warum bereitete Atak nicht das Lager wie sonst? Paul wachte langsam auf aus seiner satten Benommenheit. Eine leise Unruhe schien von Atak auszustrahlen. War es nicht, als ob sie auf etwas wartete? Paul meinte: »Wollen wir uns nicht hinlegen, Atak?«

Sie schien mit der Antwort zu zögern, brachte dann aber heraus: »Ich will noch zum Wasser hinunter und das Geschirr und einige andere Sachen spülen. Ich bin heute wegen allzuviel Arbeit nicht dazu gekommen.«

Paul meinte verwundert: »Das könntest du auch morgen früh tun. Es ist schon dunkel.«

Doch erhob er keinen Widerspruch, als Atak, ohne auf seine Bemerkung einzugehen, Geschirr und Töpfe in einen Korb packte und das Haus verließ. Sie schloß die Tür nicht hinter sich, sondern ließ sie weit offenstehen. Die Luft der

Sommernacht, angenehm und milde, brachte einen Duft von Fichtenharz in den Hüttenraum mit. Paul lehnte sich an die Wand aus Baumstämmen und schloß die Augen. Er wollte warten, bis sie wiederkäme. Sie würde sich ihm nicht entziehen in dieser Nacht. Der Kopf sank ihm auf die Brust. Er war eingeschlafen.

Und plötzlich war er hellwach, als sei er laut angerufen worden. Er hatte undeutlich die Stimme eines Mannes vernommen und die Stimme Ataks dazu. Er erhob sich und trat vor die Tür. Vom Strande her näherten sich zwei schattenhafte Gestalten. Auch glaubte er am Wasser ein Kanu mit zwei weiteren Schatten darin erkennen zu können. Ataks Stimme klang ihm aus der Dunkelheit entgegen: »Paul, es sind noch einmal Boten von drüben gekommen, aber aus dem Indianerlager, von den Männern vom Athabasca. Sie möchten dich sprechen.«

Was wollen die jetzt um diese nachtschlafende Zeit, fragte sich Paul. Es wäre gut, wenn Mes Coh Thoutin bei mir wäre, der versteht sich besser auf seine Stammesgenossen als ich. Er trat in die Hütte zurück und entfachte das Feuer zu großer Flamme. Atak war ihm mit einem halbnackten Indianer, wie Paul jetzt erkannte, ins Innere der Hütte gefolgt. Er befahl: »Hole mir Mes Coh Thoutin, schnell!«

Der Indianer war neben dem Türeingang stehengeblieben und blickte fragend zu Paul hinüber. Der lud den späten Gast mit einer Handbewegung ein, auf der Bank an der Hüttenwand Platz zu nehmen. Schon war auch Mes Coh Thoutin da; merkwürdig schnell war er gekommen. Es hätte indianischer Sitte widersprochen, wenn der Besucher sofort mit der Tür ins Haus gefallen wäre. Zunächst hatte er die Grüße seiner Leute vom Athabasca zu überbringen und den Hausherrn um Entschuldigung zu bitten, daß er ihn noch so spät belästigte. Für indianische Verhältnisse jedoch ziemlich schnell und eigentlich auch ohne viel Umschweife kam er mit seinem Anliegen heraus:

»Wir haben einen Streit unter uns, Erbauer guter Kanus, und wissen ihn nicht zu schlichten. Aber zu dir haben wir Vertrauen. Wir kennen dich von unserem heimatlichen Strom her. Der Schotte Mackenzie hat es abgelehnt, uns als Schiedsrichter zu dienen. Er hat gemeint, du, der Erbauer guter Kanus, bist mit dem Wesen der Indianer so vertraut, als wärest du selbst ein Indianer. Deshalb haben mich meine Leute herübergeschickt, um dich zu bitten, morgen abend zu uns ins Lager zu kommen, deinen Gefährten, Mes Coh Thoutin, mitzubringen und den Streit in unserer Mitte zu schlichten, damit wir uns wieder auf die Heimreise machen können.«

Paul Soldat hatte mehr als einmal erlebt, daß die Indianer bei Streitigkeiten angesehene Weiße aufforderten, ihnen als Schiedsrichter beizustehen. Die Weißen hatten so viele neue Fertigkeiten und Künste ins Land gebracht, verfügten über so erstaunliche Werkzeuge und Hilfsmittel, über Pulver und Blei, Gewehre und stählerne Messer, Nähnadeln und Beile, kannten keine Furcht vor großen Reisen und fernster Fremde, so daß ihnen auch die Weisheit zuzumuten war, gerechte Urteile zu fällen.

Paul wußte natürlich, daß er sich sehr geehrt zu fühlen hatte und daß es ihm und seiner Sicherheit sehr dienlich sein würde, in den Ruf eines weisen und wohlwollenden Schiedsrichters zu kommen. Nach einigem Zögern und Bedenken – wie es die Sitte vorschrieb – sagte er schließlich zu, am Abend des nächsten Tages mit Mes Coh Thoutin ins Indianerlager hinüberzufahren und sein Bestes zu tun, den Frieden unter den beiden Bootsmannschaften wiederherzustellen.

Der Indianer, ein hochgewachsener, herkulisch gebauter Mann, hob die Hand zum Gruß: »Wir danken dir! Wir werden auf dich warten!«

Paul sagte sich, als sein Gast die Hütte verlassen hatte: der Mann hat mich nicht angeblickt, als er sich verabschiedete, aber vielleicht habe ich mich im unsicheren Licht des flackernden Herdfeuers getäuscht.

Auch Mes Coh Thoutin war gegangen. Paul schloß hinter den Besuchern die Tür und legte den Innenbalken vor. Noch einmal schürte er das Feuer. Als er sich ins Zimmer zurückwandte, hatte sich Atak schon niedergelegt. Es dauerte nicht lange und Paul war neben ihr. Der Schlaf schien sie beinahe auf der Stelle übermannt zu haben. Paul wollte sie an sich ziehen, aber sie wehrte sich schlaftrunken: »Laß mich, Paul, ich bin zu müde, nicht heute! Der Tag war zu lang.«

Er ließ von ihr ab. Was war mit ihr? Paul lag noch lange wach, obgleich die Glieder ihm weh taten vor Müdigkeit. Aber sie mit Gewalt zu nehmen, das lag ihm nicht. Schließlich schlief auch er.

Paul Soldat war sich darüber im klaren, daß er erst bei völliger Dunkelheit in das Indianerlager hinüberfahren durfte. Die Indianer verhandeln unerfreuliche Dinge lieber um ein zum Nachthimmel flackerndes Feuer als im hellen Licht des Tages. Vergeblich hatte Paul versucht, Atak oder Mes Coh Thoutin darüber zu befragen, was wohl der Anlaß des Streits gewesen wäre, den zu schlichten man ihn gebeten hatte. Aber Atak hatte sich mürrisch abgewendet: »Ich weiß es nicht! Wie soll ich das wissen!«

Paul vermochte sich des Gedankens nicht zu erwehren: sie weiß es doch, aber sie will es nicht sagen. Anders Mes Coh Thoutin: er schien wirklich keine Ahnung zu haben, was man ihm im Indianerlager zur Schlichtung vortragen würde.

Tagsüber hielt die Arbeit die beiden Männer im Gange. Es war auf alle Fälle gut, das noch unfertige Kanu der Vollendung näher zu bringen. Nach dem Abendessen stiegen sie in das Boot, das sie für kurze Fahrten am Ufer entlang benutzten und machten sich auf den Weg quer über die Mündung des Saskatchewan. Das Wetter in diesem Monat August hatte sich als so beständig erwiesen, wie es in diesen Gebieten Jahr für Jahr zu sein pflegt. Man konnte also quer über das breite Wasser hinüberrudern. Zur Rechten breitete sich der Spiegel des gewaltigen Sees ins Ungewisse, wie aus schwarzem Metall gegossen und aufs sorgfältigste poliert. Losseh Thiegah und Atak würden – so war es verabredet –, nachdem sie die Kinder zur Ruhe gebracht hatten, im Haupthaus auf die Rückkehr ihrer Männer warten.

Gleichmäßig zogen die beiden auf dem weiten, dunklen Wasser in ihrem unendlich einsamen Kanu die Paddel durch die regungslose Flut. Paul überlegte: Alexander Mackenzie hat an diesem Tage die großen Stromschnellen des unteren Saskatchewan in gewaltsamer Portage überwunden und lagert nun längst jenseits der Schnellen irgendwo am Zedern-See. Wenn ich mich ihm angeschlossen hätte, dann brauchte ich mir jetzt nicht die Nacht um die Ohren zu schlagen und mir den Zank irgendwelcher Cree-Leute anzuhören, den sie sicherlich nach ihrer Art endlos ausbreiten werden.

Mes Coh Thoutin dachte an etwas ganz anderes, während er sein Ruder mit festem Druck im gleichen Takt wie Paul durch das wie unwillig aufrauschende Wasser stemmte. Er dachte: Atak und Mayegan haben sich wiedergesehen; sie ist wie von Sinnen; Paul hat nichts davon gemerkt; und jetzt sollen wir hinüberkommen, obgleich ich vorgestern, als wir bei den Leuten vom Athabasca zu Besuch weilten, keine Spur von einem Streit beobachtet habe. Paul scheint gar nicht gespürt zu haben, daß sich im Hintergrunde irgend etwas abspielt. Aber was ist es? Wenn ich das wüßte! Ich will es aber gar nicht wissen, bevor es nicht geschehen ist. Paul hätte wahrscheinlich besser daran getan, sich mit Mackenzie gleich auf den Weg zu machen. Vielleicht wäre dann alles viel einfacher.

Die beiden Männer im Kanu hatten genau die Richtung eingehalten. Schon ließ sich ein roter Funken am Ufer erkennen, dem sie zustrebten. Das konnte nichts anderes sein als das Lagerfeuer der Indianer vom Athabasca.

Das Ufer war schon als schmaler, blasser Strich zu erkennen, mit der Wand des dunkel dahinter aufragenden Waldes, gegen den ein wenig lichter mit funkelnden Sternen aufstrebenden Nachthimmel gesetzt. Genau auf den langsam stärker werdenden Lichtschein des Lagerfeuers ließen Paul und Mes Coh Thoutin den silbernen Pfeil der Bugwelle ihres Kanus zielen.

Paul wunderte sich: Er hatte erwartet, daß sie von den Indianern am Strand empfangen werden würden. Aber es war deutlich zu erkennen, daß der Strand leer war, uferauf und uferab.

Kein Mensch weit und breit. Mes Coh Thoutin stieg mit nackten Beinen über die Bordwand ins Wasser und hob das leichte Fahrzeug zur Hälfte auf den Sand. Paul gelangte so trockenen Fußes ans Ufer. Er murrte: »Verstehst du das, Thoutin? Niemand empfängt uns. Sitzen sie schon alle ums Feuer und warten auf uns?«

Das Feuer war hinter der hohen Uferbank den Blicken entschwunden. Der Weiße und der Indianer fanden den Anstieg schnell. Er war von vielen Füßen ausgetreten. Die beiden erreichten die Oberkante der Uferbank. Das Feuer brannte hell, aber es war sofort zu erkennen, daß es lange nicht geschürt worden war. Mit indianischer Kunst war es so angelegt, daß es sich längs drei- oder vierfach nebeneinander gelegter Knüppel und trockener Stämme in einer Richtung weiterfressen konnte, hell flackerte und für lange Zeit nicht zu erlöschen brauchte. Und kein Mensch weit und breit!

Eines stand fest: die beiden Männer waren unter einem

Vorwand auf die andere Seite der Saskatchewan-Mündung gelockt worden. Eine gute Ruderstunde waren sie hier von ihrem eigenen Lager, der Bootswerft entfernt. Mes Coh Thoutin brach das Schweigen als erster. Aus seinen Worten klang mühsam verhaltener Zorn: »Sie haben uns überlistet, Paul. Ich bin schuld, ich hätte es wissen müssen. Ich ahnte nichts Gutes, seit ich begriffen hatte, daß Mayegan, der »Wolf«, unter den Indianern vom Athabasca der Führer der Bootsmannschaften ist.«

»Wer ist Mayegan?« fragte Paul.

»Ich wollte keinen Ärger machen, Paul. Deswegen habe ich dir nichts gesagt. Aber jetzt ist Unheil im Gange. Ich sage es dir also: Als du vor Jahren nach Cree-Weise am Athabasca Atak zur Frau nahmst, wußtest du nicht, und niemand sagte es dir – kein Weißer wußte es –, daß Atak und Mayegan ein Liebespaar waren und geheiratet hätten, wärest du nicht mit deinem Wunsch, sie zur Frau zu haben, dazwischengekommen. Der mächtige Walther Corssen, der bei unseren Leuten in hohem Ansehen stand, hat für dich geworben. Der alte Häuptling, einer der wenigen, die nach der großen Seuche übriggeblieben waren, glaubte, sich die Freundschaft des großen Händlers, eben unseres Maître, Walther Corssen, erhalten, sie befestigen zu müssen. So befahl er, daß Atak dir zur Ehefrau gegeben wurde. Der Stamm bekam damals so reiche Geschenke von dir und Walther Corssen! Jedermann war damit einverstanden, daß Atak dir angetraut wurde. Frauen haben zu gehorchen, und Männer haben ihr Leben aufs Spiel zu setzen, wenn es um den Stamm geht. Atak gehorchte. Du hast von all dem nichts gewußt. Wozu auch? Wenn Mayegan nicht plötzlich hier aufgetaucht wäre, wäre alles gutgegangen. Sie müssen über die Nordroute zur Hudson Bay gezogen sein und sind jetzt hier über die Südroute zurückgekommen. Mayegan und Atak haben sich unerwartet wiedergesehen, und nicht nur das: die Männer vom Athabasca brachten die Nachricht mit, daß der alte Häuptling, Aya wa Counah, inzwischen gestorben ist. Die beiden Männer also, die dir Atak gegeben haben, sind nicht mehr am Leben. Sie können Atak und Mayegan nicht mehr bestrafen, wenn sie nachträglich die Übereinkunft zunichte machen. Ach, Paul, es ändert sich jetzt soviel bei uns. Die Alten sterben, und für die Jungen gilt das Alte nicht mehr.«

Paul rührte sich nicht. Eine lange Zeit starrte er in das Feuer, das in trügerischer Absicht so gelegt worden war, daß es in stets gleicher Stärke lange fortbrennen konnte, ohne geschürt zu werden. Er dachte erbittert: So ist es; man kann viele Jahre unter den Indianern leben und glauben, man wäre einer von ihnen geworden; aber manches erfährt man nie; sie halten unverbrüchlich zusammen; sie brauchen sich nicht zu verabreden. Und wir bleiben draußen, bleiben die Fremden. Meine Atak, die Mutter Nagamouns – sie hat es mir also nie vergessen, daß sie nicht gefragt wurde, als die beiden Alten sie mir zur Frau gaben. Laut stellte er fest, was Mes Coh Thoutin nicht ausgesprochen hatte:

»Mayegan hat sie also entführt. Deshalb hat man uns von der Werft fortgelockt.« Er schrie es fast: »Sie sind wahnsinnig! Nagamoun gebe ich nicht her! Meine Tochter dürfen sie nicht mitnehmen! Komm, Thoutin, wir haben keinen Augenblick zu verlieren!«

Die beiden Männer liefen zu ihrem Boot hinunter, sprangen hinein; schon rauschte die Bugwelle auf. Mit rasenden Schlägen trieben sie das Boot über die dunkel glänzende Flut in die Richtung davon, aus der sie gekommen waren.

Als die beiden Männer von der Bootslände her das Ufer hinaufstürmten, erkannten sie schon von weitem, daß die Tür des Haupthauses offenstand; sie knarrte unnatürlich laut durch die nächtliche Stille; der leichte Wind bewegte sie ein wenig in den rohledernen Bändern, in denen sie statt in eisernen Angeln hing. Paul war als erster im Raum. Auf der Herdstatt glimmte die Glut nur noch matt. Mes Coh Thoutin fragte ins Dunkel: »Bist du da, Losseh Thiegah?«

Aus dem dunklen Winkel neben dem steinernen Kamin drang ein verhaltenes Schluchzen. »Ja, ich bin hier. Sie haben mich nicht mitgenommen. Atak ist fort.«

Der Indianer kniete schon vor dem Feuer, legte ein paar Spänchen auf, blies in die Glut, schon züngelten die ersten Flammen auf, und es wurde hell im Raum. Paul fragte gepreßt in die noch immer in den Winkeln lastende Dunkelheit: »Und die Kinder, Losseh Thiegah, wo sind die Kinder?«

Schluchzend kam es zurück: »Ich habe sie beide hier bei mir, Paul. Sie hatten große Angst. Jetzt sind sie in meinem Schoß eingeschlafen.«

Paul fiel ein Stein vom Herzen. Er atmete befreit auf und flüsterte: »Gib mir Nagamoun.«

Die immer noch am Boden kauernde Indianerin reichte ihm das schlafende Kind. Paul nahm es in seine Arme. Nagamoun erwachte nur halb dabei, erkannte den Vater und schmiegte sich an ihn. Paul drückte sie leise an sich: »Meine kleine Nagamoun, dich haben sie nicht mitgenommen. Gott sei Dank! Dich gebe ich nicht her!«

Es dauerte geraume Zeit, ehe Mes Coh Thoutin aus seiner noch immer völlig verstörten Frau herausgefragt hatte, was sich in den vorausgegangenen zwei Stunden abgespielt hatte. Danach konnte Paul nicht mehr daran zweifeln, daß ohne Ataks Einverständnis und Mitwirkung der listige Plan nicht hätte gelingen können. Mayegan und seine Leute mußten schon in Bereitschaft gelegen haben, als Paul sich mit seinem Gefährten einschiffte, um zu dem Lager der Indianer hinüberzurudern. Atak hatte Losseh Thiegah erklärt: »Sein Kind nehme ich nicht mit. Es hat rote Backen, lockiges, braunes Haar und helle Haut. Was soll ich damit, es ist nicht mein Kind. Walther Corssen und Aya wa Counah sind tot. Ich brauche nicht mehr zu gehorchen. Sage Paul, er ist gut zu mir gewesen. Aber ich gehöre zu Mayegan, und ich komme nicht zurück.«

Losseh Thiegah hatte sich allmählich gefaßt. Sie wandte sich jetzt an ihren Mann: »O Thoutin, und dann haben sie noch etwas Schreckliches getan, unsere Stammesgenossen vom Athabasca. Glaube mir, ich habe versucht, sie davon abzuhalten, jedoch vergeblich. Sie haben alle Boote, auch das unfertige Boot, gründlich zerstört, damit ihr ihnen nicht folgen solltet. Ich konnte es nicht verhindern. Als ich es versuchte, hat Atak mich geschlagen. Und Mayegan hat mich weggeschleudert und gesagt: ›Geh in die Hütte zu den Kindern und laß dich nicht wieder hier draußen sehen, sonst töte ich euch alle drei.‹ Ich hörte noch, wie sie darüber redeten, ob sie die Boote anzünden sollten. Aber Mayegan entschied: nein, es würde ein zu großes Feuer geben, und der rote Schein euch sicherlich vor der Zeit zurückrufen. Sie haben also die Boote nur mit Messern und Beilen zerstört.«

Die beiden Männer standen wie vom Donner gerührt. Die Arbeit des Sommers war vertan. Bis auf die drei Boote, die sie an Alexander Mackenzie verkauft hatten, würde vorläufig nichts mehr zu verkaufen sein. Mayegan, der »Wolf«, hatte verhindern müssen, daß der Mann, dem er die Frau, der ihm die Geliebte genommen hatte, ihn auf der Stelle verfolgte. Den beiden Männern der Werft blieb jetzt nur noch das kleine Kanu, das niemals ausreichte, drei Erwachsene, zwei Kinder und die notwendige Ausrüstung für eine lange Reise zu tragen.

Das Feuer im Kamin war zu einem Haufen rubinrot glühender Asche zusammengesunken. Es regte sich nichts in dem tiefverschatteten Raum, dessen offener Dachstuhl kein Himmel war, sondern nur schwärzestes gestaltloses Dunkel. Paul hatte lange bewegungslos auf dem Rand der breiten Pritsche gesessen, die ihm und Atak in vielen vergangenen Nächten als Lager gedient hatte. Daß das Feuer im Herd verlosch, hatte er kaum wahrgenommen. Die Augustnacht stand kühl, aber keineswegs kalt, rings ums Haus. Die Tür ins Freie war eine Handbreit offengeblieben, nachdem Mes Coh Thoutin und seine Frau mit den beiden Kindern im Arm das Haupthaus leise und ohne einen Gruß verlassen hatten. Losseh Thiegah hatte sich bald wieder gefaßt, als sie merkte, daß weder ihr Mann noch der Maître ihr einen Vorwurf machten, die Existenz der kleinen Gemeinschaft nicht besser verteidigt und geschützt zu haben. Hatten sie nicht alle ganz glücklich und friedlich miteinander gelebt, die sechs Menschen der kleinen Kanu-Werft am Lake Winnipeg, hatten sich die Verhältnisse dort nicht erneut freundlich zu regeln begonnen, auch nachdem der von ihnen allen verehrte Meister vom großen Wasser verschlungen worden war? So kurze Zeit nach seinem Tode war nun die kleine Gemeinschaft gesprengt. Die Indianerin hatte es schneller durchschaut als die Männer. Sie hatte gesagt:

»Paul, ich nehme Nagamoun heute mit zu uns hinüber. Die beiden Kinder schlafen gern beieinander. Ich kann mich gleich um sie kümmern, wenn sie erwachen, und Nagamoun braucht dann gar nicht zu spüren, daß – ja, sie hat gleich meinen kleinen Nekik neben sich, und ich bin auch nicht weit, sie braucht sich nicht zu fürchten.«

Paul Soldat hatte nur genickt. Er vermochte die lähmende Lautlosigkeit im Raum, in dem er mit Atak gelebt hatte, nicht mehr zu ertragen. Er erhob sich und trat vor die Tür. Die Augustnacht wölbte sich weltenhoch, flammend beinahe, im Gefunkel von abertausend Sternen über der schlafenden Einöde und dem aufs vollkommenste geschliffenen schwarzen Spiegel des ruhenden riesigen Gewässers, des Sees Winnipeg. Auch draußen vor der Hütte kein Laut! Doch: aus großer Ferne der kaum noch erkennbar klagende Schrei eines Waldkauzes. Leben also in der unheimlichen Weltenstille der Nacht. In des Mannes Hirn gaben die Gedanken keine Ruhe:

All die Jahre hat sie nur bei mir ausgehalten, weil es ihr befohlen worden war. Nie also hat sie unsere kleine Nagamoun als ihr Kind angesehen, weil es keine glatten schwarzen Haare, keine so braune Haut wie die ihre besaß, und weil ihr liebliches Rot in die Wangen stieg, wenn sie sich im Spiel erhitzt hatte. In Ataks Augen also war Nagamoun sein Kind und nicht ihr Kind gewesen, obgleich sie es geboren hatte. Aber mach dir nichts vor, Paul: die gelockten dunkelbraunen Haare des Kindes sind nur ein Vorwand gewesen, daß Atak dem Kind ihre Liebe entzog. Der eigentliche Grund dafür ist darin zu suchen, daß Nagamoun eben nicht als das Kind des Geliebten, sondern eines aufgezwungenen Gatten geboren ist. Paul, du hättest es merken können. Sie hat sich dir nur selten verweigert und niemals so wie in den letzten beiden Nächten; aber sie ist dir niemals wirklich entgegengekommen, auch nicht, wenn du sie erregt hattest. Du bekamst ja, was du haben wolltest, Paul, und das hat dir genügt. Daß es ihr nicht genügte und daß sie es vielleicht manchmal sogar verabscheute, das hast du, in deiner Dummheit und selbstsüchtigen Ahnungslosigkeit, nie begriffen! Jetzt sind die beiden alten Männer tot, denen ich Atak verdankte. Irgendein Teufel schickte ihr Mayegan in den Weg, und sofort sprengte sie die Fesseln, die ihr angelegt worden waren, blickte nicht rechts und nicht links und ließ sich von dem unvergessenen Geliebten »entführen«.

Mes Coh Thoutin und Losseh Thiegah haben mich so merkwürdig angesehen, als ob sie mich etwas fragen wollten, bevor sie die Hütte verließen und mit den beiden Kindern in ihr Haus hinübergingen. Bisher habe ich nur die angenehmen Seiten und die Vorteile davon erfahren, daß ich durch die Heirat mit Atak ein Cree geworden bin. Ich weiß es genau, jetzt werde ich die Kehrseite davon erleben. Mes Coh Thoutin hat es mir eigentlich schon diesen Abend sagen wollen, dann aber beschlossen, mich noch bis zum kommenden Morgen zu schonen. Das war überflüssig, Thoutin. Ich weiß genau, was jetzt von mir erwartet wird und was ich zu tun habe, wenn ich meine Ehre nicht verlieren will. Was nutzt mir schon die Ehre bei den Cree? In Wahrheit bin ich nur ein Zufalls-Cree, bin überhaupt ein lächerliches Gemisch, Deutscher von Geburt, war englisch als Soldat und wurde franko-kanadischer Voyageur aus Angst – als Rettung vor dem verfluchten Dienst unter der englischen Flagge mit den schrägen Balken. Das einzige, was ich jetzt wirklich bin, ist, daß ich ein Mann des Pays d'en haut bin, das heißt, ein Mann des Niemandslandes. Wenn ich nicht auch noch dies verlieren will, muß ich mich jetzt nach dem Gesetz der Cree richten. Und das wiederum heißt, daß ich mich an Atak und Mayegan rächen muß, rächen bis zu ihrer oder meiner Vernichtung, so, als hätte Atak Schuld oder der »Wolf« vom Athabasca. In Wahrheit haben sie keine Schuld; ich hätte die Augen aufhalten müssen und nicht gierig darauf bestehen dürfen, daß sie mir zur Frau gegeben wurde. Niemals und nirgendwo kommt man aus den bitteren Notwendigkeiten heraus, am wenigsten dann, wenn man geglaubt hat, endlich frei geworden zu sein von allem äußeren Zwang.

Also gut, ich werde mich rächen an Mayegan und Atak – oder ich werde selber daran zugrunde gehen.

Nichts mehr von Alexander Mackenzie und der großen Fahrt über den Athabasca-See hinaus nach Nordwesten! Nichts mehr von dem ruhigen Geschäft der Kanuwerft. Nichts mehr von einem vergnüglichen Dasein mit meiner schönen und nur gelegentlich mürrischen Atak und der kleinen Nagamoun – es wäre auf die Dauer nicht bei Nagamoun geblieben, und das wäre mir sehr recht gewesen.

Gut also, ich werde mein Leben aufs Spiel setzen, um mich zu rächen und das Gesetz der Cree zu erfüllen. Man kommt nicht um Gesetze herum, an denen nichts gelegen ist und die man gar nicht ernstgenommen hat.

Während er sich mit steifen und nun doch durchkühlten Gliedern erhob, um endlich sein einsames Lager aufzusuchen, fuhr ihm noch ein letzter Gedanke durch den Sinn: Immerhin, ich werde voraussichtlich noch in diesem Jahr Justin wiedersehen an der Mündung des La Biche in den Athabasca, wenn sich nicht auch dort die Verhältnisse geändert haben – und auch Anna werde ich wiedersehen, Justins Frau Anna – unerreichbar.

3

Es hatte zwischen Paul Soldat, Mes Coh Thoutin und Losseh Thiegah nicht erörtert zu werden brauchen: das indianische Paar nahm es für selbstverständlich, daß ihr Maître an nichts weiter zu denken hatte, als daran, die Flüchtigen zu verfolgen und so oder so zur Strecke zu bringen. Ehe noch Paul Soldat auf dem Werftplatz erschien – er hatte nach viel zu spät gefundenem Schlaf sein Lager viel später verlassen als sonst –, hatte Mes Coh Thoutin schon damit begonnen, das von Mayegan und seinen Leuten am wenigsten beschädigte Kanu von den Fetzen der zerrissenen und zerschnittenen Birkenrinde zu befreien, welche die Außenwand des schönen Bootes gebildet hatte. Die kunstvoll eingepaßten Spanten und Längshölzer des Kanus zu zerbrechen oder wenigstens zu knicken, hatte den Flüchtigen wohl die Zeit gefehlt; es war ohnehin nicht einfach, das unerhört zähe, feste Holz des Bootsgestells zu beschädigen.

Als Paul am nächsten Morgen auf dem Werftplatz erschien – die Sonne stand schon hoch –, arbeitete Mes Coh Thoutin bereits an dem Boot, das zuvor noch keineswegs fertiggestellt war. Auch an diesem Boot hatten Mayegan oder seine Leute die Außenhaut aus Birkenrinde zerstört, soweit sie schon über das Bootsgestell gespannt gewesen war. Mes Coh Thoutin ging mit keinem Wort darauf ein, daß Paul den sonst üblichen Beginn der Arbeit um ein beträchtliches verpaßt hatte. Er prüfte weiter die Verschnürungen der Spanten und Längshölzer des unfertigen Kanus, um sich zu vergewissern, daß keine von ihnen zerschnitten worden war. Er meinte, ganz im Ton des Arbeitsalltags:

»Wir kommen am schnellsten voran, Paul, wenn wir dies Boot fertigstellen. Die andern müßten wir erst teilweise auseinandernehmen, um die Birkenrinde aus den Verspannungen zu lösen. Wir brauchen ein Boot, auf das wir uns verlassen können. Wir dürfen jetzt nichts versäumen. Das Boot wird nicht nur uns und unsere Kinder, sondern auch den gesamten Hausrat und alle unsere Werkzeuge tragen müssen. Die Reise zum Athabasca ist weit.«

Paul hatte sich ebenfalls ans Werk gemacht. Er gab nicht gleich Antwort. Er ließ seine Gedanken wandern, war noch nicht ganz da, nahm aber doch nach einer Weile den Faden auf: »Woher willst du wissen, Thoutin, daß Mayegan mit Atak und seinen Leuten zum Athabasca gezogen ist. Auf den Flüssen und Seen bleibt keine Spur der Kanus zurück. Sie können überallhin fliehen in dem wegelosen Land. Es gibt abertausend Routen für die Kanus.«

Mes Coh Thoutin unterbrach seine Arbeit nicht, gab aber halblaut zu bedenken: »Du denkst nicht, wie Indianer denken, Paul. Sieh, es war ja Zufall, daß Atak und Mayegan sich drüben im Lager des Schotten wiedergetroffen haben. Die beiden Kanus des Mayegan wurden von Leuten seiner Sippe gerudert. Sie waren ihm zu Willen gewesen und bis zur Hudson Bay gezogen, um ihre Pelze gegen die Güter des weißen Mannes einzutauschen, sicherlich nur deshalb, weil sie einsahen, daß der Vornehmste ihrer Sippe, Mayegan, nicht weiter mit den Weißen, an die er seine Braut verloren hatte, Handel treiben konnte. Die Kanus befanden sich nun auf dem Rückweg von der Hudson Bay zum Athabasca, reichlich gefüllt mit all den Gütern, die Mayegan in der York-Factory gegen seine Biber-, Wolf- und Marderfelle eingetauscht hat. Auf diese Waren wartet seine Sippe am Athabasca. Er muß sie abliefern, darf sie nicht irgendwohin entführen. Die Männer der Bootsbesatzungen, allesamt Angehörige seiner Sippe, würden gar nichts anderes zulassen. Nein, Paul, es ist ganz klar: Mayegan ist mit Atak auf dem Wege zum Athabasca. Er wird ein paar Tage Vorsprung gewinnen, ehe wir hier abreisen können. Seine Sippe ist unterhalb der La-Biche-Mündung am Athabasca zwischen Corrigal-See und Calling-See* beheimatet. Dies Gebiet muß er zunächst erreichen, ehe er mit Atak wirklich fliehen kann. Aber vielleicht flieht er gar nicht, sondern wartet dort ab, ob du ihm wirklich folgst. Du bist ja kein richtiger Cree. Vielleicht läßt er's auch darauf ankommen, mit dir zu kämpfen, um dich aus der Welt zu schaffen. Vielleicht legt er uns auch unterwegs einen Hinterhalt und läßt uns ins Verderben rennen. Aber dazu müßte er erst die Sippengenossen in den Booten überreden. Ich glaube nicht, daß ihm das gelingen würde, denn dann könnten sie unter Umständen mit in die Blutschuld gerissen werden: Das aber ist ihnen nicht ge-

---

* Die Seen sind mit ihrem heutigen Namen benannt. Die alten indianischen Namen sind nicht mehr bekannt.

stattet ohne die Zustimmung der Älteren, die nur in der Heimat eingeholt werden kann.«

Paul hatte sich die lange Rede des Gefährten angehört, ohne sie zu unterbrechen. Die vielen bedachtsamen Pausen, die Mes Coh Thoutin eingelegt hatte, hätten Paul genügend Gelegenheit dazu gegeben. Aber Mes Coh Thoutin tat nicht viel mehr, als laut zu denken – und Paul dachte auf gleiche Weise mit. Erst nach einigen Minuten fuhr er fort, wo der indianische Gefährte aufgehört hatte: »Je schneller wir also hier fortkommen und je schneller wir dann reisen, desto weniger Zeit geben wir Mayegan, sich mit Atak zu verbergen. Er verläßt sich auf den Vorsprung, den er gewonnen hat, indem er uns die Boote zerstörte.«

Während Paul sich und dem Gefährten so die Zusammenhänge klarmachte und in Worte kleidete, spürte er – eigentlich zum erstenmal, seitdem er am Abend zuvor das trügerische Lagerfeuer am anderen Ufer des großen Gewässers entdeckt hatte – einen dunklen, schweren Zorn in sich aufsteigen. Das Bewußtsein der eigenen Schuld versank: Irgendein Indianer hatte ihm die Frau entführt, um die er geworben und die ihm rechtens zugesprochen war: Ich bin Cree genug, mich zu rächen! Atak hat dahin zurückzukehren, wohin sie gehört, an meine Seite. Nagamoun soll ihre Mutter nicht verlieren.

Laut sagte er und plötzlich so voll verhaltener Wut, daß Mes Coh Thoutin erstaunt hochblickte:

»Wir werden sie einholen! Wir werden dies Boot in höchstens zwei oder drei Tagen zu Wasser bringen. Losseh Thiegah hat sofort damit zu beginnen, unsere Habe zusammenzupacken und sich und die Kinder reisefertig zu machen. Ich verlasse mich darauf, Mes Coh Thoutin, daß du an meiner Seite bleibst. Du und deine Frau sind mit mir getäuscht und beleidigt worden.«

Der Indianer versicherte: »Ich bin an deiner Seite, Paul!«

Obgleich die beiden Männer vom ersten Morgengrauen bis zum allerletzten Tageslicht arbeiteten, sich auch bei den Mahlzeiten kaum Zeit gönnten, obgleich es ausschließlich Losseh Thiegah überlassen blieb, die Kinder zu versehen, den Hausrat zu sortieren und zu verpacken, genügend haltbaren Proviant für eine wochenlange Reise, während welcher kein Aufenthalt gestattet sein würde, zu schaffen, möglichst schon zu Tagesrationen aufzuteilen, und schließlich richtig zu verstauen, obgleich sogar der Zorn, von dem Paul Soldat in steigendem Maße vorangetrieben wurde, sich auch auf den Gefährten zu übertragen begann, dauerte es doch noch beinahe eine Woche, ehe nach Ataks Flucht endlich – es war der 19. August 1789 – das mit höchster Sorgfalt fertiggestellte neue Kanu in der empfindlichen Kühle der Stunde vor Sonnenaufgang ins Wasser geschoben und die große Reise angetreten wurde. Das Fahrzeug glitt in die totenstille Nacht hinaus. Der Gouvernail im Heck des Bootes, Paul Soldat, wußte genau, in welchem Winkel zum Polarstern, der am Himmel noch klar und deutlich sichtbar war, er zu steuern hatte, um den Ort zu erreichen, an welchem der große Strom Saskatchewan aus dem Lande austrat und sich zu dem weiten Trichter seiner Mündung zu verbreitern begann. In der Mitte des Bootes, jenseits einer Anzahl von gleichmäßig verteilten Frachtstücken, hockte Losseh Thiegah und zog ihr Paddel durchs Wasser, bald auf der rechten, bald auf der linken Bordseite. Sie bildete also den einzigen »Mittelmann«, den »Milieu«, des Kanus. Unmittelbar vor ihr auf weichem Mooslager schliefen, mit einer dunklen Wolldecke vor der Kälte geschützt, die beiden Kinder. Hinter ihnen, weiter gegen den Bug des Bootes zu, waren wiederum einige Frachtstücke verstaut, und im Bug stand der Avant, der Vordermann, Mes Coh Thoutin, mit langem Paddel. Drei Ruderer nur für das Nordwest-Kanu, mit dem Paul Soldat die Verfolgung der Flüchtigen aufnahm. Drei Ruderer, wo sonst mindestens fünf zu finden sind, aber mit festen Muskeln und Sehnen und erfüllt von dem zornigen Willen, den Zerstörer ihres Friedens und ihrer guten Arbeit zur Strecke zu bringen.

Sie ruderten.
Sie ruderten, als hetze sie der Teufel. Ehe der Tag auch nur mit allererstem Grau im Osten zu ahnen war, schoben sie schon ihr Kanu in die sachte Strömung der Flüsse, auf die stillen schwarzen Spiegel der Seen hinaus und atmeten jeden Morgen von neuem mit seltsamer Befriedigung auf, wenn sie endlich die Bugwelle ihres schwanken Fahrzeugs flüstern hörten, zwei zarte Silberstreifen in die unergründliche Schwärze ringsumher einzeichnend. Die Kinder schliefen sorgsam zugedeckt in der Mitte des Bootes; erst wenn die er-

sten Sonnenstrahlen sie trafen, pflegten sie zu erwachen. Das war gewöhnlich das Zeichen für Paul Soldat, nach einem geeigneten Rastplatz am Ufer Ausschau zu halten, das Boot in einer geschützten Bucht auf den Sand laufen zu lassen, ein schnelles Feuer anzuzünden, damit der Maisbrei gekocht, das Trockenfleisch zerrieben und mit dem Maisbrei gemischt werden konnte, eine kräftige, wenn auch nicht sehr wohlschmeckende Nahrung. Die Großen nahmen Tag für Tag nichts anderes zu sich, es sei denn, daß ihnen der Zufall ein zur Tränke ans Ufer kommendes Wild vor die Flinte oder der an langem Faden über die Bordwand gehängte Angelhaken einen Fisch in die Pfanne bescherte.

Waren sie wieder unterwegs, so gönnten sie sich nicht einmal die kurzen Ruhepausen, die »Pipen«, die alle Voyageurs von jeher als ihr gutes Vorrecht ansahen, die kurzen Aufenthalte, in denen die Männer ihre kleinen Pfeifen hervorholten, stopften und in einigen Zügen aufrauchten. Paul Soldat und Mes Coh Thoutin waren ohnehin vom Tabak nur wenig abhängig, und der »Milieu« des Bootes auf dieser gehetzten Reise, die Indianerin Losseh Thiegah, hatte eine Pfeife überhaupt noch nie geschmeckt.

Unmenschlich beinahe wurde die Quälerei für die drei Erwachsenen, wenn es Portagen zu überwinden gab, jene gefürchteten Strecken in einem Stromverlauf, an denen schäumende Stromschnellen oder gar Wasserfälle den Kanus den Weg verbauten oder an denen die Wasserscheiden zwischen zwei Stromgebieten zu überwinden waren. Die Kinder boten dann besondere Schwierigkeiten. Zwar blieben die hübsche kleine Nagamoun und der gewöhnlich auf erheiternd ernsthafte Weise lächelnde Knabe Nekik unterwegs guten Mutes, wechselten doch die Bilder, die am Ufer vorüberglitten, fortgesetzt, hatten sie ihre Mutter und Pflegemutter ständig vor Augen und wurden von den Vätern im Bug und Heck des Bootes behütet. An den Portagen hatte einer der Erwachsenen stets in der Nähe der Kinder zu bleiben; die so heiter und friedlich anmutende Wildnis des späten Sommers mochte jederzeit eine gefährliche Überraschung aus ihren Wälderwänden entlassen und das Leben der beiden Kleinen bedrohen. Erst ganz am Schluß der Portagen, wenn das Gepäck schon längst am Ort der neuen Einschiffung gelagert war und das Kanu aus dem Wasser gehoben werden mußte, um über Stock und Stein ebenfalls weiteres, unbehindertes Fahrwasser zu erreichen, nahm Losseh Thiegah die beiden Kinder auf den Arm und schritt den beiden Männern mit dem geschulterten Boot voraus. Die beiden Kleinen genossen diese Abenteuer der Portagen, die sich an schlimmen Tagen manchmal zweifach oder gar mehrfach wiederholten, ganz besonders, staunten und lachten immer wieder über das umgestülpte auf zwei Beinen hinter ihnen herschwankende Boot, unverkennbar den Beinen ihrer Väter. Die Kinder empfanden das als großartigen und stets von neuem wirksamen Spaß – so wenig spaßhaft es auch den beiden Männern vorkommen mochte, das Boot über die Felsen, Uferkanten oder auch Moräste und Sandstrecken der Portagen hinwegtragen zu müssen.

Es kam den Reisenden sehr zustatten, daß das Wetter sich weiterhin freundlich zeigte. Der Sommer war schon müde und ließ die Tage wie goldene Kugeln aus den warmen Händen rollen. Die sternenhohen, ebenso wie die vom Mond durchschimmerten Nächte, in denen der tagsüber nie ganz versiegende Wind so völlig abhanden geriet, als gäbe es ihn gar nicht, die Nächte glitten tief ins Kühle, ja, in die Kälte ab. Doch diese Kühle ließ die Insekten erstarren, die in wärmeren Nächten, wie sie der Juni, Juli und auch noch die erste Hälfte des August bescherten, die Schläfer mit ihrem Gesumm und ihren juckenden Stichen belästigt hätten. Nun, um die Wende zum September, war den Reisenden, die sich am Ufer zur Ruhe legten, ein ungestörter, tiefer Schlaf beschieden. Sie betteten sich in die Grube unter dem aufgesteilten Schirm des Wurzelwerks einer gefallenen Fichte; es genügte ihnen auch das auf eine seiner Kanten gestellte und als Betthimmel abgestützte Kanu, um wenigstens die Oberkörper vor dem Tau des Morgens, die Kinder aber ganz und gar vor der jede Nacht leise sinkenden Nässe zu bewahren.

Den Kindern machte die Reise kaum Beschwer. Von frühester Jugend auf waren sie gewohnt an den Überfluß von frischer Luft, kalter wie warmer; sie waren wohl geborgen, Vater und Mutter waren ständig nahe.

Die beiden Männer aber und die Frau, die das Boot voranzutreiben hatten, ein Boot, das eigentlich fünf oder mehr Ruderer erforderte, wurden hohlwangig und blickten aus tiefliegenden Augen unter dem selbst auferlegten gnadenlosen Zwang, dem unerbittlichen Gesetz indianischen Daseins Genüge zu tun. Sie fragten nicht danach, ob jeden Abend die Sehnen schmerzten und die Muskeln zitterten. Unerbittlich wurde jede Stunde des Tages und der Nacht von dem Gebot regiert, den Vorsprung der Flüchtigen um eine Meile nach der anderen zu verringern, damit Mayegan und Atak keine Zeit blieb, über das erste Ziel ihrer Reise hinaus, der Stammesheimat am Athabasca, in die unermeßlichen Wildnisse weiter im Norden oder Westen zu verschwinden, wo sie nicht mehr zu finden sein würden. Auf den tausendfach verzweigten Wasserwegen würde das Kanu der Flüchtigen nur eine Spur hinterlassen, die schon wenige Minuten, nachdem sie entstanden war, so verloren sein würde, als hätte es sie nie gegeben.

Sie hatten den Saskatchewan River längst hinter sich gelassen, waren am Südostende des Cumberland-Sees nach Nordosten abgebogen, dann dem Sturgeonweir River über den Namew-See und den Amisk-See nach Nordwesten gefolgt und hatten schließlich über die nicht ganz einfache Portage de Traite den mächtigen Churchill-Strom erreicht, dies kaum als Strom erkennbare, hundertfach in Seen und Seitenarme sich verlierende Gewässer, das mit leiser Strömung von Westen heranzieht, um dann dort, wo der Mudjattik von Norden einmündet, breit und fast unmerklich auf Süden abzudrehen, bald nicht mehr als Strom zu erkennen, vielmehr den mächtigen Lac Île-à-la-Crosse bildend.

Am Südende des fünfzig Meilen langen Gewässers, dort, wo es, sich allmählich wieder zum eigentlichen Churchill River verengend, nach Nordwesten abbiegt, hielten die Reisenden zum erstenmal inne. Denn hier am Südende des Île-à-la-Crosse teilten sich die Wasserwege zum mittleren Athabasca. Welchen Weg hatten die Flüchtigen genommen, den nach Nordwesten über den Peter-Pond-See, den Lac la Loche (das heißt »See der Schmerle«, eines karpfenartigen Fisches), die berüchtigte Methye-Portage und schließlich den Clearwater-Fluß, der in schneller Fahrt zum Athabasca strömt? Stromab den Athabasca geht es zum Athabasca Lake und zum Fort Chipewyan; dorthin war Alexander Mackenzie unterwegs gewesen. Von der Clearwater-Mündung in den Athabasca stromauf aber würden Mayegan und Atak schließlich nach einigen Tagereisen in die Heimatgebiete ihres Clans gelangen; allerdings waren auf dieser Strecke des Athabasca in vielen Portagen eine Reihe von bösen Stromschnellen zu überwinden.

Vom Südende des Lac Île-à-la-Crosse führt aber auch über den Biber-Fluß (den Beaver River) eine zunächst nach Süden, dann schnurstracks nach Westen ziehende Straße, die schließlich, schon fern im Westen, zum Quellsee des Biber-Flusses vorstößt. Von ihm aus aber ist über eine verhältnismäßig einfache Portage eine nur schmale Wasserscheide zum Lac la Biche (dem »See der Hindin«) zu überwinden, aus dem der Fluß gleichen Namens unmittelbar zum Athabasca strömt.

Paul hatte gemeint: »Der Weg über den Biber-Fluß aufwärts zum mittleren Athabasca ist kürzer und einfacher als der über den Clearwater. Aber an der Mündung des La Biche in den Athabasca sitzen auf Walter Corssens alter Station Justin und Anna. Mayegan und Atak werden auf alle Fälle vermeiden wollen, mit ihnen zusammenzustoßen. Sie werden jene Gebiete, in denen Justin und Anna viele Freunde haben, wo auch ich noch gut bekannt sein muß und der große Häuptling Aya wa Counah zu Hause war, dem auch Mayegans Clan unterstand, nicht berühren dürfen, wenn sie nicht sofort zur Rechenschaft darüber gezogen werden wollen, warum Atak mit Mayegan unterwegs ist.«

Mes Coh Thoutin stimmte zögernd zu: »Ähnliches habe ich auch überlegt, Paul. Andererseits ist der Weg über den Clearwater und dann den Athabasca aufwärts weiter und schwieriger, um nicht zu sagen gefährlicher, als der über den Beaver zum Lac la Biche. Trotzdem meine ich, daß du recht hast. Die beiden werden nicht glauben, daß wir ihren Vorsprung aufholen können, werden auch großen Wert darauf legen, sich in den Schutz ihrer Sippe zu begeben und werden sich scheuen wie vor einem zornigen Grizzly, Justin und Anna Rede und Antwort stehen zu müssen. Wenn wir den beiden über die Nordroute folgen, Paul, so holen wir sie gewiß nicht mehr ein. Dazu ist sie zu lang und zu schwierig. Wir müssen uns hier von ihrer Fährte trennen, nach Süden und Westen biegen, um über den La Biche den Athabasca und die alte Station an der Mündung des La Biche in den Athabasca zu erreichen. Von da aus erfordert es dann nur eine oder zwei Tagereisen den Athabasca abwärts, um in die Heimatgebiete von Mayegan und Atak vorzudringen. Die Route über den Biber-Fluß nach Westen ist kürzer als die im Norden über den Clearwater.

Wenn wir es fertigbringen, die Geschwindigkeit beizubehalten, die wir bisher durchgestanden haben, dann könnte es sogar sein, daß wir am gleichen Tage in den Stammesgebieten des Mayegan ankommen wie er selber.«
Damit war die Frage entschieden. Die Männer lenkten ihr Kanu vom Südende des Lac Île-à-la-Crosse in den sachte von Süden heranströmenden Biber-Fluß; gegen seine gleichmäßige, aber nicht überstarke Strömung nach Süden zuerst und dann nach Westen – es würde eine lange, auch noch die letzte Kraft verzehrende Reise werden.

Es ergab sich, daß das von Paul Soldat gesteuerte Kanu mit Mes Coh Thoutin als Avant und Losseh Thiegah als Milieu, dazu den Kindern, die die lange Reise ohne Schaden zu nehmen, überstanden hatten, an einem späten Nachmittag jenen Ort an der Mündung des La Biche in den Athabasca erreichte, wo Walter Corssen vor Jahren seine Handelsstation errichtet hatte, ganz bewußt, ohne sie durch Wälle und Palisaden gegen die umwohnenden Cree abzuschirmen. Corssen hatte damals gemeint, daß er sich durch die Freundschaft der Indianer und seine eigene, stets auf diese Freundschaft bedachte Ehrlichkeit als Händler besser im weiten Indianerland geschützt fühlte als durch Wälle und Palisaden. Justin und Anna Leblois, die nach Walthers Ausscheiden aus der North-West Company den Posten am unteren La Biche übernommen hatten, waren den Grundsätzen ihres Vaters und Schwiegervaters gefolgt und wurden von den Cree ringsum, die sich langsam von der furchtbaren Pockenseuche erholten, von der sie dezimiert worden waren, ganz und gar als zugehörig, ja als Glieder des Stammes empfunden.
Walther Corssen hatte seinerzeit, als die von ihm gegründete Pelzhandelsfirma in der sich aus mehreren solcher Firmen bildenden North-West Company aufging, sein Eigentum am Geschäft zu gleichen Teilen auf seine Kinder Anna und William überschrieben. Corssen hatte damals eingesehen, daß zwar eine Reihe widriger Umstände den Zusammenschluß der bis dahin konkurrierenden größeren Pelzhandelsfirmen erzwang, hatte aber nur widerwillig seine Unabhängigkeit aufgegeben und es vorgezogen – er war nicht mehr der Jüngste –, das weitere Pelzgeschäft seinen Kindern zu überlassen. William war in Montréal geblieben, versah dort insbe-

sondere den Verkauf der aus dem Westen angelieferten Pelze nach Europa und Asien und dachte nicht mehr daran, in den fernen Westen zu reisen, wo die eigentliche Quelle seiner Einkünfte lag. Ganz anders seine Schwester Anna, mit dem Franko-Kanadier Justin Leblois verheiratet: sie waren längst der Einsamkeit und dem großen geheimnisvollen Zauber der westlichen Wildnisse verfallen, waren zu »Wintering partners« der North-West Company geworden, in deren Händen es lag, die aus Europa angelieferten Tauschwaren so günstig wie möglich gegen die kostbaren Pelze, vor allem Biber, einzutauschen. Ohne gute »Wintering partners«, die sich mit den Indianern zu stellen wußten und jederzeit genau spürten, wo die Grenzen lagen, innerhalb derer man den Indianern voll vertrauen durfte, konnte die North-West Company nicht bestehen, erst recht keine Gewinne für ihre Anteilseigner erzielen, auch nicht ihre vielen Voyageurs bezahlen, welche die in der Ferne eingehandelten Pelze über die Breite des ganzen Kontinents hinweg zum Unterlauf des St. Lorenz nach Montréal schafften, um sich dann im nächsten Frühling wiederum nach Westen aufzumachen, den weit in der Wildnis verstreuten Handelsposten, auf denen die »Wintering partners« saßen, in vielen Kanuladungen die den Indianern erwünschten europäischen Tauschwaren zuzufrachten.

Justin und Anna besaßen zwei Kinder, den kleinen Walther und den älteren Armand, ein kräftiges geschicktes Bürschlein von dreizehn Jahren. Armand hatte bereits gelernt, sein kleines Kanu ebenso geschickt zu handhaben wie die Voyageurs ihre großen; er verstand sich auf viele Künste der Wildnis, wußte sehr wohl die Fährte eines Braunbären von der eines Grizzly zu unterscheiden, hatte auch schon begonnen, mit dem Gewehr und mit Pulver und Blei umzugehen, wenngleich er's auch im Schießen noch nicht zur Meisterschaft gebracht hatte. Dem schnellen Armand lag alles am Herzen, was sich unter freiem Himmel verrichten ließ. Nur widerwillig bequemte er sich dazu, bei seiner Mutter in die Schule zu gehen und lesen, schreiben und rechnen zu lernen, Künste, die der Vater ihm einigermaßen vergeblich einzuprägen versuchte. Und doch waren sie wichtiger als Kanu fahren, Fallen stellen und Fährten lesen. Immerhin hatte er es auch im Lesen,

Schreiben und Rechnen zu einiger Fertigkeit gebracht; in dieser Hinsicht hatte der sonst nachgiebige Vater mit strenger Unerbittlichkeit darauf bestanden, daß Armand der Unterweisung durch seine Mutter folgte. Sie hatte dem Sohn immer wieder eingeschärft:

»Schau, Armand, Lesen, Schreiben und Rechnen, das unterscheidet uns ganz und gar sowohl von den Indianern wie von den Voyageurs. Wir werden es in den Wäldern des Pays d'en haut nie zu jener Vollkommenheit bringen, die ihnen selbstverständlich ist. Im Grunde sind wir ihnen nur überlegen und können uns hier in der wilden Ferne, tausend Meilen von jeder weißen Macht entfernt, nur halten, wenn Lesen, Schreiben und Rechnen uns eine Überlegenheit verschafft, die hier von niemand sonst erreicht wird.«

Armand war nicht dumm. Er sah schließlich ein, was ihm gepredigt wurde. Aber sein Herz gehörte nicht den Herkunftsländern der Eltern im Osten, sondern dem Pays d'en haut, der herrenlosen Einöde im fernsten Westen.

Der Sommer war auf den unendlich entlegenen Handelsposten in den schier grenzenlosen Unermeßlichkeiten des Indianerlandes die eigentlich stille Zeit. Die mit Pelzpacken, mit Proviant und Ausrüstung schwerbeladenen Kanus waren schon wenige Tage nach dem Aufbrechen des Flußeises, zu Brigaden von je fünf oder sechs Booten zusammengefaßt, ins eilig und wirblig vorüberschießende Wasser der Ströme geschoben worden, um die lange Reise nach Grand Portage am Lake Superior, dem »Oberen See«, anzutreten, wo die wertvollen Ladungen in die größeren Boote der Brigaden aus Montréal umgeladen wurden. Zwar mochten die Voyageurs ihre indianischen Frauen und die Kinder auf den Handelsposten zurückgelassen haben; doch zogen es die Indianerinnen bis auf wenige gewöhnlich vor, sich während der Abwesenheit ihrer Männer in die Gemeinschaft ihrer angestammten Sippen zu begeben. Sie verschwanden gewöhnlich leise und ohne Abschied mit ihren Kindern aus den kleinen Siedlungen, die sich ganz von selbst um die Handelsposten bildeten, und kehrten erst zurück, wenn im Herbst die Nächte lang und kalt wurden und die Wiederkehr der Kanubrigaden – nun in vielen »Packs« die Tauschgüter aus Europa heranschaffend – mit den ewig sangeslustigen, tanzfreudigen, streit- und spottfrohen Voyageurs wieder zurückerwartet werden konnten. Auf den

Handelsposten blieben dann nur die »Wintering partners«, die »überwinternden« Teilhaber der North-West Company mit wenigen ständigen Helfern, vielleicht auch einige Voyageurs, die krank geworden waren und sich zu schwach fühlten, die lange schwierige Reise zum Lac Supérieur mitzumachen, dazu ein paar Indianer, die sich für die alltägliche Arbeit, weil es ihnen so gefiel, auf die Dauer dem Posten angeschlossen hatten – mehr Leute waren es nicht, die dann als ein stilles Völkchen von vielleicht zwölf oder fünfzehn Menschen auf den Handelsposten zurückblieben.

Auf der Station an der Mündung des La Biche in den Athabasca warteten Justin und Anna mit langsam steigender Unruhe auf die Rückkehr der Kanubrigaden, die ihnen für den Winter die Tauschgüter anliefern sollten, ohne welche die Pelze der indianischen Jäger und Fallensteller nicht einzuhandeln waren. Was konnte den Kanus auf der langen, schwierigen und gefährlichen Reise vom Ufer des Oberen Sees über den Rainy River und den Rainy Lake, über den »See der Wälder« und den Winnipeg-See, über den Saskatchewan-Strom und den Sturgeonweir, den Churchill, den Beaver und La Biche nicht alles passiert sein! Nur diese eine unendlich mühsame und gefahrvolle Verbindung bot sich ihnen zur fernen Außenwelt. Und wenn sie auch längst gelernt hatten, ihr Dasein in den schimmernden Einöden des Nordwestens ebenso wie die Indianer mit den Möglichkeiten und Gaben der Wildnis zu bestreiten, so blieben sie doch »weiß«, und die Vorstellung, daß der aufs äußerste gedehnte Faden zu ihrer angestammten Welt zerreißen könnte, erfüllte sie mit einer geheimen, niemals offen eingestandenen Sorge.

Es war nichts Wesentliches mehr zu verrichten in diesen ersten Tagen des Oktober 1789. Alles Notwendige war für die erhoffte Ankunft der Kanubrigaden vorbereitet. Manchmal schlenderte Justin allein oder auch mit Anna zur Bootslände der Station am La Biche hinunter, von der aus der Fluß nur noch einige Steinwürfe weiterzufließen hatte, ehe sich sein Wasser untrennbar mit dem des größeren Athabasca vermischte.

Justin schirmte die Augen mit der rechten Hand. Ganz in der Ferne schien sich ein dunkler winziger Flecken auf der Oberfläche des hier in einer weiten Kurve heranströmenden La Biche abzuzeichnen. Ein Kanu? Ein Vorauskanu der ungeduldig erwarteten Brigaden? Er rief zum Haus hinauf: »Anna, ein Kanu auf dem La Biche!«

Es war nicht Anna, die nach diesem Ruf zuerst auftauchte, sondern Armand. Der Junge kam vom Waldrand her zur Bootslände hinuntergerannt und erreichte sie, noch ehe seine Mutter sich zu ihrem Mann gesellte.

In der Tat, ein einzelnes Kanu, von nur drei Ruderern vorangetrieben, wie bald zu erkennen war. Was bedeutete das? Die um diese Jahreszeit sehr seltenen Boote der Indianer, die den Posten ansteuerten, kamen so gut wie ohne Ausnahme stets den Athabasca herab oder herauf. Über den Fluß La Biche vom See La Biche und von der Wasserscheide zum Biber-Fluß her waren um diese späte Jahreszeit, in der die Birken, Espen und Ahorne am Ufer des Stroms sich schon in Gold gekleidet hatten, nur die Kanubrigaden der Company zu erwarten, ein Schwarm von vielleicht fünfzehn oder zwanzig Kanus. Statt dessen näherte sich in schneller Fahrt mit silberner Bugwelle ein einzelnes Boot!

Der Avant des Kanus hatte sich erhoben und stand aufrecht über dem Bug mit langem, weit ausholenden Paddel. Anna war es, die den Mann als erste erkannte. Sie rief: »Justin, da vorn im Boot, das ist Mes Coh Thoutin, der Indianer, der Sohn des Masqua. Ich erkenne ihn an seinem blatternarbigen Gesicht!«

Ja, er war es, und bald stellte es sich heraus, wer die andern waren: Paul Soldat, der früher Paul Lüders geheißen hatte, wenn auch mager und mit tiefen Ringen um die rot umränderten übermüdeten Augen, Paul Soldat, der seine Befreiung aus den Zwängen der Alten Welt, der alles, was er im Pays d'en haut erreicht hatte, Walther Corssen verdankte, Annas Vater. Und dann war da noch eine Indianerin als Milieu im Boot, sicherlich die Frau Mes Coh Thoutins und – Anna unterdrückte einen Ausruf des Erschreckens: »Zwei kleine Kinder. Mein Gott, nach so langer Reise!«

Denn daß es eine lange Reise gewesen sein mußte, war den Ankömmlingen buchstäblich vom Gesicht abzulesen.

Mes Coh Thoutin sprang über Bord ins seichte Wasser und brachte das Boot sicher zur Hälfte auf den Sand hinauf. Justin hatte die Sprache wiedergefunden: »Paul, um alles in der Welt, wo kommt ihr her? Du warst doch mit unserem Vater am Winnipeg-See. Ab und zu hörten wir davon. Eure Boote waren berühmt bis hierher in den allerfernsten Westen. Was ist mit Walther Corssen?«

Paul Soldat, der gerade aus dem Boot gestiegen war und Justin die Hand entgegenstrecken wollte, fühlte sich wie mit einer schweren Faust vor die Brust gestoßen. So ganz und gar waren er und Mes Coh Thoutin von dem Gedanken beherrscht gewesen: weiter, weiter, wir müssen sie einholen, müssen spätestens mit ihnen zugleich am Athabasca in ihrem Heimatdorf ankommen, weiter also. Der Zorn und das sich immer noch wütend steigernde Verlangen – gerade, weil es ihnen unmenschliche Mühe abverlangte –, ihr wildes, auf ein einziges Ziel gerichtetes Verlangen, wie es ihnen das indianische Gesetz abverlangte, hatte sie ganz und gar vergessen lassen, daß sie wahrscheinlich die ersten Boten sein würden, die Justin und Anna die Nachricht vom Tode Walther Corssens überbrachten.

Paul Soldat war so bestürzt von der Erkenntnis, wie sehr er in den vergangenen Wochen nur an sich und seine eigene Sache gedacht und daß er keinen Gedanken darauf verschwendet hatte, wie er die Trauerbotschaft am schonendsten überbringen mochte, daß er jetzt ohne Vorbereitung mit dem Geständnis herausplatzte: »Justin, Anna, ihr wißt es ja noch gar nicht. Oh, mein Gott, Walther Corssen ist tot!«

Die Nachricht packte die beiden Menschen am Ufer wie eine harte mitleidlose Faust. Anna fragte mit zitternden Lippen, sie war blaß geworden wie der Tod: »Was sagst du da, Paul? Mein Vater ist tot? Um alles in der Welt, wann und wie ist er gestorben?«

Die Ankömmlinge standen steif auf dem hellen Sand des Ufers. Losseh Thiegah trug die beiden Kinder im Arm. Die Kleinen hielten sich still und blickten aus großen Augen, als begriffen sie den bedrückenden Ernst, der sich plötzlich aus dem blauen Nachmittagshimmel, in dem zwei blendendweiße, gelockte Wolkentürme schwammen, auf das ringsum strahlende Land gesenkt hatte wie ein grauer Nebel.

Paul faßte sich endlich:

»Walther Corssen ist im Winnipeg-See ertrunken. Im vergangenen Oktober hat ihn ein Sturm aus heiterem Himmel draußen auf der Höhe des Sees überrascht. Keiner hat beobachtet oder weiß, wie es geschehen ist. Wir haben seinen Leichnam nicht gefunden. Nur sein Kanu fand sich, halb voll

Wasser, abseits am Ufer, und auch seine Mütze. Oh, Anna, ich weiß, wir bringen euch keine guten Nachrichten. Wir mußten alles stehen- und liegenlassen am Winnipeg-See. Wir haben gerudert wie die Verrückten. Wir mußten so bald wie möglich hier am Athabasca eintreffen. Es ist so viel Böses geschehen, Anna!«

Justin und Anna hatten sich wieder in der Gewalt. Es kam nur allzu häufig vor in der unerbittlichen Wildnis, daß das Unheil die Menschen unversehens anfiel; eine wütende Bärin aus dem Dickicht kann nicht erbarmungsloser angreifen.

Anna hatte, abgesehen von der Zeit ihrer Kindheit, den Vater über lange Jahre hinweg entbehren müssen – sie hatte ihn stets vermißt, denn von klein auf war der Vater mehr als die Mutter der eigentliche Magnet gewesen, auf den sich ihre Liebe und Innigkeit gerichtet hatte. In ihrer Ehe war Justin Leblois, stellvertretend für den Vater, das Ziel ihrer Liebe und Fürsorge geworden, ohne daß er die leise Sehnsucht nach dem Vater stets ganz zu erfüllen vermochte. Wiederum waren Jahre vergangen, seit sie von Walther Corssen zum letztenmal Abschied genommen hatte. Und nun war er von einem Sturm auf einem wilden, großen See verschlungen worden. Diesmal also würde sie ihn nicht wiedersehen.

Nicht sofort hatte Anna die Nachricht vom Tode ihres Vaters in vollem Umfang begriffen. Erst allmählich, doch dann wie mit jäher Macht stürzte die Unabänderlichkeit des Geschehenen über sie her. Tränen standen ihr plötzlich in den Augen. Sie stützte sich schwer auf den Arm ihres Mannes. Sie flüsterte: »Justin, der Vater ist tot. Wir sehen ihn nicht wieder.«

Justin bedeckte mit der Rechten die Hand seiner Frau, die sich in die Beuge seines linken Arms geschoben hatte.

»Komm, liebe Anna, nimm es nicht so schwer! Der Tag kommt für uns alle, für den einen früher, für den andern später. Vielleicht hat er einen leichten Tod gehabt, auf alle Fälle einen solchen, wie er ihn sich wohl gewünscht hat: in der Wildnis irgendwo auf einem großen, einsamen See, wo er niemand untertan gewesen ist. Anna, nimm dich der Indianerin an mit den beiden kleinen Kindern auf dem Arm. Die Frau sieht entsetzlich erschöpft aus, und die Kinder müssen vernünftig untergebracht werden.«

Aufgerufen zu werden, etwas Sinnvolles zu tun, das wirkte

bei Walther Corssens Kindern so unmittelbar, wie es bei ihm selber gewirkt haben würde. Das Erbteil des Mutes und der zupackenden Entschlossenheit war Anna reichlich zuteil geworden. Ja, natürlich, Justin hatte recht. Die Frau und die Kinder mußten als erste versorgt werden. Anna nahm sich also zusammen.

»Du bist doch Losseh Thiegah, nicht wahr? Die Frau von Mes Coh Thoutin. Ich kenne dich noch aus vergangenen Jahren. Der Kleine ist dein Kind, das sehe ich. Aber wer ist das Mädchen?«

Losseh Thiegah hatte mit den Kindern ein wenig abseits gestanden. Sie erwiderte auf die bescheiden sichere Weise, die ihr eigen war: »Ja, dies ist mein Sohn Nekik, und das ist Pauls Tochter, Nagamoun. Die Kinder haben die lange Reise gut überstanden, aber ich bin froh, daß sie sich wieder tummeln können. Im Boot waren sie immer angebunden, damit nichts passierte.«

Anna hielt es für geraten, die Frage zu unterdrücken, die sich ihr sofort aufdrängte, wo Nagamouns Mutter geblieben wäre. Statt dessen sagte sie: »Komm, Losseh Thiegah, wir gehen ins Haus hinauf. Die Männer mögen das Boot auspacken; sie haben sicherlich noch vieles zu verrichten.«

Losseh Thiegah fügte sich sofort. Es war ihr anzumerken, wie schwer es ihr fiel, die Kinder weiter im Arm zu tragen. Sie war am Ende ihrer Kräfte.

Die Frauen und Kinder waren kaum außer Hörweite, als Justin von Paul zu wissen begehrte, was der unerwartete Besuch und die ihm vorausgegangene, offenbar überaus gehetzte Anreise zu bedeuten hatte.

Paul Soldat war viel zu müde, geradezu ausgehöhlt nach der übergroßen, pausenlosen Anstrengung der vergangenen Wochen, als daß er jetzt zu langen Umschweifen fähig gewesen wäre. Mit knappen Worten berichtete er, was sich ereignet hatte, wunderte sich dabei, wie bedeutungslos ihm in dieser Minute vorkam, was sich seit der Abreise Alexander Mackenzies von der Mündung des Saskatchewan in den Winnipeg-See abgespielt hatte, wunderte sich darüber, denn es schien ihm, während er es erzählte, so fern und fremd, als ginge es ihn persönlich gar nichts an.

Justin jedoch vernahm die Umstände, die den alten Kameraden und seinen Helfer zu ihm geführt hatten, zum erstenmal. Auch er kannte sich aus in den Sitten und Vorstellungen der Cree, die sich nach der verheerenden Pockenseuche einige Jahre zuvor langsam wieder sammelten. Weite Gebiete der vielen Unterstämme der Cree waren damals ausgestorben, niemand mehr hatte in diesen Gebieten gejagt. Die jagdbaren Pelztiere hatten sich also dort ungestört vermehren können. Das gab den Überlebenden, die sich allmählich wieder zu geordneten Stämmen zusammenfanden, die Möglichkeit, in den späteren Jahren eine besonders reiche Pelzbeute einzuheimsen. Justin und Anna waren also nach einigen mageren Jahren imstande gewesen, allmählich wieder in gleichem, dann aber größerem Umfang als zuvor gute Pelze aufzukaufen, das heißt einzutauschen. Die Zahl der Jäger hatte sich fürchterlich verringert, aber die Menge der jagdbaren Tiere hatte in den Jahren nach der großen Seuche beträchtlich zugenommen. Mehr noch als zuvor waren die geschwächten Cree auf die ihr Leben erleichternden europäischen Waren angewiesen. Justin und Anna hatten in den schlechten Jahren nach Kräften den notleidenden Reststämmen geholfen und wurden am mittleren Athabasca längst ganz und gar als zugehörig betrachtet, ja, galten in vielen indianischen Sippen sogar als mächtige Freunde und Wohltäter.

Aber auch Justin und Anna wußten nur allzu genau, daß sie sich in jeder Hinsicht nach den indianischen Vorstellungen von Ehre und Treue, Zuverlässigkeit und Anstand zu richten hatten, wenn sie hier in entlegenster Wildnis, ganz auf sich allein gestellt, am Tage ihrer Arbeit und ihrem Handel nachgehen, wenn sie des Nachts ruhig schlafen wollten.

Justin begriff also auf der Stelle, daß Paul Soldat gar nichts anderes übriggeblieben war, als sofort aufzubrechen und mit allen Mitteln zu versuchen, Rache zu nehmen! Mayegan war in seine Ehe eingebrochen und hatte ihm die Frau entführt – mit oder gegen ihren Willen, das blieb sich gleich. Rache war nach Justins Meinung ein ebenso schmutziges wie überflüssiges, sogar sinnloses Geschäft; aber wenn Paul Soldat weiter im Lande der Cree leben wollte – und das wollte er gewiß, denn das Pays d'en haut war ihm zur letzten, aber sicheren Zuflucht geworden –, so mußte er, selbst auf die Gefahr des eigenen Lebens, Mayegan verfolgen und ihn vernichten. (Oder er würde von ihm vernichtet werden; dann hätte der große Manitou gegen ihn entschieden!)

Die drei Männer standen immer noch am Ufer des rastlos dem Athabasca zustrebenden La Biche. Mes Coh Thoutin hatte sich mit keinem Wort beteiligt. Der Indianer mit dem von Pockennarben entstellten Gesicht hielt sich ein wenig abseits, blickte über den Strom hinweg. Er würde nur reden, wenn er nach seiner Meinung gefragt wurde. So erforderte es der Anstand, wenn er in der Gesellschaft von Männern geduldet wurde, die an Rang über ihm standen. Jetzt wandte sich Justin mit einer Frage an ihn: »Wenn ich nicht irre, Thoutin, gehört Atak zur Sippe der Leute vom Wabasca, stimmt das?«

»Ja, das stimmt, Justin«, erwiderte der Indianer.

Justin wollte weiter wissen: »Und Mayegan gehört zu den Leuten am Corrigal-See und westlich davon bis zum Calling-See?«

»So ist es, Justin!«

Justin dachte laut weiter, womit er allerdings nur wiederholte, was sich Paul Soldat schon hundertmal überlegt hatte: »Wenn die Flüchtigen die Südroute genommen hätten, so wären sie hier bei mir vorbeigekommen. Anna und ich kennen Atak aus früherer Zeit. Wir hätten natürlich wissen wollen, was geschehen ist und hätten unsere Leute sofort angewiesen, die Flüchtigen festzuhalten. Also haben sie die Nordroute genommen, um auf einem Umweg zu ihren Stammesgebieten zu gelangen, wo sie Unterschlupf und Schutz finden werden und sich ausrüsten können, um nach Norden oder nach Westen ins Unbekannte zu ziehen; dort bleiben sie dann für alle Zukunft unauffindbar, wenn sie es nur einigermaßen geschickt und vorsichtig anfangen.«

Paul nahm das Wort: »Eigentlich müßte ich sofort weiterziehen. Vielleicht erreiche ich Mayegans Sippenhäuptling noch, bevor er selber eintrifft, kann meinen Fall vortragen und den Häuptling zu einem Urteil auffordern. Wenn Mayegan sich bis dahin noch nicht auf seine Sippenzugehörigkeit berufen hat, so würde der Häuptling gegen ihn entscheiden müssen. Vielleicht verordnet er uns einen Zweikampf Mann gegen Mann. An mir sollte es nicht fehlen, ich würde es mit Mayegan aufnehmen.« Paul Soldat schwieg einen Augenblick, senkte den Blick, schlug dann mit der geballten rechten Faust in die geöffnete linke Hand und wiederholte: »Ja, ich würde es mit ihm aufnehmen!«

Justin erkannte sofort: Paul ist im Innersten getroffen, er

wird nicht nachlassen, bis er Mayegan gestellt hat, auch auf die Gefahr hin, den kürzeren zu ziehen und sein Leben in die Schanze zu schlagen – für einen Unsinn eigentlich, aber so ist es nun einmal! Was hat schon Sinn!

Mes Coh Thoutin wagte jetzt, da Justin dabei war und ihm wahrscheinlich beipflichten würde, auszusprechen, was er zwar in den vergangenen Wochen häufig gedacht, aber niemals hatte laut werden lassen: »Paul, Mayegan ist viel jünger als du. Er gilt unter seinen Leuten als ein großer Krieger, ein harter Kämpfer und unbarmherziger Feind. Sieh, Paul, es ist nur wenig mehr als ein Jahr her, daß wir unseren Meister Walther Corssen verloren haben – und schon willst du auch dein Leben aufs Spiel setzen. Du hast doch Nagamoun behalten. Sie wird heranwachsen. Unser alter Häuptling hier, der große Aya wa Counah, ist zwar auch gestorben, aber er wird einen Nachfolger bekommen. Man könnte mit diesem Nachfolger reden und ihn veranlassen, zu bestimmen, daß Mayegan für seinen Raub an dir dreifachen Ersatz leistet, daß er vielleicht sogar aus dem Stamm ausgestoßen wird. Dann wärst du gerechtfertigt, Paul, und brauchtest nicht selbst an dem Beleidiger deiner Ehre Rache zu üben, der Stamm würde für dich Rache nehmen!«

Paul Soldat brauchte einen solchen Vorschlag nicht lange zu bedenken. Er schüttelte den Kopf: »Nein, Mes Coh Thoutin, so geht es nicht. Ich weiß wohl, der Stamm könnte für mich Rechenschaft fordern, denn ich bin durch die Heirat mit Atak, die der Stamm gutgeheißen hat, Mitglied der Sippe, ein Cree geworden. Aber die meisten Männer würden mich in Zukunft heimlich verachten, wenn auch das Gesetz der Cree gewahrt worden wäre. Außerdem, der Bursche hat nicht nur mir die Frau, sondern auch meiner Nagamoun die Mutter genommen. Wenn schon nicht für mich, so muß ich doch für den Raub an meiner Tochter Vergeltung üben.«

Was war noch weiter zu sagen? Nichts! Justin stellte fest: »Einen Tag lang müßt ihr ausruhen, Paul. Thoutins Frau und die Kinder bleiben hier. Bis zu den Stammesgebieten von Mayegan und Atak sind es nur ein oder zwei Tagereisen den Athabasca abwärts. Ihr braucht das große Kanu nicht mehr. Ich gebe euch mein kleines. Es ist sehr schnell und für zwei Ruderer gebaut, faßt aber trotzdem genügend Gepäck für einige Tagereisen.«

Paul besann sich ein paar Sekunden und warf dann mit fragendem Unterton in der Stimme ein: »Ich nehme das Kanu allein, Justin. Ich erwarte nicht, daß Mes Coh Thoutin mich weiter begleitet. Er braucht sich nicht auch in Gefahr zu begeben. Er hat Frau und Kind und wird – sollte ich ins Gras beißen – Nagamoun nicht im Stich lassen.«

Mes Coh Thoutin schüttelte den Kopf und murrte: »Nein, Paul, damit bin ich nicht einverstanden. Wenn das Kanu, das Justin uns geben will, schnell sein soll, so muß es von zwei Ruderern getrieben werden. Und außerdem: Mayegan und Atak haben unsere Arbeit am Winnipeg-See zunichte gemacht. Ich bin nicht gewillt, das hinzunehmen. Ich bleibe an deiner Seite, Paul.«

Die drei Männer blickten auf den Strom hinaus, den unermüdlich aus seiner Tiefe wallenden La Biche, der wenige hundert Schritt weiter stromab in den mächtigen, mit größerer Gewalt strömenden Athabasca mündete. Das Licht des Oktoberabends zögerte nicht mehr so lange, wie damals, als sich Paul und Mes Coh Thoutin im August auf die Reise nach Westen begeben hatten. Noch war Milde in der Luft zu spüren. Der Himmel zeigte sich klar. War erst die Sonne verschwunden, würde die Wärme des Tages sich schnell in den hohen Himmel verflüchtigen. Die Nacht konnte schon leichten Frost bringen.

Ja, alles Notwendige war gesagt und bedacht. Es kam nun nur noch darauf an, es zu tun.

Einen Tag und zwei Nächte würden Paul Soldat und Mes Coh Thoutin sich ausruhen. Danach würde die Entscheidung erzwungen werden müssen, würden sie alle im Schlußakt des Dramas zu agieren haben, das keiner von ihnen gewollt hatte.

Das, was sich dann tatsächlich abspielte, entsprach dem, was Paul Soldat und Mes Coh Thoutin erwartet hatten, in keiner Weise. Die gewaltsame Abrechnung, auf die sich die beiden Männer vorbereitet hatten, fand nicht statt. Das allgewaltige Schicksal, man kann auch sagen Gott, hatte es anders beschlossen und fragte wie gewöhnlich nicht nach den höchst unmaßgeblichen Vorstellungen der Menschen.

Von der Einmündung des La Biche in den Athabasca durchquerte man stromabwärts als erstes die großen Waldgebiete zwischen Corrigal- und Calling-See, in denen die Sippe Mayegans beheimatet war. Danach erst, eine weitere Tagereise stromab, wo von Westen her das Stromgebiet des Wabasca zum Athabasca strebt, erreichte man jene weiten Landschaften, die der Clan, aus dem Atak stammte, als seine Jagdgründe betrachtete.

Als Paul Soldat und Mes Coh Thoutin an einem frühen Oktobermorgen – er war dumpf, still und trübe; das Wetter schien nach vielen Wochen unwahrscheinlichen herbstlichen Glanzes umschlagen zu wollen – ihr schlankes, leichtes Kanu ins Wasser schoben, wußten sie also, daß sie zuerst die heimatlichen Wildnisse Mayegans zu durchfahren hatten und danach erst, wenn überhaupt, in die Gebiete von Ataks Clan eintreten würden.

Der Tag blieb auch in seinem weiteren Verlauf grau und still. Doch wollte es nicht regnen. Eher ließ die ganz leise ins Bläuliche spielende Farbe des Himmels Schnee vermuten.

Die Männer fragten nicht danach. Sie ruderten. Beide hatten ihre langläufigen Gewehre neben sich im Boot liegen, hatten die Bleikugeln sorgsam verstaut und noch vor Antritt der Reise geprüft, ob das Pulver im Büffelhorn an ihrem Gürtel auch wirklich schwarz, körnig und trocken war.

Nach schneller Fahrt mit der starken Strömung des Athabasca trafen die beiden Männer gegen Abend auf die Ansammlung von Zelten und einfachen Hütten am Ufer des Stroms, wo um diese Jahreszeit der Kern von Mayegans Sippe zu kampieren pflegte. Zwar hatten auch hier die schwarzen Pocken sechs Jahre zuvor einen fürchterlichen Zoll von den Stämmen gefordert, die Überlebenden aber hatten sich vielfach mit tief zernarbten Gesichtern inzwischen wieder zusammengefunden. Die Zahl der seitdem geborenen Kinder zeugte davon, daß der Wille zum Leben nicht nachgelassen hatte.

Der große Strom Athabasca floß hier ruhig und gleichmäßig in sanfter Kurve vorbei. Das im milchigen Abendlicht mit der Strömung herannahende Boot war vom Ufer aus längst bemerkt worden. Als Paul Soldat und Mes Coh Thoutin an der Bootslände ihr Kanu am Ende einer Parade anderer kleiner und großer Kanus auf den Sand gehoben hatten, erkannten die beiden Männer sofort, ohne daß sie sich darüber zu verständigen brauchten, daß hier noch niemand etwas von den Vorfällen erfahren hatte, von denen sie aus weiter Ferne herangetrieben worden waren. Das Jungvolk und die Frauen am Ufer fragten völlig unbefangen und neugierig nach dem Woher und Wohin der späten und unerwarteten Besucher. Paul Soldat sagte sich sofort: Hier habe ich gewonnen; ich bin als erster angekommen, vor Mayegan!

Auf dem Wege von der Schiffslände zum Dorf kam den beiden Männern, die das Gepäck an ihren Paddeln über der Schulter gleich mitgenommen hatten, der Häuptling der Sippe, begleitet von einigen halbnackten Kriegern, auf halbem Wege entgegen. Paul Soldat und Mes Coh Thoutin hoben ihre Lasten von der Schulter und legten sie am Pfade ab, um dem Häuptling in aller Form mit erhobenen Händen den Friedensgruß zu bieten, wie es die Sitte erforderte. Mes Coh Thoutin war einigen Leuten als der Sohn des Masquâ, des »Bären«, bereits bekannt. Auch glaubte der Häuptling, dem Paul Soldat in früheren Jahren schon einmal begegnet zu sein, woran sich allerdings Paul nicht erinnern konnte; doch hütete er sich, dies zu bekennen. Da er dem Häuptling ein Fläschchen Branntwein als Geschenk mitgebracht hatte und ihm außerdem zur Weitergabe an verdiente Krieger zwei starke Jagdmesser überreichte, ergab sich zwischen den Leuten des Dorfes und den Besuchern sehr bald eine angenehme Stimmung. Paul spürte es und nutzte den günstigen Anfang sofort. Er eröffnete dem Häuptling feierlich, daß er gekommen wäre, ihn in einer schwierigen und peinlichen Angelegenheit um Rat zu fragen, ja sein Urteil zu erbitten. Da Paul Soldat und Mes Coh Thoutin diesen Antrag in geziemender Weise nach indianischer Art vorzubringen wußten, fühlte sich der Häuptling geehrt und gab ihm sofort statt. Paul schlug vor, den Sippenrat zuzuziehen. Der Häuptling ließ die drei erfahrenen Männer herbeirufen.

Vor dem Lager wurde ein wärmendes Feuer aus tröckenem Holz entzündet, um das sich die fünf Indianer und der weiße Mann niederließen – außer Hörweite aller neugierigen Ohren.

Paul Soldat hatte dem Häuptling und den drei Beratern am Feuer je einen Zopf Virginiatabak überreichen lassen und zögerte dann nicht mehr, seinen Fall darzulegen. Er holte dabei, wie es sich gehörte, weit aus. Er schilderte, wie er in aller Form um Atak geworben hätte, wie sie ihm von den Obersten des

Stammes und seinem eigenen Maître zugesprochen worden war, erinnerte daran, welche Geschenke er dem Stamm gemacht hatte, um ihn für den Verlust einer so guten Jungfrau wie der Atak zu entschädigen, beschwor im übrigen, er hätte nichts davon geahnt, daß ein anderer, eben Mayegan, bereits um Atak geworben hätte. Mayegan wäre plötzlich aufgetaucht und hätte Atak geraubt. Mayegan müßte schwer bestraft werden, es sei denn, der Häuptling entscheide, Mayegan und er, Paul Soldat, hätten sich einen Zweikampf zu liefern. Am Ende verwies Paul ausdrücklich darauf, daß sein Gefährte Mes Coh Thoutin, ein hochgeachteter Mann unter den Cree und der Sohn des Masquâ, des »Bären«, aus freien Stücken mit ihm gekommen wäre, um für die Wahrheit dessen, was er vorgebracht hätte, zu zeugen.

Mes Coh Thoutin erhob die Hand zum nächtlichen Himmel, senkte den Blick in die Augen des Sippenhäuptlings: »Ich bezeuge es! Was mein Maître und Freund Paul Soldat berichtet hat, ist wahr!«

Die vier alten indianischen Männer um das flackernde Feuer schwiegen eine lange Zeit. Dann ließ sich der Häuptling vernehmen: »Ich zweifele nicht an der Richtigkeit dessen, was der Freund unseres verehrten Freundes Justin vom La Biche vorgebracht hat. Ich zweifele nicht an der Wahrheit des Zeugnisses, das Mes Coh Thoutin, der Sohn des Masquâ, abgelegt hat. Doch müssen wir unter uns beraten, was nun zu veranlassen ist. Wir bitten euch beide, uns allein zu lassen, bis wir euch wieder rufen.«

Paul Soldat und Mes Coh Thoutin zögerten nicht, sich sofort zu erheben und sich ins Dunkel des Waldrandes, außer Sicht- und Hörweite, zurückzuziehen. Was der Häuptling von ihnen gefordert hatte, entsprach der Ordnung einer solchen Verhandlung. Mes Coh Thoutin meinte mit verhaltener Stimme: »Sie werden verlangen, Paul, daß Mayegan zugezogen wird, um sich zu verantworten. Sicherlich ist er einer der besten Leute des Stammes, sonst hätten sie ihn nicht zum Führer auf der weiten Reise zur Hudson Bay bestimmt. Sie werden sich nicht dem Vorwurf aussetzen wollen, sie hätten nur einer Partei ihr Ohr geliehen und nicht auch der anderen.«

Mes Coh Thoutin sollte recht behalten. Der Häuptling verkündete den beiden Besuchern, nachdem sie wieder in den

Kreis des Stammesrates zurückgerufen worden waren: »Mayegan hat die Nordroute genommen mit den Waren von der Hudson Bay, die wir dringend erwarten. Er könnte bereits bei den Leuten von Atak eingetroffen sein und dort zögern, hierher weiterzufahren, da er nicht wissen wird, ob wir mit seiner Handlungsweise einverstanden sind. Wir müssen ihn jedoch anhören, ehe wir von Stammes wegen eine Entscheidung fällen können. So verlangt es die Sitte. Ich werde also morgen einen Boten in einem Eilkanu zum Wabasca schicken, um Mayegan und Atak aufzufordern, sich auf schnellstem Wege hierher zu verfügen.«

Im übrigen wurden Paul Soldat und Mes Coh Thoutin als geehrte Gäste willkommen geheißen. Ein leeres Zelt wurde ihnen zur Verfügung gestellt, damit sie nicht unter freiem Himmel zu übernachten brauchten. Ein junger Krieger wurde vom Häuptling angewiesen, sich noch vor Anbruch des kommenden Morgens in einem schnellen Kanu den Athabasca abwärts aufzumachen, um an der Mündung des Wabasca den Mayegan aufzufordern, ohne Verzug die Weiterreise zum Dorf der Corrigal-Sippe anzutreten. Paul Soldat und Mes Coh Thoutin würden sich bis zur Ankunft des Mayegan in Geduld fassen müssen.

Doch ergab sich am Abend des folgenden Tages abermals etwas Neues. Noch vor der Nacht trafen zwei schwerbeladene Kanus den Athabasca aufwärts im Dorf der Corrigal-Sippe ein, die beiden Boote mit den Waren von der Hudson Bay – ohne allerdings ihren Anführer Mayegan, der, wie nun berichtet wurde, sich mit Atak in den Schutz ihres Clans begeben hatte, um dort abzuwarten, was weiter geschehen würde. Atak, so hieß es, habe mit großer Beredsamkeit ihre Leute davon zu überzeugen gewußt, daß ihr und Mayegan Unrecht geschehen wäre und sie deshalb den Beistand der Sippe für sich und ihn verlangen könnte.

Den Boten, der ausgesandt worden war, Mayegan vor den Rat seines Clans zu rufen, hatten die Frachtboote unterwegs getroffen. Der Bote war der Meinung gewesen, daß Mayegan nun um so mehr vor den Rat der eigenen Sippe gerufen werden müßte und hatte seinen Weg fortgesetzt.

Paul Soldat und Mes Coh Thoutin berieten am gleichen Abend in der Stille ihres Zeltes. Der Indianer faßte schließlich zusammen: »Der Bote, den der hiesige Häuptling ausgeschickt hat, um Mayegan zu rufen, wird den beiden bestätigen, daß wir hier sind und entschlossen, sie zur Rechenschaft zu ziehen. Mayegan ist seiner Sache nicht sicher. Sonst hätte er die Frachtboote nicht vorausgeschickt. Er fürchtet dich, Paul, ich weiß es. Er ist ein einfacher Indianer und glaubt sicherlich daran, daß du als weißer Mann über geheime Kräfte und Zaubermittel verfügst, denen ein Indianer bei aller Tapferkeit nicht standzuhalten vermag. Atak hat vielleicht noch größere Furcht als Mayegan. Sie weiß, daß sie nach dem Gesetz ihren Mann und ihr Kind nicht hätte verlassen dürfen. Ich bin überzeugt, Paul, daß die beiden sich nach der Ankunft des Boten aus dem hiesigen Dorf sofort entschließen werden, nach Nordwesten zu fliehen. Mayegan wird sich nicht darauf verlassen, daß sein Häuptling hier vielleicht doch noch zu seinen Gunsten entscheidet, auch dem Schutz und der Macht der Atakschen Sippe wahrscheinlich kein volles Vertrauen schenken. Die beiden werden zusammenraffen, was sie an Ausrüstung besitzen, und werden fliehen, vielleicht den Athabasca abwärts oder den Wabasca aufwärts. Was willst du tun, Paul?«

Was sollte er tun? Er war im Grunde seines Wesens ein einfach angelegter Mensch. Er hatte in seiner Kinderzeit und erst recht in seinem zweiten und dritten Jahrzehnt nicht viel Gutes von den Menschen erlebt. Er war ein armer Teufel gewesen und geblieben, das Leben hatte ihn gebeutelt. Erst seit ihn der Zufall, man kann auch sagen das Geschick, in einer freundlicheren Laune Walter Corssen in den Weg geführt hatte, seit Corssen sich, zuerst notgedrungen, dann aber gern seiner angenommen hatte, war Richtung und Sinn in das Leben des Paul Soldat, alias Lüders, gekommen. Nie hatte Paul früher daran gedacht, daß ihm, dem Habenichts und Nirgendwozu-Haus, eine Frau beschert sein würde, die er »seine« Frau würde nennen können. Im vogelfreien Pays d'en haut hatte es dann Frauen auch für ihn gegeben. Indianerinnen allerdings nur oder bestenfalls halbblütige weibliche Wesen. Aber immerhin Frauen, und auch in dieser Hinsicht war er allmählich zu sich selbst gekommen, sagte ja zu den Sehnsüchten und Freuden, die das andere Geschlecht zu wecken vermag. Aus der Ferne war ihm auch des verehrten Maître Walther Corssens Tochter Anna, verheiratet mit Justin Leblois, bekannt geworden, immer noch die einzige weiße Frau weit und breit im unabsehbaren Pays d'en haut. Eine weiße Frau – selbst in den kühnsten Träumen verstieg sich der im wilden Indianerland mehr oder weniger heimisch gewordene Paul Soldat nicht zu der Vorstellung, daß auch er je eine weiße Frau gewinnen könnte, etwa eine so schöne, dunkelhaarige, zierliche Person wie Anna Leblois oder eine wenigstens entfernt ihr ähnliche. Nein, dergleichen gab es nicht für Leute wie ihn, der seine Existenz wohl oder übel und beinahe gänzlich auf den großen Mann des Nordwestens, Walther Corssen, gestellt hatte.

Schließlich war dann Paul Soldat der Atak begegnet, einem Mädchen vom Stamme der Wabasca-Cree. Sie war ihm nicht so stumpf und grob vorgekommen wie andere Indianerinnen. Sie ging zwar auf seine prüfenden und auch bewundernden Blicke nicht ein, aber daß sie davon erregt wurde, war kaum zu bezweifeln.

Indianer bleiben Indianer. Soviel hatte Paul längst gelernt, daß es sich nicht lohnte, lange zu fackeln, wenn man mit ihnen, wie auch immer, fertigwerden wollte. Wer ein Mädchen begehrte, der hatte sich viel weniger mit ihr als mit dem Oberen ihrer Sippe auseinanderzusetzen, diesem eine möglichst reichliche Entschädigung für die Arbeits- und Gebärkraft des Mädchens anzubieten, hatte das Mädchen dann nach allen Regeln althergebrachter indianischer Sitte in sein Zelt zu nehmen und sich fortan als ein Glied der Sippe seiner Frau zu fühlen.

Es hatte sich damals für Paul Soldat fast von selbst verstanden, daß er sich, als er um Atak werben wollte, der Unterstützung seines Maître, Walter Corssen, versicherte. Der war längst ein Mitglied des Cree-Stammes geworden und stand unter den Indianern in allerhöchstem Ansehen. Wenn Walther Corssen für seinen Helfer und treuen Gefolgsmann bei Ataks Sippenhäuptling die Werbung vorbrachte, dann würde es kaum Schwierigkeiten geben. Es gab auch keine Schwierigkeiten. Atak war Paul Soldats Frau geworden.

Sie hatte Pauls Zärtlichkeiten, die er gern an sie verschwendete, eigentlich niemals erwidert. Da er in diesem Bereich des Daseins kaum jemals Gelegenheit gehabt hatte, Erfahrungen zu sammeln, beunruhigte ihn Ataks Kühle, ihre sonderbare, nie ganz weichende Verdrossenheit nur am Rande. Vielleicht verlangen Männer von Frauen immer zuviel, hatte Paul gedacht und sich weiterhin bemüht, die schöne Atak von seiner Wärme und Freundlichkeit zu überzeugen. Viel Erfolg hatte er nicht damit gehabt, aber sie schenkte ihm die entzückende kleine Nagamoun, die zu Pauls Freude in ihrem Äußeren viel eher in die »weiße« als in die indianische Welt zu gehören schien. Es war ihm vorgekommen, als hätte Atak jetzt erst ihre Aufgabe richtig erfüllt. Das Leben gewann seitdem für ihn, Paul Soldat, eine neue, hellere Dimension, und er vergaß nie, daß er diese offenbar nie versiegende Freude seiner Atak verdankte.

Und dann war Paul Soldats wohnliches und wärmendes Haus wie von einem Blitzschlag vernichtet worden. Atak hatte ihn und Nagamoun verlassen und sich ohne Besinnen dem Manne anvertraut, dem sie sich wahrscheinlich schon lange vor ihrer Eheschließung zugehörig gefühlt hatte.

Zunächst hatte ein wütender, ätzender Zorn ihn vorangetrieben. Doch in den Wochen der pausenlosen, alle Muskeln und Sinne aufs Äußerste beanspruchenden Verfolgungsjagd hatte die Kränkung, die Atak ihm zugefügt hatte, allmählich an Schärfe und Bedeutung verloren. Ihm war Nagamoun verblieben, die er so zärtlich liebte. Was war Atak schließlich viel anderes gewesen als das Mittel, mit dem er sich die erste ganz reine Freude seines Lebens verschafft hatte?

Atak hatte sich ihrem Ehemann entzogen, ohne Vorwarnung, aus heiterem Himmel und ohne auch nur einen einzigen Augenblick zu zögern. In Wahrheit aber hatte ja er, Paul, sie ihrem ursprünglichen Geliebten genommen. Bei Licht besehen war also jetzt erst die Welt wieder im Gleichgewicht, war Gerechtigkeit hergestellt.

Wenn es nach Paul Soldat gegangen wäre, dann hätte er am liebsten einen Strich durch die Rechnung gemacht, hätte Atak und ihren Mayegan ins Ungewisse ziehen lassen; obwohl die Sippen- und Stammeslosigkeit das Schlimmste war, was einem Indianer passieren konnte. Ob Mayegan und Atak fähig sein würden, aus eigener Kraft eine neue Sippe zu gründen, einen neuen Clan mit neuem Ahnentier – Paul war im stillen bereit, ihnen diese Kraft zu wünschen. Im Grunde wollte er ihnen nichts Böses mehr, denn Atak hatte ihm Nagamoun gelassen, ein Stück von ihm selber, ein lebendiges Wesen, um das der im grenzenlosen Pays d'en haut allein auf sich selbst gestellte Mann in der ihm eigenen Einspurigkeit die ganze Kraft seines Herzens versammelt hatte.

Aber dann hatte Paul Soldat erfahren müssen, daß die Ungebundenheit des Pays d'en haut nur eine scheinbare war. Wenn er weiter dort leben und bestehen wollte, als ein Indianer unter Indianern, ein Voyageur, der unterwegs war, immer unterwegs in der herrenlosen Einöde, dann hatte er die ungeschriebenen Gesetze anzuerkennen, nach denen sich die Kinder der Wildnis unweigerlich richteten: er hatte sich an dem Zerstörer seiner Ehe, dem Beleidiger seiner Ehre zu rächen.

Mes Coh Thoutin wunderte sich, daß Paul lange vor sich hinstarrte und keine Antwort auf die dringlich gewordene Frage gab, was er jetzt zu tun gedächte.

Paul bekam sich wieder in den Griff. Es mochte ihm nichts daran liegen; aber die Sache, die nun begonnen war und bei den maßgebenden Leuten ruchbar geworden, mußte zu dem Ende gebracht werden, das die Umwelt erwartete. Er richtete sich plötzlich auf:

»Es hat keinen Sinn, Mes Coh Thoutin, darauf zu warten, ob Mayegan geneigt sein wird, sich hierher zu verfügen und seinem Sippenhäuptling Rede und Antwort zu stehen. Wir verlassen dieses Dorf noch in der kommenden Nacht heimlich und ohne uns zu verabschieden und werden Mayegan abfangen, entweder auf dem Wege hierher oder noch ehe er mit Atak das Dorf der Wabasca-Leute verlassen hat. Ich habe keine andere Wahl, als ihn zu stellen.«

Mes Coh Thoutin schien keine andere Antwort erwartet zu haben.

Spät am Abend des nächsten Tages erreichten die beiden Männer das Dorf der Wabasca-Leute. Sie hatten die weite Reise, für die ein Lastkanu anderthalb bis zwei Tage benötigt hätte, an einem einzigen Tage hinter sich gebracht. Sie hatten sich nicht von den Schnellen des Stroms, die jedes Lastkanu aus dem Wasser gezwungen hätten, aufhalten lassen, sondern sie eine nach der anderen, im Kanu kniend, mit wie rasend bald rechts bald links vom Boot das Wasser schlagenden Paddeln »geschossen«, wie die Voyageurs es nannten, wenn die Eilkanus, schlanke, leichte, hochbordige Fahrzeuge, die oft meterhohen Wasserschwälle über den Felsen im Flußgrund in sausender Fahrt durchstießen, sich von dem ins Boot geschleuderten Geschäum nicht verwirren ließen und blitzschnell den einzigen Weg durch das »weiße Wasser« zu wählen wußten, auf welchem der Kiel ihres Bootes um eine oder zwei Handbreiten die scharfen Kanten der groben Blöcke unter oder neben sich vermied, das einzige »blanke« Wasser, den »fil d'eau« – wie die Voyageurs es nannten, die »Wasserfaser«.

Im Dorf der Wabasca-Leute hatte offenbar niemand mehr die Ankunft eines so späten Kanus erwartet. Das Dorf dieser Sippe, der am östlichsten von allen Wabasca-Cree hausenden, war, wie Mes Coh Thoutin wohl wußte, an der Mündung des Abflusses vom Pelican Lake in den Athabasca zu suchen. Vom Pelican Lake nach Westen war nur eine schmale Wasserscheide von kaum mehr als zwei Meilen Breite zu überwinden, um das Stromgebiet des Wabasca zu erreichen, dieses mächtigen Gewässers, das nordwärts durch viele Seen dem Peace River zustrebt. Über den Pelican-Fluß aufwärts und dann vom Pelican-See aus zum Sandy Lake, dem Quellsee des Wabasca-Stroms, standen also für die Birkenrindekanus der Indianer die gewaltigen Stromgebiete des Athabasca und des Peace River miteinander in Verbindung. Mes Coh Thoutin hatte während der jagenden Fahrt des vergangenen Tages mehr als einmal erwogen: die beiden werden von Ataks Dorf an der Mündung des Pelican in den Athabasca den Pelican aufwärts über den die Wasser scheidenden Landrücken hinweg den Wabasca zu gewinnen suchen, dem Wabasca dann nach Norden folgen bis zum Peace oder noch weiter – wer wollte ihnen da nachspüren, wer wollte wissen, wo sie sich hinwenden würden, um irgendwo im fremden Land auf unbekannter Erde einen neuen Clan der Cree zu gründen!

Ja, in der Tat, Mayegan und Atak hätten, wenn sie klug gewesen wären, den Pelican-Fluß aufwärts bis zum Pelican Lake als Fluchtstraße benutzen und die Portage zum Sandy Lake hinter sich bringen müssen, um dann auf glatter Wasserbahn den Wabasca stromab schließlich den Peace zu erreichen, wo sich ihre Spuren schnell in der Unabsehbarkeit der Einöden verloren hätten.

Aber das Glück – oder war es das Unglück? – wollte den beiden Verfolgern, Paul und Mes Coh Thoutin, wohl. Zur Überraschung der Leute aus der Sippe Ataks standen die beiden Männer plötzlich zwischen den Zelten des Dorfes. Niemand hatte in der Dunkelheit ihre Ankunft an der Bootslände bemerkt. Weder Paul noch Mes Coh Thoutin hatten ihre Waffen aus dem Boot genommen. Sie zögerten auch nicht, mit dem Zeichen des Friedens unter die Leute zu treten. Aber sofort danach und ohne Übergang hatte Mes Coh Thoutin eine ältere Frau, die ihm gerade in die Quere kam, gefragt: »Ist Atak im Dorf? Wo ist Mayegan? Sind sie hier? Oder welchen Weg haben sie genommen?«

Die Frau war so bestürzt von der ohne Umschweife an sie gerichteten Frage – der weiße Mann im Halbdunkel hinter dem Indianer mit dem tief von Pocken zernarbten Gesicht – die Frau kannte den Mann, es konnte nur Mes Coh Thoutin sein, der Sohn von Masquâ, einer jener mächtigen Leute also, die sich mit den Weißen vom La Biche verbunden hatten, und die über Kenntnisse und Mittel verfügten, von denen die Indianer im Busch sich kaum eine Vorstellung machen konnten – die Frau war von der urplötzlich auf sie abgeschossenen Frage so überrascht, daß sie auf der Stelle zur Antwort gab: »Sie sind den Athabasca abwärts gegangen, schon heute früh; sie dachten, da kommen sie am schnellsten weg.«

Damit war das Geheimnis verraten, es konnte nicht mehr zurückgenommen werden. Der Sippenhäuptling, den die Unruhe im Lager erst jetzt aus seinem Zelt hervorgelockt hatte, zeigte sich alles andere als freundlich. Es war an Paul, ihm entgegen zu treten: »Häuptling, verzeiht mir, daß ich den Gesetzen der Höflichkeit, wie sie unter den Cree gelten, in dieser Stunde nicht Genüge tun kann. Ihr wißt, was geschehen ist. Der Bote von den Corrigal-Leuten hat es euch berichtet. Atak und Mayegan haben es nicht leugnen können. Du weißt, daß sie im Unrecht sind und daß es mir zusteht, Vergeltung zu verlangen. Wir wissen andererseits, daß ihr euren Sippengliedern geholfen habt. Wir verlangen keine Gastlichkeit; zwischen uns ist zur Zeit keine Freundschaft möglich. Wir haben erfahren, was wir wissen wollten; wir machen uns sofort auf die Weiterreise.«

Es kam jetzt darauf an, die Überraschung der Leute auszunutzen und das Lager so schnell wie möglich wieder zu verlassen, ehe noch jemand auf den Gedanken verfiel, die ungebetenen späten Gäste mit Gewalt festzuhalten. Ob man sich unter den Leuten der Sippe, zu der die Atak gehörte, für oder gegen die beiden fremden Besucher entscheiden würde, stand ein paar Augenblicke lang auf des Messers Schneide. Schließlich gehörten auch Mes Coh Thoutin und Paul Soldat, wie man wohl wußte, zum Stamme der Cree, wenn auch gewiß nicht zu den Leuten vom Wabasca. Andererseits befand sich der weiße Mann im Recht, wenn er seine ihm nach allen Regeln des Stammes angetraute Atak zurückverlangte und sich obendrein an Mayegan, dem Entführer, rächen wollte.

Paul und Mes Coh Thoutin strebten aus dem Schein des großen Feuers in der Mitte des Dorfes fort; es galt vor allem, keine Zeit zu verlieren und die Leute nicht zur Besinnung kommen zu lassen; das Dunkel nahm sie auf; schon hatten sie ihr Boot wieder ins Wasser geschoben, waren eingestiegen, hatten die Paddel eingesetzt und schossen in die dunkle Strömung hinaus. Fort jetzt! Noch ehe einer der Männer von Ataks Sippe sich zu dem Entschluß aufraffte, sie gewaltsam zurückzuhalten.

Die Nacht hatte das Boot schon nach einer Minute ganz und gar verschlungen. Die beiden Männer konnten jedoch den Schaum der silbernen Bugwellen blaß erkennen, die an beiden Flanken des der mächtigen Strömung des Athabasca anvertrauten Kanus im Dunkel hinter ihnen zurückblieb.

Erst nach einer Stunde härtester, gehetzter Ruderarbeit hielt Mes Coh Thoutin inne, legte das tropfende Paddel vor sich über die beiden Bordkanten, sank erschöpft auf der schmalen Ruderbank in sich zusammen.

Paul, der hinter dem Indianer im Boot saß, folgte der wortlosen Aufforderung, eine Pause einzulegen. Gleich darauf verstummte das leise Rauschen der Bugwelle, nur noch die ruhige, starke Strömung des Athabasca trug das Fahrzeug vorwärts, ohne einen Laut, ohne jede Anstrengung; ganz sachte begann es in der Strömung zu kreisen.

Mes Coh Thoutin erhob die Stimme, gedämpft, als rechne er damit, daß sie jemand in der Finsternis belauschen könne: »Paul, es wird nicht mehr lange so dunkel bleiben. In Kürze wird der Mond aufgehen, dann haben wir wieder Licht. Auch scheinen mir die Wolken nicht mehr so tief zu hängen wie am Tage. Vielleicht ist es hell genug, noch jetzt bei Nacht die Stromschnellen zu schießen, die hier unterhalb der Pelican-Mündung nicht mehr lange auf sich warten lassen. Wir würden viel Zeit sparen, wenn wir das Boot nicht aus dem Wasser zu heben und um die Schnellen herumzutragen brauchten, sondern ohne Portage auskommen würden.«

Pauls Gedanken waren einem anderen Pfad gefolgt: »Mayegan und Atak sind frühmorgens von ihrem Dorf abgefahren. Atak ist keine schlechte Ruderin, das weiß ich. Aber vor Schnellen fürchtet sie sich. Mayegan wird jedesmal zu Portagen gezwungen gewesen sein, die wir durch unsere Schußfahrten überflüssig gemacht haben. Mes Coh Thoutin, wenn wir diese Nacht durchhalten, obgleich wir todmüde sind, dann holen wir sie ein, dann kann ich diese verfluchte Geschichte so oder so endlich zu Ende bringen.«

Mes Coh Thoutin erwiderte nur: »So ist es! Also dann vorwärts!« Schon stemmte er sein Paddel ins Wasser und richtete das Boot nach der Strömung aus; Paul tat es ihm gleich. Schon füllte das leise Rauschen der Bugwelle vertraut und angenehm die Ohren der beiden Männer und verriet ihnen, welch große Geschwindigkeit sie der Strömung unter ihrem Kiel hinzufügten.

Der Mond ließ die beiden trotz der Nachtkühle längst in Schweiß geratenen Männer nicht im Stich. Auch lockerte sich die Wolkendecke, erlaubte dem Mond, durch sie hindurchzublinzeln und gab schließlich den ganzen Sternenhimmel frei – gerade zur rechten Zeit, um bei ausreichendem Licht die nächsten Schnellen zu schießen.

Mes Coh Thoutin wurde von einer unbestimmten Sorge geplagt. »Vielleicht, Paul, wenn Atak nicht mit Mayegan mithalten kann, und wenn sie glauben, genügenden Abstand zwischen sich und uns gelegt zu haben, werden sie schon viel eher am Ufer ein Rastlager gewählt haben, als wir denken. Jetzt, weit nach Mitternacht, ist ihr Feuer längst heruntergebrannt und von der Mitte des Stroms her nicht mehr zu erkennen. Wir fahren womöglich an ihnen vorbei und stoßen ins Leere?«

Paul erwiderte: »Ich behalte, wie verabredet, das rechte Ufer scharf im Auge und du das linke. Mehr können wir nicht tun. Sie entgehen uns jetzt nicht mehr. Atak braucht immer ein Feuer des Nachts, sie friert leicht. Das weiß ich.«

Herr im Himmel, ja, wie oft hatte Paul nicht Atak auf kleine oder größere Reisen mitgenommen; er wußte, wovor sie sich fürchtete und wonach sie verlangte. Ach, fort mit solchen Gedanken! Das war alles aus und vorbei!

Seit keine Wolkendecke mehr die Wärme des vergangenen Tages über dem schlafenden Lande festhielt, war es sehr kühl und bald eisig kalt geworden. Der Mond schüttete sein silbernes Licht verschwenderisch über das schlafende Land. Über den Ufern lagerten die Wälder tief umschattet, wie gebauschter blauschwarzer Samt. Aber die unruhige Wasserfläche des Stroms dehnte sich vor den beiden mit harten, schnellen Schlägen rudernden Männern beinahe taghell, blitzend hier und da im Widerschein des Nachtgestirns und verhalten funkelnd. Ihre Müdigkeit hatten Paul und der Indianer vergessen. Jetzt kam es darauf an! Sie spürten es! Dies war die letzte große Anstrengung, die ihnen auf dieser Jagd abverlangt wurde!

Sie glitten in die lange Folge von Schnellen, die den Athabasca unterhalb der Pelikan-Einmündung in ein sehr tückenreiches Wildwasser verwandeln. Die beiden Ruderer verloren kein Wort darüber. Sie waren Meister aller Künste des Kanus. Jetzt hieß es, die Gefahrenstrecke mit Bravour anzugehen und sie auch dort noch in ihrem schmalen, hoch im Wasser liegenden Kanu zu bestehen, wo ein Lastkanu die Schußfahrt nicht wagen durfte. Vielleicht gelang es ihnen hier und jetzt, die Flüchtigen einzuholen. Es mußte gelingen!

»Schnellen voraus!« rief Mes Coh Thoutin leise. »Achtung! Ich glaube, ganz rechts ist blankes Wasser!«

»Blankes Wasser« – Fast stets, wenn der Strom über eine in seinem Bett verborgene Felsbarriere abwärts hüpfte, war irgendwo zwischen den Felsen ein glatterer Durchlaß zu entdecken, den die Strömung mit rundgewölbtem Rücken schaumlos, aber gewaltig saugend, durchschoß. (Der »fil d'eau«, wie die Voyageurs ihn nannten.) Diese Durchlässe galt es vorweg zu erkennen, das Boot dorthin zu steuern, ihm schnellste Fahrt zu verleihen, um dann die gewöhnlich nicht sehr breite Passage wie ein von der Sehne geschnellter Pfeil mit dem Kanu zu durchschießen. Wenn scharf aufgepaßt wurde, kräftige Ruderer am Werke waren, wenn der Avant Falkenaugen besaß, dann ließ sich auch ein schon in den Sog der Schnellen geratenes Kanu zu »blankem Wasser« herüberdrücken, und die Schnellen wurden, wenn die Bootsmannschaft vom Glück begünstigt war, im Nu überwunden.

Ganz rechts war das »blanke Wasser«! Paul Soldat hatte es unmittelbar nach Mes Coh Thoutins Ausruf ebenfalls erkannt, bremste mit hartem Gegenschlag rechts das Kanu ab, damit Mes Coh Thoutin es mit linksseitigen Vorwärtsschlägen nach rechts hinüberdrücken konnte. Die beiden Männer hatten sich, ohne auch nur eine Sekunde im Rudern aufzuhören, von der Ruderbank auf die Knie niedergelassen. So lagerte ihr Gewicht tiefer im Boot. Es wurde dadurch stabiler, auch konnten so die Männer ihren Paddelschlägen größere Kraft verleihen.

Gott sei Dank, die Nacht war hell. Das leichte Boot folgte den um Haaresbreite genau geführten Schlägen der beiden Paddel, sauste genau in der Richtung der Strömung auf das »blanke Wasser« hinaus, darüber hinweg und erreichte nach zwei, drei weiteren Bootslängen ungefährdet zwischen dem weißen Geschäum rechts und links von seinen Borden tieferes, ruhiger brodelndes Wasser unterhalb der Schnelle.

Gerade wollte Paul sich wieder auf die Ruderbank schieben, als Mes Coh Thoutin rief: »Da kommt die nächste, Paul! Ich kann es schon erkennen. Wir haben erst blankes Wasser in der Mitte und dann versetzt nach rechts. Paß auf, Paul!«

Die beiden Männer waren Meister ihrer Kunst. Auch diese Schnelle wurde so glatt überwunden, als flöge das Boot, alle Hindernisse wie durch Zauber vermeidend, durch die Felsbarriere hindurch.

Zweimal nur in der langen kalten Herbstnacht gönnten sich die beiden Männer für eine Pfeifenlänge Rast. Der hoch am Himmel hängende Mond schien sich schon zum Abstieg rüsten zu wollen. Das Wetter hatte sich völlig gewandelt. Keine Wolke mehr, keine Nebelschleier trübten das Nachtgewölbe. Die über das Samtschwarz des Himmels verstreuten Sternenflitter gaben vereint mit dem Mond reichlich Licht; selbst Einzelheiten ließen sich am Ufer des großen Stroms erkennen, wenn das unermüdlich voranjagende Boot nicht allzu weit davon entfernt vorüberglitt. Das Land schlief totenstill und leer. Die beiden Männer im Kanu auf dem schwarzen breiten Strom hatten seit Stunden schon kein noch so geringes Zeichen von Leben mehr entdecken können.

In langen Abständen nur wechselten die beiden ein Wort. Die unerhörten Anstrengungen, die hinter ihnen lagen, und der alle Sinne zur Wachsamkeit aufrufende Strom mit seinen Wallungen, die vom Boot schnell zu überholen waren, ließen dem weißen Mann und seinem indianischen Gefährten weder Zeit noch Atem, sich zu unterhalten.

Nur selten klang Mes Coh Thoutins Stimme aus dem Bug

des Bootes auf: »Weiter links haben wir tieferes Wasser, Paul!«

Paul mochte dann antworten – wie gepreßt nur kam es heraus: »Du wirst recht haben, Thoutin; gehen wir also näher ans linke Ufer!«

Als Paul gerade daran dachte, für eine dritte »Pipe« ein wenig Rast zu empfehlen, kam ihm der Gefährte zuvor: »Der Morgen ist nicht mehr fern, Paul; in einer Stunde haben wir Tag. Es wird glasklares Wetter sein, wir werden weit sehen können!«

Auch dem Paul Soldat wurde bewußt, daß das Licht der Nacht sich um eine Winzigkeit verändert hatte. Der Himmel im Osten, zur Rechten des Bootes, hatte sich ein wenig erhellt; Mes Coh Thoutin hatte es schon vor Paul entdeckt. Bald würde sich dort der graue »Wolfsschweif« über den Horizont lagern, wie die Indianer solche Ankündigung des Morgens nannten. Die Sterne würden erblassen, der Mond sich in einen Scherben aus Milchglas verwandeln. Dann war der Tag nicht mehr aufzuhalten, ein Tag, an dem noch einmal die Sonne mit erstaunlicher Kraft herniederbrennen, die berauschte Farbenpracht des Herbstes, der »Indianersommer«, zu einem Fest in Gold, Blutrot, Purpur und Fahlgrün aufbranden würde.

Es war sehr kalt geworden. Die Männer merkten es daran, daß sie nicht mehr so heftig schwitzten wie in der ersten Hälfte der Nacht unter bedecktem Himmel. Es ruderte sich angenehm. Und obgleich die beiden im Grunde längst am Ende ihrer Kräfte angelangt waren, strömte ihnen doch aus dem sich morgendlich befeuernden Himmel jene sonderbare neue Frische ins Gemüt und in die Glieder, die den Männern der Wildnis ebenso wie den Soldaten im Felde anzeigt, daß sie jenseits äußerster Überanstrengung eine neue Sphäre der Kraft erreicht haben.

Keine neue »Pipe« jetzt! Nach einem Aufenthalt würde es schwerfallen, wieder in den alten Rhytmus des unermüdlichen Ruderns hineinzuschwingen. Weiter also, weiter!

Mes Coh Thoutin hatte schärfere Augen als sein europäischer Gefährte. Der Indianer hielt einen Augenblick mit Paddeln inne: »Vor uns, Paul, mindestens eine Meile vor uns, ein Kanu!«

Wenn das stimmte! Wenn Mes Coh Thoutin sich nicht irrte, so konnte es nur das Kanu der Flüchtigen sein! Paul im hinteren Teil des Bootes richtete sich auf, soweit es ging, wenn er das Paddeln nicht unterbrechen wollte. Seine Augen tasteten die nach Norden zum Horizont wallende Wasserbahn des Athabasca entlang, erfaßten endlich einen winzigen dunklen Punkt, der sich vor dem Himmel sachte nach rechts zu bewegen schien. Ein Boot da vorn, weit voraus! Denn was sonst sollte sich dort bewegen!

Paul fixierte den Punkt eine Zeitlang. Ohne Zweifel, Mes Coh Thoutin hatte recht, ein Boot, weit voraus!

Seit Stunden vermochte Paul zum erstenmal wieder klar zu denken: Warum hat der Bursche mich nicht einfach abgewartet, warum schleppt er Atak wie ein Irrsinniger durch die Einöde in eine völlig ungewisse Zukunft? Wenn er Mut gehabt hätte, hätte er sich mir gestellt. Vielleicht wäre Atak ihm zugefallen als selbstverständlicher Preis, und niemand hätte sie ihm streitig gemacht. Der Bursche ist feige! – Oder wird er vielleicht von Atak angetrieben, ist sie es, die unter keinen Umständen mir wieder unter die Augen kommen will? Aber jetzt ist mir alles gleich, ich bringe die Sache zur Entscheidung. Wir werden sie einholen! Mes Coh Thoutin und ich sind ein besseres Ruderpaar als Mayegan und Atak. Sie war nie besonders kräftig. Mit uns beiden nehmen es die da vorn nicht auf.

Es bedurfte keines Befehls und keiner Verabredung: Paul und der Indianer stemmten die Paddel durch das Wasser, daß das Kanu dahinflog wie ein Pfeil. Die beiden brauchten sich nicht zu verständigen, sondern wußten, daß die Flüchtigen ihre Augen nach vorn richten mußten, um der Strömung gerecht zu werden. Sie würden um diese Tageszeit auch nicht damit rechnen, verfolgt zu werden. Denn daß Paul Soldat und Mes Coh Thoutin den Tag zuvor und die vergangene Nacht hindurch ihr Kanu ununterbrochen vorangetrieben hatten, das mußte den Verfolgten undenkbar vorkommen. Es war ja auch in der Tat so gut wie unmöglich.

Paul und der Indianer hatten richtig gerechnet. Sie holten schnell auf. Schon waren, wenn man genau hinsah, zwei Gestalten in dem Boot voraus zu erkennen. Wahrscheinlich meinten Mayegan und Atak den Verfolgern schon so weit entronnen zu sein, daß sie keine Furcht mehr zu hegen brauchten. Sie blickten sich nicht um.

Bis es zu spät war.

Paul und Mes Coh Thoutin hatten sich, seit sie das Kanu wahrgenommen hatten, dicht unter dem linken Ufer des Stroms gehalten, wo sie vor dem Hintergrund der Uferbänke und der Waldränder aus größerer Entfernung schwer auszumachen waren.

Mes Coh Thoutin rief dem Gefährten hinter sich zu: »Paul, wir werden jetzt bald in die lange Schnellen-Strecke eintreten, die vor dem großen Knie des Athabasca nach Osten den Strom behindert und ihn für weite Strecken auch noch darüber hinaus schwer passierbar macht. Ich kann mir nicht denken, daß die beiden es wagen werden, sich mit den vielen Portagen aufzuhalten, die weiter stromab notwendig werden. Sie haben sicherlich vor, in einen der Nebenflüsse einzubiegen, die von Westen kommen. Aber noch ist es nicht soweit; erst unterhalb der vordersten großen Schnelle mündet der Hirschfliegen-Fluß in den Athabasca. Er läßt sich mühelos stromauf befahren; sie brauchen nur diese eine Schnelle zu umgehen. Der Hirschfliegen-Fluß führt sie weiter nach Westen über die Wasserscheide zum unteren Wabasca. So wird es Mayegan geplant haben.«

Paul und Mes Coh Thoutin mochten von dem Boot der Flüchtigen noch etwa eine viertel Meile entfernt sein, als sie es zu ihrem Erstaunen scharf nach links zum Ufer abbiegen sahen. Paul und sein Gefährte drückten sich sofort dicht unters Ufer: Vielleicht haben sie uns noch nicht entdeckt. Überraschen wir sie bei der Portage, dort entgehen sie uns nicht!

Doch jetzt blickten die Verfolgten nicht mehr nur den Strom abwärts. Seit sie ans Ufer gesprungen waren, richteten sie unwillkürlich die Blicke auch stromauf. Paul Soldat in seinem Kanu erkannte es sofort. Die beiden Verfolgten erstarrten, beschatteten die Augen mit der Hand, um sich darüber klarzuwerden, wer es war, der ihnen da folgte. Sie zögerten, versäumten damit kostbare Zeit! Sie stürzten sich wieder in ihr Boot, das offenbar voll beladen war, denn es lag tief im Wasser. Sie versuchten, mit rasenden Schlägen abermals die volle Strömung zu gewinnen. Paul schrie plötzlich: »Laß uns anhalten, Mes Coh Thoutin! Sie stellen sich uns nicht! Sie glauben, sie könnten vor uns durch die Schnellen schießen, glauben, daß wir es nicht wagen werden zu folgen. Sie denken, sie können uns auf solche Weise abschütteln. Das ist ihr Untergang, Mes Coh Thoutin. Wir halten an und jagen einen

Warnschuß über ihre Köpfe. Das bringt sie vielleicht noch zur Vernunft und zwingt sie ans Ufer zurück!«

Mes Coh Thoutin verstand sofort. Paul hatte sein Paddel ins Boot geworfen und nach der Flinte gegriffen. Der Indianer zügelte das Kanu, daß es nur noch sachte in der Strömung trieb. Paul zielte über die Köpfe der Fliehenden hinweg und schoß. Aber der Schuß wurde offenbar mißverstanden. Wie gehetzt trieben die Fliehenden das Boot voran, den Schnellen entgegen.

Paul schrie: »Thoutin, das schaffen sie nicht! Atak hat Todesangst vor jeder Schnelle, und Mayegan allein bewältigt sie nicht. Los! Hinterher! Vielleicht können wir sie noch retten!«

Mayegans Boot hatte einen beträchtlichen Vorsprung gewonnen. Er und Atak hatten sich auf die Knie niedergelassen und ruderten wie besessen der großen Schnelle entgegen.

Selbst Paul und Mes Coh Thoutin hätten bei klarem Verstand nie gewagt, diese riesige Schnelle anzugehen, eine schäumende Bahn tobenden »weißen Wassers«, soweit das Auge reichte. Jetzt blieb ihnen keine Zeit zum Überlegen, sie mußten den Fliehenden folgen. Sie waren schon im Sog!

Mayegan war offenbar wahnsinnig geworden, oder war es Atak, die den Verstand verloren hatte? Ihr Boot schoß der Schnelle entgegen, verfehlte das »blanke Wasser«. Paul erkannte, daß Atak die Arme hochwarf und das Paddel verlor. Mayegan allein vermochte das Kanu nicht zu regieren. Der Bug des Bootes hob sich plötzlich steil aus dem Wasser, Mayegan rollte rückwärts hinaus; von Atak war nichts mehr zu erkennen. Boot und Insassen waren von der rasenden Strömung verschlungen.

Jetzt kam es darauf an! Die beiden Männer im Boot spürten bis in die letzte Faser, daß auch ihr Leben auf dem Spiele stand. Wo war das »blanke Wasser«?

»Halblinks!« schrie Mes Coh Thoutin.

Es gelang! Wie von übernatürlichen Kräften gesteuert, erreichte das Boot das »blanke Wasser« zwei Kanulängen vor seinem Beginn und schoß in der Mitte der mächtigen Wallung in tieferes ruhigeres Wasser unterhalb der großen Schnelle hinunter.

Ehe sich der Strom über die nächste Felsstufe stürzte, kreiselte sein Wasser für eine Weile in einer tief ausgespülten

Senke, in welcher dem Boot Halt geboten werden konnte. Die beiden Männer sahen sich um: kein Kanu, kein Mayegan, keine Atak! Doch was trieb dort! Ein fest verschnürtes Bündel. Die beiden Männer fischten es auf. Kein Zweifel, es handelte sich um ein Stück des Gepäcks, das Mayegan und Atak mitgeführt hatten.

Plötzlich sank den beiden Männern der Mut. Sie strebten dem Ufer zu, zogen ihr Kanu ans Land. Was war aus den Verfolgten geworden? Die Frage war schwer wie Blei.

Sie fanden Atak. Sie war tot. Ihr Gesicht war unzerstört, aber ihr Hinterkopf nur eine blutige Masse. Sie lag mit verzerrten Gliedern dicht unterhalb des letzten weißen Wassers der Schnelle, die sie getötet hatte, am Ufer, von einer wilden Welle zur Hälfte auf das kiesige Geröll geworfen. Paul mußte an eine verrenkte Gliederpuppe denken, als er die Frau, die er für seine Frau gehalten hatte, am Ufer liegen sah. Ihr Gesicht war nicht mit Blut besudelt. Dafür hatte das wirbelnde Wasser der tödlichen Schnelle gesorgt. Die großen schwarzen Augen waren weit geöffnet, blickten nirgendwohin in den strahlenden Himmel des sich langsam erwärmenden Oktobertages. Ataks Mund stand einen schmalen Spalt breit offen, so daß die zwei Reihen ihrer makellosen Zähne zu ahnen waren. Das Gesicht war fahl. Die Lippen waren erblaßt. Der Ausdruck des Gesichts ließ weder die Furcht noch den Schrekken erkennen, die dem Tod doch vorausgegangen sein mußten. Nichts weiter als eine stumpfe Trauer war in dies Antlitz geschrieben. Die langen schwarzen Haare des Hauptes breiteten sich über die groben Kiesel ringsum. Das Wasser hatte alles Blut aus ihnen herausgewaschen, ehe es den Körper an den Strand spülte.

Paul bückte sich und strich mit der Hand von der Stirn her über die Augen der Verunglückten. Noch war die Todesstarre nicht eingetreten. Die Lider gaben nach und schlossen sich über den toten Augen. Damit gewann das Gesicht, als lebte es noch, einen seltsam friedlichen Ausdruck. Und jetzt erst begriff Paul, was er schon eine ganze Weile lang vorausgesehen hatte: Ich habe sie endgültig verloren, und Nagamoun hat keine Mutter mehr. Er legte die aus den Gelenken gedrehten Arme und Beine zurecht, so daß Atak nun in einigermaßen natürlicher Stellung im Sande lag; er hatte den Leichnam aus dem Wasser heraus in den feineren Sand des höheren Ufers

gezogen. Sie hatte also diesen Tod voller Schrecken einem weiteren Zusammenleben mit ihm, der sie freundlicher behandelt hatte, als es wahrscheinlich ein indianischer Gatte getan hätte, vorgezogen! Warum?
Hatte er für sie eine geheime Qual bedeutet? Hatte selbst seine kleine entzückende Nagamoun die Mutter nicht bei ihm festhalten können?

Viele bohrende Fragen, kaum deutlich in Worte zu fassen; kaum ganz zu Ende gedacht – aber keine einzige Antwort!

Mes Coh Thoutin war am Ufer des Gewässers entlang bis zum Beginn der nächsten Schnelle vorgedrungen und kehrte wieder zurück: »Ein paar Fetzen ihres Kanus sind zu finden gewesen, Paul. Das Boot muß in lauter Stücke zermahlen worden sein. Von dem Mann habe ich nichts entdecken können. Vielleicht ist seine Leiche am Gegenufer angetrieben, oder er hat noch für eine Weile schwimmen können und ist dann in den Sog der nächsten Schnelle geraten. Es hat wohl keinen Sinn, weiter nach ihm zu suchen.«

Paul zuckte mit den Achseln, nein, das hatte wohl keinen Sinn. Es änderte nicht das geringste daran, daß er, Paul Lüders, alias Soldat, dies bis in den Tod sich liebende Paar in den Untergang getrieben hatte. Er trug die Schuld an diesem überflüssigen Tod, denn er hätte Atak wohl auf die Dauer nicht zurückgehalten, wenn sie ihn gebeten hätte, aus der ihr anbefohlenen Ehe entlassen zu werden. Wenn nicht einmal Nagamoun sie gehalten hatte, wie hätte er sie halten können!

Mes Coh Thoutin schien von solcherart Gedanken nicht beunruhigt zu werden. Er fügte dem Bericht über seine vergebliche Suche ein paar Minuten später hinzu: »Mayegan hätte sich zur Wehr setzen können. Es muß Atak gewesen sein, die ihn daran gehindert hat. Aber das geht uns nichts mehr an. Für dich, Paul, hätte die Sache gar nicht besser ausgehen können. Ich denke, wir lagern hier, wir haben genug hinter uns und machen uns erst morgen auf den Rückweg. Stromauf werden wir mehr als doppelt so viel Zeit als stromab brauchen, ehe wir den Handelsposten am La Biche wieder erreichen.«

Paul ging auf Mes Coh Thoutins Worte nicht weiter ein, stellte lediglich fest: »Bevor wir unser Lager aufschlagen, Thoutin, müssen wir Atak bestatten. In die Erde bekommen wir sie nicht. Wir haben kein Gerät zum Graben. Außerdem ist der Boden felsig. Wir setzen sie nach Cree-Art bei, errichten eine Steinpyramide über ihrem Körper.«

Nach einer guten Stunde war auch dies vollbracht. Kein Wolf, kein Bär würde dem Leichnam etwas anhaben. Ehe Paul das Gesicht seiner Atak unter einem glatten flachen Stein verbarg, bedeckte er das Antlitz der Toten mit seinem Halstuch, das Atak am Rande mit zwei Schnüren aus Glasperlen verschönert hatte. Über das Halstuch legte Paul ein sorgsam ausgestochenes Polster aus Waldmoos. Dann erst wurde der große flache Stein darüber gesetzt, jedoch so, daß er rings um den Kopf her abgestützt war.

Paul verzog seine Mundwinkel. Der Gedanke fuhr ihm durch den Sinn: Sie ist tot, sie würde auch den Stein nicht merken, aber sie war für eine Zeitlang meine Frau, und ich habe geglaubt, es ginge ihr gut bei mir.

Er wandte sich ab und überließ es dem Indianer, den Totenhügel aus Steinen zu Ende zu bauen.

Paul bereitete inzwischen das Lager in einer grasigen Mulde einige Steinwürfe weiter am Ufer. Er würde sich mit dem Gefährten zunächst in die Sonne legen, störende Insekten waren kaum noch zugange. Die Sonne würde heiß werden während des Tages und sie auf dem Lager aus Fichtenzweigen wärmen. Gegen Abend würde sich der Hunger wieder einstellen und der Alltag sein Recht fordern. Die Nacht würden sie noch an diesem Ort verbringen, sich im Schlaf von einem Feuer die Füße wärmen lassen, um dann, sobald das Licht des nächsten Morgens ausreiche, das Boot auf die Schultern zu heben, die Stromschnelle flußauf zu umgehen und, als wäre inzwischen nichts Außergewöhnliches geschehen, die Rückreise zum La Biche anzutreten.

4

In den »Grand Rapids«, den »Großen Schnellen« des Athabasca, hatten Mayegan und Atak ihr Leben verloren. Noch in der Nacht nach dem Tage, an welchem Paul Soldat und Mes Coh Thoutin den zerschlagenen Leib Ataks begraben hatten, dämmerte in Pauls Hirn der Gedanke auf, während er eine

Weile schlaflos lag und seine Augen an einige Sterne im hohen Nachthimmel geheftet hatte, daß Mayegan und Atak nicht einem Unglück erlegen waren, sondern daß sie Selbstmord verübt hatten. Mayegan war in diesem Lande zu Hause gewesen. Er hatte sicherlich gewußt, daß die »Grand Rapids« des Athabasca nur von höchst erfahrenen und sehr starken Kanumännern durchschossen werden konnten, stets unter großer Gefahr für Leib und Leben. Mayegan mußte also geahnt haben, daß ihm die Passage der »Großen Schnellen« mit einer nicht besonders kundigen und starken Atak im Boote hinter sich niemals gelingen konnte. Auch ihr waren diese Schnellen nicht unbekannt gewesen; sie hatte sie bei der Stromaufreise kennengelernt, als die Boote mit den Lasten von der Hudson Bay aus dem Wasser gehoben und an den Schnellen vorbei stromauf getragen werden mußten. Nein, es konnte kaum ein Zweifel daran bestehen: als sich Mayegan und Atak in ihrem ohnehin überladenen Kanu in das vier, fünf Fuß hohe, rasend schäumende und brüllende Wildwasser des Stroms stürzten, hatten sie ihren Tod gewollt. Ataks Sippe hatte den beiden geholfen, sich für die Flucht ins Ungewisse auszustatten, aber der Sippenhäuptling hatte sicherlich beiden klargemacht, daß sie nach seiner Meinung gegen Sitte und Gesetz der Stämme verstoßen hatten und daß sie an eine Wiederkehr in den sicheren Schutz des Verbandes nicht denken durften. Und dann waren die unerbittlichen Verfolger so plötzlich und wild wie Falken aus der Luft auf sie zugestoßen; ihr Mut und ihre Zuversicht hatten in dieser entscheidenden Minute nicht mehr ausgereicht; sie waren vogelfrei; sie hatten sich, an allem verzweifelnd, Hals über Kopf in ihr Verderben gestürzt.

    Ich will nicht, daß ein Stachel zurückbleibt. Ich darf die Sippen Mayegans und Ataks nicht gegen uns Weiße aufwiegeln, gegen mich selbst, aber vor allem nicht gegen Justin und Anna am La Biche! Thoutin und ich müssen sowohl in dem Dorf Ataks wie im Dorf Mayegans Station machen, müssen dort in aller Form Bericht erstatten und ein Sühnegeld anbieten. Wenn die Sippen es annehmen, dann ist alles wieder in Ordnung, und wir brauchen im Lande der Cree nichts zu fürchten. Tun sie es nicht, dann ist Gefahr im Verzuge, und Justin selber, der nun der große weiße Häuptling hier im Lande ist, muß sich aufmachen, uns den Frieden zu erhalten.

    Viel langsamer und schwieriger, als es die Stromabreise, die jagend schnelle Verfolgungsfahrt, gewesen war, gestaltete sich für die beiden Männer die Rückreise zum La Biche. Nun durften sie das Boot niemals mehr treiben lassen, immerfort war gegen die starke Strömung des Stroms anzukämpfen. Unterhalb einer jeden Schnelle mußte das Boot aus dem Wasser gehoben und um die Gefällstufe im Strom, die sie bei der Stromabreise »geschossen« hatten, am Ufer flußauf getragen werden, bis oberhalb der Schnelle wieder stilleres Wasser erreicht war.

Paul hatte sich des Eindrucks nicht erwehren können, daß die beiden Sippenhäuptlinge in den am Fluß gelegenen Siedlungen des Atakschen und des Mayeganschen Clans eigentlich eher erleichtert als bestürzt schienen, als Paul und Mes Coh Thoutin dort an Land gingen, um in aller Form von dem tragischen Untergang der Flüchtigen zu berichten. Und als Paul an beiden Orten als Sühnegeld einige Jagdmesser und je eine Rolle roten Tuchs anbot, die er vom Handelsposten am La Biche mit nächster Gelegenheit senden wollte, zeigten sich die Sippenhäuptlinge so erfreut, daß sie beinahe für ein paar Sekunden ihre Würde und Haltung vergaßen. Ganz offenbar hatten sie eine solche Großzügigkeit nicht erwartet, und Paul bereute im stillen, sie überhaupt angeboten zu haben. Die maßgebenden Angehörigen der Toten glaubten unbesehen, daß die beiden Unglücklichen nicht von Paul Soldat und Mes Coh Thoutin getötet worden waren, sondern daß sie freiwillig den Tod gesucht hatten. Damit waren Paul und Thoutin aus der unmittelbaren Verantwortung entlassen, außerdem – das wurde Paul erst jetzt klar; er hätte es sich vorher schon sagen müssen – hatten Mayegan und Atak sich selber durch ihre Flucht aus der Sippe ausgeschlossen. Sie waren entschlossen gewesen, an einem neuen Ort in unbekannter Ferne eine neue Sippe zu gründen. Ihre früheren Sippen trugen also keine Verantwortung mehr für den Mann und die Frau, die sich geliebt, sich gegen die Sitte gestellt hatten und daran gescheitert waren.

Paul jedoch fühlte sich nicht erleichtert; er war kein Indianer. Ihm blieb bewußt, daß er und Thoutin die beiden in den Tod getrieben hatten.

Ja, wenn Anna nicht mit Justin verheiratet wäre ... aber solches zu erwägen, kam ihm so fern der Wirklichkeit und so töricht vor, daß er den Satz nicht einmal in Gedanken vollendete. Schlafen ist auf alle Fälle besser als zuviel nachzudenken! Er war wieder eingeschlafen.

Die kurzlebige Pracht des Indianersommers verging in diesen Tagen vollständig. Nach einigen sehr kalten, klaren Nächten und einem plötzlich von Südost aufkommenden, merkwürdig warmen Sturm, der das Paddeln so stark erschwerte, daß Paul und Thoutin es vorzogen, am Ufer einen geschützten Platz zu suchen und den Rest des Tages mit Schlafen, Essen und lässigen Reden, was nun wohl weiter werden sollte, zu verbringen – nach solchem Umsturz des Wetters, der jedoch schnell wieder durch die frostige Luft des Winters aus Nordosten abgelöst wurde, zeigten die Laubbäume in den Wäldern kein einziges Blatt mehr, abgesehen von ein paar vergessenen Büscheln, die sich beim Niedersegeln in einer Astgabel verfangen hatten. Erst Anfang November, November des Jahres 1789, erreichten die beiden Kanufahrer sehr matt und abgeschlagen den Handelsposten an der Mündung des La Biche in den Athabasca. Sie fanden ein völlig verändertes Lager vor. Wo noch vor vierzehn Tagen eine Reihe von scheinbar nutzlosen Blockhütten vor sich hin geträumt hatte, schwärmte jetzt das Südufer des La Biche bis zu seiner Einmündung in den größeren Strom, den Athabasca, hinunter, von vielen franko-kanadischen Voyageurs und auch von Indianern, die hier und da zwischen den Häusern, aber auch abseits in den Wald hinein ihre Zelte aufgeschlagen hatten und sich offensichtlich darauf einrichteten, einige Tage in dem Handelsposten zu verweilen. Am Ufer lagen zwei Dutzend offenbar strapazierter Kanus aufgereiht; sie waren bereits umgestülpt, damit es nicht in sie hineinregnete. Die Lasten, die sie von weit her aus dem Osten herangetragen hatten, waren längst entladen. Was immer die Boote auch in monatelanger Fahrt aus dem fernen Montréal über die Grand Portage am Lac Supérieur herangefrachtet hatten, lag nun in den Regalen des Haupthauses über dem Hochufer des Stroms ausgebreitet und verlockte die Indianer, die den Athabasca abwärts von weither angefahren waren, die Felle und Pelze, die sie anzubieten hatten, gegen die guten, stählernen Jagdmesser, bunten Glasperlen, das rote und blaue Tuch, die Nähnadeln, die Pfrieme und Ahlen, die Beile und Sägen des weißen Mannes einzutauschen.

Der Sommer bescherte den Indianern gewöhnlich keine besonders wertvolle Ausbeute an Pelzen. Von hervorragender Qualität waren nur die Winterfelle. Immerhin, einiges konnte schon getauscht werden. Viel wichtiger aber war, daß sich die Indianer durch die ausgestellten, das Dasein in der Wildnis ungemein erleichternden Waren des weißen Mannes verlokken ließen, dem weißen Händler und großen Häuptling, Justin Leblois und seiner Frau Anna, die Ausbeute des kommenden Winters an Pelzen für das nächste Frühjahr anzutragen und fest zuzusagen. Der weiße Mann zeigte sich dann bereit, die indianischen Trapper für die winterliche Fallenstellerei auszurüsten, lieferte sogar getrocknetes Büffelfleisch aus den weit entfernten Prärien im Süden des Waldlandes, damit die indianischen Trapper nicht gezwungen waren, allzuviel Zeit auf die Jagd eßbarer Tiere zu verwenden, sondern sich allein ihren »trapping lines«, den Fallenstrecken, widmen konnten.

Justin und Anna Leblois hatten sich bei den Cree auf viele hundert Meilen im Umkreis am mittleren und oberen Athabasca mit all seinen kleinen und großen Nebenflüssen längst den Ruf erworben – er war schon von Walther Corssen begründet worden –, den Pelzhandel stets auf ehrliche und wohlwollende Weise zu betreiben. Ihr Wort galt unbesehen ebensoviel wie das eines jeden stolzen Indianers in den unermeßlichen Einöden des fernen Westens mit seinen nach der großen Seuche wenig zahlreichen Waldindianern, den Cree, und den noch viel weniger zahlreichen weißen Männern. Es brauchte keine Abmachung verbrieft und besiegelt zu werden. Ein unter Männern gegebenes Wort, weißen wie indianischen, war unabänderlich.

Immerhin waren Justin und Anna, anders als es noch Walther Corssen getan hatte, dazu übergegangen, die den indianischen Pelzjägern gegebenen Vorschüsse an Proviant und Jagdgerät sorgfältig zu verbuchen, hatte doch der Handel in Pelzen mit der Zeit einen so großen Umfang angenommen, daß der Händler die einzelnen Verabredungen nicht mehr im Kopf behalten konnte. Hinzu kam, daß ja Justin und Anna nicht mehr wie in vergangenen Jahren Walther Corssen auf eigene Faust und für die eigene und leicht überschaubare kleine Gesellschaft, Handel trieben, sondern mit ihrem gesamten Geschäft in dem sehr weit gespannten Betrieb der

North-West Company aufgegangen waren. Mochten sie sich auch unbesehen auf das Wort der Indianer verlassen, so hatten sie doch Jahr für Jahr der großen Gesellschaft in Montréal oder ihren Agenten in Grand Portage auf Heller und Pfennig Rechnung zu legen.

In der Tat, Justin und Anna fanden zunächst kaum Zeit, sich um die tragische Geschichte zu kümmern, die das bei seiner Ankunft kaum beachtete Kanu Paul Soldats und Mes Coh Thoutins als unsichtbare Fracht von Norden her mitgebracht hatte. Der schreckliche, gewaltsame Tod Mayegans und Ataks verlor in dem aufgeregten, lauten Betrieb des Handelspostens jede besondere Bedeutung. Die bunte Schar der an die hundert franko-kanadischen Voyageurs, welche die weite Reise über wilde Ströme und heimtückisch von Stürmen überfallene Seen gerade erst glücklich hinter sich gebracht hatte, nahm den Tod zweier Indianer nicht wichtig. An den Kanuwegen durch die ungebändigten Einsamkeiten des Pays d'en haut standen oder verrotteten ungezählte Kreuze, unter denen allzu kühne, ungeschickte oder verunglückte, ehemals sanges- und ruderlustige Leute vom unteren Sankt Lorenz mit französischen Namen begraben lagen. Der Tod fuhr ständig mit als unsichtbarer Fahrgast in den schwanken, gebrechlichen Kanus, die die Waren des weißen Mannes vom unteren Sankt Lorenz in monatelangen Reisen heranbrachten, um dann die Bündel kostbarer Pelze aus den Wildnissen des Nordwestens nach Osten zurückzuschaffen (wo sie dann den Partnern der Pelzhandelsgesellschaften sehr hohe Gewinne einbrachten).

Paul Soldats Herz krampfte sich zusammen vor Freude – und auch vor noch immer nicht bewältigtem Leid –, als er nach der Ankunft im Lager endlich seine kleine Nagamoun in die Arme schließen konnte. Das Kind hatte ihn mit so leidenschaftlicher Liebe, ja Erregung begrüßt, daß kein Zweifel daran bestehen konnte, wie bitter es den Vater vermißt hatte.

Auch der kleine Nekik, Mes Coh Thoutins Sohn, hatte seinen Vater mit Begeisterung begrüßt. Doch hatte er in der Zwischenzeit seine Mutter nicht entbehrt, verspürte also auch nicht die den Tränen nahe Erleichterung, mit welcher Nagamoun dem Vater um den Hals geflogen war. Losseh Thiegah hatte sicherlich ihr Bestes getan, die beiden Kinder gut zu versorgen, hatte auch ihre Zuneigung gleichmäßig auf sie verteilt.

Anna hatte sich nur wenig um die Kinder kümmern können, denn bald nach Pauls und Mes Coh Thoutins Abfahrt den Athabasca hinunter waren die lang erwarteten Kanubrigaden mit den Tauschwaren aus dem Osten eingetroffen und hatten Zeit und Kraft des Postenchefs und seiner Frau voll in Anspruch genommen.

Paul Soldat und Mes Coh Thoutin mit Losseh Thiegah und den Kindern im Boot mußten auf ihrer hetzenden Verfolgungsjagd die Kanubrigaden mit der Fracht für den Handelsposten irgendwo auf dem oberen Biber-Fluß oder einem der vielen Seen, die zu durchqueren waren, überholt haben, ohne sie zu bemerken, denn sonst hätten die Frachtbrigaden nicht schon so bald nach Paul und Thoutins Abfahrt ohne Voranzeige eintreffen können. Es wunderte sich niemand darüber; der Schwarm von Kanus mochte in einer geschützten Bucht am Südufer eines Sees gerastet haben, während das leichte, schnelle Kanu von Paul und Thoutin mit Losseh Thiegah und den Kindern am Nordufer des gleichen Sees außer Sicht vorbeigeglitten war.

Justin hatte für Losseh Thiegah und die Kinder abseits ein Blockhaus mit zwei Räumen bereitgestellt, in deren einem nun Mes Coh Thoutin mit Frau und Kind, im andern Paul Soldat mit seiner Tochter hausen sollten. Es war, als hätte der Verlust Ataks, der einzigen Person, die in dem kleinen Kreise heimlich unglücklich gewesen war, erst die volle Übereinstimmung unter den fünf Übriggebliebenen hergestellt. Paul Soldat und Mes Coh Thoutin wußten nun, daß sie sich in Zukunft aufeinander verlassen konnten, als wären sie Brüder. Eines Abends, gegen Ende November, als schon ein Streifen aus splittrigem, unzuverlässigem Eis die Ufer des rastlos strömenden Athabasca säumte, als aus grauem stillem Himmel gegen Abend urplötzlich ein wüster Schneesturm aus Nordosten über den Handelsposten hergefallen war, saßen die drei Erwachsenen vor dem groben Kamin ihrer Hütte, der sich in die Wohnstube des Indianers öffnete, aber mit seiner steinernen Rückseite auch noch den Raum Paul Soldats und seiner kleinen Nagamoun erwärmte. Der Wind fuhr zuweilen in den Schornstein und trieb Rauch und Funken in den Raum, saugte aber den augenbeizenden Qualm bald wieder ab. Immerhin aber hatte das Heulen und Orgeln des Sturms, der den Schnee an der Leeseite des Hauses schon bis zum Dach hinauf türmte, sich so laut und wild angelassen, sich mit fortschreitender Dunkelheit offenbar immer noch verstärkend, daß Losseh Thiegah vorgeschlagen hatte, die Kinder lieber in Pauls Raum zur Ruhe zu betten. Mochten die Kinder auf seiner Pritsche schlafen; sie schliefen gern beieinander, die kleine Nagamoun, die schon vier Jahre alt war, und Nekik, um knapp ein Jahr jünger, den die Pflegeschwester gern schon ein wenig kommandierte und bemutterte.

Paul warf an diesem Abend eine Frage auf, die auch den Indianer und seine Frau schon im stillen beschäftigt hatte: »Wir sind noch gar nicht recht zu einer längeren Aussprache mit Justin und Anna Leblois gekommen. Anna hat die Hälfte der Anteile ihres Vaters Walter Corssen geerbt und ist damit vollgültiger Partner der North-West Company geworden. Sie also hat, wenn es darauf ankommt, das letzte Wort hier auf dem Handelsposten. Justin ist es, der die Geschäfte führt, aber Anteilseigner ist er nicht. Ich weiß nicht, ob die Voyageurs das wissen; die Indianer wissen es bestimmt nicht. Für sie ist Justin der Herr des Postens. Wir gehören nicht dazu, weder so noch so. Wenn wir hier den Winter über wohnen und leben wollen – und wo sollten wir sonst hin, jetzt zu Beginn der kalten Zeit und des tiefen Schnees? –, dann müssen wir uns mit Justin einigen. Er kann uns nicht einfach durchschleppen, ohne daß nicht auch wir etwas für ihn oder die Gesellschaft leisten.«

Mes Coh Thoutin erwiderte bedächtig: »Er wird uns nicht wegjagen. Wir werden uns nützlich machen. Außerdem sind wir nicht arm wie die Voyageurs, die ihren Lohn gewöhnlich versaufen, verhuren oder beides und nie zu etwas kommen. Losseh Thiegah trägt den Gürtel mit den Goldstücken, die wir am Winnipeg-See verdient haben, ständig um den Leib, das weißt du, Paul. Es sind nicht meine Goldstücke, es sind unsere Goldstücke.«

Aber Paul wehrte ab: »Die schönen blanken Sovereigns, die wollen wir lieber vergessen, Thoutin. Sie sind bei Losseh Thiegah besser aufgehoben als irgendwo sonst auf der Welt. Nein, ich glaube, im Lager wird es jetzt ruhiger werden. Die Voyageurs, die hier im Lager bleiben, haben sich jetzt mehr oder weniger etabliert. Viele von ihnen sind schon auf die Außenposten versetzt, weitere werden folgen, und die allermeisten Indianer werden ebenfalls, wenn erst der Frost die

Gewässer bezwungen hat, in ihre Fanggebiete abrücken. Sobald dieser Sturm vorüber ist, wird tiefe Kälte einfallen, das ist immer so. Die Seen sind dann in zwei, drei Tagen festgefroren, und wenn auch die Flüsse dort, wo die Strömung am stärksten läuft, noch nicht geschlossen sind, so wird doch bald das Eis am Ufer stark genug sein, einen Hundeschlitten zu tragen, mit anderen Worten, in ein, zwei Wochen ist das Lager wieder leer. Dann werden Justin und Anna endlich auch für uns Zeit haben.«

Mes Coh Toutin saß neben dem Kamin an der Hauswand, halb im Dunkeln. Er brauchte nicht viel Wärme. Er schabte mit einem Flintstein an einem so gut wie fertigen Kanupaddel, um es so glatt und griffig zu machen, als wäre es mit Samt bespannt. Der Indianer ließ die langatmige und eigentlich überflüssige Erklärung des Gefährten mit der nur wenig helleren Haut eine Weile im niederen Hüttenraum verhallen. Der Sturm wurde hörbar, der um das Haus fuhr, der ungeheure Wind aus Nordosten, der mit seinem feinkörnigen Schnee die ganze Welt über Nacht verwandeln würde. Von nun an für mindestens fünf Monate würde Weiß zu der Farbe werden, die alle Einöden des Nordwestens beherrschte. Ein reines, klares Weiß, das bei Sonne mit seiner Grelle den Augen gefährlich wurde, bei bedecktem Himmel aber alle Formen und Konturen, alle Entfernungen und Grenzen verwischte und viele Landmarken unkenntlich machte.

Die drei Menschen im Raum lauschten ein Weilchen auf den bald dumpfen, bald schrillen Gesang des Sturms um die Hütte; sie fürchteten sich nicht; war es doch der Gesang der großen Einöden des Pays d'en haut, in die sie hineingeboren waren oder die sie sich zur Heimat erkoren hatten.

Mes Coh Thoutin ließ den scharfen Schabestein ein Weilchen ruhen. Er richtete sich auf. »Sicherlich werden wir in den nächsten Tagen mit Justin sprechen, Paul, und ganz gewiß können wir fünf Menschen dem Lager nicht zur Last fallen, wenn wir uns nicht nützlich machen. Ich hörte aber von zwei Voyageurs, die im Boot des Brigadeführers gerudert haben, noch etwas anderes. Und ich glaube, daß Justin einen entsprechenden Auftrag bekommen hat. Die North-West Company will den Pelzhandel bis ans Gebirge ausdehnen, also noch weiter nach Westen. Irgendwo an der Küste, viel weiter im Süden, ich meine, an der Küste zum Weltmeer, hat ein Seefahrer eine riesige Strommündung gefunden. Der Strom muß von irgendwoher aus dem Landesinneren kommen, vielleicht aus unserer Gegend. Vielleicht entspringt er im Gebirge westlich von uns. Die Leute in Montréal, Paul, haben längst davon gehört. Wer hier im Innern den Strom findet, der hat damit einen Weg zum Weltmeer im Westen gefunden. Nach allem glaube ich, daß Justin die Anweisung bekommen hat, wenn möglich, den Posten weiter nach Westen zu verlegen.«

Auch Paul hatte sich aufgerichtet und blickte ins Halbdunkel zu dem Indianer hinüber, der – so wollte es ihm scheinen – gar nicht begriff, welch ungeheuren Ausblick er vor dem Gefährten und Losseh Thiegah, die an einem ledernen Jagdhemd ihres Mannes flickte, aufgerissen hatte. Die Indianerin allerdings hob die Augen nicht von ihrer Arbeit. Was kümmerte sie das Weltmeer im fernen Westen, jenseits der Gebirge, von denen sie gehört hatte. Sie hatte hier und jetzt in diesem Lager vor diesem Kamin ihre Arbeit zu verrichten, hatte für Mann und Kinder zu sorgen; das Weltmeer ging sie nichts an.

Auch Mes Coh Thoutin schien der Nachricht, die er soeben von sich gegeben hatte, keine besondere Bedeutung beizumessen. Sie schien ihn nicht stärker zu bewegen als etwa die Feststellung, daß nach diesem Schneesturm der Winter nicht mehr aufzuhalten war. Anderes aber hatte sich in Pauls Gehirn vollzogen. Er war hellwach geworden. Wie von einem Blitz wurde ihm die Bühne der Zeit erhellt, in die er geworfen war, ohne daß er etwas hatte dazu tun können. Nach einer Minute des Schweigens spann er den von Mes Coh Thoutin gesponnenen Faden fort:

»Mir hat man erzählt, daß sich weiter im Süden in diesem Jahr die rebellischen Kolonien Großbritanniens, die sich von der Herrschaft des englischen Königs freigekämpft haben, eine eigene neue Ordnung, eine Verfassung, wie es genannt wird, geben werden oder schon gegeben haben, eine republikanische, wie man hört, ohne König und Adel und all dem anderen Zinnober, dem unser alter Meister, Walther Corssen, entronnen war und dem auch ich entkommen bin. Im Kanada der Franko-Kanadier, die nun schon seit zwanzig Jahren unter britischer Herrschaft stehen, und auch am Atlantik in Neu-Schottland und Neufundland haben die Gedanken der neuen Vereinigten Staaten weiter im Süden nicht gezündet. Die bleiben bei England. Nun, hier im Pays d'en haut sind wir ebenso weit weg von den Briten wie von den Amerikanern, vom König ebenso wie von der Republik. Wir sind im Indianerland, und das alles kann uns gestohlen bleiben. Man weiß auch nicht, ob hier im Westen irgendwo eine Grenze gezogen werden wird zwischen den Königstreuen, die weiter Kolonie bleiben wollen, und den neuen Rebellenstaaten weiter im Süden. Du merkst es vielleicht nicht, Mes Coh Thoutin, und Losseh Thiegah will es gar nicht wissen, aber es ist schon so: die Welt steht kopf, und was daraus noch werden wird, das weiß kein Mensch.«

Das war so wahr, wie es nur sein konnte; kein Mensch konnte voraussahnen, was aus all den Umstürzen werden würde, ganz bestimmt nicht der Indianer und seine Frau. Aber es ergab sich, daß wenige Abende später Paul Soldat mit Justin und Anna Leblois in deren geräumigem Haus, dem Haupthaus des Handelspostens, zusammensaß und die Zukunft erörterte. Anna hatte ihre beiden Söhne, den dreizehnjährigen Armand und den achtjährigen Walther, schon zu Bett geschickt. Es war nicht zu erwarten, daß in dieser sehr kalten und stillen Nacht noch irgendwer das Haupthaus besuchen würde. Die drei Menschen, die um das lodernde Feuer des Kamins versammelt waren, konnten also damit rechnen, nicht mehr gestört zu werden. Justin setzte die schon seit einer halben Stunde sachte rinnende Unterhaltung fort:

»Ja, ich wollte es sowieso in diesen Tagen mit dir besprechen, Paul, nachdem ich die Männer hier im Lager und draußen auf den Außenposten endlich alle eingewiesen habe. Von fremden Indianern ist niemand mehr beim Posten. Sie sind alle zu ihren Fallenstrecken abgezogen. Bis jetzt habe ich noch gar nicht Zeit gehabt, mich mit den Anweisungen und Nachrichten zu befassen, die der Brigadeführer mir aus Grand Portage am Oberen See und aus Montréal am unteren Sankt Lorenz mitgebracht hat. Was die sich da denken in Montréal! Unser Handelsposten ist der einzige am ganzen Athabasca bis hinunter zu der Einmündung des Clearwater in den Strom, und von hierab stromauf gibt's überhaupt nichts, was an Bedeutung mit unserem Posten zu vergleichen wäre. Ich halte es für ausgeschlossen, daß sich am Oberlauf des Athabasca schon andere weiße Händler niedergelassen haben. Davon hätten wir bestimmt etwas gehört. Die Indianer vom oberen Athabasca wissen nur, daß sie am ehesten hier bei uns an der Mündung des La Biche europäische Waren gegen ihre Pelze eintauschen können. Ich soll weiter nach Westen vorrücken. Als ob das so einfach wäre! Es stimmt zwar, der Posten hier ist eigentlich zu groß geworden. Nach der Pockenseuche waren wir die einzigen, die in diesen weiten Gebieten übriggeblieben sind und die auch nicht daran dachten, trotz anfänglicher Schwierigkeiten die einmal etablierten Beziehungen aufzugeben.

Und dann noch etwas ganz anderes, Paul. Das Gerücht stammt mit Sicherheit von den Kanus, die unter Mayegans Führung die Route über den Clearwater und dann den Athabasca aufwärts genommen haben, diese verdammt schwierige Route mit den vielen gefährlichen Schnellen oberhalb der Einmündung des Clearwater in den Athabasca. Mayegan ist zwar tot, aber seine Leute haben natürlich herumerzählt, was sie unterwegs gehört haben. Aus dem großen Athabasca-See fließt ein Strom nach Nordwesten. Das ist bestimmt der Strom, Paul, den Mackenzie im kommenden Jahr befahren will und wofür er dich anwerben wollte. Aber gleich hinter dem Ausfluß dieses Stroms aus dem Athabasca-See mündet in diesen Ausfluß von Westen her ein anderer, sehr gewaltiger Strom, den die Indianer Friedens-Fluß* nennen. An diesem Fluß haben nämlich die Beaver-Indianer mit den Cree vor einigen Jahren endgültig Frieden geschlossen, als die Cree durch die große Seuche so geschwächt waren, daß sie den Gedanken aufgeben mußten, die anderen Stämme noch weiter nach Norden hinaufzudrücken. Dieser Friedens-Fluß kommt aus den Gebirgen im Westen, die keiner von uns bisher gesehen, von denen wir aber alle gehört haben. Alexander Mackenzie hat dir verraten, Paul, daß er im nächsten Jahr den großen Strom nach Norden hinaufziehen will. Wenn ich an seiner Stelle wäre, ich würde lieber den Friedens-Fluß nach Westen nehmen. Westwärts, so hat es mir Walther Corssen, der Unvergessene, immer gesagt, sind wir besser vorangekommen als nordwestwärts oder nordwärts. Ich weiß jetzt auch von den Clans am Wabasca, daß es vom Athabasca den Pelikan aufwärts hinüber zum Wabasca und dann den Wabasca abwärts einen gar nicht besonders schwierigen Zugang zum mittleren

---

* Heute Peace River, das heißt »Friedens-Fluß«, was nichts weiter darstellt als die Übersetzung des ursprünglichen indianischen Namens.

Peace geben muß, auf dem sich von hier aus der weite Umweg über den Athabasca-See und dann den ganzen Peace aufwärts vermeiden ließe.

Paul, mit dir kann ich dies erörtern. Wir beide gehören zu der alten Gefolgschaft von Walther Corssen und sind von ihm geimpft worden mit dem Wunsch: weiter, weiter nach Westen! Aber andere sind auch nicht auf den Kopf gefallen. Wenn Alexander Mackenzie mit dem Plan, für den er dich und Mes Coh Thoutin anwerben wollte, keinen Erfolg hat, dann wird er bestimmt im übernächsten Jahr oder später den Peace-Fluß hinaufgondeln. Zwar gehören wir alle der North-West Company an, und Anna ist ja sogar einer der Anteilseigner; aber Alexander Mackenzie hat verlauten lassen, daß er sich lieber selbständig machen und eine andere Gesellschaft gründen will, wenn er bei der North-West Company nicht genug verdient. Das alles sind schwierige Verhältnisse. Und ob wir in Zukunft ebenso gute oder bessere Geschäfte machen werden als jetzt, das steht auf des Messers Schneide. Die Wege nach Montréal werden immer länger, je weiter nach Westen wir vorrücken; schon jetzt fressen die Kosten der Transporte über den ganzen Kontinent hinweg den größten Teil der Gewinne auf. Obendrein hört man, daß an der Küste des Stillen Ozeans sich unabhängig von Montréal ein neues Pelzgeschäft entwickelt. Dort werden die Pelze nicht nach Europa, sondern nach China geschafft, wo sie günstigere Preise erzielen. Das wissen natürlich Leute wie Mackenzie auch. Ich kann mir denken, daß man unter allen Umständen nach Westen durchstoßen will zum Pazifischen Ozean. Dort könnte man dann in die billigen Hochseeschiffe verladen. Mit nur einem Bruchteil der bisherigen Kosten wären von der pazifischen Küste die Pelze sowohl auf den chinesischen wie auf den europäischen Markt zu befördern.

Wir haben jetzt endlich Zeit, Paul, dies alles zu bedenken. Natürlich können wir noch lange hier so weitermachen wie bisher, aber irgendwann werden wir dann überflügelt. Nach Süden zu gehen, habe ich keine große Lust. Dort kommt man in die Prärien. Da sitzen schon hier und da Einzelhändler aus Montréal, am Nord- und am Süd-Saskatchewan-Fluß vor allem. Aber da ist nicht viel zu holen, denn die besten Pelztiere sind in den Wäldern zu Hause, und die Pelze sind um so besser, je weiter im Norden sie gewonnen werden, das heißt, je kälter die Winter sind, vor denen die pelztragenden Tiere sich schützen müssen. Paul, wir sollten das alles nicht übereilen, aber es auch nicht auf die lange Bank schieben, sonst werden wir eines Tages überholt und haben das großartige Erbe von Walther Corssen verspielt.«

Anna hatte in einem großen Lehnstuhl vor dem Kaminfeuer gesessen, hatte ihren dunklen schmalen Kopf über eine Handarbeit gebeugt – sie nähte ein Kinderhemdchen aus rotem Flanell –, hatte dem Gespräch der Männer zugehört, sich aber mit keinem Wort beteiligt. Jetzt warf sie leise ein: »Mein Vater lebt nicht mehr. Es ist niemand da, der uns sagt, was wir tun sollen.«

Sie hatte ausgesprochen, was die beiden Männer wohl ebenso empfanden; sie durften es aber nicht zugeben.

Als müßte er erst nach Worten suchen, so zögernd entgegnete Paul: »Ja, Walther Corssen ist tot. Mes Coh Thoutin und ich, wir sind am längsten mit ihm zusammen gewesen; bis zum letzten Tag. Er war müde geworden. Er sagte immer: Die Indianer gehen am Pelzhandel zugrunde. Sie können nicht mehr in der Wildnis bestehen, sind vielmehr von unseren Waren abhängig geworden, und wenn wir ihnen Brandy für Pelze tauschen, dann betrügen wir sie. Der Brandy nimmt ihnen den Verstand. Wenn sie den Katzenjammer hinter sich haben, dann sehen sie ein, daß sie die Arbeit des Winters in wenigen Tagen sinnlos verspielt haben. Aber abgesehen von den Indianern: Wir sitzen hier ganz auf uns selbst gestellt im Pays d'en haut. Uns kommt zwar kein Büttel oder sonst jemand in Uniform in die Quere, aber niemand hilft uns, wenn uns die Einöden bedrängen oder gar verschlingen. Das gilt für uns genauso wie für die Voyageurs. Das große Geld machen andere Leute. Die sitzen in Montréal oder in London, tragen feine Kleider und leben von dem, was wir unter steter Gefahr für Leib und Leben zusammenbringen. Wenn Walther Corssen mir das alles auseinandersetzte, dann habe ich ihm immer zur Antwort gegeben: Das ist so, wie es ist, Walther. Wir können nichts dagegen tun. Wir stecken mit in dem Getriebe, und wenn wir uns nicht selber sagen sollen, daß wir dumm sind, dann müssen wir mitmachen und soviel wie möglich für uns auf die Seite bringen. Und dafür, Justin, bin ich auch jetzt. Ich mache dir einen Vorschlag: Wir warten noch ungefähr einen Monat, bis über Weihnachten vielleicht; so lange, bis das Jahr

1790 angebrochen ist. Dann kommt die Zeit der tiefen Kälte, in der aber keine Schneestürme mehr zu befürchten sind. Die Luft ist dann ganz still und trocken. Und man kann, solange das Quecksilberkügelchen in der Außentasche nicht erstarrt, unbedenklich reisen, braucht nicht einmal Handschuhe zu tragen, weil nicht der geringste Wind geht. Ich glaube, daß Mes Coh Thoutin mitmachen würde. Wir könnten mit guten Schlittenhunden und genügend Proviant leicht bis zum Peace durchstoßen, den Wabasca abwärts, das Land erkunden und vor allem, ob die Indianer freundlich sind. Aber bis zum Peace River wohnen bestimmt noch Cree. Wir suchen dann am Peace einen guten Platz für einen neuen Posten, bringen so viel Nachrichten über den Oberlauf des Flusses zusammen, wie wir nur irgend einsammeln können. Ich meine, daß wir noch gut vor dem Ende des Winters, vor dem Anfang der gefährlichen Übergangszeit, zurück sein könnten. Wenn du dann im nächsten Jahr den Posten verlegen willst oder mußt, Justin, dann könntest du es gleich mit dem Peace versuchen und brauchtest nicht den Athabasca aufwärts zu gehen. Der brächte dich ohnehin zu weit nach Osten, wo wir nichts zu suchen haben.«

Justin überlegte lange nach diesem Vorschlag. Keiner sagte ein Wort. Pauls Augen wurden wie magisch von dem Bilde angezogen, das Anna vor dem Feuer bot, von ihrem gesenkten, dunklen Haupt über der Handarbeit mit dem schweren Knoten des Haars im Nacken, den zwar verarbeiteten, aber wohlgestalteten Händen bei ihrer Arbeit. Manchmal, wenn sie einen neuen Nähfaden in das Öhr der Stahlnadel bringen mußte, kam eine hellrote Zungenspitze zwischen ihren Lippen zum Vorschein, fuhr einmal ein wenig nach rechts, ein wenig nach links, die dunklen Brauen zogen sich zusammen, die Augen verengten sich, abermals spielte die Zungenspitze, und sieh da, der Faden hatte das Öhr getroffen, wurde hindurchgezogen und bald in das Hemdchen aus rotem Flanell vernäht. Anna, ach Anna, Walther Corssens Tochter! Man konnte sie anschauen aus der Ferne, wenn es niemand beachtete. Aus dem Knoten in ihrem gebeugten Nacken hatte sich eine feine Strähne hervorgestohlen und lag wie ein zierlich geschwungenes Fragezeichen auf der hellen Haut. Paul wandte seine Augen ab – mit einiger Anstrengung. Was hatte er dorthin zu blicken? Anna war Justins Frau.

Wieder meldete sich Anna zu Wort: »Justin, Paul, hört mir einmal in Ruhe zu. Ihr wälzt schon wieder Pläne, als triebe euch wer. Zum Nord-Saskatchewan hinunter, den Athabasca aufwärts, den Athabasca abwärts, den Peace aufwärts und Alexander Mackenzie den Slave abwärts! Als ob der Teufel hinter euch her ist! Dabei steht die Rechnung zu Beginn dieses Winters schlimm genug: Mein Vater ist tot, seit vielen Monaten schon; aber ich hab's erst vor Wochen erfahren. Atak ist tot und Mayegan. Du, Paul, mit deinem unverwüstlichen Mes Coh Thoutin, ihr seid in den Großen Schnellen des Athabasca sicherlich auch nur um ein Haar dem Tode entgangen. Der Weg nach Westen wird weitere Todesopfer fordern. Ich weiß, ich rede eigentlich gegen meinen eigenen Vorteil, denn ich bin Partner in der Gesellschaft, und die Voyageurs, die sich auf den Portagen und Strömen schinden, verdienen auch für mich Geld, für Justin und unsere beiden kleinen Söhne. Mein Leben lang bin ich den Männern gefolgt, erst dem Vater und dann dir, Justin, ins fernste Pays d'en haut, wo man weiße Frauen noch nie gesehen hatte. Ich bereue es nicht. Nein, wir haben ein großartiges Leben geführt und führen es noch, frei und unabhängig, unter den wenigen Indianern sicher wie in Abrahams Schoß. Dahinten, ein paar tausend Meilen weiter im Osten, führen sie Kriege, schlagen sich tot für den Ruhm oder die Begierden der Könige, gründen Republiken, machen Geld und graben sich gegenseitig das Wasser ab. Uns hier geht das alles nichts an. Warum können wir nicht einfach in Frieden weitermachen wie bisher, warum können wir nicht bleiben, wo wir sind? Ich weiß genau, was den Männern vorschwebt, den Teilhabern hier und den Agenten und Geldgebern in Montréal. Die Kanureisen über den ganzen Kontinent hinweg werden ihnen zu lang. Wenn man den Pelzhandel hier von der pazifischen Küste aus bedienen könnte, dann wären die Wege viel kürzer. Aber soviel wir auch bei den Indianern, die von Westen kommen, herumfragen, immer hört man nur eine Antwort: Über die Gebirge im Westen kommt keiner hinweg, die sind riesenhoch; und die Ströme, die von da in das andere Meer fließen, die sind so wild und gefährlich, daß sie mit Kanus nicht befahren werden können. Warum beschränken wir uns also nicht und bleiben hier, wo wir sind. Gewiß, auch hier werden die Biber und die anderen Pelztiere knapp werden, wenn wir weiter wie bisher so viele Tauschwaren heranschaffen, daß wir im Frühjahr zwei, drei Dutzend Kanus voll von Pelzbündeln nach Osten schicken können. Sollen wir abermals mit den Kindern ins Ungewisse ziehen? Justin und Paul, sagt doch selbst, wir könnten hier noch jahrelang gute Geschäfte machen, könnten abwarten, bis die Kinder groß sind und wenigstens etwas schreiben und rechnen von uns gelernt haben; ohne das kommen sie in Zukunft nicht aus und bleiben sie ewig Voyageurs; schinden sich in den Kanus und auf den Portagen zu Tode, wenn nicht irgendein Felsbrocken oder eine Stromschnelle ihnen vorzeitig das Genick bricht. Ich habe dies alles schon lange bedacht. Heute abend haben wir zum erstenmal ein wenig Ruhe und sind endlich einmal allein, und wir können uns fragen, wo wir eigentlich stehen.«

Justin hatte einen Becher heißen Wassers, zu einem Drittel mit Rum vermischt, vor sich stehen und drehte ihn jetzt auf der groben, hölzernen Tischplatte im Kreise umher, blickte auf ihn hinunter, als könnte er ihm eine Antwort entlocken; in seinem Innern tönte fortwährend der eine Satz: Sie hat ja eigentlich recht, die Anna! Wer und was hetzt uns eigentlich ständig weiter, ohne daß wir es in Wahrheit wollen?

Paul Soldat allerdings, der seinen Schemel an die Hüttenwand gerückt hatte, damit er sich anlehnen konnte – und auch, was er allerdings nicht zugegeben hätte, um aus dem Halbdunkel neben dem Kamin ungestört Anna betrachten zu können, die im vollen Lichte des Feuers saß und an dem roten Kinderhemdchen nähte –, Paul Soldat hatte gar nicht richtig zugehört, hatte sich statt dessen plötzlich gesagt: Atak sah ihr ein bißchen ähnlich, der Anna, ja, sicherlich, das muß es gewesen sein, damals, als ich Atak zum erstenmal sah. Nun ist sie tot. Wie Anna die Augenbrauen ein wenig zusammenzieht, wenn sie über ernsthafte Dinge spricht. Sie wendet die Augen nicht von der Arbeit, blickt uns nicht an, als redete sie gar nicht zu uns, sondern zu sich selber. Weiß Gott, es wird das beste sein, ich mache mich bald mit Mes Coh Thoutin auf den Weg, gehe von hier fort, weit fort. Der Schnee, die Hunde, die Kälte, der Kampf um ein Feuer jeden Abend und die Angst vor dem nächsten Schneesturm bringen mich dann wieder auf andere Gedanken. Hier habe ich nichts zu suchen, denn ich habe hier nichts verloren.

Justin entschloß sich endlich zu einer Antwort, er mußte sich dazu zwingen: »Gewiß, Anna, du denkst an die Kinder.

Aber wir wollen hier ja keine Städte bauen und keine Dörfer, um unsere Kinder und Enkel darin großzuziehen, sondern wir wollen Handel treiben; und wenn der Handel nachzulassen droht, dann müssen wir uns neue Gebiete suchen, die noch nicht von den Indianern leer gejagt sind.«

Aber Anna hatte auszusprechen begonnen, was ihr wahrscheinlich schon lange die Seele bedrückte, und ließ sich nicht aufhalten. Sie fuhr fort: »Ich habe Kinder und du, Paul, hast deine kleine, hübsche Nagamoun. Sollten wir nicht endlich einmal zur Ruhe kommen? Wir haben genug erreicht. Ich wäre sogar bereit, nach Osten zurückzugehen in die Gebiete, die schon besiedelt sind, am unteren Sankt Lorenz oder in Acadien*. Wir sind nicht mehr arm, wir würden uns unter unseren eigenen Leuten schon eine vernünftige Existenz aufbauen können. Hier bin ich allein mit den Kindern. Ich bin froh, daß Paul jetzt zu uns gestoßen ist. So sind wenigstens zwei weiße Männer auf der Station, die mir nahestehen. Denn auf die Voyageurs ist nicht viel Verlaß. Soweit sie sich nicht mit Indianerinnen eingelassen haben, würden sie sich wahrscheinlich um meinetwillen totschlagen, wenn sie nicht mehr vor dem Maître Justin und dem Maître Paul Respekt haben müßten.«

Was drängte da in der Winternacht, die das Blockhaus über dem La Biche eisig und totenstill umschloß, durchglitzert von abertausend kalten Sternen, aus dem Herzen einer Frau ins unsichere Licht des Kaminfeuers in der nächtlichen Hütte, als dürfte es nicht länger ungesagt bleiben?

Paul Soldat konnte den Blick nicht von dem gesenkten Frauenkopf mit dem einfach gescheitelten, nach hinten gestrichenen Haar, das sich im Nacken zu einem schweren Knoten schürzte, abwenden. In seinem Hirn ging der Gedanke um: Nur Frauen sagen die Wahrheit, nur Frauen wissen die Wahrheit. – Und er fügte hinzu: Auch Atak hat die Wahrheit gewußt; ich bin es gewesen, der sie zu einem lügnerischen Dasein gezwungen hat.

Justin allerdings schien die Vorstellungen und Bedenken seiner Frau unerträglich zu finden. Er erhob sich plötzlich, trank im Stehen seinen Becher leer, tat die wenigen Schritte

---

* Acadien: Alte Bezeichnung für etwa die heutige kanadische Provinz Neu-Schottland.

zum Kamin hinüber und legte neues Feuerholz in die Flammen, wandte sich an Paul:

»Für Anna war das alles ein bißchen viel: der Tod des Vaters und dann deine böse Geschichte mit Atak und Mayegan. Wir müssen ein andermal darüber weiterreden und besonders über das, was Anna sich vorstellt. Paul, etwas wollte ich dir noch sagen. Wenn wir uns wirklich über weitere West-Pläne einig werden sollten, dann brauchst du dir um deine Tochter keine Sorgen zu machen. Ganz bestimmt würde Anna sie gerne zu sich nehmen, und meinen beiden Männlein würde es gut bekommen zu lernen, mit einer Schwester umzugehen.«

Paul jedoch gab zu bedenken: »Bis jetzt hat Losseh Thiegah Nagamoun gut versorgt, soweit sie das kann. Sie und auch Mes Coh Thoutin wären vielleicht gekränkt, wenn ich, falls ich wieder auf Fahrt gehe, ihr Nagamoun wegnähme und zu Anna gäbe.« – Aber Anna widersprach mit einer Bestimmtheit, die sie in den Augen der beiden Männer sehr liebenswert machte: »Falls Paul und Mes Coh Thoutin den Winter über die große Schlittenreise zum Peace unternehmen, sollte Losseh Thiegah mit den beiden Kindern zu uns ins Haus ziehen. Die Indianerin ist sauber und verständig, und ich kann eine gute Hilfe im Hause gebrauchen. Die Kinder würden sicherlich ein vergnügtes Völkchen bilden, und ich könnte ein Auge auf sie alle haben.«

Nun gut, Justin und Anna hielten offenbar das Zusammensein für beendet. Paul war einer zuviel in der kleinen Runde. Er verabschiedete sich und trat in die Nacht hinaus.

Es war sehr hell, obgleich kein Mond schien. Der Schnee vervielfältigte das zitternde Licht der Sterne im hohen Himmel. Die Kälte beherrschte die lautlose Nacht so bitter, daß sie in Pauls Gesicht und Hände zu beißen schien. Der Schnee knirschte leise unter seinen Mokassins. Paul erreichte die Tür seiner Hütte. Er löste den hölzernen Riegel aus der Krampe und hob zugleich, während er öffnete, die Tür ein wenig an, damit sie nicht wie sonst kreischend knarrte. Er wollte Nagamoun nicht wecken. Im Zimmer war es warm. Paul tastete sich im Dunkeln zu Nagamouns Bettstatt hinüber und beugte sich über ihr Lager; der Atem der Kleinen ging ruhig, sie schlief fest. Das Kind hatte die Decke abgestreift. Aber Paul breitete sie ihr vorsichtig wieder über die Schultern. Es würde bald kalt werden im Raum. Paul entkleidete sich leise, legte sich nieder, zog sich die Decke aus Wolfspelz fest um den Leib und hätte gern noch für eine Weile dem Gespräch des vorausgegangenen Abends hinterhergegrübelt. Aber das entsprach seiner Gewohnheit nicht. Er schlief bald ein. Kurz davor wanderte ihm noch der Gedanke durch den Sinn: Sie wird natürlich recht behalten.

Anna behielt recht. Die beiden Männer brachten es nicht über sich, ihr zuwiderzuhandeln. Anna war schön und klug und hatte nichts weiter im Sinn als das Wohlergehen der Menschen, die ihr anvertraut waren – oder von denen sie annahm, daß sie es waren. Also fand sie Gehorsam.

Paul und Mes Coh Thoutin verließen in diesem Winter 1789/90 den Posten am untersten La Biche nicht. Sie übernahmen es, das Lager, soweit wie möglich, mit Wildfleisch zu versorgen, um möglichst viel des angehäuften Proviants an getrocknetem Büffelfleisch, dem Pemmican, einzusparen. Es war nicht ganz einfach, die Hirsche und Elche in den tief verschneiten Wäldern aufzuspüren, erst recht nicht, die Bären aus ihren Winterquartieren hervorzulocken; aber Mes Coh Thoutins Sinne übertrafen die eines jeden Spürhunds an Schärfe. Die beiden Jäger kehrten fast nie mit leeren Händen ins Lager zurück und machten sich, indem sie frisches Fleisch in die Kochtöpfe lieferten, bei den im Lager zurückgebliebenen wenigen Voyageurs, aber auch bei dem Maître samt Frau und Kindern beliebt.

Gegen Ende des Winters wurde Paul Soldat aus seinem scheinbar wiedergewonnenen Gleichmut durch ein Erlebnis aufgestört, das ihm über seinen wahren Zustand keinen Zweifel mehr ließ. Er hatte sich an einem Sonnabend nach der Rückkehr ins Lager am frühen Nachmittag sofort ins Haupthaus zu Justin begeben, um dem Maître zu sagen, daß er mit Mes Coh Thoutin einen Bären in seiner Höhle am Südufer des La Biche, einige Meilen weiter stromauf, entdeckt, aufgestört und mit zwei guten Schüssen getötet hatte.

Die beiden Männer hatten die vergangene Nacht im Freien zugebracht. Die tiefe Kälte des hohen Winters war bereits aus der Luft gewichen. Ein wenig Milde im stößig aus Westen wehenden leichten Wind machte sich bemerkbar. Die Gefahr, daß ungeschützte Stellen der Gesichtshaut oder der Hände vom Frost befallen wurden, diese im hohen Winter stets heimtückisch lauernde Gefahr, bestand nicht mehr. Die Tage dehnten sich schon ein wenig länger als die Nächte, und wenn die Sonne gelegentlich zwischen den wandernden Wolken zum Vorschein kam, so wärmte sie spürbar.

Paul und Mes Coh Thoutin waren Männer, denen die Wildnis des Pays d'en haut nicht mehr viel anzuhaben vermochte. Sie hatten sich im Überwind unter dem Wurzelballen einer gestürzten Fichte ein gut mit Fichtenzweigen ausgepolstertes Lager geschaffen und es von innen her dicht verbarrikadiert; dann hatten sie, sich gegenseitig den Rücken wärmend, in ihren Pelzröcken einigermaßen warm und ungestört geschlafen. Früh schon waren sie am Werk gewesen, den Bären aus seiner Höhle auszugraben, ein schweres und schweißtreibendes Geschäft, gefährlich dazu, da man nicht wissen konnte, wann der Bär erwachen und wie erbost er sich über die Störung zeigen würde. Aber es war am späteren Vormittag alles nach Wunsch gegangen, das heißt, für die Männer, nicht für den Bären. Der Bär war tot. Das riesige, beinahe schwarze Tier hatte sich, trotz der fortgeschrittenen Jahreszeit, immer noch recht feist angefühlt, war schwer wie Blei und auch von beiden Männern kaum zu bewegen. Zudem steckte ihnen die Anstrengung und Spannung der vergangenen vierundzwanzig Stunden in den Knochen.

Paul Soldat hatte also dem Maître Justin vorschlagen wollen, einen reichlich bespannten Hundeschlitten mit einigen Voyageurs hinauszuschicken – die Spur im Schnee war nicht zu verfehlen und würde Hunde und Männer mit Sicherheit dorthin leiten, wo die Beute darauf wartete, ins Lager eingeholt zu werden. Zuvor aber wollten Paul und Mes Coh Thoutin einen Blick in ihre eigene Hütte werfen, um ihre Waffen abzustellen, sich einen leichteren Rock anzuziehen, vor allem auch, um zu sehen, wie die Kinder mit Losseh Thiegah die Tage ihrer Abwesenheit überstanden hatten; denn Paul und seine kleine Tochter waren sich nach dem Verlust der Mutter und nach dem langen Winter, in welchem sie allein aufeinander angewiesen gewesen waren, zärtlicher zugetan denn je. Auch der Indianer hatte es genossen, wenn er dies auch niemals zugeben durfte, daß er im vergangenen Winter viele Stunden und Tage ungestört mit Frau und Kind hatte verbringen können. Wenn die kleine Nagamoun den Vater stürmisch und jauchzend begrüßte, so spürte er, daß er der verlorenen Atak nicht wirklich gram sein konnte; sie hatte ihm Nagamoun hinterlassen.

Paul und Mes Coh Thoutin fanden zu ihrem Erstaunen in der Hütte nicht nur die eigenen Kinder, sondern auch noch Justins und Annas Sprößlinge vor. Losseh Thiegah wußte sogleich zu berichten, daß Justin schon am Tage zuvor mit einigen Voyageurs das Lager verlassen hatte, um einen bösen Streit zwischen zwei Außenposten zu schlichten. Die beiden dort handeltreibenden Voyageurs waren sich in die Haare geraten, wer einen kostbaren Weißfuchs für sich verbuchen durfte, den ein listiger Cree aus der Gegend des »Kleinen Räucherigen Flusses« ihnen angeboten hatte, und zwar erst dem einen, dann dem andern, in der Hoffnung, daß sie einander überbieten würden. Die Indianer hatten längst begriffen, daß aus den Weißen mehr herauszuholen war, wenn bei einmaligen, besonders kostbaren Pelzen mehrere Angebote eingeholt wurden. Besonders der eine der beiden auf solche Weise genasführten Voyageurs, ein gewisser Gilles Pénard, war als gewalttätig bekannt und hatte bereits gedroht, den dreißig Meilen weiter westwärts lebenden Kollegen umzubringen, wenn er den Weißfuchs, der ihm zuerst angeboten worden wäre, für sich verbuchte und vereinnahmte. Es war ihm durchaus zuzutrauen, daß er seine Drohung wahrmachen würde. Auch dürften die Indianer sich keineswegs daran gewöhnen, die Rivalitäten unter den weißen Männern zu ihren Gunsten auszunutzen. Justin hatte sich also sofort aufgemacht, um den kostbaren Pelz für die Kompanie zu sichern, einen angemessenen Preis dafür zu bezahlen, die auf solchen Ankauf für den Erstankäufer entfallene Provision zwischen den beiden Voyageurs je zur Hälfte zu verbuchen, den beiden Streithähnen ins Gewissen zu reden und dem Indianer klarzumachen, daß er sich in Zukunft gefälligst nur an einen der Außenposten des La Biche zu wenden hätte, wenn er nicht vorzöge, seine Kostbarkeiten, wenn ihm das Jagdglück solche gewährt hätte, gleich eine oder zwei Tagereisen weiter dem Haupthandelsposten an der Mündung des La Biche in den Athabasca anzubieten.

Anna Leblois aber, berichtete Losseh Thiegah den Männern weiter, habe die Abwesenheit ihres Mannes dazu benutzen wollen, in aller Ruhe die Buchhaltung und Lagerlisten des Postens auf den neuesten Stand zu bringen, auch sonst einiges zu verrichten, was sich besser allein tun ließ – worüber sie sich aber nicht im einzelnen ausgelassen hatte. Anna hatte also ihre beiden Kinder bis zum Abend der zuverlässigen Indianerin anvertraut; die vier Sprößlinge dreier Väter waren bei ihr wohl aufgehoben; es hatte ihnen außerdem eine Menge Spaß bereitet, unter Aufsicht der geduldigen und nachsichtigen Indianerin miteinander zu spielen.

Paul sagte sich: Ich kann den Voyageurs keine Anweisungen geben, und Anna will nicht gestört werden bis zum Abend. Andererseits möchte ich unsere Beute nicht über Nacht im Freien liegenlassen; wenn Wölfe sie entdecken, bleibt nicht viel davon übrig. Ich werde mit den Leuten reden. Die Männer werden von selbst einsehen, daß sie sich auf den Weg machen müssen.

Es fiel Paul nicht allzu schwer, einige Voyageurs davon zu überzeugen, daß sie sich bequemen müßten, den Bären noch vor der Nacht ins Lager zu schaffen. Die Männer hatten sich selber vor den Schlitten zu spannen; das Hundegespann des Lagers war von Justin beansprucht worden, um ihn möglichst schnell zum Ort der gefährlichen Auseinandersetzung zwischen seinen beiden Außenposten zu bringen.

Endlich waren fünf tüchtige Männer mit dem leeren Lastschlitten im Schlepp auf den Weg gebracht, Paul Soldat hatte ein, zwei ruhige Stunden vor sich und überlegte, ob er nicht doch Anna Bericht erstatten sollte. Langsam wanderte er wieder durch den Schnee ins Lager zurück. Dort war es sehr still. Der Koch und sein Helfer würden mit der Vorbereitung des Abendessens beschäftigt sein, Losseh Thiegah spielte mit den Kindern, und die übrigen Männer waren teils mit Justin unterwegs, der Company den Weißfuchs zu sichern, teils auf dem Marsch, den sehr erwünschten toten Bären ins Lager zu schaffen. Ich werde kurz bei Anna anklopfen, um ihr Bescheid zu sagen, beschloß Paul.

Bald stand er vor der verschlossenen Tür des Haupthauses. Sie war aus etwa unterarmstarken Fichtenstämmen fest gefügt; die Ritzen zwischen den Stämmen waren mit Moos und Fichtenharz sorgfältig abgedichtet, um dem Zugwind den Zutritt zum Innenraum zu verwehren. Die Tür hing in rohledernen Angeln. Eiserne Angeln über den ganzen nordamerikanischen Kontinent hierher ins Pays d'en haut zu schaffen, bloß um die Tür zum Haupthaus eines Postenchefs fester schließen und leichter öffnen zu können, wäre ein viel zu kostspieliger Luxus gewesen.

Paul zögerte ein paar Augenblicke vor der verschlossenen Tür. Sie konnte von innen durch einen hölzernen Riegel und außerdem für die Nacht durch einen quer zu legenden kräftigen Balken geschlossen werden, so daß sie dann nur gröbster Gewalt nachgeben würde. Aber mit solchen Gewalttaten rechnete hier niemand. Man war – Gott sei Lob und Dank! – mit aller Welt im Frieden. Im allgemeinen verstand es sich von selbst, daß man in den Hauptraum des großen Blockhauses, in dessen anschließenden Nebenräumen Justin, Anna und die Kinder wohnten, eintreten durfte, ohne daß vorher angeklopft wurde. In diesem Raum wurde alles, was auf der Station wichtig war, verhandelt, wurden vor allem die Handelsgeschäfte mit den Indianern abgeschlossen, und die wissen nichts davon, wie mit Türen umzugehen ist; vom Anklopfen an Türen haben sie nie etwas gehört. Erst wenn man vom Hauptraum in den Wohnraum der Familie Leblois eintreten wollte, fragte man durch ein Klopfzeichen oder einen lauten Ruf um Erlaubnis.

Und doch zögerte Paul Soldat, ohne sich darüber klar zu sein, daß er es tat. Justin war weit an diesem Tage, und Anna befand sich sicher allein in dem großen Haus. Im übrigen hatte sie bei Losseh Thiegah hinterlassen, daß sie ungestört bleiben wolle, um Schreibarbeiten zu erledigen.

Anna allein im Hause und ihr Mann weit weg! Ach, Unsinn! In Abwesenheit von Justin ist sie der Postenchef. Anteilseigner in der Company ist ohnehin sie und nicht ihr Mann. Über alles, was im Lager geschieht, muß hier im Haupthaus Bericht erstattet werden. Ich habe den Schlitten auf eigene Verantwortung losgeschickt, weil ich sie nicht stören wollte. Aber jetzt muß ich ihr kurz Bescheid sagen.

Er faßte also nach dem Griff der Tür, der an der Außenseite angebracht war, und zog vorsichtig daran. Nein, die Tür war nicht von innen verriegelt. Anna war also, wie üblich, auf Besucher vorbereitet. Die Tür öffnete sich lautlos. Paul trat in das dämmerige Innere des Hauses, auch er lautlos – die indianischen Mokassins, die er an den Füßen trug, verursachten kein Geräusch.

Im Kamin brannte unter dem großen, aus dem Rauchfang herniederhängenden Kupferkessel ein bescheidenes Feuer; es gab nicht viel Licht. Durch die beiden kleinen Fenster, die in der Außenwand des großen Raums ausgespart waren, drang ebenfalls nicht viel Licht in den Raum; dünn geschabte, in hölzerne Rahmen gespannte Hirschblasen verschlossen die Fensteröffnungen.

Die Tür hatte Paul gleich wieder hinter sich zugezogen, um nicht allzuviel Kälte einzulassen. Zunächst unterschied er nur wenig. Dann sah er Anna und erstarrte.

Sie hatte offensichtlich den unerwarteten Besucher nicht wahrgenommen. Neben dem Kamin hatte sie sich eine Schüssel mit heißem Wasser auf einen Schemel gestellt, beugte sich darüber und wusch sich mit einem Stück der groben Seife, die sie selber im Lager herstellte, ihr langes schwarzes Haar. Den Oberkörper hatte sie dabei bis zu den Hüften entblößt. Das Haupt war tief über die Schüssel geneigt, und das Haar hing ihr, nach vorn gezogen und voller Seifenschaum, bis in die Schüssel hinunter. Mit beiden Händen rieb sie sich die Kopfhaut. Die schöne Linie ihres gebeugten Nackens und Rückens wurde vom rötlichen Flackerlicht des Herdfeuers nachgezeichnet und hob sich vor dem dunklen Hintergrund des Hüttenraumes mit sanfter Eindringlichkeit ab. Annas Brüste hingen in dieser Stellung ein wenig abwärts, auch sie zärtlich vom Licht des Herdfeuers nachgezeichnet; üppig waren diese Brüste, fest wie die einer noch jungen Frau. Welch ein Leib, wie lang und schwarz das Haar! Die Brust war beim waschen naß geworden und spiegelte das Feuer des Herdes rötlich zurück, so, als antwortete sie auf eine zarte Liebkosung.

Paul Soldat rührte sich nicht. Kein Laut ging von ihm aus. Und doch spürte Anna plötzlich, daß sie nicht mehr allein im Zimmer war. Sie richtete sich jäh auf und warf mit einer so kräftigen Bewegung ihr schwarzes Haar zurück, daß einige Tropfen bis in Pauls Gesicht sprühten; Paul empfand sie so deutlich wie leichte elektrische Schläge. Anna erkannte den Eindringling. Sie verschränkte ihre beiden Arme über den Brüsten und verbarg sie so vor den Blicken des Mannes. Sie rief entsetzt: »Paul, bist du verrückt, was willst du hier? Mein Gott, hab' ich die Tür nicht verriegelt? Ich muß es vergessen haben! Geh fort, Paul, bitte, geh!«

Sie hätte sich abwenden und in den Wohnraum nebenan fliehen können. Sie tat es nicht. Sie stand da mit über den Brüsten verschränkten Armen, das nasse, lange Haar über den weißen Schultern. Sie wiederholte noch einmal, mehr angstvoll als böse: »Geh, Paul, geh hinaus, bitte!«

Paul Soldat fand endlich die Sprache wieder: »Ich wollte ja nicht, Anna, ich – ich glaubte – die Tür war nicht verschlossen – ich hatte sie schon hinter mir zugemacht, ehe ich dich erblickte – ich ahnte ja nicht, Anna – ich gehe schon, ich gehe ja schon.«

Er hatte die Worte stammelnd und kaum verständlich gesprochen. Ohne daß er es wußte, prägte sich das Bild ihres schmalen Kopfes, des schwarzen Haares, der schönen Schultern, der über den Brüsten gekreuzten Arme und der Hüften in sein Gedächtnis ein; es würde nie vergehen; wie mit glühendem Eisen war es eingebrannt. Es fiel ihm schwer, sich schließlich abzuwenden; als wäre er gefesselt. Und Anna hatte sich nicht bewegt, hatte den Mann nur mit großen ernsten Augen fest- und ferngehalten.

Paul stolperte aus dem Hause, drückte die Tür hinter sich zu und vernahm noch, ehe er sich abwandte, daß der schwere Riegel hinter ihm an der Innenseite der Tür in die Krampe fiel.

Er brachte es nicht fertig, in sein eigenes Haus zurückzukehren. Losseh Thiegah, Mes Coh Thoutin oder auch die kleine Nagamoun mochten ihn ansprechen, etwas von ihm verlangen. Er fühlte sich nicht fähig, darauf einzugehen. Er lehnte sich außerhalb des Lagers an einen Baumstamm. Anna, mein Gott, Anna! Ich weiß es jetzt: Atak ist nichts weiter gewesen als der Versuch eines Ersatzes für Anna. Anna, immer schon Anna, seit ich sie zum erstenmal gesehen habe, damals, als Walther Corssen noch lebte. Anna – die Tochter ihres Vaters! Und Justins Frau! Ich kann nicht hierbleiben. Aber noch kann ich nicht fort. Nachher muß ich noch einmal zu ihr gehen und mich entschuldigen. Herr im Himmel, ich werde noch einmal zu ihr gehen und versuchen zu erklären, wie das gekommen ist. Warum hat sie aber auch vergessen, die Tür hinter sich zuzuriegeln!

Gegen Abend legte sich der Wind. Das Gewölk, das locker und bedächtig von Südost über den Himmel gezogen war, verflog fast vollkommen. Die Sonne versank hinter einem glasklar sich abzeichnenden Horizont im Westen, jenseits des in der Ferne erkennbaren fernen Hochufers des Athabasca.

Die ersten Sterne glitzerten bereits. Die Nacht würde wieder, trotz der Milde, die sich über Tag bemerkbar gemacht hatte, sehr kalt werden.

Paul Soldat hatte sich endlich aus seiner sonderbaren Benommenheit erholt, hatte sich wieder in die Hand bekommen und wanderte durch den Schnee, der in der zunehmenden Kälte schon leise knirschte, dem Haupthaus des Postens zu. Diesmal hielt er es für richtig, vernehmlich anzuklopfen. Im Innern wurde ein Riegel fortgeschoben, die Tür öffnete sich. Anna zeigte keine Spur von Befangenheit. Sie kam Paul unendlich überlegen vor. Sie lächelte ganz unmerklich und sagte mit freundlichem Gleichmut: »Komm herein, Paul, ich habe dich erwartet.«

Er zog seine Pelzkappe vom Kopf und trat in den erwärmten Raum. Er war mit ihr allein. Sie blieb stehen, forderte auch ihn nicht auf, sich zu setzen. Sie sagte – und es klang heiter, belustigt beinahe: »Ja, weißt du, Paul, wie das so geht. Ich war gegen Mittag vor die Tür getreten und hatte dann, als ich wieder ins Haus ging, die Tür verschlossen, weil ich schon vorhatte, mir nach der Schreibarbeit die Haare zu waschen, aber dann mußte ich doch noch einmal hinaus und habe vergessen, die Tür zu schließen. Anscheinend glaubte ich, ich hätte sie schon verschlossen. Und dann tratst du so leise ein, daß ich nichts gehört habe. Wie lange hast du da gestanden, Paul?«

Sie nahm ihm also nichts übel, war auch gar nicht verlegen. Eben Anna, Walther Corssens Tochter. Sie war die Anteilseignerin, und ihr unterstand eigentlich alle Welt weit im Umkreis. Wenn es ihr so paßte, konnte sie jedermann wegschikken. Nie bestand sie auf ihrem Rang. Aber Paul merkte – was er im Grunde noch nie bezweifelt hatte –, daß sie auf eine ruhige Weise stets wußte, wer sie war. Mein Gott, wie er diese Frau liebte! Die Erkenntnis sprang ihn plötzlich an wie ein Raubtier aus dem Hinterhalt. Er stotterte: »Ich habe mir nichts dabei gedacht, als ich einfach so hereinstolperte. Losseh Thiegah hatte mir gesagt, du wärest bei Schreibarbeiten. Ich wollte mich entschuldigen, Anna.«

Sie lächelte nun ganz unverhüllt, ja, ihre Augen lachten ihn an: »Ach, Paul, ich weiß, daß du dir niemals etwas herausgenommen hättest. Wir wollen es einfach vergessen und so tun, als hätte es sich gar nicht ereignet. Justin braucht nichts davon zu erfahren. Ich werde es ihm nicht sagen, und du wirst es erst recht nicht tun. Wir kennen uns lange genug, und du wirst mir hoffentlich nichts abgeguckt haben.«

Daß sie es so heiter nahm, ihn sogar zu verspotten schien, brachte ihn erst recht völlig durcheinander. Er stammelte: »Ach nein, Anna, ganz gewiß nicht. Ich bin nur froh, daß du mir nichts übelnimmst. Ich war ja nur gekommen, um dir zu melden, daß ich mit Mes Coh Thoutin einen Bären erlegt habe und die fünf Männer, die außer dem Koch und seinem Gehilfen noch im Lager waren, hinausgesandt habe, um das schwere Tier mit dem Schlitten hereinzuschaffen. Thoutin und ich waren hundemüde, und die fünf würden allein Manns genug sein, die Beute hereinzuholen, bevor etwa die Waldwölfe Witterung davon bekommen.«

Sie nahm ihre Vertraulichkeit ein wenig zurück: »Gewiß, Paul, das ist alles in bester Ordnung. Der Bär wird unseren Proviant für den Rest der kalten Jahreszeit sehr erfreulich ergänzen. Geh jetzt nur! Losseh Thiegah und Mes Coh Thoutin werden mit dem Abendessen auf dich warten. In einer halben Stunde komme ich zu euch hinüber, um Armand und meinen kleinen Walther abzuholen. Und nochmals, vergiß nicht: Was sich vorhin ereignet hat, das ist einfach nicht gewesen.«

Er murmelte: »Nicht gewesen, Anna, ich verstehe!«

Er gab sich redlich Mühe, das »Nichtgewesene« zu vergessen. Aber im Wachen wie im Traum tauchten immer wieder jene rötlichen Glanzlichter auf der weißen Haut vor seinem inneren Auge auf, spürte er immer wieder die Tropfen von ihrem hochgeschleuderten schwarzen Haar auf seinem Gesicht. Die Empfindung war einfach nicht zu zügeln, nicht zu leugnen. Nein, seines Bleibens war hier nicht länger!

Noch ehe der erste warme Sturm aus Südosten die Starre der Wälder am Athabasca löste, wußte Paul, was er tun würde. Er besprach sich ausführlich darüber mit Mes Coh Thoutin, denn daß er sich von ihm nicht trennen wollte, auch wenn er den Justinschen Handelsposten am untersten La Biche verließ, das stand von vornherein fest – und es schien umgekehrt auch für Mes Coh Thoutin festzustehen. Alexander Mackenzie, den er über dem Tod Mayegans und Ataks fast vergessen hatte, würde vom See Athabasca aus, in den sich der Fluß gleichen Namens weit im Norden ergoß, seine große Reise ins Ungewisse, die Suche nach einem Weg durch das Gebirge zum

Ozean des Westens erst antreten können, wenn das Eis auf dem großen See und den Seen, die er später würde zu durchfahren haben, erst gewichen war. Der See Athabasca lag viel weiter im Norden als die Mündung des La Biche in den Athabasca-Strom. Mackenzie würde also erst spät von seinem Fort Chipewyan am See Athabasca aufbrechen können, kaum vor Beginn des Juni. Der Fluß Athabasca würde viel eher offen sein, besonders hier, viel weiter im Süden. Mes Coh Thoutin beschloß das vertrauliche Gespräch, das sie an einem Abend Anfang April am noch vereisten Ufer des La Biche zusammengeführt hatte, mit den Worten: »Wenn das Eis im Athabasca erst einmal aufgebrochen ist, Paul, dann dauert es nur wenige Tage, und der Fluß kommt frei. Wir sollten uns schon vorher für diesen Augenblick in Bereitschaft halten und gleich hinter dem Eis abfahren. Der Fluß wird starkes Hochwasser führen, wie immer im ersten Frühling bei beginnendem Tauwetter. Viele der Stromschnellen weiter abwärts, die uns im vorigen Herbst, als wir Mayegan und Atak verfolgten, Schwierigkeiten machten, werden kaum zu erkennen sein, weil der Strom mit viel Wasser darüber hingeht. Hinter den Großen Schnellen folgen weiter unterhalb noch ein halbes Dutzend weiterer, nicht gerade einfacher Schnellen. Hat man sie überwunden, so erreicht man bald die Einmündung des Clearwater-Flusses von Osten in den Athabasca. Von diesem Punkt ab wendet sich der Athabasca genau nach Norden und bietet in seinem Lauf bis zum See Athabasca keine wesentlichen Hindernisse mehr. Dies alles habe ich mir vor einigen Tagen von einem Cree, dessen Sippe an der Einmündung des Clearwater in den Athabasca beheimatet ist, genau sagen lassen. Der Mann war sehr gesprächig; er hatte dem Posten vorzügliche Pelze angeliefert, und Justin hatte ihm einen sehr guten Preis dafür gewährt. Paul, wenn wir uns vom Frühlingshochwasser des Athabasca nach Norden zum See Athabasca tragen lassen, dann werden wir nicht viel Zeit verlieren und wahrscheinlich den See Athabasca erreichen, bevor sich Alexander Mackenzie auf die große Reise nach Nordwesten macht. Ich glaube bestimmt, daß ihm immer noch viel daran liegen wird, zwei erfahrene Bootsbauer, wie uns beide, auf seine Reise mitzunehmen. Und von solcher Reise kehren wir dann frühestens im Herbst nächsten Jahres zurück. Und was dann wird, das wird man sehen, wenn es soweit ist.«

Paul wußte gegen diesen Vorschlag des Gefährten wenig einzuwenden. Er warf lediglich die Frage auf: »Wo bleiben inzwischen Losseh Thiegah und unsere Kinder?«

»Losseh Thiegah wird Anna zur Hand gehen. Sie hat ganz gut begriffen, wie es in einem weißen Haushalt zugeht. Und Anna kann ihre Hilfe sicherlich gebrauchen. Daß meine Frau deine kleine Nagamoun mit meinem Nekik zusammen versorgen wird, versteht sich von selbst, Paul. Oder meinst du, daß deine Tochter lieber bei Anna und ihren beiden Söhnen bleibt? Die Kinder werden sowieso meist beieinander sein.«

Die von Mes Coh Thoutin plötzlich aufgeworfene Frage entfachte einen ganzen Wirbel von Gedanken und Empfindungen in Pauls Hirn. Nagamoun war Ataks Tochter, also zur Hälfte indianischen Geblüts. Paul aber hatte die Indianerin nur geheiratet – er glaubte es jetzt zu wissen –, weil Anna für ihn unerreichbar gewesen war. Jetzt floh er vor ihr, weil sie nach wie vor unerreichbar war und wahrscheinlich immer bleiben würde. Auch hierüber war er sich klargeworden. Und nun Nagamoun in Annas Hände geben? Das würde das »weiße« Erbe in ihr stärker betonen als das »rote«. Wollte er dies wirklich? Ja, das wollte er! Wenn Anna ihm schon versagt blieb, so mochte doch wenigstens seine kleine Nagamoun soviel wie möglich von ihr in sich aufnehmen. Aber würde Mes Coh Thoutin ihm nicht verargen, wenn er ihm und seiner Frau die Tochter entzog? Der indianische Gefährte verdiente es wirklich nicht, vor den Kopf gestoßen zu werden. Paul erwiderte also vorsichtig: »Ach, Thoutin, was zerbrechen wir uns jetzt schon den Kopf! Die vier Kinder werden wohl ständig zusammen spielen. Ich weiß nicht, was Anna dazu sagen wird. Ob sie mein kleines Mädchen überhaupt mit ihren beiden Söhnen auf die Dauer zusammentun will? Es wird sich alles von selbst ergeben.«

Aber Mes Coh Thoutin blieb sonderbar hartnäckig: »Sicher werden die Kinder viel miteinander spielen, Paul, aber es kommt darauf an, wo Nagamoun schlafen wird: bei Losseh Thiegah in unserer bisherigen Hütte oder bei Anna und Justin im Haupthaus. Was reden wir drum herum, Paul! Losseh Thiegah ist mit Anna nicht zu vergleichen – und du mußt wollen, daß deine Nagamoun der Anna ähnlich wird, denn die ist von gleichem Stamm wie du. Wenn Anna das Kind annehmen will, dann solltest du nichts dagegen vorzubringen haben, Paul.«

Die Sache war entschieden. Paul brauchte nur noch zu sagen: »Ich danke dir, Mes Coh Thoutin.«

Justin zeigte sich sofort einverstanden, als Paul ihm seinen Plan auseinandersetzte, so früh und schnell wie möglich nach dem Aufbruch des Eises sich den Athabasca abwärts zum See Athabasca aufzumachen, um dort den Alexander Mackenzie noch vor seiner Abreise nach Norden oder Nordwesten zu erreichen und sich ihm anzuschließen. Justin erklärte:

»Sehr gut, was du vorhast, Paul! Deine kleine Nagamoun kommt zu uns. Anna ist schon immer der Meinung gewesen, daß unsere beiden Jungen von einem Schwesterchen nur Gewinn hätten. Auf Annas Urteil in dieser Hinsicht kann man sich unbedingt verlassen. Paul, du weißt ja, daß wir dich zu uns rechnen. Wir sind Walther Corssens Leute aus einer Vergangenheit, die sich nicht auslöschen läßt. Meine Anna ist ein Partner der North-West Company ebenso wie Alexander Mackenzie. Allerdings ist sie nur ein stiller Teilhaber, während er ein sehr tätiger ist. Uns täte es aber auf alle Fälle gut zu wissen, was er erreicht hat und wie sich damit die Verhältnisse in der Gesellschaft ändern. Es kann sein, daß er in die Irre geht und weder das sagenhafte Gebirge und erst recht nicht einen Zugang zum offenen großen Meer im Westen findet. Sieh zu, Paul, daß du mit ihm auf die große Reise gehst. Nichts Besseres kann uns geschehen. Wir wissen dann Bescheid. Vielleicht müssen wir wirklich weiter nach Westen vorrücken, aber das sollte wohl eher den Peace entlang stattfinden, nicht den Athabasca. Wenn du wiederkommst, Paul, werden wir vielleicht genauer erkennen, was zu tun für uns das ratsamste ist.«

Am Abend dieses Tages saß Paul auf dem Rand des Lagers seiner kleinen Tochter, wie jeden Abend, bevor sie einschlief. Dann redeten Vater und Tochter noch ein Weilchen miteinander. An diesem Abend fragte Paul: »Sag mal, Nagamoun, wenn ich wieder einmal für eine lange Zeit verreisen muß, würdest du dann lieber mit Tante Anna und mit Armand und Walther zusammen wohnen oder hier im Hause bei Tante Thiegah und dem kleinen Nekik bleiben?«

Das Kind lag ganz still und sah den Vater aus großen,

dunklen Augen an. Es überlegte eine geraume Zeit, ehe es schließlich mit leiser Stimme antwortete: »Weißt du, Vater, Tante Thiegah ist immer so ernst. Tante Anna, bei der gibt es viel zu lachen. Und mit Armand kann ich besser spielen als mit Nekik, weil ihm immer alles mögliche einfällt, was wir spielen können. Nekik fragt bloß immer mich, was wir spielen wollen, und ich weiß das auch nicht immer. Vater, wenn du wieder auf eine große Reise gehen mußt, dann möchte ich lieber bei Tante Anna sein.«

Pauls Brust entrang sich ein tiefer Seufzer, ohne daß er sich dessen bewußt wurde. Das Kind hatte seine Wahl getroffen. Es hatte sich so entschieden, wie er sich brennend gewünscht hatte, daß es sich entscheiden würde.

5

Um die Mitte des April im Jahre 1790 bemächtigte sich der Männer des Handelspostens an der Mündung des »Flusses der Hindin«* in den Athabasca-Strom eine von Tag zu Tag steigende Erregung. Zwar waren Strom, Ufer und Wälder immer noch tief verschneit. Noch spannte sich eine geschlossene Eisdecke über den La Biche und den Athabasca. Die Zweige der Fichten aber hatten die Schneelasten bereits abgeschüttelt, von denen sie winters über beinahe unerträglich abwärts gedrückt worden waren. Erst recht war das wirre Filigran der feinen und allerfeinsten Äste und Zweige der Laubbäume, der Birken, Espen, des Ahorns und der Weiden der feinen Schneebordüren ledig geworden, die von der tiefen, windlosen Kälte des Hochwinters darauf und dazwischen eingewebt worden waren. Der Wind hatte das Baumgeäst freigefegt, von weither aus Südosten, ein ganz neuer Wind, der kühl zwar, aber zugleich sonderbar weich und milde Gesicht und Hände umfloß, so daß keiner der Männer im Lager mehr Handschuhe tragen wollte oder noch Lust hatte, sich die Pelzkappe über die Ohren zu ziehen.

Und dann hatte Justin Leblois, der Postenchef, die Weisung

---

* Rivière la Biche bedeutet »Fluß der Hindin«.

gegeben, auf die alle gewartet hatten. Die Kanus waren aus dem Winterschlaf gehoben worden; die Männer hatten sie aufgebockt, hatten über langsamem Feuer das mit Bärenschmalz vermischte Baumharz erwärmt und erweicht, um dann sorgsam alle Nähte, mit denen die großen Birkenrindenstücke um den Rumpf der Kanus gespannt waren, mit dem stark duftenden, klebrigen Stoff erneut zu verschmieren und abzudichten. Im großen Vorratshaus des Lagers, in dem sich die Vorräte an Tauschwaren besonders in den letzten Wochen stark gelichtet hatten, lagen die während des Winters eingehandelten Pelze – zu Bündeln von etwa neunzig Pfund Gewicht fest verschnürt – bereit, verladen zu werden. Schon wußte jede Kanumannschaft, welche Lasten sie würde transportieren müssen. Die Behälter mit wildem Reis, den man von den Indianern eingehandelt hatte, die Vorräte an getrocknetem Büffelfleisch, das aus den Prärien viel weiter im Süden von den Hundeschlitten herangeschafft worden war, die Ersatzpaddel für jede Kanumannschaft, die kleinen Segel, die bei gutem Wind kräftig mithalfen, die Boote voranzutreiben, die schlanken Stakestangen, mit denen die Boote in allzu schnellem glatten Wasser vorangestoßen wurden, wenn die Paddel nicht mehr ausreichten, die weißen, dünnen, zähen Fichtenwurzeln, das Watap, mit denen die Rindenstücke am Leib der Kanus vernäht wurden, das fettige Fichtenharz zum Abdichten, einige Töpfe und Pfannen, ein kleiner Vorrat an Salz und Pfeffer – all dies und noch einiges andere, was auf der weiten Reise vom Athabasca über den Beaver, den unteren Saskatchewan und schließlich den Rainy zum Lac Supérieur unentbehrlich sein würde, war ebenfalls von jeder Bootsmannschaft sorgfältig vorbereitet worden und lag im Schuppen, zu kleinen Gebirgen getürmt, bereit, in die Kanus verladen zu werden, sobald das Eis die Gewässer freigeben würde.

Etwas abseits vom Lager, dicht über dem Eis des Stroms, hatten sich Paul Soldat und Mes Coh Thoutin einen Verschlag errichtet, in dem sie das schlanke Eilkanu, das sie nach Norden tragen sollte, aufs sorgfältigste herrichteten. Immer wieder sagten sich die beiden: Wenn wir Alexander Mackenzie erwischen wollen, bevor er sich auf seine große Reise nach Nordwesten begibt, dann müssen wir unmittelbar hinter dem Eis her sein, das den Fluß abwärts wandert, müssen ihm unmittelbar auf den Fersen bleiben, denn auch Mackenzie wird sofort abreisen, sobald das aufbrechende Eis ihm eine Straße freigibt. Doch lag ja, wie man gehört hatte, sein Posten, das Fort Chipewyan, am Südufer des Sees Athabasca. Das See-Eis würde ihm die Abfahrt nach Norden verbauen; von den Seen weicht im Frühling das Eis nicht so schnell wie von den starken Flüssen und Strömen, in denen die vom Schmelzwasser schwellende Strömung die eisigen Panzer früh schon unwiderstehlich sprengt. Paul und Mes Coh Thoutin würden immer nur den Athabasca-Strom abwärts zu fahren brauchen, überall hohes, schnelles Wasser vorfinden, mit dem viele Schnellen »geschossen« werden konnten, die bei niedrigerem Wasser nur durch umständliche Portagen überwunden werden konnten. Es müßte uns gelingen, sagten sich Paul und Thoutin, gleich hinter dem aufbrechenden Flußeis werden wir in Fort Chipewyan ankommen, werden uns in Mackenzies Mannschaft einreihen können, ehe er auf seine große Erkundung aufbricht; er hat uns ja im vergangenen August unbedingt auf die Fahrt mitnehmen wollen.

Die Voyageurs von den Außenposten hatten sich alle wieder im Hauptlager eingefunden. Sie hatten ihre Tauschwaren so gut wie vollständig an den Mann gebracht und Pelze dagegen eingehandelt. Justin und insbesondere Anna hatten viel damit zu tun, die Provisionen auszurechnen, die sich die Männer den Winter über verdient hatten. Die Verdienste hingen natürlich wesentlich davon ab, ob es den Männern auf den Außenposten gelungen war, möglichst viele und kostbare Pelze gegen möglichst wenige und billige Tauschwaren einzuhandeln. Viele der kleinen franko-kanadischen Händler neigten dazu, mit kräftigen Dosen Branntwein nachzuhelfen, wo die indianischen Jäger bei nüchternem Zustand nicht geneigt waren, ihre Beute allzu wohlfeil loszuschlagen. Justin und Anna achteten zwar darauf, daß mit den Indianern ehrlich gehandelt wurde, daß ihnen Feuerwasser nur als Draufgabe nach Abschluß der Geschäfte gewährt wurde. Doch waren die Außenposten gar nicht zuverlässig genug zu kontrollieren. Solange nicht schwere Ausschreitungen ruchbar wurden oder allzu viel Alkohol zu Gewalttaten geführt hatte, mußte man fünf gerade sein lassen.

Die kleine Nagamoun war im Laufe der Wochen und Monate in die freundlichen Hände Annas hinübergewechselt. Das Kind fühlte sich mit den neuen Spielgefährten Armand und Walther offensichtlich wohler, zeigte sich unter Annas Fürsorge freier und fröhlicher, als es in der Gesellschaft des kleinen Nekik und seiner Mutter gewesen war. Der Junge allerdings verlangte immer wieder stürmisch nach seiner früheren Spielgefährtin und wußte sich nichts Schöneres, als seine Mutter in das Haus der Leblois zu begleiten, wo sie der vielbeschäftigten Anna bei der Hausarbeit zur Hand ging.

Paul Soldat war froh, daß er sich keine Sorgen zu machen brauchte; seine geliebte kleine Nagamoun würde gut aufgehoben sein, wenn er das erste freie Wasser benutzen würde, sich auf die weite, schnelle Reise zum Lake Athabasca und von dort mit Alexander Mackenzie Gott weiß wohin zu begeben.

Paul wurde zuweilen von der beunruhigenden Empfindung bedrängt, daß sich im Verlauf des Winters zwischen ihm und dem Postenchef Justin ein ständig leise wachsender Berg von Mißverständnissen aufgehäuft hatte, ohne daß Paul im einzelnen genau anzugeben vermochte, worin der geheime Zwist zwischen ihm und Justin eigentlich bestand. Vielleicht, so hatte er sich schließlich gesagt, ist es dies: Wir beide sind die einzigen unabhängigen Männer hier im Lager; die Voyageurs zählen nicht mit; die denken nicht viel über den Tag hinaus und werden immer nur für eine Überwinterung und eine Reise ins Pays d'en haut angeheuert. Von zwei Männern, denen niemand etwas zu sagen hat, ist eben einer zuviel im Lager, und das bin in diesem Falle ich – also fort von hier, sobald wie möglich, ehe ich mit Justin überquer komme . . .!

Das sonderbar weiche, sehr helle Wetter wurde nach einer unruhig durchwindeten Nacht von schwer und wogend aus Südwesten anwallenden Wolken abgelöst, aus denen es zuerst nieselnd, aber dann in dichten, rauschenden Schwällen regnete. Der Regen war warm. Überall sank der Schnee in sich zusammen, verwandelte sich in Nässe und suchte sich mit dem Wasser des Regens Zugang zum Eis des Flusses in der Tiefe des Tals. Nach zwei Tagen stand schon fast ein Fuß langsam ins Strömen geratenes Wasser auf dem Eis des La Biche und des Athabasca. Am Strand entlang wurden die Kanus umgestülpt und aufgebockt, um sich ihre Außenhaut aus Birkenrinde vom warmen Regen befeuchten zu lassen; die Birkenrinde quoll dann ein wenig auf und schloß damit auch die feinsten Haarrisse, die während des Winters die Außenhaut der Boote hier und da vielleicht durchlässig gemacht hatten.

Solche feinen Risse waren mit dem bloßen Auge nicht zu erkennen; nur die gröberen hatte man mit Baumharz schließen können. Der Frühlingsregen erst machte die Boote völlig wasserdicht.

Paul Soldat und Mes Coh Thoutin wußten: bald ist es soweit! Wiederholt überprüften sie alles, was sie im Boot zu verladen hatten, was für die rasend schnelle Reise im kalten Wasser des Athabasca hinter dem Eis her unentbehrlich sein würde. An Hindernissen, an lebensbedrohenden Gefahren würde unterwegs kein Mangel sein. Also mußten Boot und Ausrüstung aufs sorgfältigste vorbereitet werden.

Nach der Mitternacht vom zweiundzwanzigsten zum dreiundzwanzigsten April erwachten Paul Soldat und Mes Coh Thoutin, erwachte das ganze Lager am unteren La Biche wie mit einem Schlage. Ein ungeheurer Donner erfüllte wie aus dem Nichts die völlig lichtlose Regennacht. Es war, als rissen die Tiefen der Erde auf, und die Erde brüllte vor Schmerz. Die Menschen des Lagers richteten in der Dunkelheit die Köpfe auf, stützten sich auf die Ellenbogen oder sprangen entsetzt aus tiefem Schlaf auf die Füße.

Das Eis! – Das Eis bricht!

Dem Donnern folgte ein die Ohren betäubendes Knirschen, Prasseln, Kreischen, durchdrungen von immer neuen Kanonenschlägen.

Das Eis hatte unter der Gewalt des in der Tiefe mit ungeheurer Kraft schwellenden Stroms nachgegeben, war von unten aufgehoben und gebrochen worden. Die Stunde der befreiten Wasser war gekommen.

Jedermann wußte, was draußen in der Finsternis vor sich ging. Man sah sie nicht, aber man hörte sie, die ungeheuren Schollen des Eises, die sich aufrichteten; übereinanderstürzten und – von dem nachdrängenden Wasser mit fürchterlicher Gewalt vorwärts geschoben – getürmt und gesprengt wurden.

Paul war aufgestanden und öffnete die Tür ins Freie. Nichts war zu erkennen. Die Finsternis unter dem mit Wolken verhangenen Himmel in der mondlosen Nacht – buchstäblich war die Hand vor Augen nicht zu sehen –, das Dunkel war so dicht, als wäre die Welt in schwarze, erstickende Watte gepackt.

Nichts weiter war in der Welt als das rasende Schmerzensgebrüll des mit einem Schlage überall berstenden Eises. Die furchtbaren Laute drangen nicht allein vom nur fünfzig Fuß entfernt vorüberziehenden La Biche herauf, sondern plötzlich auch in einem neuen Orkan von Getöse vom ferneren Athabasca her. Selbst Paul Soldat, dem die Wildnis kaum noch Schrecken bot, fühlte sich überwältigt von der schaurigen Wut der sich befreienden Wasser – schon vernahm man, wenn man genauer hinhorchte, über dem Knirschen, Krachen und Bersten des Eises das Geström und Gerausche sich überstürzender Fluten.

Als ließe sich die vollkommene Finsternis, der furchtbare Aufruhr der Elemente nicht länger ertragen, als preßte er ihm die Luft ab – Paul Soldat wandte sich ins Innere der Hütte zurück, schloß die Tür hinter sich und riegelte sie ab. Nagamouns Stimmchen klang zu ihm herüber, voller Angst: »Vater, was ist das? Ich bin aufgewacht. Es ist so dunkel. Was ist das, Vater, ein Gewitter?« Selbst in den tiefen Kinderschlaf war das Getöse des brechenden Eises eingedrungen und hatte die kleine Nagamoun aufgeschreckt. Paul Soldat setzte sich auf den Rand des Bettes und nahm das Kind in die Arme: »Das Eis bricht, Nagamoun. Bald wird der Strom frei sein. Dann haben wir wieder offenes Wasser. Du brauchst keine Angst zu haben. Das geht bald vorüber. Ich bin ja hier und paß auf dich auf. Schlafe nur wieder.«

Das ovalgeschnittene Köpfchen mit dem dunklen Lockenhaar drängte sich dichter an Pauls Schulter. Die Kleine flüsterte: »Du gehst bald wieder weit fort, Vater. Ich weiß. Dann bin ich wieder ganz allein.«

Paul tröstete, so gut er konnte: »Wenn der Sommer vorbei ist, dann komme ich wieder, Nagamoun. Und inzwischen bist du bei Tante Anna; und der kleine Walther und der große Armand, die mögen dich sehr gern, und ihr spielt fein miteinander. Und Tante Thiegah ist jeden Tag bei Tante Anna und bringt den kleinen Nekik mit. Ihr werdet bestimmt eine vergnügte Zeit haben. Tante Anna und Onkel Justin werden sicherlich gut auf dich aufpassen.«

Die Kleine warf dem Vater plötzlich die Ärmchen um den Hals und rief: »Keiner ist so wie du, Vater. Du müßtest immerzu hierbleiben. Das wäre am schönsten. Ich spiele am liebsten mit Armand und Walther und Nekik, wenn ich weiß, daß du da bist.«

»Ach, Kleines, wenn das alles so einfach wäre! Der Vater muß sich Mühe geben, daß er tüchtig verdient, damit du später einmal ein reiches Mädchen bist und einen guten Mann bekommst.«

Die Kleine löste sich aus dem Arm des Vaters und erklärte ernsthaft: »Ich will bloß Armand haben; den will ich heiraten; sonst keinen!«

Dem Vater wurde es ein wenig weh ums Herz; zugleich stimmte ihn die energische Erklärung der Tochter auch wiederum heiter: »Das läßt sich hören, Nagamoun. Darüber könnte man reden. Aber nun mußt du dich wirklich wieder hinlegen. Das Eis wird noch eine Weile Spektakel machen. Aber dann ist das vorüber, und es knirscht nur noch am Ufer, und es bullert, wenn die Schollen aufeinanderplatzen. Aber das Schlimmste wird in einer Stunde vorbei sein, spätestens!«

Nagamoun gähnte herzhaft und schien entschlossen, sich um das Donnern des Eises nicht mehr zu kümmern. Fünf Minuten später war sie fest eingeschlafen. Paul nahm den Kienspan aus seiner Halterung am steinernen Kamin und leuchtete auf das unter seiner roten Wolldecke warm und wohlig ruhende Kind hinunter. Meine kleine Nagamoun, dachte er. Deine Mutter ist dir nicht treu gewesen, aber ich bleibe dir treu, was auch immer kommen mag. Das rote Flackerlicht des Kienspans hatte die geschlossenen Augen des Kindes getroffen. Ihre Lider zuckten ein wenig, die Lippen murmelten etwas Unverständliches, sie lächelte, drehte das Köpfchen zur Wand und schlief, tiefer noch als zuvor.

Am Abend des nächsten Tages war der La Biche weit über die Ufer getreten, das heißt, überschwemmt war das Gegenufer. Den Handelsposten hatte Justin, wohl wissend, was jeder Frühling bringen mochte, auf dem Hochufer des Stroms angelegt. Zwar segelten noch immer kleine und größere Schollen den Fluß hinunter und strebten dem mächtigeren Athabasca zu, der genauso wie der La Biche seine Fesseln gesprengt hatte. Aber das Wasser war frei! Die Frachtkanus den La Biche aufwärts würden noch eine Weile warten müssen; sie waren wegen ihrer Größe schwerer zu manövrieren als ein leichtes Eilkanu, würden auch tief im Wasser liegen, beladen mit der Pelzbeute des vergangenen Winters. Paul jedoch entschied, und Mes Coh Thoutin war wortlos einverstanden:

»Thoutin, morgen früh bei erstem Licht legen wir ab. In der Dunkelheit wollen wir lieber nicht fahren. Es treiben noch allzu viele große Schollen im Strom. Aber bei Licht werden wir mit dem treibenden Eis schon fertig werden.«

Als sich am Morgen darauf, also am vierundzwanzigsten April des Jahres 1790, die treibenden Eisschollen im dunkel strömenden Wasser gerade erkennen ließen, schoben Paul und Mes Coh Thoutin ihr schlankes Eilkanu ins Wasser. Mes Coh Thoutin stieg schnell vom schon einen Schritt breit freiliegenden Ufersand ins Kanu hinüber, trat so weit wie möglich in den Bug, damit Paul das Heck des Bootes aufheben und vollends ins Wasser schieben konnte. Als das Kanu schon schwamm, stieg auch Paul mit einem langen Schritt über die Bordkante ins Innere des Bootes. So hatten sie sich geeinigt: Mes Coh Thoutin sollte als Avant, Paul im Heck des Bootes als Gouvernail fahren. Unter den starken Paddelschlägen der beiden Männer schoß das Boot in die Strömung hinaus. Und sofort hatte Mes Coh Thoutin das Kanu heftig herumzuwerfen. Beinahe wäre es auf eine Eisscholle aufgelaufen, die tief im Wasser trieb und nur schwer zu erkennen gewesen war. Ein leiser Ausruf hatte Paul im Heck des Bootes rechtzeitig gewarnt, so daß er mit ein paar harten Schlägen des Paddelblatts die von dem Indianer eingeleitete schnelle Wende des Kanus unterstützen konnte. Die beiden Männer wurden so in der ersten Minute ihrer Reise darüber belehrt, daß sie keinen Augenblick lang die Augen von der Oberfläche des heftig strudelnden, wallenden, hier und da wie gepeitscht vorschießenden Wassers abwenden durften, wenn sie nicht vorzeitig Schiffbruch erleiden wollten.

Den breiten Athabasca hinunter fuhr ein schneidender Wind, der die Männer frösteln machte, als sie aus dem kleineren in den größeren Strom einbogen. Noch hatten sie ihre Pelzröcke nicht abgelegt, und auch die warmen Kappen über den Ohren schienen durchaus nicht fehl am Platze zu sein. Doch freuten sie sich über den Wind. Der Wind kam aus Süden, umwehte sie vom Rücken her, half ihnen beim Rudern. Sie brauchten sich nicht gegen ihn anzustemmen. Ja, sie hatten die Augen offenzuhalten, um die im Wasser treibenden Schollen rechtzeitig auszumachen und zu vermeiden. Aber das Boot glitt ja mit den Schollen zusammen stromab, von den Männern schnell vorangetrieben, einen der treibenden Eisklötze nach dem andern überholend. Paul hätte gern ein wenig im Zusammenhang nachgedacht, über das, was sich in den letzten Stunden und Tagen vor der Abreise ereignet hatte. Aber dazu kam er nicht. Das strudelnde Wasser ringsum beanspruchte seine Aufmerksamkeit ganz und gar. Wie lose Blätter vor dem Herbstwind segelten trotzdem ein paar Gedankenfetzen durch sein Hirn:

Es war schon am besten so, daß ich Nagamoun nicht mehr geweckt habe; es ist am besten, wenn sie einfach hinüberschläft in die Zeit, in der ich nicht mehr da bin. – Anna wird gut für sie sorgen, das ist sicher; sie hätte wohl gern eine Tochter zu ihren beiden kleinen Söhnen. So wird vielleicht meine kleine Nagamoun eine Lücke in ihrem Herzen ausfüllen. – Losseh Thiegah wird es schnell verwinden, daß sie nicht mehr für Nagamoun zu sorgen hat. Ich müßte mich sehr irren, aber Nagamoun war für Losseh Thiegahs Geschmack viel zu lebhaft, viel zu zärtlich und wohl auch viel zu launisch, als daß sie mit ihr hätte fertig werden können. – Es ist sonderbar: ich habe gar nichts dagegen, daß Nagamouns Mutter das Kind nie richtig angenommen hat; es war ihr gewiß zu »weiß«; es ist mein Kind allein, so, als wenn es die Mutter nicht verloren, sondern überhaupt nur mich als Vater gehabt hätte. – Ob Justin und Anna froh gewesen sind, daß wir aus dem Lager verschwinden? Ich glaube, es ist so. Was Justin eigentlich gegen mich einzuwenden hatte, ist mir nicht klargeworden. Aber darüber zerbreche ich mir nicht den Kopf. Ich bin nun weg und ihm aus den Augen. Ob es was mit Anna zu tun hatte? Es könnte sein. Aber Anna ist unerreichbar, ich weiß es. Ich sollte überhaupt nicht mehr an sie denken. Das wäre das beste. Aber nun hat sie Nagamoun übernommen, und das bleibt eine Brücke. Hoffentlich richtet sich Justin nicht gegen Nagamoun. Aber das wird er nicht tun. Er ist ehrlich und will nichts Böses. Vielleicht wünscht auch er sich im geheimen eine Tochter und freut sich deshalb über Nagamoun in seinem Hause. Sie gewinnt alle Herzen, vielleicht gewinnt sie auch das Justins.

Der erste Tag ihrer großen Reise den Athabasca hinunter war verhangen geblieben. Aber es regnete nicht mehr. In den ersten Nachmittagsstunden hatte der Wind plötzlich sehr milde Luft herangeführt, so milde, daß die Männer in Hemd und

Hose rudern konnten. Die Schneeschmelze hatte mit aller Macht eingesetzt. Allerorten strömten kleine und große Rinnsale dem Athabasca zu, färbten sein Wasser gelb von all dem gelösten Lehm, der mit dem schmelzenden Schnee von den Uferhängen gespült wurde.

»Wir machen so schnelle Fahrt«, sagte Mes Coh Thoutin, »daß wir, wenn wir Glück haben, bis über die Pelican-Schnellen hinausgelangen. Wir haben hohes Wasser, Paul, und können die Schnellen schnurstracks schießen. Sicheres blankes Wasser wird leicht zu erkennen sein. Wir sollten uns nicht mit einer Portage aufhalten, sondern auf den fil d'eau vertrauen. Wir werden es schaffen!«

Paul hatte nur zurückgerufen: »Einverstanden, Thoutin – wenn das Eis sich dort nicht verkeilt hat.«

Wie sich dann herausstellte, hatte sich das Eis über dem Gefels der Stromschnellen, die den Namen Pelican trugen, zu einer riesigen Barriere aus kleinen und großen Schollen ineinandergekeilt und einen wüsten Riegel gefrorenen Wassers quer über den Strom geschoben, der den Durchfluß des Wassers so stark behinderte, daß es sich oberhalb davon aufgestaut und das Flachufer weit überschwemmt hatte, wo es sich zögernd und glucksend einen Umweg rechts und links vorbei an dem im Strombett mächtig getürmten Hindernis suchte.

Es blieb den beiden Männern nichts anderes übrig – sie hatten die Stauung schon eine Meile voraus an der immer schwächer werdenden Strömung des Wassers erkannt –, als ihr Boot ans Steilufer zu treiben, ihr Gepäck auszuladen und an einigermaßen trockenem Platz zu stapeln, und schließlich das Boot aus dem Wasser zu heben, auf die Böschung hinaufzubugsieren, um es dann in mühsam holperndem Marsch über den kaum noch erkennbaren Pfad der Portage durch Schneematsch, Schlamm und fließendes Schmelzwasser um die Eisbarriere herumzutragen, bis unterhalb wieder freies Wasser erreicht war. Dann mußten sie über der Kante des zerweichten Hochufers wieder zurückmarschieren – marschieren, bah, als ob man dies fortgesetzte Schmieren, Gleiten, Rutschen und Stelzen überhaupt marschieren nennen konnte! –, um das Gepäck Stück für Stück ebenfalls um die verbarrikadierte Stromschnelle herumzuschaffen.

Mit letztem Licht endlich war es geschafft. Die Glieder schmerzten, als wären alle Muskeln überzerrt. Es war der

Männer erster Rudertag nach langem Winter, und noch hatten sich Knochen, Sehnen und Muskeln nicht der harten Plage eines ganzen Tages im Kanu angepaßt. Paul und Mes Coh Thoutin mußten sich mit Gewalt dazu zwingen, ein Feuer anzuzünden, sich eine warme Mahlzeit zu bereiten, der die überanstrengten Körper dringend bedurften. Ein paar Streifen trockener Birkenrinde als eines nie versagenden Feueranzünders führten die Männer wie alle Voyageurs sicher und trocken verwahrt in ihrem Gepäck mit sich. Stahl und Feuerstein sorgten für den ersten Funken, der, vom Birkenbast aufgefangen, mit leisem Blasen schnell zur ersten Flamme entfacht wurde. An abgestorbenem, trockenem Holz war im Waldrand kein Mangel; es hatte über Tag nicht geregnet; der Wind hatte die Feuchtigkeit aufgesogen. Bald brannte das Feuer, trübe zunächst und weißlichen Rauch wölkend, aber schnell sich zu heller, heißer Flamme entschließend. An diesem ersten Tage war noch vor Antritt der Reise gebratenes Elchfleisch lediglich aufzuwärmen. Die Männer holten sich mit ihren Messern große Scheiben des Lendenstücks aus der Pfanne und merkten erst nach den ersten vorsichtigen Bissen, wie hungrig sie waren. Doch das nur halb gebratene Fleisch sättigte ungemein.

Die Männer brauchten sich nicht daran zu erinnern, daß die Nacht sehr ungemütlich werden konnte, wenn sie ihr Lager nicht sorgfältig vorbereiteten. Kaum hatten sie ihren Hunger gestillt, so beraubten sie einige junge Fichten ihres gesamten groben Gezweigs und schichteten es an einer des Schnees schon baren, windgeschützten Stelle hinter einer dichten Wacholderhecke so hoch auf, daß, auch wenn die Zweige unter dem Gewicht der Männer zusammengedrückt wurden, die ruhenden Körper immer noch zwei bis drei Handbreit über dem feuchten Boden lagerten. Das leere Kanu wurde am Kopfende des Lagers auf einer Seitenkante aufgestülpt und fest gestützt, so daß es wenigstens den Oberkörpern der Ruhenden Schutz vor Regen und Tau bot.

Der Regen blieb aus, auch in der Nacht. Die Männer schliefen warm in ihren Säcken. Das Rauschen des Stroms, der sich durch die Lücken in der Eisbarriere zu drängen suchte, war ihr Schlummerlied. Doch mitten in der Nacht wurden Paul und Mes Coh Thoutin von einem ungeheuren Geprassel und Geknirsche geweckt. Sie richteten sich beide auf und lauschten. Paul war es, der feststellte: »Der Strom hat die Barriere gesprengt. Jetzt wird das ganze Hindernis mit einmal weggefegt. Der Schwall des aufgestauten Wassers wird das Eis längs der Ufer absetzen. Paß auf, morgen haben wir viel freieres Wasser als gestern.«

Paul sollte recht behalten. Am zweiten Tage kamen die beiden viel schneller voran als am ersten. Es trieben nur noch wenige Schollen im Wasser. An den Ufern allerdings hatte das schon abschwellende Hochwasser eine spitzig wüste Parade von an Land gesetzten Schollen abgelagert. Wirbelnd und schmutzig, das Strombett bis über die Ufer hinaus hoch auffüllend, fegte der mächtige Athabasca unter dem Boot der Männer nordwärts. Sie erlebten keine weitere Eisbarriere, vermochten die meisten Schnellen auf blankem Wasser zu durchschießen. Nicht ein einziges Mal berührte das Kanu einen Felsen oder den Flußgrund. Die Männer, die das Fahrzeug vorwärts trieben, waren Meister ihrer Kunst, wußten genau, was sie riskieren konnten, und schätzten rechtzeitig ab, wo Kühnheit nur Leichtsinn gewesen wäre.

Die Wasser schwollen zunächst nicht ab, so daß die beiden Reisenden von den Großen Schnellen, in denen im vergangenen Herbst Atak und Mayegan ihr Leben verloren hatten, nur wenig merkten, es sei denn, daß die Oberfläche des Wassers holperig wurde, Beulen annahm, hier und da auch strudelte und wirbelte – doch blieb der »fil d'eau«, die Bahn blanken Wassers, über die das Kanu der beiden Männer wie ein Pfeil hinglitt, während des ganzen Verlaufs der Schnellen deutlich erkennbar; das Fahrzeug erreichte »wie im Fluge« und unversehrt bald wieder ruhigeres Wasser. Die beiden Männer fanden kaum Zeit, einen Gedanken daran zu verschwenden, daß sie an dieser Stelle des Stroms, gewollt oder ungewollt, ein halbes Jahr zuvor zwei fliehende Menschen in den Tod gejagt hatten. Das war vorbei und fast schon vergessen. Das Leben hat weiterzugehen und jeder sich mit dem Geschick abzufinden, das er sich selbst bereitet. Paul und Mes Coh Thoutin verloren nicht ein einziges Wort über das, was sich bei den Großen Schnellen im vergangenen Jahr ereignet hatte. Ihre Parole lautete jetzt: weiter, weiter, sonst erreichen wir Mackenzie nicht, bevor er nach Norden aufbricht.

Sie verloren jedoch viel kostbare Zeit an der langen Kette von weiteren Stromschnellen, die das Fahrwasser des Athabasca oberhalb der Einmündung des Clearwater von Osten her in den Athabasca wie lauter bösartige Stolpersteine verriegeln.

Aber da hatten die beiden Fahrenden schon ihre volle Zähigkeit und Kraft wiedergewonnen, bezwangen eine Portage, eine Schnelle nach der andern, ohne das Kanu und seine Ladung auch nur ein einziges Mal zu gefährden.

Als die Mündung des Clearwater in den Athabasca an ihrer rechten Bordseite vorbeigeglitten war und der Leib ihres Kanus in dem helleren, lichteren Wasser dahinglitt, das der Clearwater, seinem Namen Ehre machend, dem Athabasca zuführte, wußten sie, daß das Schlimmste überwunden war, denn von nun ab windet sich der große Strom durch flaches Land und bildet keine Stromschnellen mehr, die diesen Namen verdienten – bis hin zum See Athabasca, in dem er sich über ein Gewirr von Wasserarmen schließlich verliert. Gewiß, ein klein wenig Strömung war auch noch in den vielfach aufgefächerten Armen des Athabasca-Deltas zu spüren, bevor sich alle diese Verzweigungen schließlich in das weit gedehnte Gewässer mit dem gleichen Namen, den See Athabasca, öffneten.

Paul Soldat und Mes Coh Thoutin waren bis dahin noch nie so weit in den Norden vorgestoßen. Sie wußten nur, daß Fort Chipewyan an einer der vielen Mündungen des Athabasca in den großen See gelegen war. An welchem dieser Arme, das wußten sie nicht.

Tagelang suchten die beiden in dem über Hunderte von Quadratmeilen sich dehnenden Delta des Stroms nach dem festen Lager Alexander Mackenzies, dem dieser den Namen der dort ansässigen Indianer gegeben hatte: Fort Chipewyan – nach dem Stamm der Chipewyans, die vor noch nicht lang vergangenen Jahrzehnten von den streitbaren Cree nach Norden abgedrängt worden waren. In der Tat, sie suchten tagelang nach dem Fort, verzweifelten schon fast daran, es jemals zu finden. Vielleicht gab es das Fort überhaupt nicht, oder sie suchten in der falschen Gegend.

Sie fanden es schließlich, meinten dann sogar in verzweifeltem Zorn, schon ein- oder zweimal daran vorbeigefahren zu sein. Die niedrigen Blockhütten mochten, wenn man am jenseitigen Ufer des Deltaarms entlang ruderte, kaum zu erkennen gewesen sein.

Sie kamen zu spät. Am dritten Juni hatte sich Alexander Mackenzie bereits nach Norden auf den Weg gemacht* – mit geringer und, wie es Paul erscheinen wollte, höchst unvollkommener Mannschaft; sie bestand, wie Roderick Mackenzie, der Alexanders Platz am Athabasca-See eingenommen hatte, berichtete, aus vier franko-kanadischen Voyageurs, von denen zwei ihre indianischen Weiber mitgenommen hatten, weiter einem Deutschen (das konnte nur jener Claas Forke sein, von dem Paul Soldat schon vor fast einem Jahr gehört hatte) und einem Indianer im Häuptlingsrang, der Mackenzie als Führer dienen sollte, »English Chief« genannt. Bis zum Großen Sklavensee würde die Route über bekanntes Wasser führen, denn am Großen Sklavensee saß schon seit einiger Zeit der franko-kanadische Händler Laurent le Roux. Le Roux hatte in Fort Chipewyan überwintert und sich Alexander Mackenzie zur Fahrt bis zum Großen Sklavensee angeschlossen. »English Chief« war als Häuptling mit seinen beiden Weibern und zwei Helfern aus seinem Stamm angerückt, in zwei kleinen Kanus. Le Roux mit seinen Leuten bemannte ein drittes Kanu, in dem ein Teil der Ausrüstung befördert wurde. Mackenzies Boot allein hätte Gepäck für eine lange Reise ins Ungewisse nicht tragen können. Le Roux würde am Großen Sklavensee mit seinen Leuten auf dem dortigen Posten zurückbleiben. Bis dahin sollten Alexander Mackenzie und seine Leute so viel von dem Proviant verzehrt haben, daß er die Vorräte aus le Rouxs Kanu für die Weiterreise in sein eigenes übernehmen konnte. Dies alles und noch manches andere erfuhren Paul und Mes Coh Thoutin nach ihrer Ankunft im Fort Chipewyan.

Roderick Mackenzie wußte davon, daß sein inzwischen nordwärts entschwundener Vetter Alexander im Jahr zuvor versucht hatte, sich einen guten Kanubauer auf die Reise ins Ungewisse mitzunehmen, daß aber nicht sicher gewesen wäre, ob Paul Soldat rechtzeitig zu Mackenzie stoßen würde.

Roderick Mackenzie erwies sich als ein besonnener, freundlicher Mann, der schon nach kurzem kein Hehl daraus machte, daß er froh war, in Paul einen neuen Gefährten und

---

* Tatsächlich ist Alexander Mackenzie schon genau ein Jahr früher, am 3. VI. 1789, auf die große Reise nach Norden gegangen. Abgesehen hiervon wird historisch getreu berichtet.

Helfer auf seinem entlegenen Posten gefunden zu haben, der gleich ihm waschechter Europäer war. Sosehr man nämlich in der North-West Company (ebenso wie in der Hudson's Bay Company) der eingeborenen Franko-Kanadier bedurfte, um die schwanken, launischen Kanus aus Birkenrinde und leichten Holzgestellen über die niemals gefahrlosen, oftmals sogar tückischen Gewässer des Pays d'en haut zu treiben, sosehr waren die franko-kanadischen Voyageurs doch anderen Wesens und anderer Lebensart als die Schotten aus dem Hochland oder von den Inseln vor den Küsten Europas, sehr anders auch als die Menschen vom europäischen Kontinent. Die Franko-Kanadier blieben stets launisch, zwar zu höchsten Leistungen und äußerster Schnelligkeit in jeder Gefahr fähig, aber auch ebensooft unzuverlässig und nur allzu leicht in ihrer oft sehr windigen Eitelkeit und Ehre gekränkt. Daß Paul Soldat von wesentlich soliderer Art war, wenn er sich auch zunächst den Anschein eines Franko-Kanadiers gab, hatte Roderick Mackenzie schnell erfaßt. Als sich obendrein herausstellte, daß der Schotte mit Paul nicht nur auf französisch, sondern ebensogut auch auf englisch verkehren konnte, stand einer herzlichen Beziehung zwischen den beiden nichts mehr im Wege. Es hätte keinen Sinn gehabt – darüber wurden sich die beiden weißen Männer sehr schnell einig –, wenn Paul Soldat und Mes Coh Thoutin versucht hätten, Alexander Mackenzie zu folgen und ihn einzuholen. Die beiden waren im Fort Chipewyan erst vier Tage nach seiner Abreise eingetroffen. Alexander Mackenzie würde inzwischen über den Slave den Großen Sklavensee erreicht und von dort aus womöglich schon die Reise nach Nordwesten angetreten haben, um eine Route zu erschließen, die Paul Soldat und Mes Coh Thoutin kaum ohne indianische Führung würden verfolgen können. Der einzige indianische Führer aber weit und breit, der vielleicht fähig gewesen wäre, sie richtig einzuweisen, war bereits mit Mackenzie nach Norden unterwegs.

Paul Soldat und Mes Coh Thoutin mußten also ihren ursprünglichen Plan aufgeben. Was aber sollten sie statt dessen verrichten? Sie verfügten nicht über Tauschwaren, mit denen sie Pelzhandel treiben konnten. Das wäre auch ohnehin nicht in Frage gekommen, denn sie durften Roderick Mackenzie nicht Konkurrenz machen. Sollten sie sich auf die lange Reise zurück zum Handelsposten am La Biche begeben? Zurück in die Nähe von Justin und Anna Leblois? Auch dort würden sie nicht erwünscht sein und eigentlich überflüssig – genauso, wie sie es ganz gegen ihre Erwartung und auch zu ihrer großen Enttäuschung nun in Fort Chipewyan waren.

Roderick Mackenzie war indessen durchaus bereit, einen vernünftigen Vertrag mit seinen beiden unerwarteten Besuchern zu schließen. Paul Soldat erbot sich, für die Bedürfnisse des Fort Chipewyan und die Rückfracht der Pelze vom Athabasca-See zum »Oberen See«, dem großen Lake Superior fern im Südosten, drei große Frachtkanus von bester Bauart herzustellen und damit seinen Unterhalt bis zur Rückkehr Mackenzies aus dem Nordwesten zu bezahlen. Denn wenn Paul und Thoutin nun auch die große Reise nicht mitmachen konnten, so wollten sie doch wissen, was Mackenzie entdeckt, ob er einen Weg zum Stillen Ozean, ob er neue Pelzgebiete erschlossen hatte. Mit solcher Kunde würden sie sich unter Umständen die besondere Dankbarkeit von Justin Leblois und seiner Frau verdienen und vielleicht doch mit der Zeit in die Mannschaft des Handelspostens am La Biche hineinwachsen. Denn Pauls kleine Tochter lebte ja bei Anna im Hause und wurde sicherlich wie ein eigenes Kind gehalten. Er wollte trotz aller Schwierigkeiten und Hemmnisse versuchen, bei Nagamoun zu bleiben, das heißt, in der Nähe der Leblois. – Das war Paul Soldat in den langen Paddelstunden den Athabasca abwärts schon vor seiner Ankunft in Fort Chipewyan klargeworden.

Hinzu kam, daß auch Mes Coh Thoutin nur wenig Lust zeigte, womöglich für die Dauer so weit im Norden am Lake Athabasca zu verweilen. Er als ein Cree, Sohn des Masquâ, des »Bären«, einem Häuptlingsgeschlecht entstammend, verachtete die Chipewyans, die in diesen armseligen Wäldern weit im Norden ein recht kümmerliches Dasein führten. Ihm, einem Cree, war von klein auf eingeprägt worden, daß die Chipewyans vor den Cree immer nur davongelaufen wären, niemals tapferen Widerstand geleistet hätten und deshalb verdienten, aus ihren Wohnsitzen weiter im Süden nach Norden vertrieben zu werden. Mes Coh Thoutin vergaß dabei allerdings, daß die Cree schon mit Feuerwaffen kämpften, als die Chipewyans nur über Pfeil und Bogen verfügten. Gegen die von den Händlern aus dem fernen Osten eingetauschten Feuerwaffen war kein Kraut gewachsen. Den Chipewyans war die Furcht vor den Cree so tief eingeimpft worden, daß ein Cree nie und nimmer von gleich zu gleich mit ihnen verkehren konnte. Außerdem wollte natürlich auch Mes Coh Thoutin, obgleich er das niemals aussprach, auf die Dauer nicht auf seine Frau und sein Söhnchen verzichten.

Paul Soldat und Mes Coh Thoutin hatten am Ufer des Lake Athabasca entlang weit umher zu suchen, ehe sie für den Kanubau geeignete Silberbirken entdeckten, die ihrer Rinde in der richtigen Weise beraubt werden konnten, um damit die Außenhaut der Kanus zu liefern. Auch gesunde, kräftige Spanten für das Bootsgestell waren gar nicht leicht zu beschaffen; ganz besondere Mühe machten die Bodenbretter für das Kanu, denn eine lange Zweimannsäge, mit welcher man geeignete Stämme hätte zu Bodenbrettern aufschneiden können, stand den beiden Männern nicht zur Verfügung. Sie mußten die Bretter mit der Axt und dem Beil aus den Stämmen herausschlagen, eine mühselige und viel Geschick erfordernde Arbeit, die aber schließlich zur Zufriedenheit der beiden Kanubauer gelang.

Niemand vermochte vorauszusagen, wann Alexander Mackenzie zurückkehren, ja ob er überhaupt zurückkehren würde – diese dumpfe Drohung blieb im Hintergrund auf eine wortlose, aber unheimlich ihr Feld behauptende Weise lebendig.

Allmählich schwang der Alltag der im Fort Chipewyan zurückgebliebenen Männer in gewohnte Bahnen ein. Jeder wußte, was er zu tun und zu lassen hatte, keiner brauchte sich überfordert zu fühlen, alle aber litten gleichermaßen unter der in diesem Frühsommer besonders qualvollen Plage der Moskitos. Obgleich die Nächte noch oft genug Frost brachten, schwärmten die Stechmücken zu Myriaden aus den Sümpfen und Morästen, die nach der Schneeschmelze das weite Land so gut wie unpassierbar gemacht hatten. Niemals deutlicher als in dieser Jahreszeit erwies es sich, daß in den grenzenlosen Einöden im Norden des Pays d'en haut mit ihren mageren, nordwärts immer kärglicher werdenden Wäldern wahrhaftig nur das Kanu und die blanken, wallenden Wasser der Flüsse und Ströme die einzigen Wege vorzeichneten – auch sie noch schwierig und gefährlich genug! –, auf denen das unermeßliche, eintönige Land zu erschließen war. Auch im Winter boten die Flüsse und Seen, fest zugefroren, den Hundeschlitten die am leichtesten zu befahrende Bahn, obgleich dann das ganze Land mit seinen unzähligen Sümpfen und Morästen im Frost erstarrte.

Roderick Mackenzie und Paul Soldat, zwischen denen sich im Laufe der Wochen eine vorsichtige Freundschaft entwickelt hatte, erörterten an den langen hellen Abenden des Juni und Juli, wenn es den Nächten schwerfiel, sich gegen den scheidenden Tag durchzusetzen, wie unauflöslich das Leben der Männer auf den gottverlassenen Posten im Pays d'en haut mit dem Kanu verknüpft war. Roderick und Paul hockten dann wohl um ein qualmendes Feuer aus feuchtem Holz mit tief in die Stirn gezogenen Kappen, dicht vermummten Hälsen und winterlich behandschuhten Händen – denn trotz des beißenden Qualms fanden die Mücken unweigerlich einen Weg zu jeder nicht geschützten Stelle der Haut – und tauschten in langsam tröpfelndem Gespräch Gedanken aus, die sonst nur wortlos in den Köpfen rumort hätten, ohne feste Form anzunehmen. Paul meinte dann etwa:

»Wir werden euch drei vorzügliche Kanus bauen; sie sollten mindestens fünf, wenn nicht gar acht oder zehn Jahre halten. Vorausgesetzt natürlich, daß sie nicht vorher von irgendeinem allzu waghalsigen Avant oder Gouvernail an die Felsen gerannt werden. Wenn erst viel an den Booten herumgeflickt wird, dann sind sie in ihrem Gewicht nicht mehr ausgeglichen und folgen dem Steuerpaddel nicht mehr so zuverlässig, wie es sein sollte. Wir werden uns große Mühe geben, Roderick. Gewiß, man kann ein Kanu auch in drei oder fünf Tagen zusammenschustern, aber wenn man wirklich ein erstklassiges Fahrzeug herstellen will, dann braucht man dafür ebenso viele Wochen. Hier im Norden ist das gar nicht so einfach. Wir haben weit am Ufer des Sees entlang nach geeigneten Birken suchen müssen. Die Stämme sind alle zu schwach, und ihre Rinde ist zu narbig, als daß sie gute Außenhäute für die Boote liefern könnte. An guten Spanten allerdings ist hier kein Mangel, denn die Fichten wachsen langsam hier, sind vielfach verknorrt und sehr hart. Wenn man sich nur Mühe gibt, lange genug zu suchen, dann findet man Spantholz, das schon von der Natur in die richtigen Kurven gebogen ist. Man braucht den Hölzern also keine Biegung aufzuzwingen, die bei ungewöhnlicher Belastung vielleicht versagt und bricht.«

Roderick stocherte nachdenklich in seiner Pfeife, schlug hin und wieder mit der behandschuhten Rechten eine Mücke tot, die sich zwischen seinen Augenbrauen niedergelassen hatte, und gab dem Gespräch, ohne Paul Soldat anzusehen, eine neue Wendung:

»Wenn ich dich so reden höre, Paul, wird mir klar, was ihr beide eigentlich für sonderbare Heilige seid. Ihr bastelt Tag für Tag an den Rümpfen eurer Kanus, dehnt und formt die Birkenrinde zu den Wölbungen aus, welche sie später in den Kanuwänden haben soll, wißt nicht, was ihr im kommenden Herbst und Winter anfangen wollt, macht nicht viel Profit, verdient nicht einmal eine große Besäufnis und seid doch keine Franko-Kanadier. Wir dagegen, ich meine, wir Schotten von der North-West Company oder auch die Leute von der Hudson's Bay Company, wir ertragen dies harte und langweilige Leben hier draußen im Pays d'en haut, weil wir irgendwann als reiche Leute in die alte Heimat zurückkehren wollen, das heißt natürlich, wenn uns nicht vorher die Fische fressen oder die Bären. Eigentlich eine verrückte Sache, Paul, wenn man sich's überlegt, daß wir Tausende von Kanumeilen über den ganzen amerikanischen Kontinent hinweg hinter uns bringen, jahraus, jahrein, daß die franko-kanadischen Voyageurs, die in den Tag hineinleben und gewöhnlich nichts zu verlieren haben, sich für uns abrackern; und das Ganze bloß, um einige tausend Pelze aus den Einöden zu holen, Pelze, die nur von einigen reichen Leuten getragen werden, denn die Armen können sie nicht bezahlen; oder die als Biberhaar in die Filzhüte eingehen, in die Dreispitze und steifen Kappen für vornehme Leute und Soldaten; ein Irrsinn wahrlich, aus so gleichgültigem Anlaß so außerordentlichen Aufwand zu treiben, und an allen Kanuwegen stehen die Kreuze für die verunglückten Voyageurs oder die, welche von einer schnellen Krankheit weggerafft wurden. – Und das alles im Grunde bloß, damit Lord Soundso oder Lady Soundso ihrer Eitelkeit oder ihrem Hochmut Genüge tun. Ich habe zu meinem Vetter gesagt: Alexander, du riskierst dein Leben und das deiner Leute, wenn du über den Großen Sklavensee hinaus vordringen willst. Er hat geantwortet: Klar, das weiß ich, aber irgendwer muß sich schließlich aufmachen, um festzustellen, wohin all das Wasser eigentlich fließt, das unsere Boote trägt. Ich habe ihm geantwortet: Alexander, bloß um dieses Wissens willen machst du dich nicht auf den Weg. Wir brauchen dringend eine Route nach Westen zum Weltmeer, zum Pazifischen Ozean. Mein Vetter hat nur den Kopf geschüttelt: Stimmt, stimmt, aber vielleicht kann ich zwei Fliegen mit einer Klappe schlagen, einerseits meiner Gier Genüge tun, zu erfahren, wohin auf diesem Kontinent die Flüsse fließen; und außerdem für uns und unsere Partner in Montréal und London die Voraussetzungen für weitere Profite schaffen. Ich weiß nicht, was daran schlecht sein soll, ein leeres, unbekanntes Land zu erforschen und sich gleichzeitig dabei ein paar Dukaten oder Gold-Guineas in die Tasche zu zaubern. – Oder hast du was dagegen einzuwenden, Paul?«

Nein, Paul hatte nichts dagegen einzuwenden, schnitzte weiter an dem Bugholz für eines seiner Kanus, das er aus dem vertrackt, aber genau passend gebogenen Ast einer Esche herausgearbeitet hatte. Er schabte noch eine Weile an dem wie heller Samt schimmernden Holz und erwiderte:

»Wie eine große Spinne hat die North-West Company das Netz ihrer Kanurouten über den Kontinent gebreitet – nicht über den ganzen, das wäre zuviel gesagt, aber doch über den ganzen Nordwesten – und überall sitzen die kleinen Spinnen, das heißt, die Handelsposten und sogenannten Forts, wie hier Fort Chipewyan, ziehen die Indianer an sich heran mit den guten Sachen, die sie anzubieten haben, und machen sie vom Pelzhandel abhängig. Ich bin zwar kein Voyageur mehr, und Mes Coh Thoutin ist es auch nicht, wir sind auch keine Agenten der Company, kaufen und verkaufen nicht in ihrem Auftrag und für ihre Rechnung; aber wir hängen doch von ihr ab, denn wer sonst sollte uns Kanus abnehmen als die Brigadeführer der Company, wenn sie ihre Fahrzeuge zu hart auf den Sand gesetzt haben oder der Sturm sie auf die Felsen trieb. Aber man braucht sich nur einmal zu überlegen, Roderick, was hier geschähe, wenn in Europa die Leute plötzlich nicht mehr kanadische Pelze tragen, weil Wolle modern geworden ist, oder russische Pelze besser sind oder sonstwas, und weil die Hutfabrikanten das Biberhaar nicht mehr für ihre Dreispitze und anderen Filzhüte brauchen. Was würde dann hier werden? Der ganze Pelzhandel würde mit einem Schlage lahmgelegt. Hunderte oder gar Tausende von Voyageurs wüßten nicht mehr, wovon sie leben sollten, denn Kanus würden nicht mehr unterwegs sein, die Waren nach Westen und Pelze nach Osten zu schaffen. Die Agenten allerdings und die Partner der Company hätten längst ihr Schäfchen im trokkenen und würden sich nach Montréal oder auch nach London absetzen und von den Zinsen leben, die das Kapital einbrächte, das sie sich hier bei hundert, früher sogar manchmal bei tausend Prozent Gewinn verdient haben. Am schlimmsten aber wären dann die Indianer dran: Sie sind alle, manche Stämme schon seit Generationen, daran gewöhnt, Pelze gegen Waren einzutauschen. Bleiben sie auf ihren Pelzen sitzen, so können sie keine Gewehre mehr, keine Munition, kein Pulver, keine Messer, Decken und vieles andere, was ihnen längst selbstverständlich und unentbehrlich geworden ist, erwerben. Mit Pfeil und Bogen umzugehen, haben viele von ihnen schon verlernt, und auf den Branntwein wollen sie auch nicht mehr verzichten. Aus ihrem alten Zustand heraus und in den angenehmeren neuen hineinzuschwenken, das ist den Indianern nicht schwergefallen. Wenn sie aber den umgekehrten Weg gehen müßten, das würde sie verdammt sauer ankommen. Sie werden dann noch viel bösartiger übereinander herfallen als früher, wo sie alle nur mit Pfeil und Bogen und ein paar Steinäxten bewaffnet waren. Walther Corssen hat mir einmal gesagt: Paul, ich bin von Anfang an dabeigewesen, ich hab's mit angesehen, was der Pelzhandel aus den Indianern gemacht hat; ich hab's miterlebt, wie wir immer weiter nach Westen gehen mußten, weil die Biber im Osten immer spärlicher wurden, so daß sich die Jagd auf sie nicht mehr lohnte und auch nicht auf andere Pelztiere. Ich weiß, daß wir nicht eher ruhen werden, als bis wir am Rande des Hochgebirges angekommen sind im Westen irgendwo, kein Mensch weiß genau, wo das ist, oder gar an dem Rand des Weltmeers im Westen, das sie Pazifischer Ozean nennen. Dann, Paul, werden alle Indianer nicht mehr das sein, was sie gewesen sind, nämlich selbständige und freie Leute, die nur von sich, ihrem großen Geist Manitou und von den Unbilden oder der Gunst des Wetters, von Sommer und Winter, Regen, Schnee und Eis abhingen; statt dessen wurden sie zu Lieferanten in einem Geschäft, auf das sie nicht den geringsten Einfluß haben und das schließlich nur dazu dient, den großen Herren in Montréal oder London die Taschen zu füllen. Paul, sagte Walther Corssen weiter zu mir, ich will damit nichts mehr zu tun haben. Ich war mit einer Métisse verheiratet, sagte er, und du bist mit einer Indianerin verheiratet, und wir beide wissen, was für großartige Leute es unter den Indianern gibt. Warum sollen wir mithelfen, sie aus dem Sattel zu heben, ehe sie es richtig merken! Das sagte Walther Corssen damals, und ich habe es nicht vergessen, Roderick.«

Die beiden Männer schwiegen lange nach dieser ohne jede Aufregung geführten Debatte und gingen schließlich schlafen; Roderick zu seinem Mädchen aus dem Stamme der Chipewyans und Paul Soldat zu dem treuen Gefährten mit dem blatternarbigen Gesicht, seinem Mes Coh Thoutin.

Am zwölften September, einem Sonnabend, nachmittags um drei Uhr, traf Alexander Mackenzie von seiner großen Reise nach Nordwesten wieder an seinem Ausgangspunkt Fort Chipewyan ein. Den ganzen Tag über war es bitter kalt gewesen. Ein böser Wind war von West-Nordwest aufgekommen und hatte dem großen See Athabasca silberne Schaumrüschen auf die schwarzen Wasser gezaubert. Paul Soldat und Mes Coh Thoutin, die abseits des Haupthauses an ihrem letzten Boot bauten – es war so gut wie fertig und zeigte die wunderbar kräftigen und schön geschwungenen Linien, die sie bei ihrem verstorbenen Meister als letzte Vollkommenheit im Bau starker, schneller Lastkanus erlernt hatten; Corssen hatte damals das Cree-Kanu für die besonderen Zwecke des Pelzhandels wesentlich zu verbessern gewußt –, Paul also und Thoutin hatten als erste das Segel entdeckt, das sich vor dem Winde von weither dicht unter dem Ufer näherte. Mit ein paar lauten Rufen hatten sie Macleod und seine fünf Männer darauf aufmerksam gemacht.

Der Schotte Macleod war vor kurzer Zeit mit fünf Voyageurs in einem reich beladenen Lastkanu den weiten Weg vom Rainy River und vom Lake Superior in Fort Chipewyan eingetroffen, um den im Laufe des vergangenen Winters und Sommers bis auf wenige Stücke zusammengeschrumpften Bestand des Lagers an Tauschwaren wieder aufzufüllen. Macleod und seine fünf Franko-Kanadier würden den Winter am Lake Athabasca überstehen müssen und waren sofort eifrig darangegangen, noch vor dem ersten Schnee ein festes und warmes Blockhaus für sich zu errichten, denn in dem Haupthaus des Postens bei Roderick Mackenzie und seinen Leuten mangelte es an Platz für sechs weitere Männer.

Auch Roderick kam aus dem Haupthaus gerannt und gesellte sich zu der Schar der Wartenden. Die Männer beobachteten das aus der Ferne sich nähernde Segel eine Zeitlang. Sollte wirklich Alexander Mackenzie schon wieder von seiner langen Reise zurückkehren? Paul und Roderick verständigten sich schnell mit ein paar Worten: Ja, dies war erst der einhundertundzwote Tag nach seiner Abfahrt. Dann meinte Roderick: »Vor diesem harten und gefährlichen Wind zu segeln mit voller Leinwand – verrückt! –, verdammt gefährlich ist das! Wenn man nicht genau aufpaßt, hat man das Boot im Nu voll Wasser. Das muß Alexander sein! Nur er traut sich solche Segelei zu!«

Roderick Mackenzie hatte in der Aufregung Englisch gesprochen. Die Voyageurs verstanden ihn nicht, aber sie begriffen ungefähr, was er meinte. Paul Soldat aber und Macleod wiederholten wie aus einem Munde: »Klar, das kann nur Alexander sein!«

Er war es. Fünf Minuten später sprang er an Land, breitschultrig, schmalhüftig, mit bräunlich gegerbtem langem Gesicht unter zerzaustem rötlichem Haar – er trug keine Mütze –, langer, schmaler Nase, großen, braunen Augen, einem jungenhaft trotzigen Mund und einem sehr soliden Kinn mit einem merkwürdig kindlichen Grübchen darin. Doch blickte er hohläugig. Sein Lederkleid war durchnäßt. Er lächelte nicht. Es war auf der Stelle zu erkennen, daß die entsetzlichen Strapazen der vergangenen Wochen auch diesem zähen und unüberwindlichen Mann aufs grimmigste zugesetzt hatten.

Er schien keinen von seinen Leuten verloren zu haben. Sein Boot war voll besetzt, aber Pelze schien er nicht eingehandelt zu haben. Auch die Packs an Proviant und persönlichem Gepäck im Boot waren kaum noch der Rede wert. Mit wenigen Blicken hatten alle den Zustand erfaßt, in dem sich die Heimkehrer befanden.

Alexander Mackenzie schritt mit steifen Knien auf Roderick zu. Im Kanu werden einem jeden die Glieder steif vom langen Hocken. Er reichte seinem Vetter die Hand: »Da sind wir wieder, Roderick. Alles in Ordnung bei euch?«

Roderick ergriff die Hand des Vetters und schüttelte sie: »Alles in Ordnung, Alexander. Macleod ist gekommen mit fünf Mann und reichlichem Nachschub. Und dann haben wir hier noch Paul Soldat, der uns mit seinem Indianer drei vorzügliche Kanus gebaut hat, die wir im nächsten Frühling gut werden gebrauchen können.«

Damit war gesagt, was zu sagen war. Alles übrige verstand sich von selbst.

»Gut!« erwiderte Alexander, erhob seine Rechte und strich sich mit der flachen Hand von der Stirn über das Gesicht abwärts bis zum Kinn, ließ die Hand wieder sinken, wußte sicherlich nicht, daß er mit dieser Geste verraten hatte, wie zum Äußersten erschöpft er sich fühlte, faßte sich wieder, richtete sich auf, trat auf Paul Soldat zu und reichte auch ihm die Hand. »Freue mich, Sie hier wiederzusehen, Monsieur Soldat. Unser Kanu ist so gut wie hin. Es hat gerade noch bis hierher gereicht. Haben Sie mich also doch auf die große Reise begleiten wollen?«

Paul Soldat gab Bescheid: »So ist es, aber wir kamen um einige Tage zu spät. Sie waren schon fort, und wir mußten fürchten, irgendwo im Unbekannten an Ihnen vorbeizufahren.«

Alexander Mackenzie nickte, begrüßte dann Macleod und ließ sich, allen hörbar, vernehmen: »Nun ja, es geht nicht immer alles glatt im Pays d'en haut. Man muß froh sein, wenn man sich mit heilen Knochen wiedersieht. Ich danke allen Männern, die mir auf der vergangenen Reise und hier auf meinem Posten geholfen haben.«

Das hatte er auf französisch gesagt. Gleich danach wandte er sich mit leiserer Stimme an Roderick, Macleod und Paul: »Ich will mich jetzt erst waschen, umziehen und eine Stunde schlafen. Nach dem Abendessen können wir uns bei mir im Haupthaus zusammensetzen und besprechen, was zu besprechen ist.«

Viele Umstände wurden nicht gemacht. Viel Aufwand war nicht erforderlich. Wenn die Männer im Pays d'en haut, franko-kanadische, schottische, englische und gelegentlich auch deutsche, sich zu Reisen aufmachten oder von solchen zurückkehrten, die eine Kühnheit und einen Wagemut erforderten, von denen sich die Leute in sogenannten geordneten Verhältnissen nichts träumen ließen, schon gar nicht solche im alten Europa mit seinen Kaisern und Königen, Bütteln und Ämtern, seinen Steuereintreibern, seinen mit dem Stock erbärmlich gedrillten Soldaten und hochnotpeinlichen Gerichten.

Der Kamin im Haupthaus war breit, jedoch nicht allzu tief aus groben Brocken des Felsgesteins gemauert, das überall um den See Athabasca, wie es dem Großen Kanadischen Schild entspricht*, offen zutage tritt, grau und rissig vor Alter, von Flechten und Moosen nur zaghaft hier und da begrünt.

Der Kamin war so geräumig, daß man fast ein Bett darin hätte aufstellen können. Die schweren, kantigen Steine, mit weißlichem Mörtel sorgsam ineinandergefugt, sollten sich voll Hitze saugen, während das Feuer zwischen und vor ihnen loderte, um solche Wärme auch noch während der Nacht abzustrahlen, wenn die Flammen längst zusammengesunken waren.

An diesem Abend wurde dem Feuer nicht erlaubt, mit seiner Wärme zu geizen. Von Zeit zu Zeit schob Roderick Mackenzie einige frische Fichtenkloben in die Glut, deren sich die Flammen sofort mit Begierde annahmen. Ab und zu zerknallte ein Ast in den Scheiten und sprühte ein paar Funken in den Schornstein hinauf oder auch vor die Füße, sogar gegen die Knie der Männer, die um den Kamin beisammensaßen; vor sich auf niedrigem Schemel eine dampfende Schüssel mit Rumpunsch, dem Roderick mit heißem Wasser, Rum und Honig stets wieder aufhalf, wenn das würzig duftende Getränk in der Punschkumme auf die Neige zu gehen drohte.

Schweigen hing schon seit einer ganzen Weile in dem großen Raum, der nur von dem flackernden Feuer unsicher erhellt wurde. Die Flammen warfen die schwarzen Schatten der vor ihnen hockenden vier Männer in unsicher tanzenden Umrissen an die Gegenwand des Raums und verzerrter noch an die aus dicht und genau ineinandergepaßten armstarken Fichtenstämmen gefügte Stubendecke. Die drei Männer, Roderick Mackenzie, Macleod und Paul Soldat, hatten sich Alexander Mackenzies Bericht über seine große Reise angehört, ohne ihn zu unterbrechen. Obwohl er sich so knapp wie möglich gefaßt hatte, nicht ein einziges Mal große Worte gebraucht oder gar versucht hatte, die eigene Leistung und die seiner Leute besonders herauszustreichen, begriffen die Zuhörer wohl, daß

---

* Der Große Kanadische Schild umgibt in einem Streifen von vielen hundert Meilen Breite die Hudson Bay im Norden des nordamerikanischen Kontinents und stellt eine der ältesten, geologisch nie gestörten Landschaften der Erde dar.

Alexander im Eis, in den kalten Regenstürmen, den oft genug wütend verwirbelten Gewässern, den nie zuvor von einem weißen Mann befahrenen, hundertmal sein eigenes und das seiner Leute Leben riskiert hatte, weil ebensooft die Gefahren nur mit jäher Entschlossenheit und schnellem Mut, der nie versagen durfte, gemeistert werden konnten. Die drei Zuhörer kannten die Wildnis des Pays d'en haut und hatten längst gelernt, daß in ihr jede Achtlosigkeit, jedes vorsichtige oder gar feige Zögern im unrechten Augenblick oft genug mit dem Tode bestraft wurde.

Alexander Mackenzie beschloß seinen Bericht: »Wir waren tatsächlich unausgesetzt nach Norden gefahren, auch nach Nord-Nordwest und Nordwest, hatten, wenn ich richtig vermessen habe, den Polarkreis bereits überquert. Eis überall auf dem ungeheuren Strom! Meinen Voyageurs saß die Angst in den Knochen – aber das, worauf ich gehofft hatte, wollte sich nicht ereignen: der Fluß dachte nicht daran, die Richtung nach Westen einzuschlagen. Und als ich dann Ebbe und Flut beobachtete am Ufer des Stroms, wenn wir nächtigten, als das Wasser anfing, salzig zu schmecken und sich der Strom in viele Arme auflöste, also ein Delta sich ankündigte, als sich manche dieser Arme schon von See-Eisbarrikaden verschlossen zeigten, konnte ich nicht mehr im Zweifel darüber sein, daß wir nicht den Stillen Ozean erreicht hatten, sondern daß der Strom, den ich befahren hatte, sich ins Eismeer des Nordens ergoß. Regen, der uns bis auf die Haut durchnäßte, kein Wald mehr am Ufer, sondern nur unabsehbare öde, tief versumpfte Tundra und Regen, eisiger Regen, oftmals mit Schnee vermischt, und trotzdem auch dort im Norden Wolken von Moskitos, die uns das Leben zur Qual machten. Was sollte es für einen Sinn haben, noch weiter vorzudringen? Menschen waren in dieser schaurigen Einöde nicht mehr zu entdecken. Robben tauchten auf, Schneegänse. Wir wußten, daß es nicht mehr lange dauern würde, bis der in so hohen Breiten nur kurze und schwächliche Sommer sich wieder verabschiedete. Meine Leute weigerten sich schließlich, weiterzufahren. Ich mußte ihnen recht geben. Der Strom, dem ich mich anvertraut hatte, führte ins eisige Nichts des Nordens. Wir drehten um und haben es, Gott sei Dank, geschafft, ohne den Verlust eines einzigen Menschenlebens unseren Platz hier am Athabasca-See wieder zu erreichen.«

Alexander Mackenzie legte eine kurze Pause ein, zuckte mit den Achseln, verzog die Mundwinkel zu einem bitteren Lächeln und fügte einen letzten Satz hinzu: »Es ist ja wohl Sitte und kann nicht als Übermut ausgelegt werden, wenn ich als der erste Erforscher dieses großen Gewässers im Norden zum Eismeer dem Strom einen Namen gebe. Wie dieser lauten soll, darüber bin ich mir schon auf der Rückreise klargeworden. Ich nenne das Gewässer ›Strom der Enttäuschung‹ oder einfach ›Enttäuschungsfluß‹*.«

Von den Zuhörern wagte niemand, dem sich auf solche Weise nach ungeheurer Anstrengung selbst verspottenden Mann zu widersprechen.

Roderick Mackenzie räusperte sich schließlich und meinte verhalten: »Immerhin hast du bewiesen, Alexander, daß über dieses Gewässer, das aus dem Großen Sklavensee nach Norden oder Nordwesten abwandert, der Pelzhandel nicht erleichtert oder für uns verbilligt werden kann. Diese Möglichkeit ausgeschlossen zu haben, sollte die hundertzwei Tage voller Strapazen und Gefahr, die hinter dir liegen, mehr als aufwiegen.«

Alexander nahm einen tiefen Zug aus seinem Punschbecher. Der Alkohol rötete ihm bereits das Gesicht, doch der Klarheit und Bitterkeit seiner Gedanken tat das keinen Abbruch: »Mein lieber Roderick, die geldschweren Leute da in Montréal und in London, die die Seniorpartner von uns Juniorpartnern sind, werden nur die Kosten zur Kenntnis nehmen, die meine vergebliche Fahrt verursacht hat. Daß ich einen großen Strom erkundet und in die Karte Nordamerikas eingezeichnet habe – damit locke ich bei den Anteilseignern in Montréal keinen Hund hinterm Ofen hervor. Und sie haben sogar recht, die Herren. Die Aufgabe, die ich zu lösen hatte, lautete nicht, den Nordwesten dieses großen Erdteils zu erforschen und mir bei der Königlich Geographischen Gesellschaft in London einen Namen zu machen, sondern ein neues Loch nach Westen zu finden, durch das man die hier den Indianern abgeschwatzten Pelze mit nur den halben Unkosten

---

* »River Disappointment«, so hat Alexander Mackenzie ursprünglich den Strom benannt. Inzwischen trägt das gewaltige Gewässer des nordamerikanischen Nordens, dessen zwei wichtigste Quellflüsse der Athabasca River und der Peace River sind, nach seinem Entdecker den Namen Mackenzie River.

auf den Markt in Europa oder China befördern kann. Alles andere bedeutet nach Meinung der Herren in Montréal nichts weiter als zum Fenster hinausgeworfenes Geld und bloße Schnurrpfeiferei.«

Das war so voller Hohn gesagt, und es war zugleich so wahr, daß keiner der Männer etwas hinzuzufügen brauchte. Paul Soldat allerdings, in diesem Kreise von Nordleuten in Leder und verdreckter Wolle der älteste und zugleich derjenige, den das Leben sicherlich am härtesten gebeutelt hatte, vermochte sich eines leisen Widerspruchs nicht zu erwehren. Er wagte es, nach einer Weile des Schweigens und Trinkens einzuwerfen:

»Am Pelzhandel hängen wir alle, ob wir wollen oder nicht. Und wenn nichts verdient wird, haben wir nichts zu fressen und, soweit ich sehe, die Indianer auch nicht. Was ist also schon daran zu tadeln, wenn die Company nach Möglichkeiten sucht, die Pelze, auf die es doch allein ankommt, aus dem Pays d'en haut herauszuholen. Ich kann dich gut verstehen, Alexander, und begreife, warum du den großen Strom Enttäuschungsfluß genannt hast. Du hast dich und deine Leute halb zu Tode geschunden. Claas Forke, der deutsche Voyageur, den du mit hattest, sagte mir: Nie wieder eine solche Reise, von der man nicht weiß, wohin sie führt! Stimmt schon, die Herren in Montréal werden nichts weiter sehen als die Kosten, die vergeblich aufgewendet worden sind. Ich glaube, man soll sich nichts vormachen: es entspricht dem einzigen Gesetz, nach dem wir hier alle angetreten sind, nämlich Pelze einzuhandeln und tausend Prozent Gewinn dabei zu machen; hundert sind schon zu wenig, weil das Risiko zu groß ist. Ich meine, klappt es nicht beim erstenmal, wird es vielleicht beim zweiten klappen. Im Posten am La Biche bei den Leblois habe ich mir von den Indianern, die den Athabasca herunterkamen, sagen lassen, daß der Strom ganz bestimmt von Westen her aus dem großen Gebirge kommt. Dann muß es, meine ich, dort einen oder mehrere Pässe geben, über die man sich nach Westen bewegen kann – nach unserer Manier mit dem Rindenkanu im Nacken. Auf der anderen Seite des Gebirges trifft man vielleicht dann irgendwo auf den großen Fluß oder einen seiner Nebenflüsse, dessen Mündung in den großen Ozean weiter im Süden schon bekannt ist. Dies wiederum weiß ich von Justin Leblois, der wie die Spinne im Netz an der Mündung des La Biche in den Athabasca sitzt und jeder leisen Andeutung nachgeht, die den Indianern aus dem weiteren Westen, absichtlich oder unabsichtlich, gelegentlich entschlüpft.«

Paul Soldat war in Fahrt geraten. In dieser Stunde vor dem lodernden Feuer im Blockhaus am Athabasca-See (während draußen ein eisiger Regensturm, schon mit Schnee vermischt, obgleich noch nicht einmal die Mitte des September erreicht war, von Nordosten über die Einöden fegte) - wahrlich, Paul Soldat erging es so, wie es gemeinhin all den wenigen weißen Männern aus dem alten Europa in den unermeßlichen Einöden im Nordwesten erging: Sie sagten »Pelzhandel« und immer wieder »Pelzhandel«! Aber in Wahrheit wurden sie, ohne es recht zu begreifen, von einem unwiderstehlichen Drang angetrieben, diesen riesigen, dunklen, Europa hundertfach an Leere und Weite übertreffenden Erdteil zu durchstoßen, ihre Kanus immer neuen schäumenden, halsbrecherischen Strömen anzuvertrauen, um endlich irgendwo und irgendwie das Ende der grenzenlosen Wildnis zu erreichen, das heißt aber, irgendwo wieder am Meer zu stehen, am Wasser also, das die Erde umgibt und der Reise in die Heimat – abgesehen von Wind und Wetter – keine Widerstände mehr bietet.

Paul Soldat hatte, eigentlich ohne es zu wollen, den Grundakkord angeschlagen, der immerwährend in der Tiefe der Herzen der Nordwestmänner summte, ganz gleich, ob diese Herzen ursprünglich in französischem, englischem, schottischem, irischem, deutschem oder – auch das gab es schon von Anfang an – jüdischem Takte schlugen.

Paul Soldat hatte das Gespräch gewendet, und die andern schwenkten offensichtlich gern in die neue Richtung ein. Alexander Mackenzie war mit einem Sprunge sofort jenseits des »Enttäuschungsflusses«. Er widersprach Paul:

»An den Athabasca habe ich natürlich schon gedacht, Paul. Aber ich fürchte, da kommt man zu weit nach Süden hinunter, gerät in die Gegend der Quellflüsse des Saskatchewan. Das riecht mir schon zu sehr nach Prärie, und das ist keine Pelztiergegend mehr. Und dann weiß kein Mensch, wo eigentlich die genaue Grenze zwischen den verdammten amerikanischen Rebellen, die sich von England freigekämpft haben, und den englischen Gebieten verlaufen wird. Ich habe mit dem englischen König nicht viel im Sinn. Der und seine Londoner

Adels-Clique! Sie wollen alle über die Hudson's Bay Company am Pelzhandel mitverdienen. Wir Montréaler und unsere North-West Company sind ihnen ein Dorn im Auge. Mit den Amerikanern im Süden will ich schon gar nichts zu tun haben. Grobe Kerle sind das, die sich kein Gewissen daraus machen, den Indianern übel mitzuspielen, sie abzuknallen wie Hasen oder Coyoten. Kein Wunder, daß die Indianer sie hassen. Wir hier im Pays d'en haut haben gelernt, daß für den Handel nichts wichtiger ist, als die Indianer bei guter Stimmung zu erhalten und so vollständig wie möglich von unseren Tauschgütern aus Europa abhängig zu machen. Das geht natürlich nur, wenn nicht geschossen wird, sondern möglichst nur gesoffen, wenn nicht etwa skalpierte, sondern nur Schnapsleichen nach Abschluß der Geschäfte übrigbleiben. Nein. Mir ist längst ein anderer Gedanke gekommen: Verläßt man diesen unseren See Athabasca über den Sklaven-Fluß nach Norden zum Großen Sklaven-See, so mündet schon nach einem halben Kanutag von Westen her der riesige ›Friedensfluß‹, der Peace, von Westen her in den Sklaven-Fluß ein. Wenn es nach mir ginge – von Montréal kam solcher Auftrag bisher nicht; aber was wissen die Herren dort davon, wie es hier aussieht; die sitzen weit vom Schuß! –, also wenn es nach mir ginge, würde Macleod sich mit seinen Leuten hier nicht lange aufhalten und sein Haus zu Ende bauen, sondern sich gleich auf den Weg machen, den Peace aufwärts fahren und irgendwo an geeigneter Stelle einen neuen Posten errichten. Das Wetter ist zwar schon sehr winterlich jetzt, aber ehe die Flüsse richtig zufrieren und man kein Kanu mehr benutzen kann, vergehen noch einige Wochen. Die sollte Macleod nutzen. Ich selbst will sehen, per Eilkanu nach Südosten abzureisen, sobald es geht, um möglichst noch vor dem Frost Grand Portage am Lac Supérieur zu erreichen. Ich muß meinen Bericht erstatten, auch wenn es nicht der ist, den die Herren sicherlich erhoffen. Ich nehme an, daß mir einer von unseren Seniorpartnern von Montréal nach Grand Portage entgegengereist sein wird, um mich dort zu treffen. Ich will den hohen Herrn nicht enttäuschen. Enttäuschungen gibt es sowieso genug. Was meinst du, Macleod, soll ich dich noch fortjagen über den Peace aufwärts nach Westen? Und was hast eigentlich du vor, Paul? Meine Reise den Enttäuschungsfluß abwärts ist ohne dich vonstatten gegangen, aber es hätte nicht viel gefehlt, und wir hätten wirklich einen guten Kanubauer dringend nötig gehabt. Deswegen wollte ich dich so gern mitnehmen und deinen Indianer auch. Wir haben unser altes Kanu so oft flikken und notdürftig zurechtrücken müssen, daß das Boot bald viel zu schwer wurde, mit seinem verbogenen Bug immer wieder vom Kurs abwich und trotz aller Mühen stets wieder Wasser zog. Ich denke nicht daran, aufzugeben. Irgendwann gondele ich wieder los, werde es mit dem Peace versuchen. Aber dann will ich jemand wie dich, der sich auf die Konstruktion von guten Reisekanus besser versteht als die Indianer, mit von der Partie haben. Was hast du für Pläne, Paul?«

Alexander Mackenzie hatte sie beide zugleich angesprochen, seinen schottischen Untergebenen Macleod und den unabhängigen Westmann, Kanubauer, erfahrenen Gouvernail, Paul Soldat. Doch weder er noch Macleod waren auf der Stelle zu einer Antwort bereit. Statt dessen mischte sich Roderick in die Unterhaltung: »Er kann es nicht lassen, der Alexander! Kaum ist er wieder da, schon will er wieder fort. Und schießt uns in die übrigen drei Himmelsrichtungen. Das kommt daher, daß wir zuviel Punsch getrunken haben, was mich aber nicht abhalten wird, die Kumme noch einmal zu füllen!«

Roderick stand auf, hob von dem Stein dicht neben dem flackernden Herdfeuer den rußigen Kessel, in dem das Athabascawasser schon seit mehr als einer Stunde leise vor sich hin brodelte, füllte damit die Kumme zu zwei Dritteln, entkorkte eine neue Flasche Rum, die er schon zu Beginn des Abends aus dem Fäßchen in der hintersten Ecke des großen Raums gefüllt hatte, fuhr mit dem Holzlöffel in den großen Honigtopf und mischte Wasser, Rum und Honig so energisch durcheinander, daß der herbsüße Duft des Getränks sich angenehm und verführerisch im Raum ausbreitete – wenn auch nicht für lange, denn das starke Feuer im Kamin sog ihn durch den Schornstein wieder ab. Ohne zu fragen, griff dann Roderick nach den vier Bechern, aus denen die Männer getrunken hatten; die hölzerne Schöpfkelle tauchte in das dampfende Getränk, ließ, was sie gefaßt hatte, in einen Becher nach dem andern plätschern, zuletzt in den, den Roderick für sich selber füllte. Jeder der vier dachte bei sich, wir sollten eigentlich aufhören, wir haben genug – aber warum schließlich nicht, Spaß macht's erst, wenn man mehr als genug hat, und wer will uns vorschreiben, wann wir morgen aufzuwachen haben.

Macleod, der Jüngste und im Range Niederste im Kreise, fühlte sich gezwungen, als erster Bescheid zu geben: »Mir soll's recht sein, Alexander. Du hast hier das Sagen. Ich komme damit zu einem eigenen Posten, früher als ich gedacht habe. Natürlich muß mir ein ausreichender Vorrat an Tauschgütern bewilligt werden, damit ich den Leuten am Peace etwas anzubieten habe. Ausreichenden Proviant für den Winter muß ich auch mitnehmen, denn mir wird kaum Zeit bleiben, jetzt noch dafür zu sorgen. Und ob es am mittleren oder oberen Peace ausreichend Wild gibt, das weiß man im voraus nicht. Hast du eine Vorstellung davon, Alexander, wie weit ich vorrücken soll? Gibt es irgendeine Stelle im Verlauf des Flusses, die dir geeignet erscheint für einen Posten?«

Roderick mischte sich ein: »Wie ich gehört habe, gibt es einige Tagereisen stromauf vom Athabasca-See her größere Wasserfälle, die unter allen Umständen umgangen werden müssen. Natürlich müssen dort auch die Indianer portagieren, wenn sie den Fluß auf- oder abwärts befahren wollen. Dergleichen ist immer ein guter Ort für einen Handelsposten, weil alle Kanus, die auf dem Fluß unterwegs sind, dort ohnehin ihre Ladung auszupacken haben.«

Alexander Mackenzie ergänzte: »Das ist richtig. Von diesen Fällen ist auch mir zuverlässig berichtet worden. Ich weiß natürlich nicht, ob unmittelbar bei den Fällen ein geeigneter Platz für einen Posten gefunden werden kann. Erforderlich ist stets reichlich Feuerholz, gesundes Bauholz natürlich auch, möglichst eine gute Quelle, die in den Posten einbezogen werden kann, damit man nicht zum Fluß hinunterzulaufen braucht. Außerdem muß einigermaßen Windschutz, vor allem gegen Norden und Nordwesten, gegeben sein; der Platz muß sich obendrein auch noch so ausbauen lassen, daß man ihn gut verteidigen kann. Also wenn nicht unmittelbar bei den Fällen, Macleod, dann wenigstens nicht allzuweit davon entfernt! Ist das klar? Wann wirst du dich auf den Weg machen?«

Macleod gab zur Antwort: »In drei Tagen allerfrühestens, meine ich. Die fünf Voyageurs, mit denen ich hergekommen bin, werden sicherlich einverstanden sein. Wir haben uns unterwegs aneinander gewöhnt. Sie haben keinen Grund gehabt, sich über mich zu beklagen, und umgekehrt gilt das gleiche. Wann willst du selber abreisen, Alexander?«

»Auch allerspätestens in drei Tagen. Weiter im Süden friert

es später als hier oben, aber Zeit habe ich gewiß nicht zu verlieren. Roderick, du hältst inzwischen Fort Chipewyan warm und siehst zu, daß uns hier im unteren Athabasca-Land keiner in die Quere kommt. Die beiden Leblois am La Biche sitzen ohnehin nahe genug. Nun haben Sie noch zu bekunden, Monsieur Soldat, wonach Ihnen der Sinn steht. Ihnen habe ich nichts vorzuschreiben. Ich bekenne außerdem, daß Sie uns keinen größeren Gefallen haben erweisen können, als uns die drei prächtigen Kanus zu bauen. – Ich möchte mich bei Ihnen in ein besonders gutes Licht setzen, denn bestimmt werde ich demnächst wieder auf eine große Reise gehen, eine noch größere als die diesjährige, und dann möchte ich jemand wie Sie in der Mannschaft haben. Sie haben während meiner Abwesenheit – oder soll ich wieder ›du‹ zu Ihnen sagen und den ›Monsieur‹ streichen? Ich entsinne mich, daß Sie im vergangenen Jahr einmal empfindlich auf allzu große Vertraulichkeit reagiert haben. Aber wir trinken ja hier zusammen, und da ist ›du‹ wohl das richtige –, also, Paul, für den Unterhalt, die Unterkunft, Ernährung und den Rum, die Roderick dir während meiner Abwesenheit gewährt hat, scheinen mir zwei Kanus als Bezahlung mehr als genug zu sein. Das dritte Kanu möchte die Company, dargestellt durch meine Wenigkeit, normal bezahlen. Haben wir noch ein paar Goldstücke vorrätig, Roderick?«

Roderick erwiderte: »Ja, das schon, aber ich würde zu Silber raten. Damit könnte Paul zur Not auch bei den Indianern etwas anfangen.«

Paul Soldat war inzwischen mit sich ins reine gekommen. Er sagte: »Im vorigen Jahr hast du auf sehr hohem Roß gesessen, Alexander, so kam es mir vor. In diesem ist noch einmal mehr klargeworden, daß man ohne gute Kanus im Pays d'en haut so hilflos ist wie ein neugeborenes Kind. Natürlich ist mir das Du heute recht. Was ich tun werde? Hier bin ich mit Mes Coh Thoutin überflüssig. Der Indianer will natürlich auch zu Frau und Kind zurückkehren. Auf die Dauer unbeweibt, das ist nicht sein Fall. Wir werden uns also bald zum Posten der Leblois am untersten La Biche und Athabasca aufmachen. Im vorigen Jahr konnte ich dir keine feste Zusage geben, dich zu begleiten, Alexander. Dein Angebot kam mir damals überraschend; dann hatte ich Privates zu erledigen, das nicht abzuschütteln war. Aber für die nächste Reise halte ich mich bereit. Wenn es dazu kommt, so wird sie wohl zwei oder drei Jahre auf sich warten lassen, besonders, wenn du inzwischen nach England fahren willst, Alexander.«

»Ich fürchte, daß mir das nicht erspart bleibt. Ich weiß, daß wir eine neue Route nach Westen öffnen müssen, sonst sinkt der ganze Pelzhandel früher oder später ab. Die verdammte Hudson's Bay Company drängt schon jetzt ins Pays d'en haut, wo sie gar nichts zu suchen hat. Wir sind ja auch nicht fein und dringen in ihre Gebiete vor. Wer zuerst den Weg nach Westen zum Meer findet, der macht das große Geschäft, denn dann kann er seine Unkosten mit einem Schlage auf einen Bruchteil der bisherigen senken und den Gewinn entsprechend erhöhen. Ja, ich muß nach England, muß nicht nur in Montréal, sondern auch dort die maßgebenden Leute überzeugen, daß die Reise den Peace aufwärts gewagt werden muß, auch wenn es zunächst nur Geld kostet. Ich will auch, offen gestanden, meine Kenntnisse in der Geodäsie verbessern, damit ich genauer als auf der vergangenen Reise jeweils zuverlässig vermessen kann, wo man sich befindet. Das alles wird Zeit kosten. Aber in drei Jahren spätestens bin ich wieder da, und dann sollte es mit dem Teufel zugehen, wenn wir nicht endlich das sagenhafte große Gebirge im Westen erreichen! Und dann werden wir auch drüber hinwegkommen! Dabei fällt mir noch ein, Paul: Wenn du entschlossen bist, mich auf der nächsten Fahrt zu begleiten, dann mache dich im nächsten Jahr auch auf und ziehe zum Peace und bleibe bei Macleod. Der Gedanke, daß vorzügliche neue Kanus auf mich warten, wenn ich wieder ins Pays d'en haut zurückkehre, hätte für mich etwas sehr Tröstliches, das weiß Gott!«

Das war kein schlechter Vorschlag, aber er kam zu früh, als daß Paul schon jetzt hätte zustimmen können. Er sagte nur: »Vielleicht, vielleicht auch nicht, Alexander. Das hängt nicht nur von mir, sondern auch von Justin und Anna Leblois ab. Außerdem habe ich schon zuviel Rum hinter der Binde, als daß ich noch klar denken könnte. Und ich glaube, es geht euch allen nicht anders. Warum heben wir nicht noch ein paar mehr, bis wir alle nur noch lallen! Ab und zu muß man auf die Pauke hauen, sonst ist das Leben nicht zu ertragen. Wir sollten noch eine Kumme austrinken, dann stehen wir alle nicht mehr fest auf den Beinen und werden morgen endlich einmal bis in den Nachmittag hinein schlafen.«

Rum, vielmehr noch Rumpunsch, ist ein höchst verführerisches Getränk. Hat man sich erst einmal einige Becher oder Gläser davon einverleibt, fühlt sich wohlig erwärmt, so macht man erst Schluß, wenn entweder der Magen revoltiert oder man wie ein Klotz aufs Lager sinkt.

Sie tranken die Kumme leer und auch noch die nächste und übernächste. Sie fingen sogar an – was für die Schotten der Company sonst durchaus unter ihrer Würde war –, die frechen französischen Lieder der Voyageurs zu singen. Aber nur Paul kannte sie jeweils bis zum letzten Vers. Macleod fiel als erster von seinem Schemel und blieb gleich liegen, wo er lag. Paul hatte immerhin noch so viel Verstand, den Schnarchenden mit einem Bärenfell zuzudecken. Dann röchelten auch die drei anderen ins Land der Seligen hinüber, nachdem Roderick Mackenzie noch einmal glasigen Auges das Feuer im Kamin geschürt hatte.

6

Am Tag nach dem Trinkgelage, bei dem, ehe es in die große Sauferei umkippte, wichtige Entscheidungen gefallen waren, erwachten die vier Männer erst gegen Mittag. Alle vier etwa zur gleichen Zeit und alle vier mit sehr schweren Köpfen. Es war der gleiche Gedanke, der sie fast ohne Übergang vom Lager aufstörte, obwohl die Schädel dröhnten wie verstimmte Pauken: los, an die Arbeit, zum Teufel! Wenn ich, bevor der Frost kommt, noch das verrichten will, was ich gestern beschlossen habe, dann ist kein Tag, keine Stunde Zeit zu verlieren. Der Winter scheint früh anbrechen zu wollen in diesem Jahre, es ist schon saukalt!

Den weitesten Weg würde Alexander Mackenzie zu bewältigen haben, über den Clearwater, den Sturgeon und den Winnipeg-See zum Oberen See, dem Lac Supérieur der Voyageurs.

Paul Soldat würde mit Mes Coh Thoutin die zahlreichen gefährlichen Schnellen des mittleren Athabasca stromauf zu umgehen haben, ehe er schließlich die Mündung des La Biche in den Athabasca und den Handelsposten von Justin und

Anna Leblois erreichte, um dort, so Gott wollte, Kinder und Frau gesund wiederzufinden.

Die schwierigste Aufgabe stand dem jungen Macleod bevor; er hatte auf nur vage bekannter Route den Peace River aufwärts zu gondeln und sich in der Nähe der großen Fälle, die von den Indianern die »Scharlachroten«* genannt werden, eine Behausung für den Winter einzurichten. Bei starrem Frost, wenn das Holz der Bäume schon gefroren ist, stellt solches keine angenehme Aufgabe dar.

Und Roderick Mackenzie schließlich, der in Fort Chipewyan am Lake Athabasca überwintern sollte, würde erst recht alle Hände voll zu tun haben, sachgerecht zu verbuchen, was die Scheidenden mitnehmen wollten, um sich schließlich seine Listen, Aufzeichnungen und Berechnungen von seinem Vetter, der ihm vorgesetzt war, bestätigen zu lassen.

Die Männer kümmerten sich jetzt nicht mehr viel umeinander. Es war alles gesagt, und in der Tat, es war keine Zeit zu verlieren. Das Wetter zeigte sich nach wie vor von der übelsten Seite. Eiskalte Regenschauer mit Schnee vermischt fegten über die graue, ewig von Schaumkronen überwanderte Fläche des großen Sees Athabasca. Der Wind stand immer noch aus West oder Südwest. Würde er aber nach Nord oder Nordost drehen, so war mit Frost, vielleicht sogar schon tiefer Kälte zu rechnen; ihr würde auf alle Fälle ein schwerer Schneesturm vorausgehen. Solange solch Blizzard andauerte, würde jeder Aufenthalt im Freien manchmal für Tage unmöglich werden. Überall würden sich viele Fuß tiefe Schneewehen auftürmen, die bis zum nächsten Frühjahr dann nicht mehr verschwänden.

Also los, an die Arbeit, in drei Teufels Namen! Jede Stunde ist kostbar, jeder Tag, den wir jetzt verlieren, bedeutet vielleicht, daß uns Frost und Winter an einer Stelle überraschen, wo festzusitzen unter Umständen einem Todesurteil gleichkommt.

Die franko-kanadischen Voyageurs hatten die Entscheidungen ihrer englisch sprechenden, zumeist schottischen Vorgesetzten hingenommen wie gewöhnlich: mit einem Achselzucken, Gegenfragen gar nicht erst riskierend. Wozu auch? Voyageurs sind überall und nirgendwo zu Hause. Unterwegs

---

* Heute: Vermilion Falls, was etwa das gleiche bedeutet.

zu sein, das war ihr Element. Und wenn den Leuten Macleods aufgegeben wurde, einen unbekannten Strom in den eisigen Westen oder Nordwesten hinaufzupaddeln, wenn andere ausersehen waren, in Fort Chipewyan am Lake Athabasca zu überwintern; und noch wieder andere zur Eilfahrt in südlichere, allerdings ebenfalls sehr winterkalte Gebiete, zum Oberen See nämlich, eingeteilt wurden, eh bien, das war, was das Schicksal den Voyageurs vorbestimmt hat; Überraschungen erst machen das Leben lebenswert und befeuern Lust und Laune. – Alexander Mackenzie hatte sich die acht besten der Voyageurs ausgesucht; acht Ruderer bildeten für ein leicht beladenes Kanu – eins der drei vorzüglichen neuen, die Paul Soldat und Mes Coh Thoutin inzwischen geschaffen hatten – eine beinahe überreichliche Mannschaft; doch Alexander würde eine solche brauchen, denn zum Lac Supérieur war es weit, und er hatte Eile; vielleicht würde er wirklich noch nach England reisen müssen, ehe er vom Athabasca-See weiter ins Unbekannte vorstieß; doch das stand alles irgendwo in den Sternen.

Alexander Mackenzie hatte auch den einzigen nichtkanadischen Voyageur der Mannschaft, die ihn den Enttäuschungsfluß hinab und hinauf gepaddelt hatte, auf die Reise nach Süden mitnehmen wollen. Claas Forke, so hieß der Mann, hatte sich auf der Fahrt zum Eismeer bewährt, neigte er doch nicht wie seine franko-kanadischen Mitvoyageurs zu Launen und Streitsucht, blieb stets ernsthaft und gleichmütig bei der Sache, die ihm aufgetragen war, und verfügte zudem über außerordentliche Körperkräfte. Claas Forke jedoch erklärte zu allgemeiner Überraschung, daß er den Dienst bei Alexander Mackenzie aufkündige, daß er auch nicht in Fort Chipewyan bleiben oder sich Macleod anschließen wollte, daß er vielmehr beabsichtige, mit Paul Soldat und Mes Coh Thoutin zum La Biche zu reisen.

Paul fühlte sich von dieser merkwürdig mürrisch vorgetragenen Absicht des Voyageurs ebenso überrumpelt wie Alexander Mackenzie. Paul hatte Claas Forke schon am Winnipeg-See kurz kennengelernt, aber keinen Zugang zu ihm gefunden und ihn bald darauf vergessen. Nun war Forke hier am See Athabasca unerwartet wieder aufgetaucht, hatte die große Reise zum Nordmeer mitbestanden und sich dabei bewährt. Jetzt wollte er also den Athabasca aufwärts zum La Biche und zu Justins und Annas Handelsposten mitgenommen werden. Paul Soldat und Mes Coh Thoutin würden die schwierige Fahrt sicherlich auch allein rechtzeitig vor dem ersten Frost bewältigen. Hatte man aber einen starken und erfahrenen Ruderer wie Claas Forke mehr im Boot, so ließen sich die vielen Portagen, die der mittlere Athabasca den Reisenden aufzwingt, viel leichter bestehen; auch kam dann das Kanu gegen die zum Teil starke Strömung des Flusses schneller voran, als wenn es nur von zwei Männern gerudert wurde. Und außerdem: wer dem anspruchsvollen Alexander Mackenzie auf so gefährlicher und entbehrungsreicher Reise wie der zum Eismeer zur Zufriedenheit gedient hatte, der war als Voyageur in der Tat überall willkommen.

Paul Soldat war jedoch der Meinung, daß ihn Claas Forke vorher hätte um Erlaubnis fragen müssen, bevor er seine Absicht kund tat, mit ihm und Mes Coh Thoutin zum La Biche zu fahren. Immerhin: Claas Forke versuchte es wenigstens hinterher. Am Abend spät in der zweiten Nacht nach dem großen Trinkgelage tauchte er in der Hütte auf, die sich Paul und Thoutin während des Sommers neben ihrem Arbeitsplatz, wo sie an den Kanus bastelten, als recht simplen Unterschlupf errichtet hatten. Der breitschultrige, grobknochige Mann, nur wenig über mittelgroß, hatte die Tür hinter sich zugezogen und lehnte sich im Innern des Raums an den Türpfosten. Paul und Thoutin hatten vor dem Kaminfeuer ihren Proviant gepackt und verschnürt. Am Tag darauf wollten sie Fort Chipewyan verlassen, wenn auch erst am späteren Vormittag, und das auch nur, wenn nichts Unerwartetes dazwischenkam. Paul und Thoutin beantworteten den Gruß des Besuchers nur knapp: Forke hielt es also doch für ratsam, sich mit den beiden Männern, deren Kanu auch ihn nach Süden schaffen sollte, vorweg zu einigen.

Da Claas Forke keine Anstalten machte, sich zu äußern, fragte Paul nach einer Minute des Schweigens nicht eben freundlich: »Also, Forké?« Paul hatte sich erhoben und mit dem Rücken zum Kaminfeuer gestellt; so fiel das Licht auf das Antlitz des Besuchers, während sein eigenes im Schatten blieb; er hatte den Namen des Besuchers französisch ausgesprochen, wie es im Lager üblich war. »Was führt dich zu uns? Du willst uns sicherlich sagen, wieviel du uns zu bezahlen gedenkst, wenn wir dich mitnehmen.«

In dem Gesicht des Angesprochenen begann es zu zucken. Ein wortgewandter Mann war Forke nicht. Seine Augen irrten ab. Er wagte nicht, vom Türpfosten weg ins Innere des Raums zu treten. Er stotterte schließlich: »Es war nicht so gemeint, Paul. Alexander Mackenzie bestimmte wieder einmal, ganz einfach so, als wenn er der Herrgott wäre, wer zum Lac Supérieur mitkommen müßte und wer nicht. Ich hatte das schon lange satt, und diesmal stieß mich der Bock. Ich sagte einfach nein! Ich fahre woanders hin! Und mir fiel eben nichts anderes ein, als zu sagen: zum La Biche, also mit euch zusammen. Denn ohne Kanu komme ich ja nirgendwo hin.«

Der Mann blickte vor sich zu Boden. Seine Arme ließ er an den Seiten hängen, aber die Hände waren zu Fäusten geballt. Dann schien er sich zusammenzureißen und fuhr mit gedämpfter Stimme fort – Paul traute seinen Ohren nicht, er wurde auf deutsch angesprochen; deutsche Worte hatte er seit langem nicht mehr vernommen.

»Paul, ich weiß alles von dir. Wir hatten einen Franko-Kanadier in der Mannschaft, der vor Jahren in mehr als einer Saison unter Walther Corssen gedient hat. Der war über deine Herkunft und was dir so alles zugestoßen ist, genau unterrichtet. Du bist englischer Soldat gewesen und davongelaufen. Ich bin auch englischer Soldat gewesen und davongelaufen. Dich hat der Hannoveraner auf dem englischen Königsthron nach Amerika geschickt und mich auch, wenn auch erst ein gutes Dutzend Jahre später als dich, Paul, ich stamme aus Isenbostel in der Lüneburger Heide; das kann gar nicht so weit weg sein von deinem Heimatort. Ich bin gelernter Zimmermann und hatte mich auf ein britisches Kriegsschiff verpflichtet. Wie da mit der Mannschaft umgegangen wurde, Paul, davon machst du dir keine Vorstellung – oder vielleicht doch. Dich haben sie sicherlich auch gezwiebelt. Dann sagten sich die amerikanischen Kolonien von England los, und es gab Krieg. Meine Fregatte wurde mit anderen an die amerikanische Küste geschickt, um den Handel der rebellischen Kolonien zu unterbinden. Als ich dann zu zwanzig Streichen mit der Neunschwänzigen an den Mast gebunden wurde, bloß weil ich einem Offizier gesagt hatte, er wäre ein Schwein, was er auch war, da wußte ich, daß ich bei der ersten passenden Gelegenheit desertieren würde und daß es für mich nur eins gäbe, mich nämlich den amerikanischen Rebellen anzuschließen. Paul, die Narben von den Striemen kann ich dir noch heute auf meinem Rücken und an meinen Hüften zeigen.

Im Heer der Rebellen gab's nicht viel zu beißen, aber man wurde wenigstens nicht wie ein Stück Dreck behandelt. Ich habe durchgehalten bis zum Schluß, war in Valley Forge dabei im Winter 77/78, als wir beinahe alle erfroren, aber wo dann der General Steuben aus Preußen endlich Soldaten aus dem zusammengelaufenen Haufen der Rebellen machte. Und schließlich war ich dabei, wie der Lord Cornwallis bei Yorktown in Virginia die Waffen streckte, wonach sich England für geschlagen erklären mußte. Nach dem Ende des Krieges hätte ich siedeln können irgendwo am oberen Hudson oder in Pennsylvania. Aber ich hatte kein Geld, und ich hatte auch keine Frau. Außerdem war ich so viel und so weit umhergeworfen worden, daß mir inzwischen das Sitzfleisch abhanden geraten war.

Dann driftete ich so allmählich über den Huronen-See nach Michilimackinac und bald nach Grand Portage am Oberen See. Von dort ab nach Westen war dann endlich Freiheit zu finden, und seither läßt mich das Pays d'en haut nicht mehr los. Französisch habe ich mit der Zeit gelernt; englisch sprechen konnte ich schon. Das Leben der Voyageurs schien mir auf den Leib geschrieben zu sein. Die Nordwestmänner, das waren meine Leute! Mit der Zeit habe ich dann gemerkt, daß die Voyageurs sich bloß abschuften und oft genug zu Tode quälen für die Leute im fernen Montréal und die schottischen Partner der Gesellschaft. Warum konnte ich nicht auch zum Partner aufrücken? War ich was Schlechteres als die Kerle von den schottischen Inseln oder aus dem Hochland, die bei sich zu Hause sicherlich noch armseliger leben als meine Vorfahren in der Lüneburger Heide.

Aber richtig übel wurde die Sache erst, als ich unter die Fuchtel von Alexander Mackenzie geriet. Verdammt noch eins, der ließ sich rudern wie ein Fürst, duldete keine Widerrede und war vom lieben Gott zu was viel Feinerem bestimmt, als uns beschieden war. Dabei hätte er ohne uns Voyageurs keine Meile hinter sich gebracht. Und dann so mir nichts dir nichts: Forke, du gehst mit zum Oberen See und machst den Avant, verstanden, denn den Jules Hastaire, der bisher den Avant gemacht hat, will mein Vetter Roderick hierbehalten. Einfach so, Paul, so machte er das. Du hier und du da und halt's Maul und ab mit dir! Nein, dazu bin ich zu lange im Pays d'en haut, und in der Wut sagte ich ihm gleich: Das paßt mir nicht mehr, Mister Mackenzie, ich gehe zum La Biche. So ist das alles gekommen, Paul, und ich habe nichts verschwiegen und nichts hinzugefügt. Ich weiß, daß ich mit dir zuerst hätte reden müssen. Das hat eben nicht geklappt. Nehmt ihr mich also mit? Ich bin immer noch Zimmermann, und vielleicht könnte ich euch beim Bootsbau einiges beibringen.«

Paul wunderte sich, wie selbstverständlich ihm die Worte des Besuchers eingingen. Wie lange war es her, daß er zum letztenmal die Laute seiner Muttersprache gehört hatte? Er wußte es nicht. Aber man verlernte sie offenbar nicht. Sollte er den Landsmann weiter am Türpfosten stehen lassen wie einen Bittsteller? Das ging nicht.

»Claas, tritt näher, was stehst du an der Tür. Komm, wir setzen uns zu dreien um das Feuer. Wir sind mit der Packerei so gut wie fertig. Für heute ist Feierabend.«

Ohne sich dessen recht bewußt zu sein, hatte sich auch Paul Soldat bei diesen Worten der deutschen Sprache bedient. Daß dies so war, merkte er erst, als Mes Coh Thoutin keine Anstalten machte, seiner Aufforderung zu folgen. Ein ungeduldiger Blick in das Gesicht des Indianers belehrte ihn darüber, daß der Gefährte kein Wort verstanden hatte. So wandte er sich nun an Mes Coh Thoutin: »Thoutin, dieser Mann, der mit Alexander Mackenzie im Norden gewesen ist, stammt aus meinem Heimatland, also wie ich von sehr weit, von jenseits des großen Meeres im Osten. Er will nicht mehr Voyageur der North-West Company und insbesondere nicht unter Mackenzie bleiben. Er fragt, ob er sich uns anschließen könnte zum La Biche. Er ist Zimmermann und weiß gut mit Holz umzugehen. Er meint, er könnte uns beim Bootsbau helfen. Was sagst du?« Paul war wieder ins Französische gefallen, hatte Brocken aus der Cree-Sprache einfließen lassen, wie es sich die beiden Männer im Umgang miteinander angewöhnt hatten. Mes Coh Thoutin hob den Blick und schätzte den Besucher, der sich anschickte, sich vor dem Kamin niederzulassen, mit einem langen durchdringenden Blick von oben bis unten ab. Dann stellte er fest, und zwar auf Cree, das der späte Besucher schwerlich beherrschte: »Ich wollte, wir blieben lieber für uns, Paul. Wir brauchen keinen Helfer. Zwei Männer genügen, ein gutes Kanu zu bauen. Aber ich kann dir nicht vorgreifen. Wenn es dein Stammesgenosse ist, so wirst du ihm helfen müssen. Ohne Kanu kommt er hier nicht fort. Die Mackenzies werden nichts mehr von ihm wissen wollen und Macleod auch nicht.«

Auf die ruhige Besonnenheit des Indianers mit dem pokkennarbigen Gesicht, das ganz von seinen ernsten und klugen Augen beherrscht wurde, konnte man sich wie stets verlassen.

Die drei Männer hockten um das Feuer im Kamin an der Rückwand der Blockhütte. Paul mochte dem Wunsch des Fremden nicht auf der Stelle zustimmen. Er ließ ein paar Minuten verstreichen und dachte nach. Schließlich meinte er wie beiläufig: »Wir müssen französisch sprechen, Claas. Mes Coh Thoutin ist seit langer Zeit mein Gefährte und mir unentbehrlich. Wenn er nicht einverstanden wäre, könnte ich dich nicht mitnehmen. Aber er meinte, ich könnte einen Stammesgenossen nicht im Stich lassen. Es fragt sich aber, ob du genug Proviant für dich beisteuern kannst. Wir haben natürlich nur für uns beide vorgesorgt. Und dann: Bis zur Einmündung des La Biche in den Athabasca, das ist eine lange Reise und schwierig dazu. Bis zur Einmündung des Clearwater in den Athabasca gibt es keine Schwierigkeiten, die der Rede wert wären. Aber danach, weiter den Athabasca aufwärts, ist eine ganze Serie von üblen Schnellen zu überwinden. Es gibt viele halsbrecherische Passagen. Ein dritter Mann ließe sich dabei schon gebrauchen. Aber er dürfte weder Angst noch Schwäche zeigen.«

Claas Forke ließ sich vernehmen: »Ich bin weder ängstlich noch schwächlich.«

Paul Soldat war noch nicht am Ende. Er fuhr fort: »Ich weiß auch natürlich nicht, ob Justin Leblois am La Biche uns zu dreien willkommen heißen wird. Wir müßten auch da für uns selber sorgen. Wenn wir Glück haben und kommen vor dem Frost am La Biche an, dann können wir vielleicht noch genügend Material einsammeln und unter Dach und Fach bringen, um uns den Winter über mit dem Bau von Kanus zu beschäftigen. Andernfalls müßten wir bereit sein, für das Lager während des Winters Fleisch zu schießen, könnten vielleicht auch nebenbei eine Fallenstrecke auslegen und unseren Unterhalt im nächsten Frühling mit den eingefangenen Pelzen bezahlen.«

Es schien also so gut wie beschlossen: Claas Forke würde als dritter Mann im Kanu der beiden andern die Reise zum La Biche antreten. Drei Mann und ihr Gepäck – viel mehr konnte das schmale schnelle Eilkanu, in dem Paul und Thoutin zum Fort Chipewyan gelangt waren und das den vergangenen Sommer über wenig zu tun gehabt hatte, auch gar nicht tragen. Vorangetrieben aber von drei starken, geschickten Ruderern, würde es durch das Wasser schießen wie ein Pfeil durch die Luft.

Die drei Männer sprachen noch eine Weile hin und her und klärten eine Anzahl von Einzelheiten, denn auf alle Fälle sollte die auf den Mittag des kommenden Tages angesetzte Abreise nicht verzögert werden. Am Schluß aber, als Claas Forke sich schon erhoben hatte, um seinen Platz im Schlafhaus der Voyageurs aufzusuchen, stellte Mes Coh Thoutin, der sich bis dahin nur wenig am Gespräch beteiligt hatte, etwas fest, was ihm offenbar sehr wichtig zu sein schien: »Wir werden dann zu dreien sein. Aber es ändert sich nichts an dem, was bisher gewesen ist: Du bleibst der Gouvernail, Paul. Du allein hast im Zweifelsfall zu bestimmen, was zu geschehen hat. Ich denke, darüber darf es von vornherein keinen Zweifel geben.«

Claas Forke, der schon im Begriff war, die Hütte zu verlassen, entgegnete, wie es schien mit einem Achselzucken: »Klar, das versteht sich! Was denn sonst?«

Paul Soldat und Mes Coh Thoutin wären wahrlich gern auf der Rückreise zum La Biche für sich allein geblieben. Statt dessen hatten sie sich mit einem fremden Dritten im Boot abzufinden, zu dem sie beide noch keinen rechten Zugang gefunden hatten.

Die drei Männer erreichten den Handelsposten an der Einmündung des La Biche in den Athabasca nach anstrengender, jedoch sehr schneller Reise so frühzeitig, daß ihnen noch Zeit blieb, bevor der Frost die Bäume gefror, einen gehörigen Vorrat an Birkenrinde, dazu geeigneten Spant-, Quer- und Längshölzern für den Kanubau, weiter genügend Watap und Baumharz einzusammeln und in einem leeren Lagerschuppen des Handelspostens unter Dach und Fach zu bringen. Die drei hatten auf dem Wege den Athabasca aufwärts gute Kameradschaft gehalten. Claas Forke hatte sich als unermüdlicher und geschickter Ruderer erwiesen. Nicht ein einziges Mal hatte er versagt und sich über die schwierigen Portagen beklagt, vielmehr unverdrossen die Packs mit der Ausrüstung und dem Proviant über grobes Gefels und Geröll, durch Sand und Sumpf an den unpassierbaren Wildwässern des Stroms vorbei und flußauf geschleppt. Doch war er, wie es offenbar seiner Art entsprach, wortkarg geblieben, in sich gekehrt, Scherzen, Liedern und Gesprächen abhold und offenbar nicht sonderlich darauf bedacht, sich seinen neuen Gefährten angenehm zu machen.

Paul überraschte sich manchmal dabei, daß er Forke forschend musterte, wenn dieser solches nicht merken konnte. Sein kantiger und ein wenig zu groß geratener Schädel mit dem hellen Borstenhaar (er trug eine Schere in seinem Gepäck und hielt sein Haar kurz); die beinahe schwarzen Brauen, die gar nicht zu dem hellen Haar passen wollten – sie begrenzten den unteren Rand der Stirn wie mit einem dunklen, breiten Strich; die tief in ihren Höhlen sitzenden Augen von schwer zu bestimmender heller Farbe; eine fleischige Nase mit starken Nüstern, ein schmallippiger, stets wie zusammengepreßt wirkender, jedoch breiter Mund, ein allzu klobig geratenes, leicht vorgeschobenes Kinn – das Ganze auf einem kurzen stiernackigen Hals und mächtigen Schultern sitzend – behaarte, riesige Arme wie aus Eisen, der Rücken breit, von harten Muskeln gepolstert wie die Schultern – der starke Oberkörper getragen von eher zu kurz wirkenden stämmigen Beinen: ein Mann alles in allem, mit dem man nicht gern im Bösen zu tun haben mochte, der aber auch im Guten zu Vertraulichkeit und Freundschaft nicht ermutigte. Aber er war nun einmal in die Mannschaft aufgenommen, verrichtete getreulich, was auf ihn an Arbeit und Mühsal entfiel, und stellte auch nicht in Frage, daß Paul Soldat »das Sagen« hatte.

Justin Leblois hatte sich nicht besonders erfreut darüber gezeigt, daß Paul noch einen weiteren weißen Mann, einen Fremdling, zum La Biche mitgebracht hatte. Andererseits war ein Zimmermann auf weit entlegenen Posten in der Wildnis stets gut zu gebrauchen. Wer da mit Axt, Beil und Säge gut umzugehen wußte, brauchte sich über mangelnde Beschäftigung nie zu beklagen.

Auch Justin fand keinen Zugang zu dem Wesen dieses verschlossenen Mannes, gab sich allerdings auch nicht besondere Mühe damit. Solange der Fremde sich nützlich machte und keine besonderen Ansprüche stellte, brauchte man ihm das Gastrecht nicht zu verweigern. Anna indessen freute sich, daß Paul Soldat mit seinem getreuen Mes Coh Thoutin wieder aufgetaucht war; auch der neue Mann war ihr willkommen; hatte er sich doch sofort bereit erklärt, für die Leblois einige Möbel zu zimmern, nachdem er wahrgenommen hatte, wie grob und kümmerlich das Haupthaus des Postenchefs mit Stühlen, Tischen, Bänken und Bettladen ausgestattet war. Auch war nicht zu verkennen – Anna spürte es und freute sich daran –, daß sich Claas Forke unter ihrem freundlichen weiblichen Zuspruch aufzuschließen begann wie seit langem vertrocknetes Erdreich unter einem milden Regen.

Bis dann eines Tages Paul Soldat im Haupthaus beobachtete, wie der mit den neuen Möbeln beschäftigte Claas Forke sein Werkzeug sinken ließ und wie gebannt Anna anstarrte, die von nebenan in den großen Hauptraum getreten war. Justin war seiner Frau gefolgt. Er hatte sich mit Paul Soldat besprechen wollen. Er erfaßte mit einem Blick, daß beide Männer – ja, auch Paul, ohne es zu wissen – wie verzaubert ihre Augen auf Annas Antlitz gerichtet hatten. Nur sie schien nichts davon zu merken; sie begann, in einigen Fächern die zum Verkauf, vielmehr zum Vertausch gestapelten Beile, Feilen und Ahlen mit einer Bestandsliste abzustimmen.

Justin hatte den großen Raum zwar sehr leise betreten, aber es war doch erstaunlich, daß die beiden Männer, die vor ihm dagewesen waren, überhaupt keine Notiz von ihm nahmen. Ganz plötzlich schoß dem sonst so nüchternen Justin der Gedanke durch den Kopf: Sobald der Winter vorbei ist, müssen die beiden wieder fort! Es gibt nichts Gutes, wenn sie bleiben. Merkt Anna gar nicht, wie sie angestarrt wird?

Nein, Anna merkte offenbar nichts. Sie hakte weiter ihre Liste ab. Oder doch? Es wollte Justin so vorkommen, als schliche sich ein kaum erkennbares Lächeln um ihre Mundwinkel ...

7

Obwohl Justin Leblois seine franko-kanadische Abstammung weder jemals verachtete noch gar verleugnete, war er doch der freundlich wärmenden, gleichmacherischen Gemeinschaft der franko-kanadischen Voyageurs längst entwachsen. Von ihnen aus gesehen, war er zur anderen Seite übergegangen – nicht gerade einer gegnerischen, sicherlich aber einer solchen, der anzugehören oder in die aufzusteigen sich ein gewöhnlicher Voyageur niemals träumen lassen durfte. Seit das königliche Frankreich den Siebenjährigen Krieg verloren hatte und seine amerikanisch-kanadischen Besitzungen an England hatte abtreten müssen, wurde der Pelzhandel im Pays d'en haut nur noch von Englisch sprechenden Leuten beherrscht, von Schotten zumeist, die sich zu der North-West Company zusammengeschlossen hatten, der dann die XY-Company, auch sie unter schottischer Leitung, auf recht wilde Weise Konkurrenz machte, gar nicht zu schweigen von der alten Hudson's Bay Company, die schon seit weit mehr als hundert Jahren die riesigen Gebiete um die Bay, nach der sie benannt war, pelzhändlerisch ausbeutete (sie allerdings vorwiegend unter englischer Leitung). Um die Wende jedoch der Jahre 1790 zu 91, in denen Justin Leblois als Leiter eines bedeutenden Handelspostens am mittleren Athabasca saß, dort, wo der La Biche in den größeren Strom einmündet, war noch keine Rede davon, daß der ewig unruhige Alexander Mackenzie sich einmal der XY-Company anschließen würde, um der North-West Company das Leben schwerzumachen, erst recht nicht davon, daß North-West und XY sich einmal vereinigen, und schon gar nicht davon, daß die tüchtigen, im Notfall höchst bedenkenlosen Schotten aus Montréal sich einmal mit der »englischen« Company, eben der Hudson's Bay Company, unter ihrem alten Namen vereinigen würden*.

Die Franko-Kanadier indessen, ursprünglich der von England besiegten französischen Nation angehörend, waren zu der nur noch dienenden Rolle der Voyageurs abgesunken, der

---

* Das geschah erst nach 1821, dreißig Jahre später also als die hier mitgeteilten Ereignisse.

Leute also, die das ungeheuer weit gespannte Netz der schottischen Pelzhändler im Pays d'en haut Jahr für Jahr von neuem knüpften, indem sie, die mit allen Künsten der Ödnisse des Westens und Nordwestens vertraut waren, die im Grunde unbeschreiblich gebrechlichen Rindenkanus der North-West Company über die ungezähmten Gewässer des Pays d'en haut westwärts und wieder ostwärts trieben und die Verbindung zum fernen Montréal und damit zu Europa nicht abreißen ließen. Es nutzte den Voyageurs nichts, daß sie und ihre Vorfahren es gewesen waren, die die unermeßlichen Weiten des nordamerikanischen Innern als erste durchstoßen hatten, bis zum Golf von Mexiko, bis hinauf an die Grenze der arktischen Tundra. Und außerdem weigerten sie sich hartnäckig, die englische Sprache zu erlernen, womit sie sich selbst den Zugang zur nunmehr maßgebenden Schicht im kanadischen und auch im amerikanischen Bereich verbauten.

Justin Leblois jedoch, dessen Familie aus dem alten Acadien (dem heutigen Neu-Schottland) stammte, die sich der erbarmungslosen Austreibung der Acadier durch die Flucht an den mittleren St. John (im heutigen Neu-Braunschweig) entzogen hatte, war dem ebenfalls vor englischer Gewalt ins dunkle Innere des Erdteils ausweichenden Walther Corssen gefolgt, hatte ihm gedient, von ihm gelernt und schließlich die einzige Liebe seines Lebens, Corssens Tochter Anna, geheiratet. Walther Corssen aber war mit außerordentlichem Erfolg ins ferne Pays d'en haut vorgestoßen, hatte schließlich so viel Einfluß und Vermögen zusammengebracht, daß er als einer der ursprünglichen Partner der North-West Company gar nicht zu umgehen gewesen war. Anna hatte den Vater (mit ihrem Bruder William) beerbt, war also zum Anteilsinhaber der allmächtigen Company geworden. Damit war aber auch ihr Mann Justin Leblois in den Kreis der eigentlichen Herren des Pays d'en haut aufgerückt.

Was aber der nüchterne, bis auf seine Liebe zu Anna merkwürdig gefühlskarge Justin Leblois nie ganz vergessen konnte, war der Tatbestand, daß sein Aufrücken in den Kreis der die Sahne des Landes abschöpfenden Schotten nur zum Teil eigenem Verdienst, zum größeren aber seiner Frau zu verdanken war (auch Corssen war ja ursprünglich als MacCorssen, also mit schottischem Anstrich, wenn auch ohne es gewollt zu haben, in die Gruppe der Bevorrechtigten eingedrungen). Nicht er, Justin selbst, war Inhaber eines Anteils der das Pays d'en haut unnachsichtig beherrschenden North-West Company, sondern, wie Walther Corssen es in seinem Testament unmißverständlich festgesetzt hatte, seine Tochter Anna. Anna hatte nie von dieser Bestimmung Gebrauch gemacht; sie hatte es stets Justin überlassen, die Company gegenüber den Voyageurs wie den handeltreibenden Indianern zu vertreten. Männer aber wie Paul Soldat und nun dieser Claas Forke unterstanden ihm, dem Agenten der Company, durchaus nicht; sie wußten natürlich auch, was es mit Justins wahrem Rang auf dem Handelsposten an der La-Biche-Mündung auf sich hatte.

Weiteres kam hinzu. Die franko-kanadischen Voyageurs dachten nicht einmal im Traum daran, der weißen Frau des allmächtigen Agenten der großen Company, sicherlich der einzigen reinblütigen weißen Frau in diesen Bezirken des Pays d'en haut weit und breit, anders als mit höchstem Respekt, ja demütiger Ehrerbietung zu begegnen. Den meisten Voyageurs wäre es auch zu beschwerlich, zu beanspruchend gewesen, sich mit einer weißen Frau zu verbinden; die Indianerinnen, die sich den Kanumännern nur allzu gerne anschlossen, bewiesen sich von jeher als gehorsame, willige und heißblütige Ehefrauen – auf die Dauer oder auch nur auf Zeit –, forderten wenig, verpflichteten zu nichts und kehrten mitsamt den Kindern wieder zu ihren Stämmen zurück, wenn der fröhliche Voyageur ihrer überdrüssig wurde oder ihn sein Schicksal auf ausgedehnten Reisen in eine ganz andere, vielleicht tausend Meilen weit entfernte Gegend verschlug. Dieser Paul Soldat und dieser Claas Forke aber wagten es – sie wagten es tatsächlich, zum Teufel! –, seine Anna wie verhext anzustarren, ohne von ihm, dem Ehemann, überhaupt Notiz zu nehmen. Beide waren in Europa geboren, ebenso wie die ganz selbstverständlich überall in der Company, das heißt im ganzen Pays d'en haut, Befehlsgewalt beanspruchenden Schotten.

Daß Anna ihren Mann unverbrüchlich liebte, gerade weil er so war, wie er war, nüchtern, treu, fleißig, das Seine mit Bedacht mehrend, daran zweifelte Justin nicht. Er hatte lange um sie gedient, hatte sie umworben und schließlich gewonnen, die warmherzige, dunkelhaarige, zärtliche, auch heimlich glühende, dazu kluge Frau, die ihm, seit sie sich ihm anvertraut hatte, die Tage und Nächte erfüllte. Doch Justin war und blieb ein nüchterner und zweifelsüchtiger Mann. Er fragte sich, ob Anna nicht nur deshalb so ganz auf ihn ausgerichtet war, weil sich ihr gar keine Gelegenheit bot, mit Männern, die ihr angemessen gewesen wären, zusammenzutreffen. Justin war nicht in Europa geboren, sondern in einem entlegenen acadischen Dörfchen, unweit der Küste der Bay of Fundy am Westufer des Atlantischen Ozeans. Paul Soldat und Claas Forke waren zwar auch Voyageurs, aber doch mehr; sie verstanden sich auf viele Dinge, waren von bunten und harten Schicksalen geprägt, konnten lesen, schreiben, rechnen, wie er und Anna auch, sprachen Englisch, Französisch, Deutsch, radebrechten Cree, standen auf eigenen Füßen, waren Männer nach ihrem eigenen Recht. Was anderes war zu erwarten, als daß Anna sich nach ihnen umschaute. Justin war sich seiner Frau ganz sicher. War er es?

Im Laufe des Winters verstärkte sich in Justins Herz der Wunsch immer bedrängender, ja bedrohender: die beiden müssen fort von hier; sie mögen am Peace auf Alexander Mackenzie warten. Auch dort würden gute Kanus sicherlich Abnehmer finden. Wenn nicht bei der Company, dann bei den Indianern gegen Pelze, denn die nach den Entwürfen des Walther Corssen gebauten Kanus waren standhafter, wendiger und tragfähiger als die Cree-Kanus, aus denen der Meister sie weiterentwickelt hatte.

Die Spannung, die sich im Verlauf des Winters im Handeslager der Company am unteren La Biche zwischen den drei Männern entwickelte, ohne daß sie recht in Worte gefaßt werden konnte, wurde mit der Zeit dem Indianer Mes Coh Thoutin, dann aber auch Justins Frau Anna spürbar. Die wenigen franko-kanadischen Voyageurs, die auf dem Posten zurückgeblieben waren, um Justin während des Winters zur Hand zu gehen, hielten sich aus allem heraus, bildeten eine geschlossene Gruppe und waren sich selbst genug; sie schwatzten gern endlos, wenn tiefe Kälte oder tagelange Schneestürme sie in ihre niedrige Blockhütte verbannten, sangen auch gern ein paar ihrer übermütigen oder traurigen Lieder und kümmerten sich nicht um den Agenten der Company und seine Familie, und erst recht nicht um die eigentlich gar nicht zum Posten gehörenden Außenseiter, die vom See Athabasca gekommen waren und sich nun den Winter über damit beschäftigten, ein halbes Dutzend Lastkanus zu bauen, vorzügliche Kanus, wie die Voyageurs anerkannten – aber das ging sie nichts an, und sie nahmen auch nicht daran teil.

Paul Soldat vermied es längst, mit Anna Leblois allein zusammen zu sein. Er wollte um alles in der Welt keinen Streit, und er wußte auch, daß Anna ihn verantwortlich gemacht hätte, wenn es dazu gekommen wäre. Claas Forke hatte ohnehin nur selten Gelegenheit, der Frau des Postenchefs zu begegnen, und Anna ließ sich darin von ihrem Instinkt leiten, daß es verhängnisvoll sein würde, diesem sonderbar finsteren, wortkargen Mann auch nur eine Andeutung von Vertraulichkeit oder Anteilnahme zu gewähren. Sonderbarerweise jedoch erlag der ungeschlachte ehemals deutsche Voyageur nach nur kurzem Widerstand der kindlichen Anmut und süßen Liebenswürdigkeit der kleinen Nagamoun. Paul Soldat hatte das Kind wieder zu sich genommen und hauste, wie schon einmal zuvor, mit ihr neben seinem indianischen Gefährten, dessen Frau und Söhnchen unter einem Dach. Nagamoun war zunächst sehr traurig und unwillig gewesen, als sie von ihren Spielgefährten Armand und Walther Leblois getrennt wurde. Und auch die Knaben hatten mit großer Entschiedenheit protestiert. Armand insbesondere, der ältere, hatte sich ganz ausdrücklich die kleine Nagamoun zum Schützling erkoren; und das kleine Weiblein mit dem dunklen Lockenhaar, der bräunlichen Haut und den Mandelaugen im ovalen Gesichtchen hatte sich mit Vergnügen in die Rolle der Beschützten gefunden. Nagamoun hatte sich das Herz aller Menschen im Haupthaus erobert, auch das des gestrengen Herrn Postenchefs. Justin Leblois vermochte sich dem Zauber der kleinen Person nicht zu entziehen und empfand zuweilen, wie sehr er eine Tochter, die seiner Anna ähnlich gesehen hätte, vermißte. Nagamoun eroberte sich die Liebe des nüchternen Mannes und sorgte mit den anderen Kindern dafür, daß die Beziehungen zwischen dem Haupthaus und Pauls und Mes Coh Thoutins Hütte während des Winters nicht völlig erkalteten.

Jedoch vermochte die Freundschaft zwischen den Kindern nicht darüber hinwegzutäuschen, daß Justin die drei ihm nicht unterstellten Männer und ihren Anhang nicht im Lager am La Biche behalten wollte und sie sich, sobald das Wetter und die Umstände es erlaubten, einen anderen Platz suchen mußten.

Paul Soldat war sich darüber klargeworden, daß ihm und seinen Leuten keine andere Wahl blieb. Sobald das Eis von den Flüssen und Seen gewichen war und die während des Winters entstandenen neuen Kanus an den Mann gebracht waren, würde er sich mit seinen Leuten zum Peace aufmachen müssen.

Die Abreise verzögerte sich jedoch. Claas Forke hatte für das Haupthaus einige Zimmerarbeiten übernommen, die nicht rechtzeitig fertig wurden. Auch mochten die drei Männer die letzten beiden Kanus, die sie in Arbeit genommen hatten, nicht unvollendet zurücklassen. Zudem mochte weiter im Norden das Eis viel hartnäckiger auf den Wasserläufen verweilen als hier im Süden am mittleren Athabasca.

Was indessen die rechtzeitige Abreise Paul Soldats und seiner Leute vom La Biche am empfindlichsten behinderte, war etwas ganz anderes. Die Kinder nämlich hatten nach und nach begriffen, daß sie für die Dauer voneinander getrennt werden sollten. Armand, Walther, Nekik und Nagamoun protestierten und klagten unter Tränen: noch nicht, Vater, Mutter, noch nicht! Jetzt wird es warm draußen; und wir spielen so gut zusammen, haben noch so viel vor. Tante Anna hat uns so schön Unterricht gegeben, und wir hatten so viel Spaß daran! Noch nicht, Vater, Mutter! Wir wollen noch ein bißchen zusammenbleiben.

Anna Leblois durchschaute die Zusammenhänge und Hintergründe dessen, was im stillen vorging, längst. Sie sagte sich: ich darf nicht den geringsten Verdacht aufkommen lassen, Paul Soldat und Claas Forke länger im Lager behalten zu wollen, wenn auch nur für einen einzigen Tag, als nach dem Eisgang notwendig ist. Mein Justin ist hinter all seiner Verschlossenheit und Ruhe tief beunruhigt; er liebt mich mehr als sein Leben, und es gehört zu seiner Natur, ständig in Sorge zu sein. Er brauchte, weiß Gott, nicht beunruhigt zu sein, denn ich weiß mir keinen besseren Mann als ihn. Auf ihn kann ich mich verlassen, was auch immer geschehen mag. Gewiß, den freundlichen und zuverlässigen Paul würde ich ganz gern noch für eine Weile hierbehalten; und Claas Forke hat wirklich geschickte Hände; wenn er uns noch ein paar hübsche Möbel machte anstelle unserer von den Voyageurs grob zusammengehauenen Stücke, die wir jetzt haben, wirklich, Justin sollte es mir nicht verdenken, wenn ich auch Claas noch eine Weile im Lager behalten wollte. Obgleich der Mann mir ein wenig unheimlich ist! Wenn Justin und Paul nicht in der Nähe wären, würde ich mich vor ihm fürchten. Dabei hat er noch nie nur ein einziges unziemliches Wort zu mir gesagt. Bloß sieht er mich manchmal so an, wenn er glaubt, daß keiner es merkt; und ob ich will oder nicht, es läuft mir dann kalt den Rücken hinunter.

Justin – ich weiß es, er ist nur von außen starr und hart; innen ist er weich und möchte meistens nachgeben, hat sich aber ständig zu zügeln, weil ohne ihn der ganze Handelsposten nicht funktioniert. Die Kinder nur, die locken aus ihm heraus, was eigentlich in ihm steckt.

Anna lächelte vor sich hin ins Dunkel, als ihr Grübeln diesen Punkt erreicht hatte. Neben ihr auf dem harten Lager schlief Justin fest. Durch die Wände des Blockhauses hörte man den starken Wind in den Kronen der Fichten rauschen, diesen milden, willkommenen Wind, der den letzten Schnee wegleckte und alle Knospen schwellen machte. Justins ruhige tiefe Atemzüge schienen Anna zu bestätigen, was sie soeben gedacht hatte. Er würde dem Drängen der Kinder nachgeben und mit ihnen den Ausflug zum Elch-See machen, um den ihn Armand und Walther, Nagamoun und Nekik so dringend gebeten hatten. Wenn sie schon nicht beieinander bleiben dürfen – denn das ist unabänderlich –, so wird ihnen Justin das kleine Fest am Elch-See nicht abschlagen. Er ist nicht tief, und die Sonne ist schon stark, wird ihn am flachen Ufer erwärmt haben, so daß die Kinder in der sandigen Bucht, wo wir uns vorigen Herbst vergnügten, wenigstens mit den Füßen im Wasser umherwaten können. Ich bin ganz sicher, daß Justin den Kindern willfahren wird. Aber es muß dann noch ein zweiter Mann mit von der Partie sein, denn das Kanu kann von einem Ruderer allein nicht sicher regiert werden. Paul Soldat wäre am geeignetsten, aber Justin will ihn nicht in der Nähe haben; Claas Forke versteht nicht, mit Kindern umzugehen; also bleibt bloß Mes Coh Thoutin. Nun gut, er kann sich dann um seinen kleinen Nekik kümmern; der hängt sowieso stets ein bißchen hinter den andern Kindern her.

Das Lächeln Annas vertiefte sich im Dunkeln; sie hatte die Arme hinter dem Kopf verschränkt. Noch ein letzter Gedanke wanderte durch ihr Hirn: die kleine Nagamoun braucht ihren guten »Onkel« Justin nur noch ein einziges Mal zu bitten, und er fällt um. Sie wickelt alle Welt um den zierlichen Finger: meinen sonst so leicht aufsässigen Ältesten, Armand, ebenso wie seinen Vater.

Sie war wieder eingeschlafen.

Von jeher hatte es sich von selbst verstanden, daß stets einer von beiden, entweder Justin oder Anna, dem Handelsposten vorzustehen hatte, wenn nicht beide zugleich anwesend sein konnten, wobei Justin im Vordergrund die Geschäfte führte, während Anna sich um das Lager, die Listen, Vorräte und Buchungen kümmerte und selbstverständlich auch die Aufgaben nicht vernachlässigte, die ihr als Hausfrau und Mutter zufielen. War Justin gelegentlich für Tage oder auch für Wochen unterwegs, um die Außenposten zu kontrollieren, so wurde Anna bei den oft sehr zähen Verhandlungen mit den Indianern von dem bewährtesten der Voyageurs unterstützt, die auf dem Hauptposten »überwinterten«. Dieser, der keineswegs mehr sehr jugendfrische, schnauzbärtige Honoré Glissac, verehrte die Postenchefin wie ein höheres Wesen. Er betrachtete es als ganz besondere Auszeichnung, ihr zur Seite stehen zu dürfen, wenn der Postenchef selber abwesend war, und hätte sich notfalls für sie in Stücke reißen lassen, wäre sie in Gefahr geraten. Doch war der Opfermut des Graukopfs, der stets eine bunte Feder an seiner Kappe trug, noch nie auf die Probe gestellt worden, denn auch die Indianer wußten dieser einzigen weißen Frau weit und breit in den ungebändigten Einöden des Westens, die vielerlei Künste und Reichtümer beherrschte und die es dem Postenchef, ihrem Manne, offenbar in allen Dingen gleichtat, nicht anders als mit Respekt, ja voller Scheu zu begegnen.

Seine drei Kanubrigaden mit kostbarer Pelzladung hatte Justin bereits den La Biche hinauf ostwärts auf die lange Reise abgeordnet. Die Außenposten waren längst eingezogen. Die Voyageurs des Postens hatten mit Begeisterung und nach dem langen Winter gut herausgefüttert und ausgeruht die mehr als tausend Meilen lange Fahrt angetreten: nach Grand Portage an der Mündung des Taubenflusses in den Oberen See. Das Lied, mit dem sie von den am Ufer Zurückbleibenden Abschied genommen hatten, war längst verhallt: La rivière du Loup est longue et large! Ja, so war es, auch die Flüsse im Pays d'en haut sind alle »lang und groß«, und den Namen »Wolfsfluß« verdienen sie ebenfalls. Justin durfte sich endlich die Zeit nehmen, mit den Kindern den von ihnen so heiß ersehnten Ausflug zu veranstalten.

Paul Soldat und Claas Forke wollten in diesen Tagen den beiden Kanus, die sie noch in Arbeit hatten, den letzten Schliff geben. In einem von ihnen würden sie dann selbst mit ihrem Anhang und Gepäck schon am Ende der Woche, der ersten Woche des Juni 1791, die Reise zum mittleren Peace River antreten, um dort wieder irgendwann zu Alexander Mackenzie zu stoßen. Das alles war beschlossen, denn am La Biche, so stand fest, obgleich es keiner der Beteiligten jemals deutlich ausgesprochen hatte, war ihres Bleibens nicht länger. Um so mehr gönnte es Paul Soldat seiner kleinen Nagamoun, daß sie noch einmal mit Armand, Walther und Nekik einen unbeschwerten Tag voll kleiner Freuden und Abenteuer erleben sollte.

Justin und Mes Coh Thoutin hatten das Kanu, mit dem die kleine Gesellschaft eine Meile den La Biche stromauf gefahren war, in einer flachen Bucht an Land gebracht und waren mit den Kindern über eine schmale bewaldete Landenge zum Elch-See hinübergewandert. Die Männer konnten dabei einem schon erkennbar ausgetretenen Pfade folgen. Die Leute des Handelspostens besuchten den Elch-See häufig, wenn ihnen die Arbeit Zeit dafür ließ. Der stille, langgestreckte See bildete offenbar den letzten Rest eines Seitenarms des La Biche, den der Fluß mit seiner Strömung jedoch nicht mehr erreichte, seit er sich vor vielen Jahrzehnten nach einem starken Hochwasser ein neues Bett auserwählt hatte. Der glasklare, abgeschiedene See, etwa eine Meile lang, war voll von Fischen, die sich hier leichter fangen ließen als in der starken Strömung des La Biche. Armand brannte schon darauf, seine Angel auszuwerfen und hatte seiner Mutter versprochen, für das ganze Haus eine gehörige Fischmahlzeit heimzubringen.

Die schon sommerlich warme Sonne badete das grünende Land, tauchte die hellen Birken und Espen vor dem dunklen Saum der Fichten in prächtiges, starkes Licht. Ein kräftiger, aber warmer Wind sorgte dafür, daß die Moskitos sich nicht aus den Waldrändern ins Freie wagten, so daß die Kinder, nachdem sie erst einmal die wenigen Mückenstiche auf dem Wege durch den Waldriegel überstanden hatten, sich ohne

Beschwer im warmen, seichten Wasser des Ufers und über den hellen Sandstrand einer breiten Bucht hinweg tummeln konnten. Armand, der schon fünfzehn Jahre zählte und für sein Alter sehr verständig war, hatte sich mit Mes Coh Thoutin auf den See hinaustreiben lassen. Die beiden kehrten schon nach einer guten Stunde wieder ans Ufer zurück und brachten ihren Weidenkorb so voll von Fischen zurück, daß Justin beschloß, gleich an Ort und Stelle ein großes Fischbraten zu veranstalten. Für die Mütter im Lager würden dann immer noch genug Fische übrigbleiben, zwei volle, gute Mahlzeiten zu bereiten.

Eine Pfanne gab es nicht, aber man brauchte auch keine. Die Fische wurden der Länge nach an der Bauchseite aufgeschnitten, ausgeweidet und mit der schuppigen Außenseite nach unten auf große, flache Steine gelegt, die vorher in einem starken Feuer kräftig erhitzt worden waren. Steine dieser Art waren in reicher Zahl aus einem Steilufer am See-Ende leicht herauszulösen. Die verkohlende Außenhaut schirmte das weiße Fleisch der Fische gegen die allzu große Hitze der Steine ab. Schon nach kurzer Zeit waren die Fische gar, das lange Rückgrat mit den Gräten ließ sich herauslösen, das weiße Fleisch mit den Fingern Stück für Stück abzupfen. Die Männer mußten die Kinder mehrfach mahnen, vorsichtig zu sein und sich nicht die Finger zu verbrennen. Aber es waren ja Kinder, die in der Wildnis groß geworden waren und die früh gelernt hatten, ihre Hände vorsichtig zu benutzen. Das ausführliche Mahl – auch der mitgebrachte Proviant war bis zum letzten Rest verzehrt – mit all seinen Vorbereitungen und dem sich anschließenden vergnüglichen Genuß der guten Dinge aus Mutters Küche hatte über dem heiter blinkenden See, der allen vor Augen lag, weit mehr als zwei Stunden in Anspruch genommen. Justin mahnte:

»Kinder, wir wollen langsam an die Heimkehr denken. Wir müssen unbedingt noch bei vollem Licht zu Hause ankommen, sonst machen sich eure Mütter Sorgen. Geht noch einmal in den See, wascht euch Hände, Gesicht und Füße. Zum Baden ist das Wasser noch zu kalt. Aber ihr habt auch so euren Spaß gehabt. Und dann müssen wir aufbrechen.«

Die kleine Nagamoun erhob ihr klares, helles Stimmchen. Sie war die einzige, die sich einen Widerspruch erlauben durfte: »Ach, Onkel Justin, es ist noch ganz hell. Die Sonne ist so warm und das Wasser so kalt, das ist schön! Warum bleiben wir nicht noch ein bißchen? Und ich will noch in den Wald gehen und Beeren pflücken. Das weiß ich vom vorigen Jahr: Da gab es so viele Beeren!«

Justin nahm die Wünsche der jungen Dame mit einem Lächeln zur Kenntnis. Er gab ihr nur zur Hälfte nach: »Nagamoun, Beeren gibt es um diese Jahreszeit noch nicht. Da mußt du noch zwei, drei Monate warten, dann wird der Wald voll davon sein. Wenn wir jetzt in den Wald gingen und streiften durch das Unterholz, so würden uns die Moskitos auffressen. Nein, aber wir können es so machen: Ihr bleibt noch hier an der Bucht und planscht ein bißchen länger. Thoutin und ich tragen inzwischen unser Zeug und die Fische zum La Biche hinüber. Dann kommen wir zurück und holen euch ab. Du, Armand, paßt hier inzwischen auf, daß keiner Dummheiten macht.«

Armand versprach es ernsthaft. Er war sich seiner Verantwortung als Ältester bewußt.

So war den Kindern über das zunächst festgesetzte Maß hinaus noch eine weitere Stunde des Übermuts, der Lust am spritzenden kalten Wasser und fröhlichem Geschrei gewährt.

Die Zeit verging nur allzu schnell, wie alle guten Stunden verfließen. Dann kehrten Justin Leblois und Mes Coh Thoutin vom Ufer des La Biche wieder zurück, und Justin rief: »So, ihr vier Banditen, jetzt wird es aber höchste Zeit. Macht euch fertig. Seht zu, daß ihr nichts von euren Sachen vergeßt!«

Die Kinder widerstrebten nicht. Sie hatten sich müde gesprungen. Die Sonne stand zwar noch hoch an diesem Junitag, aber ihre Kraft und Wärme ließen spürbar nach.

Der Zug der Heimkehrenden bewegte sich über die langsam ansteigende Uferbank vom Elch-See fort und tauchte locker und absichtslos geordnet in den Waldriegel ein, der mit hohen Fichten und dichtem Unterholz See und Fluß voneinander trennte. Es dauerte kaum länger als eine halbe Stunde, ihn gemächlich zu durchqueren. Jenseits davon wartete der kräftig rinnende Fluß und das Kanu, sie alle nach dem freundlich vom Himmel gefallenen festlichen Tage ins Hauptlager und der heimatlichen Hütte zurückzutragen.

Eine halbe Stunde nur – aber diese kurze Zeitspanne genügte der ungezähmten Wildnis weit umher, sich für die übermütige Sorglosigkeit, mit der sich die Menschen dem Glanz und der Wärme des vergangenen Einödtages anvertraut hatten, furchtbar zu rächen.

Nekik, der kleine Indianer, lief der auf dem schmalen Pfad sich lang auseinander ziehenden Schar weit voraus. Er hatte sich nach Indianerart an den aufgeregten und atemlosen Spielen der übrigen Kinder mit Maßen, oft genug nur als Zuschauer beteiligt. So war er jetzt nicht so müde wie die andern und rannte wie ein Jagdhund den Heimkehrern voraus, um dann wieder zu seinem Vater, der die Spitze des Zuges genommen hatte, zurückzukehren. Mes Coh Thoutin ließ den Kleinen gewähren, behielt ihn aber stets im Auge. Ihm folgte Justin, der den kleinen Walther an die Hand genommen hatte. Das Kind war so erschöpft gewesen nach dem langen, freudevollen, aber auch allzu aufregenden Tage, daß es nach dem Sturz über einen heimtückischen Wurzelknollen, der im Sande verborgen gewesen, den Tränen nahe war. Justin hatte den Kleinen trösten müssen und schließlich dicht an seiner Seite behalten, als das Kind kläglich danach verlangte.

Den Schluß des Zuges machte Armand, der seine geliebte Nagamoun um die Schulter gefaßt hatte und sie sorglich über die vielen Unebenheiten des Pfades durch den Wald hinweg geleitete. Das kleine Fräulein schien solche Fürsorge sehr zu genießen und folgte den Weisungen ihres Beschützers gehorsam, als handelte es sich um ein neues, hübsches Spiel, für das man sich Zeit lassen müßte. Die beiden Kinder blieben allmählich ein wenig hinter den übrigen zurück, ohne daß es auffiel.

Der kleine Nekik war dem Vater gerade wieder um ein gutes Dutzend Schritte voraus und bog um ein dicht verwachsenes, undurchsichtiges Gebüsch. – Und stieß beinahe mit einem winzigen Bärchen zusammen, das ihm auf dem gleichen Pfad entgegengetrottet kam. Weit davon entfernt, erschreckt zu sein, hielt der kleine Indianer das drollige schwarze Wesen, das nur halb so groß war wie er selber, für eine wunderbare neue Überraschung dieses Tages, der an freudigen Überraschungen schon so reich gewesen war. Das Bärenjunge allerdings wurde von plötzlicher Angst gepackt, gab einige quiekende Laute der Furcht von sich, setzte sich vor Schreck auf die mageren Hinterbacken und schien wie gelähmt. Die tierischen Laute der Angst lockten auf der Stelle die Bärenmutter aus dem Unterholz neben dem Pfad. Das riesige, schwarzpelzige Tier stürzte in wenigen Sätzen heran und fegte mit einem einzigen Tatzenhieb den kleinen Nekik vom Pfade. Das Kind sauste hoch durch die Luft, prallte an eine breite Fichte, fiel zu Boden und blieb reglos zwischen dem Wurzelgeflecht des Baumes liegen.

Mes Coh Thoutin hatte sofort begriffen, was sich jenseits des großen Busches ereignet haben mochte, riß sein Jagdmesser von der Hüfte – die einzige Waffe, die er auf den Ausflug mitgenommen hatte – und rannte mit ein paar langen Sätzen um das ausgedehnte Gebüsch, das den Sohn seinen Blicken entzogen hatte. Die Bärin hatte noch keine Zeit gefunden, sich mit ihrem verdutzen Jungen seitwärts ins Dickicht zu drücken. Sie nahm den anstürmenden Mann sofort an. Kam aber nicht mehr dazu, sich nach Bärenart auf den Hinterbeinen aufzurichten. Mes Coh Thoutin hatte aus den Augenwinkeln sein Söhnchen am Fuß der riesigen Fichte liegen sehen, regungslos mit verdrehten Gliedern. In ungeheuer aufbrandender Wut warf er sich auf die Bärin und jagte ihr sein Messer bis zum Heft zwischen die Rippen, so heftig, daß das Messer sich nicht mehr herausziehen ließ. Mit hartem Schwung schüttelte ihn die Bärin ab.

In diesem Augenblick tauchte Justin mit dem kleinen Walther an der Hand um den Busch her auf. Die Bestie, außer sich vor Schmerz und Wut, hatte sich nun doch aufgerichtet, fiel im Nu über Justin und das Kind in seinen Armen her – Justin hatte es hochgerissen – und umarmte Mann und Kind mit ihren riesigen Vorderpranken. Justin hatte im letzten Augenblick versucht, das Kind wieder fallen zu lassen, aber der kleine Walther hatte sich entsetzt an ihm festgeklammert und geriet zwischen den Leib der Bärin und den des Vaters. Immerhin hatte Justin mit der Rechten sein Messer ziehen können und stieß es der Bärin, die ihn in ihre fürchterliche Umarmung zwang, noch ein zweites Mal von unten her in den Brustkorb. Dann erschlaffte er, als ihm unter den mit grausiger Wut zupackenden und pressenden Vorderbeinen der Bärin die Rippen und das Rückgrat splitterten.

Mes Coh Thoutin hatte kaum begriffen, was sich hinter ihm abgespielt hatte. Er hatte das leblose Körperchen seines Kindes aufgenommen, hielt es in den Armen, starrte darauf hinab, als könnte es nicht wahr sein; kein Funken Leben war mehr in dem kleinen Nekik zu spüren.

Als Armand und die kleine Nagamoun, die die Nachhut der Heimkehrenden gebildet hatten, um den Busch herum erschienen, stürzte die Bärin – ihre beiden Opfer immer noch in den Armen – in hartem Aufprall zu Boden. Der letzte Messerstich Justins mußt ihr Herz erreicht haben und hatte auch sie gefällt, nachdem das todgeweihte Tier noch einmal mit einem letzten fürchterlichen Druck den Rest des Lebens aus Justins Leib herausgepreßt hatte.

Armand erstarrte. Aber nur für einen Augenblick; er begriff nicht ganz, was sich ereignet hatte, aber Nagamoun war ihm anvertraut. Nagamoun, die er liebte, sicherlich war auch sie in Gefahr. Er griff nach dem Kinde, das vor Entsetzen keinen Laut von sich gegeben hatte, nahm es wie ein Bündel unter den Arm und rannte damit wie von Sinnen den Pfad entlang: das rettende Kanu und der Fluß konnten nicht mehr fern sein. Von Mes Coh Thoutin, der abseits mit dem toten Sohn im Arm an der Fichte lehnte, an der das Kind zerschmettert war, nahm Armand überhaupt nichts wahr.

Da war das Kanu! Armand ließ die kleine Nagamoun, die noch immer keinen Laut von sich gegeben hatte, am Waldrand aus dem Arm gleiten und stapfte eilig mit ihr durch den gelben Sand zum Boot hinunter. Ach, er wußte es, er war allein. Er konnte das Boot nicht ins Wasser schieben, noch viel weniger im Strom regieren. Wo waren die anderen, warum kamen sie nicht, Mes Coh Thoutin und der Vater? Warum war der riesige, schwarze Unhold, der den Vater in den Armen gehalten hatte, mit ihm zu Boden gestürzt? Armand war außer sich. Sein Atem ging keuchend. Jeder Tropfen Blut war aus seinem Gesicht gewichen. Aber seine kleine Nagamoun, die hatte er gerettet! Das Kind hielt mit beiden Händen seine Hand umklammert und schmiegte sich an ihn. Die beiden warteten lange.

Furcht wandelte den Knaben an. Mit seinen fünfzehn Jahren wurde ihm abverlangt, wie ein Mann zu handeln. Gewiß, er konnte längst sein Kinderkanu regieren. Aber würde er es fertigbringen, dies große Fahrzeug in den Strom zu schieben und dann wieder, was viel schwieriger sein würde, aus der Strömung hinaus ans Ufer zu bugsieren. Würde ihn nicht der schnell fließende La Biche in den gewaltigen Athabasca hinaustreiben? Oder war es jetzt seine Pflicht, in den Wald zurückzulaufen, um zu sehen, was aus dem Vater und Mes Coh Thoutin, Nekik und Walther geworden war? Ja, das war es! Sich mit Nagamoun ins Kanu zu setzen und fortzufahren, das würde Flucht bedeuten. Und womit sollten sich dann die übrigen einschiffen? Er mußte in den Wald zurück und sehen, was dort geschehen war!

Aber als er versuchte, der neben dem Kanu im Sande sitzenden Nagamoun klarzumachen, daß er in den Wald zurückkehren wollte, brach die Kleine in Tränen aus und preßte sich an den Beschützer. Um Nagamoun abzuschütteln, hätte Armand grob werden müssen. Das vermochte er nicht über sich zu bringen, nicht gegenüber Nagamoun. Er blieb bei ihr. Die Kleine hatte im Sitzen sein rechtes Knie umschlungen und ließ ihn nicht mehr los.

Armand brauchte nicht mehr lange zu warten. Aus dem Walde hervor schritt der Indianer, mit seinem toten Söhnchen auf dem Arm. Sein Gesicht war wie aus Stein. Er sagte kein Wort. Mit einer hölzernen Gebärde winkte er den beiden Kindern, die am Ufer warteten, ins Boot zu steigen. Armand wagte keinen Widerspruch, keine Fragen. Er hob Nagamoun über den Bordrand und stieg hinterher. Währenddessen hatte Mes Coh Thoutin den Leichnam des kleinen Nekik auf die Bodenbretter des Kanus gebettet, so vorsichtig, als lebte das Kind noch. Dann stieg der Indianer ein, griff zum Paddel und schob das Kanu vom Ufersand ab.

Im Lager hatten sich Anna Leblois, Paul Soldat und Claas Forke, ohne es abgesprochen zu haben, am Ufer versammelt. Eine seltsame Unruhe hatte sie am späteren Nachmittag die Arbeit, der sie sich bis dahin gewidmet hatten, aus den Händen legen lassen. Eigentlich hätten Justin und der Indianer mit den Kindern schon wieder heimgekehrt sein müssen, denn so war es verabredet gewesen. Anna hatte ihrem Mann eingeschärft: »Macht euch am frühen Nachmittag wieder auf den Heimweg, Justin, damit sich besonders die drei Kleinen nicht allzu sehr abzappeln und aufregen. Sonst endet der Tag mit Tränen.«

Claas Forke sprach aus, was die drei Menschen, die sich an der Uferlände getroffen hatten, bewegte: »Es wird ihnen doch nichts passiert sein! Nagamoun hatte mir versprochen, mir noch heute zu erzählen, was sie alles angestellt hätten.«

Paul und Anna gingen nicht auf diese Bemerkung ein. Alle drei blickten angestrengt am Flußufer entlang, den La Biche aufwärts, von wo das Kanu mit den Ausflüglern sich nähern mußte. Anna wollte nicht unhöflich sein, meinte halb abwesend: »Justin ist immer sehr vorsichtig, wenn die Kinder dabei sind, und mit Mes Coh Thoutin ist es sicherlich nicht anders.«

Da war das Kanu. Die drei atmeten auf. Um einen Vorsprung des Ufers her tauchte es auf, ganz in der Ferne.

Und dann senkte sich allen dreien eine unsichtbare schwere Last auf die Schultern. Es konnte nicht mehr bezweifelt werden: nur ein einziger Mann regierte das Boot, das, wie alle Kanus, mindestens zwei erforderte, um mit den Paddeln auf stetem geraden Kurs gehalten zu werden. Auch eine kleine Gestalt war jetzt im Boot zu erkennen und eine noch kleinere. Die größere konnte nur Armand sein. Wem gehörte der Kopf, der kaum die Bordwand überragte?

Mes Coh Thoutin trieb mit harten Schlägen das Boot auf die Lände. Paul und Claas griffen zu und hoben den Bug auf den Sand. Der Indianer ließ das Paddel ins Boot sinken, bückte sich und hob den Leichnam seines Söhnchens auf den Arm.

Ohne einen der Wartenden anzublicken, erklärte er mit rauher Stimme, kaum verständlich: »Wir wurden auf dem Rückweg von einer Bärin angegriffen. Mein Nekik wurde zuerst von ihr getötet. Dann kamen Justin und der kleine Walther an die Reihe. Die müßt ihr noch abholen. Ich konnte es allein nicht schaffen.«

Der Indianer kümmerte sich nicht um die Wirkung seiner Schreckensnachricht. Er schritt vom Landeplatz den Pfad aufwärts, der zu seiner Hütte führte.

Paul Soldat hatte seine Tochter aus dem Boot gehoben. Das Kind verbarg seinen Kopf an dem Halse des Vaters und fing an zu weinen.

Armand war mit einem Satz an Land gesprungen und trat zu seiner Mutter, die noch immer dastand wie erstarrt; jeder Tropfen Blut war aus ihrem Gesicht gewichen.

War Armand schon zum Mann geworden? Seine Knabenstimme hatte plötzlich den Klang des Befehls: »Mutter, du mußt es bestimmen! Vater und Walther liegen im Walde, nicht weit von der Stelle, wo der Pfad zum Elch-See vom Ufer des

La Biche abführt. Sie müssen jetzt noch ins Lager gebracht werden. Sonst wird es dunkel.«

Anna schien die Worte des Knaben gar nicht vernommen zu haben. Sie stand noch immer stumm und starr da und blickte das Flußufer entlang, dorthin, wo das Kanu mit den beiden Männern und vier Kindern am frühen Vormittag außer Sicht geraten war.

Claas Forke war es, der jetzt eingriff. Er war nicht unmittelbar betroffen. Er entschied: »Ich mache mich gleich mit ein paar Voyageurs auf den Weg. Sehr viel Zeit haben wir nicht mehr bis zur Dunkelheit.«

Armand schob seinen Arm unter den der Mutter und bat sie leise wie ein Älterer eine Jüngere: »Mutter, es wird mindestens zwei Stunden dauern, ehe die Männer wiederkehren. Komm, ich bringe dich ins Haus.«

Anna ließ sich von ihrem Sohn ins Haupthaus führen. Sie stolperte zweimal, was ihr sonst nie passierte, über eine Fichtenwurzel. Doch fing sie sich, da Armands Arm sie stützte. Als hätte der kleine Schreck ihre Erstarrung gelöst, fuhr ihr ein erster deutlicher Gedanke durchs Hirn: Alle Verantwortung liegt auf mir, wenn Justin tot ist – oh, wenn Justin tot ist? Aber er ist tot. Mes Coh Thoutin erzählt keine Märchen. Dann ist mein Walther auch tot, mein kleiner Junge. Heute früh noch hat er mich zum Abschied umarmt. Es war das letzte Mal, daß er mich umarmt hat.

Im Haupthaus kam Anna zu sich. Sie hatte sich auf eine Bank sinken lassen. Sie war und blieb die Partnerin der Company, daran hatte sich nichts geändert. Aber Justin ist tot. Er wird nicht mehr dasein in Zukunft. Ich bin allein. Vater ist tot. Justin ist tot. Wer hilft mir jetzt?

Es war, als hätte sie die Frage hörbar ausgesprochen, als wäre sie nicht nur nebelhaft durch ihr verstörtes Hirn gewandert. Armand, der knapp Fünfzehnjährige, hatte sich plötzlich vor seiner Mutter aufgebaut und verkündete mit einer Stimme, die schon ins Männliche hinüberzubrechen begann: »Mutter, sei nicht so traurig! Ich bin noch da. Ich werde dir immer helfen!«

Ach, Armand, ihr Armand, der seinem Großvater so ähnlich sah, ihrem Vater! Sie schlossen einander in die Arme.

Während sie sich noch festhielten, wurde plötzlich durch die Wände der Hütte und die geschlossene Tür ein schriller

Schrei hörbar, dem sich ein langes, grelles Gejammer anschloß, das nichts Menschliches mehr zu haben schien. Armand und seine Mutter lösten sich aus der Umarmung und lauschten. Dann begriffen sie, wer da schrie.

Mes Coh Thoutin hatte Losseh Thiegah in der Hütte, die er mit seinem toten Söhnchen im Arm aufgesucht hatte, nicht vorgefunden. Sie war unterwegs gewesen, um Brennholz einzusammeln. Dann war sie schließlich erschienen und hatte begriffen, was geschehen war, wenn sie es auch anfangs weder begreifen wollte noch konnte. Als endlich die Wahrheit in sie einzusickern anfing, hatte sich ihr fürchterlicher Jammer in der indianischen Totenklage entladen. Losseh Thiegah schrillte ihren Schmerz heraus, als wäre ein Vulkan des Jammers ausgebrochen. Ihr Schrei drang durch alle Wände. Die Männer ließen die Hände sinken. Alle Herzen krampften sich zusammen. Wann hört sie endlich auf zu schreien? Jesus, Maria, stopft ihr den Mund! Wann hört sie endlich auf!

8

Es war gar nicht darüber diskutiert worden, schien sich vielmehr ganz von selbst zu verstehen, daß Paul Soldat, Claas Forke und Mes Coh Thoutin nach dem Tode Justins ihre schon bis in alle Einzelheiten vorbereitete Reise zum Peace River zunächst aufschoben. Anna hatte die Männer nicht darum gebeten. Aber es schien ihr nicht unlieb zu sein, wenn ein altvertrauter und bewährter Helfer aus des Vaters Zeiten für eine Weile im Lager verblieb und ihr mit Rat und Tat beispringen konnte.

Die maßgebenden Leute der Company würden erst in einem Jahr vom Tode des Postenchefs am La Biche erfahren. Es sei denn, man schickte den längst auf die lange Reise zum Oberen See gegangenen Kanubrigaden, welche die Pelzausbeute des Winters nach Osten frachteten, ein Eilkanu hinterher. Aber dazu hätte man den Posten von den wenigen Voyageurs, die für den Sommer am La Biche verblieben waren, völlig entblößen müssen. Was diese Männer im Sommer an Arbeit verrichten sollten, war von Justin schon vorbestimmt.

Anna konnte sich nicht dazu entschließen, die von ihm mit aller Sorgfalt und Umsicht entworfenen Pläne abzuändern. Es mußten in der Tat die Schuppen für die Vorräte und Pelze wesentlich vergrößert werden, dazu erwartete man im Herbst eine oder zwei Kanubrigaden mehr als im vergangenen Jahr, also auch entsprechend mehr Voyageurs, die alle untergebracht und verpflegt werden mußten. Nein, was Justin schon vorbereitet hatte, sollte unter allen Umständen ausgeführt werden.

Da Anna solchermaßen Justins Werk unmittelbar fortsetzte, ging des Verstorbenen Autorität ohne weiteres auf sie über. Auch war sie ja Partnerin der Company und blieb es; Justin war sozusagen nur in ihrem Auftrag tätig gewesen. Die Voyageurs wußten diese Unterschiede von jeher zu würdigen.

Justin war begraben. Ein hoher Steinhaufen war über seinem Grab aufgetürmt, ein kleinerer daneben über dem seines Söhnchens Walther, und ein weiterer in geringem Abstand über dem Grab des kleinen Nekik. Drei Kreuze aus Birkenstämmen standen über den Gräbern. Nicht weit davon entfernt auf der Landzunge, welche die Wasser des Athabasca von den einmündenden des La Biche trennte, erhoben sich einige weitere Kreuze, von denen zwei sich schon müde zur Seite neigten. In den Sommern und Wintern zuvor hatte der Posten am La Biche bereits vier Voyageurs, zwei durch Krankheit und zwei durch Unfall, verloren. Also war schon so etwas wie ein kleiner Friedhof entstanden, es pflegte ihn niemand. Wer tot war, wurde beklagt und mußte bald vergessen werden, denn das Leben ging weiter, und die Handvoll Menschen in der ungeheuer entlegenen Einöde des Pays d'en haut beruhte nur auf sich selbst und durfte allein an den Tag und die Zukunft denken. Was vergangen war, wurde bald vergessen, denn eine Hilfe in der stets gefährdeten Existenz war von daher nicht zu erwarten.

Anna wunderte sich darüber – manchmal kam es ihr zu Bewußtsein –, wie sorgfältig sie es vermied, mit Claas Forke oder Paul Soldat allein zusammenzutreffen. Gewiß, sie beanspruchte die beiden nicht selten, aber was sie ihnen zu sagen hatte, das sagte sie ihnen am liebsten im Freien, wenn sich andere Männer in der Nähe aufhielten. Im Haupthaus waren Paul und Claas offenbar nicht willkommen.

Anna wußte nicht, was weiter werden sollte. Sie fuhr einfach dort fort, wo Justin aufgehört hatte. Vielleicht war es so das einzig richtige.

Paul Soldat, Claas Forke und der Indianer mit seinem Anhang waren auch jetzt nicht in die eingefahrene Ordnung der Verhältnisse im Lager einzubeziehen. Schon wenige Wochen nach Justins Tod war Anna der Meinung, daß sie auch ohne Paul und Claas auskäme. Aber sie gestand sich auch – ehrlich wie sie war, ihres Vaters Tochter –, daß ein anderer Umstand sie der Anwesenheit der beiden Männer, die nicht ihrer Botmäßigkeit unterstanden, überdrüssig werden ließ. Schon wenige Wochen nach Justins Tod mußte sich Anna im geheimen sagen, daß der jäh von ihr gerissene Gefährte ihrer jungen und reiferen Jahre zwar am Tage zu ersetzen war, aber – sie preßte die Lippen im Dunkeln zusammen und flüsterte vor sich hin: aber des Nachts nicht!

Mein Justin, nein, des Nachts nicht!

Was wollten die beiden im Lager? Warum boten sie sich ihr immerfort an? Es kommt mir wenigstens so vor, als ob sie das tun.

Sie biß die Zähne zusammen: ich habe nichts mit ihnen zu schaffen. Ich will es nicht. Mein Justin – es ist erst zwei Monate her, daß er unter der Erde ist. Bilden die sich etwa ein, Paul und Claas, daß ich sie brauche? Sie sollen verschwinden. Ich bin Justins Frau.

Sie wandte ihren Kopf im Dunkeln hart zur Seite, preßte die Lippen aufeinander. Nicht mehr darüber nachdenken! Ich bin Justins Frau. Das ist durch seinen Tod nicht aufgehoben.

Die Voyageurs –? Ah bah, die sind tief unter mir. Ich bin Partnerin der Company. Sie sind schmutzig. Sie waschen sich selten. Und sie sind mit ihren Indianerinnen beschäftigt.

Was lungern die beiden hier herum, Paul und Claas? Claas, finster, ein Klotz und so fahl von Haar und Angesicht. Und Paul Soldat – bieder, ehrlich und langweilig, und ewig mit hungrigen Augen hinter mir her – alle beide – sie müssen fort!

Und was würde Armand dazu sagen, mein stolzer Armand? Maman, würde er sagen, ich hasse sie, die beiden! Wären sie nicht gekommen und hätten sich hier breitgemacht, so wären wir nie auf den Ausflug zum Elch-See gegangen und Vater wäre noch am Leben und Waltherchen auch.

Aber wenn ich ihn dann fragte: Und was ist mit Nagamoun? Er würde sagen, Nagamoun kann nichts dafür. Warum nimmst du sie nicht zu uns, Maman? Nagamoun könnte bleiben.

Aber Nagamoun blieb nicht. Es blieb nicht ihr Vater, es blieben nicht Claas Forke, Mes Coh Thoutin und Losseh Thiegah.

Daß Paul Soldat und Claas Forke heimlich Rivalen waren, die sich um die Gunst der verwitweten Anna bewarben, blieb einigen Leuten im Handelsposten am La Biche nicht verborgen, insbesondere nicht Mes Coh Thoutin, der im Laufe der Jahre seinen Gefährten kennengelernt hatte. Und der auch längst begriff, daß die Männer mit hellerer Haut heftiger und beißender von ihren Begierden und Sehnsüchten geplagt werden als die Indianer. Dies vielleicht nur deshalb, weil indianische Frauen solchen Begierden viel williger, ja sogar fordernder entgegenkommen. Die weißen Frauen hielten es offenbar für unter ihrer Würde, ihre geheimen Wünsche einzugestehen. Zwar kannte Mes Coh Thoutin nur diese einzige weiße Frau, Anna Leblois, zwar rechnete es ihr der Indianer hoch an, daß sie immer noch ihrem längst begrabenen Gatten die Treue hielt, doch glaubte Mes Coh Thoutin nicht daran, daß man den Stimmen des Blutes widerstehen sollte. Denn der große Manitou hat alle Wesen, die er aus seiner Hand entlassen hat, mit solchen Begierden ausgestattet, hat ihnen die höchste Lust dazugeschenkt, wenn sie gestillt werden, und verlangt, daß sie seinen Geboten gehorchen, sie alle, die seine Geschöpfe sind, die Tiere des Waldes, die Vögel in der Luft und auch die Menschen – gering nur sind sie an Zahl, aber trotzdem die Herren der Einöden.

Als schon der Sommer müde wurde und der Herbst als erste Vorboten einige Nebelmorgen vorausschickte, gab schließlich Anna im geheimen zu: Ich könnte mich in meiner Verlassenheit vielleicht dem Paul Soldat anvertrauen, und vielleicht könnte ich mich ihm sogar ergeben. Es ist niemand anders da, und auch er kommt schließlich von meinem Vater her, genauso wie Justin. Ich als weiße Frau allein im Pays d'en haut – denn da steht immer neben Paul dieser Claas Forke, und vor dem fürchte ich mich. Ach, sie müssen beide fort! Ich kann hier am La Biche und Athabasca Voyageurs und Indianer nur regieren, wenn sie fort sind mit ihrem blatternarbigen Indianer, der hinter alle Dinge blickt, mit Losseh Thiegah, seiner Sklavin, und mit der kleinen Nagamoun, die meinen noch gar nicht erwachsenen Armand behext.

Anfang September, als der Herbst ihnen noch gerade Zeit dazu ließ vor dem Frost, bestiegen Paul Soldat, Claas Forke, Mes Coh Thoutin und Losseh Thiegah mit der kleinen Nagamoun im Arm das von den Männern wohlvorbereitete und reichlich mit Proviant und vielen Werkzeugen ausgestattete Kanu und machten sich auf die weite Reise zum mittleren Peace. Niemand im Lager am La Biche hatte versucht, ihnen nahezulegen, die Abfahrt weiter hinauszuschieben. Nur Nagamoun hatte bitterlich geweint, als sie begriff, daß sie ihren geliebten Beschützer Armand voraussichtlich nicht wiedersehen würde. Er hatte dabeigestanden mit hängenden Armen, zitternden Lippen und einem grimmigen Gesicht, hatte sich schließlich abgewendet und war fortgegangen, um den anderen zu verbergen, daß auch er die Tränen nicht aufzuhalten vermochte.

Pauls Kanu glitt den Athabasca abwärts bis zur Einmündung des Pelican in den großen Strom. Die Reisenden wendeten in das geringere Gewässer und kämpften sich stromauf voran. Sie erreichten den Quellsee des Pelican-Flusses. An seiner Westseite war das Kanu aus dem Wasser zu heben und die Wasserscheide zum Stromgebiet des Wabasca zu überwinden. Der Pfad der Portage war noch einigermaßen gut zu erkennen, obgleich diese Tragestrecke von den Cree-Indianern nicht mehr oft benutzt wurde, seit die große Seuche ihre Zahl so fürchterlich vermindert hatte.

Pauls Kanu wanderte schließlich aus dem südlichen der Wabasca-Quellseen in den nördlichen und folgte dann dem Strom weiter nach Norden. Der Wabasca wird an vielen Stellen von zum Teil sehr wilden und gefährlichen Schnellen unterbrochen. Aber die drei Männer in dem weltverloren nordwärts ziehenden Kanu waren mit den Gefahren der ungebändigten Ströme des Pays d'en haut seit langem vertraut, wußten die Zeichen zu lesen, welche die Schnellen, die auch ein geschickt gesteuertes Kanu verschlungen hätten, schon im voraus ankündigten. Viele Portagen also waren zu bewältigen, ehe die vier Erwachsenen und das Kind schließlich den mächtigen, sich gelassen durch die Ödnis windenden

Peace erreichten und sich seiner verhaltenen, zugleich machtvollen Strömung anvertrauten. Oberhalb der Vermilion-Schnellen, deren Abschluß die großen Vermilion-Fälle des Peace bilden, trieben die Reisenden ihr Boot an Land. Auf dem Hochufer des Stroms, einem ihn zu einer weiten Schleife zwingenden Hügelzug, würden sie sich eine Hütte bauen. An geeignetem Holz, nicht allzu weit entfernt, bestand kein Mangel. Der Peace war von dem Vorsprung des Landes weit stromauf und -ab zu überblicken. An dieser Stelle sollte Alexander Mackenzie nicht zu verfehlen sein, wenn er sich im nächsten oder übernächsten Jahr aufmachte, westwärts ins Ungewisse vorzustoßen.

Auch konnte das Lager Macleods nicht allzu weit entfernt sein. Paul war entschlossen, es aufzusuchen, wenn nicht mehr im gleichen Jahr, so doch sicherlich im kommenden Frühling, denn in diesem Herbst war noch viel vorzubereiten, um den nahenden Winter zu bestehen. Aber der Strom wimmelte von Fischen, auch hatte man während der vergangenen Reise vom Wasser aus viel Wild beobachtet, überdies eine gehörige Menge Proviant vom La Biche mitgebracht, Pemmican vor allem. Gewiß, zu langen Lust- oder Besuchsfahrten war vor dem Frost in diesem Jahr keine Zeit mehr zu erübrigen, aber man würde im nahenden Winter wohl kaum zu hungern brauchen.

Die großen Fische reihten sich bald an langen Stangen in den Uferbäumen, um zu trocknen. Zu kräftigen Streifen geschnitten, baumelte das Fleisch der Elche und Rothirsche in den Zweigen, hoch und unerreichbar für die genäschigen Bären, die manchmal des Nachts das kleine Lager besuchten. Einige von ihnen hatten bereits ihr Leben lassen müssen; ihr Fleisch und vor allem ihr Fett würden den winterlichen Speisezettel sehr bereichern; die Bärenschinken ließen sich räuchern und würden während der kalten Zeit genießbar bleiben.

Auch für genügend Arbeit hatten Paul und Claas vorgesorgt, große und kleine Fallen aus dem Bestande des Handelspostens am La Biche erworben und mitgenommen. Der Bau von Kanus ließ sich mit so kurzer Anlaufzeit bis zum Frost nicht mehr vorbereiten. Aber Fallenstrecken an den in den Peace mündenden Nebenflüssen konnte man vor dem Winter noch auslegen. Warum sollten die drei erfahrenen Waldläufer nicht wie die Indianer zur Genüge Pelztiere in ihre Fallen lokken, um sich später, wenn auch nicht mehr am fernen La Biche bei Anna Leblois, so doch vielleicht bei Macleod oder Mackenzie all die Notwendigkeiten einzutauschen, die dem wunderbaren Füllhorn der Einöden nicht abzulisten waren.

Die kleine Nagamoun hatte die Kanureise gut überstanden und sich langsam wieder daran gewöhnt, von der wortkargen und zu lustigen Späßen nur selten aufgelegten Losseh Thiegah betreut zu werden, die Portagen auf dem Rücken der Frau oder an ihrer Hand ohne Ängste zu überwinden und sich der eintönigen Kost während der Reise und später während des langen Winters im beengten Blockhaus anzupassen. Doch blieb das Kind ernster, als es zuvor gewesen war, und auch ihrem Vater, der sie zärtlich liebte, wollte es nur selten gelingen, sie zu ihrer alten Beweglichkeit oder gar stürmischen Heiterkeit aufzumuntern, die ihn früher so oft erfreut hatte. Der kleinen Nagamoun fehlt ihr getreuer Armand, sagte sich Paul Soldat. Aber da Anna mir immer unerreichbar bleiben wird, wird Nagamoun sich damit abfinden müssen, Armand für immer verloren zu haben.

Paul Soldat verrichtete in diesem Winter alle die Arbeiten, die auf der weltentlegenen kleinen Siedlung oberhalb der Großen Fälle des Peace River anfielen, mit dem Fleiß und der Gewissenhaftigkeit, die seinem Wesen entsprachen. Aber mit seinem Los zufrieden oder gar glücklich war er nicht; vom Glück war er in seinem Leben nie besonders begünstigt gewesen. Allerdings kam in diesem Winter hinzu, daß es ihn verstimmte und schließlich in langsam steigendem Maße ärgerte, daß der von ihm eigentlich nur aufgelesene und keineswegs auf unbeschränkte Zeit angenommene Claas Forke sich gebärdete, als gehörte er endgültig zu dem seit Jahren eingefahrenen Gespann Paul Soldat und Mes Coh Thoutin. Kein Zweifel konnte daran bestehen, daß Claas Forke mit Holz vorzüglich umzugehen verstand, erfahrener Zimmermann, der er war. Auch die widerspenstigsten Stämme, Äste, Bretter, Knorren fügten sich seinen harten, geschickten Händen. In der Tat, ein Blockhaus, an dem Claas Forke mitgebaut hatte, stimmte in jeder Einzelheit. Die Türen schlossen und die Fenster; die Stämme waren so dicht ineinander gepaßt, daß sich nicht einmal ein Blatt zwischen sie schieben ließ; vor allem an den Ecken und in den Giebeln waren die Hölzer so zuverlässig verfugt, daß kein Sturm und keine Schneelast ihnen etwas anzuhaben vermochte – und das sicherlich auf viele Jahre hinaus. Er benahm sich, der finstere strohblonde Mann, als ginge ohne ihn nichts mehr, während doch in Wahrheit Paul Soldat und Mes Coh Thoutin in der Vergangenheit Kanus gebaut hatten, die ihresgleichen suchten, auch ohne daß ein Claas Forke ihnen den letzten Schliff gegeben hatte.

Dann war es tiefer Winter geworden; die Fallenstrecken waren ausgelegt; es mußte gefischt und gejagt werden. Claas Forke fürchtete sich vor nichts. Er war dem Leben im Urwald gewachsen. Paul Soldat vermochte keinen zureichenden Grund ausfindig zu machen, sich wieder von ihm zu trennen, obgleich sich kein Band der Freundschaft zwischen den Männern knüpfen wollte. Was Paul aber am stärksten beunruhigte, war dies: Der nicht abzuschüttelnde Gefährte ließ sich immer wieder, wenn er sich überhaupt zu einem längeren Gespräch bequemte, etwa folgendermaßen vernehmen:

»Allein hält sie's nicht auf die Dauer durch, da am La Biche. Eine Frau als Postenchef – Unsinn! Sie muß wieder heiraten! Aber wen soll sie nehmen? Einen franko-kanadischen Voyageur? Das kommt für sie nicht in Frage. Sie ist doch eigentlich eine Deutsche...«

Paul sagte sich dann: Er hat nicht aufgegeben, er wartet auf eine günstige Gelegenheit.

Und ich? Ich warte auch darauf, obgleich ich weiß, daß das für immer vergeblich ist.

9

Was die indianischen Pelzjäger Jahr für Jahr im Pays d'en haut zustande brachten, das und mehr als das der Wildnis abzuverlangen, fiel zwei so erfahrenen Waldläufern wie Paul Soldat und Claas Forke nicht schwer, zumal sie von einem so vorzüglichen indianischen Gefährten wie Mes Coh Thoutin, dem Blatternarbigen, unterstützt wurden. Er war mit der Zeit in beiden Welten gleichermaßen zu Hause, der weißen wie der indianischen, hatte einerseits von seinem Freund und Meister, Paul Soldat, der für ihn an die Stelle des längst dahingegangenen Walther Corssen gerückt war, jene Beharrlichkeit, Stetigkeit und zugleich Wendigkeit gelernt, die den Eingeborenen des Pays d'en haut von Natur nicht mitgegeben war. Andererseits aber hatte er die beinahe unwirkliche Fähigkeit der Indianer nicht verloren, sich in die wilden Tiere, die Biber und Füchse, Wölfe, Bären und das kleine, aber wertvolle Raubzeug wie Hermelin, Nerz, Wiesel oder Marder so hineinzudenken, als gehörte er zu dieser Welt urwilder Lebewesen; es gelang dem Indianer so gut wie stets, die Tiere zu überlisten und sie in die Fallen, vor die Flinten oder unter die tödlichen Knüppel der Jäger zu locken.

Es stellte sich obendrein heraus, daß die Wälderwildnis am Peace beinahe unglaubhaft reich an wertvollen Pelztieren war. Die in diesen Gebieten einst beheimatet gewesenen Sippen und Unterstämme der Cree waren an Zahl sehr bedeutend gewesen. Die schwarzen Pocken hatten die kleinen Verbände hoffnungslos zerstreut und weithin vernichtet. In den Jahren, die seit der großen Seuche vergangen waren, hatten sich in dem weiten, leeren Land nur hier und da wieder einige indianische Familien zusammengefunden. Die Pelztiere hatten sich also – von dem wildesten Raubtier, dem Menschen, für eine Zeitlang nicht gefährdet – ungestört vermehrt.

Im Frühsommer des Jahres 1792 also, als das Eis von den Seen und Strömen gewichen war und die Wildnis sich mit einem gewaltigen Zauberschlage neu begrünt hatte, die Waldränder von vielen Vogelstimmen widerhallten, der große Strom befreit sein Frühlingshochwasser über die Felsen der großen Fälle donnern ließ, so daß ihr Grollen in stiller Nacht als ein leiser, sehr ferner Gesang in der Hütte Paul Soldats und seiner Leute hörbar war, in diesen beinahe schwülen Maitagen mit ihrem seidig glänzenden Himmel konnten Paul Soldat, Claas Forke und Mes Coh Thoutin gleich zwei Kanus mit großen Pelzpacken beladen, um sie noch rechtzeitig Macleod von der North-West Company anzubieten, damit sie ohne Verzug mit den anderen Pelzen, die der Schotte sicherlich im Laufe des Winters den Indianern abgehandelt hatte, den weiten Weg nach Osten, zunächst zum Lac Supérieur und dann über die großen Seen und den Ottawa-Fluß hinweg nach Montréal antreten konnten.

Wo aber war Macleod zu finden, weiter oberhalb oder unterhalb am großen Strom? Die drei Männer hatten, nachdem sie im vergangenen Herbst den Wabasca seiner ganzen Länge nach abgefahren und seine schwierigen und dicht aufeinander folgenden Portagen überwunden hatten, als endlich der große Peace sich vor ihnen öffnete, ihr Boot in die Strömung treiben lassen, erschöpft wie sie waren, und hatten sich für den Winter unterhalb der Wabasca-Einmündung in den Peace festgesetzt. Während der kalten Zeit hatten nur zweimal Indianer mit Hundeschlitten bei ihrem Blockhaus haltgemacht, hatten aber nicht mit Sicherheit angeben können, wo Macleod einen neuen Handelsposten errichtet hatte. Doch meinten die Indianer, er würde wohl einige Tagereisen über die Einmündung des Wabasca in den Peace hinaus stromauf gegangen sein, denn die Pelzjagd wäre um so ergiebiger, je weiter man sich dem Gebirge näherte – und aus dem Gebirge käme der Peace ja her.

Also gut, entschied Paul Soldat, als die Boote beladen waren: Wir versuchen es zunächst stromauf. Wenn ich Macleod gewesen wäre, dann hätte ich, vom Lake Athabasca herkommend, mich sicherlich auch erst einige Tagereisen oberhalb der Vermilion-Fälle entschlossen, anzuhalten und einen neuen Handelsposten einzurichten.

Der Peace strömte in diesem Abschnitt einigermaßen gemächlich dahin, so daß die nur mit je zwei Ruderern bemannten Kanus gegen die nur sachte heranwallenden Wasser mit leidlicher Geschwindigkeit vorankommen konnten. Losseh Thiegah, die Frau des Indianers, hatte auch das Paddel in die Hand nehmen müssen und leistete ebenso schwere Ruderarbeit wie die Männer. Paul Soldat hatte getröstet:

»Vier Tagereisen höchstens versuchen wir's stromauf. Weiter ist Macleod sicherlich nicht den Peace aufwärts gegangen. Wenn wir ihn bis dahin nicht getroffen haben, dann wenden wir und versuchen ihn unterhalb der Vermilion-Fälle zu finden. Vielleicht hat er dann seine Pelzausbeute schon auf den Weg nach Osten gebracht, so daß wir zu spät bei ihm eintreffen, um unsere Felle noch loszuwerden. Aber das macht nichts. Er wird sie uns auf alle Fälle abnehmen und bis zum nächsten Jahr stapeln.«

Da Losseh Thiegah als Ruderin nicht zu entbehren gewesen war, hatte man auch die kleine Nagamoun mit auf die Reise nehmen müssen. Das Kind hatte den Vater, als es begriffen hatte, daß man wieder unterwegs sein würde, heimlich gefragt: »Vater, fahren wir wieder zu Armand? Ach, das wäre schön!«

Die Kleine hatte einen Augenblick für diese Frage benutzt, in welchem Losseh Thiegah den Hüttenraum verlassen hatte. Das Kind ahnte sicherlich, daß es die Indianerin kränken würde, wenn es sich aus ihrer Fürsorge in die Hut ihres unvergessenen Spielgefährten zurücksehnte.

Paul Soldat begriff sofort, was sich im Gemüt seiner kleinen Tochter abspielte. Er spürte einen Stich im Herzen: Armand, Annas Sohn! Und Anna, Walther Corssens Tochter! Walther Corssen war in Pauls Erinnerung allmählich, ohne daß er sich darüber Rechenschaft gab, zu Überlebensgröße angewachsen. Wenn ich, dachte er, Anna hätte gewinnen können, dann einzig und allein wäre aus dem Niemand, der ich bin, ein Jemand geworden. Dann endlich würde mein Dasein sich runden. Aber Anna hat mich ebenso abgelehnt wie den Claas Forke. Als ob einer von uns so wäre wie der andere. Meine kleine Nagamoun kann Armand nicht vergessen – und ich nicht Armands Mutter. Aber man muß Anna Zeit lassen. Im vorigen Jahr, so kurz nach Justins Tod, hat sie wohl nur zurück, nicht vorwärts schauen können.

Wir haben mehr Glück als Verstand, stellte Paul Soldat am Abend des vierten Tages nach seiner Abreise aus dem Winterquartier bei den Vermilion-Schnellen fest. Der befestigte Handelsposten, den Macleod auf dem rechten Hochufer des Peace mit seinen Männern eingerichtet hatte, war vom Strom her nicht zu übersehen gewesen. Der Schotte hatte die Besucher, die ihm ja bekannt waren, freundschaftlich begrüßt und willkommen geheißen. Er zeigte sich erstaunt über die stattliche Ausbeute an guten Pelzen, die ihm angeboten wurde. Macleod hatte seine beiden Kanubrigaden mit dem, was er über Winter an Pelzen eingebracht hatte, in zwei Tagen ostwärts in Marsch setzen wollen. Daß er seine Lieferung um mehrere Packs guter Pelze vergrößern konnte, war ihm nur allzu recht. Auch waren die Pelze bereits sachgemäß verschnürt und konnten sofort verschifft werden. Es ergab sich sogar, daß Macleod Paul Soldat und seine Leute nicht in vollem Umfang für die angelieferten Pelze entschädigen konnte. Sein Angebot an Tauschwaren war nach dem für die Company recht ergiebig verlaufenen Winter so weit gelichtet, daß er den unerwarteten Besuchern über die Waren hinaus, die er ihnen ausfolgen konnte, noch einen ansehnlichen Betrag für den nächsten Herbst gutzuschreiben hatte. Hinzu kam, daß alle seine Kanus für den Transport der Pelze nach Osten bereits voll ausgelastet waren. Also war er gern einverstanden, als Paul Soldat ihm das zweite seiner Kanus zum Kauf anbot. Paul, Claas und Thoutin hatten dieses Kanu während des vergangenen Winters sozusagen nebenbei aus noch vor dem Frost gesammelten Material fertiggestellt. Das Guthaben Soldats und seiner Leute erhöhte sich damit um weitere zwölf Pfund Sterling.

Paul Soldat und Claas Forke verweilten für einige Tage im Lager. Man war dankbar dafür, wieder einmal neue Gesichter zu sehen und mit anderen Leuten zu sprechen, nachdem Kälte und Schnee gewichen waren und sich die Gefängnismauern der kalten Zeit in Vogelsang und Waldesgrün, allerdings auch in peinigende Mückenschwärme aufgelöst hatten. Paul Soldat wollte natürlich wissen, ob Macleod irgendeine Nachricht von Alexander Mackenzie erhalten hatte. Aber der Händler wußte nichts Neues mitzuteilen.

»Ich nehme an«, sagte er, »daß Mackenzie im kommenden Spätherbst hier auftauchen wird. Er weiß genau, was er will, und vertrödelt seine Zeit nicht. Er wird sich vielleicht einen weiteren Anteil an der Company gesichert haben. Sicherlich wird es ihm nicht ganz leichtgefallen sein, die Zustimmung der übrigen Partner für eine weitere Entdeckungsreise nach Westen zu gewinnen. Einmal ist er schon ins Leere gefahren und hat nichts weiter mitgebracht als die Kunde von dem Flusse Enttäuschung. Alexander will reich werden und mächtig. Für eine zweite Reise wird er soviel Rückhalt bei den Partnern erwirken wie nur möglich. Der zweite Versuch muß ihn zum Stillen Ozean bringen. Wenn es uns nicht gelingt, die Pelze über den anderen Weg, das heißt nach Westen zum Stillen Ozean, aus dem Lande zu schaffen, dann werden die Unkosten der weiten Transporte nach Montréal sehr bald unsere Profite auffressen. Und Profit ist schließlich das einzige, was uns hier in Bewegung hält. Ich frage mich manchmal, ob es noch sonstwo unter der Sonne Verrückte wie uns gibt, die tausend leere Meilen von dem letzten Stützpunkt ihres Staates entfernt um des Handels willen in der dicksten Wildnis ausharren, in heißen Sommern und allerhärtesten Wintern, und eigentlich jeden Tag Kopf und Kragen dabei riskieren; kein Kaiser und kein König schützt uns hier im Pays d'en haut; es würde uns niemand rächen, wenn wir von ein paar betrunkenen Indianern totgeschlagen würden.«

Paul Soldat sagte sich später: Der hat also auch angefangen nachzudenken. Aber das nützt ihm ebensowenig, wie es mir oder Walther Corssen genützt hat. Wir sind alle mit dem Pelzhandel auf Gedeih und Verderb verbunden. Eine windigere Grundlage kann es kaum geben. Und doch sind wir es, die die ungeheuren Einöden des Westens und Nordwestens Strom für Strom und Fluß für Fluß auf der gierigen Suche nach Pelzen durchdringen und damit allmählich den Schleier des Geheimnisses lüften, in den die grenzenlosen Einöden des Kontinents bis jetzt gehüllt waren.

So versuchten Paul Soldat und Macleod, manchmal sogar der wortkarge Claas Forke, sich in den schattenhaften Hintergründen ihrer Existenz zurechtzufinden. Lange hielten sie sich nicht dabei auf, war es doch müßig, viel Zeit auf solche Überlegungen zu verschwenden, denn zu ändern war nichts. Die in das Pays d'en haut hinausgeworfenen Männer verblieben, ob sie es nun wollten oder nicht, unter dem Gesetz, nach dem sie angetreten waren.

Das allmählich abschwellende Hochwasser des Peace hatte die Kanubrigaden mit ihrer kostbaren Fracht auf seinem von dunklen Wallungen überspülten mächtigen Rücken davongetragen. Im Lager Macleods kehrte Ruhe ein, eine nach dem Spektakel der letzten Tage und Wochen beinahe beängstigende Stille. Paul Soldat und manchmal auch Claas Forke hatten mit Macleod alles durchgesprochen, was in ihren speziellen Angelegenheiten zu besprechen und an allgemeineren Aussichten und Plänen für die Zukunft zu erwägen war. Der Sorge für den nächsten Winter waren Paul Soldat und seine Leute bereits enthoben. Ihre Guthaben bei Macleod waren so hoch, daß sie schon jetzt aller Hilfsmittel sicher waren, die ihnen die kalte Zeit erträglich machen würden. Denn im Herbst würden die Kanubrigaden der Company den Peace aufwärts zum Handelsposten zurückkehren, beladen mit all jenen Gütern der Zivilisation, auf die die Waldläufer des Nordwestens nicht verzichten konnten, unter ihnen vor allen Dingen Pulver und Blei für ihre Flinten.

Wir haben hier nichts mehr zu verrichten, sagte sich Paul Soldat. Er wird uns schwerlich hinauswerfen. Das könnte er auch gar nicht. Aber gewiß will er weder sich noch der Company in die Karten gucken lassen. Jeder Händler behält die Praktiken gern für sich, deren er sich beim Umgang mit den Indianern bedient. Und jeder von ihnen meint, daß kein anderer den Indianern so billig die Pelze abhandeln kann. Also würde es sich empfehlen, wieder zu unserem eigenen Posten bei den Vermilion-Fällen abzureisen. Wir könnten uns auf die Bärenhaut legen. Der vorige Winter hat sich gelohnt. Aber wer will das schon! Vielleicht Mes Coh Thoutin und Losseh Thiegah. Indianer feiern die Feste, wie sie fallen, und je länger sie dauern, desto besser! Aber ich bin unruhig wie auch Claas Forke, denn daß er das ist, sehe ich seinem Gesicht an. Er wird jeden Tag finsterer, und seine Haare und Augenbrauen kommen mir immer gesträubter vor.

Macleod versuchte in der Tat nicht, Paul Soldat und seine Leute zurückzuhalten, nachdem der erste Reiz des Wiedersehens mit alten Bekannten einige Tage nach der Abfahrt der Kanubrigaden endgültig verblaßt war.

Die vier Erwachsenen und das Kind bestiegen also eines Morgens um die Mitte des Juli das einzige ihnen verbliebene Kanu, in welchem auf einigen Packs eingehandelter Gebrauchsgüter und auch zwei Fäßchen Rum die kleine Nagamoun thronte, stolz und freudig, daß unter der Obhut des Vaters wieder eine neue Reise anbrach, eine blitzende Wasserfahrt. Vier Ruderer nun in dem nur zur Hälfte belasteten Kanu! Und stromab ging die Reise außerdem! Es war eine Lust, durch den leuchtenden Frühlingstag zu fahren; seit langer Zeit fühlten sich Paul Soldat und sogar Claas Forke von der Lust angewandelt, eines der alten Voyageurs-Lieder anzustimmen. Das indianische Paar an den beiden anderen Paddeln sang sie nicht mit, aber es hörte die für sie niemals an Fremdartigkeit verlierenden Klänge gern.

Am Nachmittag des ersten Tages nach der Abreise von dem Posten wurde sogar Claas Forke gesprächig. Man war schon früh am Nachmittag, da sich gerade eine schimmernde kleine Bucht am Ufer anbot, an Land gegangen, um sich in aller Ruhe für das Nachtlager zu rüsten. Die Reisenden fühlten sich nicht mehr von knapper Zeit bedrängt. Sie konnten sich Muße gönnen. Im vergangenen Winter hatten sie hart gearbeitet. Nun durfte man auch für ein Weilchen den Lohn der Arbeit genießen.

So häufig waren neben dem Boot oder auch weiter abseits im Strom die Silberleiber von Fischen aus dem Wasser geschnellt, daß Losseh Thiegah, die sich sonst im Kreise der Männer niemals am Gespräch beteiligte, gerufen hatte: »Wenn ich hier für eine halbe Stunde die Angel auswerfe, dann haben wir mehr als genug an frischem Fisch für heute abend und auch noch für morgen früh!«

Losseh Thiegah hatte nicht zuviel versprochen. Auch die kleine Nagamoun hatte mit wahrer Inbrunst gespeist. Die Erwachsenen hatten sich das zarte, weiße Fleisch der gebratenen Forellen, wie es unter der leicht verkohlten und mühelos abzulösenden Schuppenhaut der Fische zum Vorschein kam, so reichlich zu Gemüte geführt, daß sie nun, angenehm gefüllt und beinahe erschöpft, ihre Messer, die ihnen zum Zerlegen der Fische gedient hatten, sorgfältig mit einem Büschelchen Moos reinigten, im klaren Ufersand wieder blank putzten und in den Lederscheiden an der Hüfte verstauten. In dieser wohligen Stimmung setzte Claas Forke zum Erstaunen von Paul Soldat zu einer sonst bei ihm durchaus nicht üblichen längeren Rede an. Und zwar bediente er sich dabei der deutschen Sprache. Auf solche Weise entstand eine sonst zwischen ihnen gar nicht obwaltende Vertraulichkeit und schloß den Indianer und Losseh Thiegah, die mit ums Feuer saßen, von der Unterhaltung aus:

»Paul, ich muß mal mit dir reden. Wo will das eigentlich mit uns allen hinaus? Wir fahren zu unserem Quartier vom vergangenen Winter zurück, und was machen wir dann da? Wir könnten mit Leichtigkeit über den Sommer ein halbes Dutzend oder sogar ein ganzes Dutzend Kanus bauen. Aber wer kauft sie uns ab? Hier sind wir am Ende der Welt. Macleod hat uns zwar unser überzähliges Kanu vom letzten Winter abgenommen, aber das war ein Glücksfall. Auch wenn Alexander Mackenzie noch in diesem Jahr eintreffen sollte – so viele Kanus, wie wir den Sommer über bauen können, werden wir keinesfalls wieder los. Obendrein haben wir bei Macleod bereits alles Notwendige für den kommenden Winter gut. Wir stehen also nicht unter Druck. Das heißt, Macleod wird uns das Notwendige nur liefern, wenn seine Kanus rechtzeitig vor dem Frost zurückkehren. Sicher ist das keineswegs, denn von hier zum Oberen See haben die Flottillen eine verdammt weite Reise zurückzulegen, den Peace abwärts bis zum See Athabasca und dann den Athabasca aufwärts und den Clearwater aufwärts über die Methye-Portage – du weißt ebensogut wie ich oder noch besser, was auf einer so schwierigen Reise alles passieren kann. Und wenn die Boote ihre Ladungen nicht schon am Südende des Lake Winnipeg gegen die Tauschgüter auswechseln können und sich auf den Rückweg machen, dann bleibt es ein reines Vabanquespiel, ob sie noch vor dem Frost hier wieder eintreffen. Das ist so unsicher wie alles in diesem Lande. Bei den Vermilion-Schnellen sitzen und Kanus bauen, die sich dann nicht verkaufen lassen, das ist nicht mein Fall, Paul. Morgen kommen wir an der Einmündung des Wabasca in den Peace vorbei. Warum wenden wir nicht in den Wabasca, fahren ihn aufwärts und sehen zu, wie sich die Verhältnisse bei Anna Leblois entwickelt haben? Die Frau sitzt da am unteren La Biche und trägt ganz allein die Verantwortung. Mit keinem der wenigen franko-kanadischen Voyageurs, die im Sommer dort geblieben sind, wird sie sich einlassen, denn sonst pariert ihr keiner mehr. Wenn wir beide sie unterstützten, wäre das etwas anderes. Wir sind nicht ihre Untergebenen, und keine Company kann uns Vorschriften machen. Ich sage dir ganz offen, Paul: Einer von uns beiden wird früher oder später an Justins Stelle treten müssen, sonst geht der ganze Handelsposten am La Biche koppheister, und das wäre jammerschade.«

Paul Soldat erkannte nach diesen Worten, daß es schon richtig war, wenn Claas Forke sich der deutschen Sprache bediente. Doch mochte der indianische Gefährte sich gekränkt fühlen, da ihn die fremde Sprache von der Unterhaltung ausschloß. Paul wandte sich also zunächst an Mes Coh Thoutin: »Thoutin, du weißt, daß Claas und ich aus dem gleichen Volke stammen, und wenn es sich wie jetzt um Sitten und Gebräuche handelt, die es nur bei uns gibt, dann konnte Claas gar nicht anders, als mich in unserer Sprache anzureden.«

Mes Coh Thoutin hatte die dunklen Augen zu Paul Soldat erhoben. Der Gefährte hatte ihn noch nie belogen. Er vertraute ihm.

So beantwortete er also Pauls Worte nur mit einem Nicken des Kopfes, erhob sich, winkte Losseh Thiegah, die Nagamoun an die Hand nahm, und machte sich mit ihr abseits von der Feuerstelle zu schaffen, um das Nachtlager für alle vorzubereiten.

Paul Soldat wandte sich so, daß er Claas Forke voll ins Gesicht blicken konnte. Er wollte nicht an ihm vorbei reden. Dann strich Paul sich mit der Hand über die Augen, räusperte sich und versuchte die Antwort:

»Claas, es ist nicht gut, daß du deutsch mit mir redest, wenn der Indianer und seine Frau dabei sind. Mes Coh Thoutin gehört zu mir. Auch kann ich seine Frau nicht entbehren, denn sie nimmt sich meiner Nagamoun an, als wäre es ihr eigenes Kind. Claas, was du da von Anna Leblois sagst, ist barer Unsinn. Sie ist Walther Corssens Tochter und kann hundert Voyageurs regieren, wenn es darauf ankommt. Sie braucht weder dich noch mich. Sie hat im vorigen Herbst nicht den Versuch unternommen, uns bei sich zu behalten. Wir werden in diesem Lande alle halb und halb zu Indianern, ob wir es merken oder nicht. Das gilt auch für Anna. Und eine indianische Frau heiratet nicht zum zweitenmal, wenn sie ihren Gatten verloren hat. Ich habe keine Lust, Claas, wieder am La Biche aufzukreuzen und dann über kurz oder lang zur Kenntnis nehmen zu müssen, daß Anna wie im vorigen Herbst mich lieber gehen als kommen sieht. Wenn es auch keinen rechten Sinn hat, so wird sie doch glauben, daß ihr Mann noch lebte, wenn wir uns nicht am La Biche zu Gast geladen hätten; dann wäre nämlich auch kein Abschied für die Kinder gefeiert worden, Justin und der kleine Walther wären der Bärin gar nicht begegnet. Und außerdem, Claas, die Voyageurs bei Anna, allesamt schon lange den Leblois dienstbare und eng verbundene Leute, würden natürlich merken, daß wir beide der Meinung sind, Anna könnte ohne einen Nachfolger für Justin nicht existieren. Du kennst die Voyageurs; sie haben eine spitze Zunge, und wenn sich jemand partout zur Zielscheibe ihres Spottes machen will – und das würden wir tun, wenn wir wieder am La Biche auftauchten und Anna schöne Augen machten –, kennen sie keine Gnade! In ein, zwei Jahren bringen sie die ganze Geschichte weit umher im großen Pays d'en haut, und wo wir uns sehen lassen, machen wir eine komische Figur. Ich bin durchaus nicht versessen auf Faust- oder Messerkämpfe, bei denen es gewöhnlich ernst wird und oft auf Leben und Tod geht. – Und noch etwas, Claas, laß dir gesagt sein: Der junge Armand ist inzwischen wieder ein Jahr älter geworden, und wenn ich ihn richtig einschätze, so wird er schon jetzt größten Wert darauf legen, an der Seite seiner Mutter die Stelle des allzu früh von der Wildnis verschlungenen Vaters einzunehmen. Er würde uns hassen und mit allen Mitteln zu verdrängen suchen. Wir brächten also Anna in eine schlimme Lage und würden schließlich auch sie lehren, uns zu hassen. Claas, du spinnst! Die Sache ist ganz einfach: Anna ist Partnerin der Company. Ihr Postenchef Justin ist tot. Sie hat selbst die Führung der Geschäfte in die Hand genommen und kann niemand gebrauchen, der nicht ihr Untergebener ist.«

Paul wunderte sich selbst, mit welcher Klarheit er die Lage dargestellt hatte. Aber da er von Claas gestellt worden war, hatten sich ihm die Zusammenhänge blitzartig erhellt. Zugleich war ihm in diesen Minuten unter dem schimmernden Abendhimmel mit dem leuchtenden Strom vor den Augen, dem unermüdlich davonwallenden, mit dem strahlenden Grün der Birken und Espen an den Waldrändern, dem schrillen Schrei des Raubvogels in der Höhe, als wühlte jemand mit einem Stachel in seinem Herzen, nein, er war es selbst, der ihn sich ins Herz preßte. Er hatte nichts weiter zu sagen. Er blieb stumm, blickte sein Gegenüber nicht an, sondern starrte vor sich in den hellen Sand, als gäbe es dort ein Rätsel zu entziffern. Doch deutlicher als je zuvor offenbarte sich ihm in diesem nicht von ihm selbst heraufbeschworenen Augenblick, daß er Anna liebte, die einzige weiße Frau im ganzen ungeheuren Nordwesten des Kontinents, daß er sie von jeher, seit er sie als die Frau Justin Leblois' zum erstenmal gesehen hatte, liebte, daß sich das niemals ändern würde, und daß sie ihm jetzt, dem armen Schlucker, dem Nichts, das ihr Vater am Wege aufgelesen hatte, noch unerreichbarer geworden war als je zuvor.

Claas Forke hatte sich kein Wort von Paul Soldat entgehen lassen. Er lächelte in sich hinein. Es war kein gutes Lächeln. Paul bemerkte es nicht. Claas hatte sofort begriffen: Der ist verdammt zart besaitet, der Paul! Mit dem kann man Schlitten fahren. Sie ist jetzt zu haben, die Anna. Und ich werde sie kriegen. Und wenn das Söhnchen Armand sich aufspielt – nun, es ist schon mehr als einer im Pays d'en haut in den Stromschnellen gekentert und hat sich den Schädel an einem Felsen eingerannt, ist von einem Baum erschlagen oder im Streit von einem Rivalen erstochen worden. Hübsch bin ich nicht gerade, das weiß ich auch; aber mit mir an ihrer Seite würde sie mehr herausholen aus diesem verdammten Land als mit ihrem früheren stinkbraven Justin. Ich weiß, wie mit Indianern und Voyageurs umzugehen ist. Sie ist Partnerin der Company. Je mehr verdient wird, desto mehr verdient auch sie. Und zum Schluß werde ich es sein, der dieser verfluchten Einöde am meisten abgepreßt hat.

Laut sagte Claas: »Du willst nicht mehr zum La Biche, Paul. Nun gut, das ist deine Sache. Aber ich denke mir, dort ist mehr zu erreichen als hier. Hier sitzt uns Macleod vor der Nase und demnächst noch Alexander Mackenzie, zwei Schotten, die aus jedem Dreck Gold machen. Wir sind keine Schotten, gehören auch nicht zur Company. Der Sommer fängt gerade erst an. Jetzt ist die beste Zeit, unterwegs zu sein. Ich will zum La Biche. Aber ich habe kein Kanu. Auch wenn ich eins hätte, allein könnte ich es den Wabasca aufwärts nicht schaffen. Ich käme nicht vom Fleck. – Paul, mir brauchst du nichts vorzumachen: Von Anfang an war es dir nicht recht, daß ich mich euch damals am Athabasca-See angeschlossen habe. Aber du kannst mir nicht vorwerfen, daß ich dir nicht tagein, tagaus geholfen und meinen vollen Anteil zu unserem Unterhalt und Wohlergehen beigetragen habe. Wir passen nicht zueinander, Paul. Dagegen ist nichts zu machen. Aber trotzdem hast du eine Menge Vorteile von mir gehabt. Paul, die Sache ist ganz einfach: Du wirst mich los, wenn du deinem Indianer und der Indianerin zuredest und selber mitmachst, mich in diesem Kanu mit meinem Zeug zum La Biche zu bringen. Ihr habt ja nichts zu versäumen. Könntet allemal so rechtzeitig zu dem Haus an den Vermilion-Fällen zurückkehren, daß euch genügend Zeit bliebe, Mackenzie abzufangen oder die Fallenstrekken für den nächsten Winter auszulegen. Ich wäre dann nicht mehr dabei, und ich verzichte auch auf meinen Anteil an dem Guthaben bei Macleod, denn am La Biche, das weiß ich, werde ich so viel zu tun kriegen, daß ich nicht nur meinen Unterhalt verdiene, sondern auch einiges darüber hinaus. Paul, ich habe in der Zeit unseres Zusammenseins das meinige getan; nun tue du am Schluß das deinige und bringe mich wenigstens da hin, wo ich hin will!«

Claas Forke hatte unbewußt seine Wünsche und Vorschläge genau auf Natur und Wesen Paul Soldats abgestimmt. Dieser gab lange keine Antwort. Die Sonne sank schon und verströmte wahre Fluten von goldenem Glanz. Unablässig wallte der große Strom vor Pauls Blicken vorüber, nordwärts, ostwärts, mit jenem unbeirrbaren Gleichmut, der wie das Schicksal ist, das sich nicht um Zustimmung oder Ablehnung der von ihm Betroffenen kümmert. Ja, es war nicht zu leugnen, Claas Forke hatte stets das seinige getan und sogar mehr als das, wenn es gegolten hatte, die gemeinsame Anstrengung zu unterstützen. Und es stimmte natürlich auch, daß er kein eigenes Kanu besaß, es allein auch nicht hätte regieren können, wenn er eins besessen hätte. Wollte er also zum La Biche, so mußte ihm geholfen werden; und diese Hilfe konnte nur von ihm, Mes Coh Thoutin und Losseh Thiegah geleistet werden. Aber hatte er, Paul Soldat, nicht gerade erklärt, daß es das beste wäre, Anna nie wieder unter die Augen zu kommen? Claas meint, bei Anna etwas ausrichten zu können. Ein Dummkopf ist er, hat keine Ahnung davon, wer sie ist. Aber wenn ich ihn zum La Biche bringe, dann bin ich ihn endlich los und wieder mit Mes Coh Thoutin allein. Ich habe ja noch meine kleine Nagamoun; für die muß ich sorgen.

Den Ausschlag aber gab ein Gedanke, der plötzlich in Pauls Überlegungen auftönte wie ein Ruf von ferne her aus der Tiefe des Waldes: Wenn ich Claas zum La Biche bringe, werde ich Anna noch einmal zu Gesicht bekommen, werde ich noch einmal sehen, wie sie sich das Haar aus der Stirn streicht oder die Augenbrauen zusammenzieht, so daß ihr niemand widerspricht, wenn sie einem Voyageur oder Indianer einen Auftrag gibt. Mit rauher Stimme beendete Paul das Gespräch mit seinem Nebenbuhler. Nebenbuhler? Ein albernes Wort, das sich ihm da aufdrängte. Anna hatte längst ihn, der immerhin ein Gefährte ihres Vaters gewesen war, und sicherlich erst recht den anderen, den Fremden, endgültig abgetan. Mit rauher Stimme also – er mußte sich zuvor räuspern – ließ sich Paul vernehmen: »Gut, wir bringen dich zum La Biche, Claas, und von da ab geht jeder von uns seinen eigenen Weg, und wir sind quitt.«

Mes Coh Thoutin und Losseh Thiegah waren inzwischen mit den Vorbereitungen für das Nachtlager fertig geworden. Paul trat zu seinem indianischen Gefährten: »Thoutin, Claas will zum La Biche. Ohne uns und das Kanu kommt er nicht hin. Wir würden ihn dort absetzen und gleich wieder umkehren. Uns bliebe dann noch viel Zeit, Mackenzie zu treffen oder uns auf den kommenden Winter in unserem Lager bei den Vermilion-Schnellen vorzubereiten. Ich hoffe, daß du einverstanden bist, Thoutin, wenn wir dem Claas auf diese Weise zu einem Absprung verhelfen.«

Der Indianer prüfte das Gesicht seines Gefährten mit einem kurzen, scharfen Blick. An der Seite dieses weißen Mannes war seine einzige Heimat, nachdem seine Sippe und die seiner Frau von der großen Seuche hingemordet worden waren. An einen Ort gebunden war er nicht. Jäger und Beerensammler sind überall zu Hause, wo es jagdbares Wild und Beeren gibt. Mes Coh Thoutin brauchte nicht nachzudenken:

»Paul, du mußt wissen, wie es am besten ist. Wir haben alles beieinander, was wir brauchen, wenden morgen vormittag gleich in den Wabasca und gehen ihn aufwärts. Wenn alles gutgeht, können wir längst wieder bei den Vermilion-Fällen angekommen sein, ehe das Laub der Birken und Espen Herbstfarben annimmt.«

Auf dem Handelsposten am La Biche war es mit Händen zu greifen, daß Anna keines Nachfolgers für Justin, keines neuen Postenchefs bedurfte. Die Häuser und Schuppen zeigten sich gut im Stande. An Nahrung war kein Mangel. An langen Stekken aufgereiht hingen längs des Flußufers die Lachse und Forellen zum Trocknen, Proviant für den nächsten Winter. In einem neu errichteten Räucherhaus bräunten die Schinken und Speckseiten zweier Bären, die von dem erfahrenen Vormann der Voyageurs, die während des Sommers im Lager verblieben waren, einige Tage zuvor beim Fischfang überrascht und zur Strecke gebracht worden waren. Am Außenrand des Postens waren die Grundrisse von nicht weniger als vier neuen Blockhäusern abgesteckt. Die Voyageurs waren vom Morgen bis zum Abend damit beschäftigt, im Walde geeignete Stämme zu schlagen, zuzurichten und heranzuschleifen, damit der Bau von neuen Pelz- und Warenschuppen sowie einer weiteren Unterkunft für die im Herbst zu erwartenden Voyageurs der Kanubrigaden rechtzeitig unter Dach und Fach gebracht werden konnte. Anna stand dem allen vor mit einer Bestimmtheit, beinahe einem Hochmut, der jeden Widerstand und jede Vertraulichkeit ausschloß. Armand wich nur selten von der Seite seiner Mutter.

Die Ankunft Paul Soldats und seiner Leute bereitete Anna

offenbar keine Freude. Sie nahm sie hin, wie man dergleichen im Pays d'en haut hinnahm. Die Männer kommen und gehen, genießen Gastrecht für eine Zeit, die nicht allzu lang ausgedehnt werden darf. Wenn sie nicht selbst Auskunft geben, so fragt niemand nach ihrem Woher und Wohin.

Schon in den ersten Minuten des Zusammentreffens von Anna und Paul entschied sich alles weitere.

»Ihr wollt also nur Claas Forke hier absetzen und gleich wieder umkehren, um noch vor dem Herbst euer Lager bei den Vermilion-Fällen zu erreichen. Claas kann sofort anfangen, wenn er will. Ich habe sowieso nicht genug Leute, und ein Zimmermann käme mir beim Bau der neuen Häuser gut zustatten. Claas könnte mit dem Vormann der Voyageurs zusammen schlafen. Als Lohn schlage ich das gleiche vor, was auch der Vormann bezieht.«

Forke war einverstanden. Daß seine Pläne Zeit brauchten, sich zu entwickeln, war ihm von Anfang an klar gewesen.

Paul Soldat hätte wohl schon nach ein oder zwei Tagen sein Kanu wieder ins Wasser geschoben, um mit seiner Tochter und dem indianischen Paar die Rückreise zum Peace anzutreten, wenn nicht die kleine Nagamoun ihren Vater und Armand seine Mutter bestürmt hätten, den Aufenthalt am La Biche noch etwas länger als nur für zwei Tage auszudehnen. Die beiden Kinder waren, als sie sich wiedersahen, mit beinahe erschreckender Wildheit aufeinander zugestürzt, hatten einander umarmt, indem sich der schon hab erwachsene Armand in die Knie sinken ließ und das Mädchen an sich zog. Dann hatte er die Kleine hochgehoben und das jauchzende Kind im Kreis umhergewirbelt, bis ihnen beiden der Atem ausging. Dabei hatte er unablässig geschrien: »Nagamoun, Nagamoun, Nagamoun ist wieder da! Meine kleine Nagamoun ist wieder da!«

Die Voyageurs vom La Biche, die neugierig wie stets bei neuen Ankünften herbeigeeilt waren, hatten sich vor Lachen ausschütten wollen. Die Freude der beiden Jugendlichen aneinander war so überwältigend, daß sie sofort auf die Zuschauer übersprang. Die franko-kanadischen Voyageurs waren zu nichts lieber bereit, als einen guten Jux mitzumachen und das Gelächter die Oberhand über die Mißlichkeiten und Unbilden der Tage gewinnen zu lassen.

Anna Leblois jedoch und Paul Soldat, die beide den Über-

schwang der Kinder aus der Nähe miterlebten, fühlten sich
sonderbar beunruhigt. Wo wollte das hinaus? War das nicht
mehr als ein nur kindliches Vergnügen? Paul fing einen Blick
auf, den Anna zu ihm hinüberwarf, aus dem Wärme strahlte,
eine sicherlich nicht beabsichtigte Wärme. Anna ließ die
Augen sofort wieder zu den Kindern hinübergleiten, als sie
merkte, daß Paul ihren Blick aufgefangen hatte.

Claas Forke verabschiedete sich ohne jeden Umstand von den
Gefährten des vergangenen Jahres. Wenn Paul sich nicht
täuschte, so war Claas verärgert darüber, daß Anna ihn ohne
viel Federlesens zu ihrem Vormann in die Kammer gelegt
hatte. Sie hatte damit von Anfang an vor aller Welt deutlich
gemacht, daß Claas in den Dienst der Company getreten war
und fortab ihren Weisungen unterstand wie alle anderen
Voyageurs des Handelspostens am La Biche.
    Den Bitten Nagamouns war schwer zu widerstehen. Das
Kind verriet schon jetzt, daß es eines Tages sehr schön werden
würde. Oft genug war den Métisses, den Mischlingen aus indianischem und weißem Blut, ein eigentümlicher Zauber, eine
besondere Schönheit eigen, als wollten sich die beiden Rassen,
deren Erbteile sich in diesen Mädchen vereinigte, an Vollkommenheit im Schnitt ihrer Gesichter, im ebenmäßigen Bau
der Leiber gegenseitig übertrumpfen. Die kleine Nagamoun
war in diesem Jahr 1792 sieben Jahre alt geworden. Ungewöhnlich früh war sie ins Wachsen geraten. Ihr Körper hatte
die kindhafte Rundlichkeit verloren, streckte sich in die Länge
und wurde mager dabei. Beinahe übergroß blickten die dunklen Mandelaugen aus dem ovalen Gesichtchen mit der blaßgoldenen Haut. Das tiefdunkelbraune Haar umrahmte das
Antlitz mit der gestreckten, ganz zart gekrümmten Nase und
dem kräftigen, tiefroten Mund wie eine lockige leichte Wolke.
Das war ebensowenig indianisch, wie die leichtbetonten Bakkenknochen und die breitgezeichneten Augenbrauen es waren.
    Anna Leblois glaubte bei dieser Begegnung das Kind zum
erstenmal richtig zu sehen. Ja, sie konnte begreifen, daß ihr
Armand dies lieblich fremdartige Wesen in sein Herz geschlossen hatte und von seiner Anhänglichkeit und Zärtlichkeit bezaubert war. Anna wußte auch: Nagamoun hat ihre
Mutter unter schlimmen Umständen verloren. Da sie selbst

eine gute Mutter war und sich nach einer Tochter gesehnt hatte, mochte sie ihrem Armand durchaus nicht verargen, daß ihn Nagamouns Wiederkehr über jedes vernünftige Maß hinaus erfreute. Aber noch kam die Erinnerung an Justin, den viel zu früh verlorenen Gatten, vor allen anderen Wünschen und – vielleicht – Sehnsüchten. In mancher Nacht wanderte die Vorstellung durch Annas Hirn: Justin würde mir ohne weiteres zugetraut haben, auch ohne ihn auszukommen im Bereich der Company und in dieser Welt des Pays d'en haut, die uns beiden auf den Leib geschrieben ist. Ich habe also mir selbst und unserem einzig verbliebenen Kind, meinem Armand, zu beweisen, daß sich Justin nicht geirrt hat. Wir haben uns, von meinem Vater Walther Corssen angeleitet, diese keiner anderen Gewalt unterworfene Freiheit im Indianerland des Nordwestens erworben. Paul Soldat findet darin keinen Platz, mag er auch zehnmal der Vater der kleinen Nagamoun sein. Was ist das anders als ein Zufall, aus dem sich nichts ableiten läßt.

Nagamoun schluchzte herzzerbrechend, als eine Woche später der Abschied von La Biche nicht länger hinausgeschoben werden konnte. Paul Soldat wunderte sich, daß die Tränen des Kindes versiegten, als das Kanu bestiegen werden mußte. Armand hatte nämlich die Kleine zum letztenmal umarmt und ihr ins Ohr geflüstert: »Weine nicht, Nagamoun. Wir vergessen einander nicht. Und ich hole dich eines Tages. Wenn ich groß bin und ein Mann und selber Postenchef. Dann hole ich dich, Nagamoun!«

Es war wie ein Wunder: Das Kind stieg ins Kanu, als könnte es nicht anders sein, ja, es lächelte sogar den Zurückbleibenden am Ufer zu, was in dem verweinten Gesicht so rührend wirkte, daß auch die zernarbten Voyageurs, die das Boot ins Wasser geschoben hatte, noch den ganzen Tag über einen Nachglanz davon verspürten.

Zwischen Anna und Paul war es in all den Tagen zu keiner Aussprache gekommen. Worüber sollte auch gesprochen werden? Anna hatte sich lediglich halb im Vorübergehen erkundigt: »Hast du weitere Pläne, Paul? Ich denke, du solltest dich über Macleod bei der Company bewerben. Einen erfahrenen Mann wie dich wird man brauchen können. Vielleicht überträgt man dir einen neuen Posten am Peace oder Slave. Du kannst dich, wenn du willst, auf mich beziehen. Ich würde eine Bewerbung, die dich der Company für die Zukunft sicherte, gern unterstützen.«

In Pauls Ohren hatten die Worte ein wenig gönnerhaft geklungen, aber vielleicht meinte sie nur, daß im Leeren schwebte und schließlich abstürzte, wer sich nicht dem Zwang, aber zugleich auch festen Halt der Company unterwarf.

Paul hatte auf die nicht sonderlich ernsthaft klingende Anfrage erwidert: »Vorläufig komme ich ohne die Company aus, Anna. Ich will im kommenden Winter von unserem Posten bei den Vermilion-Schnellen wie im vorigen Winter mit Mes Coh Thoutin trappen. Das hat sich im vergangenen Winter nicht schlecht gelohnt. Auf alle Fälle aber will ich Alexander Mackenzie nicht verpassen, der im nächsten oder übernächsten Jahr wieder am Peace auftauchen wird, um von da aus zum Gebirge, und, wenn möglich, über das Gebirge hinweg zum großen Ozean im Westen vorzustoßen. Mackenzie hat Claas Forke, einen Deutschen, zum Eismeer mitgenommen, und Claas hat sich bewährt. Auf die nächste große Reise wird er mich mitnehmen. Ich kann mit Mes Coh Thoutin, wenn's drauf ankommt, in wenigen Tagen ein Kanu zaubern, schneller und besser als die Indianer. Für Alexander Mackenzie bin ich ein Franko-Kanadier. Ich weiß besser, wer ich bin. Dein Vater, Anna, hat es auch gewußt und mich damals in die Freiheit des Pays d'en haut mitgenommen. Wurzel schlagen kann ich hier nirgendwo. Aber ich will wenigstens zu den ersten gehören, die dies unermeßliche Niemandsland von einem Ende bis zum anderen durchmessen haben. Alexander Mackenzie veranstaltet das Ganze um besserer Profite für die Company willen. Ich will um des Spaßes und meiner Eitelkeit willen dabeisein. Sonst wird nicht viel für mich herausspringen, aber daß ich mit von der Partie war, das kann mir dann keiner mehr wegnehmen.«

Danach war zwischen ihnen nichts mehr zu sagen gewesen. Aber daß Anna sich in den Wochen und Monaten, die folgten, immer wieder in den Viertelstunden vor dem Einschlafen damit abgab, den merkwürdigen Abschiedsworten Paul Soldats hinterherzudenken, erschien ihr mit der Zeit als ein Zeichen dafür, daß ihr verstorbener Mann sich allmählich tiefer ins Reich der Schatten zurückzog.

10

Die Kanureise den Wabasca abwärts im Spätsommer des Jahres 1792 wollte später den Erwachsenen, die sie hatten bestehen müssen, wie ein wüster Alptraum erscheinen, dessen Schrecken nicht verblassen, auch wenn sie längst vergangen sind. Der Wabasca galt bei den Indianern von jeher als ein gefährlicher Strom, der besonders in den Zeiten des Niedrigwassers am Ende des Sommers und im Herbst schon manches Opfer gefordert hatte. Noch während des Winters, der dieser Reise folgte, erwachte die kleine Nagamoun zuweilen laut schreiend und von Entsetzen geschüttelt; es kostete dann ihren Vater jedesmal große Mühe, das Kind zu beruhigen und zu bewegen, sich wieder zum Schlaf zu betten. Das Kind hatte im Traum zum hundertsten Male erlebt, wie eine Querwoge, die keineswegs vorauszusehen gewesen war, das Boot von der Seite angefallen, das Mädchen bis auf die Haut durchnäßt und das Kanu zur Hälfte mit Wasser gefüllt hatte, so daß die wie stets in der Mitte des Bootes hockende Nagamoun plötzlich bis zu den Hüften im Wasser saß. Es war dies das einzige Mal auf der ganzen langen Reise mit ihren vielen Gefahren und Schrecken gewesen, daß Nagamoun laut aufgeschrien hatte – und jedesmal stieß sie im Traum den gleichen schrillen Schrei aus, wenn sie im Winter danach auf ihrem sicheren Lager im stillen, tief verschneiten Blockhaus oberhalb des Peace sich abermals von der schäumendweißen Woge aus dem Nichts angefallen fühlte.

Mes Coh Thoutin und Paul Soldat hatten keinen Gedanken darauf verschwendet, was ihnen der spätsommerliche Wabasca wohl an Überraschungen bereiten würde, als sie nach einem Aufenthalt von zehn Tagen bei dem Handelsposten der Company an der Einmündung des La Biche in den Athabasca ihr Boot wieder in den Strom schoben, um sich dem hier teils gemach als auch machtvoll nordwärts strebenden Athabasca anzuvertrauen. Später dann den Pelikan-Fluß aufwärts und über die Portage zum Süd-Wabasca-See hinweg weiter zum Nord-Wabasca-See hatte es außer den gewohnten Mühen keine Schwierigkeiten gegeben, die den wildnis- und kanugewöhnten Männern der Erwähnung wert gewesen wären.

Dann aber zeigte sich der aus dem Nord-See nordwärts

austretende Wabasca, ohnehin bei jedem Wasserstand und in jeder Jahreszeit eine gefahrvolle Straße, so ungewöhnlich arm und knapp an Wasser, daß er sich in eine eigentlich nie völlig abreißende Kette von Stromschnellen verwandelt hatte. All die unzähligen Felsen und Riffe, die bei normalem Wasserstand bis zu mehreren Fuß hoch vom Wasser überspült werden und keinem Kanuboden zu nahe kommen, wurden nun nur eine Handbreit hoch oder weniger von dem eilig seinen Weg suchenden Wasser überdeckt oder ragten sogar, wild umschäumt, über die Oberfläche. Und wo der zügellose Strom in echten Schnellen talwärts fegte, warf er die jagenden Wasser zu mannshohen Standwellen auf, gab fast nirgendwo mehr »blankes Wasser«, ein fil d'eau, auf dem ein Kanu die Schnellen hätte durchschießen können, zu waghalsiger Durchfahrt frei. Unzählige Male mußten die Männer das Kanu aus dem Wasser heben, um die endlos aufgereihten Schnellen längs des unwegsamen Ufers zu umgehen. Paul Soldat und Mes Coh Thoutin hatten wahrlich bis zum Überdruß zu beweisen, daß sie ein Kanu auch auf einem tückischen, wildester Raserei verfallenen Strom zu meistern wußten. Trotzdem war nicht zu vermeiden gewesen, daß ihr gutes Kanu dreimal mit knapp überspülten Riffen engere Bekanntschaft schloß. Und dreimal hatten es glückliche Zufälle so gefügt, daß das rettende Ufer nicht nur erreichbar, sondern auch ersteigbar war jeweils am Rande einer Ausbuchtung des Strombetts, in welcher das Wasser plötzlich beruhigt und sachte im Rückstau kreiselte. Dreimal also hatten sie fast einen ganzen Tag verloren, in denen das Boot aus dem Wasser gehoben, ausgepackt und umgedreht aufgebockt werden mußte, damit die aufgerissene Außenhaut mit passend zugeschnittenen Stücken Birkenrinde geflickt, vernäht und verpicht werden konnte. Auch hatte dann das im Boot naß gewordene Gepäck, die durchfeuchteten Schlafdecken und die Kleidung getrocknet werden müssen.

Losseh Thiegah hatte den Wabasca abwärts nicht mitzurudern brauchen, trug doch der wilde Strom das Boot oftmals schneller voran, als den Männern lieb war. Ohnehin läßt sich ein Rindenkanu mit einer ungeraden Zahl von Ruderern schlecht manövrieren. Losseh Thiegah konnte sich also um die kleine Nagamoun kümmern. Das Kind schien die tagtäglich dutzendfach das Boot bedrohenden Gefahren, die sich niemals in gleicher Form wiederholten, voll zu begreifen. Die Wildnis entwickelt, wenn sie dem Menschen zürnt, eine schier unerschöpfliche Phantasie und fordert seinen Mut und seine Ausdauer mit immer neuen Listen und Tücken heraus. Den Höhepunkt der Bösartigkeit erreichte der Wabasca, als die vier Menschen mit ihrem Kanu und Gepäck die »Bad Rapids«, die »Schlechten Schnellen«, in nackenkrümmender unwegsamer Portage schon umgangen, ihr Boot schon wieder bestiegen hatten und auf ein paar Meilen ruhigeren Wassers hoffen durften. Als sie das Boot knapp einen Steinwurf weit in die Strömung hinausgedrückt hatten, war plötzlich wie aus dem Nichts jene Querwelle aufgestanden, die mit ihrer gleißenden Flanke Nagamoun aufschreien machte, sich über das Boot herstürzte und es im Nu bis zur Hälfte mit Wasser füllte. Mit Blitzesschnelle hatte sich dieser Angriff des Stroms abgespielt. Unterhalb von langgestreckten Schnellen, wenn das Wasser noch mit großer Geschwindigkeit dahinschießt, gibt es im Rücksog mächtiger Felshindernisse im Untergrund diese ab und an sich aufsteilenden Querwellen, die nie vorauszusehen sind.

Nagamoun hatte noch nie geschrien und gejammert, weder vorher noch nachher. Jetzt nun fuhr ihr schriller Schrei dem Vater ins Herz wie ein spitzer Pfeil und ließ es für einen Augenblick stocken. War Nagamoun über Bord gespült worden? Gott sei Dank, nein! Sie hockte mit triefendem Haar im Wasser und klammerte sich an ein Querholz. Losseh Thiegah kauerte hinter dem Kinde im schwappenden Wasser, wie benommen von dem nassen Schlag. Das Boot lag plötzlich sehr tief im Wasser und ließ sich nur noch schlecht regieren. Paul Soldat und Mes Coh Thoutin brauchten sich nicht zu verständigen, was nun zu verrichten war. Zehn Minuten später schon ruhte das umgestülpte Boot zum Trocknen im Ufersand. Keiner der vier Insassen hatte noch einen trockenen Faden am Leibe. Für diesen Tag war an die Weiterreise nicht zu denken.

Aber wenn der Strom sich auch böse gezeigt hatte, so tröstete die an Land Geworfenen das Wetter. Die Sonne schien warm aus tiefblauem Himmel, in dem zwei schneeig leuchtende Sommerwolken schwebten wie lockige Traumgebirge. Ein warmer Wind umfächelte die immer noch ein wenig verzerrten Gesichter. Die Männer entblößten sich bis zu den

Hüften. Die Hosen würden am Körper trocknen, denn man hatte sich zu regen, das Gepäck auseinanderzunehmen und auszubreiten, damit es noch vor der Nacht einigermaßen die Feuchtigkeit, die es aufgenommen hatte, verlor und niemand, vor allem nicht das Kind, in nassen Decken zu schlafen brauchte. Losseh Thiegah und Nagamoun wanderten ein wenig weiter das Flußufer entlang, bis sie hinter einer Waldhecke den Männern aus den Augen kamen. Dort schälten sie sich die nassen Kleider vom Leibe, breiteten sie im trockenen Sand aus und legten sich in das warme Licht der Sonne, zwei schöne Leiber, der dunkelbraune, üppig weibliche der Indianerin und der noch knabenhaft magere, goldfarbene Körper des Mischlingskindes.

Erst zu später Stunde, als die untergehende Sonne über dem anderen, dem westlichen Ufer des Stroms bereits in glühendes Gold zerfloß – eine Glut, in die der Blick nicht wagte, hineinzutauchen, da sie blendete mit überirdischer Gewalt –, als schon erste Kühle die bis dahin beinahe körperwarme Luft durchwehte, versammelten sich die vier Menschen um das Kochfeuer. Sie steckten wieder in ihren Kleidern; die letzte Feuchtigkeit allerdings würde erst vor den Flammen des Feuers verdunsten; jeder würde sich von der Hitze der brennenden Scheite anstrahlen lassen. Das Fischerglück war Mes Coh Thoutin hold gewesen am Nachmittag: ein prächtiger Stör war ihm an die Angel gegangen, den Losseh Thiegah schon in Stücke geschnitten hatte; sie brieten nun in der Pfanne.

Es wurde kaum ein Wort gewechselt. In ihnen allen zitterte auch jetzt noch, obgleich bereits vier Stunden seit dem Zwischenfall vergangen waren, die Vorstellung nach, daß sie vielleicht nur um Haaresbreite dem Tode entgangen waren. Denn so mächtige, gewöhnlich sich am Ausgang großer Schnellen wie aus dem Nichts aufbäumende Querwellen, die sich nie auch nur voraussehen lassen, vermögen selbst ein von sechs oder acht starken Voyageurs gerudertes, dazu schwer bepacktes Kanu urplötzlich von der Seite her anzuheben und umzustülpen und die Insassen in den Sog, die Wirbel und gegen die Kanten der bei Niedrigwasser überall dicht unter der Oberfläche lauernden Felsen zu schmettern.

Nur wenig von dem, was während der Abendmahlzeit gesprochen wurde, war der Erwähnung wert. So stellte Mes Coh

Thoutin fest, was auch Paul Soldat sich im stillen schon ein paarmal vorgehalten hatte: »Lieber die Portagen um einige hundert Schritt verlängern, Paul, auch wenn es Schweiß kostet. Wir haben ja Zeit. Und gar nicht erst abwarten, bis der Sog der nächsten Schnelle spürbar wird. Der Wabasca ist böse, so heißt es bei uns, und er kann tödlich sein, wenn er so niedriges Wasser führt wie jetzt.«

Die kleine Nagamoun hatte mit riesengroßen dunklen Augen zugehört. Nun richtete sie den Blick auf ihren Vater: »Vater, ich habe Angst. Wird morgen wieder so viel Wasser ins Boot schlagen?«

Paul Soldat wagte nicht, seiner Tochter wie sonst in die Augen zu sehen. Er erwiderte, und es klang beinahe ein wenig unwirsch: »Du hast gehört, Kind, was Mes Coh Thoutin gesagt hat. Von jetzt ab quälen wir uns lieber über Land an den Schnellen vorbei, so viele auch noch kommen mögen. Dann kann uns nichts mehr passieren.«

Später, als längst die Sterne funkelten, der letzte Nachglanz des Tages erloschen war, als die ungeheure Stille der Einödnacht alles Irdische unter ihrem weichen, kühlen Pfühl besänftigt hatte, lag das indianische Paar mit dem Kinde zwischen sich unter dem hochgestülpten Kanu in tiefem Schlaf. Paul Soldat hatte es übernommen, im ersten Drittel der Nacht Wache zu halten, um das Feuer nicht ausgehen zu lassen – und auch um die wilden Tiere abzuschrecken, die vielleicht ihre Neugier nicht bezähmen konnten, das fremde Volk zu beschnüffeln und aufzustören, das sich da in ihre Reviere verirrt hatte.

Paul Soldat hatte gerade wieder die verglimmenden Scheite zusammengeschoben und frisches Holz aufgelegt. Er hockte neben den schnell heller und wärmer werdenden Flammen. Er blickte über den großen Strom hinweg, der einige Schritte unterhalb des Lagerplatzes lautlos vorüberzog, jedoch im blassen Sternenlicht die nie enden wollenden Wallungen erkennen ließ, die aus seiner Tiefe quollen, weiter wanderten und wieder vergingen – es war, als ginge ein schwarzes Glimmen von der unruhigen Oberfläche des Wassers aus, so widersprüchlich das auch erscheinen mochte. Niemals schlief das riesige Wasser, unheimlich lebendig blieb es bei Tag und bei Nacht ohne Unterschied. So waren sie alle, die wilden Gewässer des Pays d'en haut. Nie durfte man ihnen voll vertrauen. Und war doch auf sie allein angewiesen, wenn man sich nicht von den unermeßlichen, weglosen Einöden festhalten lassen wollte.

Noch jetzt gellte Paul Soldat der schrille, kaum noch menschliche Schrei seiner Tochter in den Ohren, ein Schrekkenslaut, wie ihn der Vater noch nie von seinem Kinde gehört hatte, den die aus dem Nichts das Boot schäumend und zischend anspringende Woge der entsetzten Nagamoun abgepreßt hatte. Wenn ich sie verlöre . . . Ich habe nur noch Nagamoun. Ich kann es nicht mehr wagen, das Kind auf Reisen mitzunehmen und Gefahren auszusetzen, die selbst einen erfahrenen Voyageur erblassen machten. Wieder mußte sich Nagamoun von Armand losreißen, den sie doch so liebt, als wäre sie kein Kind mehr und könnte über sich entscheiden. Ja, und Anna hat Claas Forke, den Zimmerman, ohne weiteres unter ihre Leute eingereiht. Sie konnte ihn gerade gut gebrauchen. Mir hat sie mit keinem Wort angedeutet, daß sie etwa auf meinen Verbleib am La Biche Wert legt. Zwischen mir und ihr wird fortab der Wabasca liegen. Dieser schreckliche Fluß, der meinem Kinde ein Entsetzen bereitet hat, wie es dergleichen noch nie empfand! Vorsicht und Mut müssen sich die Waage halten, wenn man nicht von dem Pays d'en haut gefressen werden will. Diesen entsetzlichen Strom befahre ich nie mehr. Was würde aus Nagamoun, wenn ich nicht mehr wäre? Und warum soll ich Mes Coh Thoutins und seiner Frau Leben aufs Spiel setzen? Nein, fortab scheidet mich der Wabasca, den die Cree »den Bösen« nennen, von den Leuten am La Biche – sei ehrlich, Paul, von Anna wolltest du sagen.

Vielleicht würde es sich lohnen, nicht bei den Vermilion-Fällen zu bleiben, sondern den Peace noch weit über Macleods Platz hinaus aufwärts zu gehen und sich dort festzusetzen. Mit der Zeit würde mich die Company als Unteragenten anerkennen. Vielleicht gewinne ich Mackenzies Fürsprache, wenn ich ihn auf seiner nächsten großen Reise nach Westen begleite und mit Mes Coh Thoutin dafür sorge, daß seine Kanus nicht versagen. Vielleicht findet Losseh Thiegah mit dem Kinde währenddessen auf Macleods Platz Unterschlupf. Losseh Thiegah ist eine fleißige und gehorsame Arbeiterin, und sie ist dem Kinde zugetan, mehr noch als zuvor, seit sie ihren kleinen Nekik verlor. Früher oder später wird sie selbst wieder ein Kind bekommen. Vielleicht wendet sich dann Nagamoun der Indianerin wieder zu; jetzt lehnt Nagamoun sie heimlich ab, als machte sie ihr zum Vorwurf, daß Atak, ihre Mutter, sie verlassen hat.

Ach, das sind alles weit hergeholte dumme Gedanken. Aber es muß dabei bleiben, daß ich Nagamoun den Gefahren dieses Stroms nicht mehr aussetzen darf, und es bleibt dabei, daß ich nie wieder zum La Biche zurückkehre, ganz gleich, ob über den Wabasca oder auf dem weiten Umweg über den See Athabasca.

Der einsam neben dem Feuer vor sich hin brütende Mann wurde plötzlich von einem Gähnen überfallen, das ihm die Kinnbacken auseinanderkrampfte und die Tränen in die Augen trieb. Mitternacht muß nahe sein, dachte er. Ich werde Mes Coh Thoutin wecken für die zweite Wache. Die Indianerin kann dann die Morgenwache halten und, wenn es hell wird, sich gleich daranmachen, das Frühstück zu bereiten. Ich möchte keine weitere Zeit verlieren. Dies verdammte Niedrigwasser wird uns noch manche harte Nuß zu knacken geben.

Seit Claas Forke dem Bund der drei Erwachsenen und des Kindes nicht mehr angehörte, hatte sich die untergründige Spannung, die der fahlhaarige, grobschlächtige Mann um sich verbreitet hatte, vollkommen verflüchtigt. Mit beinahe heiterem Gleichmut machten sich Paul Soldat und Mes Coh Thoutin im späten Sommer 1792 von ihrem Lager bei den Vermilion-Fällen her an die Vorbereitungen für die Winterarbeit. Neue Fallenstrecken waren auszulegen, denn die des vergangenen Winters waren sicherlich so stark mit menschlicher Witterung behaftet, daß auf den alten Fangplätzen die wilden Tiere nicht mehr in die Eisen gehen würden. Gewiß mußte auch Wild geschossen werden, zwei Bären wurden erlegt, um einen gehörigen Vorrat an Trockenfleisch und schmackhaftem Fett für den Winter anzusammeln. In jeder freien Minute ließ Losseh Thiegah einen Steinwurf weit vom Ufer entfernt die Angel ins Wasser sinken und raubte dem Strom einen silbernen, bräunlich oder rötlich schimmernden Fischleib nach dem anderen. Am Ufer trockneten an langen Stecken die der Länge nach aufgeschnittenen und ausgeweideten Fische in Sonne und Wind.

Bis dann eines schönen Tages Paul Soldat in einem jener plötzlichen Umschwünge der Ansichten und Absichten, die für die Männer der Wildnis – gleich, ob von weißer oder roter Hautfarbe – bezeichnend sind, seinem indianischen Gefährten bei der Arbeit an einem neuen, leichten Eil- und Jagdkanu einen Vorschlag machte, der so einleuchtend schien, daß der eine oder der andere eigentlich längst hätte darauf kommen müssen: »Bei Licht besehen, Thoutin, ist es Unsinn, was wir hier veranstalten. Wir wollen auf keinen Fall Alexander Mackenzie verpassen, wenn er hier auf der Fahrt zu Macleod vorbeikommt. Das wird wahrscheinlich erst kurz vor dem Zufrieren des Stroms geschehen. Gewiß wird Mackenzie darauf dringen, daß wir sofort mit ihm zusammen zum Macleodschen Posten vorstoßen, damit er im nächsten Frühjahr nicht erst auf uns zu warten braucht. Wir tun hier so, als ob Mackenzie erst nächsten Herbst wieder aufkreuzen wird. Ich kann mich aber des Gefühls nicht erwehren, daß der ewig ungeduldige Mann es schaffen wird, uns noch in diesem Jahr wieder hier im fernen Westen zu erreichen. Und dann sollen wir Hals über Kopf unsere Siebensachen zusammenraffen und ihm folgen? Diese Aussicht behagt mir nicht. Wir sollten nicht hier auf Mackenzie warten, sondern dies gute Boot schleunigst fertigstellen, alles hineinpacken, was wir in unserem bisherigen Kanu nicht unterbringen, es ins Schlepp nehmen und uns schon jetzt zu Macleod aufmachen. Wir würden nicht besonders schnell vorankommen, aber noch drängt die Zeit nicht. Außerdem strömt der Peace jetzt vor den Herbstregen am gelindesten. Und bei Macleod hätten wir, wenn wir bald zu ihm umziehen, immer noch einige Wochen Frist, uns ebenso auf den Winter vorzubereiten, wie wir das hier tun oder schon getan haben. Die schon gestellten Fallen lassen sich in einem Tag wieder einsammeln, und die getrockneten Fische nehmen wir natürlich mit. Auf diese Weise würde uns Alexander Mackenzie nicht entgehen, weder in diesem noch im nächsten Jahr – und mit Macleod werden wir uns sicherlich einigen. Was meinst du zu alldem, Thoutin?«

Mes Coh Thoutin war ein Indianer, ein Sohn der Einöden; er brauchte nicht erst zu lernen, daß gute Pläne dazu da sind, durch bessere ersetzt zu werden; er erwiderte nach kurzem Zögern: »Ich glaube, Paul, wir sollten beim dritten Sonnenaufgang, von morgen an gerechnet, die Fahrt zum Posten Macleods antreten. Ich meine, das müßte zu machen sein, ohne daß wir uns zu überstürzen brauchen.«

Wenn dem Indianer ein so kurzer Anlauf genügte, das bisherige Standquartier bei den Vermilion-Fällen aufzulösen, dann hatte Paul Soldat nicht mehr nötig, darüber nachzudenken.

Macleod zeigte sich erstaunt, daß Paul Soldat sich von Claas Forke getrennt hatte. Doch schien auch er ihm keine Träne nachzuweinen. Er meinte: »Ich nehme ebenfalls an, daß Alexander Mackenzie noch in diesem Spätherbst auftauchen wird, um sich im nächsten Frühjahr auf den Weg nach Westen zu machen. Claas Forke hätte er für die nächste Reise nicht wieder angeheuert. Das hat er mir noch am Athabasca-See gesagt. Aber dich, Paul, möchte er auf alle Fälle dabei haben. Und deinen Mes Coh Thoutin natürlich auch. Die Indianer, die mir wintersüber ihre Pelze verkauften, haben mir übereinstimmend bestätigt, daß der Peace bis an den Rand des großen Gebirges im Westen keine wesentlichen Schwierigkeiten bietet. Im Gebirge selbst wird er auf weite Strecken unpassierbar. Die Portagen sollen halsbrecherisch, für erfahrene Voyageurs aber zu bewältigen sein. Mit den Indianern sind wir übrigens hier gut ausgekommen. Es hat keine Schwierigkeiten gegeben.«

Macleod rechnete also fest damit, daß Alexander Mackenzie bald wiederauftauchen würde. Paul Soldat sah sich bestätigt. Er wollte zu den Männern gehören, die den großen amerikanischen Kontinent als erste bis zur Küste des Weltmeers, des Großen, des Pazifischen Weltmeers, durchstießen. Er machte sich nichts vor: Alexander Mackenzie suchte den Weg zum Stillen Ozean nicht deshalb, um das Dämmerdunkel über einem riesigen unbekannten Land mit Wäldern, Strömen, Seen und Gebirgen aufzuhellen – das würde nebenbei nicht zu vermeiden sein –, sondern aus sehr viel nüchterneren Gründen.

In der innersten, ihm selbst kaum erkennbaren Tiefe seines Wesens, im Herzen dieses der Armut seiner bäuerlichen Heimat und dann dem unheimlich harten Zwang des Soldatendienstes im britischen Söldnerheer entlaufenen Mannes hatte nie ganz die Sehnsucht zu rumoren aufgehört, irgendwo in der fernsten Fremde wieder anzuwachsen, heimisch zu werden, an einem festen Platz »zu Hause« zu sein und schließlich – Inbegriff eines gerundeten menschlichen Daseins – eine Frau zu finden und Kinder zu haben und sich um sie sorgen zu müssen. Paul Soldat hatte es mit der Zeit ganz klar erkannt: Seit er vor vielen Jahren Anna Leblois zum erstenmal in der Ferne des Pays d'en haut unter all den ruhelosen, groben Männern und neben den braunhäutigen, allzu willigen und wortarmen Indianerinnen begegnet war, hatten sich um diese Frau allein alle seine bewußten und unbewußten Wünsche und Sehnsüchte gesammelt. Doch Anna schien ihn nur als das zu nehmen, was er, obenhin betrachtet, ja auch darstellte: als einen der heimatlosen Voyageurs, die sich als Franko-Kanadier gaben, obgleich sie keineswegs alle vom unteren Sankt Lorenz stammten.

Die meisten Menschenleben finden die Erfüllung nicht, auf die sie angelegt sind. Das gilt auch für mich, den sogenannten Paul Soldat. Nun gut, dann will ich wenigstens als Voyageur zu denen gehören, die im dünnhäutigen Kanu vollbringen, was vorher Voyageurs noch nie vollbracht haben!

11

Die Männer, die im späten Herbst des Jahres 1792 auf die Wiederkehr Alexander Mackenzies am großen Peace-Fluß warteten, waren längst von jener alljährlich wiederkehrenden bitteren Unruhe ergriffen: War Mackenzie unterwegs aufgehalten worden, so erreichte er das neue Lager vielleicht nicht mehr vor dem Eis! Die eingehandelten Pelze lagen dann ebenso fest wie anderswo die von Osten herangeführten Tauschwaren; trafen sie aber im Herbst nicht am vorbestimmten Ort zusammen, so war der Handel gestört, und man versäumte unter Umständen ein ganzes Jahr.

Die wartenden Männer, unter ihnen Macleod, Mes Coh Thoutin, Paul Soldat und einige wenige altgediente Voyageurs der Company, sagten sich zwar, daß Alexander Mackenzie und die Lastkanus kaum vor dem Ende des Oktober ihren weit vorgetriebenen Posten erreichen konnten. Jeder von ihnen wußte nur allzu gut, wie dünn, wie überdehnt der Faden war, der sie über einige tausend Wildnismeilen mit dem fernen, kaum vorstellbaren Montréal verband.

Den Männern fiel ein schwerer Stein vom Herzen, als endlich, wenn auch gefährlich verspätet, eine kleine Schar von Kanus auf dem Fluß auftauchte und auf das am Flußufer sichtbar angelegte neue Lager zuhielt. Mister Finlay war es mit den Lastkanus. An Tauschgütern würde man also im kommenden Winter keinen Mangel haben, Gott sei Lob und Dank! Finlay war Macleod wohlbekannt; beide dienten der North-West Company schon geraume Zeit. Paul Soldat hatte von Finlay nur gehört.

Die Ankömmlinge berichteten, daß Alexander Mackenzie mit seinen Leuten in zwei Kanus ihnen dicht auf wäre und man ihn am nächsten Tag erwarten könnte.

Wenn Paul Soldat noch nicht gewußt hätte, daß Alexander Mackenzie ein wichtiger Partner der Company und trotz seiner Jugend ein Mann war, dem bereits allgemein Respekt bezeigt wurde, so würde er es jetzt begriffen haben. Denn die Männer alle, die, die hier überwintert hatten, und jene, die neu angekommen waren, bereiteten sich mit Eifer auf seine Ankunft vor. Sie wuschen sich, schoren sich das Haar, sie nahmen sich die Bärte ab, wobei unter stumpfen Rasiermessern nicht wenig Blut vergossen wurde, und brachten ihre Kleider in Ordnung, so gut dies unter den gegebenen, das heißt, recht dürftigen und rauhen Umständen eben möglich war.

Das Wetter zeigte sich bereits unfreundlich. Ein kalter Wind blies aus Nordosten, brachte eisigen Regen, in den sich schon ab und zu Schnee mischte. Aber dies harte, an viele Unbilden gewöhnte Volk wußte, daß die tiefe Kälte und das Eis noch manche Woche auf sich warten lassen würden. Was kam es schon auf ein wenig kalten Regen an!

Am frühen Morgen, schon gegen sechs Uhr, stieg Alexander Mackenzie aus seinem Kanu an Land. Finlays Voyageurs und die des Handelspostens, die ihm im Jahr zuvor als Helfer, Zimmerer, Ruderer, Packer – und was sonst noch! – gedient hatten, empfingen ihn und seine zwei Kanus mit lautem Freudengeheul. Wer eine Flinte hatte, der schoß sie ab, schüttete noch einmal Pulver auf die Pfanne und knallte abermals in den kalten Morgen, der sich mühsam genug der Nacht entwand. Mackenzie zeigte sich so gewandet, wie es seiner Bedeutung entsprach und die in lumpiges Leder und zerfetzte Wolle gekleideten Voyageurs offenbar von ihm erwarteten: Er trug einen langschößigen blauen Tuchrock mit silbernen Knöpfen und aufgesetzten großen, betreßten Taschen. Das ungebärdige, rötliche Blondhaar quoll unter einem Dreispitz hervor, der ebenfalls silberne Tressen zeigte. Kniehosen aus gelber Seide, die fest anlagen, weiße Wollstrümpfe und kräftige Halbschuhe mit breiten Silberspangen vervollständigten den stolzen Aufzug dieses »Wintering partners«* der in diesen entlegenen Gefilden so gut wie allmächtigen North-West Company.

Auch die Indianer weit umher hatten Wind bekommen von der Ankunft der Tauschwaren aus dem Osten und dem Erscheinen eines der mächtigen Häuptlinge der großen Company. Diese war imstande, Jahr für Jahr aus unabschätzbarer Ferne in scheinbar nie endender Fülle Werkzeuge und Erzeugnisse der Welt des weißen Mannes ins Indianerland zu liefern, die das Dasein in der Wildnis unbeschreiblich erleichterten und die der Indianer erstehen konnte, indem er als Gegenleistung Pelze lieferte, von denen man einige auch früher selbst verwendet hatte, die aber darüber hinaus sozusagen umsonst in der Wildnis ohne allzu große Schwierigkeiten eingeheimst werden konnten.

Ja, ein großer Mann offenbar, dieser Alexander Mackenzie! Die Indianer stellten es ebenso fest wie die Voyageurs. Kameradschaftlich begrüßte er mit Handschlag zunächst die schottischen Mitarbeiter der Company, bemerkte dann sogleich Paul Soldat und rief erfreut: »Ah, Monsieur Soldat, das ist ein angenehmes Wiedersehen! Sie werden sich mir anschließen im nächsten Frühling, sonst wären Sie nicht hier! Und Ihren Indianer, den Pockennarbigen, nehmen wir auch mit. Dann kann mir, was die Kanus anbelangt, nicht viel passieren. Seien Sie willkommen!«

Paul Soldat schüttelte die dargebotene Hand des so überaus vornehm gekleideten Mannes. Ihm war also offenbar eine Sonderrolle unter den Voyageurs zugedacht. Vor aller Augen hatte Alexander Mackenzie dies deutlich gemacht.

Natürlich war ein großes Festmahl vorbereitet. Aber das Essen, so gut und reichlich es auch angeboten wurde, bildete nicht die Hauptsache. Es war üblich, daß während des Som-

---

* Wintering partners: Diejenigen Teilhaber der Gesellschaft, die den Winter nicht im angenehmen Montréal oder Grand Portage am Oberen See verbrachten, sondern auf den wichtigsten Handelsposten im Pays d'en haut.

mers die Voyageurs im Pays d'en haut keinen Alkohol zu sich nahmen und Rum, Brandy oder der zumeist ziemlich erbärmliche portugiesische Rotwein nicht an die Indianer verkauft wurde. Mackenzies Ankunft aber, das verstand sich beinahe von selbst, signalisierte für jedermann das Ende der »trockenen« Zeit. Und in der Tat: Mackenzie ließ ein wenig abseits zwei Fäßchen hochprozentigen Rums anschlagen, verdünnte die schwarzbraune, kräftig duftende Flüssigkeit zur Hälfte mit Wasser und ließ das großartige Getränk reihum gehen. Der lauten Fröhlichkeit allerdings, die sich bald darauf im Lager entwickelte, entzog er sich mit Finlay, Macleod und Paul Soldat in ein abseits gelegenes Blockhaus. Zu den dreien stieß noch Alexander Mackay, ein junger Schotte, den Alexander Mackenzie vom großen Athabasca-See mitgebracht hatte.

Es galt, keine Zeit zu verlieren, denn schon bildete sich Eis an den Flußrändern, die ersten Schneestürme mochten die Männer für Tage ans Ufer fesseln. Denn was Macleod vielleicht vorgehabt, aber nicht ausgeführt hatte, wollte Alexander Mackenzie selbst vollbringen, soweit es die Jahreszeit und das Wetter zuließen. Schon am Morgen des nächsten Tages, in der Frühe um drei Uhr, so verkündete er, wollte er mit den Leuten, die ihm im nächsten Frühling auf seiner großen Erkundungsreise nach Westen dienen sollten, abermals aufbrechen, um sich möglichst weit an das Gebirge heranzuschieben. Macleod steuerte bei, daß er auf den Rat Paul Soldats schon vor einem Monat zwei tüchtige Voyageurs weit den Fluß stromauf geschickt hatte, um in einer geeigneten Gegend über dem Strom einen gut sichtbaren Platz für ein Winterlager freizulegen und einen gehörigen Vorrat an Bohlen aus geeigneten Stämmen des Waldes herauszuschlagen, damit Mackenzie und seine Mannschaft, wenn sie unmittelbar vor dem Winter einträfen, sich so schnell wie möglich eine feste Unterkunft bauen konnten. Mackenzie vernahm dies mit großer Erleichterung. Er beredete noch mit Finlay und Macleod, nach welchen Grundsätzen der Macleodsche Posten, den er unter Finlays Leitung zurücklassen würde, im kommenden Winter zu leiten wäre und welche Regeln und Preise für den Tauschhandel beobachtet werden müßten. All dies wurde schnell und ohne viele Worte geregelt. Dann schickte Mackenzie Macleod hinüber zu den feiernden und singenden Voyageurs, um, ohne Aufsehen zu erregen, die Männer abzurufen, die sich am kommenden Morgen mit ihm auf die weite Reise machen sollten. Dies gelang ohne Schwierigkeit.

Trotzdem kam es nicht zu der Weiterreise wie geplant. Denn die Häuptlinge der Indianer, deren Zahl inzwischen auf zwei- bis dreihundert angewachsen war, verlangten danach, mit dem großen weißen Häuptling Alexander Mackenzie in ihrer ausführlichen Art zu palavern, seinen Rat in mancherlei Angelegenheiten zu erbitten und ihm den eigenen Rat für die Weiterreise anzubieten.

Auch der befehlsgewaltige und in diesem Fall ungeduldige Mackenzie hatte sich nach den Sitten des Landes zu richten und würdevoll die feierlichen Reden der bräunlich schwarzen, verwitterten Häuptlinge zu bestehen. Zwei schwer mit Tauschwaren beladene Kanus allerdings sandte er voraus. Er selbst konnte sich mit seinen Leuten erst Tage später auf den Weg machen, hatte sich mit allem Pomp zu verabschieden, wiederum unter lautem Geheul und Gewieher der Roten und Weißen und einer Wolke von unnütz verknalltem Pulver.

Stromauf ging die Reise. Nun waren oberhalb von dem Boot, in dem auch Paul Soldat mit den anderen Voyageurs ein Paddel führte, nur noch die beiden Kanus anzunehmen, die Alexander Mackenzie vorausgesandt hatte, und außerdem das kleine Kanu, in dem vor einem Monat die beiden Männer stromauf gefahren waren, die das Winterlager für Alexander Mackenzie vorbereiten sollten. Wenn wir die erst erreicht haben, sagte sich Paul Soldat, dann gibt es vor uns gegen Westen keinen einzigen weißen Menschen mehr – bis zum Ufer des Stillen Ozeans!

In all dem aufgeregten Trubel der vergangenen Tage und Wochen hatte die kleine Nagamoun nicht die Aufmerksamkeit und Fürsorge genossen, die sie bis dahin als einziges Kind unter drei Erwachsenen gewohnt gewesen war. Der Vater hatte ständig mit fremden Männern Gespräche zu führen, sich um Gepäck und Ausrüstung zu kümmern, wurde hier beansprucht und da, so daß er für seine Tochter kaum noch Zeit aufbrachte.

Die ruhige Beständigkeit der Pflegemutter Losseh Thiegah hatte sich in diesen Tagen bewährt. Überall, wo der Vater an Land gegangen war, hatte es Scharen von Indianern gegeben, von denen viele wie bei ihnen üblich ihre Frauen und Kinder mitgebracht hatten. Für die Indianer war dies kein fremdes, entlegenes Land wie für die Weißen, die unter oft unsäglichen Mühen und Gefahren lediglich Geschäfte machen wollten, sondern ganz einfach die Heimat, in welcher Frauen und Kinder sich ebenso zurechtzufinden hatten wie die Männer. Losseh Thiegah mischte sich also wie selbstverständlich mit ihrem Schützling unter die übrigen indianischen Frauen, war sie sich doch bewußt, daß sie unter dem Schwarm der Indianerinnen eine besondere Stellung beanspruchen durfte; sie gehörte zum engeren Kreis der mächtigen weißen Männer und war für das Kind eines dieser Männer verantwortlich.

Paul Soldat hatte sich nicht so sorglich um seine Tochter kümmern können, wie es ihm selbst nötig erschien. Doch bedrückte ihn mehr noch der Gedanke, daß das Kind lange ohne seinen Vater sein würde, wenn er und Mes Coh Thoutin sich mit Alexander Mackenzie auf die große Reise nach Westen begeben mußten.

Unter den weißen Gefährten Mackenzies sprach Paul Soldat, wie sich schnell herausgestellt hatte, das beste Cree. Er war ja mit einer Cree verheiratet gewesen und auf diesem Wege ihrer Sippe verschwägert und ein Mitglied des Stammes geworden. Seine Tochter, von einer Cree-Frau geboren, besaß mehr noch als er selber Heimatrecht unter den Indianern – für die ohnehin Kinder – jedes Kind! – einen unter allen Umständen liebevoll zu hütenden Schatz darstellten.

Es hatte sich die Frage ergeben, ob Losseh Thiegah mit Nagamoun auf dem großen und schon einigermaßen wohlgeordneten Posten bleiben sollte, dem Finlay im kommenden Winter und nächsten Sommer vorstehen würde, oder ob die Indianerin mit dem Kinde mit der sehr viel kleineren Gruppe von Männern unter Alexander Mackenzie den Peace aufwärts vorrücken sollte, zu jenem noch vorläufig unbekannten, sicherlich nicht sehr wohnlichen Ort, an dem der Schotte mit den Männern, die er sich für seine große Entdeckungsreise nach Westen ausgesucht hatte, überwintern wollte – so nahe wie möglich der großen Schranke des Gebirges, das von den Weißen noch niemand zu Gesicht bekommen hatte. Alexander Mackenzie hatte ein einigermaßen saures Gesicht gezogen, als ihm Paul Soldat eröffnete, daß er sich nicht entschließen könne, Nagamoun und die Betreuerin des Kindes im großen Lager unter Finlays Aufsicht zurückzulassen. Auch mochte Mes Coh Thoutin seine Frau und ihre Dienste im bevorstehenden Winter nicht entbehren und bestand ebenfalls darauf, daß Losseh Thiegah die Reise zu dem Vorauslager am oberen Peace mit anzutreten hätte.

Die Indianerin und das Kind hockten also, in Pelze und wollene Decken wohlverpackt, hinter dem in der Mitte des Bootes thronenden Alexander Mackenzie, kaum beachtet von den Ruderern und erst recht nicht von dem lärmenden Volk, das sich zur Abfahrt am Ufer der nun Finlayschen Niederlassung eingefunden hatte. Paul Soldat hatte seinen Ruderplatz in der hinteren Bootshälfte auf der rechten Seite. So konnte er, während er das Paddel gleichmäßig mit den anderen Voyageurs durch das Wasser zog, ab und zu einen Blick in das Gesicht seines Kindes werfen. Es erleichterte ihm das Herz, wie freundlich seine Tochter ihre dunklen Augen zu ihm aufblinken ließ, wenn er gelegentlich ihren Blick erhaschte. Nagamoun hatte durchaus begriffen, daß der Vater den ganzen Winter über in ihrer Nähe verbleiben würde, er, der sie notfalls gegen alle Gefahren und auch gegen unfreundliche Menschen, weiße wie rote, abzuschirmen vermochte.

Auch an dem Platz, wo wir überwintern werden, hatte sich Paul Soldat gesagt, werden sich Indianer eingefunden haben, denn Handelsposten ziehen sie von weit her an. Bis zum nächsten Frühling, dem Zeitpunkt unserer Abreise nach Westen, werden sich Losseh Thiegah und das Kind mit diesen Indianern zusammengefunden haben, so daß ich sie dann für einige Monate allein lassen kann, um auf die große Reise zu gehen.

Alexander Mackenzie hatte das vornehme Gewand, in welchem er als der große reiche Fürst aus der Ferne auf die indianischen Häuptlinge hatte Eindruck machen müssen, längst wieder sorgsam im Gepäck verstaut. Der betreßte Tuchrock, die Kniehosen und die Schnallenschuhe paßten nicht in ein Rindenkanu auf unbekanntem Strom. Mackenzie unterschied sich also in seinem Anzug nicht mehr von den übrigen Voyageurs, es sei denn dadurch, daß seine Kleider aus grober Wolle und Leder ein wenig sauberer waren.

Das Wetter in diesen letzten Tagen vor dem Winter zeigte sich von seiner häßlichsten Seite. Bitterkalte Regenschauer fegten den Männern ins Gesicht. In den Buchten am Flußufer stand schon hier und da Eis, und die Männer hatten mit noch größerer Vorsicht als sonst zu verfahren, wenn sie für eine Pfeifenlänge Rast oder das Nachtlager an Land gehen wollten. Die scharfen Kanten des Eises bedeuteten für die verletzliche Rindenhaut der Kanus eine noch größere Gefahr als Felsen und Riffe. Denn deren Kanten waren gewöhnlich abgewetzt und gerundet.

In der Tat, diese letzte Fahrt im griesgrämig und böse seinem Ende zustolpernden Jahr 1792 wurde zu einer Tortur für alle Insassen des weltverlorenen Kanus, das sich über die schwarzen Wallungen des Peace stromauf vorankämpfte. Dem stolzen Herrn des Bootes, dem zielstrebigen Manne aus dem fernen Stornoway in Schottland, saß die Furcht im Nakken, daß ihm das Eis den Weg verlegen würde, noch ehe er den Vorausposten, an dem er überwintern wollte, erreicht hatte. Mackenzie ruderte selbst nicht mit. Er thronte in der Mitte des Bootes auf einem für ihn bereiteten Sitz, sparte durchaus nicht mit antreibenden Worten, forderte seinen Leuten das Äußerste ab. Voyageurs hatten sich damit abzufinden, von morgens um drei oder vier Uhr bis nachmittags um fünf oder sechs das Paddel zu führen, die Lasten und Kanus um unpassierbare Abschnitte der Flüsse und Ströme herumzuschleppen und jedem Wetter standzuhalten – es sei denn, schwerem Sturm auf großen Seen, der die Boote voll Wasser schlagen konnte. Solche Stürme mußten am Ufer abgewartet werden. Gegen sie war kein Kraut gewachsen.

Die gesamte Mannschaft des Kanus einschließlich der drei Menschen, die nicht mitgerudert hatten, fühlte sich wie ausgehöhlt vor Erschöpfung, als endlich am Hochufer des Stroms die kleine Rodung auftauchte, die für Mackenzie und seine Leute vorbereitet worden war. Einige Kanus lagen unterhalb des Hochufers im feuchten Sand. Endlich, endlich war das Ziel erreicht und gerade zur rechten Zeit. Denn der Strom floß immer noch stark und mächtig, und wenn es auch schon grimmig kalt war jede Nacht, so hatte doch der Frost die Wasser noch nicht gefesselt. Einige weiße Männer und eine Menge Indianer liefen über dem Ufer zusammen. Viele Hände griffen zu, halfen dem bis ins Mark durchkälteten Mackenzie, der Frau und dem Kinde an Land, hoben das Boot aus dem Wasser und entluden es. Endlich war man angekommen, wo man für den Winter zu bleiben gedachte.

Es zeigte sich indessen schon in der ersten halben Stunde

nach der Ankunft, daß an Ausruhen noch nicht zu denken war. Zwar hatten die beiden vorausgesandten Voyageurs eine Menge Pfosten und Balken zurechtgeschlagen, aber bis zum Bau der Häuser waren sie noch nicht vorgedrungen, denn die Indianer, die sich nach und nach in der Nähe des Postens eingefunden hatten, waren nicht zu bewegen gewesen, mit Hand anzulegen. Körperliche Arbeit wurde von den Kriegern verachtet; dergleichen hatten die Frauen zu besorgen. Außerdem verstanden sie nicht, mit den schweren Äxten und Beilen der Europäer umzugehen. Gleich am ersten Tage also waren, während ein Hagelschauer vom Himmel prasselte, die Voyageurs einzuteilen, einige Blockhütten zu errichten, und das in aller Eile, denn jeden Tag konnte nun der erste Schneesturm die zugehauenen Bauhölzer und Pfosten unter hohen Schneewehen verschütten; dann aber würde der Bau fester Unterkünfte nur noch langsam und unter Schwierigkeiten vorankommen.

Paul Soldat und sein Helfer Mes Coh Thoutin waren von Alexander Mackenzie aufgefordert worden, sich um nichts weiter im Lager zu kümmern, als noch vor dem Beginn des vollen Winters das Baumaterial für ein oder zwei neue Kanus auszukundschaften und ins Lager hereinzuholen. Wenn erst ständiger harter Frost die Bäume bis ins Kernholz gefrieren ließ, so war von den Silberbirken die in der Kälte brüchig und brettsteif werdende Rinde nicht mehr abzuschälen, konnte also nicht mehr für die Außenhaut eines neuen Kanus zugeschnitten, ausgeformt und über das Spantengerüst eines werdenden Kanus geschmeidig und glatt gebreitet, vernäht und verpicht werden.

Paul Soldat war also mit seinem indianischen Gefährten schon am zweiten Tage nach der Ankunft erneut am Flußufer entlang unterwegs, um nicht nur geeignete Kanu-Birken ausfindig zu machen, sondern auch passend gebogene Hölzer, das heißt Äste und dünne Stämme, dazu auch geeignete Weißfichten, deren feine Saugwurzeln die zähen Fäden lieferten, mit denen die Rindenstücke über dem sich gleichmäßig wölbenden Kanuleib vernäht wurden.

Paul hatte richtig vorausgesehen, daß sich bei dem entstehenden Winterlager der weißen Männer schon vor der Ankunft Indianer in größerer Zahl eingefunden haben würden, um sich für die Pelzjagd des bevorstehenden Winters ausrüsten zu lassen, aber auch »auf Vorschuß« erst einmal nach Herzenslust zu betrinken und sich für ihre Frauen und Kinder mit all den begehrten Gütern des weißen Mannes auszustatten. Da die Fänge der Jäger im Sommer viel magerer ausfielen als im Winter, vor allem auch die Qualität der Sommerpelze viel geringer war, genügten die Felle, welche die Indianer im späten Herbst auf die Posten mitbrachten, so gut wie nie, die sehnlichst von ihnen erwarteten Herrlichkeiten aus dem fernen Europa zu bezahlen. Zu berechnen, wieviel sie wirklich würden leisten und liefern können, fiel den Kindern der Wildnis ebenso schwer, wie ihre Begehrlichkeit nach warmen roten Wolldecken, haarscharf blitzenden Jagdmessern, nach Beilen, Glasperlen und buntem Tuch und immer wieder Brandy, Feuerwasser und Rum zu zügeln.

Mackenzie und Mackay hatten sich also nach der Ankunft vom ersten Tage an um das Geschäft zu kümmern, genau abzuwägen, wieviel sie jedem der braunhäutigen, manchmal sehr ungeduldigen Jäger an Waren und Ausrüstung vorschießen konnten, ohne nach den immerhin vorhandenen Regeln dieses reichlich wildwuchernden Handels die Indianer allzu schamlos zu übervorteilen, die von jedem einzelnen zu erwartenden Lieferungen richtig abzuschätzen, die erwünschten Profite mit einzukalkulieren und schließlich das Ganze in die Zahlen einer geordneten nachprüfbaren Buchhaltung zu übertragen. Aber Mackenzie hatte den Pelzhandel von der Pike auf in Montréal erlernt, sich dann lange im Pays d'en haut, wo noch kein Kaiser und kein König und keine Republik wie die der neugegründeten Vereinigten Staaten ihr Gesetz und ihre Macht durchzusetzen vermochten, bewähren müssen und kannte sich in den Gefahren einerseits, den außerordentlichen Chancen andererseits eines Unternehmens gründlich aus, das den geheimen Reichtum der wegelosen Einöden des Nordwestens in klingende Münze umzusetzen suchte, die in London oder Paris auf die Bank getragen werden konnte.

Obgleich die Männer alle, Schotten wie Voyageurs, den letzten Rest ihrer Kraft hergaben, den Handelsposten mit seinen Palisaden, Unterkünften, Waren-, Pelz- und Werkstattschuppen aus dem Boden zu stampfen, ging doch der ganze November darüber hin, ehe der neue Handelsposten das Aussehen einer kleinen Festung in der Wildnis angenommen hatte, wie Alexander Mackenzie es erstrebte. Denn wenn er von diesem Platz aus die Reise in den unerforschten weiteren Westen bis zum Ozean antreten wollte, so würde er hierher wieder zurückkehren müssen, hatte den Ort also zu einer sicheren Basis für das ganze Unternehmen auszugestalten, für die Ausreise ins Ungewisse sowohl wie für die Heimkehr mit vielleicht – möge Gott es verhüten! – gebrochenen Flügeln.

Auf Schritt und Tritt standen den schwer werkenden Männern die Indianer im Wege und wurden nicht müde zu staunen, wie geschickt die Voyageurs mit Beil, Axt, Hammer, Säge und Meißel umzugehen wußten, und wie trotz des garstigen Wetters das Wildnis-Fort allmählich Gestalt annahm. Aber Mackenzie wußte nur zu gut, daß man um des Handels im kommenden Winter willen die Indianer jetzt nicht verärgern durfte. Man hatte es hinzunehmen, daß sie sich überall einmengten, Fragen stellten, die den Voyageurs entsetzlich dumm vorkamen, dabei aber ernst genommen und sogar hofiert werden wollten. Auch durfte es Mackenzie ebenso wie Mackay nicht ablehnen, sich um einige kranke oder verletzte Indianer zu kümmern. Mit einigen allereinfachsten Mitteln und gesundem Menschenverstand gelangen den beiden Schotten ein paar für die Indianer ans Wunderbare grenzende Kuren, die ihren Respekt vor dem weißen Mann außerordentlich vergrößerten. Dabei hatte Mackenzie nichts weiter zu tun, als ein paar völlig verschmutzte Wunden zu reinigen, wildes Fleisch an ihren Rändern wegzubeizen, das Ganze mit hochprozentigem Branntwein zu desinfizieren und schließlich einen Verband mit einfacher Zinksalbe anzulegen. So unterstützt, zeigte sich die gute »Heilhaut« der Indianer beinahe im Handumdrehen dankbar, und der mächtige weiße Mann, der Heiler, der obendrein über reiche Schätze und begeisterndes Feuerwasser verfügte, vermehrte damit sein Ansehen unter den Rothäuten so ausgiebig, daß sich in die Hochachtung, die ihm ohnehin bis dahin gezollt worden war, nun auch Ehrfurcht mischte.

Als einzige unter den weißen Männern hatten sich Paul Soldat und sein Helfer Mes Coh Thoutin nicht am Bau der Befestigungen, der Häuser und Schuppen des Postens zu beteiligen brauchen. Die beiden wurden vom Glück begünstigt: bis zur Mitte des November hatten sie so viele kräftige Silberbirken am Flußufer stromauf entdeckt, so viele geeignete Spanthölzer, Lang- und Querhölzer ausfindig gemacht, hatten die fugen- und astlose Rinde der Birken in großen, bis zu neun Quadratfuß und mehr messenden Placken von den Stämmen lösen können und im Lager ins Trockene gebracht, daß sie hoffen konnten, im Laufe des Winters mindestens zwei kräftige und doch nicht allzu schwere Lastkanus fertigzustellen, wohl geeignet, einer langen und schwierigen Reise über wilde Ströme, Flüsse und unbekannte Seen standzuhalten.

Wenige Meilen stromab von dem auf dem Hochufer des Peace entstehenden Fort mündete in den größeren Strom von Südwesten her ein anderes, kraftvoll strömendes Gewässer. Die Eingeborenen hatten diesem Fluß den Namen »der Rauchige«* gegeben, wanderten doch in seinem Wasser ständig graue Schlieren zwischen den Wallungen dahin, die dem Fluß von einer kalkigen oder tonigen Erdschicht irgendwo in seinem Bett mitgegeben wurden. Als im letzten Drittel des November Paul Soldat und Mes Coh Thoutin die großen Rollen von Silberbirkenrinde in den Verschlag eingebracht hatten, den sie sich zu einem Werftschuppen ausbauen wollten, drehte der Wind plötzlich auf Südwest, führte unter tiefhängenden Wolken etwas wärmere Luft heran, aus denen es bald zu rieseln und schließlich zu schneien begann. Der Wind entwickelte sich nicht zu dem bösartigen Sturm, den viele voraussagten. Er hinterließ eine Menge nassen Schnees, der nicht allzu lange vorhielt, wohl aber den nur leicht überfrorenen, schnell wieder auftauenden Boden in unergründlichen Morast verwandelte.

Doch schon zwei, drei Tage später machte der Winter endgültig ernst. Das Eis an den Flußrändern wollte nicht mehr weichen, sondern verstärkte sich von Tag zu Tag. Bald war der Smoky schon unter rauh sich türmenden, die Mündung in den Peace schließlich verstopfenden Eisschollen verschwunden.

Die Jäger berichteten es, die sich über die lange spitze Landzunge zwischen Smoky und Peace hinweg zu den Wildwiesen vorgetastet hatten, die sich jenseits des die Flüsse begleitenden Waldes weithin ausbreiteten und von jagdbarem

* Der heutige Smoky River.

Wild, Büffeln, Hirschen, Wölfen, Füchsen und Bären geradezu wimmelten. Im Peace River selbst, dem so viel gewaltigeren Strom als dem Smoky, setzte sich die Strömung noch bis zum Ende des November gegenüber dem von den Ufern her zur Flußmitte vordrängenden Eis mit großer Gewalt durch. Dann aber sank das Thermometer auf zehn, vierzehn, ja sechzehn Grad Fahrenheit* unter Null, so daß auch der Peace vor der Kälte kapitulieren mußte. Eis überbrückte ihn von einem Ufer bis zum andern, und nachdem erst einmal seine Oberfläche sich nicht mehr regte, verstärkte sich die Eisdecke so schnell, daß schon wenige Tage später der Fluß ohne Gefahr in beiden Richtungen überquert werden konnte. Auch das Erdreich erstarrte überall zu großer Festigkeit. Sümpfe und Moräste boten kein Hindernis mehr. Die vom Lager ausgesandten indianischen, gelegentlich auch weißen Jäger konnten sich überall unbehindert bewegen – und bald schwelgten Weiße wie Rote im immer noch langsam an Menschen zunehmenden Lager in frischer Brühe und gekochtem und gebratenem Wildfleisch vieler Art. Noch allerdings lag nicht genug Schnee, um die schnell erbauten Schlitten benutzen zu können. Vorläufig mußten die Hirschrücken und Bärenschinken auf den Rücken der Jäger ins Lager geschafft werden.

Erst gegen Mitte und Ende Dezember hatten die weißen Männer und mit ihnen die wenigen Indianer, die sich von ihren Stämmen getrennt hatten und ganz und gar zum weißen Manne übergegangen waren, ein festes Dach über dem Kopf, erfreuten sich fester Kamine an der Stirnwand ihrer Hütte, vor denen man sich wärmen, in denen gekocht werden konnte; das Zusammenleben war der grausamen Witterung entrückt und vermochte wieder menschlichere Formen anzunehmen. Die Indianer allerdings, die dem Posten erst in den letzten Wochen zugelaufen waren, verblieben weiter in ihren mit Fellen und Pelzen rundherum verstärkten Zelten, in denen der Rauch der Feuer durch die stets offenbleibende Lücke an der obersten Spitze abziehen mußte, oft genug aber auch ins Zelt gedrückt wurde, wenn der Wind sich launisch anließ und in den bösartigen Kapriolen des Rückstaus über dem Hochufer des Stroms in die Zelte zurückschlug.

---

* Dies entspricht etwa minus zweiundzwanzig bis minus achtundzwanzig Grad Celsius.

Es verstand sich von selbst, sowohl unter den Voyageurs wie den Indianern, daß Alexander Mackenzie der erste war, der in dem abscheulich kalten und windigen Wetter der ersten Hälfte des Dezember sein zugiges Zelt mit einer festen, überdachten Behausung vertauschte, die sich durch ein Feuer im Kamin an ihrer Stirnseite gut erwärmen ließ, mochten auch vor der Tür Schnee, Eis, Hagel, eisiger Regen, Sturm, Morast oder klirrender Frost das Dasein zur Tortur machen. Und es verstand sich weiterhin beinahe von selbst, daß die Schuppen für die von den Indianern eingehandelten Pelze, die Tauschgüter, insbesondere auch das Blockhaus, in dem Paul Soldat und Mes Coh Thoutin sich an den Bau der Kanus machen wollten, noch vor den Behausungen für die Voyageurs fertig wurden. Gewiß, Paul Soldat wußte, welche Leistungen den franko-kanadischen Voyageurs für zehn bis zwanzig Pfund Sterling im Jahr abverlangt wurden, was den Männern, die in den Kanus mit ihren Stiernacken und unermüdlichen Armen den ganzen Pelzhandel überhaupt erst möglich machten, tagein, tagaus, sommers und winters zugemutet wurde. Er war selbst lange genug Voyageur gewesen. Aber er war nicht am unteren Sankt Lorenz geboren, sondern im fernen Europa, er hatte auch lange und oft genug mit seinem längst von der Wildnis verschlungenen Meister Walther Corssen über die Zustände im Pays d'en haut geredet, als daß ihm nicht von Zeit zu Zeit bitter aufstieß, wie kärglich die Voyageurs für ihre nie enden wollenden Mühen und Strapazen entschädigt wurden, verglich man diesen Lohn mit den immensen Einkünften jener Leute, die den Pelzhandel aus der Ferne finanzierten oder ihn auch als »Wintering partners« an seinen Quellen im Pays d'en haut beaufsichtigten und lenkten.

Zwischen Paul Soldat und Alexander Mackenzie – auch Alexander Mackay war manchmal eingeschlossen – hatte sich im Laufe der Tage und Wochen eine merkwürdige, sorgsam vor allen anderen Männern verborgene Vertraulichkeit entwickelt. Mackenzie schien zu respektieren, daß Paul Soldat sich mit seinem Helfer Mes Coh Thoutin jederzeit wieder selbständig und so unabhängig machen konnte, wie er es zuvor gewesen war, daß er sich also völlig freiwillig und ohne Zwang dem Unternehmen angeschlossen hatte.

Als auch die Voyageurs in den letzten Tagen des Dezember endlich unter Dach und Fach gebracht waren, als auch sie die kümmerlichen Verschläge, unter denen sie bis dahin gehaust hatten, mit festen Blockhäusern vertauschen konnten, erörterte in einer Sturmnacht, die jede Arbeit im Freien unmöglich machte, Paul Soldat mit den beiden Schotten wieder einmal die Lage der Voyageurs. Mackenzie stellte fest, daß sie, die jetzt endlich den Unbilden des fürchterlichen Vorwinterwetters entzogen waren, im vergangenen Mai des Jahres, kaum daß das Eis von den Flüssen gewichen war, sich in den schwer mit Pelzen beladenen Kanus auf den weiten Weg über die ganze Breite des Pays d'en haut hinweg nach Osten, über wilde kleine und große Flüsse und Ströme, über sturmgefährdete mächtige Seen, über unzählige nackenkrümmende Portagen hinweg begeben hatten. Bis zu dem großen und für die Voyageurs auch einigermaßen erholsamen Umschlagplatz Grand Portage am Lake Superior hatten die Pelz-Brigaden nicht vordringen dürfen, sonst hätte der Sommer nicht ausgereicht, sie mit den Tauschwaren, ohne die von den Indianern keine Pelze einzuhandeln waren, rechtzeitig vor dem Eis zu ihren fernen Standorten im fernen Westen zurückzubringen. Das Umladen der Pelze hatte also schon am Rainy Lake stattfinden müssen. Den Voyageurs konnte kein einziger Ruhetag erlaubt werden; sofort mußte mit den bis zum Rand beladenen Kanus der Rückweg nach Nordwesten angetreten werden.

Mackenzie hatte den Männern stets im Nacken sitzen müssen, um das Äußerste aus ihnen herauszuholen. Von drei Uhr früh bis fünf Uhr abends war gerudert, geschleppt, gestakt, getragen worden, und das bei eintöniger Nahrung aus Trockenfleisch und fettem Maisbrei, die nur gelegentlich durch unterwegs gefangene Fische oder ein zufällig vor die Flinte gelaufenes Stück Wild aufgebessert wurde. Erst im November war man dann bei dem neu einzurichtenden Posten am oberen Peace angekommen, wo zwar schon zwei vorausgeschickte Männer eine große Anzahl von Fichtenstämmen zurechtgeschlagen hatten, aber noch kein einziges festes Dach gerichtet war, wo sofort ausgepackt und umgepackt werden mußte, neugierige und trunksüchtige Indianer, denen das üble Wetter nicht viel auszumachen schien, von früh bis spät den schnellen Fortschritt der Arbeit behinderten.

Nie hatten sie geklagt, die Voyageurs. Sie schienen sogar stolz darauf zu sein, daß sie die ihnen abverlangten außeror-

dentlichen Leistungen bewältigten; sie verloren sogar bis zum Schluß nicht einmal ihre gute Laune, sondern erleichterten ihren über Gebühr belasteten Sinn auch jetzt noch ab und zu durch unangemessen übermütige Gesänge; zweimal hatte es sogar an trockenen kalten Abenden um ein mächtiges Feuer einen Rundtanz gegeben. Alexander Mackenzie hatte die Hände zwischen den Knien verschränkt und blickte in die Flammen. Er beschloß seine mit leiser Stimme vorgetragenen, gewiß nicht zu weiterer Verbreitung bestimmten Gedanken mit den Worten:
»Ja, mein lieber Paul Soldat, Ihr seid ja bestimmt nicht mit diesem seltsamen Namen auf die Welt gekommen. Wie dem auch sein mag, wir drei stammen eben aus dem alten Europa und die Voyageurs aus dem neuen Amerika. Ihre Großeltern oder Urgroßeltern haben es schwer gehabt, sich in den Wildnissen am Sankt Lorenz, die damals bestimmt nicht anders ausgesehen haben als heute unsere hier im Pays d'en haut, niederzulassen, sich ein Stück Acker aus den Wäldern zu hauen und allmählich mit dem harten Lande fertig zu werden. Die Schwachen oder auch nur die Schwächlichen unter ihnen haben alle vor der Zeit das Zeitliche gesegnet. Übrig blieben die Starken, die Unüberwindlichen mit eiserner Gesundheit und Bärenkräften. Deren Enkel oder Urenkel sind unsere Voyageurs. Ich mache mir nichts vor: wir nutzen sie aus, daß es einem Christenmenschen das Herz umdrehen sollte. Ohne sie gäbe es keinen Pelzhandel. Aber wem sage ich das! Ich frage mich manchmal, ob sie das wirklich nicht begreifen. Sie murren nie, und im Grunde sind sie stets bester Laune, wenn das Wetter, die Flüsse oder die Portagen sie nicht allzu erbarmungslos herannehmen. Mit dreißig, spätestens mit vierzig Jahren sind sie ausgehöhlt, und wenn sie bis dahin nicht im Sturm umgekommen, in den Schnellen verunglückt, an irgendeiner Krankheit, die keiner kennt und heilen kann, eingegangen sind, dann rafft sie ganz einfach die Erschöpfung hinweg. Und nur ganz wenige machen den Traum wahr, sich mit ihrem ersparten Geld – sie haben verdammt wenig Talent zu sparen – in der alten Heimat am Sankt Lorenz für ein paar Jahre der Ruhe und Muße niederzulassen und dann sogar – höchstes aller Gefühle! – die unversorgte Tochter irgendeines Bauern aus der Nachbarschaft zu heiraten. Wir, die wir nicht zu ihnen gehören, aber so oder so von den Mühen leben, von

denen sie vor der Zeit verzehrt werden, müßten eigentlich ständig ein schlechtes Gewissen haben. Offengestanden, ich habe keins; ich habe die Verhältnisse so vorgefunden, wie sie sind, kann sie nicht ändern, und wer will mir verdenken, daß ich sie zu meinen Gunsten nutze, solange ich mich an die üblichen Spielregeln halte.«

Mackay sagte nichts zu diesen Worten; er war noch jung und verhältnismäßig unerfahren und nahm ohne Gegenfrage hin, was der in diesen Bereichen so gut wie allmächtige Partner der großen Company für richtig hielt.

Mit Paul Soldat verhielt es sich anders. Er dachte an Anna Leblois, die mit der ihr zugefallenen Aufgabe als Postenchef im fernsten Innern des Pays d'en haut auf die Dauer kaum fertig werden würde: Die Verantwortung, die sie gegenüber den Männern, die ihr ergeben waren, in den großen Einöden trug, die von ihr verlangte, die Indianer verständnisvoll, aber zugleich fest, ja mit harter Hand zu behandeln, die sie zwang, ständig daran zu denken, daß die Company Profite machen mußte, wenn sie fortbestehen und ihren Sinn für die Partner in Montréal sowohl wie für die in der fernen Wildnis behalten sollte – diese vielgestaltige und sogar in sich selbst widerspruchsvolle Last der Verantwortung war auch für die Schultern selbst eines starken Menschen schwer zu ertragen. Paul Soldat erwiderte mit leiser Stimme, sagte es verhalten und zögernd, als ob kein unbefugtes Ohr dergleichen hören durfte, was aber doch um des Anstands willen festzuhalten war:

»Es stimmt, Alexander, man kann nichts daran ändern und muß das Beste daraus machen, wenn man sich nicht für einen Schafskopf halten will. Aber vergessen, daß wir auch hier im fernsten Pays d'en haut, wo wir nur die allmächtigen Umstände, die von der Natur diktiert werden und sonst nichts weiter, anzuerkennen haben, nicht machen können, was wir wollen, sondern menschlich Rücksicht nehmen müssen, vergessen dürfen wir das nicht! Sich selber zu Tode schinden, bleibt jedem unbenommen. Aber andere zu Tode zu schinden, das geht gegen Ehre und Anstand. Damit kann man vor Gott nicht bestehen.«

Mackenzie war der Meinung, daß man den lieben Gott besser aus dem Spiele ließe, aber in der Sache selbst hatte er gegen Pauls Grundsätze nichts einzuwenden. Er reckte die Arme und dehnte sein Rückgrat: »Männer, es ist schon spät. Wir sollten schlafen gehen. Ich würde gern noch die Temperatur draußen messen. Zu dumm, daß mir mein Thermometer schon Anfang Dezember zu Bruch gegangen ist. Allerdings, daß es saukalt ist, wissen wir auch ohne Thermometer.«

Vom Weihnachtsfest nahm niemand im Lager Notiz. Die Männer waren allzusehr damit beschäftigt, es sich in ihren neuen Behausungen wohnlich zu machen. Der Postenchef hatte auch kein Signal für irgendeine Festivität gegeben. Die Weihnachtstage liefen ab wie andere vor ihnen und nach ihnen auch.

Aber den Neujahrstag mit viel unnötigem Geballere und trotz der Kälte mit einem Rundtanz um ein Riesenfeuer zu begehen, das ließen sich die Voyageurs als ein altes Recht nicht nehmen. Mackay hatte im Auftrag Mackenzies reichlich Brandy ausgegeben, und der Voyageur, der sich zum Lagerkoch aufgeschwungen hatte, war auf des Postenchefs Geheiß dem geringen Vorrat an Mehl, Zucker, Salz und ein wenig Gewürz zu Leibe gegangen und hatte so etwas Ähnliches wie ein paar Kuchen produziert, die von den Männern als allerbestes Neujahrsgeschenk begeistert begrüßt und nach dem ewigen Maisbrei, Trockenfleisch und halbrohem Wildfleisch oder fadem Fisch mit dem größten Vergnügen verzehrt wurden. Am Morgen des ersten Januar 1793 wurde das neue Jahr, kaum, daß der Tag graute, mit Salven von Flintenschüssen begrüßt, so daß die Leute im Indianerlager, die sich keinen rechten Reim auf das wilde Gejohl am Abend zuvor und erst recht nicht auf eine solche Verschwendung von kostbarem Schießpulver machen konnten, sich in ihren kalten Zelten, so schnell es ging, aus den Decken und Fellen wickelten, nach den Waffen griffen und ins Freie stürzten, denn eine so wilde Schießerei konnte nur Schlachtgetümmel bedeuten. Doch wurden die wild entschlossenen Krieger von den Weißen mit vergnügtem Gelächter empfangen und mußten sofort zur Feier des Neujahrs mit viel Rum und Brandy beschwichtigt werden, denn Indianer lassen sich nicht gerne auslachen.

Jedermann war mit dem neuen Jahr zufrieden; endlich konnte der Alltag der Männer in einen ruhigeren Takt einschwingen, durfte man des Nachts in der eisigen Kälte unter den himmelhohen grünen Geisterfahnen der Nordlichter stets auf ein vor dem Wind und Schnee und allerschlimmsten Frost geschütztes Lager rechnen. Indianer kamen und gingen, brachten die Pelze mit, die sie bis dahin erbeutet hatten, um ihre Schulden zu vermindern, bestanden jedoch stets auf ihrem Rausch; auch mußten Mackenzie, Mackay und wer sonst noch von den Voyageurs mit dem Handel befaßt war, stets daran denken, daß die nie sehr weit in die Zukunft vorausrechnenden indianischen Jäger mit genügendem Proviant, Fallen und guten Messern ausgestattet sein mußten, um weiterhin die wertvollen Winterfelle der Pelztiere, vor allem der Biber, einzuheimsen. Gerade für die Biberjagd ließ dieser Winter sich günstig an, denn es gab nicht allzuviel Schnee. Man kam also gut an die »Häuser« der Biber über den zugefrorenen Seen heran und noch besser dort, wo die kunstvoll über den Wasserspiegel hinausgehobenen Bauten der Tiere sich über Stauwassern aufrichteten, die von den klugen Bibern erst geschaffen worden waren.

Paul Soldat war sehr damit einverstanden, daß er mit dem Taxieren und Einhandeln der Pelze und Felle nichts zu schaffen hatte und sich in seinem Schuppen mit dem indianischen Gefährten in aller Ruhe dem Bau zweier wunderbarer Rindenkanus widmen konnte, die sich bald, vollendet in ihren Linien und Umrissen, fest und leicht zugleich in ihren Spanten, Querbrettern, Borden und Bodenplanken, als zwei werdende Meisterwerke darstellten, so daß die Voyageurs mit ihrem Lob nicht sparten, wenn sie gelegentlich bei Paul Soldat und Thoutin hereinschauten, um ihre Neugier zu befriedigen, wie die Kanus vorankämen. Einige von ihnen würden sich diesen Booten im kommenden Frühling und Sommer anvertrauen, um eine große Reise ins Ungewisse anzutreten. Das Leben jedes einzelnen, der Erfolg des ganzen schwierigen Unternehmens konnte davon abhängen, ob die Kanus sich auf der langen Reise bewähren würden oder nicht.

Paul Soldat, Mackenzie und Mackay benutzten jede Gelegenheit, die vom Oberlauf des Stroms erscheinenden Indianer darüber auszufragen, wie es diesseits und jenseits der hohen Gebirge im Westen, die noch kein Weißer zu Gesicht bekommen hatte, aussehen möge. Die Indianer bestätigten, was Mackenzie sich ohnehin gesagt hatte: Der Fluß quälte sich in wilden Schnellen und Fällen durch das Gebirge, die man in sicherlich schwierigen und langwierigen Portagen würde umgehen müssen. Aber die Indianer berichteten auch von einem großen Strom, der jenseits der Berge gewaltig viel Wasser nach Süden führte, nach Süden und nicht nach Westen. Mackenzie besprach sich mit Soldat darüber: nach Süden fließt der Strom vielleicht in seinem Oberlauf, aber irgendwo muß er sich nach Westen wenden, um das Meer zu erreichen; es könnte sein, daß die Indianer den Columbia meinen, dessen Mündung ins Meer im Bereich des großen Gebiets, das Oregon genannt wird, schon bekannt ist, ohne daß bisher jemand mit Sicherheit festgestellt hat, welchen Verlauf dieser Strom, ehe er die Küste erreicht, im Innern des Landes hinter sich gebracht hat. Aber solche Fragen wiesen ins Dunkel der Zukunft. Erst mußte ein neuer Frühling und ein neuer Sommer anbrechen, das Eis von den Wassern weichen. Dann würde man der Ungeduld endlich die Zügel schießen lassen und versuchen, festzustellen, ob der große Strom, von dem die Indianer fabelten, jenseits der Gebirge wirklich der Columbia wäre. Sehr einleuchtend fand Mackenzie die Berichte der Indianer nicht, denn die Columbia-Mündung war viel weiter im Süden anzunehmen. Die Reise dorthin würde zu lange dauern, als daß man noch im gleichen Sommer oder Herbst hierher zurückkehren konnte, zu dem neu gegründeten Posten ein wenig oberhalb der Einmündung des Smoky in den Peace, des »Rauchigen« in den »Friedens«-Fluß.

Im Februar fror es so hart, daß Alexander Mackenzies Uhr den Geist aufgab. Die Kälte mußte die kleinen Rädchen in der Uhr miteinander verklebt haben. Die Tiere der Wildnis litten Not. Die großen Waldwölfe ließen sich von den Düften, die ab und zu vom eisigen Wind aus dem Lager davongetragen wurden, verlocken, in das Zeltlager der Indianer einzudringen und an den Zelten herumzuschnüffeln. Um ein Haar wäre ein indianisches Kind, das im Innern des Zeltes neben dem Eingang fest eingewickelt in seinen Hüllen schlief, von einem besonders hungrigen Wolf davongetragen worden. Doch erwachte der Vater rechtzeitig, warf dem Raubtier einen Scheit Brennholz an den Schädel; das erschreckte Tier ließ die Beute wieder fahren. Das Gebrüll des wütenden Kriegers lockte auch andere Indianer aus den Zelten, die in die Hetzrufe einstimmten. Kein Tier der Wildnis ist lautem Lärm gewachsen. Die Wölfe zogen es vor, sich dem Lager fortan nicht mehr zu nähern.

Der grimmige Frost ließ das erstarrte Land von Anfang Februar bis Mitte März nicht aus seinen Klauen. Alexander Mackenzie, der nach dem Verlust seines Thermometers keinen zuverlässigen Temperaturmesser mehr hatte, war der Meinung, daß in diesen eisigen Wochen die Temperatur sich ständig zwischen minus dreißig und minus vierzig Grad Fahrenheit* bewegte. Solange es windstill war – und das war es oft –, fühlten sich die wetterharten weißen und roten Männer des Lagers über dem Peace durch die Kälte kaum behindert. Viele verschmähten sogar Handschuhe, wenn sie sich nur tüchtig bewegen konnten. Doch sobald Wind aufkam, mochte es sich auch nur um schwache Bewegungen der Luft handeln, wurde die Kälte unerträglich. Hände sowohl wie Gesicht wurden dann nur allzu leicht vom Frost angegriffen. Ohne daß die Männer es merkten, entfärbte sich das Fleisch auf den Backenknochen oder an den Fingerknöcheln, wurde weiß und gefror. Wurde der Betroffene nicht von seinen Kameraden aufmerksam gemacht, bedeckte die gefährdeten Stellen nicht sofort oder suchte Zuflucht im Innern eines Hauses, so entzündeten sich nach wenigen Tagen die vom Frost befallenen Stellen der Haut, fingen schließlich an zu eitern und heilten sehr schwer.

Die Indianer bewegten sich in den Wochen des tiefen Frostes nur sehr sparsam und hielten die Feuer in ihren Zelten stets im Gang. Die unruhigeren Weißen glaubten, auch in den Wochen größter Kälte vielerlei verrichten zu müssen.

Die Nordlichter tanzten, flammten, sprühten im nördlichen Halbrund der nächtlichen Himmel bis in den Zenit. Ihr Widerschein weckte aus dem Eis des Stroms, von dem der harte Nordost den Schnee fortgeweht hatte, ein regenbogenbuntes geisterhaftes Blinken.

In der niedrigen, bis fast unter das Dach verschneiten Blockhütte mit den zwei Räumen, dem größeren für Mes Coh Thoutin und Losseh Thiegah, der zugleich als Küche und Wohnraum für alle vier diente, und dem kleineren für Paul Soldat und seine Nagamoun (das Kind hatte bei seinem Vater schlafen wollen), in dieser weltverlorenen Hütte waltete den ganzen Winter 1792 bis 93 über tiefer Friede, ja sogar eine von

---

* Entspricht etwa minus fünfunddreißig bis minus vierzig Grad Celsius.

allen empfundene wohlige Geborgenheit. Die Augen der stets ernsten und stillen Indianerin hatten wieder ein wenig Glanz bekommen: Losseh Thiegah hatte den Tod ihres ersten Kindes, des kleinen Nekik, verwunden. Sie glaubte daran, daß ihr Mann in ihrem Leibe ein neues Leben erwecken und sie ihm sicherlich ein Kind gebären würde, ihm, dem Blatternarbigen, dessen glatte Haut beweisen sollte, daß der Große Geist den Cree und Thoutins Sippe im besonderen nicht mehr zürnte. Die geheime Hoffnung des Paares strahlte auch auf Paul Soldat und Nagamoun über. Sie blieb vergeblich.

Die Ausbeute an Pelztieren in diesem Winter – neben dem Kanubau hatten Paul und Thoutin auch getrappt – fiel nicht so reich aus, wie es im vergangenen. Es fehlte Claas Forke, der unermüdlich tätig gewesen war, sich selbst und die andern nicht geschont hatte und die Tiere des Waldes höchst listenreich in seine Fallen zu locken verstand. Aber auch ohne ihn konnte man mit diesem Winter zufrieden sein.

Am dreizehnten März geriet das ganze Lager in helle Aufregung. Paul Soldat und Mes Coh Thoutin, die in diesen Tagen den beiden Kanus, die sie gebaut hatten, den letzten Schliff angedeihen ließen, wurden der Unruhe inne, die plötzlich ausgebrochen war, und traten vor die Tür. Was gab's?

Zu sehen waren sie nicht mehr, doch zu bezweifeln war es nicht: Zwei der Voyageurs, die vom gegenüberliegenden Niedrigufer des Peace aus dem dort dichten Wald zwei Schlitten mit Feuerholz herangeschleppt hatten, wollten die ersten Wildgänse beobachtet haben. Die ersten Wildgänse auf dem Wege nach Norden! Das war ein sicheres Zeichen dafür, daß milderes Wetter nicht mehr weit sein konnte.

Ungeduldig warteten jetzt die Männer darauf, daß der Wind, der immer noch, wenn auch merkwürdig unentschlossen, aus Nordost zu wehen fortfuhr, also Kälte heranbrachte, endlich seine Richtung wechselte.

Am 16. März hielt das ganze Lager den Atem an. Der Nordwestwind war müde geworden und schließlich völlig eingeschlafen. Und dann, am Nachmittag, es war wie ein Wunder, wogte mit einmal eine kräftige Luft aus Südwest heran; sie überflutete das Flußeis und das Lager, die erstarrten Wälder ringsum mit einer Milde, die niemand mehr für möglich gehalten hatte.

Der scheidende Winter mochte noch ein paarmal aufbegehren, doch war seine Gewalt gebrochen. Den ersten Boten des Frühlings, den Wildgänsen, folgten bald weitere. Am ersten April gelang es den Jägern, fünf der großen Vögel zu erlegen. Gänsebraten – das war eine höchst willkommene Abwechslung! So früh im Jahr schon, sehr ungewöhnlich! Gewöhnlich hörte man die wilden Schreie der Wandergänse erst vierzehn Tage bis drei Wochen später. Es schien, als wollte das Wetter die großen Pläne Mackenzies begünstigen. Denn die wunderbare Milde in der Luft hielt an und – ob man es glaubt oder nicht – am fünften April bereits war aller Schnee von dem warmen Wind aufgeleckt. Nur noch in beschatteten Senken oder an nordwärts liegenden Böschungen hielten sich schmutzige Reste des Winters.

Doch bald mischte sich Verdruß in die Freude an den wärmer werdenden Tagen. Schon zu Beginn des letzten Aprildrittels stiegen, zuerst vereinzelt, dann aber in Wolken, Fliegen und Moskitos aus den Sümpfen. Ihr Summen erfüllte die Luft. Blutdürstig griffen sie die Menschen an, wobei sie offensichtlich weiße Haut bevorzugten. Die Indianer wurden sicherlich ebensooft gestochen wie die Weißen, doch schienen die Insektenstiche in indianischer Haut nicht den gleichen Juckreiz hervorzurufen wie in weißer. Wahrscheinlich hatten die Indianer von frühester Jugend an in ihrem Blut so viel Gegengift entwickelt, daß neue Insektenstiche sie nur wenig belästigen konnten. Doch den Weißen wurde das Leben schwergemacht. Sie mußten ständig um sich schlagen, wenn sie nicht völlig verschwollene Gesichter und Hände riskieren wollten.

An den Flußrändern hielt sich das Eis noch. Aber die Wildwiesen grünten bereits; ein Blumenflor entfaltete sich an den Waldrändern. Als dies noch nicht zu einem gewohnten Anblick geworden war, konnte sich Mackay nicht enthalten, den Postenchef mit einem Strauß von rötlichen und gelben Frühlingsblumen zu erfreuen.

Die Ströme und Flüsse hatten sich mit Donnergetöse von ihren Eispanzern befreit und in wenigen Tagen die grau und angstvoll übereinander taumelnden Schollen mit schwellendem Hochwasser stromab davongejagt. Die Wasserwege lagen wieder offen. Noch einmal schwoll der Pelzhandel mit den Indianern zu einem letzten Höhepunkt an. Doch ließ Mackenzie währenddessen die Kanus des vergangenen Jahres fahrtüchtig machen. Paul Soldat und Mes Coh Thoutin hatten nach dem Ende des tiefen Frosts und mit Beginn des überraschend schnell und früh einsetzenden Tauwetters das Material für zwei weitere Kanus einsammeln können und brachten in anderthalb Monaten zu den schon fertigen, mit größter Sorgfalt hergestellten, zwei weitere Kanus zustande. So ergiebig hatte sich der Handel mit den Indianern erwiesen, daß die Kanus des vergangenen Jahres nicht ausgereicht hätten, die vielen Packs eingehandelter Pelze auf den Weg nach Osten zu schikken. Wenn auch Mackenzie eine gewagte Forschungsreise antreten wollte, so blieb er doch in erster Linie Partner und Handelsagent der großen Company und hatte seine wichtigste Aufgabe keineswegs vergessen, nämlich die eingehandelten Pelze so früh wie möglich ostwärts in Marsch zu setzen.

Den ganzen April über war also gehandelt worden. Mackenzie und Mackay hatten die Listen und Abrechnungen fertigzustellen, die den Pelztransport zunächst ostwärts zum See Athabasca und dann weiter über die endlose Kanuroute nach Südosten zum Lac Supérieur begleiten sollten. Das ganze Lager schwirrte vor Geschäftigkeit, und wenn nicht die Schwärme quälender Insekten gewesen wären, so hätte die erfolgversprechende Arbeit jedermann im Lager froh gestimmt. Die Voyageurs brannten darauf, die Kanus zu bemannen und sich stromab auf die große Reise nach Fort Chipewyan am Athabasca-See zu begeben, denn während der schnellen Kanureise über den Fluß, der keinen Windschutz bot, brauchte man sich vor den Moskitos nicht zu fürchten; im scharfen Zugwind der Fahrt hielten sie sich nicht.

Am achten Mai war es soweit. Sechs schwerbeladene Kanus stießen vom Ufer unterhalb des Forts ab und in den Strom hinaus. Die Männer an den Paddeln stimmten an: »C'est en m'y promenant, le long de ces prairies...«, daß es laut durch die Morgenfrische hallte, und waren schon nach wenigen Minuten den am Ufer Zurückbleibenden aus den Blicken entschwunden.

Mackenzie wandte sich zu Mackay und Paul Soldat: »Also, die Pelze sind auf den Weg gebracht! Drei Kreuze hinter ihnen her! Jetzt endlich können wir uns um unsere Sache kümmern!«

Unsere Sache – Alexander Mackenzie brauchte nicht zu erklären, was er damit meinte.

Jetzt endlich fand das Kanu, das Paul Soldat und Mes Coh Thoutin während des Winters mit ganz besonderer Sorgfalt gebaut hatten, die ihm gebührende Beachtung. Fortwährend hatten sie, solange sie sich mit beinahe übertriebener Gewissenhaftigkeit um jede Einzelheit dieses Kanus gekümmert hatten, an die bevorstehende große Reise gedacht, die sicherlich dem Boote außerordentliche Leistungen abverlangen würde. Mackenzie, Mackay und die Voyageurs, die das Kanu paddeln sollten, fanden immer größeren Gefallen an dem vorzüglichen Fahrzeug. Sah man von dem in schöner Kurve hochgeschwungenen Bug und dem ebenso gestalteten Heck ab, so maß das Boot eine Länge von fünfundzwanzig Fuß, eine Breite von vier Fuß und neun Zoll und eine Ladetiefe von sechsundzwanzig Zoll*. Ungeachtet seiner nicht geringen Abmessungen war das Fahrzeug so leicht gebaut, daß zwei Männer es auf ihren Schultern vier oder fünf Meilen weit tragen konnten, ohne absetzen zu müssen. Und trotzdem würde dies großartige Fahrzeug imstande sein, außer einer Besatzung von zehn Mann Proviant und Gepäck für einige Monate, Waffen, Munition und einen gehörigen Vorrat an Tauschgütern zu tragen.

Alexander Mackenzie hatte fünf der besten Voyageurs, mit denen er im Jahr zuvor westwärts gefahren war, zurückbehalten. Zwei von ihnen, Joseph Landry und Charles Ducette, hatten ihn schon auf seiner Reise zum Nordmeer begleitet und gerudert. Die Namen der weiteren Franko-Kanadier lauteten François Beaulieux, Baptiste Bisson, François Courtois; zu ihnen würde auch Paul Soldat zu rechnen sein. Zwei Indianer kamen hinzu als Ruderer, Jäger und notfalls Dolmetscher, darunter Mes Coh Thoutin. Und schließlich würde Alexander Mackenzie als Herr des ganzen Aufgebots in der Mitte des Bootes thronen, während Mackay sich unter die Voyageurs einreihen würde.

Der Handelsposten selbst blieb nur mit einem Indianer und einem Voyageur besetzt, einem gewissen Jacques Beauchamp, denn auch während des Sommers würden Indianer das Fort besuchen, um sich Munition und anderes gegen Pelze einzuhandeln.

---

* Das entspricht etwa einer Länge von 7,62, einer Breite von 1,45 und einer Ladetiefe von 0,66 Metern.

Das Kanu ins Wasser zu setzen, das Gepäck sorgsam vorzubereiten und mit allem anderen, was die Reise vielleicht erfordern würde, richtig zu verstauen, im Lager selbst in den Wohn-, Pack- und Vorratsräumen noch einmal Ordnung zu schaffen, das hatte fast den ganzen Tag, den 9. Mai des Jahres 1793, in Anspruch genommen. Man hatte sich sehr beeilt, denn erst am Tag zuvor hatten die Kanus mit ihrer Pelzladung das Fort stromabwärts verlassen.

Erst gegen sieben Uhr abends war auch noch das allerletzte erledigt. Der zweite Indianer – er hieß übrigens Cancre, was eigentlich »Faulpelz« bedeutete, aber gar nicht auf ihn paßte – hob das Heck des schon besetzten Bootes vom Ufersand ab, schob das Fahrzeug ins Wasser hinaus, bis es der Länge nach schwamm, und stieg dann selbst an Bord. Die Männer hatten gedrängt, daß man sich noch am Abend des gleichen Tages auf die Reise machen sollte. Endlich, endlich war die lange Wartezeit vorüber, zog der mächtige Strom ihnen frei und offen entgegen. Keine Minute länger als unbedingt notwendig wollte man im Lager verweilen, unterwegs wollten sie alle sein, unterwegs!

Sie waren es! Mit einer wilden Freude stemmten die Voyageurs ihre Paddel durchs Wasser und trieben das Kanu gegen die starke Strömung. Der Indianer aber und Jacques Beauchamp, die am Ufer zurückblieben, hatten Tränen in den Augen, als das Boot ablegte. Sie dachten an die tausend Gefahren, denen die zehn Männer in dem hochbugigen Schifflein entgegenfuhren. Alexander Mackenzie war der einzige im Kanu, der sich nach den Zurückbleibenden umschauen konnte. Er nahm sie wahr, die Trauer und die Tränen, die in den Gesichtern der beiden Platzhalter an Land nicht zu verkennen waren.

12

Paul Soldat war fast ein Vierteljahrhundert älter als der Anführer der kleinen Schar weißer Männer und zweier Indianer, die nun das Ziel ihrer außerordentlichen Anstrengungen erreicht hatten. Mackenzie hatte dem Älteren seine noch nicht ganz vollendeten dreißig Jahre in einer schwachen Stunde gebeichtet. Doch hatte er damit den Respekt, den Paul Soldat ohnehin schon vor dem rotblonden Burschen aus Schottland hegte, nur noch vertieft.

Da saßen sie nun, die zehn Männer, auf ihrer kleinen Felseninsel inmitten des breiten Wasserarms, der nordwärts von dem wesentlich breiteren abzweigte, über den sie von Osten herangerudert waren. Der grobe, oben abgeflachte Felsen, umringt von einem sandigen Strand, der dem Kanu einen sicheren Liegeplatz gewährte, wie eine von der Natur bereitgestellte kleine Wasserfestung, hatte sich zur rechten Zeit angeboten.

Obgleich Alexander Mackenzie darauf brannte, bis zum offenen Meer – es konnte nicht mehr weit sein – vorzudringen, hatte er doch auf die Furcht Rücksicht nehmen müssen, die seine überanstrengten Voyageurs schon seit Tagen verstörte. Er hätte, sagte sich Paul Soldat im stillen, uns gestern nicht bekennen dürfen, daß auch er den Küstenindianern durchaus nicht mehr traute, daß man also jederzeit auf einen Angriff vorbereitet sein müßte.

Am Tag zuvor, also am 21. Juli 1793, waren immer wieder Indianer in ihren großen Einbäumen aufgetaucht, hatten sich zum Teil sehr anmaßend benommen und mehr oder weniger wertlose Felle von Seeottern angeboten, auch einiges Fleisch von Seehunden, das den schon seit Tagen auf Hungerration gesetzten Männern zwar willkommen gewesen war, aber auch sehr hoch bezahlt werden mußte. Alexander Mackenzie hatte Paul Soldat heimlich zugegeben, daß er fürchtete, die Voyageurs könnten offen rebellieren, wenn er ihnen zumutete, den großen Meeresarm – denn ein Meeresarm mußte es sein, der sie bis hierher geführt hatte! – weiter westwärts zu verfolgen.

Mackenzie hielt es also für ratsam, das leicht zu verteidigende kleine Felsplateau, das der Zufall sie hatte finden lassen, zunächst nicht zu verlassen, sondern die weitere Entwicklung abzuwarten. Weder Mackenzie und Mackay noch Paul Soldat zweifelten daran, daß sie nun in der Tat den Grenzsaum des Weltmeers erreicht hatten, ihr Ziel! Wenn man das Meer auch noch nicht sehen konnte – von allen Seiten umdrängten hohe bewaldete Berge die mächtigen Wasserarme, die sich in verwirrender Vielfalt aneinanderreihten und nach vielen Richtungen abschwenkten, seitdem der Fluß die kleine Schar aus dem Lande der freundlichen Bella-Coola-Indianer auf eine langgedehnte mächtige Bucht entlassen hatte –, so hatte doch Mackay den Finger ins Wasser gehalten und dann daran geschmeckt.

»Salzwasser! Salzwasser!« hatte er triumphierend ausgerufen.

Salzwasser ganz gewiß, und es konnte nur das Wasser des Stillen Ozeans sein! Gleich in der darauffolgenden Nacht hatten die Männer einen weiteren schlüssigen Beweis dafür erlebt, daß sie das Weltmeer gewonnen hatten. Ihr Kanu – nicht mehr das schöne, leichte Rindenkanu, mit dem sie zwei Monate zuvor die große Fahrt angetreten hatten, sondern einer der schmalen langen Einbäume, aus einem einzigen Stamm herausgehöhlt –, dies nach Meinung der Voyageurs sehr plumpe und ungelenke Fahrzeug hatte bei Hellwerden hoch und trocken auf dem Strand gelegen, obgleich die Männer es am Abend zuvor mit einem Strick an einem Felsen vertäut hatten, der Länge nach noch im Wasser schwimmend; der schwere Kahn aus Holz ließ sich nicht so leicht an Land heben wie ein Rindenkanu! Die Voyageurs hatten ihren Augen nicht getraut. Mackenzie aber konnte mit Genugtuung feststellen: »Diesen Streich können uns nur die Gezeiten gespielt haben, Ebbe und Flut des Weltmeers. Gestern abend, als wir bei letztem Licht das Boot festlegten, hatten wir Flut. Heute früh bei erstem Licht haben wir Ebbe. Wir sind am Pazifischen Ozean, Leute!«

Doch die freie, die wirklich offene See wollte sich den sehnsüchtig Ausschau haltenden Männern nicht erschließen, mochten sie auch die endlos zwischen hohen Wälderwänden westwärts weisenden Meeresarme Stunde für Stunde entlangrudern, das Gebiet der umgänglichen Bella Coola verlassen und sich in die Bereiche der hochfahrend bösartigen Bella Bella vorgewagt haben.

Mackenzie verlangte in diesen Tagen nach der offenen See mit ihrem scharfgezeichneten Horizont wie ein Verhungernder nach einem Stück Brot. Denn nur ein solcher Horizont würde ihm gestatten, mit Hilfe seiner Instrumente zuverlässig die Mittagshöhe zu bestimmen; nur wenn er diese einwandfrei zu beobachten imstande war, würde er errechnen können, an welchem Ort genau er das Ufer des Ozeans erreicht hatte.

Er wußte nicht, daß wenige Wochen zuvor Captain George Vancouver in der »Discovery« auf weltweiter Forschungsreise diese tausendfach zerlappten Küstengewässer durchquert, daß die Schaluppe »Chatham« unter James Johnstone sogar das Dorf der freundlichen Bella Coola an der Mündung des Bella-Coola-Flusses in den Meeresarm* besucht hatte. Doch ahnte er dergleichen, denn Indianer berichteten von einem riesenhaften Kanu, das von einem Manne namens »Macubah« befehligt worden war. Die Matrosen des Salzwasserschiffes hatten sich offenbar sehr ungeschickt benommen, Gewalt gegenüber den Indianern angewendet und durchaus nicht verstanden, sich die Freundschaft der Eingeborenen zu erwerben. Darauf mochte zurückzuführen sein, daß die Bella Bella Mackenzie und seinen Leuten so feindselig begegneten, daß sie stahlen, was nicht niet- und nagelfest war, und unverschämte Preise für die geringen Felle und Nahrungsmittel forderten, die sie anzubieten bereit waren.

Niemand, auch die Indianer nicht, wußte zuverlässig anzugeben, wie lange und weit Mackenzie und seine kleine Schar, die sich ohnehin auf dem machtvoll bald landaus, bald landein drängenden Salzwasser der Gezeiten nicht wohl fühlte, noch würden westwärts rudern müssen, um die offene See zu erreichen. Recht unschlüssig also saß man nun auf der engen Felsenburg unweit eines großen Dorfes der offensichtlich übelwollenden Bella Bella fest. Ob die Indianer vorhatten, mit Übermacht anzugreifen, wußte keiner, aber es war zu befürchten. Ein junger Indianer, den Mackenzie aus den Gebieten der Bella Coola als Führer mitgenommen hatte, beschwor den weißen Häuptling und seine Leute, rechtzeitig umzudrehen und mit ihm in das Land seiner Leute, der freundlichen Bella Coola, zurückzukehren.

Er war so erregt, zeigte sich so überwältigt von seiner Furcht, daß ihm buchstäblich, während er sprach, der Schaum in den Mundwinkeln stand. Die Angst des Eingeborenen trug nicht wenig dazu bei, den Voyageurs die letzten Reste von Vernunft und Mut zu rauben.

Auch Mackenzie war beunruhigt, aber er zeigte es ebensowenig, wie sich Mackay und Paul Soldat etwas anmerken ließen. Diese beiden begriffen auch, daß Mackenzie unter allen

---

* Den heutigen North Bentinck Arm.

Umständen den Mittag des Tages abwarten mußte, um wenigstens eine annähernd genaue Ortsbestimmung vornehmen zu können. Er ließ seine Mannschaft nicht im Zweifel darüber, daß er nicht eher abfahren würde, als bis er diesen entscheidenden Schlußpunkt der langen Reise unmißverständlich gesetzt hatte. Doch ließ er seine Leute das Lager abbrechen, das eigene Gepäck und das der Mannschaft, den böse zusammengeschmolzenen Proviant und was sonst noch mitnehmenswert erschien, sorgfältig Stück für Stück im Boot verstauen, machte sich umständlich an seinen Instrumenten zu schaffen, jagte die Voyageurs mit ungeduldigen Aufträgen und auch mit hartem Tadel hin und her, um sie zu beschäftigen und abzulenken, vor allen Dingen, um Zeit zu gewinnen.

Als dem François Courtois die Nerven durchgingen und er beinahe schreiend dem Anführer die Frage ins Gesicht schleuderte, ob er vorhätte, sie alle auf dem Altar seiner blöden Ortsbestimmung zu opfern, wurde Mackenzie zum erstenmal im Ernst böse. Er herrschte seine Leute an, daß er die schwierige Reise nicht unternommen hätte, um einen Schritt vor dem Ziel unverrichteter Dinge umzukehren. Jawohl, er würde bleiben, bis er seine Messungen beendet hätte, auch wenn ihr Felseneiland von tausend Indianern umschwärmt wäre. Denn im Ernst anzugreifen, das würden die Eingeborenen nicht wagen. Er wüßte es!

Einen solchen Ausbruch des Zorns hatten die Voyageurs an ihrem sonst so gleichmütigen und besonnenen Anführer noch nicht erlebt. Für die nächste halbe Stunde war ihnen der Mund gestopft.

Überdies schien Mackenzie recht zu behalten. Es kamen wie bestellt über die blitzende Wasserfläche unter dem Sommerhimmel nicht etwa Dutzende von Kanus mit halbnackten, kampfeslustigen Indianern herangerudert, sondern ganz gemächlich zwei große Boote, denen fünf Männer mit Frauen und Kindern entstiegen, die ihre Neugier offenbar nicht länger hatten bezähmen können und gekommen waren, sich bei den sonderbaren, über vielerlei unbekanntes Gerät verfügenden Fremdlingen umzusehen, damit man später den Angsthasen daheim im Dorf etwas vorerzählen konnte. Feindliche Absichten schienen diesen Indianern fern zu sein; sonst hätten sie nicht Frauen und Kinder mitgebracht.

Wieder waren die Voyageurs für eine Weile abgelenkt.

François Courtois fühlte sich sehr geniert; allzu unverhüllt hatte er seine Angst zur Schau getragen; den übrigen Voyageurs schien das einerlei zu sein. Sie sahen mit an, wie ihr Führer Mackenzie seine blitzenden Meßgeräte den Besuchern zeigte und sogar zu erklären versuchte, obgleich die Indianer sicher kein Wort von solchen Erklärungen verstanden. Aber allzu lange hielt er sich nicht damit auf; er war der »chief« und wies die neugierige Gesellschaft nach einiger Zeit aus seiner Nähe. Zugleich gab er Mackay und Paul Soldat einen Wink, die Augen offenzuhalten und zu verhindern, daß die Besucher von den wenigen Sachen, die noch nicht im Boot verstaut waren, etwas stahlen oder mit den Voyageurs in Streit gerieten.

Endlich war es dann soweit: Mackenzie hatte sich von dem untergründig erregten Hin und Her im Lager nicht stören lassen, den Sonnenstand beobachtet und gerechnet, hatte einen künstlichen und einen natürlichen Horizont, soweit er zwischen den Wälderbergen feststellbar war, zugrunde gelegt und war schließlich auf die eine Rechnungsart zu einer geographischen Breite Nord von zweiundfünfzig Grad einundzwanzig Minuten und dreiunddreißig Sekunden, auf die andere Art zu zweiundfünfzig Grad zwanzig Minuten und achtundvierzig Sekunden gelangt. Die beiden Ergebnisse lagen nicht allzu weit auseinander. Damit konnte er sich begnügen. Er hatte seine Pflicht als Entdecker und Geograph erfüllt*.

---

* Jahre später, als Alexander Mackenzie Gelegenheit hatte, seine Berechnungen mit den Angaben des von See her in der »Discovery« die Küste aufnehmenden Kapitäns George Vancouver zu vergleichen, stellte er fest, daß er sich am Ausgang des von Vancouver »Cascade Canal« genannten Meeresarms befunden haben mußte. Von dort hätte er noch fünfzig oder sechzig Meilen weiter nach Westen ein verzwicktes Labyrinth von Meeresstraßen durchfahren müssen – so die von Vancouver so benannten Dean-, Fisher-, Johnson-, Roscoe- und Seaforth-Channels–, ehe er wirklich den Milbank Sund und damit die unbehinderte offene See gewonnen hätte. Die unfreundlichen Bella Bella hätten ihm sicherlich einen kundigen Führer verweigert. Er selbst allein hätte sich wahrscheinlich in dem Gewirr von Wasserstraßen, eingeengt von hohen Wälderbergen, hoffnungslos verirrt; er hätte den Rückweg zur Mündung des Bella-Coola-Flusses, dessen Mündung ihn vom Festland her ins Salzwasser entlassen hatte, nicht mehr gefunden. Noch nachträglich also konnte sich Mackenzie sagen, daß der Punkt, den er am Ausgang des Cascade Canals erreicht hatte, das Äußerste darstellte, was unter den gegebenen Umständen zu erreichen war.

Mit Erleichterung sahen die Voyageurs, beobachteten auch Paul Soldat und Mackay, daß Mackenzie sein Tagebuch, in dem er gerechnet und geschrieben hatte, zusammenklappte, die Instrumente einpackte und Anweisung gab, die in kleinen Holzkästen verwahrten Apparate sorgsam dem Boot anzuvertrauen. Aber dann hielt er noch einmal inne und rief Paul Soldat an seine Seite:

»Paul, du hast doch die rote Farbe mitgenommen, mit der wir seinerzeit den Bug und das Heck unseres Rindenkanus verziert haben und ab und zu die hübschen Kringel ausbesserten. Wir können hier nicht länger verweilen. Das bösartige Indianerdorf ist allzu nahe. Daß wir die See erreicht haben, wissen wir. Salzwasser und Gezeitengang reden eine unbezweifelbare Sprache. Wenn wir uns nicht wirklich in tödliche Gefahr bringen wollen, müssen wir umdrehen und den Bereich dieser übelwollenden Stämme wieder verlassen. Aber zuvor mache ich mir den Spaß, ein Zeichen zu setzen, damit Spätere erkennen können, daß wir wirklich von Osten her, das heißt über die ganze Breite des nordamerikanischen Kontinents, dort, wo er so ziemlich am breitesten ist, also von einem Ozean bis zum andern, vom Atlantischen zum Pazifischen, die gewaltige Landmasse überquert haben. Zu Fuß, zu Kanu, und nicht in einem großen Segelschiff Seiner Majestät des Königs von England, dem alle Meere offenstehen und das damit auch immer schon auf dem Heimweg ist, wenn der Kapitän es so will. Paul, wir mischen rote Farbe mit dem letzten Rest von Bärenfett, den wir noch haben, und auf diesen Felsen schreibe ich unverwischbar auf, daß wir hiergewesen sind. Ein paar Generationen lang wird das ja wohl zu lesen sein!«

Paul Soldat hatte sofort verstanden, was der Schotte vorhatte. Und alle anderen begriffen es nach einigen kurzen Worten der Erklärung ebenfalls. Farbe und Fett waren schnell zu einem zähen Brei vermischt, und während man ihn in respektvollem Halbkreis umstand, malte Mackenzie in großen Lettern auf die wetterabgewandte Seite eines riesigen Felsblocks, der den Abstieg von dem Plateau, das der Schar seit mehr als vierundzwanzig Stunden Schutz geboten hatte, wie ein steinerner Wachtposten überragte:

»Alexander Mackenzie,
von Kanada her über Land
am zweiundzwanzigsten Juli
Eintausendsiebenhundert-
unddreiundneunzig*«

Die fünf indianischen Familien, die noch immer in dem so gut wie aufgelösten Lager umherstanden und Maulaffen feilhielten, wußten ganz und gar nicht, was sie von dieser Szene zu halten hatten, begannen sich unbehaglich zu fühlen angesichts dieses seltsame blutrote Zeichen an einen Felsen schreibenden Mannes und machten sich in ihren beiden geräumigen Einbäumen ohne viel Aufhebens davon. Einige der Männer nahmen es aus den Augenwinkeln wahr, rührten sich aber nicht. In diesem Augenblick dämmerte es ihnen allen, selbst dem verstockten und ängstlichen François Courtois, daß sie einen großen Augenblick in der Geschichte des neuen Erdteils miterlebten. Auf dem Felsen stand es groß und deutlich, und wer von den Voyageurs nicht lesen konnte, dem verrieten Mackay und Paul Soldat, was dort geschrieben war. Der Schotte mit dem rötlichblonden Haar, der langen Nase, dem trotzigen Mund und dem kräftig vorstoßenden Kinn hatte zwar nur seinen eigenen Namen auf dem Felsen verzeichnet, in Wahrheit aber waren die Männer alle mit von der Partie, und ohne die Voyageurs, den kundigen und nie versagenden Bootsmann Mackay, ohne Paul Soldat, der das Rindenkanu unermüdlich gepflegt, geflickt und erneuert hatte, wäre Alexander Mackenzie nicht zum Stillen Ozean gelangt. Sie alle hatten Anteil an der unerhörten Leistung, daß zum erstenmal der amerikanische Kontinent »von Kanada her«, d. h. vom unteren Sankt Lorenz, und das wiederum heißt vom Atlantischen Ozean her, von diesen zehn Männern, acht Weißen und zwei Indianern, durchstoßen worden war. Was Jahrzehnte hindurch allen Voyageurs, soweit sie überhaupt darüber nachdachten, nur als ein blasser Traum vorgeschwebt hatte, Charles Ducette, Joseph Landry, Baptiste Bisson und die andern, sie hatten es geschafft!

---

* Den englischen Text gibt Alexander Mackenzie in seinem Tagebuch folgendermaßen wieder: »Alexander Mackenzie, from Canada, by land, the twenty-second of July, one thousand seven hundred and ninety-three.«

»So, das wär's!« sagte Alexander Mackenzie und wandte sich seinen Leuten zu. Den Spachtel, mit dem er die Farbe aufgetragen hatte, warf er in weitem Bogen zum Wasser hinunter, den Topf mit der Farbe gab er Paul Soldat zurück. »Fort jetzt, Leute! Jetzt brauchen wir nicht mehr mutig zu sein. Die Indianer sind verschwunden. Keiner sieht, wohin wir fahren. Wir suchen uns weiter landein einen sicheren, vom Wasser nicht einsehbaren Ruheplatz und sorgen dafür, daß wir etwas in den Magen bekommen.«

Die Männer erwachten aus ihrer Verzauberung. Wenige Minuten später schon war die kleine Schar unterwegs. Sie kamen in der Tat fort, ohne beobachtet zu werden, und bis zum heutigen Tage weiß niemand, ob die Bella Bella wirklich daran gedacht hatten, die grobe Behandlung, die Vancouvers Seeleute ihnen zugemutet hatten, an Mackenzie und seinen Leuten blutig zu rächen.

Erst nachdem Mackenzies Schar landein einige Meilen zwischen sich und die Felsenbastion gelegt hatte, die ihnen so zweifelhaften Schutz gewährt hatte, hielten sie nach einer versteckten Bucht Ausschau. Sie war nicht allzu schwer zu finden – verborgene stille Buchten gab es genug am Rande der tief in die Wälderberge gebetteten Meeresarme. Doch tauchten wie aus dem Nichts die zwei Einbäume mit den fünf Indianern und ihren Familien wieder auf. Die Männer sprangen an Land, beachteten aber Mackenzie und seine Leute kaum. Statt dessen redeten sie eifrig auf den jungen Indianer ein, der Mackenzie als Führer gedient hatte und den er nicht missen konnte, wenn er ohne Umwege wieder zur Mündung des Bella-Coola-Flusses gelangen wollte, der ihm die Richtung für den Rückweg nach Osten angeben würde.

Plötzlich sprang der junge Indianer mit den fünf Männern ins Boot – und schon tauchten sie die Paddel ins Wasser, um abzulegen. Doch durfte Mackenzie keinesfalls zulassen, daß ihm der junge Mann entführt wurde, hatte er sich doch bei seinem Vater, dem Häuptling, für seine Sicherheit verbürgt und versprochen, ihn sicher wieder heimzubringen. Offenbar war dem jungen Burschen mit der Zeit die Gesellschaft der Weißen allzu unheimlich geworden; lieber wollte er sich den feindseligen Bella Bella ausliefern, als weiter diesem rote Zaubersprüche auf die Felsen malenden Häuptling einer tollkühnen kleinen Schar von weißen Männern mit unverständlichen

Werkzeugen, Gebräuchen und Kleidersitten gehorchen zu müssen.

Mackenzie war sich vollkommen darüber im klaren, daß er unter allen Umständen den jungen Indianer seinem Vater an der Mündung des Bella-Coola-Flusses wieder abliefern mußte, wollte er nicht ihrer aller Sicherheit aufs höchste gefährden und die Rückreise zum fernen Peace-Fluß von Anfang an in Frage stellen. Mit der Unverfrorenheit des weißen Mannes, der seine Überlegenheit den Eingeborenen stets wie ein Naturgesetz zu demonstrieren hat, griff Mackenzie zu, riß mit harter Gewalt den jungen Indianer wieder aus dem Boot der Bella Bella und stieß ihn an Land. Mackay und Paul Soldat hielten ihn dort fest. Mit einem herrischen Wink machte Mackenzie den Indianern in den Einbäumen klar, daß sie nicht mehr erwünscht seien und zu verschwinden hätten. Und als wäre es wirklich in seine Gewalt gegeben, den Eingeborenen Befehle zu erteilen: die Indianer legten ab, wendeten ihre Boote und verschwanden hinter der nächsten Landzunge.

Allerdings, so wollten Paul Soldat und Baptiste Bisson beobachtet haben, hatten die Flüchtigen noch vom Wasser her dem an Land Festgehaltenen in der indianischen Zeichensprache zu verstehen gegeben, daß er versuchen sollte zu fliehen; sie würden auf der anderen Seite der Insel auf ihn warten. Man durfte sich also des jungen Mannes nicht sicher fühlen und hatte aufzupassen, daß er sich nicht doch bei günstiger Gelegenheit davonstahl. Auch konnten sich Mackenzie und Mackay nicht darüber schlüssig werden, ob die beiden Boote, die den Indianer hatten abholen wollen, nicht vielleicht von Leuten seines eigenen Stamms besetzt gewesen waren und nicht von Bella Bellas. Was wußten die weißen Männer schon davon, wo die Gebiete dieser Stämme aufhörten und die anderer begannen. Vielleicht auch waren die Bella Bella und die Bella Coola gar nicht grundsätzlich miteinander verfeindet, hatten nur ein wenig Ärger miteinander, wie Nachbarn so oft, und waren nun gemeinsam darauf aus, die unheimlichen hellhäutigen Fremden von wer weiß woher so schnell wie möglich wieder loszuwerden.

Alexander Mackenzie hatte jedoch zur Kenntnis zu nehmen, daß seine Voyageurs durchaus keine Lust hatten, den jungen Indianer weiterhin mit Gewalt festzuhalten. Selbst seine verläßlichsten Gefährten, Paul Soldat und Mackay, schienen keinen rechten Sinn darin zu entdecken, einem widerwilligen und verängstigten Führer weiterhin Vertrauen zu schenken. Landry und Ducette, die bewährten Männer, die den Schotten schon ans Eismeer begleitet hatten, erklärten auch, daß sie sich zutrauten, den Rest des Rückwegs zur Mündung des Bella-Coola-Flusses zu finden, ohne sich zu verirren.

Mackenzie mußte es jetzt darauf ankommen, seiner Mannschaft die Gelassenheit und Furchtlosigkeit zu beweisen, durch die er seinen Anspruch, von dieser Schar harter und in tausend Gefahren erprobter Männer unbestritten als Führer anerkannt zu werden, jeden Tag neu zu bestätigen hatte. Das war wichtiger, als den jungen Indianer daran zu hindern, sein Heil in der Flucht zu suchen.

Die Nacht war hereingebrochen, eine warme, wunderbar klare Julinacht. Die Männer hatten das Kochfeuer gelöscht. Wenn die Indianer Böses im Schilde führten, so war es sicherlich nicht angebracht, den eigenen Standort schon über eine weite Entfernung hin zu verraten. Der junge Indianer, den Mackenzie im Lager zurückgehalten hatte, wäre jetzt imstande gewesen, sich unbemerkt zu entfernen. Die Voyageurs mochten ihn nicht bewachen; Mackenzie selbst konnte seine Augen nicht überall haben. Zumal er jetzt darauf aus war zu demonstrieren, daß die Gefahr, die sicherlich irgendwo im Dunkeln auf die kleine Schar lauerte, ihn nicht davon abhielt, die geographischen Beobachtungen abzuschließen, ohne die der wissenschaftliche Wert seiner Entdeckungsreise wahrscheinlich in Frage gestellt werden würde. Im zarten, aber keineswegs schwachen Silberlicht der Sterne winkte Mackenzie Paul Soldat herbei, um beim Auspacken und Aufrichten der Instrumente zu helfen. Die andern waren aufmerksam geworden und beobachteten stumm, wie Mackenzie vorsichtig an den Apparaten hantierte, Zahlen in sein Buch schrieb und rechnete (das Licht reichte in der Tat dazu aus), und wie er schließlich Mackay und Paul Soldat so gleichmütig, als handelte es sich um die selbstverständlichste Sache von der Welt, das Ergebnis mitteilte: »Wenn ich mich nicht verrechnet habe, dann befinden wir uns hier auf einhundertachtundzwanzig Grad und zwei Minuten westlicher Länge von Greenwich. Ich habe die Emersionen zweier Jupitermonde genauestens beobachten können und recht genau übereinstimmende Ergebnisse erzielt. Der Mittelwert dieser Ergebnisse kommt also, wie gesagt, 128 Grad und 2 Minuten westlicher Länge von Greenwich gleich. Damit habe ich alle die Daten beisammen, die ich haben wollte. Jetzt brauchen wir nur noch die tausend Meilen nach Osten und Nordosten über die Gebirge zurückzulegen und werden wieder bei unserem schönen Posten am Peace River eintreffen, wo es hoffentlich reichlich und gut zu essen gibt. Mehr habe ich nicht zu sagen!«*

Mackenzies Worte verrieten so viel ruhige Zufriedenheit und Genugtuung, ja Stolz, daß auch die besorgten Voyageurs davon angerührt wurden. War nicht wirklich diese Julinacht so klar, warm und herrlich, wie sich je eine über diesen Land- und Küstenstrichen gewölbt hatte, die so oft von stürmischen Regengüssen heimgesucht werden? War nicht der junge Indianer, der sie zum Ausgangspunkt ihrer Rückreise bringen sollte, in ihrer Mitte verblieben, obgleich er längst gemerkt haben mußte, daß niemand im Ernst daran dachte, ihn zum zweitenmal festzuhalten, wenn er zu fliehen gedachte? Sah es nicht ganz danach aus, daß die Nacht still und friedlich bleiben würde? Weithin ließ sich die schwarzblanke Fläche des Sundes überblicken; nichts rührte sich darauf.

---

* Berücksichtigt man die Umstände, unter denen Alexander Mackenzie damals seine Berechnungen und Beobachtungen anstellen mußte, denkt man weiterhin an die nicht besonders vorzügliche Qualität seiner Meßinstrumente, die auf der langen Reise mehr als einen groben Stoß und auch einige kalte Wasserbäder hatten überstehen müssen, so ist die Genauigkeit seiner Messungen aller Ehren wert. Jedoch wissen wir heute, daß seine Berechnungen zu Widersprüchen führen. Die Gegend an der Küste des heutigen mittleren British Columbia, die Alexander Mackenzie mit seiner Schar erreicht hat, steht einwandfrei fest. Indessen ist es bisher nicht möglich gewesen, präzise den Ort ausfindig zu machen, an welchem Alexander Mackenzie mit roter Farbe der Welt die stolze Kunde übermittelte, daß er und seine Leute die ersten gewesen waren, die den Erdteil Nordamerika vom Weltmeer im Osten, dem Atlantischen Ozean, bis zum Weltmeer im Westen, dem Pazifischen, überquert hatten. Geht man von der geographischen Länge aus, die Alexander Mackenzie errechnet haben will, so muß er sich der offenen See viel näher befunden haben, als er selbst annahm. Geht man jedoch von seiner späteren Annahme aus, daß er sich am Ausgang des Cascade-Kanals befunden hat, den vor ihm schon George Vancouver bestimmt hatte, dann wäre er noch fünfzig Meilen von der offenen See entfernt gewesen, allerdings unzweifelhaft am Salzwasser, in den Schären nämlich vor der unglaublich verwinkelten, zerbuchteten und in unzählige Inseln aufgelösten Westküste Kanadas.

Doch es erleichterte alle, daß Mackenzie seine Apparate sorgsam von Paul Soldat verpacken und im Boot verstauen ließ und den Aufbruch befahl. Bald tauchten die Paddel der Männer wieder ins Wasser, die Bugwelle des Bootes rauschte leise, schwoll unablässig sachte auf und ab im Rhythmus der sich durchs Wasser stemmenden Paddel. Die Männer hatten angestrengt zu rudern, denn die Ebbe lief ihnen hart entgegen. Aber Mes Coh Thoutin, der dem Boot als Avant diente, und Paul Soldat, der mit langem Ruder den Gouvernail im Heck des Bootes machte, hielten das Fahrzeug dicht unter den Felsen des Ufers, denn dort war die Kraft der meerwärts rinnenden Ebbe nur stark vermindert zu spüren, auch hielt man sich im Schatten des Waldes über den Ufern, konnte also vom offenen Wasser her nur schlecht entdeckt werden.

Es war den Männern recht, daß die ganze Nacht über gerudert wurde, denn so würden sie das Festland und endlich auch das Süßwasser des Bella-Coola-Flusses eher erreichen. Auf dem gegenüberliegenden Südufer des Meeresarms tauchten während der Nacht als rötliche Funken kleine Feuer auf. Dort mußte es also Indianersiedlungen oder -lager geben. Als es hell wurde, war auch hier und da der kerzengerade aufsteigende Rauch von Kochfeuern sichtbar – als ein paar hingehauchte Striche im Himmel der Frühe.

Ganz unerwartet und viel eher, als man gedacht hatte, öffnete sich zur Linken die Bucht, an welcher Mackenzies Schar vor Tagen, vom Festland herkommend, gelagert hatte. Doch wenn auch die Müdigkeit nach der durchruderten Nacht die Glieder der Männer schwer machte, so mochte doch keiner daran denken, an Land zu gehen. Man war nun ganz sicher, auf dem richtigen Wege zu sein; je schneller man die Gebiete dieser allem Anschein nach sehr launischen und unfreundlichen Indianer hinter sich brachte, desto besser. In der Ferne tauchte ein großes, wohlbemanntes Boot auf. Kaum jedoch hatten die Indianer erkannt, daß sich ihnen weiße Männer näherten, so drehten sie ab und machten sich in höchster Eile davon. Indessen verhielten sie nach einiger Zeit und folgten dann dem Boote Mackenzies in weitem Abstand, als wollten sie beobachten, wohin sich die Fremden schließlich wenden würden.

Ein Dorf tauchte in der Ferne auf; Mackenzie und seine Leute kannten es schon von früher. Dort waren sie bei der

Ausreise – sie war ja erst wenige Tage her – leidlich behandelt worden und glaubten, keine Feinde zurückgelassen zu haben. Sie wollten es daher wagen, das Dorf erneut zu besuchen, denn der Proviant war so gut wie verbraucht. Vielleicht ließ sich hier etwas Eßbares einhandeln, das den Schotten und seine Männer stärken und endlich zum Bella-Coola-Fluß bringen würde, von wo aus der Rückmarsch über das Küstengebirge angetreten werden mußte. Der junge indianische Führer vom Stamme der Bella Coola schien ebenfalls großen Wert darauf zu legen, diesem Dorfe einen Besuch abzustatten. Auf seinen Rat wurde das Boot hoch auf den Sand gezogen, denn bald, so meinte er, würde die Flut einsetzen, und man wüßte nicht, wie hoch hinauf das Wasser den Strand überspülen würde. Das Boot durfte keinesfalls von der Strömung entführt werden!

Dann aber schien es der junge Indianer mit einmal sehr eilig zu haben. Die Siedlung mochte etwa zehn Minuten vom Landeplatz entfernt sein. Vielleicht war der junge Mann nur deshalb bei Mackenzie geblieben, um sich endgültig in diesem Dorf, in dem es sicherlich an mehr oder weniger mutigen Kriegern nicht mangelte, dem Zugriff des unnachgiebigen Schotten zu entziehen. Der Bursche fegte also unversehens mit langen Sätzen davon, und Alexander Mackenzie blieb nichts weiter übrig, als dem ungebärdigen Häuptlingssohn in möglichst ebenso langen Sätzen zu folgen. Er kam nur schlecht voran, denn der Weg durch den Wald war nicht sehr gangbar, war eingeengt von dichtem Unterholz und kletterte über grobe Felsen.

Immerhin hatte sich Mackenzie dem Flüchtenden schon auf fünfzehn oder zwanzig Schritte genähert, als der Pfad plötzlich aus dem Walde austrat; über eine weite Lichtung hinweg kamen die Häuser des Dorfes in Sicht. (Die Indianer der Küste verstanden es längst, kräftige und geräumige Häuser aus den sich reichlich überall anbietenden Stämmen des Urwalds aufzurichten, sie mit festen, hohen Dächern zu versehen und an den Giebeln mit bunt bemaltem, weit geschwungenem Schnitzwerk zu verzieren.) Nun auf offenem Grund, hätte Mackenzie den fliehenden Indianer einholen und erneut packen können. Doch hielt er inne; aus einem der Häuser vor seinen Augen stürzten zwei Indianer hervor und rannten ihm entgegen, lange Dolche stoßbereit in den Fäusten und allem

Anschein nach von wilder Wut beflügelt. Mackenzie warf den Überrock ab und zog seine Pistole. Zu seinem Glück schienen die Indianer bereits zu wissen, was eine Pistole in den Händen eines weißen Mannes bedeutete. Es war wie ein Wunder: Sie ließen die Dolche aus den Fäusten fallen, die Griffe der Waffen waren mit den Handgelenken durch ein Lederband verbunden.

Mackenzie ließ seine Pistole von der rechten in die linke Hand gleiten und riß seinen Hirschfänger aus der Scheide. Ein Schuß hätte das ganze Dorf alarmiert; und wenn er gar einen der Angreifer getötet hätte, so wäre es um ihn geschehen gewesen. Das wußte er.

Aber auch ohne einen Schuß brachte sein Erscheinen die Männer des Dorfes auf die Beine; sie waren sicherlich von dem jungen Indianer alarmiert worden.

Schon wenige Sekunden später sah sich Mackenzie von einem Kreis von zornigen Indianern umringt, die sich aber zunächst noch in respektvoller Entfernung hielten; die Pistole in Mackenzies Händen und der blinkende Hirschfänger sprachen eine allzu deutliche Sprache. Zu seinem Schrecken erkannte Mackenzie unter den Männern, die ihn johlend umtanzten, einen Indianer wieder, der ihm schon vor Tagen mit großer Frechheit entgegengetreten war und sich darüber beklagt hatte, daß er von »Macubah«* und seinen Leuten übel behandelt worden wäre und große Lust verspürte, sich an Mackenzie oder seinen Leuten dafür zu rächen.

Mochte bis dahin Mackenzie gehofft haben, daß sich seine mißliche Lage würde meistern lassen, so wußte er nun, daß der von »Macubah« beleidigte Indianer die Leute des Dorfes zu grober Gewalttat aufgestachelt hatte.

Plötzlich fühlte sich Mackenzie von hinten angesprungen und mit hartem Griff umfaßt. Doch gelang es dem Schotten, den Angreifer mit einem gewaltigen Ruck abzuschütteln und sich zu befreien. Mackenzie fand keine Zeit dazu, darüber nachzudenken, warum der Indianer ihm nicht sofort von hinten den Dolch zwischen die Rippen gestoßen hatte. Sicherlich hätte er jetzt zwei oder drei der ihn umtanzenden Unholde vom Leben zum Tode bringen können, wäre dann aber mit Sicherheit überwältigt worden.

* Mit »Macubah« war sicherlich George Vancouver gemeint.

Dazu kam es nicht. Mackenzies Leute hatten ihren Meister nicht im Stich lassen wollen und waren ihm, als er sich mit wilder Hast auf die Verfolgung des jungen Indianers begeben hatte, durch den Wald gefolgt. Der erste der Voyageurs stürzte aus dem Wald hervor; es war Landry; er begriff auf der Stelle, was sich vor ihm abspielte, und stieß einen wilden Schrei aus; die übrigen Voyageurs waren im Nu an seiner Seite und stürmten vorwärts, um Mackenzie Hilfe zu bringen.

Und wieder geschah ein Wunder: Die Indianer des Dorfes, mit ihnen der böse Mann, der sich für »Macubah« rächen wollte, wurden schon vom Anblick des ersten Voyageurs derart aus der Fassung gebracht, daß sie sich augenblicklich zur Flucht wandten und Hals über Kopf in den Häusern Schutz suchten, aus denen sie zuvor herausgestürzt waren.

Innerhalb weniger Minuten hatte sich um Mackenzie die Schar seiner Leute versammelt. Sie alle atmeten schwer. Aber die blanken Waffen in ihren Händen bewiesen jedem, der sie von ferne beobachten mochte, daß sie gewillt waren, ihr Leben teuer zu verkaufen. Dabei hätten die Indianer, stellte Mackenzie später fest, mit Leichtigkeit zuerst ihn und dann einen nach dem anderen der aus dem Wald auf schmalem Pfad hervorpreschenden Voyageurs umbringen können.

Kaum war er dem Tode entgangen, so bewies Alexander Mackenzie von neuem, daß er aus verdammt hartem Holz geschnitzt war. Er erklärte seinen Leuten:

»Ob ihr's glaubt oder nicht, Männer, ich habe unter den Indianern, die eben noch darauf aus waren, mir das Lebenslicht auszublasen, all die Burschen wiedererkannt, die uns in den vergangenen Tagen besucht und belästigt haben. Sie stammten also offenbar alle aus diesem Dorf der Bösewichte. Wärt ihr mir nicht zu Hilfe gekommen, Leute, so lebte ich jetzt nicht mehr, und wahrscheinlich wäre auch euer Leben keinen Pfifferling wert gewesen. Jetzt drehe ich den Spieß um. Wir rükken vor das Haus, in dem die meisten von ihnen verschwunden sind, und fordern nicht nur meinen Hut und Umhang zurück, die mir der nackte Lümmel geraubt hat, der mich von hinten ansprang, sondern auch alles andere, was in den letzten Tagen aus unserem Lager verschwunden ist. In Wahrheit haben die Kerle so viel Angst in den Knochen, daß es einen Hund jammern kann. Ich werde ihnen klarmachen, daß sie uns nur loswerden, wenn sie uns nicht nur alles zurückgeben, was sie uns gestohlen haben, sondern uns auch noch mit so viel Proviant versehen, daß wir wenigstens die nächsten Tage nicht zu hungern brauchen. Macht eure Flinten und Pistolen schußbereit. Gebraucht sie aber nur, wenn ich es befehle.«

Den Voyageurs war nicht ganz wohl zumute, aber Mackenzie strahlte eine solche Sicherheit aus, daß sie alle, ohne zu zögern, mit ihrem Führer in das Dorf vorrückten. Cancre, der Indianer, der zu Mackenzies Mannschaft gehörte, machte den Dolmetscher. Mit lauter Stimme erklärte er den Männern des Dorfes, die sich im Haupthaus versteckt hielten, daß sein großer Häuptling Mackenzie aufs tiefste beleidigt wäre, so unfreundlich empfangen worden zu sein, und daß er eigentlich vorhätte, das ganze Dorf mit einem Zauberschlag in die Luft zu sprengen. Doch wäre er bereit, das Dorf ungeschoren zu lassen, wenn auf der Stelle alle gestohlenen Gegenstände wiedererstattet würden und ihm außerdem ein Vorrat an Trockenfisch geliefert würde, damit seine Mannschaft auf der Weiterreise nach Osten keinen Hunger zu leiden brauchte. Außerdem hätte sich der junge Indianer, der dem großen Häuptling Mackenzie als Führer gedient hatte, sofort einzufinden, denn Mackenzie hätte versprochen, ihn unbeschädigt bei seinem Vater weiter landein wieder abzuliefern. Das wären die Bedingungen der weißen Männer, und nur, wenn sie voll erfüllt würden, wäre der große weiße Häuptling bereit, keine Rache zu nehmen, sondern mit seinen Männern abzurücken und nicht wiederzukommen.

Eine Weile lang blieb es still nach diesen Worten. Mackenzie und seine Leute waren bereits darauf gefaßt, von einer plötzlich vorbrechenden Übermacht heulender Indianer aus allen Richtungen angefallen und überwältigt zu werden.

Aber nichts dergleichen geschah. Statt dessen öffnete sich knarrend die Tür des Haupthauses. Zum Vorschein kam der Älteste des Dorfes und erklärte recht kläglich, daß ihm berichtet worden wäre, wie grob der weiße Häuptling den jungen Indianer, den Häuptlingssohn aus dem Dorfe der Bella Coola am Bella-Coola-Fluß, behandelt hätte, und daß außerdem von Mackenzies Leuten vier Angehörige des Bella-Bella-Stammes weiter draußen in einer Meeresbucht umgebracht worden wären.

»Das ist gelogen!« schrie Cancre, Mackenzies Gefährte, ohne eine Anweisung seines Meisters abzuwarten. »Der

Häuptlingssohn aus dem Dorfe der Bella Coola ist uns von seinem Vater anvertraut worden, sollte uns als Führer dienen und muß von meinem Häuptling Mackenzie dem Vater gesund und unverletzt zurückgebracht werden. Ohne ihn also dürfen wir diesen Ort nicht verlassen. Und daß wir vier Bella Bella umgebracht haben sollen, ist nichts weiter als ein bösartiges Märchen, um uns bei euch in Verruf zu bringen. Schickt den Lügner heraus, der euch berichtet hat, wir hätten vier eurer Stammesgenossen getötet. Ich werde mit ihm kämpfen. Ich weiß, daß ich ihn besiegen werde. Schon jetzt ist er ein Mann des Todes.«

Der Älteste des Dorfes hatte sich die Rede angehört; Bestürzung zeichnete sich in seinen Mienen ab. Er hob seine beiden Hände, bat also um Aufschub und ein wenig Geduld, und verschwand wieder hinter der Tür des Haupthauses. Mackenzie und seine Leute zogen sich ein paar Dutzend Schritt weit von dem Platz vor dem Haupthaus ins Vorfeld zurück und verhielten dort in geschlossener Gruppe. Ganz sicher, daß die an Zahl weit überlegenen Indianer des Dorfes nicht angreifen würden, waren weder Mackenzie noch seine Mannschaft.

Doch dann tauchten zwischen den Häusern einige junge Leute auf, die sich in demütiger Haltung näherten. Sie stapelten vor den Weißen all die Dinge auf, die von Mackenzies Männern schon seit Tagen vermißt worden waren. Die Voyageurs stießen sich untereinander an: Sieh nur, die Kerle haben viel mehr mitgehen heißen, als wir bisher bemerkt haben. Das hat Mackenzie großartig gemacht! Nehmen wir also wieder an uns, was uns gehört!

Danach trotteten einige Frauen herbei und lieferten einige Dutzend getrockneter Fische ab. Mackenzie erklärte, das wäre ihm nicht genug. Außerdem brauchte er für seine Ruderer neun oder zehn Stakestangen, denn gegen die möglicherweise starke Strömung der Gezeiten ließe sich sein Boot mit den Paddeln allein nur schwer voranbringen.

Mackenzies Wünsche wurden prompt erfüllt. Der Dorfhäuptling war offenbar zu allem bereit, um die gefährlichen weißen Männer, die Furcht nicht zu kennen schienen, so schnell wie möglich loszuwerden. Auch hatte sich der junge Indianer eingefunden, ohne den Mackenzie unter gar keinen Umständen weiterreisen durfte. Der finster dreinblickende Bursche stand allein abseits. Von den Leuten im Dorfe war ihm offenbar unmißverständlich klargemacht worden, daß er sich Mackenzie wieder anzuschließen habe.

Nachdem eine Anzahl weiterer fetter Lachse geliefert, nachdem also alle Forderungen ohne Widerspruch erfüllt worden waren, zeigte sich am Schluß Mackenzie so großmütig, wie es die Indianer wohl von einem Häuptling Ohnefurcht erwarteten: der Schotte erklärte mit lauter Stimme, daß alle es hören konnten: »Ihr habt uns Genüge getan. Wir scheiden in Frieden. Damit ihr seht, daß wir eure Haltung zu schätzen wissen, werde ich für alles, was ihr uns geliefert habt, reichlich bezahlen und außerdem noch eine Dankesgabe zum Abschied hinterlassen. Wir werden den Gegenwert für all das, was wir von euch mitnehmen, am Ufer hinterlegen, bevor wir uns auf die Weiterfahrt machen.«

Einige erstaunte, aber auch freudige Zurufe drangen aus der Menge der Indianer, die sich allmählich um den Ältesten des Dorfes eingefunden hatte. Doch hielt man sich nach wie vor in respektvoller Entfernung.

Mackenzie winkte dem jungen Indianer, der hilflos und allein zwischen den Leuten des Dorfes und der kleinen Schar der weißen Männer auf den Fersen gehockt hatte, und wandte sich zum Gehen. Paul Soldat machte den Beschluß, als die Männer einer nach dem anderen über den schmalen Pfad zum Liegeplatz des Bootes im Wald verschwanden. Aus den Augenwinkeln hatte Soldat wahrgenommen, daß der junge Indianer sich anschickte zu folgen, daß aber keiner der Krieger des Dorfes sich von der Stelle rührte.

Eine halbe Stunde später war Mackenzies Schar wieder auf dem Weg, und noch am gleichen Tage glitt ihr Boot in den Meeresarm hinein – dunkle, dichte Wälder blickten von steil geneigten Hängen auf ihn hernieder –, in dessen Ostende der Bella-Coola-Fluß einmünden mußte. Mackay stellte fest, was alle empfanden: »Das Land der bösen Bella Bella haben wir hinter uns, Gott sei Dank! Hoffentlich haben uns die Bella Coola die Freundschaft bewahrt, die sie uns bezeigten, als wir hier vor vierzehn Tagen seewärts durchkamen. Ich wollte, wir wären erst wieder auf dem Wege nach Osten. Ich habe genug von den Küstenindianern und ihren gefährlichen Launen!«

Ja, wahrlich, sie alle hatten genug von so unberechenbaren »Wilden«. Aber zugleich graute ihnen im geheimen vor den Gefahren und Mühsalen der langen und tückenreichen Rückreise zu ihrem Lager jenseits der Berge am Peace River. Auf alle Fälle aber hatten sie ihre Aufgabe gelöst: Sie hatten einen Weg von den Wälderwildnissen und Prärien im Osten quer durch die Ketten gewaltiger Gebirge bis hin zum Stillen Ozean gefunden. Zum erstenmal war über Land der Atlantische Ozean mit dem Pazifischen verbunden worden. Mackenzie hatte es auf dem Felsen über der Schären-Insel vor der Nordwestküste Amerikas in großen Buchstaben bestätigt.

Mackenzie und seine Leute hatten Außerordentliches vollbracht. Doch begann schon bald der Schotte mit seinen engeren Gefährten, Mackay und Soldat, zu erörtern, ob auch wirklich vollbracht war, worauf es ankam.

13

In der Nacht vom 24. zum 25. August 1793 gab es in den wenigen kleinen Blockhäusern des Handelspostens unweit der Einmündung des »Rauchigen« Flusses, des Smoky River, in den Peace River mehr als einen Mann, der keinen Schlaf finden konnte, obgleich die beinahe übermenschlichen Strapazen der letzten Wochen und Monate Knochen und Muskeln über alles Maß hinaus ermüdet hatten und der reichliche Rum des lärmvoll durchfeierten Abends, der vergangen war, eigentlich als Schlaftrunk ausgereicht haben sollte.

Am Nachmittag des warm und milde in den Abend hinübergleitenden Sommertages hatte das mit der Strömung des mächtigen Peace schnell dahingleitende Kanu Alexander Mackenzies und seiner Schar die letzte Flußbiegung umschifft, die es noch von dem kleinen Fort trennte, das sie am 9. Mai verlassen hatten. Obgleich die zehn Männer im Boot, acht Weiße und zwei Indianer, gehofft hatten, den Ausgangspunkt ihrer gefahrvollen Reise zur Küste des Weltmeers an diesem Tag zu erreichen, stand dann doch der Handelsposten so plötzlich vor ihren Augen auf dem Hochufer des gemach wie immer dahinziehenden mächtigen Stroms, daß der Anblick sie alle wie mit einem elektrischen Schlage durchzuckte. Eine wilde Freude brach in den Männern auf. Sie schlugen mit den Paddeln aufs Wasser, daß es knallte; sie rissen ihre

Schießeisen vom Fußboden des Bootes, schütteten im Nu Pulver auf die Pfannen und jagten Schüsse in die Luft, daß es von den Wälderwänden am Ufer widerhallte. Selbst der sonst nicht zum Überschwang neigende Mackenzie und sein Landsmann Mackay ließen sich von dem Freudentaumel fortreißen und feuerten ihre Pistolen ab.

Das nicht mehr von den Paddeln vorangetriebene Boot, in dem selbst der Avant und der Gouvernail ihre langstieligen Paddel zu geräuschvollen Schlägen aufs Wasser klatschen ließen, legte sich sachte quer vor die Strömung und begann zu kreiseln. Dies brachte die Voyageurs wieder zu sich, waren sie doch mit den Kanus so verwachsen, als stellten sie Glieder ihres Körpers dar. Im Handumdrehen brachten sie das Boot wieder in ihre Gewalt und trieben es im Gleichtakt mit mächtigen Schlägen der Bootslände unterhalb des Handelspostens zu, wo zwei weitere Rindenkanus auf dem Ufersand ruhten.

Die beiden Männer, die Alexander Mackenzie dreieinhalb Monate zuvor als Platzhalter in diesem am weitesten westlich vorgeschobenen Handelsposten zurückgelassen hatte, Jacques Beauchamp und der Indianer, wurden von der Rückkehr der Schar völlig überrascht. Sie hatten gerade im Haupthaus des Postens mit zwei Indianern vom mittleren Smoky um einen Packen Biberfelle gefeilscht, ließen alles stehen und liegen, als der Aufruhr, die wilde Schießerei, die Wälderstille ohne jede Vorwarnung durchbrach, und stürzten mit ihren beiden Kunden vor das Fort an den Rand des Hochufers. Unter ihnen am Ufer sprang Mes Coh Thoutin bereits aus dem Kanu und hob den Bug des Bootes vorsichtig auf den Sand. Sie waren also wieder da, die zehn Männer, die man unter Tränen ins Ungewisse hatte ziehen lassen. Sie waren wieder da, und es fehlte keiner; Beauchamp hatte die Ankommenden schnell gezählt. Aber er stellte mit dem geübten Blick des Voyageurs sofort fest, daß Mackenzie und seine Schar nicht in dem gleichen Boot zurückkehrten, in dem sie ausgefahren waren. Unterwegs war ein neues gebaut worden; es hatte sich also gelohnt, daß Mackenzie den erfahrenen Kanubauer Paul Soldat mit seinem Helfer Mes Coh Thoutin, zugleich auch tüchtige Voyageurs, auf die Reise mitgenommen hatte.

Die Platzhalter berichteten, daß auf dem Posten alles in bester Ordnung wäre, daß sie einen tüchtigen Haufen Pelze eingehandelt hätten, mit den Indianern gut ausgekommen wären und daß bereits mehr als eine Ladung sachgemäß verpackter Pelzpacks zum Abtransport bereitlägen.

Die beiden Männer, die auf dem Posten sommersüber die Stellung gehalten hatten, schwammen offenbar im Überfluß. Sei sahen wohlgenährt aus, kräftig und ausgeruht. Mackenzie und seine Leute wirkten neben ihnen in ihren zerfetzten, abgenutzten Kleidern, mit hohlen und abgespannten Gesichtern wie eine Schar von halb verhungerten Sträflingen. Dabei hatten sie, seit sie das Felsengebirge hinter sich gelassen, hatten, das der Peace in einer langen Folge von Schnellen und Fällen durchbricht, durchaus nicht mehr zu hungern brauchen. Das Vorland des hohen Gebirges hatte sich wie schon bei der Ausreise als ein grünes, üppiges Paradies erwiesen, in dem sich auf überglänzten Wildwiesen ganze Scharen von Hirschen, Elchen und Büffeln, auch viele Bären tummelten. Mackenzie und seine Gefährten waren reichlich für die Hungersnot der vorausgegangenen Wochen und Monate entschädigt worden. Unwahrscheinliche Mengen von fettem Wildfleisch hatten sie in sich hineingeschlungen und erstaunlicherweise nicht die geringste Unpäßlichkeit nach der Schwelgerei verspürt. Alle waren von dem herrlichen Gefühl erfüllt gewesen: Das Schlimmste ist vorbei, das verdammte Gebirge blieb hinter uns zurück, jetzt haben wir wieder den großen Strom vor uns, wie wir ihn gewohnt sind, mit zuverlässiger, gleichmäßiger Strömung und überschaubaren Hindernissen. Die wenigen Tage im Vorland des Gebirges und in den weiten Ebenen des Nordwestens hatten allerdings nicht ausgereicht, die Runenzeichen der fürchterlichen Fahrt, die sie hinter sich hatten, vollständig aus ihren Gesichtern zu tilgen.

Sie hatten es also geschafft! Und kein Mann war verlorengegangen! Mackenzie hatte die Voyageurs oft genug ermahnt, ermuntert, ja beschimpfen müssen, hatte Dutzende von Malen an ihre Ehre (und Eitelkeit) appelliert, um ihnen die Furcht auszutreiben und sie anzuspornen, trotz aller Gefahren und Mühen nicht die Flinte ins Korn zu werfen, sondern, koste es, was es wolle, das große Ziel im Auge zu behalten, die Küste des Weltmeers, des Stillen Ozeans, zu erreichen. Selbst der nie die kühle Besinnung verlierende Mackenzie mußte nun zugeben, da er die in unendlicher Wildnis verlorene winzige Siedlung wieder erreicht hatte, die von ihm selbst im vergangenen späten Herbst gegründet worden war, daß alles in allem seine

Männer Außerordentliches geleistet und ihn niemals im Stich gelassen hatten. So entschied er also, daß noch am gleichen Abend die beiden Platzhalter den Zurückgekehrten ein Festessen zu bereiten hätten, dabei mit den Vorräten des Postens nicht gespart und im größten Topf ein Rumpunsch für alle angesetzt werden sollte. Baptiste Bisson, der Voyageur, der in den vergangenen Monaten selbst unter übelsten Umständen um einen faulen Witz nie verlegen gewesen war, schrie über den fröhlichen Tumult hinweg, der sich nach Mackenzies Worten erhoben hatte:

»Bravo, Maître, und dann tanzen wir endlich einmal wieder die Ronde und singen uns eins! Wir haben's ja geschafft und uns keinen einzigen Knochen gebrochen!«

So waren sie, die Voyageurs, die den wegelosen, unentdeckten Nordwesten des amerikanischen Kontinents als erste durchforscht und durchfahren haben, die dann den Schotten und Engländern ihre Kanukünste und Kenntnisse liehen und dazu verhalfen, daß in Montréal und London viel Geld verdient wurde, während sie selbst arm blieben und den harten Entbehrungen der Kanureisen und Winterquartiere in Schnee und Eis nie länger als bis in ihr dreißigstes oder vierzigstes Lebensjahr standhielten.

Paul Soldat und Mes Coh Thoutin hatten sich ein wenig abseits gehalten. Sie vermochten an der allgemeinen Fröhlichkeit nicht so selbstverständlich teilzunehmen wie die anderen. Seit die Männer wieder den Fuß auf den Boden des Handelspostens gesetzt hatten, war ihr ursprüngliches Verhältnis zu Mackenzie und den anderen lautlos wiederhergestellt: sie beide gehörten nicht zu den Voyageurs der Company. Sie waren von dem Mann, dem die ganze Schar längst den Titel »Maître«, also »Meister«, zuerkannt hatte, nur für die vergangene Entdeckungsreise angeworben worden – um ihrer besonderen Kenntnisse und Erfahrungen im Kanubau willen –, sosehr sie auch während der ganzen Reise an der üblichen Plackerei der Voyageurs teilgenommen hatten. Oft genug hatten sie ihre handwerklichen Fähigkeiten unterwegs zu beweisen gehabt. Das Kanu war mehr als einmal schwer beschädigt, einmal sogar völlig zerschmettert worden. Mit Windeseile hatten die beiden in wenigen Tagen aus dem Nichts, das heißt, mit den Hilfsmitteln, die der Urwald ihnen bot, ein neues Kanu erbauen müssen. Aber jetzt war die große Reise vorüber. Sie würden den guten Lohn empfangen, den sie vereinbart hatten; dann waren sie wieder auf sich selbst gestellt und hatten allein für sich zu sorgen. Aber natürlich lebte auch in ihnen die Freude, nach so vielen Fährnissen, Ängsten und Entbehrungen in das sichere und nach den Begriffen der Wildnis wohl ausgestattete und geschützte Lager zurückgekehrt zu sein. Die Voyageurs hatten gegessen, getrunken, gesungen, getanzt und waren dann viel früher, als es ihnen eigentlich vorgeschwebt hatte, auf ihre harten Lager gesunken, nicht mehr unter den Sternen, der Kühle und dem Tau der Nacht, sondern unter Dach und Fach, hinter geschlossener Tür, mit wohlgefülltem Magen und einem vom Rum höchst angenehm umnebelten Gehirn. Sie schliefen und schnarchten bald, die hartgesottenen, unverwüstlichen Männer, die den kühl rechnenden Mackenzie zum Weltmeer begleitet hatten: Joseph Landry, Charles Ducette, François Beaulieu, Baptiste Bisson und François Courtois – lauter gute französische Namen, wie sie vom frühesten Anfang an die Geschichte des heutigen Kanada bestimmt haben.

Alexander Mackenzie, Alexander Mackay, Paul Soldat und Mes Coh Thoutin hatten sich im Haupthaus zusammengesetzt, nachdem die letzte Ronde um das noch lodernde Feuer getanzt war und die Voyageurs sich, immer noch singend und schwatzend, in ihre Hütten zurückgezogen hatten, wo es jedoch sehr bald wie mit einem Schlage stille wurde.

Weder Mackenzie noch Mackay, erst recht nicht Paul Soldat und Mes Coh Thoutin hatten viel getrunken.

Mackenzie hatte seinen schottischen Gehilfen und den nicht ganz waschechten Franko-Kanadier aufgefordert, noch für eine Weile mit ihm auf der Bank vor dem Haupthaus zu sitzen und die wunderbar warme und stille Luft der Augustnacht zu genießen. Paul Soldat indessen hatte seinen treuen Mes Coh Thoutin in dieser Stunde, die ein Abschied war, nicht missen wollen, und Mackenzie hatte, wenn auch etwas verwundert, keinen Widerspruch erhoben. Immerhin, dieser wortkarge, beinahe finstere Indianer mit dem zerstörten Gesicht, das allerdings von seinen ernsten, klugen Augen beherrscht wurde, hatte dem Kanu während der ganzen Reise als Avant gedient, an jener Stelle also, welche die größte Erfahrung erforderte, die aber auch im Falle eines Unglücks in den Stromschnellen und Strudeln der Wildnisgewässer die weitaus gefährdetste war. Außerdem würde Mes Coh Thoutin wohl kaum zu bewegen sein, ein Wort zur Unterhaltung beizutragen, wenn er nicht eigens dazu aufgefordert wurde.

Die vier Männer auf der Bank vor dem Haupthaus blickten vor sich hin. Die Milde dieser Nacht des späten Sommers umfing sie mit sanften Armen. Endlich war die Last von ihnen genommen: Die große Reise war zu einem guten Ende gebracht; der Ozean war erreicht und alle Männer glücklich wieder an den Anfang zurückgeführt worden. Und nun? Mackenzie sprach es aus:

»Sehr viel Erfreuliches werde ich den hochmögenden Leuten in Grand Portage und in Montréal nicht zu berichten haben. Es ist kaum vorstellbar, daß über die Route, die uns zum Pazifischen Ozean gebracht hat, jemals ein geregelter zuverlässiger Verkehr mit Tauschgütern nach Osten und mit eingehandelten Pelzen nach Westen zur Küste eingerichtet werden kann. Die großen Fälle und Schnellen des Peace bei seinem Austritt aus dem Gebirge würden sich wahrscheinlich bei einiger Organisation überwinden lassen. Aber dann der Übergang von dem südlichen Quellgewässer des Peace ins Stromgebiet des mächtigen Flusses, der eigentlich nur der Columbia gewesen sein kann! Auf dieser grausigen Strecke würde jedes zweite Kanu zu Bruch gehen, und der Columbia selber wäre dann auch nicht zu befahren, nach allem, was wir gehört haben. Von dort ab, wo wir auf ihm umgedreht haben, bis zu seiner Mündung – wenn es seine Mündung ist! – wäre noch ein sehr weiter Weg zurückzulegen; die Mündung liegt auf etwa 46 Grad nördlicher Breite. Die Indianer werden uns nichts Falsches erzählt haben, wir haben es auch selbst erlebt: Der Columbia bietet beladenen Booten unüberwindliche Hindernisse. Wir sind dann in den Nebenfluß eingebogen, den wir Westroad River genannt haben. Das brachte uns zwar nach Westen, aber die Herrlichkeit dauerte nicht lange; wir mußten das Kanu verstecken, Proviant dazu, uns mit dem Nötigsten beladen und zu Fuß über die schrecklichen, selbst noch im Sommer vom Schnee bedrohten Pässe quälen, um den steilen Abstieg zum Salzwasser zu gewinnen, der fast noch übler und halsbrecherischer war als der Anstieg. Ans Salzwasser sind wir zwar gekommen, aber das offene Meer war noch weit. Wir haben es nicht einmal gesichtet. Warum? Die Indianer, mit denen wir dort in Berührung kamen – ausgenommen nur die Leute am Unterlauf des Bella-Coola-Flusses –, waren ein aufsässiges, bösartiges Volk, von dem wir uns das Schlimmste zu versehen hatten. Daß wir ungeschoren davonkamen, ist sicherlich nur darauf zurückzuführen, daß wir uns rechtzeitig aus dem Staube machten und die Burschen ein paarmal bluffen konnten. Auf die Dauer wäre uns das nicht gelungen. Überhaupt haben sich die Indianer jenseits der hohen Berge nicht besonders freundlich gezeigt. Wir hätten es kaum wagen können, uns auf dem Columbia-Fluß* weiter nach Süden voranzuarbeiten. Die Indianer hätten uns den Weg verlegt. So großer Übermacht, wie sie sie aufzubieten hatten, wäre nicht standzuhalten gewesen. Mit anderen Worten: Ein zuverlässiger Handelsverkehr ist unter solchen Umständen kaum denkbar. Wir haben die gesuchte neue Route zum Ozean nicht gefunden!«

* In Wahrheit hatte Alexander Mackenzie bei dieser ersten Durchquerung des nordamerikanischen Kontinents zu Lande von dem südlichen Quellgewässer des Peace River, dem heutigen Parsnip River (der durch die Verbauung des Peace-Flusses an seinem Durchbruch durch die Rocky Mountains zu einem riesigen langgestreckten See aufgestaut ist), nicht einen nördlichen Zufluß des Columbia und dann diesen selbst erreicht, sondern den heutigen Fraser River, dessen wahrer Verlauf bis zu seiner Mündung erst fünfzehn Jahre später durch Simon Fraser erkundet wurde. Mackenzie wollte sich dem unpassierbar werdenden oberen Fraser (den er, wie gesagt, für den Columbia hielt), nicht weiter anvertrauen, einerseits wegen der Unzuverlässigkeit der dort ansässigen Indianer, andererseits weil der Strom nach Süden zog, Mackenzie aber nach Westen reisen wollte, zur Küste des Ozeans nämlich. Mackenzie ist vielmehr, indianischem Rat folgend, dem rechten Nebenfluß des Fraser, den er Westroad River nannte und der heute im allgemeinen Blackwater River genannt wird, stromauf gefolgt, hat dann sein Kanu und den größten Teil seines Proviants am Oberlauf des Blackwater versteckt und ist mit seinen Gefährten über einigermaßen erkennbar vorgezeichnete Indianerpfade wahrscheinlich zu dem heute Heckman-Paß genannten Übergang über das Küstengebirge gezogen, von dem aus er den Oberlauf des Bella-Coola-Flusses erreichte, der ihn bei dem heutigen Städtchen Bella Coola an den von der offenen See noch weit entfernten North Bentinck Arm führte, eine der vielverzweigten Meeresstraßen vor der westkanadischen Küste. Von dort aus ist er dann in den Einbäumen der Küstenindianer weiter westwärts bis in den Dean Channel vorgedrungen, nach seinem eigenen Zeugnis bis zum Ausgang des Cascade Inlet. Mackenzies unterwegs angestellte Ortsbestimmungen konnten bestenfalls annähernd genau sein, da er den zuverlässig anzupeilenden Horizont der offenen See nie erreichte und außerdem sein Chronometer auf der langen, groben Kanureise während der vielen schwierigen Portagen und auf dem ausgedehnten Überlandmarsch durchs Gebirge Schaden gelitten hatte.

Mit diesen leise und sehr nüchtern vorgetragenen Sätzen hatte Alexander Mackenzie den Schlußstrich unter das große Unternehmen gezogen, das ihn mit seinen wenigen Männern in kaum vorstellbar kurzer Zeit quer durch zwei hohe Gebirge, die zu den wildesten der Welt zu rechnen sind, bis an die Küste des Weltmeers gebracht hatte. Gewiß erfüllte es auch ihn mit Genugtuung, daß die kühne Fahrt ins Unbekannte ihr Ziel erreicht und ohne ernsthaften Schaden an Leib und Leben der Teilnehmer zu glücklichem Ende gebracht war. Auch hatten sich die Kosten der Reise in den vorgezeichneten, von der Company eng, ja geizig gesteckten Grenzen gehalten. Doch in ihrem eigentlichen Anliegen hatte die strapazenreiche Fahrt mit einer Enttäuschung geendet: ein brauchbarer kurzer Kanuweg zum Stillen Ozean war durch diese sagenhaft kühne Entdeckungsreise nicht erschlossen worden. Die Pelze aus dem fernen Westen und Nordwesten des Pays d'en haut würden weiter ostwärts über ungezählte Kanumeilen quer durch den ganzen Kontinent nach Montréal am fernen Sankt-Lorenz-Strom, der Zugangsstraße zum Atlantischen Ozean, verschifft werden müssen. Die Profite der großen Company wurden also in steigendem Maße gefährdet, je weiter die Pelzhandelsgebiete im Westen und Nordwesten des Pays d'en haut entfernt lagen – und doch laufend erschlossen werden mußten, um Pelze in guter Qualität und in ausreichender Zahl einhandeln zu können.

Paul Soldat fragte sich im stillen: Warum hat mich Alexander eigentlich zu diesem Gespräch hinzugezogen? Ich gehöre nicht zur Company, mich gehen die Profite nichts an. Ich lebe zwar auch auf Umwegen vom Pelzhandel, denn wir bauen Kanus, Mes Coh Thoutin und ich, und ohne Kanus gibt es keinen Pelzhandel. Aber unersetzlich bin ich nicht. Zur Not bringen auch die gewöhnlichen Voyageurs ein Kanu zustande. Warum also macht mich Mackenzie zum Zeugen seiner mißmutigen Schlußrechnung.

Was Paul Soldat wahrscheinlich vergaß, war dies: Er hätte den Jahren nach der Vater Alexander Mackenzies sein können; er hatte sich in den Augen Mackenzies als ein außerordentlich erfahrener, besonnener und furchtloser Waldläufer, Voyageur und Kanubauer erwiesen. Der knapp Dreißigjährige hatte auf der langen Reise alle Entscheidungen auf eigene Faust treffen müssen und niemals versagen dürfen. Paul Soldat hatte sich nicht ein einziges Mal eingemischt und wie alle anderen befolgt, was Mackenzie anordnete, jedoch entweder durch schnelle Bereitschaft oder durch bedächtiges Zögern jeweils deutlich gemacht, ob ihm Mackenzies Beschlüsse einleuchteten oder nicht. Daß Zustimmung oder Ablehnung auf so vorsichtige Weise bekundet wurden, hatte Mackenzie schätzengelernt und sich oft genug danach gerichtet. Auch der selbstbewußte Schotte war im Grunde dankbar, wenn ihn ein älterer und erfahrenerer beriet, der wie er selbst Europäer war und sich als »Unabhängiger« fühlte, der seine Chancen aus eigenem wahrnahm und die damit verbundenen Risiken nicht fürchtete. Soldat zögerte auch jetzt, auf Mackenzies Worte unmittelbar einzugehen. Die Überlegungen des Maître gingen ihn nichts mehr an.

Aber den jungen Alexander Mackay, den gingen sie etwas an. Denn er hoffte wie all die anderen jungen schottischen Männer aus dem Hochland und von den Inseln, in der Company aufzusteigen und vielleicht sogar in die Stellung eines Partners einzurücken, mochte der große Mandarin der North-West Company in Montréal, der allgewaltige, listenreiche Simon McTavish, auch noch so geizig und mißgünstig darauf bedacht sein, die jungen Gernegroße aus dem ersten Rang der Gesellschaft fernzuhalten*.

Inzwischen war der Mond über den Wäldern aufgestiegen, blutrot und riesengroß, um dann aber seine nicht mehr ganz kreisrunde Scheibe schnell zu versilbern und – scheinbar – zu verkleinern. Das Nachtgestirn legte eine unruhig glitzernde schmale Bahn über den rastlos in der Tiefe vorüberwallenden großen Strom. Immer wieder zog dieser Silberstreifen die Augen der vier Männer an, die da an der Wand des weltverlorenen Blockhauses inmitten unermeßlicher Einöden lehnten und jeder auf seine Weise ihr Schicksal und ihre Zukunft bedachten.

---

* Die Hoffnungen des jungen Schotten erfüllten sich nicht. Er ging später zu John Jacob Astor über, jenem berühmten Mann, der in den jungen Vereinigten Staaten aus einem armen deutschen Einwanderer zu einem der erfolgreichsten und mächtigsten Unternehmer der USA aufstieg. Das deutsche Heimatdorf dieses Mannes, Waldorf, ist gemeinsam mit dem Namen Astor zu Weltberühmtheit gelangt. In den Diensten Jacob Astors ist Alexander Mackay in späteren Jahren noch als verhältnismäßig junger Mann gewaltsam ums Leben gekommen.

Alexander Mackay wußte, daß er jetzt sprechen durfte, ja, daß der Maître es sogar von ihm erwartete. Er räusperte sich also und begann, wobei er allerdings eine kleine Befangenheit in seiner Stimme nicht verbergen konnte:

»Sollte man nicht nach anderen Lösungen suchen, Alexander? Die Gebirge, die wir bis zur Küste des Ozeans durchquert haben, weiß der liebe Himmel, sie haben bei mir keinen erfreulichen Eindruck hinterlassen. Und dann die Eingeborenen im Gebirge und an der Küste – wir müßten vollkommen umlernen; die Indianer, die wir kennenlernten, sind nicht mit den spärlichen, eigentlich immer friedlichen, auf uns angewiesenen Indianern hier im Pays d'en haut in den großen Wäldern zu vergleichen. Die Indianer dort sind weiter entwickelt als die Waldindianer hier. Sie bauen feste Häuser, an Nahrung mangelt es ihnen nie, sie siedeln weit dichter, ihre Zahl ist viel größer als die der Indianer im Pays d'en haut. Sicherlich wird man weiter versuchen, von hier über das Gebirge zur Pazifischen Küste vorzustoßen und einen brauchbaren Weg zu finden. Aber ob und wann und wie das geschehen wird, darüber läßt sich noch gar nichts sagen. Ich glaube, wir müssen uns vorläufig damit abfinden, daß wir die Pelze aus dem Westen und dem Nordwesten des Pays d'en haut nach wie vor ostwärts über Land zu den großen Seen und nach Montréal zu liefern haben. Das Gebirge und die Indianer stehen im Westen wie eine Mauer vor unserer Nase. Es würde viel zuviel Geld kosten, diese Mauer zu durchbrechen.«

Mackenzie nahm diese Worte nicht sehr freundlich auf. Seiner Stimme war tiefe Verdrossenheit anzumerken, als er antwortete:

»Gern höre ich das nicht, aber es stimmt leider, was du sagst, Mackay. Der giftige Simon McTavish in Montréal wird sagen, wenn er im Spätherbst des nächsten Jahres erfährt, welche Erfahrungen wir auf unserer Reise zu den Bella Bella gesammelt haben: Dieser Alexander Mackenzie ist nun schon zum zweitenmal durch die Gegend gegondelt, hat unser Geld ausgegeben, unsere Voyageurs und Kanus abgenutzt, und was hat er zustande gebracht? Nichts weiter, als nachgewiesen zu haben, daß man über den Slave ans Eismeer kommt und über den Peace sich in den Gebirgen und dem Wirrwarr der Wasserstraßen vor der Küste festrennt. Der junge Mann soll nun endlich Vernunft annehmen und sich gefälligst damit beschäftigen, den Indianern die Pelze so billig wie möglich aus der Nase zu ziehen, damit trotz der hohen Transportkosten ostwärts über den Kontinent für die Partner der Company, vor allem für mich selber, ein möglichst fetter Profit übrigbleibt. Solche Worte wird Simon McTavish von sich geben; sie klingen mir schon in den Ohren. Und was mich am meisten vergrämt, der Alte wird recht haben. Zweimal bin ich losgezogen, habe mich mit meinen Leuten geschunden, ein paar Dutzend Male sind wir haarscharf am Tode vorbeigerutscht, keinen einzigen Mann habe ich verloren, nicht einmal meinen Hund; aber im Grunde hat sich die ganze Plackerei und das Glück, das wir nebenbei noch gehabt haben, überhaupt nicht gelohnt.«

Ein Stern fiel durch den Himmel aus nachtblauem Samt, beschrieb seine schnelle Silberkurve und erlosch. Wie auf Kommando folgten die Augen der vier Männer der strahlenden, wenn auch nur kurzlebigen Erscheinung. Paul Soldat, der älteste unter den vieren, spürte eine Art von Mitleid in sich aufkeimen. Diese jungen Schotten, so wollte ihm scheinen, schütteten das Kind mit dem Bade aus. Er wollte sich nicht aufdrängen; mit verhaltener Stimme gab er zu bedenken:

»Nun, ihr beiden Alexander, es kommt mir so vor, als gebt ihr euch geradezu Mühe, etwas sehr wichtiges zu übersehen. Am Slave Lake, am Großen Sklavensee, und dann weiter in den Gebieten des gewaltigen Gewässers bis zum Eismeer, das Alexander ›Strom der Enttäuschung‹ genannt hat, ganz besonders auch auf unserer zurückliegenden Reise den Peace aufwärts hinüber zum Columbia und zum Westroad River im Gebirge, haben wir doch Gebiete kennengelernt mit einem kaum glaubhaften Reichtum an vorzüglichen Pelztieren. Es ist immer so gewesen, daß der Pelzhandel stets weiter und weiter nach Westen und Nordwesten vorrücken mußte, um gute Pelze einzutauschen, denn die Indianer, die unsere Güter und Schnaps erwerben wollten, gingen den Bibern und anderen Pelztieren mit solcher Gründlichkeit zu Leibe, daß weite Gebiete den Pelztierfang bald nicht mehr lohnten. Das wird in absehbarer Zeit auch für die Gegend am Athabasca-See, am unteren Athabasca-Fluß und hier für den Peace gelten. Nach deinen Reisen, Mackenzie, kannst du nun berichten, daß immer noch riesige Gebiete darauf warten, durch die Company erschlossen zu werden. Und damit befassen sich die Pelzhändler aus Montréal seit mehr als hundert Jahren; zuerst waren es die Franko-Kanadier allein und dann, seit Frankreich den großen Krieg verlor, die Engländer und besonders die Schotten mit ihren franko-kanadischen Voyageurs. Du kannst vor deine Leute treten in Grand Portage oder Montréal und ihnen zusichern, daß der Pelzhandel aus dem fernsten Pays d'en haut noch für viele Jahre nicht versiegen wird. Das ist wahrlich ein großartiges Ergebnis deiner Reisen, Mackenzie!«

Die beiden Schotten mußten insgeheim zugeben, daß dieser sich nie ganz erschließende Nordwest-Mann, dieser Waldläufer mit dem sonderbaren Namen Paul Soldat, der sich stets im Hintergrund hielt, aber auch immer da war, wenn es darauf ankam, daß dieser Kenner aller Finessen der Kanukunst mit dem schon ergrauenden dichten Haar etwas Richtiges ausgesprochen hatte.

Die vier Männer schwiegen lange, nachdem drei von ihnen hatten hören lassen, was ihre Gedanken beschäftigte. Die warme Augustnacht umschloß sie mit ihrem Sternengeflitter, den dunklen Schatten der nahen und fernen Wälder, dem im Mondlicht gleißenden, wie von innen her hier und da zuweilen aufblinkenden Strom. Sie alle vier, der pockennarbige Indianer eingeschlossen, hatten von Anfang an nach dem Sinn und Ziel der gefahrvollen Reise gefragt, hatten nicht nur wie die Voyageurs jedem Tag seine eigene Plage zugestanden und im übrigen an den guten Lohn gedacht, der am Ende der langen Fahrt nicht auf sich warten lassen würde.

Eigentlich waren sie alle todmüde nach den außerordentlichen Strapazen ihrer Fahrt ins Unbekannte, dem Lärm, dem reichlichen Essen und Alkohol des vergangenen Abends, nun aber in jene gläserne Helle der Gedanken, in jene scharfe Wachheit hineingehoben, die der Übermüdung zuweilen entspringt. Als der Indianer unter ihnen zum ersten und einzigen Mal seine Stimme erhob, leise, so als bäte er um Entschuldigung dafür, daß er sich überhaupt einmischte, waren die anderen sofort fähig, den Gedankenweg zu verfolgen, den Mes Coh Thoutin aufzeigen wollte: »Das Indianerland, unser Land, blickt nach Osten. Hinter dem Gebirge im Westen wohnen feindliche Leute. Und was ist das, das große Meer? Davon verstehen und wissen wir nichts. Ihr sucht das Salzwasser, aber im Osten ist auch Salzwasser zu finden und gar nicht so sehr weit entfernt und leicht zu erreichen mit dem Kanu. Warum denkt ihr nicht an dieses Salzwasser?«

Alexander Mackenzie war der erste, der klar in Worte zu fassen vermochte, was der Indianer nur angedeutet hatte: »Du meinst die Hudson Bay, Mes Coh Thoutin. Du hast recht. Zum Salzwasser in der Hudson Bay ist weniger als der halbe Weg nach Montréal. In die Hudson Bay können vom Atlantischen Ozean durch die Hudson-Straße die großen Überseesegler von England vordringen und an ihrem Südwestufer die Waren aus Europa an Land bringen und die eingehandelten Pelze statt dessen an Bord nehmen und auf direktem Wege nach Europa zurückbringen. Aber das Monopol für diesen Weg schnurstracks nach Osten und nicht nach Südosten zu den großen Seen, das Monopol für den ganzen Handel im Einzugsgebiet der Hudson Bay liegt nicht bei uns und unserer Company, sondern bei der Königlich-Privilegierten Hudson's Bay Company. Diese englische Gesellschaft versperrt uns das Gestade der Hudson Bay. Mes Coh Thoutin hat trotzdem recht: Wir sind es gewesen, die Männer aus Montréal und die Franko-Kanadier vor uns, die das Pays d'en haut aufgeschlossen haben. Die Hudson's Bay Company hat nur an ihrer Bay gesessen und die Indianer mit den Pelzen zu sich kommen lassen. Daß man ins Innere vorstoßen muß, um zu wirklich reichen Pelzgründen zu gelangen, das hat die Hudson's Bay Company erst von uns gelernt, lernen müssen!«

An Mackay war es jetzt, den Gedanken fortzuführen: »Wenn man es recht bedenkt, wäre es sinnvoll, daß Hudson's Bay Company und North-West Company sich zusammenschließen und die gesamte Pelzausbeute des Pays d'en haut vom Ufer der Hudson Bay aus verschifft wird. Die stets unerträglicher werdenden Transportkosten aus dem immer ferneren Westen und Nordwesten nach Montréal zum Sankt-Lorenz-Strom würden sich um mehr als die Hälfte verringern, das heißt, die winterharten Einöden des fernen Nordwestens und Nordens würden dann erst die großen Gewinne erbringen, die sie ihrem natürlichen Reichtum an allerbesten Pelzen nach erbringen könnten.«

Mackenzie fiel ein: »Du sagst es, Mackay! Aber einerseits werden unsere Seniorpartner Montréal nicht entwerten wollen, andererseits werden die hochmütigen Gouverneure der Hudson's Bay Company, an der ja der königliche Hof und der hohe Adel in London mit verdienen, ihr Monopol nicht mit uns teilen wollen. Aber von hier aus gesehen – und von hier aus allein ist der Zustand richtig zu beurteilen –, wird die eine und die andere Company auf die Dauer nur Gewinne machen können, wenn die englische Company sich unsere Erfahrungen im tiefen Innern und wir uns die Segelschiffsroute von der Hudson Bay nach England zunutze machen können. Was sinnvoll ist, läßt sich auf die Dauer nicht aufhalten. Es werden viele Widerstände zu überwinden sein, und man wird noch lange daran arbeiten müssen.«

Alexander Mackenzie unterbrach sich für einen Augenblick und wandte sich unmittelbar an Paul Soldat: »Wir haben auf dieser Reise vorzüglich zusammengearbeitet. Ohne dich und deinen Indianer hätten wir die vielen Schäden am Kanu und schließlich den Verlust des ursprünglichen Kanus nicht so schnell behoben. Aber wichtiger als das war mir deine große Erfahrung in allen Dingen der Wildnis, der Wälder und Ströme. Kannst du dich nicht entschließen, mit deinem unentbehrlichen Indianer für dauernd in die Dienste der Company zu treten – das würde bedeuten, speziell in meine –, vor allen Dingen auch mit mir nach Osten reisen und mir helfen, in Grand Portage oder womöglich sogar in Montréal unsere Vorstellungen von der Zukunft des Pelzhandels vor den Seniorpartnern und vielleicht auch Beamten des Königs zu vertreten? Es würde dein Schaden nicht sein, Paul Soldat!«

Es konnte kein Zweifel daran bestehen, daß Mackenzie dem Älteren ein Angebot machte, das beinahe einer Partnerschaft, einem Bündnis auf die Dauer gleichkam. Doch Mackenzie war jung und ungebunden; er war zu solchen Angeboten fähig. Paul Soldat war mehr als zwei Jahrzehnte älter, längst seiner Vergangenheit und dem Pays d'en haut durch viele Bindungen verpflichtet und konnte weder, noch wollte er daran denken, sich einer unabsehbaren neuen Aufgabe zuzuwenden, die ihn im Grunde kaltließ.

Bleib allein, bleib für dich, Paul, klang es im Innern des von Mackenzie so verlockend eingeladenen Mannes auf. Zugleich stieg wie aus dem Nichts ein lang nicht mehr gedachter Name in ihm auf: ich will da bleiben, wo Anna ist. Und was würde aus Nagamoun? Sie hat nur mich. Ich kann sie nicht den Indianern überlassen. Sie gehört zu Armand. Und Armand gehört zu Anna. Anna ist Walther Corssens Tochter, und ich habe mich von ihm auflesen lassen damals – Herr im Himmel, wie lange ist das schon her! Und er hat mich nicht fallenlassen. Wir gehören alle zusammen, Anna, Nagamoun, Armand und ich, der tote Walther Corssen und das ganze Pay's d'en haut! Wie sagte der Alte immer? Im Pays d'en haut, wo keiner zu Hause ist, da bin ich zu Hause. Ins Pays d'en haut, wo einem keiner hilft, aber auch keiner etwas zu befehlen hat, da gehöre ich hin! Das habe ich mir gewählt, das ist die Heimat!

Die Mitternacht mochte längst die Herrschaft angetreten, vielleicht schon wieder abgegeben haben. Die Wärme des vergangenen windlosen Tages, die sich bis jetzt unter den Waldrändern über dem Strom gehalten hatte, war sachte von der samtenen Dunkelheit unter Mond und Sternen aufgezehrt worden. Noch fröstelten die Männer nicht an der Wand des Blockhauses über dem Strom. Doch schon schwebten Nebel auf über den sumpfigen Wildwiesen, dem Flachufer des unablässig voller Gleichmut durch die Nächte und Tage rinnenden Gewässers, des Peace River. Das Schweigen war groß in der Nacht, war groß auch zwischen den vier Männern auf der groben Bank an der Blockhauswand. Wollte Paul Soldat vielleicht gar keine Antwort geben auf das unabschätzbar weite Ausblicke eröffnende Angebot Mackenzies, der zwar in jugendlicher Forschheit Außerordentliches geleistet, aber die Sache selbst, auf die es ankam, um keinen wesentlichen Schritt weitergebracht hatte? Die vier hätten sich jetzt erheben und wortlos ihr Lager aufsuchen können. So viel war ungeklärt geblieben; es wäre auf einiges mehr oder weniger nicht angekommen. Inzwischen aber hatte sich in Paul Soldat die Entscheidung vollzogen, ganz selbstverständlich; er hatte sich keine Mühe zu geben brauchen. Trotzdem erschraken die drei anderen auf der Bank beinahe, als Paul das sie alle dicht umfangende Schweigen brach, mit lauterer Stimme, als es nötig war in der Nacht, und ein wenig heiser:

»Wir beide, Alexander, mein Freund Mes Coh Thoutin und ich, haben unsere Zusage erfüllt auf der schwierigen Reise, die hinter uns liegt: haben für die Kanus gesorgt und obendrein, soweit wir zu Wasser unterwegs waren, den Avant und den Gouvernail gemacht. Du hast – glaube ich – nicht vor, Alexander, hier im Pays d'en haut je etwas anderes als ein Gast zu sein. Wenn anderswo Pelze einzuhandeln wären, in der Sahara meinetwegen oder am Amazonas, dann würdest du eben dort unterwegs sein. Um Mes Coh Thoutin und mich steht es anders. Die große Company und ihre Partner in Montréal und in London, auch du, Alexander, werden uns niemals ganz für voll nehmen. Weil für uns nämlich das Pays d'en haut der einzige Ort bedeutet, zu dem wir gehören und wo wir vor allen Dingen niemand anders brauchen als uns selbst. Auch habe ich hier ein Kind, das keine Mutter mehr hat, und Mes Coh Thoutin hat eine Frau, die kein Kind mehr hat, aber eines erwartet. Das bindet uns fester als alle geschäftlichen Abreden der Welt. Außerdem, dessen bin ich ganz sicher, wird im Pays d'en haut, solange wie wir leben wenigstens, kein Kaiser, kein König und keine Republik etwas zu sagen haben. Ob ich lebe oder untergehe, hängt hier nur von mir allein ab. Das will ich nicht aufgeben, Alexander. Ich danke dir für deinen Vorschlag, aber ich lehne ihn ab. Du wirst wahrscheinlich bald weiterreisen, um noch vor dem Eis Fort Chipewyan am Athabasca-See zu erreichen. Wir werden dich bis zum Fort Macleod begleiten. Dort werden wir uns von dir trennen und wieder unsere eigenen Wege gehen. Solltest du uns später einmal brauchen wie in den letzten Monaten, so wirst du bei uns keine verschlossenen Ohren finden. Aber nur jeweils von Fall zu Fall wie bisher. Im übrigen bin ich jetzt so schwer und müde wie ein Stein. Wir sollten uns noch ein paar Stunden Schlaf gönnen vor dem Hellwerden.«

Er erhob sich, ohne eine Antwort abzuwarten. Mes Coh Thoutin tat es ihm gleich, ebenso Alexander Mackay, der ebenfalls danach verlangte, sich endlich aufs Ohr zu legen.

Paul Soldat streckte dem Schotten seine Hand hin. Alexander Mackenzie war als einziger sitzen geblieben. Er schien die ausgestreckte Hand zunächst nicht zu bemerken, hob dann aber den Kopf, zögerte nicht länger und legte seine Rechte in die des älteren Gefährten, der ihm soeben klargemacht hatte, was es hieß, ein freier Mann zu sein! Dem hatte er nichts entgegenzustellen. Nach diesem Gesetz war er nicht angetreten. Pays d'en haut – bah! Nichts weiter war es als ein Mittel zum Zweck. Der Zweck aber ließ sich nur in Montréal oder in England verwirklichen, nachdem das Geld verdient war – und das man – Pelze hin, Pelze her! – auch anderswo hätte verdienen können, wo sich Schätze der Erde, der Wildnis, der heilen Natur dazu anboten, genutzt, um nicht zu sagen, ausgebeutet zu werden.

Die drei anderen waren gegangen. Mackenzie blieb noch einige Minuten mit sich allein in der ungeheuer und grenzenlos ihn umwogenden Einödnacht. Auch für ihn war die Entscheidung gefallen: Hierher ins Pays d'en haut würde er nie mehr zurückkehren. Auf die Abenteuerei kam es nicht an. Das war Arbeit für Voyageurs und Leute zweiten Ranges wie Paul Soldat. Die größere Aufgabe bedeutete es, mit den entscheidenden Leuten an den Schreibtischen in Montréal oder London den gesamten Pelzhandel auf neue Weise so zu organisieren, daß sich die Profite für alle Partner, die der North-West Company und die der Hudson's Bay Company nicht nur halten, sondern steigern ließen, wozu vor allem notwendig war, daß sie sich im Pays d'en haut nicht weiter als Rivalen betrachteten. Mackay weiß bereits, daß es darauf ankommt; ich habe es ebenfalls begriffen. – Meine Reise hat nicht erbracht, was sie sollte; das gilt ebenso für die vorige zum Eismeer. Zum drittenmal probiere ich dergleichen nicht. Immerhin haben wir hier am Peace und am Lake Athabasca so viel Pelze zusammengebracht, daß wir uns im nächsten Jahr in Grand Portage damit sehen lassen können. Es ist also nichts verloren, ganz im Gegenteil! Ich bin um viele Erfahrungen reicher. Und ich verstehe wahrscheinlich mehr vom Lauf der Welt, als ein Mann wie Paul Soldat je verstehen wird.

Mackenzie erhob sich von der Bank, reckte sich, gähnte; er hatte sein Gleichgewicht wiedergefunden; er hatte den Kurs seines Schiffleins neu bestimmt; er würde ans Ziel gelangen.

14

Gerade weil er auch mit seiner zweiten Reise dem Pelzhandel keine neuen Möglichkeiten eröffnet hatte, wußte Alexander Mackenzie, daß er sich so schnell wie möglich bei den Leuten in der Company, auf die es ankam, in Erinnerung bringen mußte; einerseits, um den hohen Herren in Grand Portage oder in Montréal klarzumachen, daß er immerhin riesige neue Gebiete entdeckt hatte, die dem Pelzhandel erschlossen werden konnten, andererseits, um seine um die Hudson Bay kreisenden Gedanken bei so konservativen Geistern wie dem allgewaltigen Simon McTavish ins Gespräch zu bringen; denn wer nicht von sich reden macht, der kommt in der Company – wie in allen Companys – nicht voran.

Alexander Mackenzie durfte sich also auf dem vorgeschobenen Posten oberhalb der Einmündung des Smoky in den Peace nicht lange ausruhen. Noch vor dem Eis hatte er mindestens den ganzen Peace abwärts bis zum Fort Chipewyan am Athabasca-See zu reisen, der Hauptagentur der Company für das ganze riesige Gebiet Athabasca; nur nach Süden war es einigermaßen zuverlässig begrenzt. Dort nämlich stieß es an den Einzugsbereich des wesentlich kleineren Bezirks des Postens am La Biche unter Leblois. Nach Norden, Nordwesten und nun sogar noch nach Südwesten hatten sich, vom Fort Chipewyan aus gesehen, die Grenzen des Handels weit ins Unerforschte, Ungewisse vorgeschoben, von dem allerdings eins mit Sicherheit vorausgesagt werden konnte: Pelze gab es dort in vorzüglicher Qualität.

Schon am Tag nach seiner Ankunft gab Mackenzie den Befehl aus, das Lager unweit der Smoky-Mündung, das ihm als Sprungbrett für seine Reise zum Großen Ozean gedient hatte, zu schließen, die während seiner Abwesenheit eingehandelten Pelze ebenso wie die noch vorhandenen Tauschwaren zu den üblichen Neunzigpfund-Packs der Voyageurs zu bündeln, die Blockhäuser, die man vielleicht später erneut benutzen würde, gut zu verschließen und die Kanus mit allem persönlichen Gepäck der Männer fahrtbereit zu machen.

Noch ehe der August zu Ende ging und das Laub der Birken und Espen sich goldgelb zu färben begann, ließen die zwölf Männer die Mündung des Smoky in den Peace hinter sich und glitten mit der spätsommerlich beruhigten Strömung des großen Gewässers nordwärts davon.

In dem Kanu, in dem Alexander Mackenzie Platz genommen hatte, schien sich gegenüber den Wochen und Monaten zuvor nichts verändert zu haben: Mes Coh Thoutin machte den Avant und stand im Bug des Bootes, Paul Soldat den Gouvernail und führte im Heck das lange Paddel, mit dem er antrieb und lenkte zugleich. Trotzdem war alles verändert. Paul Soldat und Mes Coh Thoutin würden nur bis zum Posten des Macleod mit von der Partie sein, sich dort ihren Lohn in Gestalt von Zahlungsanweisungen, die von allen Posten und Vertretungen der Company honoriert werden würden, auszahlen lassen und danach wieder ihrer Wege gehen – welcher Wege allerdings, das wußten Paul Soldat und sein Indianer noch nicht.

Nach einigen Tagen schneller Fahrt, auf der es keine Zwischenfälle gab, erreichten die beiden Kanus bei mildem, strahlendem Spätsommerwetter den Posten Macleods, eine Unteragentur des Hauptpostens Fort Chipewyan am See Athabasca. Auch Macleod hatte vorzügliche Geschäfte gemacht und eine große Anzahl hochwertiger Pelze eingehandelt. Er zeigte sich hocherfreut, daß Alexander Mackenzie und seine Männer die Reise unversehrt überstanden hatten, begriff aber sofort, daß die eigentliche Aufgabe, nämlich einen Zugang zum Pazifischen Ozean zu öffnen, verfehlt worden war. Mcleod und Finlay hielten es für notwendig, sich Alexander Mackenzie nach Fort Chipewyan anzuschließen, denn dort allein konnten sie die eingehandelten Pelze verrechnen und sich für das kommende und übernächste Jahr mit ausreichendem und vor allem richtigem Tauschgut versehen, denn von Norden flossen nicht allzu weit von seinem Fort entfernt der Ponton, der Caribou und der Beaver-Fluß, von Süden her aber der gewaltige Wabasca in den Peace; die Indianer dieser weiten Landstriche sollten sich daran gewöhnen, ihre Beute an Pelzen dem Posten Macleods abzuliefern. Darauf wollte er vorbereitet sein. Sein Vorrat an Tauschgütern war auf unbedeutende Reste zusammengeschrumpft. Die Indianer würden also im bevorstehenden Winter aufs nächste Jahr vertröstet werden müssen.

Vor allen Dingen aber waren sie bei guter Stimmung zu halten, damit die Freundschaft nicht Schaden litt. Das aber konnte nur ein Mann erreichen, der sich auf die Indianer gut verstand und ihre Sprache beherrschte.

Es ergab sich also beinahe von selbst, daß Paul Soldat, der sich eben erst von Alexander Mackenzie und der Company endgültig getrennt zu haben glaubte, von den drei Schotten Macleod, Mackenzie und Mackay bedrängt wurde, mit Mes Coh Thoutin den kommenden Winter über den Macleodschen Posten stellvertretend zu betreuen, das heißt, die guten Beziehungen zu den Indianern dieser weiten Gebiete auf verständnisvolle Weise für die Company aufrechtzuerhalten.

Dies Angebot kam Paul Soldat viel zu überraschend, als daß er sofort ja zu sagen vermocht hätte. Er erbat sich einen Tag Bedenkzeit. Der Tag wurde gewährt, aber Alexander Mackenzie fügte hinzu:

»Länger als einen Tag kann ich dir nicht geben, Paul. Ich sitze den Leuten im Nacken, damit sie sich beeilen. Nach Fort Chipewyan ist es weit, und ich möchte dort gern zwei, drei Wochen vor dem Eis ankommen, und einige der Außenstellen des Forts bedürfen wahrscheinlich noch meines Besuchs. Mein Vetter Roderick, der Fort Chipewyan inzwischen verwaltet hat, geht mir ein bißchen zu sanft mit den Voyageurs um, die er auf die Außenposten gesetzt hat, wo sie machen können, was sie wollen.«

Paul Soldat fühlte sich unbehaglich nach diesen Worten. Da kam er wieder zum Vorschein, der eigentliche Alexander Mackenzie, Hauptagent und Partner der allmächtigen Company. Auf der Entdeckungsfahrt zum Großen Ozean hatte er sich oft genug als zielbewußter und kühner Anführer und zugleich als verläßlicher Kamerad erwiesen. Das schien nun nicht mehr von besonderer Wichtigkeit zu sein. Statt dessen verlangte er als Bevollmächtiger der Company Respekt und Gehorsam.

Doch kam Paul Soldat schon nach der ersten Stunde ruhiger Überlegung zu dem Schluß, daß der Vorschlag der Schotten, sich für den kommenden Winter des Macleodschen Postens anzunehmen, wie eigens auf ihn und Mes Coh Thoutin zugeschnitten schien. Es hätte wenig Sinn gehabt, über Winter ein Dutzend oder mehr Kanus zu bauen, denn es gab niemand, der sie würde kaufen wollen. Ja, damals in Grand Rapids am Großen Winnipeg-See hatte er mit Walther Corssen an einem Kreuzweg der Kanurouten gesessen. Dort waren ihnen ihre guten Kanus jederzeit gern abgekauft worden. Sowohl die Kanubrigaden der beiden großen Gesellschaften als auch viele Einzelhändler hatten den Engpaß der Saskatchewan-Mündung in den Winnipeg-See in beiden Richtungen zu passieren und in beiden Richtungen stets weite Reisen vor sich; kräftige, wendige Kanus waren deshalb sehr gefragt. Aber hier am Ende der Welt, am entlegenen Mittellauf des Peace, dem am weitesten nach Westen vorgeschobenen Posten der Company, hier kam niemand vorbei, der eines neuen Fahrzeugs bedurft hätte. Ja, und der Wabasca war nahe, der große, tückenreiche

Nebenfluß des Peace vom Süden her, der Strom, der in das Einzugsgebiet des mittleren Athabasca wies, in den von Osten her der La Biche einmündete. In der Gabel aber, die der La Biche mit dem Athabasca bildet, stand das Fort Leblois – und wenn sich nichts Böses inzwischen ereignet hatte – möge Gott es verhüten! –, dann lebte und wirkte dort immer noch Anna Leblois.

Mehr aber noch als diese Überlegungen fiel ein Erlebnis ins Gewicht, von dem Paul Soldat bis in seine Tiefe erschüttert wurde. Die kleine Nagamoun hatte sich, als der Vater plötzlich vor ihr an Land sprang, mit solcher Leidenschaftlichkeit und übergroßen Freude in die Arme des Vaters gestürzt, daß er von dem nun achtjährigen Kind auf dem abschüssigen Ufer beinahe umgerissen wurde.

»Vater! Vater!« stammelte Nagamoun. »Ich dachte, du kämest gar nicht mehr zurück. Ich dachte, ich müßte immer hier bleiben bei Losseh Thiegah und den Indianern.«

Für die nächsten vierundzwanzig Stunden wich Nagamoun nicht von der Seite des Vaters, als fürchtete sie, ihn jeden Augenblick wieder zu verlieren. Sogar nachts drängte sich Nagamoun an ihn und flüsterte ein ums andere Mal: »Ach, Vater, du bist wieder da, du bist wieder da!«

Zunächst hatte sich im Hirn Pauls ein böser Verdacht geregt: Sollte Losseh Thiegah das Kind schlecht behandelt, sollten die Indianerkinder dem Mischblut Verachtung, Hohn und Mißgunst gezeigt haben?

Davon konnte aber keine Rede sein. Losseh Thiegah liebte das Kind, und die reinblütigen Indianerkinder hatten der Kleinen freiwillig eine bevorzugte Rolle zugebilligt. Losseh Thiegah bekannte sogar, wie traurig sie wäre, da Nagamoun ihr zwar stets gehorchte, sich aber niemals vertraulich oder gar zärtlich zeigte.

Wenn Paul Soldat es nicht schon vorher gewußt hätte, so wäre jetzt nicht mehr zu bezweifeln gewesen, daß in den Adern des Kindes das Blut des weißen Vaters offenbar viel stärker pulste als das der indianischen Mutter. Ich muß mein Kind dafür entschädigen, dachte Paul Soldat, daß ich ihm zugemutet habe, in indianischen Zelten heimisch zu werden. Und er durfte von seiner Tochter nicht verlangen, sich abermals mit dem Vater auf irgendeine weite, wilde Kanureise zu begeben, mit all ihren Schrecken und Entbehrungen. Wenn die kleine Nagamoun nicht Schaden nehmen sollte an Leib und Seele, hatte der Vater sie für lange Zeit zu sich zu nehmen und ihr – zu seiner väterlichen – die mütterliche Wärme zu ersetzen. Das aber war nur möglich, wenn er wie hier als Stellvertreter Macleods über ein eigenes Blockhaus verfügte, das Dasein in ruhigen Bahnen schwang und er sich an langen, dunklen Winterabenden die Zeit nahm, mit der Kleinen beisammen zu sein.

Schließlich kam hinzu, daß auch Mes Coh Thoutin dem weißen Manne, dem er sich verbunden hatte, nachdem vor Jahren seine Sippe durch die große Seuche ausgelöscht worden war, anriet, den Vorschlag der Schotten anzunehmen. Mes Coh Thoutin nahm zwar nach Indianerweise von seiner Frau Losseh Thiegah öffentlich kaum Notiz, behandelte sie auch vor den Augen anderer so knapp und kurz, als wäre sie seine Sklavin. Doch tat er damit lediglich der Sitte Genüge. In Wahrheit sehnte er sich danach, mit seiner Frau endlich einmal wieder für Wochen und Monate beisammen zu sein. Die Bärin hatte ihm sein Söhnchen Nekik getötet; er hatte die Bärin getötet und ihre Jungen der Mutter beraubt. Noch war es längst nicht zu spät – Losseh Thiegah würde noch einmal schwanger werden – irgendwann! Mes Coh Thoutin sehnte sich nach Kindern oder wenigstens einem Kind.

Noch ehe der Tag, den Paul Soldat sich als Bedenkzeit erbeten hatte, beendet war, fiel die Entscheidung: »Also gut, Alexander, ich werde hier den Posten halten bis zum Herbst 1794, bis im nächsten Jahr die Kanus mit den Tauschgütern den Fluß heraufkommen. Doch werde ich nicht für Rechnung der Company handeln, sondern für eigene. Was ich an Pelzen inzwischen erwerbe, werde ich der Company mit einem Aufschlag von fünf bis zehn Prozent anbieten. Danach bin ich dann wieder ein freier Mann und kann, wenn ich will, meiner Wege gehen.«

Alexander Mackenzie hätte wahrscheinlich gern anderes vereinbart, aber er willigte ein; er stand unter dem Zwang, bald weiterreisen und Macleod und Finlay mitnehmen zu müssen; dieser vorgeschobene Posten mußte aber unter allen Umständen gehalten werden. Er konnte sich kaum einen Mann vorstellen, der dieser Aufgabe besser gewachsen war als Paul Soldat.

Der Übergang vollzog sich so schnell, daß die drei Erwachsenen und das Kind sich plötzlich fast verlassen fühlten. Alexander Mackenzie hatte seine Mannschaft und die Unteragenten der Company Macleod, Finlay und Mackay zu höchster Eile angetrieben. Auch noch den letzten Voyageur hatte er von Macleods Posten abziehen müssen, denn die Ausbeute an Fellen erwies sich als so reich, daß außer den zwei Kanus, die Mackenzie mitgebracht hatte, auch noch das letzte des Postens beladen werden mußte. Paul Soldat und Mes Coh Thoutin würden sich also als erstes noch vor dem Winter ein neues Kanu bauen müssen, um sich bewegen zu können, solange der Fluß offen war. Man durfte immerhin noch auf etwa sechs Wochen offenes Wasser rechnen.

Und dann war eines Morgens – das frühe Grau begann gerade erst, einen rötlichen Schimmer anzunehmen – der Gesang der ob der Abreise hochgestimmten Voyageurs über dem in dieser Jahreszeit nur gemächlich nordostwärts wandernden Peace verhallt. Die drei Erwachsenen hatten am Ufer gestanden und dem letzten, noch ein wenig vom Ufersand festgehaltenen Kanu dazu verholfen, tieferes Wasser zu erreichen. Beauchamp, der Voyageur, mochte er auch, ewig aufsässig und launisch, seinen Oberen das Leben schwermachen – singen, das konnte er! Er stimmte »Alouette!« an, nichts entsprach dem Übermut der wieder auf die große Reise gehenden Voyageurs besser.

Eine Weile blickten Paul Soldat, Mes Coh Thoutin, Losseh Thiegah und das Kind, das Paul auf den Arm genommen hatte, damit es besser sehen konnte, den schnell in die Mitte der Strömung hinausstrebenden Booten nach. »Alouette, o Alouette . . .!«, das sangen sie gern, die Voyageurs, wenn sie die Paddel zu den ersten der abertausend Schläge ins Wasser tauchten.

Paul Soldat hatte die Worte des Liedes nicht einmal mitgesummt. Sie waren alle fort mitsamt ihrem Alexander Mackenzie, der – sagte sich Paul – ein großer Mann werden würde, aber ganz gewiß nicht im Pays d'en haut, sondern in den Kontoren und an den Sitzungstischen der mächtigen Gesellschaft in Grand Portage oder Montréal oder London.

Als Freunde waren sie nicht voneinander geschieden, aber auch nicht als Feinde. Sie wußten allmählich, was sie voneinander zu halten hatten, und respektierten sich. Mackenzie sagte sich, diesen Paul Soldat habe ich eingesetzt, wie und wo er am besten zu brauchen ist. Und Paul Soldat dachte, gut, der kommende Winter und der Sommer danach bis zur Rückkehr der Kanus werden uns nicht allzu viel einbringen. Aber Wohnung, Unterhalt und ausreichende Beschäftigung sind uns sicher; wir werden ein übriges tun und über Winter den Posten zu einem Fort ausbauen. Fort Vermilion soll es heißen, wie sonst! Wenn auch die Vermilionfälle und -schnellen erst eine Tagereise stromab zu finden sind. Der Name ist schön, und wenn der erste Frost das Laub der vielen Espen und Birken am Ufer vermilion färbt, was ja scharlachfarben heißt, dann wird sich der Name als zutreffend erweisen.

Als der kleine Schwarm der Kanus um die große, schöne Biegung des Stroms unterhalb des Postens hinter der Kulisse der zum Wasser vordringenden Wälder verschwunden war, wollte Paul Soldat seine kleine Nagamoun wieder auf den Boden setzen. Aber das Kind hielt sich an seinem Halse fest und stellte dem Vater eine Frage, die er schon seit einiger Zeit gefürchtet hatte, denn er wußte nicht, was er darauf antworten durfte. Nagamoun flüsterte, als dürfte nur der Vater sie hören: »Vater, jetzt sind sie alle fort, die vielen Männer, und Indianer sind auch nicht mehr da, wann fahren wir zu Tante Anna und Armand?«

Die Kleine hatte also nichts vergessen. Der Zeiger des Kompasses in ihrem Herzen wies nach wie vor in die eine Richtung. Paul dachte: Meiner Nagamoun geht es nicht anders als mir. Laut sagte er: »Ach, meine kleine Nagamoun. Das geht leider nicht. Gerade, weil die anderen alle weggegangen sind und weil die Indianer ihre Frauen und Kinder schon in die Winterquartiere gebracht haben und nun darangehen, ihre Fallenstrecken für den Winter auszulegen, müssen wir hierbleiben. Sonst kommen die Bären und Wölfe und machen sich auf unserem Posten breit, und kein Mensch kann mehr hier wohnen. Nein, wir müssen schon hierbleiben; ich habe es ja auch dem Maître versprochen. Ich gehe nicht wieder fort, Nagamoun. Wir bleiben zusammen, und im Winter, wenn erst Schnee liegt und der Fluß fest zugefroren ist, werden wir Schlittenfahren, und du mußt jetzt lernen, wie man mit Schneeschuhen zurechtkommt. Ohne sie bleibt man im Winter bei tiefem Schnee einfach stecken. Und an den langen Abenden werden wir damit anfangen, Lesen, Schreiben und Rechnen zu üben, wovon die Indianer nichts wissen. Aber du bist meine Tochter. Du bist nicht indianisch und mußt lernen, was die weißen Leute verstehen.«

Das Kind ließ sich ablenken und vom Vater die Böschung hinauftragen. Nagamoun fuhr fort zu flüstern, obwohl die beiden Indianer gar nicht mehr in der Nähe waren, sondern über einen anderen Pfad auf das Hochufer des Flusses stiegen: »Die Voyageurs sind auch weiße Leute und sprechen wie wir französisch, Vater. Aber Losseh Thiegah hat mir gesagt, sie können nicht lesen und schreiben, als wären sie Indianer.«

Paul Soldat hatte das Hochufer des Flusses gewonnen und setzte das Kind zur Erde, behielt es aber an der Hand. »Losseh Thiegah hat dir nichts Falsches gesagt, Nagamoun, aber Anna und Armand, auch ich und Mister Mackenzie, Mister Mackay und Mister Macleod, wir können alle lesen und schreiben und rechnen, und deshalb mußt auch du es lernen.«

»Armand auch?« fragte das Kind.

»Ja, natürlich, Armand auch!«

Nagamoun erklärte sehr bestimmt und ohne zu zögern: »Dann will ich das auch alles lernen, Vater.«

Paul Soldat brauchte nicht nach dem richtigen Abschluß des Gesprächs zu suchen. Er drückte die kleine Hand, die in der seinen lag. »Dann werden wir also den Winter über einiges zu tun haben, Nagamoun. Wie die Sache steht, wirst du Armand erst wiedersehen können, wenn du genauso gut lesen und schreiben kannst wie er, nicht wahr?«

Das Kind schien nicht sehr begeistert von der Wendung, die das Gespräch genommen hatte. Aber es sah schließlich ein, daß der Vater auch diesmal recht hatte. Und sie erwiderte zärtlich den Druck seiner Hand.

Es ereignete sich nichts in dem langen, harten Winter 1793/94, was den Frieden und das Gleichmaß der dunklen und dann wieder langsam wachsenden Tage in dem weltverlorenen Fort Vermilion am großen Peace gestört hätte. Zuweilen kehrten indianische Jäger ein und lieferten die erbeuteten Pelze ab. Paul Soldat besaß keinen großen Vorrat an Tauschwaren mehr, die er ihnen dafür anbieten konnte. Doch das machte kaum einen Unterschied. Der ruhige ältere Mann mit dem ergrauenden Haar hatte alles, was die Indianer geliefert hatten und dafür haben wollten und fordern durften, in sein großes Buch geschrieben. Dort war es sicher verwahrt bis zum nächsten Herbst. Dann würden die Kanus aus dem fernen Osten wieder erscheinen und all die begehrten Erzeugnisse des weißen Mannes mitbringen. Obendrein würde man ihnen, da sie geduldig gewartet hatten, eine gehörige Draufgabe an Rum oder Brandy bewilligen. Darauf hatte man eben zu warten. Jäger wissen, daß Warten zum Jagen gehört, endloses Warten zuweilen, eine stets wieder neu zu bestehende Probe der Geduld. Ein Wort, eine Zusage galten hier in den Einöden mehr als anderswo zehn geschriebene Verträge. Treu und Glauben waren in der Wildnis ebenso unerläßlich wie die Luft zum Atmen.

Sollte jedoch die Kanubrigade im nächsten Herbst ausbleiben, der Händler im Fort Vermilion also nicht imstande sein, seine Zusagen einzulösen, so war den Kanus eben irgendwo auf den wilden Gewässern oder in den Stromschnellen ein Unglück passiert. Und dagegen war kein Kraut gewachsen. Wenn die höheren Mächte eingreifen, dann lösen sich alle Forderungen und Schulden in blassen Nebel auf und verwehen, wie der Gischt verweht in den großen Vermilionfällen.

Paul Soldat und die kleine Nagamoun, Mes Coh Thoutin und Losseh Thiegah hatten rechts und links von dem großen Wohn- und Handelsraum des Haupthauses je zwei Kammern bezogen, die durch einen kleinen, nach beiden Seiten offenen Kamin in der Zwischenwand beheizt werden konnten, während der große Mittelraum von einem mächtigen Feuerplatz an der Rückwand erwärmt wurde. Die übrigen Unterkünfte und Schuppen des Postens hatten die Männer gut gesichert, so daß kein Wetter ihnen etwas anzuhaben vermochte und sie sofort wieder in Gebrauch genommen werden konnten, wenn gegen Ende der nächsten Saison die Kanubrigade vom Oberen See und Fort Chipewyan wieder auftauchte.

Solange der Frost das Erdreich noch nicht zu eiserner Härte hatte erstarren lassen, gruben die Männer rings um die Häuser des Postens einen schmalen, tiefen Graben. Darin sollten die oben zugespitzten Fichtenstämme Halt finden, die schließlich in geschlossener Reihe das ganze Anwesen auf dem Hochufer des Peace schirmen würden. Kräftige Fichtenstämme standen im Wald nahebei zu Hunderten bereit, um sich in schwer übersteigbare Palisaden zu verwandeln.

Indessen kam der Schnee den Männern zuvor. Anfang Dezember begrub ein aus Nordost anbrausender Schneesturm, der drei Tage und drei Nächte unvermindert anhielt, alles unter Bergeslasten von feinkörnigem Schnee, der schnell in sich zusammensackte und bald an seiner Oberfläche so hart wurde wie Eis. Die Arbeit an den Palisaden mußte vorläufig aufgegeben werden. Nur die Wand gegen Nordosten, von wo aus fast immer die große Kälte das Land überfiel, hatten die Männer noch vor dem Einbruch des Frostes aufgerichtet – als Windschutz für ihr Haupthaus, der sich auch bald bewährte.

Paul Soldat schnitt sorglich jeden Abend in einen langen, von seiner Rinde befreiten Eschenstab eine kleine Kerbe, die er mit Ruß aus dem Schornstein jeden siebenten Tag ein wenig schwärzte. So blieb er den Monaten, Wochen und Tagen nach der Weise der Voyageurs und Waldläufer stets auf der Spur.

Die grausigen Stürme, mit denen sich der Winter einzuführen pflegte, flauten im Laufe des Dezember allmählich ab. Zuweilen tauchte auch die Sonne wieder aus dem Grau der über den Himmel jagenden Wolken, tiefhängenden grauen Wolken, die von einem bläulichen Schimmer überhaucht waren, einem sicheren Zeichen dafür, daß sie voll Schnee steckten; doch schienen sie häufig, besonders bei schneidendem Sturm, zu vergessen, sich von ihrer Schneefracht zu befreien. Erst wenn der Sturm sie, verebbend, zu Atem kommen ließ, fingen sie an, sich den Schnee entrieseln zu lassen. Dann war es manchmal vollkommen windstill – aber doch nicht so ganz; denn die feinen, harten Schneekristalle prallten hörbar auf den schon eingeschneiten Boden, vollführten ein seltsam gläsernes Rieselgeräusch, das, wenn man einschlafen wollte, sogar durch die dicken Wände des Blockhauses hörbar wurde.

Nagamoun waren die Geräusche der Wildnis längst vertraut. Doch vom Rieseln des Schnees bei völliger Windstille wurde sie stets von neuem merkwürdig verzaubert. Paul Soldat war dann nicht mehr imstande, die Tochter bei der Fibel oder der Rechentafel festzuhalten. Sie flüsterte: »Hörst du's, Vater? Es schneit draußen. Kein Voyageur kann so schön singen wie der Schnee.«

Dem Vater erschien in solchen Augenblicken das Kind wie ein völlig fremdes Wesen. Das tat seiner Liebe keinen Abbruch, im Gegenteil! Das ein wenig eckig und schmal werdende Kind mit dem ovalen Gesichtchen, der goldfarbenen Haut, den großen mandelförmigen Augen unter dem dichten, dunklen, leicht gewellten Haar, der klaren, hohen Stirn und den ein wenig betonten Backenknochen, mit einem kindhaft blühenden Mund unter einer zart geflügelten Nase, dies Kind, das er, der einer Bauernsippe im fernen hannöverschen Lande im Herzen Europas entlaufene Mann, der längst nur noch im herrenlosen Pays d'en haut zu Hause war, dort also, wo niemand in Wahrheit recht behaust war – dies fremdartig schöne Kind, das er, der eigentlich Lüders hieß, mit einer Indianerin vom Stamme der Cree gezeugt hatte, einer Häuptlingstochter, die ihm niemals wahrhaft gehört hatte – dies fremdartig schöne Kind, das noch viel schöner zu werden versprach, ach, er ahnte es seit langem: die kleine Nagamoun war ihm zum einzigen Pfand seines Lebens geworden. Er liebte sie mit all der unwandelbaren Beständigkeit, deren er fähig war. Sie hielt ihn mit ihren schmalen Kinderhänden fest, fester, als es eiserne Klammern je vermocht hätten. Sie bestimmte die Richtung, in der sich sein Leben weiter vollzog. Wenn von Zeit zu Zeit der Name Armand in ihren kindlichen Gesprächen auftauchte, so nahm Paul Soldat es hin wie eine Mahnung, der er sich auf die Dauer nicht entziehen konnte.

In diesem Winter 1793/94 kamen sich Vater und Tochter näher, als sie es je gewesen waren und vielleicht auch je wieder sein würden. Das Kind erörterte mit dem Vater vielerlei, das sie bestenfalls vom Hörensagen kannte. In den indianischen Zelten, in denen Nagamoun lange zu Hause gewesen war, wurde nichts verschwiegen, und den stets aufs engste mit den Eltern zusammenlebenden Kindern blieb nichts verborgen. Es wurde Paul Soldat bald selbstverständlich, mit dem Kinde zu reden wie mit einem Erwachsenen; ihre altklugen, aber immer verständigen Äußerungen gaben ihm oft genug zu denken; er nahm sie, ohne daß er es recht merkte, stets für voll.

Sie waren fast immer miteinander allein. Mes Coh Thoutin und Losseh Thiegah führten ihr eigenes Leben. Allerdings war Mes Coh Thoutin manchmal mehrere Tage und Nächte abwesend, dann nämlich, wenn ihn die Jagd weit vom Lager fortgeführt hatte, er ein erlegtes Wild aufzubrechen, das beste Fleisch heranzuschaffen oder hoch in den Bäumen aufzuhängen hatte, damit es nicht vom Raubwild erreicht wurde. Einen viele Zentner schweren Elch oder Rothirsch einzubringen, das erforderte drei oder vier schwerbepackte Märsche von dem

Ort, an dem das Tier erbeutet worden war, zum Vorratshaus des Lagers und zurück.

Losseh Thiegah hatte es übernommen, die Fischlöcher im Eis des Stroms Tag für Tag von neuem aufzubrechen, wenn der Frost sie wieder geschlossen hatte, und die Angel mit dem Köder auf und ab zu schwenken, bis ein Weißfisch oder eine Forelle, ein Hecht oder eine Brasse angebissen hatte. Länger als eine halbe Stunde brauchte Losseh Thiegah niemals auf dem Eis auszuharren. Dann war für die Mahlzeiten der nächsten zwei oder drei Tage wieder völlig ausreichend gesorgt.

Ohne daß die Indianer je offen miteinander darüber sprachen – sie redeten ohnehin lediglich über das, was der Alltag mit sich brachte –, kreisten doch beider Gedanken stets um ein und denselben Wunsch: Wenn doch der große Manitou uns wieder ein Kind bescherte. Großer Geist über den Einöden, gewähre uns wieder ein Kind!

Paul Soldat hatte sich manchmal gefragt, warum sich Nagamoun, wie er zu spüren meinte, während seiner Abwesenheit bei Losseh Thiegah niemals ganz wohl gefühlt hatte. Es mußte wohl so gewesen sein, denn nun, da er wieder da war, beschlagnahmte seine Tochter ihn beinahe eifersüchtig und schien nie daran zu denken, von sich aus die Gesellschaft der Indianerin zu suchen. Vielleicht hat Losseh Thiegah, so meinte Paul Soldat nach langem Überlegen, meine Kleine entgelten lassen, daß sie selbst ihr Kind verloren hat und daß ich, der Gefährte ihres Mannes, Nagamoun behalten durfte.

Häufig genug in diesem langen, sehr stillen Winter, der nur durch die Besuche indianischer Jäger für einige Tage dann und wann unterbrochen wurde, überraschte, ja verwirrte das Mädchen den Vater durch Handlungen oder Äußerungen, die ihm absonderlich, fast unheimlich vorkamen. In beinahe jeder der langen Nächte flammten über den nördlichen Himmel die Nordlichter, schossen ihre grünlichen Geisterkeile in den Zenit hinauf oder entfalteten die ungeheuren Vorhänge aus resedafarbenem, blassem Licht, in deren schweren Falten ein Ätherwind unablässig, wenn auch nur verhalten, zu wühlen schien. Jedoch boten Nordlichter dieser Art mit ihren Sinfonien in Geistergrün sozusagen nur den Alltagsprunk der Winternächte dar, die von knisternd trockenen, tiefkalten Lüften aus der hohen Arktis durchweht wurden. Zuweilen jedoch – es war nie vorauszusagen, wann es geschehen würde –

legte die Nacht ein Festgewand an. Dann begann das Grün der aus dem hohen Himmel herniederhängenden wogenden Theatervorhänge sich ins Rötliche und Goldgelbe zu verfärben. Bis sich ungeheuere Purpurbäume entwickelten, in die immer wieder ein Weltensturm hineinzustoßen schien, sie wogend durcheinander schüttelnd, Kaskaden vieler Lichter des Regenbogens entfesselnd; bis eine einzige Farbe alle anderen pomphaft strahlend beherrschte, die Farbe des Purpurs.

Als hätte sie ein leiser, aber dringender Anruf geweckt, regte sich dann die kleine Nagamoun unter ihrer warmen Decke aus weichen Hasenfellen, richtete sich auf, sogleich ganz wach, tastete mit der Hand zum Lager ihres Vaters hinüber, berührte seine Schulter und flüsterte: »Vater, draußen ist wieder das Purpurlicht. Komm, Vater, ich möchte es sehen.«

Auch Paul Soldat war auf der Stelle wach. Wie alle Männer der Wildnis hatte er einen sehr leisen Schlaf und erwachte sofort, wenn sich etwas Ungewöhnliches oder Unerwartetes auch nur mit leisem Geräusch ankündigte. Nicht ein einziges Mal kam Paul Soldat auf den Gedanken, daß er die Bitte der Tochter auch ablehnen konnte. Stets erhob er sich ohne ein Wort, half der Tochter und sich selbst in die Wollsachen und Pelze, ohne welche die tiefe Kälte der Winternächte nicht zu bestehen war, hob lautlos den schweren Holzriegel der Tür aus der Halterung und trat mit dem Kinde ins Freie.

Auf dem Eis des Stroms unter dem Hochufer, auf welchem das werdende Fort Vermilion sich lagerte, spiegelte sich die purpurne Farbenpracht des Nordhimmels, gleitend, glimmend, glitzernd, ja glühend wider, wenn auch solche Purpurglut nicht wärmte. Dann mochte es die Laune des sich niemals wiederholenden Nordlichts wollen, daß das ganze Bukett der Farben wie mit einem Zauberschlage über den Horizont davongewirbelt wurde, erlosch, verschwand, als sollte auch dem ungeschmückten, ewigen Sternenhimmel die Gunst gewährt sein, seinen Zauber zu entfalten. Die ungeheuer hohe Nacht des Nordens mit ihrer gläsern kalten, trockenen Luft bewies dann, insbesondere wenn sich der Mond versteckt hielt, daß das Diamantgeflitter und Gefunkel ihrer abertausend Sterne, ausgeschüttet über den schattendunklen, weichen Samt, mit dem die Kuppel des Nachthimmels von innen verkleidet ist, daß die Pracht solcher Nacht neben dem wildbewegten Farbenkonzert der Nordlichter großartig zu bestehen vermochte.

Doch pflegte sich das Sterngegleiß nie sehr lange zu behaupten. War erst einmal eins der seltenen Purpurlichter aufgeflammt, so loderte es immer wieder von neuem hoch. Ein orangefarbener Strahl schoß plötzlich vom Horizont her schräg in den Nordhimmel hinein, Wolken rötlichen Feuerscheins quollen ihm nach, Balken aus Purpur legten sich quer; in wenigen Sekunden erblaßten die eben noch so selbstgewiß blitzenden Sterne zu matten Lichtpünktchen. Das Purpurlicht entrollte seinen wogenden Prunk abermals über dem Nordhimmel und goß den Widerschein seiner kalten Flammen über das Eis des Stroms, das dann manchmal, als wäre es so gewollt von einem überirdischen Feuerwerker, ein dumpfes urweltliches Donnern hören ließ: der Frost spaltete einen neuen, tiefen Riß in das zwei, drei Fuß starke Eis über dem in der Tiefe immer noch sachte rinnenden Gewässer.

Der Mann und das Kind standen am Rande des Hochufers, während ihnen die Kälte vom Boden her langsam durch die pelzgefütterten Mokassins drang, und rührten sich lange Zeit nicht. Nagamoun drängte sich an den Vater, hielt mit beiden Armen seinen linken Arm umklammert. Und jedesmal, wenn ein Purpurlicht die beiden ins Freie gelockt hatte, pflegte Nagamoun es so oder ähnlich auszusprechen: »Ich weiß, daß jetzt auch Armand dies Purpurlicht sieht und daß er denkt, wo ist meine kleine Nagamoun? Vater, ich weiß, daß Armand jetzt an mich denkt. Immer wenn das Purpurlicht kommt. Und ich an ihn.«

Paul Soldat pflegte als Antwort lediglich den Arm um die Schulter der Tochter zu legen und sie enger an sich heranzuziehen. Doch schon fiel ihm ein, daß man in so tiefer Kälte nicht lange im Schnee still stehen durfte, auch mit noch so warmem Schuhzeug, wenn man sich nicht die Zehen erfrieren wollte. So mahnte er also nach einer Viertelstunde des Schweigens, Schauens und erschrockenen Bewunderns: »Es ist genug, Nagamoun. Wir wollen wieder ins Haus zurückgehen. Die Kälte ist gefährlich, man merkt es manchmal gar nicht, wenn der Frost in die Haut eindringt.«

Nagamoun erhob keinen Widerspruch. Einig wie nie begaben sich Vater und Tochter wieder in die Schlafkammer. Der

Stand des Großen Bären hatte draußen dem Mann verraten, daß zwei Stunden nach Mitternacht bereits vergangen waren. Wenn man schon wach geworden war, so empfahl es sich, der Kälte auch für den Rest der Nacht den Zutritt zum Hause zu verwehren: mit einigen leisen Handgriffen legte Paul Soldat die Glut unter der Asche im großen Kamin des Hauptraums frei, schichtete trockene Birkenrinde darüber auf, blies hinein; und wenn nach wenigen Sekunden ein erstes Flämmchen die Rindenstücke zu verzehren begann, so schichtete er trockenes Holz darüber, wartete eine Minute, bis es voll Feuer gefangen hatte, und schob dann drei oder vier mächtige Fichtenkloben mit den Enden ins Feuer. Langsam würden sie nach außen hin verglühen und bis weit in den Morgen hinein einen guten Rest Wärme im Raum erhalten.

Gewöhnlich fand Nagamoun sehr schnell in den Schlaf zurück. Der Mann aber lag dann lange wach, von Gedanken und Vorstellungen bedrängt, die sich nur selten zu deutlichen Worten und Begriffen formten. Aber mit der Zeit wurde ihm einigermaßen klar, wie die Dinge standen: Das Kind hatte von der Mutter her jenes Ahnungsvermögen der Indianer mitbekommen, das sie mit den Tieren und Strömen, den Nächten und Gewalten der Wildnis auf geheime Weise verknüpfte. Auch entzückte es den einsamen Mann, der vom Schicksal nie verwöhnt worden war, wie fremdartig schön seine Tochter zu werden versprach, es schon war, wenn auch erst auf rührend kindliche Weise. Ein Hauch von Dunkelheit, Bräune und Wildheit, der nur aus dem Indianischen kommen konnte, war von Nagamoun nicht zu trennen, machte sogar ihren eigentlichen Zauber aus, der das »weiße« Erbe in ihr ganz absichtslos zu einem spröden Stolz überhöhte. In seiner kleinen Nagamoun schien es eine Kraft zu geben, einen unbewußten Willen, der sie von der indianischen Seite ihres Wesens auf die weiße drängte. Dieser Antrieb, so sagte sich der die Stunden nach Mitternacht vergrübelnde Vater, trägt für sie schon seit früher Kindheit, seitdem sie von der Mutter verlassen worden ist, den Namen Armand. Für mich aber bedeutet er auch Anna. Ach, und an Anna wage ich nicht zu denken. Aber Nagamoun wird nicht nachgeben. Sie liebt mich, und sie hängt an mir, als wäre ich ihr zweites Ich. Aber ihr Ziel heißt Armand. Dagegen kann ich nichts tun. Und will es auch nicht.

Nagamoun pflegte ihrem Vater viele Fragen zu stellen, die

sich nicht immer beantworten ließen. Sie weckten in dem alternden Manne die Erinnerung an seine eigene, sehr ferne Jugendzeit in einem anderen Lande jenseits der Meere. Vieles wachte in ihm wieder auf, woran er seit Jahren nicht gedacht hatte. Ihm war eingefallen, was die Weihnacht in dem Heidedorf, in dem er geboren war, für die Kinder bedeutet hatte. Mit tastenden Worten versuchte er, als das letzte Drittel des Dezember sich näherte, dem Kinde von Weihnachten zu erzählen, soviel ihm selbst aus seiner frühen Kindheit einfallen wollte. Nagamoun hörte mit großen Augen zu, wenn Vater und Tochter sich nach dem Abendessen, das sie gemeinsam mit ihren indianischen Hausgenossen einzunehmen pflegten, in ihre Kammer zurückgezogen hatten, das Feuer im Kamin sich knisternd durch die Fichtenscheite fraß und der Vater es langsam und auf vielen Umwegen unternahm, dem mit großen Augen lauschenden Kinde von jenem anderen Kinde zu berichten, das viele hundert Jahre zuvor in einem fernen Lande, in einem Stall geboren worden war. Ja, auf ganz unglaubliche und unerhörte Weise geboren worden war, um sich die Sünde und Schuld aller Menschen dieser Erde auf die Schultern zu laden und am Marterholz des Kreuzes dafür zu sühnen. Und die Engel vom Himmel hätten bei den Hirten auf dem Felde dazu ihren Lobgesang angestimmt, und die Weisen aus dem Morgenland wären gekommen, sie hätten seinen Stern gesehen und wollten es anbeten, das Kind in der Krippe! Und schließlich hätten Maria und Joseph mit dem Kinde fliehen müssen in das ferne Land Ägypten, um dem Mord zu entgehen, den der König Herodes den Neugeborenen seines Landes zugedacht hatte.

Paul Soldat wäre unfähig gewesen, diese Geschichten anders als auf deutsch zu erzählen, sosehr er auch sonst vor allem im Französischen, aber auch im Englischen und in der Cree-Sprache heimisch geworden war. Er hatte es sich von jeher angelegen sein lassen, seinem Kind auch die eigene Muttersprache beizubringen. Wie es bei Kindern geht, und erst recht bei einem so klugen Kinde wie Nagamoun wie von selbst sich ergab, hatte das Kind von klein auf begriffen, daß es mit seinen indianischen Freunden und Beschützern nur in der Cree-Sprache, mit den Voyageurs nur auf französisch, mit den maßgebenden Leuten auf den Handelsposten nur auf englisch (damit allerdings hatte sich Nagamoun am wenigsten vertraut machen können), daß sie aber, wenn sie mit dem Vater besonders vertraulich sein wollte, nur in der »Vatersprache« mit ihm verkehren konnte, wie sie es nannte, ja, daß die Vatersprache das besonders enge Band darstellte, das sie mit dem geliebten Vater auf geheime Weise verknüpfte. Trotzdem aber enthielt das, was er ihr von Weihnachten erzählte, so viel Unbegreifliches, ganz Unvorstellbares, daß Paul Soldat von einer wahren Flut von Fagen überwältigt und gezwungen wurde, Dinge und Vorstellungen zu erklären, die sich hier in den unermeßlichen Ödnissen des Pays d'en haut nur schwer erklären ließen. Was ist zum Beispiel ein Stall? Was ist Vieh? Was ist das: die Hirten bei den Herden? Und die Weisen aus dem Morgenlande? Morgenland – ja, daran brauchte Nagamoun nicht herumzurätseln, denn wo Morgen war, das wußte sie als das Gewisseste von der Welt.

Aber dann: Gestorben für die Sünde der ganzen Welt? Was ist das, Sünde? Und was ist Sühne? Am Kreuz gestorben? Am Marterholz – da ließ sich wieder eine Brücke des Verständnisses bauen, denn von Marterpfählen hatte auch Nagamoun in der indianischen Umwelt, in der sie groß geworden war, schon gehört, wenn auch noch nie dergleichen erlebt. Am Marterpfahl wurden gefangene Feinde langsam und qualvoll vom Leben zum Tode gebracht, damit sie ihren Mut und ihre Fähigkeit, Schmerzen zu ertragen, beweisen – oder zur Schande ihres Stammes nicht beweisen konnten. Hatte der Mann aus Nazareth auch seinen Mut und seine Leidensfähigkeit beweisen müssen? Aber ein Krieger war er doch offenbar nicht gewesen? Er hatte sich ohne Kampf gefangennehmen lassen – und das alles, nachdem die Engel bei seiner Geburt in Jubelchören den großen Geist gepriesen hatten?

»Und Engel, Vater, was sind denn Engel?«

Ja, was sind Engel?

Dem Vater im groben Wollhemd vor den lodernden Flammen des Herdfeuers war es längst heiß geworden, und nicht nur von der Hitze, die von den verlodernden Fichtenscheiten ausstrahlte.

Paul Soldat sagte sich in diesen Tagen und Wochen mehr als einmal: Hundert alte Geschichten haben sie mir beigebracht damals, und ich habe sie hingenommen als selbstverständliche Wahrheiten, ebenso selbstverständlich wie die, daß es am Tage hell ist und in der Nacht dunkel. Das Kind erst zeigt mir, daß nichts selbstverständlich ist, zwingt mich, darüber nachzudenken, was die alten Worte bedeuten und ob sie überhaupt etwas bedeuten. Was ist Sünde, hat sie mich gefragt. Wer das wüßte! Bei den Indianern ist etwas ganz anderes Sünde als bei den Voyageurs, und bei denen wieder anderes als bei den Schotten. Und die wieder urteilen anders, als wir im alten Deutschland. Herr im Himmel, das ist ja alles gar nicht mehr wahr! Nagamoun hat es wieder zum Leben erweckt. Vielleicht hätte ich die ganze Weihnachtsgeschichte auf sich beruhen lassen sollen. Aber sie hungert danach, alles zu erfahren, was irgendwie mit der weißen Welt zusammenhängt. Und natürlich hat sie gestern abend unser langes Gespräch unausweichlich mit einer letzten Frage beschlossen:

»Vater, die Indianer wissen nichts von all diesen Dingen – von Weihnachten und von Nazareth und vom Tode am Marterkreuz. Aber, Vater, Armand, der weiß etwas davon, ganz bestimmt! Er ist ja auch älter als ich. Armand gehört zu unseren Leuten. Tante Anna wird ihm davon erzählt haben, so wie du jetzt davon gesprochen hast.«

Was sollte Paul Soldat anderes antworten als: »Ganz gewiß, Nagamoun, Tante Anna hat ihm bestimmt davon erzählt, und er wird seiner Mutter wohl ebenso viele Fragen gestellt haben wie du mir.«

Ein zärtliches Lächeln erschien nach diesen Worten wie ein Glanz auf dem Angesicht des Kindes, strahlte Wärme in das Herz des Mannes, der den Nachhall der eigenen Kindheit und Herkunft wieder zum Klingen gebracht hatte, um dies geliebte Kind wieder ein wenig mehr als bisher zu seinem Kind zu machen.

Gegen Ende Februar, in der allerkältesten Zeit des Winters, in der sich auch die wetterharten Indianer nur ungern von den Feuern in ihren tiefverschneiten Zelten und Erdhütten fortbewegten, vertraute Mes Coh Thoutin Paul Soldat an, daß Losseh Thiegah ein Kind erwartete. Mes Coh Thoutin war so außer sich vor Freude darüber, daß er auch Nagamoun davon berichtete. Dem Kinde, das unter Indianern groß geworden war, war längst nichts Menschliches mehr fremd, und es begriff die Freude Mes Coh Thoutins und die stillere Genugtuung, von der Losseh Thiegah nun erfüllt war, durchaus. Nagamoun meinte am Abend dieses klirrend kalten Tages, an dem das Grollen und Donnern des Flußeises gar nicht enden zu wollen schien, zu ihrem Vater: »Dann wird Tante Thiegah vielleicht auch mit mir manchmal wieder lachen, wenn wir allein sind.«

Paul Soldat hütete sich, dem Kinde eine weitere Auskunft abzuverlangen. Die wenigen Worte der Tochter hatten ihm vieles enthüllt, was er bis dahin nur gemutmaßt hatte. Er sagte sich weiter: Wenn Mes Coh Thoutins Rechnung stimmt, dann wird Losseh Thiegah etwa im Oktober oder Anfang November niederkommen. Indianerinnen gebären ihre Kinder meistenteils so leicht wie die Tiere des Waldes. Es kann natürlich auch anders sein. Und Mes Coh Thoutin wird, wenn es soweit ist, nichts riskieren wollen. Auf einer langen Kanureise dürfen wir dann nicht sein. Wir müßten abwarten, bis Losseh Thiegah wieder voll zu Kräften gekommen ist. Auch wäre es besser, wenn das Neugeborene erst aus dem Ärgsten heraus wäre, bevor man es wagte, gegen den wilden und tückenreichen Wabasca anzukämpfen, das heißt, sich südwärts auf den Weg zu machen.

Erst in diesem Augenblick wurde Paul Soldat sich darüber klar, daß er längst beschlossen hatte, Fort Vermilion zu verlassen, sobald die Kanubrigade von Fort Chipewyan und weiter vom Lac Supérieur oder dem Rainy River den Peace herauf ihr Ziel erreicht und er den stellvertretend verwalteten Posten einem Nachfolger übergeben hatte. Der Beschluß war schon gefaßt, wenn sich auch Paul Soldat solches nicht zugegeben hatte; dem ewigen leisen Drängen der kleinen Nagamoun war nicht zu widerstehen gewesen; sie verlangte nach ihrem Freund und Gefährten Armand. Dem Vater war im Verlauf des Winters und dann großartig aufbrausenden Frühlings, des wunderbar warm sich entfaltenden Sommers der Widerstand gegen Nagamouns geheime Wünsche völlig abhanden gekommen. Sobald die Umstände und seine Abmachung es erlaubten, würden sie alle ein gutes, neues Rindenkanu besteigen und den Wabasca aufwärts den Posten Leblois an der Mündung des La Biche in den Athabasca-Strom zu erreichen suchen – hinweg über die schmale Wasserscheide vom SandyLake zum PelicanLake, aus dem der Pelican River dem Athabasca zustrebte.

Und Anna sehe ich wieder. Das Kind zwingt mich dazu. Ich kann mich nicht dagegen wehren. Anna ... !

15

Gegen Ende des Sommers 1794 stellten Paul Soldat und Mes Coh Thoutin mit Befriedigung fest, daß sich das Jahr, das sie mit Losseh Thiegah und der kleinen Nagamoun auf dem vorgeschobenen Posten Vermilion am großen Peace verbracht hatten, ganz unerwartet reichlich für sie lohnen würde, wenn erst einmal Mcleod oder welcher Agent der North-West Company sonst im schon leise sich ankündigenden Herbst den Peace aufwärts mit den schwer mit Tauschgütern aus der europäischen Welt beladenen Kanus erscheinen würde. Dann würde Paul Soldat mit dem Beauftragten der Company abrechnen; es sollte sich ein schöner Überschuß für ihn und Mes Coh Thoutin ergeben.

Das Land des mittleren und oberen Peace war bis dahin noch kaum durch den Pelzhandel erschlossen worden. Die Indianer hatten ihre Zeit damit vergeuden müssen, die erjagten Pelze entweder weit hinaus zur Hudson Bay, auf alle Fälle aber bis zum Fort Chipewyan am Lake Athabasca zu schaffen, um sich mit Rum, Pulver, Blei und stählernen Äxten und Messern zu versehen. Mit dem Fort Vermilion waren ihnen die Händler weit entgegengekommen, und Paul sagte sich: Wenn wir nicht hier, sondern noch weiter stromauf, an dem Platz, von dem aus Alexander Mackenzie seine Reise zum Weltmeer angetreten hat, geblieben wären, so würde ich jetzt vielleicht einen noch viel größeren Haufen von Pelzen, dazu solche von besserer Qualität, zu verrechnen haben, als es uns hier im Fort Vermilion beschert worden ist.

Die kleine Nagamoun war es, die ihrem Vater an einem Sonntagnachmittag im letzten Viertel des Monats August – wie glänzte das wilde Land weithin unter dem tiefblauen Spätsommerhimmel, wie rein und warm und weich wehte die Luft aus Südost, duftete mit jedem Atemzug der Wald, das Buschwerk am Ufer, das Röhricht; wie voller ewigem Gleichmut zogen die Wasser des großen Stroms, zärtlich gekräuselt von unablässig aus ihrem Innern aufquellenden Wallungen unter dem Hochufer hin, auf dessen steiler Kante das nun mit einem hohen Palisadenzaun umwehrte Fort Vermilion sich erhob! – ja, es war die nun neun Jahre zählende Nagamoun, die ihrem Vater eine Frage stellte, die sich Paul Soldat, wie er wohl wußte, längst hätte stellen müssen, aber nie in Worte gekleidet hatte, rührte sie doch an die Grundfesten nicht nur seines, sondern auch des Daseins aller weißen Männer im Pays d'en haut:

»Vater, der ganze Schuppen ist jetzt voll von Biberfellen. Ich kann die Packs gar nicht mehr zählen. Sie reichen schon bis ganz oben. Und der andere Schuppen, der kleine, in dem sind so viele Pelze, daß man gar nicht mehr hineinkann. Früher war das immer mein Wigwam zum Spielen. Ich habe schon neulich Onkel Thoutin gefragt, wo die Pelze alle herkommen! Es muß bald gar keine mehr geben, wenn die Jäger ein Tier nach dem andern in die Fallen locken oder abschießen. Und, Vater, wenn dann eines Tages überhaupt keine Felle mehr zu haben sind im Wald, was dann? Onkel Thoutin hat mit den Achseln gezuckt und gemeint, dann gehen wir eben wieder weiter nach Westen und Nordwesten. Da gibt's wohl noch Pelztiere genug. Aber, Vater, wenn wir überall die Biber wegfangen, dann muß doch einmal ein Ende sein! Und was machen wir dann?«

Die Frage hatte dem Vater beinahe die Sprache verschlagen. Das Kind hatte auf eine kurze Formel gebracht, was seinem Lehrmeister und Vorbild, Walther Corssen, dann ihm von Anfang an, seit sie sich vor Jahrzehnten vom Oberen See aus westwärts auf den Weg gemacht hatten, die eigentliche Urfrage ihrer Existenz gewesen war, die sie doch niemals bewußt gestellt, stets verdrängt hatten. Denn nur, wo die Pelztiere noch im Überfluß vorhanden waren, ließen sie sich billig gegen einfache Tauschgüter aus Europa einhandeln und brachten unglaubhafte Gewinne, mit denen sich allein die Kosten der endlosen Kanutransporte über die ganze Breite des amerikanischen Erdteils hinweg ausgleichen ließen. Und war nicht im Hintergrund dieser Frage die Ursache dafür zu suchen, daß Männer wie Walther Corssen, Alexander Mackenzie und Justin Leblois, wie andere Agenten der North-West Company und jetzt auch der Hudson's Bay Company, von einer anscheinend unerbittlichen Macht getrieben, immer weiter nach Westen und Nordwesten vorrückten?

Da der Vater offenbar keine Antwort geben wollte oder konnte, nahm Nagamoun selber den Faden nachdenklich wieder auf:

»Und die Biber, Vater, sie sind so drollig, wenn sie im Wald die Pappelstämme rundum benagen, wie du es mir gezeigt hast, einen oder zwei Fuß über dem Erdboden, bis die Stämme stürzen und die Biber das Holz für ihre Burgen verwenden können. Und die Marder sind so blitzschnell und zierlich! Und die Füchse sind so listig und lustig. Tante Thiegah hat mir neulich eine Geschichte darüber erzählt. Die Indianer haben viele solche Geschichten. Und dann kommen die Jäger und fangen die Tiere und ziehen ihnen das Fell ab, und mit den blutigen Leibern, die dann übrigbleiben, spicken sie ihre Fallen von neuem, damit sich weitere Tiere darin fangen. Mir gefällt das gar nicht, Vater. Wenn du auf Jagd gehst und bringst einen Hirsch mit, dann haben wir einen schönen Braten und machen Trockenfleisch für den nächsten Winter. Denn sonst haben wir nichts zu essen. Aber das passiert bloß einmal oder höchstens zweimal im Monat, und die Wölfe reißen ja auch ein Hirschkalb oder ein krankes Tier, wenn sie Hunger haben. Hunger will keiner haben. Aber mit den vielen Pelzen, die im Schuppen liegen, ist es doch anders. Marderfleisch haben wir noch nie gegessen und Wolfsfleisch auch nicht. Und von den vielen, vielen Bibern ab und zu nur einen Schwanz. Aber der schmeckt mir gar nicht. Wir haben doch Felle genug für den Winter. Wer soll die unzähligen Felle denn tragen, die darauf warten, daß die Kanus kommen und sie holen?«

Endlich bot sich dem Vater Gelegenheit, einzuhaken: »Ja, das stimmt, Nagamoun, hier bei uns gibt es nicht viele Leute. Aber in Europa, wohin die Felle gebracht werden, da gibt es so viele Menschen, wie du dir gar nicht vorstellen kannst. Die wollen im Winter alle nicht frieren.«

Die Sache war nicht einfach. Nagamoun sah das ein. Aber ganz zufrieden war sie mit der Erklärung nicht, die der Vater ihr gegeben hatte.

Sie hatten beide im goldfarbenen Sand des Flußufers gelegen und sich von der schon tief stehenden, aber immer noch wärmenden Sonne bescheinen lassen. Paul Soldat hatte der Tochter im Laufe des nun schon so gut wie vergangenen Sommers in einer stillen Bucht des Flusses das Schwimmen beigebracht. Viel beizubringen war da übrigens nicht gewesen. Das Kind hatte die Bewegungen, die es über Wasser hielten, instinktiv richtig auszuführen gewußt und brauchte vom Vater nur angewiesen zu werden, wie es sparsamer mit seinen Kräften umgehen, vor allem auch sich nicht nur über Wasser halten, sondern möglichst schnell fortbewegen müßte. Die schmale, noch kindlich magere, aber keineswegs schwächliche Nagamoun hatte sich der neuen Übung mit Begeisterung hingegeben; der Vater hatte mehr als einmal Halt gebieten müssen, damit sie sich nicht überanstrengte. Denn ohne seine Aufsicht überließ er sie nie dem Strom, dem kristallklaren und freundlich blitzenden, der aber, wie er wohl wußte, voller Tücken und saugender Wirbel war.

Paul Soldat lag ein wenig oberhalb seiner Tochter im Ufersand. Er hatte den Kopf zur Seite geneigt und blickte unter halb gesenkten Augenlidern zu dem Kinde hinüber, das er so sehr liebte und das ihm beinahe jeden Tag neue Freuden und auch neue Rätsel schenkte. Wie lieblich sie war, seine kleine Nagamoun! Nagamoun, das hieß in der Cree-Sprache »Gesang«. Der Waldläufer, Pelzhändler und Kanubauer Paul Soldat besaß wahrlich kein Talent zu lyrischen Empfindungen. Doch dies halbwüchsige Wesen mit der am ganzen Körper wie dunkles Gold getönten Haut, den schon sich streckenden, noch ein wenig eckigen Gliedern, dem oval geschnittenen Mädchenantlitz mit den dicht anliegenden kleinen Ohren und einem großen Schopf sehr dunklen, aber nicht schwarzen Haars, das naß und glatt gewesen war, jetzt aber in der Sonne zu flachen Locken trocknete, dies fremdartig anmutige Wesen war sein Kind, seine Tochter! An diesem späten Sonntagnachmittag war es ihm wieder einmal wie ein Wunder, daß er, ein alternder, grober Mann, der an sich selbst nichts besonders Großartiges oder Einmaliges entdecken konnte, ein so entzückendes Kind gezeugt hatte. An Atak, die Mutter, konnte er nur mit Wehmut und einem Beigeschmack bitterer Schuld denken. Atak war geflohen, als sie erfuhr, daß die beiden alten Männer, die sie zu der Heirat mit ihm gezwungen hatten, der Häuptling des Stammes, dem sie angehörte, und der mächtige weiße Händler, dem Paul Soldat zu gehorchen hatte, Walther Corssen, gestorben waren. Atak war nicht nur dem ungeliebten Manne entlaufen, sondern auch ihrem Kinde, an dem ihr nichts lag, dessen Andersartigkeit sie vielleicht sogar haßte. Ach, Atak war in den fürchterlichen Stromschnellen des Athabasca elend umgekommen. Er, Paul Soldat, hatte sie mit ihrem einzigen wahren Geliebten in den Tod getrieben. Ich bin schuldig, hatte er sich hundertmal gesagt. An Atak kann ich nichts mehr gutmachen. Das Kind aber, das sie mir hinterlassen hat, soll es gut bei mir haben. Nagamoun wird heranwachsen und ein sehr schönes Mädchen werden. Und eines Tages werde ich sie an irgendwen verlieren, so wie ihre Mutter den Indianer Mayegan verloren hat, als ich sie haben wollte und der Häuptling sie mir gab, weil Walther Corssen für mich warb.

An irgendwen werde ich Nagamoun verlieren, irgendwann –? Nein, nicht an irgendwen, wenn ich auch noch nicht weiß, wann! An Armand werde ich sie verlieren, an den Sohn Annas, die sicherlich nicht spürt, daß sie in meinen Gedanken ist seit vielen Jahren; sie ahnt es wahrscheinlich nicht einmal, und wenn sie es ahnt, so ist es ihr gleichgültig oder gar lästig. All dies hängt untergründig miteinander zusammen; man weiß bloß nicht, wie.

Paul Soldat rief sich ins Hier und Jetzt zurück. Er würde Nagamoun bald wecken müssen – sie war eingeschlafen, ihre Augen waren geschlossen, die Lider zuckten nicht. Die Sonne wärmte kaum mehr. Und dieser zierlich magere Leib, wie der eines Knaben, an dem die Brüstchen noch nicht einmal knospen wollten, brachte aus sich selbst nicht viel Wärme zustande. Paul lächelte, während er den Blick noch einmal über den Körper des Kindes gleiten ließ: Nach Indianerart hatte Nagamoun einen Streifen weichen Hasenleders zwischen den Beinen durchgezogen, den vorn und hinten eine fest um die Hüften geknüpfte Schnur aus Watap festhielt, den vorsichtig der Länge nach aufgespaltenen, sehr langen und dünnen Saugwurzeln der Schwarzfichte, wie sie auch zum Vernähen der Birkenrinde benutzt wurden, die die Außenhaut der indianischen Kanus bildet. Auch Paul Soldat trug einen solchen Schurz aus weichem Leder. So locker auch die Sitten mancher Indianer waren, innerhalb ihrer Gemeinschaft stand die Schamhaftigkeit hoch im Kurse. Die Voyageurs und Waldläufer, die sich ins indianische Dasein einzufügen hatten, hielten es nicht anders.

Aber Nagamoun schlief nicht, wie der Vater dachte. Sie hielt die Augen nur geschlossen, um sie vor dem Glanz der Sonne zu schützen, die schräg von Westen her ihr starkes, noch einmal aufbrandendes Abendlicht über den gemach dahinziehenden Strom nach Osten sandte. Auch hinter Nagamouns klarer, hoher Kinderstirn waren noch Gedanken wach zwischen Schlaf und Traum. Plötzlich fand sie die Worte dazu, und ohne die Augen zu öffnen, fragte sie den Vater: »Vater, die Bären sind stark und groß genug; sie könnten sich doch zusammentun, uns Menschen einfangen und uns die Haut abziehen, damit sie sich einen Rock machen. Warum tun das die Bären nicht? Warum machen das immer nur die Menschen mit den Tieren und nicht umgekehrt?«

Das war wieder eine jener rätselhaften Fragen, die Nagamoun von Zeit zu Zeit auf ihren Vater abschoß und die zu beantworten ihm sehr schwerfiel, wenn er sie auch um alles in der Welt nicht hätte missen wollen.

Paul Soldat richtete sich auf, stützte den Kopf in die Hand und blickte auf das Kind hinunter, das so merkwürdige Fragen stellte. Er räusperte sich. »Ja, Nagamoun, ich glaube, die Sache ist so: Die Bären sind wohl groß und stark. Die Schwarzbären, wenn sie sich aufrichten, sind viel größer und stärker als ein Mensch. Aber sie sind nicht klüger. Und dann ist für sie eigentlich von Natur aus viel besser gesorgt als für uns Menschen, so daß sie gar nicht so viel Klugheit brauchen. Wir würden im Winter mit unserer nackten, dünnen Haut erfrieren, aber die Bären haben einen dicken Pelz und fressen sich für den Winter eine dicke Speckschicht an. Die hält sie warm, und obendrein verschlafen sie auch noch die kalte Zeit viele Wochen lang in ihren Winterhöhlen, wo ihnen Frost und Schnee gar nichts anhaben können. Uns gelingt das nicht. Wir müssen uns Vorräte an Trockenfleisch und Trockenfisch anlegen und auch immer wieder auf Jagd gehen, wie die Wölfe das im Winter tun, und gegen die Kälte können wir uns nur schützen, indem wir uns die Felle und Pelze anziehen, die den Tieren zum Schutz gegen die Kälte angewachsen sind. Als ich so klein war wie du, Nagamoun, da habe ich gelernt, daß Gott nur den Menschen geschaffen hat nach seinem Bilde, aber nicht die Tiere. Das ist wahrscheinlich der große Unterschied. Wenn wir demnächst abends Zeit haben und bei uns in der Schlafkammer allein sind, können wir vielleicht noch einmal länger darüber reden. Aber jetzt, glaube ich, müssen wir uns anziehen. Die Sonne sinkt, und du sollst nicht frieren.«

Nagamoun gehorchte sofort, war im Nu auf den Beinen, griff nach dem Wollhemd aus rotem Indianerflanell, wie ihn die Handelsposten der Company im Pays d'en haut überall feilhielten, und nach dem hübsch verzierten Gewand aus weichem Wildleder, das vom Hals bis zu den Knien reichte und vorn und hinten geschlossen war, so daß das Kind wie in ein Futteral hineinzuschlüpfen hatte; der bis zum Bauchnabel reichende Halsausschnitt war dafür groß genug ausgeschnitten; er wurde mit einem Lederbändchen über Kreuz bis zum Hals wieder geschlossen.

Nagamoun sprang ein paar Schritte zur Seite, wandte sich ab und löste schnell den nassen Lederstreifen zwischen ihren Beinen. Der Vater umfaßte den noch ein wenig eckigen Kinderkörper mit einem zärtlichen Blick. Nagamoun war nun ganz nackt, blieb aber abgewandt; und wieder lächelte der Vater: ich hab's ihr nicht beizubringen brauchen, sie weiß von allein, was sich schickt. Dabei vergaß er fast, sich Hemd und Hose anzuziehen, wie es sich gehörte. Nagamoun rief: »Bist du fertig, Vater? Kann ich mich schon umdrehen?«

»Ja, natürlich, Nagamoun, das kannst du!« erwiderte Paul Soldat heiter, während er den Hosengürtel zuschnallte.

Die beiden ließen sich Zeit. Es war ja Sonntag, kaum noch fanden sich um diese Jahreszeit indianische Händler ein, um ihre Pelze anzubieten. Sommerpelze haben geringen Wert, und es hatte sich unter den Indianern herumgesprochen, daß Fort Vermilion nur noch unvollkommen mit Tauschgütern versehen und daß erst nach der Rückkehr der Kanus im Herbst mit einem wirklich vollständigen Angebot von Erzeugnissen aus dem fernen Erdteil Europa zu rechnen war.

Mann und Kind schritten den zum Hochufer ansteigenden, breit ausgetretenen Pfad gemächlich bergauf. Paul Soldat hätte es beinahe voraussagen können, daß auch diesmal wie am Ende fast aller seiner vertraulichen Gespräche mit der Tochter der Name auftauchen würde, der in ihrem Gemüt längst Wurzeln geschlagen hatte wie ein starker Keimling in dunklem, fruchtbarem Erdreich. Nagamoun faßte nach der Hand des Vaters, was sonst nicht ihre Gewohnheit war.

»Wenn Armand hier wäre, Vater, er würde ganz gewiß gern mit uns über die ›schwierigen Dinge‹ reden, wie du sie immer nennst, die wir besprechen, wenn wir allein sind. Ach, Vater, wann fahren wir endlich von hier fort. Armand wird denken, ich dächte gar nicht mehr an ihn. Vater, ist das etwas Schlimmes, daß ich jeden Tag an Armand denke?«

Paul Soldat hätte am liebsten geantwortet: Schlimm nicht, Nagamoun, aber besser wäre es, wenn du es bleibenließest; es ist noch viel zu früh für euch beide. Statt dessen sagte er laut: »Was sollte Schlimmes daran sein, Nagamoun! Und ich meine auch, daß Armand mit uns wäre, als hätte er immer schon dazugehört. Wann wir von hier abfahren, willst du wissen, Nagamoun. Auf alle Fälle müssen wir die Kanubrigaden abwarten und dann mit der Abrechnung für das vergangene Jahr zu Rande kommen. Wenn die Kanus frühzeitig genug eintreffen und sonst nichts dazwischenkommt, das verspreche ich dir – falls wir sicher sein können, vor dem Eis bis zum mittleren Athabasca zu gelangen –, dann machen wir uns noch in diesem Jahr zum Posten Leblois am unteren La Biche auf den Weg.«

Das Kind gab keine Antwort. Aber der Vater spürte, wie sich die Finger der Tochter so kräftig, wie sie es vermochten, um die seinen schlossen. Er dachte: Wie unbedingt sie sich festgelegt hat, meine kleine sonderbare Tochter! Ich kann ihr nicht widerstreben. Und warum sollte ich! Wenn es sie glücklich macht...

Das stille und eigentlich ereignislose Jahr 1794 mündete in einen so herrlichen Sommer und Spätherbst, wie ihn Paul noch nie erlebt zu haben glaubte. Die Tage reihten sich wie eine Kette von goldenen Ringen aneinander. Die Nächte wurden ganz unmerklich kühler, machten so das Schlafen leicht und zu einem wunderbare Stärkung spendenden Genuß. Die Plage der Insekten, die im Frühling und Frühsommer empfindliche Gemüter bis zur Raserei verstören konnte, war vergangen, als hätte es sie nie gegeben. Die Indianer, die in der Nähe der weißen Handelsposten manchmal wochenlang ihre Zeit vertrödelten, hatten sich sachte einer nach dem anderen mit ihren Weibern und Kindern wieder aus dem Staube gemacht; denn in der nun schönsten Zeit des Jahres boten sich Wildbeeren in Hülle und Fülle an, dazu Hirsche, Bären, Fische in reicher Zahl, die sich den Sommer über am Tisch der Wildnis gemästet hatten und nun darauf warteten, erlegt, gefangen zu werden, um sich dann, geräuchert oder getrocknet, in Wintervorräte zu verwandeln. Auf den Handelsposten des weißen Mannes war in diesen Wochen ohnehin nichts zu erwarten, was den weiteren Aufenthalt in ihrer Nähe gelohnt hätte. Die vier Menschen, die währenddessen das Fort Vermilion hüteten, waren sich also selbst überlassen.

Es verstand sich von selbst, daß Paul Soldat und Mes Coh Thoutin wiederum ein Kanu gebaut hatten, sehr gemächlich diesmal und mit äußerster Sorgfalt. Mes Coh Thoutin hatte auf der Jagd an einem Nebenflüßchen des Peace eine Silberbirke entdeckt, wie sich die Kanubauer sie erträumen, aber nur höchst selten finden. Der mächtige Baum war kerzengerade gewachsen, zeigte sich astlos und leuchtend rein bis zur fünffachen Höhe eines ausgewachsenen Mannes, war dabei so stark noch in Armeshöhe über dem Wurzelstock, daß Mes Coh Thoutin ihn gerade umarmen konnte – wahrlich, eine der seltenen Birken war damit gefunden, deren Rinde allein ausreicht, ein ganzes Canot du Nord mit wasserdichter, zäher und zugleich elastischer Außenhaut zu umkleiden.

Die beiden Männer hatten die einmalige Birke ihrer Rinde beraubt und waren mit der gebotenen Vorsicht darangegangen, ein Meisterwerk des Kanubaus zu schaffen. Viel gesprochen wurde dabei nicht; jeder von beiden wußte, was jeweils zu geschehen hatte. Die strenge Aufmerksamkeit, die jedes einzelne Werkstück erforderte, das in den Leib des Kanus einzupassen war, verbot jede Unterhaltung, die sich nicht unmittelbar auf die Arbeit bezog. Am Feierabend aber und in ihrer sonstigen Freizeit blieben der Indianer und die Indianerin für sich. Auf sonderbar rührende Weise war Mes Coh Thoutin darum besorgt, seiner Frau die Hausarbeit und was ihr sonst oblag nach Möglichkeit zu erleichtern. Ganz offenbar wollte er um alles in der Welt nicht das im Leibe der wortkargen hochgewachsenen Frau keimende Leben gefährden.

Paul Soldat, nun 55 Jahre alt, war also, von den Stunden der Arbeit abgesehen, ganz auf seine neunjährige Tochter angewiesen. Er vergaß allzu oft, daß er ein Kind vor sich hatte. Auch äußerte Nagamoun in der Regel so verständige, gewiß auch altkluge Gedanken, daß dem Vater verziehen werden mag, wenn er mit ihr wie mit einem erwachsenen Menschen umging. All die geringen Kenntnisse, die er selber im Lesen, Schreiben und Rechnen und in Religionslehre besaß, hatte er der Tochter zu vermitteln gesucht, wobei er immer wieder merkte, daß sie schneller als er selber in seiner Kindheit sich der Kenntnisse bemächtigte, durch die sie sich ein für allemal von den Indianern unterscheiden würde. Nagamoun selbst stellte von Zeit zu Zeit fest:

»Das können die Indianer nicht, Vater; auch nicht Mes Coh Thoutin und Losseh Thiegah. Davon verstehen sie nichts. Ich kann in der Bibel beinahe schon wie du selber lesen, Vater. Und mit Holzkohle auf Birkenrinde schreiben oder im Winter im Schnee, wenn er frisch gefallen ist. Und kein Indianer versteht, was das alles bedeutet. Aber Armand, Vater, hat all dies sicherlich von seinen Eltern gelernt. Tante Anna hat es streng von ihm verlangt, auch wenn er gar nicht wollte!«

Da war er wieder, Armand, der Refrain aller Lieder und Gedanken, die in Nagamouns schönem Köpfchen lebten.

Im Laufe des Sommers und Herbstes spürte Paul Soldat wohl, wie in der Tochter die Spannung wuchs: Würde sie mit dem Vater und dem indianischen Paar rechtzeitig Fort Vermilion verlassen können, um noch vor dem Frost den Posten Leblois zu erreichen? Nagamoun besaß keine Spielgefährten, und der Vater war bei aller Liebe, die ihn mit dem Kinde verband, stets doch die Autorität, der vielfältig an anderer Stelle Beanspruchte und Verantwortliche. Mit den Indianern verkehrte Nagamoun zwar auf eine stets freundliche, hilfsbereite und dienstwillige Weise. Dies aber stets so, daß Vertraulichkeit ausgeschlossen blieb.

Die unmerklich steigende Spannung, von der Nagamoun beunruhigt wurde, sprang auf den Vater über. Paul Soldat wußte genau, was den Kanus auf dem endlos langen Wege vom Lac Supérieur oder mindestens vom Rainy River oder von »Bas de la rivière Winipic« her alles passieren konnte. Und wenn die Kanus wirklich Fort Chipewyan am Lake Athabasca unversehrt erreicht hatten, so mußte dort umgepackt und erneut der Peace aufwärts unter die Kiele der schwerbeladenen Kanus genommen werden. Die großen Fälle des Peace waren – welche Mühsal! – zu umgehen; danach war dann noch die letzte Etappe zum Fort Vermilion zu überwinden. Aber, so sagte er sich, wie ich Mackenzie und Mcleod kennengelernt habe, werden sie dafür sorgen, daß nichts versäumt wird, hinter den Voyageurs her sein wie der Teufel hinter der armen Seele, werden ihnen keine Ruhepause gönnen; die Tauschgüter müssen noch vor dem Winter hierher nach Fort Vermilion gelangen; zweifellos sind hier in den letzten Jahren, besonders in dem vergangenen, die besten Pelze eingehandelt worden, die im Pays d'en haut aufzutreiben waren.

Im September jedoch, als das Laub der Espen und Birken, die im Laufe des Sommers wie hellgrüne Fackeln den hohen Saum der dunklen Fichten am Flußufer ewig unruhig lispelnd, wispernd und wehend belebt hatten, schon eine goldene Tönung anzunehmen begann, ergab sich plötzlich eine Schwierigkeit, mit der Paul Soldat überhaupt noch nicht gerechnet hatte. Während Paul und Mes Coh Thoutin in dem offenen Verschlag, der ihnen als Bootswerft diente, die letzte Hand an die Vollendung des vollkommensten Kanus legten, das sie je geschaffen hatten, ließ Mes Coh Thoutin plötzlich das Schabmesser sinken, mit dem er das lange, schlanke Paddel, mit dem der Gouvernail des Bootes ausgerüstet werden würde, bearbeitet hatte, um ihm den letzten Schliff zu geben:

»Paul, hör mal zu, die Sache ist so: es geht Losseh Thiegah nicht sehr gut. Sie weiß nicht genau, wann sie das Kind bekommen wird. Ich vermute, es wird wohl Anfang November werden. Paul, ich habe Nekik verloren und brauche doch einen Sohn, damit meine Sippe nicht untergeht, die durch die große Seuche beinahe vollständig ausgerottet worden ist. Paul, du wirst es begreifen: ich darf nichts riskieren! Solange Losseh Thiegah das Kind nicht bekommen hat, solange ich nicht weiß, daß Mutter und Kind gesund sind und eine schwierige Reise bei sicherlich schlechtem Wetter überstehen können, dürfen wir Fort Vermilion auf keinen Fall verlassen. Und allein bringst du Nagamoun und dich selber mit all dem notwendigen Gepäck im November, wenn der Fluß vielleicht schon angeschwollen ist, nicht den Wabasca aufwärts bis zum Athabasca hinüber. Auch dann nicht, wenn wir noch bis dahin nur für euch beide ein kleines Jagd-Kanu bauen. Losseh Thiegah hat ihr erstes Kind sehr leicht bekommen. Aber das ist keine Gewähr dafür, daß es ihr beim zweitenmal ebenso ergehen wird. Ich weiß, daß du Nagamoun den Wunsch erfüllen willst, noch in diesem Jahr zum La Biche zu reisen. Paul, ich meinte, ich müßte dich rechtzeitig darauf vorbereiten, daß die Umstände uns vielleicht zwingen werden, auch noch den kommenden Winter hier zu verbringen.«

Mes Coh Thoutin hatte nicht aufgeblickt bei diesen Worten und setzte gleich, nachdem er sie beendet hatte, die gleichmäßige Glättung des Paddels fort.

Die Reihe, seine Hände sinken zu lassen, war nun an Paul Soldat. Der erste Gedanke, der ihm durch den Kopf schoß, nachdem er erfaßt hatte, was der Indianer hatte deutlich machen wollen, war: wie soll ich das Nagamoun erklären? Sie zittert jetzt schon davor, daß wir den Tag der rechtzeitigen Abreise versäumen, wenn die Kanus aus dem Osten sich verspäten. Aber Mes Coh Thoutin fordert nichts Unbilliges. Ich kann es ihm nicht verargen, wenn er das Kind, das er sich erhofft, und seine Mutter nicht gefährden will. Dies geht allem vor. Auf Mes Coh Thoutin habe ich mich immer verlassen können. Seine Treue war nie zu bezweifeln. Jetzt habe ich mich nach ihm zu richten. Nagamoun muß es einsehen.

Noch am gleichen Abend nahm Paul Soldat seine Tochter mit hinaus zum Fischen auf den Strom. Er pflegte hinter einer kleinen Busch-Insel nicht weit vom Ufer anzulegen und konnte gewöhnlich schon nach zwei- oder dreiviertel Stunden so viele feiste Forellen vom Angelhaken lösen, daß für die Mahlzeiten des kommenden und vielleicht noch des übernächsten Tages gesorgt war. Auch Nagamoun hatte sich mit der Zeit zu einer geschickten Fischerin entwickelt; sie verstand sich bereits gut darauf, die zappelnde Beute aus dem Wasser ins Boot zu schnellen.

Als das Boot an langer Leine hinter der Busch-Insel an einer der Uferweiden verankert war und leise in der Strömung hin und her schwankte, zeigte sich, daß das Mädchen die gedrückte Stimmung des Vaters bereits erspürt hatte. Während sie die im Wasser seitab schwimmende Angelschnur beobachtete, fragte sie mit leiser Stimme: »Vater, du willst mir gewiß etwas sagen, du bist so still. Sage es doch!« Es gab kein Ausweichen mehr. Paul Soldat versuchte dem Kinde so schonend wie möglich beizubringen, daß nur noch geringe Aussicht bestand, vor dem Frost den grimmigen Wabasca aufwärts, dann den Pelican abwärts und wiederum den störrischen Athabasca aufwärts bis zur Einmündung des La Biche zu bezwingen. Es sei denn, daß man es wagte, sich im Hochwinter mit Schlittenhunden auf die lange Reise zu begeben. »Und das«, beschloß der Vater seine recht ungeschickt voranstolpernden Sätze, »Nagamoun, das ist eine gefährliche Sache. Mit einem nur wenige Monate alten Säugling kann man dergleichen nicht riskieren. Und auch dir, mein Kind, möchte ich lange Schlittenreisen im Winter keinesfalls zumuten. Also werden wir wohl erst im Frühling des nächsten Jahres abreisen können.«

Wäre Nagamoun ein weißes Kind gewesen, hätte sie vielleicht aufbegehrt, hätte geklagt und sich geweigert, das Unvermeidliche anzuerkennen. Doch bestätigte sich das indianische Blut, das von der Mutter her in ihren Adern kreiste. Nagamoun saß ganz still und beobachtete ihre Angel. Nach einer Weile, die dem Vater endlos dünkte, flüsterte sie: »Wenn Tante Thiegah ein Kind bekommt, Vater, dann kann man nichts riskieren. Und Schlittenhunde haben wir nicht. Die müßtest du erst von den Indianern beschaffen. Aber von wirklich guten Tieren trennen sie sich nur schwer, das wissen wir. Ich verstehe nichts von Hunden und habe auch manchmal Angst vor ihnen, wenn sie bei den Indianerzelten angebunden sind und jeden Fremden anknurren, der vorbeikommt, und die Zähne fletschen. Ach, noch einen Winter, hier am Peace River!«

Paul Soldat brachte als Antwort nur zustande: »Ja, mir wäre es auch lieber, Nagamoun, wenn wir vom Peace noch in diesem Herbst Abschied nehmen könnten. Aber manchmal sind die Umstände einfach stärker als alles, was man sich wünscht und vorstellt. Das ist so im Leben, meine kleine Nagamoun. Ich habe es allzu oft erlebt.«

Nagamoun blickte den Vater nicht an. Sie ließ die Angelschnur ein wenig im Wasser tanzen, um einen Fisch an den Köder zu locken.

Sie erwiderte schließlich nichts weiter als: »Ja, Vater!«

Und dann ging ihr ein großer Hecht an die Angel, und sie hatte genug damit zu tun, den wild um sich schlagenden Burschen an Bord zu zerren, ehe er mitsamt Haken und Angelleine das Weite suchte. Der Vater mußte eingreifen, damit ihr die prächtige Beute nicht entging.

16

Die kleine Reisegesellschaft hatte entsetzlich unter der Plage der Schwarzfliegen gelitten. Die winzigen, kaum stecknadelgroßen Insekten, die man, wenn überhaupt, nur als kleine schwarze Punkte auf der Haut entdeckte, schienen in diesem

Frühling des Jahres 1795 besonders reichlich den Sümpfen und Morästen des wilden Landes zu entquellen und zeigten sich hartnäckiger und angriffslustiger, als sich Paul und der Indianer je erlebt zu haben erinnerten. Gegen Moskitos konnte man sich zur Not vermummen, hörte sie auch summen. Auch sind Moskitos keine besonders geschickten, schnellen Flieger und lassen sich leicht mit der flachen Hand erschlagen. Schwarzfliegen aber, winzig wie sie sind, finden immer noch eine Lücke, etwa zwischen dem Ärmelende und dem Handschuh, zwischen dem Kragenrand und einem den Kopf und Hals verhüllenden Tuch; man merkt sie nicht, wenn sie sich an der Haut festbeißen und zu saugen beginnen. Erst wenn sich ein schier unerträglicher Juckreiz bemerkbar macht, weiß man, daß sie wieder einmal Sieger geblieben sind über alle Tricks, die der hilflose Mensch aufgewendet haben mag, sich vor ihnen zu schützen.

Paul Soldat, Mes Coh Thoutin und seine Frau, der einige Monate alte Säugling namens Namay, das Söhnchen der beiden, und schließlich die nun zehn Jahre zählende Nagamoun, die stark ins Wachsen geraten war, schmal und mager aufschoß, hatten die lange Reise vom Peace den Wabasca und dann den Athabasca aufwärts nur während der Stunden freier Wasserfahrt wirklich ein wenig genossen und auch nur dann, wenn ein Wind über die wandernden blitzenden Flächen der Flüsse blies, der zwar das Rudern zuweilen erschwerte, dafür aber das beißende, juckende Geschmeiß der Wälder an die Ufer fesselte. Losseh Thiegah hatte kaum beim Paddeln helfen können. Sie war unausgesetzt damit beschäftigt, ihrem winzigen Söhnchen die quälenden Insekten fernzuhalten. Und weder ihr Mann noch Paul Soldat hatten Einspruch dagegen erhoben. Sie spürten es an sich selbst, was am Abend und während der Nacht die Plagegeister anrichteten. Ihre Handgelenke, der Hals, die Ohren waren dick angeschwollen nach den vielen Mückenstichen, besonders aber unter den heimtückischen Angriffen der Schwarzfliegen.

Nagamoun wurde im Gegensatz zu ihrem Vater, der wohl am übelsten unter den Quälgeistern zu leiden hatte, kaum von den Insekten belästigt. Auf Geheiß ihres Vaters hatte sie die Sorge für das Kleinkind übernehmen sollen. Der Wabasca führte starke, schnelle Strömung um diese Zeit des Frühsommers, und Losseh Thiegah wäre als dritte Paddlerin sehr willkommen gewesen, das Boot stromauf voranzubringen. Aber die Indianerin mochte sich die Fürsorge für das Kind nicht nehmen lassen. Nagamoun war also die einzige, die nichts zu verrichten hatte, während das Boot sich auf den Flüssen stromauf vorankämpfte. Dies war kein Zustand, der ihr behagte. So bat sie den Vater schon nach den ersten drei Tagen der Reise, mit rudern zu dürfen. Er wies ihr den Platz im Stern des Kanus an, dort also, wo in größeren Booten der Gouvernail den Kurs des Fahrzeugs bestimmt.

»Ich bin nicht so stark wie du, Vater, oder Mes Coh Thoutin, aber soviel kann ich sicherlich rudern, daß ich wenigstens mich selber von der Stelle bringe und ihr nicht auch mich noch fortbewegen müßt. Wenn ich dich nicht ständig gequält hätte, Vater, wären wir vielleicht jetzt noch gar nicht zum La Biche unterwegs.«

Wieder einmal hatte Paul Soldat Grund, sich über die gar nicht kindlichen Gedankengänge seiner Tochter zu wundern. Anscheinend durchschaute sie recht gut, was sich um sie her abspielte, wußte also auch, daß ihr ewiges Drängen den Vater bewogen hatte, früher als ratsam zum La Biche aufzubrechen, nachdem sie für einen zweiten Winter im Fort Vermilion festgehalten worden waren. Die Kanus mit den Tauschwaren aus dem Osten waren erst eingetroffen, als sich an den Flußufern schon Eis ansetzte. Und Losseh Thiegah hatte ihr Kind erst geboren, als das Eis den Strom schon zur Hälfte eindeckte.

Doch nun war das alles vergessen. Auch die Plage der Insekten hatte in den vergangenen Tagen merklich nachgelassen. Die Schwüle und die vielen Regengüsse des Frühlings waren endgültig vergangen. Schon wehte über den Fluß und die Wälder am Ufer die Luft trockener und wärmer als in den Frühlingstagen. Der Himmel verhing das tiefblaue Leuchten seiner Kuppel nur noch sehr selten. Der Sommer setzte sich durch; die schreckliche Plage der Insekten verkroch sich vor ihm in die tiefen Schatten der waldigen Gründe. Vermied man am Strom windgeschützte Buchten und an Land feuchte Senken, so wurde man schließlich von dem Geschmeiß der Urwälder kaum noch belästigt.

Paul Soldat, der an diesem Tage hinten im Boot aufrecht stehend das Paddel durchs Wasser stemmte, rief: »In einer Viertelstunde, glaube ich, können wir in den La Biche einbiegen. Ich erkenne die Mündung an dem Knick im Hochufer.«

Auch die anderen sahen es: Endlich hatten sie das Ziel der mühsamen und über weite Strecken tückenreichen Fahrt vor Augen. Paul Soldat, Mes Coh Thoutin und die tapfer mithaltende Nagamoun im Bug des Bootes zogen ihre Paddel schnell durchs Wasser. Sie hatte die Blasen an den Händen, die ihr das Rudern anfangs eingetragen hatte, schon vergessen; sie gab nicht nach, und die Blasen hatten sich in schützende Schwielen verwandelt. Gewiß, in ihrem schmalen Körper steckte noch keine große Muskelkraft. Aber Paul Soldat konnte sich voller Stolz und Liebe sagen: Sie hat nicht aufgegeben; sie hat einen zähen Willen und ist tapfer wie ein Mann. Wie sie das Boot jetzt wenden hilft, damit wir nicht in den Hauptstrom des einmündenden La Biche geraten, sondern ihn über langsameres Wasser gewinnen, das zeigt, welch sicheres Gefühl für Strom und Strömung sie bekommen hat. Ein Knabe könnte nicht geschickter und aufmerksamer sein.

Das Kanu mit seinen fünf Insassen zog den La Biche hinauf. Bald mußten auf dem Südufer über der steilen Böschung die Palisaden des Handelspostens Leblois auftauchen. Und bald auch die zugehörige Bootslände unten am Fluß.

Die Augen der Rudernden glitten suchend das Ufer des Flusses entlang. In der Tat, sie ließen nicht lange auf sich warten, die wettergrauen zugespitzten Pfähle, die in dicht geschlossener Front das winzige Inselchen des Handelspostens gegen die unermeßlichen Einöden ringsum abschirmten.

Aber – Mes Coh Thoutin erkannte es als erster – an der Bootslände unterhalb des Handelspostens lag kein einziges Kanu im Sand, schwenkte auch keines fahrbereit an langer Leine im Wasser. Was hatte das zu bedeuten? Denn daß es etwas bedeutete und wahrscheinlich nichts Erfreuliches, begriffen die Erwachsenen in dem schnell vorangetriebenen Boot, ebenso wie auch Nagamoun, die mit aller Kraft, die ihre mageren Arme hergeben wollten, das Paddel durchs Wasser zog.

Mes Coh Thoutin stieg ins flache Wasser, ehe das Kanu den Boden berührte, und hob dann den Bug des Fahrzeugs vorsichtig auf den Sand. So konnten die anderen Insassen trockenen Fußes über den Bug aussteigen.

Losseh Thiegah sagte: »Ich bleibe mit dem Kind hier und packe aus. Geht ihr hinauf und seht zu, wie es oben steht.«

Paul Soldat, Mes Coh Thoutin und Nagamoun – mit steifen

Knien nach dem langen Hocken im Kanu – stiegen über den breiten, merkwürdig zerwaschenen und keine Fußspuren mehr aufweisenden Pfad das Hochufer des La Biche hinauf, auf dem der Handelsposten lag, den Walther Corssen eingerichtet, Justin Leblois und dann Anna weiter verwaltet und ausgebaut hatten. Das klobige Tor im Palisadenzaun stand weit offen. Keine Menschenseele weit und breit! In den Blockhütten und Schuppen regte sich nichts.

Paul Soldat mochte seinen Augen nicht trauen, doch blieb ihm nichts übrig, als schließlich festzustellen: »Es ist keiner mehr hier. Der Posten ist verlassen. Wo ist Anna Leblois? Wo sind Claas Forke und die Voyageurs? Die Schuppen sind leer.«

Aber zugleich wußte er, daß die Wohnungen, die der weiße Mann sich bisher im Pays d'en haut geschaffen hatte, niemals für die Dauer bestimmt waren. Ein Blockhaus aus den Stämmen des Urwalds ist in wenigen Wochen fix und fertig. Wenn man es nicht mehr braucht, so läßt man es stehen und baut sich hundert oder fünfhundert Meilen entfernt ein neues. Und schon begann Paul in seinem Kopf die Möglichkeiten Revue passieren zu lassen, die Anna Leblois veranlaßt haben mochten, den Posten aufzugeben und sich anderswohin auf den Weg zu machen. Es mochte eine Anweisung der Company aus Montréal in den fernen Westen gelangt sein, das Unternehmen am La Biche abzublasen, da die Company mit der Ausbeute an Pelzen nicht mehr zufrieden war oder die steigenden Kosten der Transporte jeden Profit unmöglich machten. Vielleicht auch hatte es Streit mit den Indianern gegeben, und Anna hatte es vorgezogen zu weichen, ehe aus dem Zwist Feindschaft und aus der Feindschaft Gewalt und Kampf geworden waren.

Aber Zeichen von Gewalt waren nirgendwo an den Häusern des Postens oder in den leeren Räumen der Wohnquartiere und Lagerschuppen zu entdecken. Vielmehr schienen die Behausungen gesäubert und in Ordnung gebracht zu sein, bevor sie verlassen worden waren. Alle Türen waren geschlossen, aber nicht verschlossen. Das mußte mit Bedacht geschehen sein. Nach Pauls Meinung entsprach das durchaus dem Wesen Annas, die anders als die Indianer und die Voyageurs mit Menschen und Dingen pfleglich umzugehen gewohnt war.

Oder sollte eine Krankheit plötzlich die Bewohner des Postens befallen haben, so daß sie es vorgezogen hatten, den vielleicht verseuchten Ort mit einem anderen weit entfernten, aber gesünderen zu vertauschen. Krankheiten brechen aus dem Nichts herein, sind ein unerklärliches Verhängnis. Sie vergehen entweder von selbst oder führen zum Tode. Den Überlebenden bleibt nur die Flucht. Doch so gründlich auch Paul Soldat und Mes Coh Thoutin die nähere Umgebung des Postens absuchten, sie fanden keine Gräber.

Was also mochte sich ereignet haben?

Eine Scheu, über die sie sich keine Rechenschaft ablegten, hinderte die Ankömmlinge daran, sich für die Nacht in einer der leeren Hütten des verlassenen Postens einzuquartieren. Auch das feste Blockhaus, in dem sie vor Jahren gewohnt hatten, verlockte sie nicht. So selbstverständlich, als wäre es verabredet, schlugen sie dicht über der Bootslände am Wasser wie an jedem Abend der Reise zuvor ihr Lager auf, stützten das umgestülpte Boot auf einer seiner Kanten ab, zogen wie stets die Segelleinwand darüber, befestigten sie vor der länglichen Mulde des auf der Kante aufrecht stehenden Bootes am Boden und schafften sich so die übliche Unterkunft, die sie vor dem Tau der Nacht und auch einem Regen – der aber in dieser warmen Julinacht nicht zu erwarten war – schützen würde. Bildete doch das Kanu für die Voyageurs ebenso wie für die Indianer in den Wildnisnächten sozusagen eine zweite Haut, die zu vielen Dingen gut war.

Nagamoun hatte auch an diesem Abend aufmerksam und schnell verrichtet, was sie an jedem Abend der Reise zuvor zu tun geheißen worden war. Die Vollkommenheit dieses Juliabends und der sachte von Osten her über ihm aufsteigenden Nacht schien die Reisenden für die Enttäuschung entschädigen zu wollen, die ihnen das Ziel bereitet hatte. Unterhalb des Hochufers aus harter lehmartiger Erde gab es keine Bäume und Gebüsche mehr, sondern nur noch den reinen Sand des gemäßigt und längst nicht mehr so breit und hoch wie während des Frühlings-Hochwassers dahinrinnenden Stroms. Auch strich durch die Kehlung des Hochufers über dem Fluß ein nie versiegender Luftzug, der die ohnehin abnehmenden Insekten daran hinderte, sich um das Nachtlager zu sammeln.

Die tagsüber von der Sonne geheizte Böschung des lehmig-sandigen Flußufers strahlte auch jetzt noch, da schon die ersten Sterne aufblinkten, eine linde Wärme aus, die sich bis gegen Mitternacht halten würde, und danach bis zum gewöhnlich sehr kühlen Morgen vom Lagerfeuer gespendet werden mußte, das die Männer in der zweiten Hälfte der Nacht niemals ausgehen ließen.

Es war nicht viel gesprochen worden während des einfachen Abendessens. Jeder schien auf seine Weise daran herumzurätseln, was Anna Leblois und ihre Leute veranlaßt haben mochte, den Handelsposten aufzugeben, der doch schon seit Jahren wohletabliert gewesen war, wo sich die indianische Welt und die der Weißen berührten, sogar schon miteinander verwachsen waren.

Die Indianerin hatte die hölzernen Schalen, in denen sie einem jeden die kräftig gewürzte Fischsuppe aus dem rußigen Kochtopf zugemessen hatte, am Flußufer gespült und mit ein wenig Sand sauber gescheuert, hatte dann denselben Dienst auch dem Kochtopf erwiesen, dem einzigen, über den die Reisegesellschaft verfügte. Dann wanderte Losseh Thiegah mit ihrem Kinde im Arm ein Dutzend Schritte am Rande des Wassers entlang, setzte sich abgewandt auf den längst entrindeten und glatt gescheuerten Stamm eines vom letzten Hochwasser angetriebenen Baumes, zog ihr Gewand von der Schulter und reichte dem kleinen Namay, der bis dahin geduldig und ohne aufzubegehren gewartet hatte, die Brust. Das Kind hatte bis dahin in einem kunstvoll aus Birkenrinde gerundeten Bettchen in weichem, trockenem Moos gelegen und unter dem kleinen Dach, welches das Kopfende schirmte, den Hantierungen der Erwachsenen um das Lagerfeuer mit großen schwarzen Augen zugesehen, ohne sich viel zu rühren und ohne mehr als ein paar kleine Laute von sich zu geben, die wohl, wenn überhaupt irgend etwas, nichts weiter bedeuteten als Erstaunen oder Zufriedenheit.

Paul Soldat und Mes Coh Thoutin sogen an ihren Pfeifen und blickten in das zusammensinkende Lagerfeuer. Keiner von beiden konnte sich entschließen, die Fragen zu erörtern, die ihm durch den Kopf gingen.

Nagamoun hatte sich leise und unauffällig erhoben und schlenderte, wie die Indianerin es getan hatte, im Ufersand davon, jedoch in entgegengesetzter Richtung. Des Abends ging man stets noch einmal »abseits«, um des Nachts nicht gestört zu werden. Erst nach einer Weile also kam Paul Soldat darauf, sich umzudrehen und Ausschau zu halten, wo seine Tochter geblieben wäre. Er erschrak ein wenig, als er erkannte, daß Nagamoun sich weit entfernt hatte. Sie war in der zunehmenden Dunkelheit kaum noch zu erkennen und schien, wenn er sich nicht täuschte, unmittelbar am rinnenden Wasser stillzustehen und über die schon umdunkelte, aber ruhelose Fläche des unermüdlich seinen Weg zu Tal suchenden Gewässers hinwegzustarren. Paul Soldat zögerte einen Augenblick, erhob sich dann vom Feuer.

»Ich will einmal nachschauen, warum Nagamoun nicht wiederkommt, Mes Coh Thoutin. Losseh Thiegah, das Kind und Nagamoun sollten bald schlafen. Der Tag war lang. Wir beide müßten noch darüber reden, was weiter werden soll.«

Mes Coh Thoutin hob leicht die Hand zum Zeichen, daß er verstanden hatte, und widmete sich wieder seiner kleinen, aus einem Knollen Hickory-Holz geschnitzten Pfeife.

Paul Soldat räusperte sich einige Male vernehmlich, um sich seiner Tochter bemerkbar zu machen. Das Kind erwachte aus der Versunkenheit, in der es befangen gewesen war, und wandte sich dem sachte heranschreitenden Vater zu. Paul Soldat begann verhalten und in möglichst alltäglichem Tonfall: »Nagamoun, ich glaube, es ist Zeit, sich schlafen zu legen. Wir hatten einen langen Tag. Heute brauchen wir uns nicht zu entscheiden, was weiterhin zu unternehmen ist. Kommst du, Nagamoun?«

Das Kind machte keine Anstalten umzukehren. Doch widerstand sie nicht, als Paul den Arm um ihre Schultern legte und sich sachte mit ihr auf den Rückweg machte. Er meinte: »Ich weiß natürlich, Nagamoun, wie sehr du gehofft hast, hier Armand wiederzutreffen. Aber selbst wenn der Posten noch im Betrieb wäre wie in den vergangenen Jahren, so sollte man doch bedenken, daß Armand jetzt sein neunzehntes Jahr überschritten hat und im Ernst daran denken muß, sich als Voyageur zu bewähren. Wir hätten ihn wahrscheinlich sowieso nicht mehr hier angetroffen. Vielleicht ist er längst mit der Kanubrigade des Postens nach Osten zum Lac Supérieur unterwegs.«

Der Vater merkte, daß Nagamoun sich leise an ihn drängte, während sie langsam weiterschritten, als suchte sie Trost. Er fuhr nach einer Weile fort, da das Kind sich offenbar nicht zu einer Antwort entschließen konnte: »Ja, mein Kleines, so ist es nun einmal: die Wege hier im Pays d'en haut sind entsetzlich lang, und wer im Frühling nach Osten fährt, den sieht man frühestens im späten Herbst wieder und oft genug erst im darauffolgenden Jahr. Wer Pläne macht und Wünsche hat hier im Niemandsland der Indianer, dem wird mehr Geduld abverlangt, als selbst dem allergeduldigsten Indianer lieb sein kann – und die können wirklich lange warten, wenn es darauf ankommt. Glaube mir, Nagamoun, Armand hat dich sicherlich nicht vergessen und blickt jetzt vielleicht genauso an irgendeinem dunklen Fluß in die sinkende Nacht und denkt an dich.«

Was dem Vater solche Rede eingab, hätte er selbst nicht anzugeben vermocht. Doch war er längst und viel zu fest mit seinem Kind verbunden, als daß er ihre unbestimmten Sehnsüchte nicht verstanden hätte. Denn dieser Mann der Einöden hatte wie die allermeisten seiner Art keine menschliche Bindung geknüpft, die ihm das einsame Herz wärmte. Nur dieser einen zu der Tochter war er sich ganz sicher, und sie erfüllte ihn ganz und gar. Sie allein war das Leben, das sich wirklich leben und nicht nur erträumen ließ.

Ehe die beiden den Lagerplatz erreichten, sagte Nagamoun auf jene altkluge Art, die dem Vater seit langem vertraut war und die es ihm leichtmachte, das Kind für voll zu nehmen: »Gewiß denkt er an mich, Vater. Armand vergißt mich nicht. Das weiß ich ganz genau. Er ist nun neunzehn, sagst du. Ja, das stimmt, und ich bin erst zehn. Er ist schon richtig erwachsen und ich noch nicht. Wer weiß, vielleicht wäre es gar nicht gut gewesen, wenn ich ihn jetzt getroffen hätte, wo ich noch nicht so groß bin wie er. Alles, was die Voyageurs wissen und können, muß Armand natürlich auch lernen, sonst kann er ihnen später nichts befehlen. Er hat mir erzählt, daß seine Mutter, Tante Anna, einen Anteil an der Company besitzt. Und der Company gehören alle Frachtkanus und Pelze und Tauschgüter und alle Voyageurs im Pays d'en haut. Armand wird später von seiner Mutter den Anteil übernehmen, und dann gehört auch ihm ein Teil von all den Sachen. Deshalb muß er frühzeitig alles wissen, was die Voyageurs wissen, und noch mehr dazu, sonst würde ihn keiner respektieren. Ich bin ja schon ziemlich groß, Vater, und wenn er wiederkommt, bestimmt noch größer, so daß er nicht mehr zu denken braucht, ich wäre noch ein kleines Mädchen. Es ist ja auch gut, daß er einen Anteil an der Company hat, dann ist er nämlich reich. Und kann das Geld aufbringen, wenn es soweit ist.«

Der Vater fragte zurück, obwohl er ahnte, was kommen würde: »Wenn was soweit ist, Nagamoun?«

Nagamoun schien erstaunt zu sein, daß er überhaupt danach fragte. Sie erwiderte – es klang ein wenig nach kindlicher Hoffart: »Nun, wenn wir heiraten, Vater, dann muß er dir ein hohes Brautgeld zahlen, denn ich bin deine einzige Tochter. Du bist ein reicher Trader, und deine Kanus erzielen hohe Preise im ganzen Pays d'en haut. Wir können ja nur nach Art der Cree heiraten; die Sippe des Bräutigams muß an die Sippe der Braut das Brautgeld zahlen, um so mehr, je vornehmer die Braut ist. Ich bin eine vornehme Braut. Du wirst bestimmt einen hohen Preis für mich verlangen. So wird es sein, nicht wahr, Vater?«

Sie dachte also ganz und gar nach Indianerart. Wie sonst soll sie auch denken, sagte sich Paul Soldat. Sie kennt ja nichts anderes in dieser Hinsicht. Und Armand wird sicherlich damit einverstanden sein, wie ich mit allem einverstanden bin, was Nagamoun denkt und wünscht und tut. Es ist fast immer klug und richtig. Er schickte ein Stoßgebet zum Himmel: Gebe Gott, daß sie sich nicht täuscht und Armand sich ebenso unverwandt in ihre Richtung sehnt wie sie sich in die seine. Sollte sie sich täuschen, so wäre es ihr Ende. Sie ist unbedingt, und sie kennt Armand als den einzigen, dem sie den gleichen Rang wie sich selber zubilligt. – Der Vater lenkte ab:

»Darüber wird man später ausführlich reden müssen, Nagamoun. Jetzt kommt es darauf an, ausfindig zu machen, wo Armand und seine Mutter, Claas Forke und die Voyageurs und all die Tauschgüter, die sicherlich noch hier lagerten, geblieben sind. Mes Coh Thoutin denkt auch darüber nach. Indianer haben in solchen Dingen den besseren Spürsinn als wir Weißen. Für heute wollen wir es genug sein lassen, Kind. Sieh, Tante Thiegah legt sich mit dem Kleinen zum Schlafen nieder. Deine Decken hat sie auch schon ausgebreitet.«

Nagamoun erwiderte gehorsam und mit zärtlichem Unterton: »Ja, Vater, ich lege mich gleich nieder. Und du sitze nicht noch lange auf mit Mes Coh Thoutin, und redet nicht so viel. Dann muß ich immer horchen, was ihr sagt, und kann nicht einschlafen. Sei nicht traurig, Vater, daß wir Tante Anna und die anderen hier nicht angetroffen haben. Du hast mir neulich erst gesagt, der einzige, der immer weiß, wozu alles gut ist, was passiert, das ist der liebe Gott. Wenn das stimmt, Vater, und wenn du es sagst, dann stimmt es auch, so wird es auch jetzt zu etwas gut sein, daß Tante Anna von hier fortgegangen ist und auch Armand. Wir werden sie schon finden!«

Paul Soldat hätte die Tochter umarmen mögen nach diesen Worten. Aber Zärtlichkeiten vor den Augen der Indianer – das war nicht angebracht. So hob er nur die Hand zum Abschiedsgruß, als Nagamoun zu dem aufgestülpten Kanu hinüberschritt, um sich neben Losseh Thiegah auf das weiche Lager aus frischen Fichtenzweigen zu betten, das an jedem neuen Rastplatz aufgeschüttet wurde, um die Schlafenden gegen die Kühle und Feuchtigkeit des Erdbodens zu schützen.

Paul Soldat lächelte in sich hinein nach den letzten Worten der Tochter: Man hat mit allem vorsichtig zu sein, was man ihr sagt: sie nimmt einen sofort beim Wort. Aber mit Mes Coh Thoutin muß ich doch noch sprechen. Sicherlich wartet er darauf.

Paul winkte dem Indianer. Mes Coh Thoutin erhob sich sofort. Die beiden Männer wanderten langsam am Ufer des lichtlos schwarzen Gewässers durch die unaufhaltsam ihr Schattenreich aufrichtende Nacht; die Unruhe war zu spüren, die sich in der Dunkelheit verbarg, die drängende Lust und Gier, mit welcher der La Biche zum größeren Athabasca hinüberstrebte, zum machtvollen Athabasca, der ein paar hundert Schritte weiter westwärts aus dem hohen Gebirge hergewandert kam.

Nun, da keine weiblichen Ohren mehr in der Nähe waren, konnten die beiden erfahrenen Waldläufer alle Möglichkeiten durchsprechen, die Anna Leblois veranlaßt haben mochten, den Posten aufzugeben. Doch kamen Soldat und Thoutin zu keinem einleuchtenden Ende. Anna und ihre Leute mochten den La Biche aufwärts und zum Beaver hinüber, konnten den Athabasca hinauf- oder hinuntergezogen sein. Die einzige Richtung, die mit Sicherheit auszuschließen war, war jene zum Wabasca, denn dort hätten ihre Kanus dem Boot Soldats begegnen müssen. Anna mochte indessen auch zum Lesser Slave Lake abgewandert sein oder sogar zum Smoky, der in den Peace mündet. Vom Hörensagen waren diese Kanurouten

Paul Soldat und dem Indianer längst bekannt, und auch Anna Leblois würde von ihnen gehört haben. Es gab in der Tat keinen Hinweis, welchem von den vielen Wasserpfaden, die von der Einmündung des La Biche in den Athabasca zu erreichen waren, Anna mit ihren Leuten gefolgt sei. Mes Coh Thoutin faßte also schon nach kurzer Zeit zusammen:

»Wenn wir wissen wollen, Maître, wohin die Postenchefin und ihre Leute gezogen sind, so bleibt uns nichts anderes übrig, als hier am La Biche und am Athabasca so lange Wache zu halten, bis von irgendwoher ein indianisches Kanu vorbeikommt, von dessen Führer vielleicht zu erfahren ist, wohin der Posten verlegt worden ist. Es sei denn, Maître, du gibst es auf, den Leuten, die hier gewohnt haben, nachzuspüren. Es würde mir nicht allzu schwer fallen, die Reste meiner Sippe am Lac la Biche oder am Lac la Ronge aufzufinden. Vielleicht haben sich Reste der von der Seuche zu einem großen Teil vernichteten Sippen zu einem neuen Stamm zusammengetan. Ich wäre mit Losseh Thiegah sehr willkommen, das weiß ich, und du erst recht, Maître. Am Lac la Ronge gibt es zur Zeit keinen weißen Händler. Sicherlich wären meine Stammesgenossen froh, wieder einen Handelsposten in ihrer Mitte zu haben. Wir könnten aber auch, und das wäre das einfachste, uns auf den weiten Weg zum Winnipeg-See machen und jenseits der Grand Rapids am Ausfluß des Saskatchewan in den See wieder Kanus bauen. Einen günstigeren Ort dafür, als den, den Walther Corssen seinerzeit ausgewählt hat und an dem wir ja auch saßen, bevor wir nach Westen zogen, könnten wir kaum finden.«

Den vielleicht zehn bis fünfzehn Jahre älteren Paul Soldat mit dem Titel Maître anzureden, hatte sich Mes Coh Thoutin in den vergangenen Monaten, ohne daß darüber gesprochen worden war, angewöhnt. Maître, so pflegten die Voyageurs die Männer anzureden, die ihnen von der Company vorgesetzt waren und die die Entscheidungen trafen, die auf den endlos sich über den ganzen Kontinent dehnenden Kanureisen zu treffen waren, wobei oft genug das Wohl und Wehe von vielen Menschen und kostbarem Gut auf dem Spiele stand. Mes Coh Thoutin hatte sich also entschlossen – nach jahrelangem Zögern –, in Paul Soldat den Nachfolger des alten Meisters Walther Corssen endgültig anzuerkennen.

Sich einem Stamm der einstmals großen, dann aber von der

Seuche dezimierten Cree anzuschließen – nein, daran war nicht zu denken. Nagamoun, das wußte Paul Soldat, würde sehr unglücklich sein, wenn man ihr zumutete, ihr Leben fortab nur unter Indianern zu verbringen. War es ihm nicht immer vorgekommen, als stände Nagamoun wie unter einem Zwang, sich stets auf die Seite der »weißen« Welt zu schlagen, mochte sie auch in vieler Hinsicht auf indianische Art denken und handeln?

Wieder Kanus bauen am Winnipeg-See? Ein verführerischer Vorschlag! Das wäre einfach, es machte Freude, und man brauchte sich auf viele Jahre hinaus keine Sorgen zu machen. Nagamoun könnte ich vielleicht nach Grand Portage geben oder sogar nach Montréal, um sie auf europäische Art erziehen zu lassen. Sie würde damit fertig werden; aber ich müßte sie dann entbehren und würde sie vielleicht nicht wiedersehen.

Sei ehrlich, Paul Soldat, dir bleibt bei Licht besehen gar keine andere Wahl: Du hast dich bereits entschlossen, nach Armand zu suchen, denn nach ihm strebt deine Nagamoun mit aller Kraft ihres jungen Herzens. Aber das ist nicht die ganze Wahrheit. Du willst wissen, was aus Anna Leblois geworden ist. Du hast noch immer nicht die Hoffnung aufgegeben, Walther Corssens Tochter irgendwann und irgendwie zu gewinnen.

Gut, ich will ehrlich sein, ich, Paul Soldat, der nicht viel in seinem Leben zustande gebracht hat, aber immerhin so frei ist wie ein Fisch im Wasser oder ein Vogel in der Luft, und das ist schon etwas! Wir werden also nicht eher ruhen, als bis wir erkundet haben, was aus Anna Leblois und ihren Leuten geworden ist.

Laut sagte Paul Soldat, nachdem er an der Seite des indianischen Gefährten ein weites Stück den Fluß entlang gewandert war:

»Ich denke, Mes Coh Thoutin, es bleibt uns nichts anderes übrig, als hier an der Mündung des La Biche in den Athabasca Wache zu halten, bis ein indianisches Kanu einen der Flüsse hinauf- oder hinunterkommt. Unter den Indianern hat sich sicherlich herumgesprochen, wohin der Posten verlegt worden ist und vielleicht auch, weshalb.«

Der Indianer schien keine andere Antwort erwartet zu haben. Er beschloß das Gespräch: »Das beste wird sein, wir verlegen unser Lager dicht an den Zusammenfluß von La Biche und Athabasca, so daß wir gleichzeitig beide Flüsse beobachten können.«

17

Draußen fegte ein neuer Regensturm heran und schleuderte ganze Schwälle von kaltem Wasser gegen die Wände des Blockhauses. Obgleich die Wand gegen Westen aus kräftigen, sorgfältig behauenen Fichtenstämmen dicht gefügt war, ließ sich im Innern des Hauses deutlich vernehmen, wie der Regen seine Myriaden von waagerecht jagenden Tropfen an die Außenseite prasseln ließ.

Den drei Menschen in dem niedrigen langgestreckten Raum brauchte nicht gesagt zu werden, daß die wilde Oktobernacht draußen völlig lichtlos um das Haus wogte; die niedrig hängenden meilenhohen Regenwolken waren vom Licht der Sterne nicht zu durchdringen. Die winzige Kapsel solcher Menschenwohnung, dieser Blockhütte über dem schäumend schwellenden Athabasca, schwebte weltverloren in der maßlosen Schwärze der Sturmnacht und barg doch die drei Menschen unter ihrem Dach wie in einer warmen, schützenden Hand. An der Schmalseite des Raumes loderte in einem hohen, aus groben Felsbrocken gefügten Kamin rötlich ein Feuer aus Fichtenstämmen, den Raum nur unsicher erhellend, die Gesichter der drei Menschen im Raum bald rötlich, bald gelblich überflackernd.

Anna Leblois strich ihr dunkles Haar aus der Stirn; noch war kein Weiß oder Grau darin zu entdecken. Die bräunliche Haut, die noch kaum eine Falte aufwies, der kräftig gezeichnete Mund, die dunklen, leicht geschwungenen Augenbrauen und die klare, hohe Stirn ließen das Antlitz jünger erscheinen, als es war. Anna hatte die Hände vor sich auf dem Tisch gefaltet und blickte darauf nieder. Ihre Stimme klang, als hätte sie mit einer unbestimmten Heiserkeit zu kämpfen. Sie war erregt. Und die Erregung war auf die Zuhörer übergesprungen. Anna setzte nochmals an, hielt aber sofort wieder inne, denn ein Windstoß stieß wie mit einer Faust in den Schornstein und trieb für ein paar Sekunden Rauch und Flammen in den Raum. Paul Soldat benutzte die tränenreiche Unterbrechung dazu, frisches Holz in die Glut zu schichten, damit die durch den Schornstein aufwärts wabernde Hitze der Außenluft weiteren Zugriff verwehrte.

Paul hockte sich wieder auf den Schemel an der Schmalseite des Tisches vor dem Herdfeuer. »Wir hören zu, Anna. Wie ging es dann weiter?«

Er ließ den Blick auf ihrem Gesicht ruhen, das ihm schöner erschien an diesem ersten Abend der Wiederkehr, als es ihm jemals erschienen war. Er erkannte, daß Annas Züge von Sorge und Angst überschattet waren. Hatte er sie nicht von jeher selbstgewiß und in sich ruhend erlebt, so daß es ihm niemals eingefallen war, sie seine geheime Bewunderung und Zuneigung spüren zu lassen? Er kannte sie nur als Ehefrau; sie hatte mit einem anderen Manne Kinder; sie war zudem des unerreichbar erfahrenen und überlegenen Walther Corssen Tochter. Sie zu gewinnen, hatte außerhalb jeder Möglichkeit gelegen. Auch noch, nachdem ihr Mann tödlich verunglückt war, in einem einzigen Ansprung von der Wildnis vernichtet, hatte sie nicht seine Unterstützung gesucht, ihn vielmehr ziehen lassen, als wäre er nichts weiter als ein Voyageur, dessen Vertrag abgelaufen ist. Trotz allem konnte ein Funken Hoffnung in ihm nicht sterben, weil er sich selbst damit aufgegeben hätte.

Nun blickte er abermals in dies von der Zeit nicht zu verändernde – zumindest für ihn nicht zu verändernde – Antlitz und begriff, daß sie sich fürchtete, daß sie innerlich zitterte, wie er es bei ihr nie für möglich gehalten hätte. Die Erkenntnis erschütterte ihn. Gewiß ahnte Anna nicht, was Pauls Gedanken in dieser Sturmnacht ungewiß bewegte. Sie berichtete weiter: »Ja, und dann kam im vorigen Herbst mit der Kanubrigade die Nachricht von der Company, daß vieles dafür spräche, den Posten am La Biche viel weiter den Athabasca aufwärts zu verlegen, möglichst in eine Gegend, die dem Gebirge so nahe läge, daß man mit den Gebirgsindianern Handelsbeziehungen anknüpfen könnte. Vielleicht ließen sich, so hieß es, neue Pelzgebiete jenseits der Berge erschließen: vor allem aber sollte man aus den Indianern herausfragen, ob, wie und wo ein brauchbarer Weg oder eine Kanuroute zum Pazifischen Ozean zu finden wäre. Weiterhin gab mir die Company zu bedenken, daß ich als Frau dem Posten schwerlich auf die Dauer vorstehen könnte. Ich sollte mir unter meinen Leuten einen erfahrenen und respektgebietenden Mann aussuchen, der nach außen hin geeignet wäre, als Hauptagent eine gute Figur zu machen. An der Tatsache, daß ich selber Anteilseignerin und deshalb nicht auszuschalten bin, kam die Company nicht vorbei. Allerdings hatte ich den Eindruck, daß man solches liebend gern getan hätte. – Wenn ich aber unter meinen Leuten niemand wüßte, den ich für den Posten eines Hauptagenten geeignet hielt, so wollte man einen brauchbaren Mann unverzüglich von Montréal oder von Grand Portage aus in Marsch setzen. – Ich glaube, daß man nach dem Tode meines Mannes weniger glimpflich mit mir verfahren wäre, wenn nicht mein Bruder William ebenfalls Anteilseigner wäre und in Montréal in der Leitung der Company sicherlich eine wichtige Rolle spielte. Der Posten am La Biche, so schrieb man mir weiter, sollte vorläufig unbesetzt bleiben, bis zu erkennen wäre, daß der neu am oberen Athabasca zu beziehende Posten nicht ausreiche, das gesamte Pelzangebot des mittleren und oberen Athabasca zu erfassen.

Und schließlich schlug man mir vor, Paul, meinen Sohn Armand nach Grand Portage am Lac Supérieur zu schicken, um dort einigen Seniorpartnern der Company aus erster Hand über die Verhältnisse hier draußen zu berichten. Obendrein aber würde man Armand gründlich ins Gebet nehmen. Vielleicht wäre er trotz seiner Jugend erfahren und besonnen genug, unter meiner Anleitung als Hauptagent der Company zu fungieren. Armand hat sich das natürlich nicht zweimal sagen lassen. Er ist im vergangenen Frühling mit unserer Kanubrigade und einer sehr ansehnlichen Ladung von Pelzen vom La Biche nach Grand Portage abgefahren; er mußte sich ohnehin seine Sporen als vollgültiger Voyageur verdienen. Ja, Paul, und als Armand dann fort war, beging ich die größte Dummheit meines Lebens!«

Sie schwieg. Sie mußte sich offenbar erst an das Geständnis herantasten, das sie abzulegen gewillt schien. Sie saß ganz still und blickte immer noch auf ihre hart ineinander gekrampften Hände hinunter. Auf ihrem Gesicht war ein Zug des Widerwillens erschienen, was den beiden Zuhörern nicht entging. Die dritte in diesem Nachtgespräch war Nagamoun, fast ein Kind noch, das aber nach ständigem und ausschließlichem

Zusammensein mit Erwachsenen dachte und urteilte wie sie. Wie hätte Paul Soldat an diesem ersten Abend nach ihrer Ankunft bei heftig aufkommendem Schlechtwetter die Tochter von dem vertraulichen Gespräch mit Anna ausschließen können! Auch war Nagamoun der lang entbehrten »Tante Anna« mit so leidenschaftlicher Begeisterung an den Hals geflogen, daß sie wußte: Nagamoun wird immer auf meiner Seite sein, immer! Mochte also das über sein Alter hinaus verständige Kind von Anfang an mit eingeweiht werden, wie die Verhältnisse im neuen Fort Contreforts der Anna Leblois zu beurteilen waren. (Fort Contreforts, »Posten in den Vorbergen«, so hatte Anna ihre neue Niederlassung benannt.)

Nagamoun hatte bis dahin stumm und regungslos auf ihrem Schemel gesessen und zugehört, was ihre liebe und unvergessene »Tante« Anna zu berichten gehabt hatte. Anna war die Mutter Armands, und sie, Nagamoun, gehörte zu Armand und damit zu Anna. Auch ihr Vater hatte es so hingenommen. Da Anna schwieg und auch der Vater anscheinend nichts zu sagen gedachte, meinte das Kind, es könnte etwas anbringen, was ihm schon seit einer halben Stunde im Sinne lag. Die helle Kinderstimme klang unerwartet laut:

»Ich wollte dich schon eine ganze Weile danach fragen, Tante Anna. Ich glaube, ich weiß, was du meinst, wenn du Dummheit sagst. Was ist aus dem bösen Mann geworden, den du damals behalten hast, weil du einen Zimmermann gebrauchen konntest? Und wir mußten dich allein lassen am La Biche. Dort waren keine Kanus zu verkaufen, die Vater und unser Indianer hätten bauen können. Ist der böse Mann nicht mehr hier?«

Der Vater blickte seine Tochter erstaunt an, Anna Leblois aber beinahe entsetzt. War die Kleine hellsichtig? Paul Soldat fragte: »Der böse Mann –? Wen meinst du, Nagamoun, doch nicht etwa Claas Forke? Ist der böse?«

Nagamoun gab mit klarer Stimme und anscheinend ihrer Sache ganz sicher zur Antwort: »Du hast mir nach und nach alles erzählt, Vater, und ich weiß es auch selber ganz genau: das ist ein böser Mann! Dem kann man nicht gut sein.«

Anna hatte sich gefaßt und fand wieder Worte: »Kind, wie ist es möglich? Es ist schon Jahre her, daß du Claas Forke zum letztenmal gesehen hast. Wie willst du heute wissen, ob er böse ist oder nicht?«

Aber Nagamoun ließ sich nicht irremachen. »Nein, Tante Anna, wenn einer böse ist, dann merke ich das sehr schnell und kann es dann auch nicht vergessen. Wie er heißt, das weiß ich nicht mehr. Aber ich habe gesehen – ein paarmal habe ich es gesehen! –, wie er Armand angeschaut hat, so ganz finster und böse, als wollte er ihm etwas antun. Und deshalb habe ich nicht vergessen, daß er ein böser Mann ist.«

Mehr sagte Nagamoun nicht. Sie saß an der anderen Schmalseite des Tisches ihrem Vater gegenüber, schmal, mit gekrümmtem Rücken, hatte die nach innen gedrehten Hände unter ihre Oberschenkel geschoben, wie Kinder gern sitzen, wenn sie nachdenklich sind. Ihr schmales Gesicht mit dem dunklen, welligen Haar wurde von dem Schein des Herdfeuers rötlich angestrahlt; es wirkte fast wie eine zierliche Maske. Doch schimmerten daraus die großen dunklen Augen, gingen zwischen den beiden Erwachsenen hin und her, wach und klug, und offenbarten jedem, der es sehen wollte, das starke, warme Leben, das in diesem Kinde wirkte. Die beiden Erwachsenen am gleichen Tisch sahen es.

Anna Leblois wandte sich an das Mädchen, als wäre sie mit ihm allein: »Ja, meine liebe Nagamoun, Armand hat mich oft heimlich gefragt, wo du mit deinem Vater wohl zu finden sein mochtest. Er ist im vergangenen Frühling gar nicht gern nach Osten abgefahren mit der Kanubrigade, um über meine und seine Stellung hier am oberen Athabasca mit den Seniorpartnern in Grand Portage zu sprechen. Ich konnte ihm keinen zuverlässigen Bescheid geben, wußte nicht einmal, ob dein Vater nicht das Pays d'en haut überhaupt verlassen hatte. Denn wenn er dich nach unserer Weise erziehen lassen will, dann ist es Zeit, daß du in den Osten kommst, nach Grand Portage oder besser noch nach Montréal; hier werden wir ja doch alle zu Indianern, so oder so. Es war auch meinem Armand gar nicht wohl bei dem Gedanken, daß er mich hier mit Claas Forke allein lassen mußte. Ihn habe ich ja damals behalten, weil ein Zimmermann in der Wildnis gut zu gebrauchen ist. Die Voyageurs verstehen sich nicht besonders gut auf die Arbeit mit Axt, Beil und Säge. Sie wollen mit Kanus, mit Pelzen, Paddeln und Portagen zu tun haben. Ich hätte damals Claas Forke nicht behalten und euch beide vom La Biche mit eurem guten Indianer und seiner Frau nicht fortgehen lassen sollen. Aber...« – nun bezog Anna den Dritten am Tisch wieder in das Gespräch ein – »mein Mann war mir gerade erst genommen worden, ich durfte bei mir selber und auch vor den anderen Männern nicht zugeben, daß er durch irgendwen zu ersetzen wäre. Forke konnte ich behalten, denn der kam ja nie und nimmer dafür in Frage. Aber dein Vater, Nagamoun, über den ich von meinem Vater niemals etwas anderes als Gutes gehört hatte – deines Vaters Name, Nagamoun, stand auf einem anderen Blatt. Aber dann wart ihr fort; daran hatte ich selbst schuld; ich wußte nicht, wo ich euch suchen sollte. Dein Vater gehört nicht zu den Angestellten der Company, und den Leuten der Company wie mir wird höchstens durch Zufall bekannt, wo er sich aufhält. Ich weiß längst, daß es ein großer Fehler war, euch beide damals ziehen zu lassen und auch euren Indianer mit dem pockennarbigen Gesicht. Nun habt ihr mich wiedergefunden. Es ist vielleicht noch nicht zu spät.«

Der Mann und das Kind saßen sehr still an dem großen, groben Tisch. Das Feuer im Kamin war zusammengesunken. Die beinahe schon eisige Kühle des wilden, stößigen Sturms, die das Haus umwogte, machte sich im Raum bemerkbar. Paul Soldat erhob sich und schichtete von neuem ein halbes Dutzend grober Fichtenscheite über die Glut; das Holz flammte schon nach wenigen Sekunden auf. Von neuem strahlte Wärme in den Raum. Eine wirre Folge von Gedanken strömte durch das Hirn des Mannes. Vor wenigen Stunden erst war er mit seinen Leuten vor dem neuen Handelsposten Anna Leblois' eingetroffen. Fast einen ganzen Monat lang hatte Paul mit Mes Coh Thoutin am Ort des früheren Postens am La Biche verwartet, ehe endlich ein indianisches Kanu den Athabasca abwärts aufgetaucht und von seinem Anführer über den Verbleib Annas und ihrer Leute Zuverlässiges zu erfahren gewesen war. Es hatte den Anschein gehabt, als sei das wilde Land weit umher ausgestorben, seit der Handelsposten an der Mündung des La Biche in den Athabasca nicht mehr besetzt war. In der Tat hatte dieser Anschein nicht getrogen. Die indianischen Jäger strebten mit ihren Pelzen und ihrem Hunger nach europäischen Gütern, vor allem nach Rum und Branntwein, nicht mehr zum La Biche, sondern zum oberen Athabasca, wo Anna Leblois sich der Weisung der Company entsprechend erneut angesiedelt hatte – in den waldigen Vorbergen des Hohen Felsengebirges, weshalb der Posten dann auch den Namen »Fort Contreforts« bekommen hatte. So war Paul Soldat erst gegen Ende August vom La Biche fortgefahren, hatte obendrein unterwegs zweimal Unglück mit dem Kanu gehabt und wiederum einige Tage verloren; das Boot hatte gründlich repariert werden müssen. Schwere, um diese Jahreszeit ungewöhnliche Regenfälle hatten den Fluß anschwellen lassen. Gegen die wilde Strömung war nur langsam voranzukommen, obgleich Losseh Thiegah angehalten wurde, sich an der Paddelarbeit zu beteiligen. Fünf starke Ruderer wären mindestens notwendig gewesen, um dem volle Ladung bergenden Boot die Geschwindigkeit zu verleihen, die von den franko-kanadischen Voyageurs als Mindestmaß für lange Reisen angesehen wurde. Erst als der Herbst schon fast vergangen war, hatte Paul Soldat mit seinen Leuten endlich die Reihe der hell schimmernden Palisaden aus entrindeten Fichtenstämmen über dem rastlos heranwallenden Strom zu Gesicht bekommen, hinter denen sich der neue Handelsposten Anna Leblois' verbergen mußte. Das Ganze war – wie Paul sofort erkannte – von vornherein als befestigter Posten angelegt worden, denn in diesem Gebiet hörte der Einfluß der großen, durch die vergangene Seuche aber entsetzlich geschwächten Cree-Nation allmählich auf, ging ohne klare Scheidelinie in die zum Gebirge hin stets unwegsamer werdenden Landschaften über, in denen allein die Indianer des Gebirges Markt- und Jagdrecht beanspruchten. Die Cree waren den Händlern aus Montréal und ihren Voyageurs seit vielen Jahren vertraut; mit ihnen war gut auszukommen, wenn man sich ehrlich und freundlich benahm. Ob die Indianer in den Vorbergen und hinter den Gebirgen ebenso aufgeschlossen sein würden, das wußte vorläufig niemand. Also war Vorsicht geboten gewesen, und der neue Posten war als Wildnisfestung angelegt worden.

Claas Forke war im neuen Fort Contreforts am Tage der Ankunft Paul Soldats und seiner Leute nicht anwesend. Er hatte sich mit einem Trupp von Voyageurs nach Süden auf den Weg gemacht, um von den Prärie-Indianern soviel getrocknetes Büffelfleisch wie möglich für den kommenden Winter einzuhandeln. Am oberen Athabasca war man nicht mehr allzu weit von der offenen Prärie entfernt.

Paul Soldat hatte zuerst nicht glauben wollen, dann aber begriffen, daß und warum er von Anna Leblois offenbar als ein Retter in der Not willkommen geheißen wurde. Schon in dieser ersten Nacht, die von einem wüsten Regensturm durchtobt wurde, der unverkennbar das Ende des Herbstes und das Nahen des Winters ankündigte, hatte Anna also für ihre Ängste und Besorgnisse Worte gefunden und breitete sie mit bestürzender Offenheit vor Paul Soldat und seiner Tochter aus. Eine andere Anna war dies als jene, von der er sich vor wenigen Jahren getrennt hatte. Paul hatte seinerzeit den unerwünschten Claas Forke nicht ernst genommen, wenn der mehr als einmal auftrumpfend festgestellt hatte, daß eine Frau allein im fernsten Indianerland einem Handelsposten nicht vorzustehen vermochte. Aber er, Claas Forke, hielt sich durchaus dafür geeignet. Er brauchte die Anteilseignerin nur zu heiraten und würde damit beinahe von selber an die Stelle ihres verstorbenen Gatten Justin rücken, also Hauptagent eines Postens der Company werden. Daß er obendrein eine ansehnliche Frau dabei einhandelte, machte die Rechnung nur noch verlockender. Es hatte außerhalb des Bereichs Anna Leblois' gelegen, sich solche Rechnung überhaupt vorzustellen. Sie hatte als zu ihrem Kreis gehörig bis dahin nur Männer wie ihren Vater, Walther Corssen, oder ihren Gatten, Justin Leblois, den Freund ihres Vaters, Captain John Gorham, oder auch, wenn auch nicht ganz im gleichen Rang, eben Paul Soldat anerkannt. Mit den Voyageurs verband man sich nicht; sie glaubten selber nicht, daß eine solche Bindung möglich wäre, und blieben ihrer franko-kanadischen Welt verhaftet; im Pays d'en haut hielten sie sich an die Indianerinnen; mit denen fuhr man nicht schlecht und wurde sie vor allem jederzeit wieder los. Claas Forke hielt sich am La Biche von Anfang an nicht an die Spielregeln. Er hatte sich, wenn es galt, mit den Indianern zu handeln oder auch den Voyageurs Anweisungen zu erteilen, als könnte es nicht anders sein, an die Seite der Postenchefin gestellt, und Anna war damit anfangs sogar ganz einverstanden gewesen. Sich als einzige Frau unter vielen indianischen und franko-kanadischen Männern zu behaupten und durchzusetzen, war schwieriger gewesen, als Anna hatte voraussehen können. War doch bis dahin stets ihr Mann vorhanden gewesen, um notfalls ihren Anweisungen Nachdruck zu verleihen und außerdem alle unziemlichen Annäherungen, die von diesem oder jenem versucht werden mochten, unmöglich erscheinen zu lassen.

Nachdem Paul Soldat und Mes Coh Thoutin außer Sicht geraten waren, hatte sich Claas Forke nach und nach angemaßt, den Posten zu regieren, auch immer deutlicher und schließlich nur allzu deutlich klarzumachen gewußt, daß er doch wohl der einzige wäre, mit dem Anna noch einmal ins Bett steigen könnte. Sie sollte sich ihm also ehelich verbinden nach Indianerart; anderes war nicht möglich, denn einen Priester, der die Ehe auf christlich-europäische Weise hätte einsegnen können, gab es nicht auf tausend Meilen im Umkreis.

Anna bekannte in jener Nacht vor dem Kamin, in den zuweilen der wilde Wind hineinstieß und den drei Menschen einen Funkenschwall vor die Füße schüttete, daß sie auf die Dauer keine andere Wahl hatte als dem Drängen Claas Forkes nachzugeben. Lediglich Armand hatte ihr zur Seite gestanden, noch kaum ein Mann, vor dem sie sich als ihrem Sohn auch scheute, die Dinge beim rechten Namen zu nennen. Dann hatte man auf Weisung der Company den Posten Athabasca-aufwärts verlegen müssen, ein nicht ganz einfaches Unternehmen, dem sie und Armand allein kaum gewachsen gewesen wären.

Claas Forke, begabt mit brutaler Tatkraft, hatte sich der Aufgabe bemächtigt und sowohl den Voyageurs wie den Beistand leistenden Indianern beizubringen gewußt, wer auf dem Posten das Sagen hatte – gewiß im Auftrag der Anteilseignerin, der »Patronne«, in ihrem Namen zwar, aber doch bald als der einzige unbestrittene Befehlshaber. Armand hatte sich in einen solchen Haß gegenüber den die Mutter heimlich bedrängenden, die Befehlsgewalt sich aber durchaus nicht heimlich anmaßenden Claas Forke hineingesteigert, daß Anna fürchten mußte, er würde sich mit der heißen Leidenschaftlichkeit, deren er fähig war, auf eine gewaltsame Auseinandersetzung mit dem grobschlächtigen Manne einlassen. Anna hatte keinen anderen Ausweg mehr gesehen, als den Sohn im Frühling des Jahres 1795 mit der Kanubrigade nach Osten abzuordnen, mit welcher sie die im letzten Winter eingehandelten Pelze auf den Weg brachte. Sie war sich darüber im klaren, daß Armand frühestens im Herbst 1796 zum oberen Athabasca zurückkehren konnte, denn die Kanus würden ihre Pelzpacks wahrscheinlich schon am Rainy Lake (oder früher noch bei Bas de la Rivière am Südende des Winnipeg-Sees) gegen die nach Westen zu verfrachtenden Tauschgüter umschlagen, während Armand auf alle Fälle noch im gleichen Sommer und Herbst nach Grand Portage am Oberen See weiterreisen mußte. Ehestens dort konnte er einen oder mehrere der Seniorpartner der Company treffen und darstellen, wie sich die Verhältnisse am oberen Athabasca entwickelt hatten, würde vielleicht – aber das wagte Anna kaum zu hoffen – sogar schon zum Nachfolger seines Vaters am oberen Athabasca bestellt werden. Auf alle Fälle aber würde er zu verhindern wissen, daß Claas Forke als Agent der Company bestätigt wurde. Er würde statt dessen darauf dringen, daß ein im Dienst der Company bewährter Mann mit ihm zum Athabasca zurückkehrte, um seine Mutter zu entlasten und den Posten wieder unter die Kontrolle der Company zu bringen.

Ja, Anna ließ schon in jener ersten Nacht Paul Soldat nicht im Zweifel darüber, daß sie eingesehen hatte, sich zuviel zugemutet zu haben.

Sie blickte den wortlos an ihrem Tisch hockenden Mann aus übermüdeten Augen an. »Paul, ich glaube, ich habe endlich einmal wieder ein wenig Glück: Ich konnte meine Umstände auseinandersetzen, ohne daß Claas Forke zugehört und sich eingemischt hätte. Paul, du darfst vorläufig nicht wieder fortreisen. Ihr müßt so lange bleiben, bis Armand wieder da ist. Mein Vater hat mich nie im Zweifel darüber gelassen, mehr als einmal hat er es mir gesagt, daß auf dich ebensoviel Verlaß wäre wie auf ihn selber. Das sollte ich mir merken. Paul, es ist so, ich hätte früher daran denken müssen.«

Die drei Menschen vor dem Kamin schwiegen. Was war noch zu sagen! Das Feuer war längst wieder zusammengesunken. Der Sturm tobte mit unverminderter Gewalt ums Haus. Die drei hätten merken müssen, daß abermals Kälte sich breitzumachen begann. Sie spürten es nicht. Nacht ringsum grenzenlos um ihre Hütte! Eine völlig schwarze, wild durchheulte Leere! Die Herzen der Menschen sind sehr stark, wenn sie nicht allein zu sein brauchen. Diese drei waren nicht allein. Sie waren beieinander.

Nach unwägbarer Weile geschah etwas Unerwartetes: Nagamoun sprang plötzlich auf, lief um den Tisch, umarmte die alternde, von Ängsten gequälte Frau und flüsterte ihr zu, mit der Selbstgewißheit der Jugend, der Ahnungslosigkeit der Kindheit:

»Wir bleiben hier, Tante Anna, wir gehen nicht weg. Wir

warten auf Armand. Und der böse Mann – den jagen wir fort! Er kann dich nicht mehr ärgern, denn jetzt ist Vater hier und Mes Coh Thoutin – und ich auch, Tante Anna!«

Anna fühlte sich von zwei mageren Kinderarmen umschlungen, ein Mädchengesicht preßte sich an das ihre. Sie blickte zu Paul Soldat hinüber. Der lächelte sie an. Im blaßroten Schein der vergehenden Glut im Kamin vermochte Anna dies Lächeln gerade noch zu erkennen. Nagamoun hatte es gesagt, sie wußte es nun auch: Sie würden mit dem »bösen Mann« fertig werden.

18

Zehn Tage vergingen nach der Ankunft des Pauls und seiner Leute im Fort Contreforts, ehe Claas Forke mit den sechs Voyageurs, die er als Träger nach Süden mitgenommen hatte, vom Rande der großen Ebenen, der Prärien, zurückkehrte, auf denen die Büffel weideten – mancherorts in unzählbar großen Herden, ein schwärzlich krauses Meer im reichen Grasland. Anna Leblois wußte nicht mit Sicherheit anzugeben, was für Stämme es waren, von denen Forke einen Wintervorrat von Pemmican einhandeln wollte: Pemmican, diese unvergleichliche Kraftnahrung, die, wenn man sie nur trocken hielt, jahrelang nicht verdarb, sondern ihren milden, kräftigen Geschmack bewahrte und auch ihre Fähigkeit, schon in kleinen Mengen den Hunger zu stillen; Pemmican, in Streifen geschnittenes rohes und dann in Sonne und Wind getrocknetes Büffelfleisch, zu Fasern zerstampft und mit dem »dépouilles«, dem ausgelassenen »Rückenfett« der Büffel übergossen und vermischt und schließlich abgekühlt und zu Kugeln oder kleinen Barren geformt, nachdem zur Würze noch Wildbeeren hineingemengt waren, eine Speise der Indianer, deren auch der weiße Mann nicht überdrüssig wurde, genauso wie er in anderen Zonen auch des Brotes nicht überdrüssig wird, nur um vieles nahrhafter als Brot.

Die Stämme im Süden, in den weithin offenen und hindernislosen Grasebenen waren seit langer Zeit in Bewegung, wie Anna Leblois wohl wußte; aber ob der nach Süden gezogene

Claas Forke nun Blackfeet oder Bloods, vielleicht auch Prärie-Crees oder eine Bande der oftmals weit nach Norden vorstoßenden berühmten und berüchtigten Nadowessioux* getroffen haben würde, das wußte Anna nicht. Claas Forke hatte seine Voyageurs und sich vor allem mit großen Bündeln von roten Wolldecken bepackt, die bei den Steppenindianern hoch im Kurse standen und gegen die sich beinahe beliebige Mengen von Pemmican einhandeln ließen; denn Pemmican war reichlich, unerschöpflich sogar, in der Büffel-Prärie herzustellen, Wolldecken aber stellten eine höchst seltene und nur vom weißen Mann einzuhandelnde Kostbarkeit dar.

In den zehn Tagen vor der Ankunft Claas Forkes blieb den Menschen im Fort Contreforts genügend Zeit, sich ineinander einzufühlen und Zuneigungen wachsen und bewußt werden zu lassen, die bis dahin im dunklen Erdreich des Unbewußten lediglich als Keime vorhanden gewesen waren. Paul Soldat hatte bereits die Mitte der fünfziger Jahre erreicht. Die kargen und notvollen ersten Jahrzehnte seines Daseins hatten ihm wenig Zeit und Raum gelassen, zu sich selbst zu kommen. Sein eigentliches Leben hatte erst begonnen, seit er westlich der großen amerikanischen Seen in das ewig gefährdete, aber wahrhaft unabhängige Dasein des Pays d'en haut ausgebrochen war – was ihm nicht möglich gewesen wäre, wenn ihm damals nicht der verehrte und unvergessene Walther Corssen die Hand geboten hätte. Das Glück also, er selbst zu sein, hatte Paul Soldat erst spät erlebt, kein ungetrübtes Glück, denn seine Frau Atak war ihm davongelaufen. Aber Nagamoun war ihm geblieben, dies stets ein wenig rätselhafte, aber unbeschreiblich liebenswerte Kind.

Untergründig mit der Dankbarkeit und Verehrung verquickt, die er Walther Corssen entgegenbrachte, hatte sich im Herzen des Mannes leise und niemals offen zugegeben die Zuneigung zu der Tochter des Meisters entfaltet; doch blieb sie ohne jede Hoffnung, irgendwann ausgesprochen oder verwirklicht zu werden. Solange Anna mit Justin, diesem nüchtern selbstgewissen und zuverlässigen Manne verheiratet war, hatte kein europäisch geborener Mann und kein kanadischer

---

* Nadowessioux, so lautete der Name des großen indianischen Volkes, das – abgekürzt auf seine letzten zwei Silben »Sioux« – bis zum heutigen Tage sowohl in Amerika wie in Europa bekannt geblieben ist.

Voyageur ihr vertraulich nahezutreten auch nur für denkbar gehalten. Dieser Abstand blieb anerkannt, auch als Justin gestorben war. Anna hatte es nicht eigens zu beschließen brauchen: Dieser Abstand mußte gehalten werden, wenn nicht der Respekt zerbröckeln sollte, auf dem ihre Stellung als Nachfolgerin ihres Mannes beruhte, das heißt als Chef des Handelspostens.

Claas Forke hatte sich solcher Ordnung der Dinge von vornherein nur scheinbar gefügt, hatte, ohne daß Anna es anfangs recht bemerkte, manche Entscheidung an sich gezogen und saß gegenüber den übrigen Männern des Postens bereits fest im Sattel, ehe Anna schließlich inne wurde, daß sich Claas Forke mit rücksichtsloser Tatkraft und Geschick des Kommandos auf dem Posten schon mehr oder weniger bemächtigt hatte.

Armand hatte die Mutter mehrfach gewarnt, aber sie hatte den Sohn nicht für voll genommen und die Zügel schleifen lassen. Nach dem Tode ihres Mannes, allein gelassen in endloser Einöde, umgeben von wilden Männern und unberechenbaren Indianern, war es verführerisch gewesen, wieder in den Hintergrund zu treten, vor einem Mann, der nach außen hin ihre Ansichten und Anordnungen verwirklichte. Claas Forke, das hatte sie zu spät gemerkt, vertrat nur seine eigenen Absichten: und das wesentlichste seiner Ziele bildete sie selbst, die zwar leise alternde, aber längst noch nicht alte Frau.

Schon am dritten Tage, nachdem Paul Soldat mit seinen Leuten im Fort Contreforts am oberen Athabasca aufgetaucht war, hatte ihm Anna Leblois gestanden, daß sie sich vor Claas nicht nur fürchtete, sondern daß er sie als Mann abstieß, ja, daß seine haarigen Fäuste, sein breites Grinsen und sein scharfer Geruch ihr geradezu Ekel bereiteten. Vor dem geduldig zuhörenden Paul Soldat, dem langjährigen vertrauten Gefährten und sozusagen Schüler ihres dahingegangenen Vaters, konnte sie sich solches von der Seele reden.

In der Nacht, die dem Tage folgte, an dem sich ihm Anna offenbart hatte, machte sich Paul Soldat, schlaflos ins Dunkel starrend, klar: Wenn ihr Forke so widerlich ist, so kann ich ihr, dem sie dies gestanden hat, nicht widerlich sein. Herr im Himmel, ich erscheine ihr als Retter in der Not. Sie klammert sich an mich. Sie ist eine wunderbare Frau mit ihren vierundvierzig Jahren. Was ist das schon, vierundvierzig Jahre? Ich bin sechsundfünfzig, und vielleicht fängt jetzt erst mein wahres Leben an. Sie vertraut mir, weil ihr Vater mir vertraut hat. Vielleicht gewinne ich sie noch auf meine alten Tage. Mein Gott, das wäre ein großes Glück! Ich darf mich jetzt nicht fürchten, wenn auch Claas Forke sicherlich gefährlich ist; ich muß ihn ihr vom Halse schaffen.

Nagamoun, die im Fort Contreforts darauf bestanden hatte, mit ihrem Vater wie früher die Schlafkammer zu teilen, spürte, daß der Mann auf der Pritsche an der anderen Seite des niedrigen Raums nicht einschlafen konnte, eine tiefreichende Unruhe in ihm wühlte. Gegen Mitternacht sprach Nagamoun ins Dunkel mit klarer, heller Stimme wie stets, wenn sie eines ihrer oft erstaunlich hellsichtigen, wenn auch häufig altklug klingenden Urteile abgab: »Vater, du schläfst nicht, und ich kann deshalb auch nicht schlafen. Wir wollen einfach hierbleiben. Armand kommt zurück. Auf den muß ich warten. Der böse Mann, Vater, der darf uns nicht abhalten. Tante Anna hat große Angst vor ihm. Du mußt ihr beistehen. Vater, ich glaube, Tante Anna hat dich gern, weil du gar nicht an uns denkst, sondern bloß daran, wie du sie wieder froh machen kannst. Das mußt du auch tun.«

Meine kleine Nagamoun, sie ist wie ein Stück von mir und kann nur ebenso denken wie ich, fuhr es dem aufgeschreckten Mann durchs Hirn. Er antwortete nach einer Weile: »Du bist gewiß auf der richtigen Fährte, Nagamoun. Aber es wird bittere Folgen haben, wenn wir Tante Anna helfen. Du weißt ja, der böse Mann – wie du ihn nennst – ist wohl wirklich böse.«

Doch Nagamoun erwiderte: »Aber wir sind drei, Vater, und er ist nur einer. Was will er schon ausrichten!«

Vielleicht hatte sie das Entscheidende gesagt. Vater und Tochter sprachen in dieser Mitternacht kein Wort weiter, waren mit einmal sehr müde und schliefen bald ein.

Ja, viel veränderte sich vorder- und hintergründig in den zehn Tagen, die Paul Soldat im Fort Contreforts zu verwarten hatte, ehe Claas Forke mit den Voyageurs von Süden her – zu Fuß auf altem Indianerpfad durch die Wälder – wiederauftauchte.

Das Wetter hatte sich inzwischen vollkommen gewandelt. Der maßlose Regen, der in den ersten Tagen nach Paul Soldats und seiner Leute Ankunft im Fort Contreforts vom Himmel gewallt war, als wollte er nie wieder aufhören, hatte langsam nachgelassen und war dann zögernd versiegt. Auch der Sturm, der den Regen in jagenden Schwaden vor sich hergetrieben hatte, war müde geworden und schließlich eingeschlafen. Er hatte kein einziges Blatt mehr an den Laubbäumen übriggelassen. Kahl und dunkel vor Nässe standen nun die Birken und Pappeln, die Ahorne und Espen, aus der Ferne kaum noch von den dunklen Nadelbäumen unterscheidbar, mit den entblößten Skeletten ihres Geästs in dem schwärzlich in die Ferne ziehenden Saum des Urwalds über dem Strom. Der Athabasca hatte seine spätsommerliche Bedächtigkeit und Magerkeit längst vergessen, war gewaltig angeschwollen, jagte brodelnd, schäumend, wirbelnd unter den Palisaden des Forts vorüber, hielt nicht inne, war auf der Flucht, wanderte wie gehetzt nordostwärts davon. Die Männer im Lager hatten ihre Kanus auf die hohe Uferbank hinaufgeschleppt, denn die Bootslände war längst überflutet. Merkwürdig häufig und schnell änderte der Strom seinen Wasserstand, schwoll an und wieder ab, um schon in der nächsten Nacht erneut um einen ganzen Fuß ober mehr zu steigen. Die Kanus mußten seinen wilden Launen entzogen werden.

Ab und zu trieb in der erdig verfärbten Flut ein entwurzelter Baumstamm vorüber, reckte seine verstümmelten Äste kreiselnd und wieder verschwindend über das weißliche Blasen werfende Naß, als wollte er die kläglich und sinnlos nach Hilfe greifenden Arme Ertrinkender nachahmen. Das gestaltlose Grau des Regenhimmels hatte sich in ein Heer von dicht gedrängt jagenden Wolken aufgelöst, bläulich schwarz in den Schatten, milchig weiß in den prallen Rundungen; allmählich aber hörten sie auf, sich zu überstürzen und zu bedrängen, wanderten bald nur noch zögernd und immer zögernder, immer noch sehr tief verhängt, über das Lager hin, entschwanden wie der Strom mit seiner Unruhe hinter den dunkel und erschöpft ruhenden Wäldern. Die Wege und Pfade zwischen den Häusern, Hütten und Schuppen des Forts, in den Wald oder zum Fluß hinunter hatten sich in Morast verwandelt. Wer nicht darin steckenbleiben wollte, der hatte die gewohnten Pfade zu vermeiden und nahm lieber weite Umwege durch nasses Gras oder Kraut in Kauf, auch um nicht den Lehm an den Schuhen in feuchten, schmierigen Brocken in jeden Wohn- oder Lagerraum zu tragen.

Nach einer ebenso licht- wie lautlosen Nacht dämmerte dann ein Morgen herauf – die Menschen im Fort merkten, daß er anders war als alle vorausgegangenen, noch ehe sie ins Freie traten. Jeder spürte sofort: Es wehte ein anderer Wind! Seit Tagen und Wochen war die feuchtschwere Luft aus Südosten herangewallt, in stürmischer, wütender Eile oder auch in gelassener Strömung. Auf der Haut war sie bei aller Kühle, ja Kälte stets noch wie ein weiches Tuch zu spüren gewesen.

Jetzt mit einem Mal hatte über Nacht der Wind gedreht. Ein gar nicht sehr harter, aber schneidender Luftzug, trocken wie Schmirgelpapier, rötete Gesicht und Hände. Nordost! Der erste Novembertag! Der Winter schickte seinen Herold voraus, den eisig die Haut sengenden Nordost. Nachdem er einen Tag und eine Nacht geweht hatte, waren Erde, Welt und Wald erstarrt. Am Nachmittag darauf hatte der Wind die Wolken verjagt. Eine blasse, unwirksame Sonne schüttete seit Tagen und Wochen zum erstenmal wieder Licht über die Einöden. Die lange genug durchspülte Luft zeigte sich ungemein klar. Noch ganz hinten, wo die beiden Wälderstreifen über dem Strom mit dem Gewässer zu einem einzigen fernen Punkt zusammenschmolzen, meinte man, die einzelnen Stämme der Fichten am Ufer zu erkennen. Die blasse Sonne verloderte des Abends zu einer grellen goldroten Glut, verging in einem erst hinter dem Horizont sich aufreißenden glosenden Feuerloch und hallte in nur langsam verblassenden Purpurklängen mehr als eine Stunde lang nach. Danach erst setzten sich die Sterne durch und streuten ihr Geglitzer über den nun vollkommenen, blauschwarzen Samt der Nacht. In dieser trockenen, kalten, von arktischem Wind durchwehten Nacht, so meinte Paul Soldat, sollte das erste winterliche Nordlicht zu bestaunen sein. Hatte es etwa in den vergangenen Nächten den Himmel überwabert, so war den kleinen Menschen am Grunde der Nacht nichts davon zu Gesicht gekommen, denn die seit Wochen dicht und niedrig hängende Wolkendecke hatte den Blick in die Höhe verwehrt.

Und in der Tat, die empfindsame Nagamoun erinnerte daran, als es eigentlich schon Zeit war, zu Bett zu gehen: »Vater, ich glaube, heute haben wir Nordlicht. Komm, wir wollen sehen, ob es stimmt.«

Als Vater und Tochter ins Freie traten, wallten die geistergrünen, himmelhohen Vorhänge bereits aus der Kuppel des Nordhimmels bis zum Horizont hinunter, wogten in sanftem Sphärenwind und überrieselten die weglose Wildnis mit fahlem überirdischem Glanz.

Am nächsten Morgen war der aufgeweichte Grund endgültig erstarrt. Die Wasserlachen hatten sich in spiegelglattes Eis verwandelt, und auf den zum Schutz gegen die Kälte mit Moos und Erde beschichteten Dächern hatte sich ein fester, geschlossener Panzer gebildet, dem jedes Gewicht an Schnee zugemutet werden konnte. Der Schnee würde sich an den Wänden bis unters Dach türmen. Dann würden sich die Innenräume der Wohnhäuser wunderbar warm halten lassen.

Am Flußufer hatte der Frost einen Silbersaum von Eis gewirkt; der Strom selbst würde sich in ganzer Breite dem Eis erst ergeben, wenn die Flut der Herbstregen abschwoll, der Fluß in sein gewöhnliches Bett und zu milderer Strömung zurückgefunden hatte.

Das klare, harte und helle Wetter wirkte auf die Menschen in dem einsamen Wildnisposten wie ein belebendes Tonikum. Was jeder bis dahin nur gehofft oder geahnt hatte, wurde zur Gewißheit. Anna Leblois war nach langer Angst und Unruhe nicht mehr allein. Mit dem grundehrlichen und erfahrenen Paul Soldat war die schon verloren gegebene Vergangenheit wieder lebendig geworden, in der noch Annas Vater und dann ihr Mann Justin für Maß und Ordnung gesorgt hatten. Da war plötzlich jemand, auf den man sich verlassen konnte; die alternde Frau spürte, daß ihr langsam neue Kraft zuwuchs und vielleicht sogar – wer wollte das wissen! – neue Lust am Leben. Und wie hatte sich die kleine Nagamoun mit den übergroßen mandelförmigen Augen aus einem manchmal allzu bizarren Kind in ein anschmiegsames, kluges Mädchen verwandelt! Wenn ihr Sohn Armand dem herbsüßen Geschöpf ebenso die Treue hielt wie Nagamoun ihm, dann hatte sie, Armands Mutter, wohl Grund, sich zu freuen.

Paul Soldat kam sich manchmal vor, als ginge er im Traum umher. Er hatte sich nach wenigen Tagen in den Gang der Lagerordnung gefunden. Er brauchte nicht danach zu fragen, wie Anna verrichtet haben wollte, was im Laufe der Tage an Arbeit und Geschäften anfiel. Er hatte ja bei ihrem Vater gelernt, nicht anders als sie selbst. Ganz selbstverständlich war er sich mit Anna vom ersten Tage an einig. Sie vertraute ihm, wie sie ihrem Vater, ihrem Manne vertraut hatte. Paul Soldat gehörte zu der sehr kleinen Schar von Männern, an denen ihr Vater nie gezweifelt hatte. Justin war nicht vergessen, aber tot und vergangen. Anna blickte nicht mehr zurück. Sie blickte vorwärts. Dort aber war nun zwischen sie selbst und den beängstigenden Claas Forke endlich ein Verbündeter aus der alten Zeit, ein Beschützer getreten, der vertraute Paul Soldat. Im Grunde war schon alles entschieden.

Eine eisige Nacht hatte ihre Herrschaft angetreten.

Anna meinte bei Dunkelwerden: »Claas müßte mit den Voyageurs eigentlich gestern zurückgekehrt sein. Das schlechte Wetter muß ihn aufgehalten haben. Auch heute wird nicht mehr mit seiner Rückkehr zu rechnen sein.«

Sie hatte im Haupthaus mit Paul Soldat, Mes Coh Thoutin und den beiden im Lager verbliebenen älteren Voyageurs besprochen, daß am nächsten Tag auf dem einigermaßen abgeschwollenen und wieder ruhiger wandernden Fluß noch einmal mit dem Netz gefischt werden sollte; man würde im kommenden Winter vier oder fünf Personen mehr im Lager zu ernähren haben, als vorauszusehen gewesen war. Ein letzter guter Fischfang würde sehr willkommen sein. Es war mit dauerndem Frost zu rechnen, und selbst ohne oder bei nur schwacher Sonne würde der Überfluß an Fischen in der Kälte schnell zu trocknen sein.

Mes Coh Thoutin und die Voyageurs waren gegangen. Gerade wollten sich Paul Soldat und Nagamoun verabschieden, um die Hütte an der Innenwand der Palisaden aufzusuchen, die Anna den beiden als Wohnung zugewiesen hatte, als es hart an die Tür des Haupthauses klopfte. Ehe Anna noch »herein« rufen konnte, wurde die Tür des Hauses aufgestoßen.

Der breitschultrige Mann mit einer struppigen Pelzkappe über dem von rötlichem Bart umwucherten Gesicht – er steckte in einem bis fast zu den Knien reichenden, an mehr als einer Stelle zerfetzten Pelzrock –, der Mann, der bei sinkender Nacht ohne viel Federlesens zu Anna vordrang, als brauchte er nicht um Einlaß zu fragen, war Claas Forke.

Er blieb in der Tür stehen und achtete nicht darauf, daß die Kälte der Nacht sofort wie eine Faust in den großen Wohnraum des Haupthauses hineinprallte. Forkes Augenbrauen zogen sich zusammen. Er ließ einen finstern Blick von Nagamoun zu Anna und von dort zu Paul Soldat schweifen. An ihm blieben seine Augen hängen. Er warf die Tür mit hartem Krach hinter sich ins Schloß und trat einen Schritt auf Paul Soldat zu. Wenn auch der Bart sein Gesicht verhüllte, so war doch beinahe erschreckend zu erkennen, daß Erstaunen, aber zugleich auch Wut sich darin breitmachten. Er herrschte den Mann, der ihm fast zum Greifen nahe gegenüber stand, an: »Zum Teufel, was willst du hier, Paul Soldat?«

Die Frage war wie ein grober Stoß vor die Brust. Aber Paul Soldat hatte zehn Tage Zeit gehabt, sich auf solche Fragen vorzubereiten. »Ich wüßte nicht, warum ich gerade dir darüber Rechenschaft schuldig bin, Claas Forke!«

Claas Forke stand breitbeinig da. Man mochte meinen, er wollte sich im nächsten Augenblick auf den Gegner stürzen. In diesen wenigen Sekunden erfaßte Paul Soldat, daß Anna nicht übertrieben hatte, daß dieser Mann sich des Posten einschließlich der Frau schon so gut wie sicher gefühlt hatte. Er hatte schwer gearbeitet, dieser Claas Forke, listig und schonungslos mit den Indianern gehandelt. Er hatte im vergangenen Frühling eine gewaltige Ladung von wertvollen Pelzen stromab in Marsch gesetzt, den Voyageurs seinen Willen aufgezwungen und das Äußerste aus ihnen herausgeholt, auch da, wo Anna sie geschont und als Gefährten in der Einöde behandelt hätte. Mit einem Wort, er hatte diesen neuen Posten zu dem gemacht, was er war, einem sich großartig rentierenden Bollwerk der das Pays d'en haut um seinen Reichtum prellenden Company. Er hatte sich dicht vor dem Ziel gewähnt, er, ein Mann, der sich nicht gescheut hatte, in unsicherer später Jahreszeit mit fünf Voyageurs durch die Wälder nach Süden vorzudringen, um den gefährlichen Sioux, den Bloods oder welchen kriegslustigen Indianerstamm er sonst auf den Prärien getroffen haben mochte, in Lasten von je neunzig Pfund das kostbare Pemmican abzuhandeln, das die sorglose Existenz des Forts Contreforts und seiner Leute auch den längsten und härtesten Winter über garantieren sollte. Und er hatte sogar, um den Voyageurs seine Überlegenheit immer wieder von neuem zu demonstrieren, auf dem Rückweg die doppelte Last geschleppt, war durch Regen und Morast aufgehalten worden, hatte es aber durchgesetzt, an diesem letzten, langen Tage doch noch das Fort zu erreichen. Denn an diesem Abend noch sollte Anna Leblois ihm, dem Unüberwindlichen, endlich ihr Jawort geben. Erst wenn er sie geheiratet hatte, konnte die Company ihn nicht mehr abweisen. Dann erst würde er zu einem der Herren des fernen Westens geworden sein! Und nun stand plötzlich wie aus dem Nichts der Mann vor ihm, von dem er wohl wußte, daß er ohne ihn nie nach Fort Contreforts gelangt wäre. Von dem er wahrscheinlich auch wußte, daß Anna Leblois damals ihn, den Paul Soldat, hatte abweisen wollen, indem sie nicht ihn, sondern den ihr im Grunde gleichgültigen Claas Forke in ihre Leute einreihte.

Claas Forke war sich fast im gleichen Augenblick, in dem er das Zimmer betreten hatte, bewußt geworden, daß Paul Soldat nicht aus der Welt war, wie er gedacht und gehofft hatte, sondern daß das Schicksal wieder einmal gegen ihn, Claas Forke, entschieden hatte, wie schon so oft in seinem früheren harten Leben. Ja, wenn er im Fort Contreforts anwesend gewesen wäre, als dieser Bursche plötzlich wiederauftauchte. Dann hätte er Anna gleich von ihm absondern, klarmachen können, was er inzwischen für sie geleistet hatte, hätte sich des unerwünschten Eindringlings notfalls mit Gewalt entledigt. Aber nun war Soldat schon da, und Anna war sich – Claas Forke spürte es – mit ihm einig geworden. Denn dieser Paul Soldat verfügte im Vergleich zu ihm über einen Vorteil, der wahrscheinlich entscheidend war: Er gehörte zu »Annas Leuten«, das heißt jenen, die von Annas Vater ausgewählt, herangezogen und in den Kreis seines und das bedeutete auch ihres Vertrauens aufgenommen worden waren, ebenso wie Mes Coh Thoutin und Justin Leblois.

Nach der übergroßen Anstrengung des Tages hatten die Sinne Claas Forkes jene äußerste Schärfe erreicht, die sich unter alltäglicher Belastung niemals einstellt. Anna stand vor ihm, ein wenig hinter Paul Soldat, als gehörte sie bereits zu ihm. Auf der andern Seite hinter Paul Soldat stand Nagamoun; sie mußte es sein, wenn auch Claas Forke sie nur halb so groß in Erinnerung hatte. Dies Mestizenbalg mit den übergroßen dunklen Augen, die ihn anstarrten mit einem Haß und einer Verachtung, die er nicht begriff, diese Nagamoun, die zu einem dürren, eckigen Mädchen aufgeschossen war, verfluchtes Halbblut, mußte auch die noch Zeuge sein, wie ihm der Sieg unmittelbar vor dem Ziel aus den Händen glitt!

Er hatte verloren, aber er gab nicht nach! Er schrie: »Rechenschaft –! Aber ganz gewiß! Du bist mir Rechenschaft schuldig. Was willst du hier? Ich habe dich nicht eingeladen! Du bist hier überflüssig, Paul Soldat! Seid du damals sang- und klanglos verschwunden bist, vor zwei Jahren, vor drei Jahren, ich weiß es nicht mehr genau, habe ich den Posten aufgebaut, erst am La Biche und dann hier. Ohne mich wäre Anna verloren gewesen. Sie hat auch nicht versucht, mich zu hindern, hier zu arbeiten wie ein Stier. Anfangs vielleicht, aber als sie erst merkte, daß ich aus dem Posten mehr herausholte, als sie jemals vermocht hätte, hat sie mich gewähren lassen. Daß du es nur gleich weißt, Paul Soldat! Aber Anna hat es dir sicher schon erzählt! Ich habe mich nicht nur wegen der Gewinne der Company abgeschuftet, sondern weil ich Anna beweisen wollte, daß ich der einzige Mann bin, den zu heiraten sich lohnt, nachdem sie ihren ersten Mann verloren hat – und der sie auch noch haben will, obgleich sie nicht mehr jung ist. Es ist eine beschlossene Sache, Paul Soldat. Ich heirate Anna Leblois! Und dir und deinen Leuten rate ich – du wirst ja wohl deinen Indianer bei dir haben –, noch morgen stromabwärts zu verschwinden. Der Strom ist offen und wird es voraussichtlich noch einige Tage bleiben. Ihr kommt noch bis zum La Biche, und wenn nicht, soll's mir auch gleichgültig sein!«

Claas Forke hatte seine Karten auf den Tisch gelegt. Er konnte nur noch alles verlieren oder alles gewinnen. Er verlor alles. Verlor es im Handumdrehen, in einem Augenblick.

Anna hatte sich bis dahin nicht geregt. Das plötzliche Auftauchen des gefürchteten Mannes hatte ihr die Sprache verschlagen. Sie wurde sich noch einmal des fürchterlichen Zwanges bewußt, unter dem sie gestanden hatte, und es hallte ihr dröhnend durchs Gehirn: An diesem Abend hätte ich mich ergeben; ich hätte gar keine andere Wahl gehabt, denn er hat mich und den Posten längst in die Hand genommen.

Aber nun war Paul da, stand vor ihr, nicht so breit und massig wie Claas Forke, aber sicherlich gewandter, zähe und schnell. Paul hatte nie versucht, sie zu zwingen, immer nur danach getrachtet, ihr ergeben und dienstbar zu sein. Und jetzt war er gekommen, im letzten Augenblick, um sie vor Unheil zu bewahren – und vor einer Knechtschaft, die einer Marter gleichgekommen wäre.

Wenn sie schon zu wählen hatte, dann – um alles in der Welt – nur Paul.

Nach den wilden Worten Claas Forkes herrschte Schweigen im Raum. Paul Soldat brauchte nichts zu sagen. Er wich keinen Zoll, stand breitbeinig wie in den Boden gepflanzt: Wenn du es drauf ankommen lassen willst, Claas, versuch's! Du ziehst den kürzeren!

Anna war nicht schwach und erst recht nicht feige, wenn es darauf ankam. Sie erfaßte nach einigen schwebenden Sekunden: Jetzt bin ich an der Reihe. Ihre Stimme klang heiser, aber fest. Sie trat einen Schritt vor und stand nun neben Paul Soldat vor Claas Forke.

»Claas, ich habe nie ja zu dir gesagt. Ich habe dich nur gewähren lassen, denn du verstandest dich auf alles, was am La Biche und hier zu geschehen hatte. Zum Heiraten gehören zwei, Claas. Ich für mein Teil habe beschlossen, Paul Soldat zu heiraten, wenn er mich haben will.«

Paul Soldat war es, als wäre er wie mit einem Zauberschlage mit Anna allein im Raum. Er wandte sich ihr zu und flüsterte mit rauher Stimme, doch allen so deutlich vernehmbar, als hätte er es laut gerufen: »Ich will dich haben, Anna, seit ich denken kann!«

Claas Forke gab auf. Er schien in sich zusammenzusinken, hockte sich auf einen Schemel neben der Tür. Es war im Grunde zu erwarten gewesen. Er hatte es vor sich zuzugeben: Das Glück und der Erfolg würden sich auch diesmal nicht zwingen lassen. In seinem ganzen Leben hatte er nie eine andere Erfahrung gemacht. Ja, glücklos, das war er, Claas Forke!

Der Bann, der die drei Menschen im Raum festgehalten hatte, war gewichen. Anna setzte sich mit dem Rücken zum Feuer, an die Längsseite des Kamins, Nagamoun und Paul Soldat an die Schmalseiten des Tisches. Es war, als könnte man zur Tagesordnung übergehen. Der Blitz war aus der Wolke gefallen, hatte getroffen, den er treffen sollte. Was weiter?

Claas Forke schien es zu wissen. Er berichtete pflichtgemäß. Jetzt erst merkte man, wie übermüdet und abgespannt er war: »Wir bringen sieben Lasten Pemmican, Anna. Das sollte reichen für alle Tage des Winters, an denen kein frisches Fleisch oder Fisch zu beschaffen ist. Alles, was ich an Tauschwaren mitgenommen habe, ist dabei draufgegangen. Die Indianer der Prärie haben begriffen, daß wir auf ihren Pemmican angewiesen sind. Ich muß abrechnen. Aber mit wem?«

Claas Forke blickte vor sich zu Boden, mit hängenden Schultern, steckte immer noch in seinem abgewetzten Pelzrock, erschöpft, bärtig, nichts weiter mehr als ein ermatteter, überanstrengter Voyageur, der sich lange nicht gewaschen hatte.

Anna erwiderte sehr ruhig: »Mit mir natürlich, Claas, mit wem sonst!«

Wieder ein langes Schweigen. Dann sagte Forke: »Aber auf mein Geld, meine Prämien und Provisionen verzichte ich nicht. Ich will sie gleich haben!«

Anna erwiderte ruhig und sachlich wie zuvor: »Du brauchst nicht fortzugehen, Claas. Du kannst auch hierbleiben und weiter arbeiten wie bisher.«

Jetzt hob Claas Forke den Kopf. Seine Stimme klang verändert, hart. Ein Unterton von Drohung war unüberhörbar: »Was du dir so denkst, Anna! Nein, das geht nicht! Ich habe keine Lust, die zweite Geige zu spielen, nachdem ich dir lange genug die erste abverlangt habe – und du hast dich wenig gewehrt, daß ich sie spielte. Sieh zu, wie du weiter fertig wirst ohne mich! Wenn es zu machen ist, steige ich schon morgen ins Kanu, nehme drei von deinen Männern mit, die auf mich eingeschworen sind, da sie wissen, daß ich mehr kann als andere. Ich werde mich beeilen. Der Athabasca wird nicht mehr lange offen sein, aber ihr sollt mich loswerden, so schnell es irgend geht.«

Paul Soldat konnte sich des Gedankens nicht erwehren: Da spricht einer, dem eine gefährlich tiefe Wunde zugefügt worden ist. Entweder geht er daran ein, oder er wird sich irgendwann versucht fühlen, zurückzuschlagen.

Claas Forke hatte sich erhoben. Wie ein Klotz stand er an der Tür, hatte die Hand schon am Griff, zögerte, wandte sich noch einmal zurück: »Denke nicht, daß ich dir dies alles je vergesse, Paul Soldat! Und du, Anna, wirst es bereuen, daß du mich weggeschickt hast. Es ist noch nicht aller Tage Abend.«

Daß Claas Forke diese letzten Sätze auf Deutsch gesprochen hatte, kam den drei Menschen erst zu Bewußtsein, als der nächtliche Besucher die Tür geöffnet und wieder zugestoßen hatte. Ein Schwall eisiger Luft war dabei in den Raum gedrungen. Er war fort.

Nun ließ Nagamoun sich zum erstenmal vernehmen. Sie

hatte bis dahin hoch aufgereckt mit ineinander verkrampften Händen ihre dunklen Augen von einem zum andern wandern lassen, je nachdem, wer gerade gesprochen hatte. Jetzt stieß sie einen tiefen Seufzer aus; offenbar war eine Last von ihren schmalen Schultern genommen. Leise, als wäre ein Lauscher vor der Tür, sagte sie: »Er ist nicht nur böse, er ist auch traurig. Er wird nicht wiederkommen. Aber wenn er wiederkommt, dann wird er uns etwas antun.«

Paul Soldat war nicht willens, diese Spur weiter zu verfolgen. Er beruhigte: »Ach, Tochter, wer will das wissen! Wir werden auf der Hut sein und sind Manns genug, uns zu schützen.«

Etwas anderes war ihm in diesem Augenblick wichtiger; er wandte sich an Anna: »War es dein Ernst, Anna, was du vorhin gesagt hast? Oder tatest du es nur, um Claas fortzuschikken?«

Anna hatte die Augen auf den Fragenden gerichtet und den Kopf gehoben. Ein sonderbar befreites Lächeln spielte um ihre Augen und Mundwinkel und ließ ihr Gesicht so jung erscheinen, wie es in Wahrheit gar nicht mehr war. »Es war mein voller Ernst, Paul! Aber heute wollen wir nicht mehr darüber reden. Wir wollen jetzt schlafen gehen. Jeder von uns hat genug, worüber er nachdenken muß. Aber lege den Innenbalken vor deine Tür, Paul. Ich werde es hier auch tun.«

Sie trennten sich voneinander, beinahe befangen.

Als Paul mit Nagamoun in die gläsern klare, eisige Nacht hinaustrat, waberte über den Nordhimmel geistergrün ein Nordlicht, ließ seine fahlen Pfeile zucken, die Falten seiner ungeheuren Vorhänge in Weltallswinden wallen, um dann den ganzen grünlich-gelblich lodernden Zauber urplötzlich wieder hinwegzuwischen.

Von Claas Forke war in der kurzen Lagergasse nichts zu sehen. Unangefochten erreichten Paul Soldat und Nagamoun ihre Hütte.

Vor dem Einschlafen fragte sie ins Dunkel: »Wirst du Tante Anna nun heiraten, Vater?«

Paul Soldat hatte auf diese Frage gewartet. Er erwiderte: »Ja, Nagamoun, ich werde sie wohl heiraten, wenn ich auch nicht genau weiß, wann. Sie wird deine zweite Mutter. Das wird dir doch lieb sein?«

Nagamoun erwiderte sonderbar nachdenklich: »Ja, Vater,

das ist mir lieb, du hast wieder eine Frau. Ich habe Tante Anna sehr gern. Aber dann wird Armand mein Bruder, wenn sie meine Mutter wird. Vater, wie ist denn das? Kann man seinen Bruder heiraten?«

Paul Soldat war wie vor den Kopf geschlagen. Das Kind hatte einen Schritt weiter gedacht als er. Ihm blieb nichts weiter übrig, als abzuwehren: »Ach, Nagamoun, das ist alles noch weit im Felde. Du bist noch viel zu jung, um zu heiraten, und Armand ist unterwegs nach Osten. Wer weiß, wann er wiederkommt. Mädchen reden gern vom Heiraten, aber verstehen kann man das erst, wenn man groß ist. Sieh, Armand und du, ihr seid gar nicht miteinander verwandt. Dein Vater und deine Mutter haben nichts mit Armands Eltern zu tun. Sie waren nur miteinander befreundet, aber sie sind nicht miteinander verwandt. Und wer nicht miteinander verwandt ist, der kann sich auch heiraten. Und sowieso heiraten wir nur nach indianischer Sitte, weil wir auf unsere Art gar nicht heiraten können. Da kann uns keiner dazwischenreden. Aber laß uns jetzt nicht weiter darüber sprechen, Nagamoun. Es ist alles ein bißchen schwierig. Und wir haben noch viel Zeit zum Nachdenken. Du ganz besonders, denn du mußt erst mindestens so alt werden wie die Indianermädchen, wenn sie heiraten wollen, vierzehn oder fünfzehn oder besser noch ein wenig älter. Bis dahin wird noch viel Wasser den Athabasca hinunterfließen. Wollen wir jetzt nicht lieber schlafen, Nagamoun?«

Nagamoun murmelte – sie schien schon halb zu schlafen: »Ja, Vater. Gute Nacht!«

19

Es kostete Anna Leblois fast eine ganze Woche, mit Claas Forke auseinanderzukommen. Der grimmige Mann verlor kein weiteres Wort über das, was sich am Abend nach seiner Ankunft im Haupthaus vor Annas großem Kamin ereignet hatte. Er hatte nach langem, schwierigen Anlauf verloren, worauf er ausgewesen war. Zu verlieren, was man mit allen Kräften erstrebt hatte, ach, das war ihm in seinem harten Dasein oft genug passiert. Es war dann sinnlos zu jammern. Statt dessen mußte man zusehen zu retten, was zu retten war.

Hier nun, nach mißglücktem Haupteinsatz, dem wahrscheinlich letzten großen seiner Existenz, hier war eine ganze Menge zu retten. Wenn er schon gehen mußte, so wollte er von den Gewinnen und Erfolgen der letzten Jahre so viel mitnehmen, wie sich nur irgend erpressen ließ.

Der plötzliche Entschluß Annas, mit Paul Soldat die Ehe einzugehen – vielleicht hatte er wirklich nur dazu gedient, Claas Forke mattzusetzen. Paul Soldat fragte sich im geheimen, ob nicht vielleicht er der Genarrte wäre. Denn Anna war noch mit keinem Wort auf den von ihr im entscheidenden Augenblick verkündeten Beschluß zurückgekommen. Sie hatte Paul Soldat und seinen Leuten lediglich bedeutet: »Paul, haltet euch aus allem heraus. Ich habe euch die große Hütte bei den Palisaden mit Bedacht gegeben. Bleibt dort für euch und mischt euch nicht ein. Ich werde allein mit Claas Forke fertig. Über alles Weitere reden wir später.«

Mes Coh Thoutin hatte nach wenigen Andeutungen seines Maître begriffen, wie die Dinge standen. Er hatte seine Frau zu schützen und seinen größten Schatz, sein Söhnchen Namay, das zur grenzenlosen Erleichterung seines Vaterherzens mit glatter, bräunlicher Haut geboren war, wie es sich für ein Indianerkind schickt, einer Haut, die nicht verriet, wie schrecklich das Gesicht des Vaters und seine Hände für alle Zeiten durch die Narben verunstaltet waren, welche die Schwarzen Pocken zurückgelassen hatten.

Ja, sie blieben ganz auf sich beschränkt, Paul Soldat und seine Leute, in der einen Woche, die dem endgültigen Abschied Claas Forkes vom Fort Contreforts vorausging. Aber die Männer hielten die Augen offen, und Losseh Thiegah zeigte sich sehr geschickt, unauffällig im Lager auszuspionieren, was sich dort ereignete. Sie fiel unter den anderen Indianerinnen, mit denen sich im Laufe der Zeit mehr als einer der Voyageurs des Postens verbunden hatte, nicht weiter auf.

Anna Leblois hatte – was sie selbst heimlich erstaunte – ihre alte Sicherheit und Tatkraft wiedergewonnen. Sie war nicht mehr allein. Draußen, aber innerhalb des Lagers, wartete ein Mann, endlich wieder ein Mensch, der zu ihrer eigentlichen Welt seit langem gehörte, jener in der unendlichen Freiheit und Vogelfreiheit des Pays d'en haut von ihrem Vater Walther

Corssen geschaffenen, eng umgrenzten, aber verläßlichen Welt.

Sie feilschte nicht. Sie hatte die beiden ältesten und bewährtesten ihrer Voyageurs gebeten, nein, hatte ihnen zum erstenmal seit langer Zeit wieder anbefohlen, bei jedem ihrer Gespräche mit Claas Forke anwesend zu sein. Er hatte gefragt: »Was soll das, Anna? Jules Pradier und Basil Caron brauchen uns nicht zuzuhören. Schicke sie weg! Jules, Basil, macht, daß ihr rauskommt!«

Anna jedoch hatte mit ruhiger Stimme erklärt: »Ihr bleibt beide hier, Jules und Basil! Und werdet immer hier sein, wenn ich mit Claas Forke zu reden habe.«

So saßen die beiden also während der letzten Tage Claas Forkes im Fort Contreforts Stunde um Stunde in zwei einander gegenüberliegenden Ecken des großen Hauptraums des Haupthauses, während Anna Leblois und Claas Forke sich über die Konten, Lagerlisten und Abrechnungen des Pelzhandels während der letzten drei Jahre beugten.

Claas Forke lernte in diesen Tagen eine Anna kennen, die er bis dahin nicht gekannt hatte. Eine selbstgewisse, ruhige Frau, die sich fest in der Hand hatte. Er mußte in diesen letzten Tagen begreifen, daß die vom Tode ihres Mannes und ihres Söhnchens Walther beinahe tödlich verwundete Frau, die er bei seiner ersten Ankunft am La Biche kennengelernt hatte, nicht die eigentliche Anna gewesen war. Jetzt sagte sie zum Leben wieder ja und hatte sich zu einem neuen Anfang mit Paul Soldat entschlossen, nicht aus übergroßer Liebe, sondern um des Friedens, der Sicherheit und der Verläßlichkeit willen, die sie in ihrem Alter im herren- und gesetzlosen Pays d'en haut als die wesentlichsten Voraussetzungen für ein menschenwürdiges Dasein brauchte.

Claas Forke bestand auf jedem Schilling, auf jedem Penny, von dem er auch nur mit dem Schatten eines Anrechts behaupten konnte, er dürfte ihm nicht vorenthalten werden. Anna gab in beinahe allen Fällen nach. Sie lehnte nur dann und dort ab, wo ihr der Fortbestand des Forts und seines Pelzhandels und die rechtmäßigen Interessen der fernen Company in Gefahr zu geraten schienen. Claas Forke mochte sich dann ereifern, wie er wollte. Sie saß stumm am Tisch und blickte den wütend fordernden und schimpfenden Mann unverwandt an. Bis ihm unter diesen dunklen, ernsten Augen der lauthalsige

Redefluß allmählich versiegte und er sich mit einem Fluch der nächsten Abrechnung zuwandte.

Anna merkte bald, daß Claas Forke entschlossen war, nicht als armer Mann von ihr und dem Posten zu scheiden. Sie fand zu der großzügigen Fairneß zurück, die sie von ihrem Vater und dann von ihrem Mann gelernt hatte, und die bei beiden die Ursache dafür gewesen war, daß sie mit den Indianern, denen die wenigen weißen Männer im Pays d'en haut im Grunde schutzlos auf Gedeih und Verderb ausgeliefert waren, stets in Frieden und Freundschaft gelebt und gehandelt hatten. Claas Forke hat schwer gearbeitet, sagte sich Anna. Er hat den Posten mit List, Gewalt und hartem Fleiß vorangebracht. Jetzt schicke ich ihn fort, da ich endlich der Angst vor ihm nicht mehr nachzugeben brauche. Aber um die Frucht seiner Arbeit soll er nicht geprellt werden. Er hat durchblicken lassen, daß er als unabhängiger Händler zu den Stämmen im Süden gehen will, wo er der Company kaum in die Quere kommen wird. Gut, er mag sich so reichlich versorgen und mit Tauschgütern ausstatten, wie ich es irgend vor der Company verantworten kann. Anna machte auch keinen Versuch, die wenigen Voyageurs zurückzuhalten, die sich Claas Forke bei seinem Auszug anschließen wollten. Claas brauchte sie, denn auf dem Wege nach Süden mußte marschiert werden. Kanus konnten dort, wenn überhaupt, erst wieder benutzt werden, wenn man das Einzugsgebiet des Saskatchewan erreichte.

An einem kalten, stillen Tage waren Claas Forke und seine Männer fort – im allerersten Grau des wolkenverhangenen Morgens ohne Abschied verschwunden.

Anna vermochte es noch kaum zu glauben: Jetzt erst hatte sie den Schock des Todes ihres Mannes und ihres jüngeren Sohnes völlig überwunden, war wieder zu sich selbst zurückgekehrt, hatte sich dem Anfang eines neuen Lebens zugewandt, das den Namen Paul Soldat tragen würde. Wenn Anna dies bedachte, so mußte sie jedesmal lächeln, ein wenig traurig, ein wenig spöttisch und schließlich hoffnungsvoll. Paul Soldat also! Er würde sie nicht begeistern, aber auch nicht enttäuschen.

Claas Forke war fort, und Anna sagte: »Paul, du solltest jetzt mit Nagamoun in das Haus neben dem Haupthaus umziehen. Und Mes Coh Thoutin kann sich mit Frau und Kind gleich daneben einrichten. Und dann, Paul« – sie lächelte ihn an –, »müssen wir uns gelegentlich darüber unterhalten, wie wir unsere Ehe, der du inzwischen hoffentlich nicht abgeschworen hast, sozusagen amtlich verbriefen.«

Sie mochten die Sache drehen und wenden, wie sie wollten: Weder auf indianische Weise noch auf »weiße«, europäische Art konnten Anna Leblois und Paul Soldat den ehelichen Bund schließen, den zu schließen sie bereit waren, nach dem sie sich sogar sehnten. Anna war ja erst vierundvierzig Jahre alt. Die Angst und der Widerwillen, die sie lange gefesselt hatten, waren ihr von der Seele genommen; nun erwachte auch ihr Leib wieder. Denn daß Paul Soldat nach ihr verlangte, von jeher nach ihr verlangt hatte, wärmte sie auf eine fast schon vergessen gewesene, heimlich wohltuende Weise.

Indianisch hätten sie nur heiraten können, wenn sie einen Stamm, einen Clan oder eine Sippe hinter sich gewußt hätten, die willens gewesen wären, zwei ihrer Glieder, den Mann und die Frau, gegeneinander auszutauschen und sich dadurch zu verbinden. Aber weder Anna noch Paul vermochten sich auf eine Sippe zu berufen, der sie hier im Pays d'en haut angehörten, in der sich ihnen ein Rückhalt geboten hätte.

Auf der anderen Seite gab es im unermeßlichen Pays d'en haut weder einen Priester katholischer noch einen solchen lutherischer Konfession, der die beiden in gültiger Form hätte einsegnen können. Seit Frankreich im Siebenjährigen Krieg jeden Anspruch im nördlichen Nordamerika hatte aufgeben müssen, die Franko-Kanadier am unteren Sankt Lorenz britische Untertanen geworden waren und damit begonnen hatten, sich in den schönen Landschaften ihrer quebecischen Heimat vom übrigen Amerika abzusondern, war die kleine, aber ursprünglich zuverlässige Schar von katholisch-französischen Priestern und Missionaren versiegt, die vor der britischen Zeit vielfach als allererste Weiße zu den großen Seen und über sie hinaus nach Nordwesten und hinunter in die schier unabsehbaren Gebiete des Mississippi und Missouri vorgestoßen waren.

Katholische Priester, dazu noch französisch sprechende, waren den Briten stets und überall verdächtig. Französische Priester hatten sich auf die Franko-Kanadier am unteren Sankt Lorenz im quebecischen Kanada zu beschränken. Was an anglikanischer oder lutherischer Geistlichkeit im britischen

Nordamerika vorhanden war, das träumte nicht einmal davon, nach Westen zu gehen und »die Wilden« zu bekehren. Der Norden und Westen gehörten der Hudson's Bay Company oder der North-West Company. Die schottischen Pelzhändler oder ihre franko-kanadischen Voyageurs, die sich der Enge und Muffigkeit ihrer von Priestern regierten Heimat entzogen und sich für die wilde Freiheit und das gefährliche Leben im Pays d'en haut entschieden hatten, wollten von Priestern, Messen und Glockenklang nicht viel wissen, denen behagten die Indianer durchaus so, wie sie waren: gierig nach den Gütern des weißen Mannes, durstig auf sein Feuerwasser und willens und geschickt, ihre angestammte Lebensart aufzugeben und statt dessen Pelze zu erbeuten.

Die weißen Männer im Pays d'en haut, ob schottischer, englischer, deutscher oder französischer Herkunft, fragten nicht viel danach, welches Zeremoniell vorausgegangen war, wenn sie sich mit einer der gewöhnlich recht willigen Indianerinnen verbanden, auch dann nicht, wenn gar kein Zeremoniell das Beilager eingeleitet hatte. Aber Anna Leblois war keine Indianerin; mochte sie auch den größten Teil ihres Lebens im Indianerland verbracht haben, so war sie doch Europäerin geblieben, hing mit allen Fasern ihres Wesens an jener Welt, die die Welt ihres Vaters und ihrer Mutter und auch die ihres Mannes gewesen war.

Mit einem an Ehrfurcht grenzenden Erstaunen erlebte Paul Soldat in den ersten Wochen des schließlich mit unerbittlicher Härte hereinbrechenden Winters, wie Anna unermüdlich nach Formen suchte, ihre zweite Ehe in würdiger Weise zu weihen. Paul dachte nicht daran, ungeduldig zu werden. Er hatte lange gewartet. Nun kam es auf ein paar Wochen nicht an. Sie allein sollte darüber befinden, wie das Band zu knüpfen wäre, das sie bis zu ihrem Tod aneinander binden sollte. Manchmal wachte er mitten in der Nacht auf und konnte dann nicht wieder einschlafen, lag mit hinter dem Kopf verschränkten Armen auf seinem Schragen und starrte ins Dunkel: Es ist kaum zu fassen: Sechsundfünfzig Jahre alt bin ich geworden, ehe so etwas wie Glück bei mir einkehrt. Mein Gott, hoffentlich ist nicht alles nur ein Traum. Wenn es wahr würde –! Man könnte fromm darüber werden!

Anna hatte den Abend des 24. Dezember zum Hochzeitstag bestimmt. Sie schmückte den großen Raum im Haupthaus, den gewaltigen Kamin aus Felsbrocken mit dunkelgrünen Fichtenreisern. Nagamoun ging ihr dabei zur Hand, sonderbar still, beinahe bedrückt, kaum ein Wort verlierend, das nicht zur Arbeit gehörte. Anna hatte nicht darauf geachtet. Sie war in Gedanken allzu stark mit dem beschäftigt, was nun auf sie zukam.

Als längst die Dunkelheit hereingebrochen war an diesem kürzesten Tag des Jahres – ein windstiller Tag war es, nicht allzu kalt; unablässig rieselte aus grauem Himmel ein feinkörniger Schnee hernieder, und wenn man schwieg und hinhorchte, wurde ein zartes, eintöniges Singen vernehmbar –, stellte Anna auf dem großen Tisch in der Mitte des Raums vor dem im Kamin lodernden Feuer vier der kostbaren Wachskerzen auf, von denen sie nur einen sehr kleinen und streng gehüteten Vorrat besaß.

Vor vier Zeugen wollte Anna sich ehelich mit Paul Soldat verbinden. Die beiden nicht mehr jungen Brautleute standen sich an den Längsseiten des Tisches gegenüber. An der einen Schmalseite hatten sich die vertrauten und längst grauhaarigen Voyageurs Jules Pradier und Basil Caron aufgebaut, an der anderen standen Mes Coh Thoutin und Losseh Thiegah, die ihr Söhnchen Namay auf den Rücken gebunden trug. Zwischen den beiden Indianern aber, schmal, mit todernstem Gesicht, Nagamoun!

Nur ein einziges Mal ließ Paul Soldat während der Szene, die nun folgte, die Augen von seinem Gegenüber an der anderen Längsseite des Tisches, von Anna, abgleiten und blickte zu seiner Tochter hinüber. Er erschrak vor den dunklen Augen des Kindes, die ihn übergroß anstarrten, erschrak vor dem angstvollen Ernst auf seinen Zügen, die das Lächeln ein für allemal verlernt zu haben schienen. Aber Paul Soldat durfte sich nicht ablenken lassen. Er hatte den Blick auf die Hauptperson dieser Stunde zu lenken, auf Anna, die ihm gegenüber stand, die Augen geschlossen hielt und mit lauter, klarer Stimme ein »Vaterunser« gesprochen hatte – auf deutsch; sie hatte nie ein anderes gelernt.

Die Brautleute hatten den Ablauf der selbsterdachten Zeremonie genau überlegt. Jetzt war es an Paul Soldat, das »Vaterunser« zu sprechen. Auch er sagte es auf deutsch, und die Zeugen hörten andachtsvoll zu, obgleich sie außer Nagamoun kein Wort verstanden.

Nach dem Gebet entstand eine kleine Pause, während welcher die Menschen, bewegungslos verharrend, das Knistern des Feuers im Kamin und das leise Flackern der vier Wachslichter vernahmen, die unruhig brannten, denn ohne Unterlaß wurde die Luft von den im Herde verbrennenden Scheiten angesogen, bewegte sich und ließ die Kerzenflämmchen unruhig flackern.

Schließlich räusperte sich Paul und nahm ein Papier vom Tisch auf, ein hartes, knatterndes Blatt, das die letzte Seite des Hauptbuchs der Station gewesen und von Anna herausgeschnitten war. Paul hob das Blatt, zögernd fast, mit einer sonderbar rührenden Ehrfurcht – wie es schien – mit beiden Händen vor die Augen, räusperte sich abermals und begann mit rauher Stimme vorzulesen. Es war ihm anzumerken, wie ergriffen er war, und eine gleiche Bewegung bemächtigte sich aller anderen Menschen im Raum. Anna hatte die Lippen zusammengebissen, sie war plötzlich den Tränen nahe.

Paul und Anna hatten das Dokument, das Paul ungeschickt und offenbar nur mit höchster Anstrengung zu verlesen anfing, in langen, sonderbar scheu geführten Nachtgesprächen aufgesetzt. Die endgültige Fassung war das Werk Annas. Das Paar hatte die französische Sprache gewählt, damit die Zeugen nicht im Zweifel darüber blieben, was sie zu bezeugen hatten. Paul hatte aus schon verschüttet geglaubten Schächten seiner Erinnerung Formeln hervorgegraben, die ihm zu einer Eheschließung zu gehören schienen, und auch Anna war manches wieder eingefallen, was sie in ihrer Kindheit von Vater und Mutter gehört hatte. So lautete also dies sonderbare Dokument:

Beschluß und Bezeugung unserer Heirat.
Wir, erstens die verwitwete Anna Leblois, geborene Corssen, und zweitens Paul Lüders, genannt Paul Soldat, gehen heute, am 24. Dezember 1795, nach ihrem gemeinsamen Wunsch und Willen die Ehe miteinander ein. Da sie sich nach indianischem Ritus weder verbinden wollen noch können, andererseits auf tausend Meilen im Umkreis weder ein katholischer noch ein lutherischer Priester zu finden ist, so bekennen die beiden vorgenannten Brautleute, daß sie sich vom heutigen Tage an vor Gott und der Welt als Eheleute betrachten und als solche leben werden, daß sie beieinander stehen werden in dunklen und in hellen Tagen, daß jeder des anderen Freude

und Last mittragen wird, bis daß der Tod sie scheide. Die Brautleute verpflichten sich, ihre heutige Eheschließung kirchlich einsegnen und bestätigen zu lassen, sobald die Umstände dies erlauben. Unabhängig davon bleibt vom heutigen Tage ab bestehen, daß die Güter des einen auch dem anderen gehören und von ihm benutzt oder fortentwickelt werden können. Die Brautleute haben ihre Kinder, Annas Sohn Armand und Pauls Tochter Nagamoun, nicht um ihre Zustimmung zu dieser hier bezeugten Eheschließung gebeten. Die beiden Kinder haben mit dieser Eheschließung nichts zu tun. Sie sind nicht miteinander verwandt. Wir hoffen, daß sie beide verstehen und bejahen, wenn die Mutter Armands und der Vater Nagamouns von heute ab als Eheleute miteinander leben.

Als Zeugen und zur Beurkundung dieser Eheschließung haben wir aufgerufen erstens unsere treuen Helfer, die Voyageurs Basil Caron und Jules Pradier, und zweitens die getreuen Gefährten, den Cree Mes Coh Thoutin und seine Frau Losseh Thiegah. Da keiner von diesen vier schreiben kann, bestätigen sie diese Zeugenschaft durch ein Kreuz. Diese Handzeichen wiederum werden bestätigt durch die Brautleute selbst und weiter durch Nagamoun Soldat/Lüders.

Fort Contreforts am Flusse Athabasca im westlichen Pays d'en haut auf dem nordamerikanischen Kontinent, am 24. Dezember 1795.

Paul hatte gelesen, ließ das Blatt sinken, stand stocksteif und blickte in Annas Augen, die nicht ein einziges Mal von seinem Gesicht gewichen waren.

Wieder wurde das Knistern des Herdfeuers und das Flakkern der Kerzenflammen für einige unwägbare Sekunden allen Ohren im Raum hörbar. Dann richtete Anna sich auf, räusperte sich ein wenig und nahm das Wort so leise, daß sie kaum zu verstehen war: »Nun will ich unseren Ehebeschluß auch noch einmal vorlesen, damit jeder hört und sieht, daß auch ich mich an ihn binde.«

Paul Soldat reichte ihr das Blatt hinüber. Anna las den Text noch einmal vor, damit er sich den fünf Zeugen einprägte. Dann tauchte sie den Federkiel in ein Tintenfaß und unterschrieb mit festen, schnellen Zügen. Paul Soldat nahm das Blatt wieder an sich und tat das gleiche.

Danach löste sich die immer noch wie von einem schweren

Ernst beschattete Nagamoun von ihrem Platz zwischen den beiden Indianern, ließ sich von ihrem Vater das Dokument und den Federhalter reichen, schritt damit lautlos zu Basil Caron und zeigte ihm mit dem Finger, wo er sein Kreuz hinzusetzen hatte, desgleichen bei Jules Pradier, Mes Coh Thoutin und Losseh Thiegah. Am Schluß und als letzte – aber dazu zog sie sich einen Schemel an den Tisch und setzte sich – schrieb sie mit steifer Kinderschrift an den unteren Rand des Dokuments: »Diese vier Handzeichen werden bestätigt als Unterschriften der vier genannten Personen durch Nagamoun Lüders, genannt wie ihr Vater Soldat.«

Nachdem Nagamoun dies mit großer Sorgfalt verrichtet hatte, gab sie das Blatt ihrem Vater zurück und trat wieder zwischen die beiden Indianer am Schmalende des Tisches. Noch einmal nahm Paul Soldat das Wort, wie er es mit Anna verabredet hatte: »Gott der Allmächtige hat mit angesehen, daß ich hier mit Anna die Ehe geschlossen habe. Sie wird fortab meinen Namen führen. Und um dies alles noch einmal zu besiegeln, wollen wir in der Stille jeder für sich und in seiner Sprache das Vaterunser beten. Mes Coh Thoutin und Losseh Thiegah sollen den großen Geist anrufen, Manitou, damit auch er uns beistehe bis an unser Lebensende.«

Zum drittenmal wurde es vollkommen still im Raum. Als erste regte sich Anna. Mit heller, heiterer Stimme verkündete sie: »So, ihr lieben Leute, nun ist es geschehen! Jetzt stellen wir die Kerzen auf das Kaminsims. Die Männer werden Rum-Punsch trinken, und wir drei weiblichen Wesen werden das Festmahl bereiten. Es ist für alles vorgesorgt.«

Es gab eine kräftig duftende Fischsuppe, die nebenan im Kochkamin schon seit längerer Zeit vor sich hin gebrodelt hatte. Anna pflegte ihr reichlich Wildreis beizufügen, den die Indianer in den Sümpfen des Landes vom Kanu aus zu ernten wußten und den Anna sich stets in gehöriger Menge für eine Handvoll Glasperlen eintauschte. Als Hauptgang wurde eine große Hirschkeule aufgetragen, die am Spieß gebraten war und die Anna mit langen Streifen Bärenfett gespickt hatte. Sie pflegte die Speckschicht unter dem Fell der im Herbst erlegten Bären nur zum Teil zu Schmalz auszulassen; einen anderen, kleineren Teil des Fetts konservierte ihr der Frost den ganzen Winter über. Zu der Hirschkeule gab es ein kräftiges Mus aus Saskatoon- und Kronsbeeren, gesüßt mit Honig, der den bitterherben Geschmack der Beeren angenehm milderte. Paul hatte den Männern einen kräftigen Rum-Punsch angesetzt, dessen Duft sich bald über der Tafel, die noch vor kurzem als Traualtar gedient hatte, mit den starken Düften der übrigen Speisen zu einem höchst nahrhaften, Hunger und Durst fördernden Brodem vermischte. Den Frauen wurde der Punsch mit heißem Wasser verdünnt und mit Honig gesüßt. Dazu hatte Anna aus ihrem allerletzten und geheimsten Vorrat ein paar Dutzend Gewürznelken gespendet, die dem Getränk einen so angenehmen Geschmack verliehen, daß selbst Nagamoun sich daran versuchte.

Nach dem Essen wurde der große Tisch beiseite geschoben; die kleine Festgesellschaft nahm im Halbkreis vor dem Feuer Platz, um die Schüssel mit dem Punsch leerzutrinken und Zeit und Umstände zu beschwatzen.

Anna erinnerte daran, daß der Hochzeitstag zugleich die Christnacht wäre, hatte sich darauf vorbereitet und vor Tagen bereits von Mes Coh Thoutin im Wald einen Mistelzweig suchen und finden lassen. Den hängte sie nun mit seinen dunkelgrünen lederartigen Blättern und den milchweißen Beeren an den hölzernen Halter für den Kienspan neben dem Kamin, und alle wußten, auch die Voyageurs, die dergleichen sonst vergaßen, auch Mes Coh Thoutin und Losseh Thiegah, die von der Christnacht ein weniges gehört hatten – lebten sie doch lange genug mit Europäern zusammen –, daß nicht nur Hochzeit gefeiert wurde, sondern auch Weihnachten angebrochen war, daß also am nächsten Tag außer dem Notwendigsten keine Arbeit verrichtet werden würde.

Eine Weile war es nicht aufgefallen, aber schließlich machte Anna ihren neu gebackenen Ehemann aufmerksam: »Wo ist eigentlich Nagamoun, Paul? Sie ging durch die Hintertür hinaus, als wir abgetragen hatten, und ist nicht wiedergekommen.«

Paul erwachte aus der Seligkeit, in die ihn das Fest, aber auch der kräftige Punsch entführt hatten: Nagamoun, meine kleine Nagamoun, wo ist sie, wie konnte ich sie vergessen?

Paul fand das Kind in der Hütte, die er bis dahin mit Nagamoun bewohnt hatte. Sie hatte es vor Tagen schon wortlos hingenommen, daß der Vater ihr erklärt hatte, er müsse nun, wenn er Tante Anna heiraten würde, des Nachts im Haupthaus bei ihr schlafen. Nein, sie würde sich nicht fürchten, allein zu schlafen. Ihr läge nichts daran, ihr Nachtquartier fortab in einer leeren Kammer des Haupthauses oder in einem kleinen Raum im Hause Mes Coh Thoutins aufzuschlagen. Es machte ihr gar nichts aus, weiter auf dem breiten Lager zu ruhen, auf dem sie neben ihrem Vater geschlafen hatte.

Paul Soldat hatte einen brennenden Kienspan mitgenommen und leuchtete in dem kalten Schlafraum – Nagamoun hatte es offenbar nicht für nötig gehalten, das Feuer im Kamin anzuzünden – auf das Kind hinunter, das sich bis über die Ohren in seine Decken und das weiche, warme Hasenfell gehüllt hatte. Nagamoun hatte die Augen geschlossen und gab vor, zu schlafen. Aber ihre Lider flatterten ein wenig, so daß Paul erkannte, daß sie den Schlaf nur vortäuschte. Er strich ihr mit der Hand über das Haar.

»Du hast gar nicht gute Nacht gesagt, Nagamoun. Wir hätten dich gern bei uns behalten.«

Das Kind, das in den vergangenen Tagen und Wochen begonnen hatte, erwachsen zu werden und an diesem Abend einen großen Schritt in seine eigene, vom Vater unabhängige Welt vorangekommen war, vergaß, sich weiter schlafend zu stellen. Nagamoun schlug die Augen auf und blickte in die des Vaters, der sich über sie gebeugt hatte. Über ihrem schmalen bräunlichen Antlitz lagerte noch immer der Ernst, der den ganzen Tag nicht davon gewichen war.

Sie flüsterte: »Vater, ich weiß schon, wie es ist. Du brauchst dir keine Sorgen zu machen. Du mußt jetzt bei Tante Anna schlafen, weil ihr verheiratet seid. Ich habe hier keine Angst allein. Es sind ja nur ein paar Schritte bis zum Haupthaus hinüber. Wenn ich nur endlich groß wäre, Vater! Dann wird Armand kommen, und wir werden beieinander schlafen, wie du jetzt bei Tante Anna schläfst. Bis dahin muß ich eben noch warten. Sehr schön finde ich das nicht, Vater, aber ändern kann man es nicht. Ich bin dir nicht böse und Tante Anna auch nicht. Sie hat mir dich weggenommen, und ich werde ihr Armand wegnehmen. Ich weiß es ganz bestimmt, und alles ist in Ordnung. Du mußt wieder hinübergehen, damit Tante Anna mir nicht böse ist und dir auch nicht. Gute Nacht, Vater!« Für ein Kind von zehn Jahren war das eine erstaunliche Rede. Aber Paul Soldat war es gewöhnt, daß seine Tochter auf ihre stets besondere und eigenwillige Weise mit den Ereignissen um sie her fertig wurde und so gut wie überhaupt nicht zu beeinflussen war. Das war auch kaum vonnöten, denn sie schien mit nachtwandlerischer Sicherheit stets den schmalen Grat innezuhalten, der das Falsche vom Richtigen, die Wahrheit von der Lüge trennt. So gab sich Paul Soldat auch jetzt zufrieden.

»Mein liebes Kind, du wirst wohl immer wissen, was du willst. Das ist gut. Schlaf schön, Nagamoun! Ich behalte dich in meinem Herzen wie immer, und du warst und bist auch in Tante Annas Herzen!« – Paul Soldat senkte den Kienspan und zog sich leise aus der Hütte zurück, in der nun die Tochter allein auf ihrem Lager ruhen würde; von kindlich ungewissen Träumen bewegt, daß ihr Leitstern, Armand, irgendwann in der Zukunft neben ihr liegen würde.

Es kam Paul Soldat so vor, als wäre er jetzt erst in seiner Existenz als Mann bestätigt. Er hatte nicht geahnt, was es bedeutete, mit einer Frau wie Anna verbunden zu sein. Sie gewährte sich ihm durstig und gern und kargte nie. Dabei begegnete sie ihrem Manne bei Tage wie bei Nacht mit einer heiteren Gelassenheit, sogar mit Übermut, in den sich zuweilen ein leichter Spott zu mischen schien. Sie war die Überlegene, sie führte den Mann mit leichter Hand, wohin sie ihn haben wollte. Er fuhr stets gut dabei. Er war der Scheue und Abwartende, sie war es, die ihn zu sich und zu ihr befreite. Und sein heimliches Glück kannte keine Grenzen mehr, als ihm Anna im Februar des Jahres 1796 gestand, daß sie empfangen hatte, so spät noch, ein Geschenk des Himmels für ihn und sie!

Viel regelmäßiger als früher ging Nagamoun nun bei Anna in die Schule. Sie erlernte mit Eifer und überaus schnell, was Anna an Schulwissen weiterzugeben hatte.

Als im späten Sommer Anna stark zu werden begann, als sich nicht mehr verbergen ließ, daß sie ein Kind erwartete, wurde Nagamoun von ihr eingeweiht. Anna war sehr erstaunt, als Nagamoun ihr erklärte, sie hätte seit längerer Zeit schon begriffen, daß sie bald nicht mehr das einzige Kind ihres Vaters sein würde. Sie fügte hinzu: »Ich helfe dir, Tante Anna. Ich muß das alles lernen. Ich habe dann eine Schwester oder einen Bruder. Und du darfst das Kind nicht so fest einbinden, wie Tante Thiegah ihren Namay früher eingebunden hat. Das war schrecklich, und deshalb habe ich mich auch nie um Namay gekümmert.«

Anna schloß Nagamoun in ihre Arme und drückte sie an sich. Dies sonderbare Kind, Pauls Tochter, die so scharf beobachtete und sich nicht abbringen ließ von ihren Urteilen. Sie hatte recht, bei den Cree wurden die Kinder in ihre Tragen fest eingebunden und konnten sich kaum bewegen. Nagamoun lehnte indianisches Wesen und indianische Sitten ab, wie Anna längst begriffen hatte, im Grunde nur deshalb, weil sie indianisch waren. Vielleicht lag es daran, daß sie von ihrer indianischen Mutter wenig Liebe erfahren, daß die Mutter ihr Kind schließlich ohne Abschied im Stich gelassen hatte.

Leben und Arbeit spielten sich im Sommer des Jahres 1796 so vollkommen ein, als hätte es Claas Forke nie gegeben. Es stellte sich heraus, daß er viele der indianischen Jäger durch seine Härte und Unerbittlichkeit im Handel, mehr noch durch seine hochfahrende und stets leise verächtliche Art im persönlichen Umgang verprellt hatte. Es fiel auch Mes Coh Thoutin nicht schwer, aus seinen Stammesgenossen herauszufragen, daß schon mehr als einer der Jäger entschlossen gewesen war, seine Pelze nicht mehr im Fort Contreforts an den Mann zu bringen, sondern lieber die weite Reise zum Lake Athabasca anzutreten, um seine Jagdbeute dort im Fort Chipewyan anzubieten. Die geschäftlichen Erfolge also, die Claas Forke während seiner anmaßenden Herrschaft im Fort Contreforts aufzuweisen gehabt hatte, würden sich kaum wiederholt haben.

Es erwies sich, daß Pauls bewährter indianischer Gefährte – auch seine Frau half unter den indianischen Weibern mit – erfaßt hatte, worum es fortab für Paul Soldat ging: Er hatte vor, Anna, und das hieß letzten Endes vor der Company, zu beweisen, daß er mindestens ebenso viele Pelze von guter Qualität und zu günstigen Preisen herauszuschlagen imstande war wie der grimmige und unduldsame Claas Forke, der, wie es schien, das Land Athabasca endgültig und von niemandem zurückersehnt, verlassen hatte. Mes Coh Thoutin wußte den indianischen Jägern klarzumachen, daß im Fort Contreforts das Regiment von Grund auf gewechselt hatte: die Frau sei in den Hintergrund getreten, wie es sich gehört in allen Geschäften unter Männern, das Steuer wäre nun wieder von einem echten Waldläufer und Indianerfreund, dem längst bewährten Maître Paul Soldat, übernommen worden. Er neigte nicht dazu, hart aufzutreten. Mit den Indianern kam man am besten in Frieden aus, hatte sich gelegentlich nachgiebig und großzügig zu erweisen. Festigkeit allerdings, notfalls sogar abweisende Härte waren nur angebracht, wenn die Indianer zuweilen mit übertriebenen, ja unverschämten Forderungen versuchten, die Selbstachtung des weißen Mannes auf die Probe zu stellen. Dann hatte man ihnen deutlich zu machen, daß sie nicht wiederzukommen brauchten, es sei denn, sie bekannten, sich nicht nach der Art ehrenhafter Krieger und Jäger benommen zu haben.

Zum erstenmal in seinem Leben hatte Paul Soldat eine bedeutende Aufgabe übernommen, deren Erfolg oder Mißerfolg in vollem Umfang er allein zu verantworten hatte. Noch nie war er so mit sich einig gewesen, brauchte er doch bald nicht mehr daran zu zweifeln, daß er der Aufgabe, dem Fort Contreforts vorzustehen, von Woche zu Woche müheloser gewachsen war. Er wurde um so sicherer und zuversichtlicher in allem, was die Tage ihm an kleinen und großen Entscheidungen abverlangten, als die geliebte Anna aus dem Hintergrund mit ruhiger Zustimmung zuschaute; sie redete ihm nie dazwischen, versuchte höchstens, gelegentlich einen Rat anzubringen, den Paul Soldat dann stets berücksichtigte.

In der Tat, Anna hatte sich in den Hintergrund zurückgezogen. Der einfache, geradlinige, nach einem langen, harten Leben kaum noch irrezuführende Mann, dem sie sich anheimgegeben hatte, wenn auch zunächst nur als einer Zuflucht, erfüllte ihr Dasein mit einer Ruhe und Sicherheit, die sie seit Jahren nicht mehr gekannt hatte, die aber auch ihr erster Mann, Justin Leblois, ihr nicht gewährt hatte. Justin war nüchterner, kühler, andererseits erregbarer und empfindlicher gewesen als Paul Soldat es war, mit einem Wort: französischer. Paul Soldat, deutscher, genauer niedersächsischer Herkunft wie von ihren beiden Eltern her auch sie selbst, wurde ihr in allem, was er sagte, tat und dachte, schon nach wenigen Wochen vertrauter und verständlicher, als es Justin je gewesen war, wenn sie auch mit diesem, ihrer Jugendliebe, in glücklicher Ehe zusammen gelebt hatte.

Und schließlich hatte der bestimmt und ruhig ihr zur Seite stehende Paul Soldat sie noch einmal zur Mutter gemacht, als sie das längst nicht mehr für möglich gehalten. Anna hatte den jähen Tod ihres jüngeren Kindes, des kleinen Walther, unter den Pranken des Bären nie völlig verwunden. Dieser Tod war so sinnlos gewesen! Die ungebändigte Wildnis des Pays d'en haut hatte, wie sie es in plötzlich und grundlos ausbrechender Wut zuweilen zu tun beliebte, zugeschlagen und vernichtet, was ihr der blinde Zufall in den Weg führte. Paul war dann gerade noch rechtzeitig aufgetaucht, ehe der finstere Claas Forke sich Annas bemächtigte.

Paul nahm sich überdies der Menschen und der Geschäfte des Handelspostens geschickt und gewissenhaft an, seit sie ihm bereits in den ersten Tagen klargemacht hatte, daß sie solches von ihm erwartete.

So gern hätte Anna der kleinen Nagamoun vergolten, was sie eigentlich ihrem Vater zu danken hatte. Doch wollte es Anna nicht gelingen, die Freundlichkeit, die zwischen ihr und dem Kinde von jeher gewaltet hatte, zu vollkommenem Vertrauen zu vertiefen. Es war, als lebte Nagamoun in einer eigenen, abgeschlossenen Welt, zu der sie anderen Menschen keinen Einlaß gewährte, auch dem Vater nicht und nicht der »Tante« Anna. Nur noch ein einziger Mensch besaß in dieser abgeschlossenen Welt außer ihr selber Heimatrecht, das war Armand. Immer wieder und zumeist ganz unerwartet wurde diese merkwürdig selbstgewisse, sozusagen besitzerische Bindung Nagamouns an Armand deutlich. Zunächst hatte Anna darüber gelächelt wie über ein kindliches Spiel der Phantasie. Doch mit der Zeit überkam sie Unruhe. Denn wo war Armand?

Im Frühjahr 1795 war Armand mit der Kanubrigade ostwärts abgefahren, um im Auftrag der Mutter in Grand Portage den einen oder den anderen der Seniorpartner der Company zu treffen, sich nach dem Schicksal seines Onkels William in Montréal zu erkundigen und den Rat und die Weisung der Seniorpartner für die weitere Führung der Geschäfte im fernsten Pays d'en haut einzuholen. Die Kanubrigade war jedoch bereits am Südende des Winnipeg-Sees mit den ihr von Grand Portage entgegenkommenden Kanus zusammengetroffen, hatte ihre Pelze umgeladen, die eigenen Kanus mit den herangebrachten Tauschgütern gefüllt und sich wieder auf den Rückweg zum oberen Athabasca gemacht. Armand aber war in die vom Lac Supérieur heraufgekommenen Kanus umgestiegen, also im Herbst des Jahres 1795 nach Grand Portage gelangt. Anna hatte den Sohn angewiesen, im Frühling 1796 nur dann die Rückreise zum Athabasca anzutreten, wenn er mindestens drei der Seniorpartner der Company in Grand Portage hätte sprechen können. Andernfalls sollte er im Sommer 1796 mit den großen Kanus des Ostens nach Montréal weiterreisen, um dort am Sitz der Company mit der Unterstützung seines Onkels William die geschäftlichen Verhältnisse und Möglichkeiten der Gesellschaft sowohl auf der kanadischen als auch der europäischen Seite gründlich kennenzulernen.

»Armand«, hatte die Mutter dem Sohn vor der Abreise im Frühjahr 1795 am Athabasca bedeutet, »du bist noch jung, aber doch schon alt genug, um dich als Voyageur zu bewähren und darüber hinaus zu begreifen, daß du mein einziger Erbe bist. Du bist also wohl oder übel an die Company gebunden und mußt in ihr aufsteigen, wenn du etwas werden willst. Nimm dir genügend Zeit, dich mit allen Umständen vertraut zu machen, die jetzt und später für dein Leben bestimmend sind.«

Anna glaubte, ihren Sohn gut zu kennen. Er fieberte danach, sich als ein Mann der Wildnis ebenso zu bewähren wie als Pelzhändler und Kaufmann, der das seine und das Gut der Mutter zu mehren wußte. All das Neue, das Armand erleben würde, die Kühnheit und Gefährlichkeit weiter Kanureisen, die den ganzen nordamerikanischen Kontinent überspannenden Geschäfte der Company, die über das große Meer hinweg nach London ausgriffen, nach Paris und Leipzig, die in der Leitung der Company sicherlich nicht fehlenden Spannungen und Intrigen um Macht und Einfluß, all dies und anderes würden sich des klugen Kopfes und des starken Herzens Armands bemächtigen wie ein Rausch. Er würde nicht ruhen, bis sich ihm alle Zusammenhänge und Hintergründe des viele Tausende von Meilen bezwingenden Pelzhandels erschlossen hatten. Vielleicht würde er sogar die Lust verspüren, für einen Winter nach London zu reisen, um dort zu sehen, was aus den vielen Pelzen wurde, die unter so unsäglichen Mühen und Gefahren aus den fernsten Tiefen der Urwälder im amerikanischen Nordwesten herangeschafft wurden. Darüber würde das Jahr 1797 vergehen.

Annas Schätzungen verloren sich ins Ungewisse. Sie konnte kaum damit rechnen, daß Armand vor dem Jahre 1799 oder 1800 wieder bei ihr in den Vorbergen, das heißt im Fort Contreforts, den »Vorbergen des felsigen Gebirges«, wie die Indianer sagten, auftauchen würde.

Würde er bis dahin die kleine Nagamoun, die am Athabasca verblieben war, nicht vergessen haben? Armand würde dann dreiundzwanzig oder vierundzwanzig Jahre alt geworden sein, Nagamoun erst vierzehn oder fünfzehn. Gewiß, ihr sollte es nicht schwerfallen, bis dahin auf ihren Armand zu warten; aber er würde bis dahin vielen anderen Mädchen begegnet sein, hätte vielleicht die anmutige Gespielin, den Schützling aus seiner Knabenzeit, längst aus dem Sinn verloren.

Anna wurde von einer leisen Furcht beschlichen, wenn sie dies bedachte. Nagamoun war so unbedingt, so unansprechbar in dieser Hinsicht, wurde ja auch nicht durch andere Eindrücke und erst recht nicht Bekanntschaften mit jungen weißen Männern bedrängt – solche waren hier im allerfernsten Pays d'en haut überhaupt nicht aufzutreiben! Junge Indianer indessen und seltene, nicht mehr ganz so junge Voyageurs schienen für Nagamoun geschlechtslose Wesen darzustellen, kaum mehr als einer flüchtigen Kenntnisnahme wert. Was würde passieren, wenn Armand heimkehrte und Nagamoun den geheimen Traum ihrer Tage und Nächte zerstört sah? Anna wußte auf diese Frage keine Antwort, und auch ihr Mann wagte es nicht. Aber Anna sowohl wie Paul schoben die Frage schließlich beiseite: In den kommenden Jahren mochte sich manches ereignen, was noch nicht vorauszusehen war und vielleicht die Verhältnisse grundlegend veränderte. Jetzt war etwas anderes wichtig: dafür zu sorgen, daß Anna gesund blieb, sich nicht gefährdete und ihr spätes Kind glücklich zur Welt brachte. Im Sommer des Jahres 1796 vermochte Anna nichts weiteres mehr zu denken. Und unbeschreiblich wohltuend war es für sie, zu spüren, wie glücklich sie Paul gemacht hatte und wie besorgt er war, ihr alle Schwierigkeiten aus dem Wege zu räumen und jede Arbeit abzunehmen.

An einem schönen, hellen Junitage des Jahres, in dem das nicht mehr jugendliche Paar den noch sehr jungen Garten ihrer Ehe einrichteten und zum ersten Blühen brachten, gestand Mes Coh Thoutin seinem Maître, daß auch seine Frau Losseh Thiegah wieder ein Kind erwartete und sie sich beide ein Mädchen erhofften. Paul Soldat und Mes Coh Thoutin waren am Ufer des Flusses an einer Stelle, wo die hohe Kante des

Landes zurücktrat und eine mit reinem Sand ausgelegte Einbuchtung freigab, die nur bei Hochwasser überspült wurde, mit dem Bau eines kräftigen Frachtkanus beschäftigt. Der für einen Voyageur schon einigermaßen bejahrte Basil Caron half ihnen dabei. Er war der einzige unter den Voyageurs, die im Fort Contreforts überwinterten, der sich erboten hatte, dem Maître und seinem indianischen Helfer beim Bootsbau zur Hand zu gehen. Paul sah voraus, daß das Jahr 1796 wesentlich bessere Handelsergebnisse zeitigen würde als das vergangene. Es hatte sich unter den Indianern im weiten Einzugsgebiet des mittleren und oberen Athabasca schnell herumgesprochen, daß ein anderer Händler im Fort Contreforts die Leitung übernommen hatte, ein Mann, der Cree ebensogut sprach wie die Cree selbst, und der als umgänglicher und wohlwollender Handelspartner den indianischen Jägern gern entgegenkam.

Basil Caron erwies sich bald als ein geschickter und lerneifriger Schüler der Kanubauer und wurde den beiden anderen nach kurzer Zeit schon unentbehrlich. Paul sagte sich bereits und besprach es auch mit Anna, daß Basil Caron mit der Zeit geeignet sein würde, zu einer Art Vertreter des Postenleiters aufzurücken. Mes Coh Thoutin, der mit dem Leben des weißen Mannes längst so vertraut geworden war, daß er eine solche Stellung hätte ausfüllen können, kam dafür nicht in Frage, denn er war Indianer. Vertreter des Postenchefs konnte nur ein weißer Mann sein. Basil Caron hatte als einziger unter den Voyageurs diese Chance erkannt und ergriffen. Die wenigen anderen wollten nichts weiter sein und bleiben als Voyageurs, das heißt sorgenfrei und sangeslustig, bereit zu sechzehn Stunden Arbeit am Tage, auch dazu, mit jedem Risiko und jeder Gefahr handgemein zu werden; aber all das durfte nur mit Kanus, mit Wasserfahrt, mit Portagen und Waldlagern zu tun haben. Im übrigen wollte man von Fall zu Fall angewiesen werden, was man zu verrichten hatte.

Basil Caron hatte das Geständnis Mes Coh Thoutins mit angehört und meinte: »Dann werden wir also zwei kleine Kinder im Lager haben oder genauer, Mes Coh Thoutin, mit deinem Söhnchen Namay, diesem übermütigen Bürschlein, sogar drei. Das habe ich noch nicht erlebt. Und wenn ihr's wissen wollt: ich bin bereit, den Großvater zu spielen, wo auch immer dies erwünscht sein sollte.«

Paul Soldat und Basil Caron lachten sich an, und auch über

Mes Coh Thoutins Gesicht huschte der Versuch eines Lächelns. Paul erwiderte: »Ich bin ja selbst im Alter eines Großvaters, habe mich aber jetzt erst als Vater probiert – mit Erfolg! Also gut, Basil, wenn die Frauen einverstanden sind, werden wir deinem Großvaterspielen kein Hindernis in den Weg legen.«

Die drei Männer stellten, jeder auf seine Weise, während sie wortlos weiterarbeiteten, fest: Eigentlich geht's uns gut – jetzt und hier! Verdient haben wir's ja nicht. Aber man muß die Feste feiern, wie sie fallen!

Am 30. September 1796 gebar Anna Soldat, verwitwete Leblois, geborene Corssen, ihr spätes drittes Kind, einen Sohn, den der Vater schon am Tage nach seiner Geburt auf den Namen Charles taufte, sehr ungeschickt übrigens mit ein wenig gewärmtem Wasser neben Annas Bett, und zwar auf deutsch mit den Worten »Im Namen Gottes des Vaters, des Sohnes und des Heiligen Geistes taufe ich dieses unser Kind auf den Namen ›Charles Soldat/Lüders‹. Amen!«

Die Taufe mußte sein, wenn es sich um seinen leiblichen Sohn handelte. Paul Soldat wollte nichts versäumen. Das Kind gehörte in seine und Annas Welt, und ohne Taufe war in dieser Welt kein Heimatrecht zu erwerben. Tief steckte in beiden das Erbe aus dem alten Lande Europa.

Paul wußte seinem Gott, zu dem ihn die Ehe, seine Frau und die endliche Begradigung seines Lebens zurückgeführt hatten, nicht genug Dank dafür zu sagen, daß die Geburt des Nachkömmlings seiner Anna keine besonderen Schwierigkeiten bereitet hatte. Losseh Thiegah, eine zweite ältere Indianerin und im Hintergrund der ängstlich bebende Vater hatten der Gebärenden beigestanden, aber kaum einzugreifen brauchen, da der Leib der Mutter das Kind nach nur kurz dauernden Wehen ohne allzu große Anstrengung hergab. Schon am dritten Tage nach der Geburt war die Mutter nicht mehr auf ihrem Lager zu halten, sondern fühlte sich bereits stark genug, aufzustehen und wenigstens wieder einen Teil ihrer Pflichten im Haushalt zu übernehmen. Anna hatte viel Milch. Der kleine Charles brauchte nicht zu hungern, gedieh prächtig und schlief während jeder Mahlzeit ein, mit geballten Fäustchen und einem selig entspannten Gesichtchen. Und wenn Paul des Abends Anna zuschaute, wie sie zum letztenmal ihr Kind nährte, dann sagte sich der mit Worten nicht besonders geschickte grauhaarige Mann: Die Anna, mein Gott, Walther Corssens Tochter, und mein und ihr Sohn Charles, und ich hier auf dem Posten weit im Pays d'en haut an Annas Statt, und alles geht gut, sie ist mit mir zufrieden, mehr, sie ist glücklich. Ich habe sie glücklich gemacht. Das hätte ich nie geglaubt, nie in meinem ganzen Leben, daß ich das vermag. Und gute Gefährten sind da, auf die ich mich verlassen kann, Mes Coh Thoutin, Basil Caron, der Grimmige, der gar nicht so grimmig ist, und schließlich noch Jules Pradier, der nie die gute Laune verliert. Wenn nur meine kleine Nagamoun sich nicht so absonderte und mir Sorgen machte, weil sie immer mit den Gedanken irgendwo anders ist, in der Zukunft und bei Armand. O mein Gott, bewahre sie vor Enttäuschungen, meine kleine Nagamoun! Sie wächst schon leise von mir fort. Aber sie liebt ihr Brüderchen Charles, dafür bin ich Gott dankbar, denn dann wird sie sich von Anna nicht abwenden und wohl auch nicht von mir.

In Wahrheit war Paul Soldat kaum imstande, sich an einer solchen Kette von Gedanken entlang zu tasten; auch beschäftigte ihn zumeist der Alltag vom frühen Morgen bis zum späten Abend. Aber nach und nach sickerten solche Gedanken doch in ihn ein, durchdrangen ihn und machten ihn – er empfand es selbst zuweilen sehr deutlich – zu einem neuen Menschen. Sehr spät erst hatte sich sein Leben gerundet. Leib und Seele brauchten nicht mehr zu darben.

Ende Oktober erst, als die rotbunt-goldene Pracht des Indianersommers längst vergangen war, erreichte die Brigade der Frachtkanus vom fernen Osten des Pays d'en haut her das Fort Contreforts am oberen Athabasca. Damit brach für eine Weile viel Unruhe und Lärm aus in dem entlegenen Handelsposten vor den östlichen Abhängen des Hochgebirges. Anna schloß sich mehr noch als zuvor vom Alltag des Handelspostens ab. Sich ihrem kleinen Kinde zu widmen, das Heim, das Paul ihr und sich als einen Anbau des Haupthauses geschaffen hatte, für ihn, den Kleinen und Nagamoun und auch für sich selbst wohnlich zu machen, und auch, aber nur aus der Ferne, die Sorgen des Lagers zu bedenken und unaufdringlich Paul zu beraten, all dies füllte Annas Dasein vollkommen aus. Nagamoun sollte nach ihrem Willen in den engen Kreis einbezogen bleiben. Sie war es auch, spann jedoch unablässig an einer schmiegsamen, doch undurchdringlichen Hülle um den eigentlichen Kern ihres Wesens, die sie vom Vater und von Anna immer unabänderlicher abschloß. Nagamoun, so schien es, gehörte nur Nagamoun und war nicht bereit, einem anderen in den verschlossenen Garten ihres Inneren Einlaß zu gewähren.

Die Kanus hatten aus dem Osten einen Brief Armands an seine Mutter, geschrieben in Grand Portage ein halbes Jahr zuvor, mitgebracht. Er wußte nichts davon, daß Anna Leblois inzwischen zu einer Anna Soldat/Lüders geworden war. Er teilte seiner Mutter mit, daß er den großen Umschlagsplatz im Westen des Lac Supérieur ohne Zwischenfall erreicht, aber dort nur einen der Seniorpartner der Company angetroffen hätte, sich also gezwungen sah, in diesem Jahr 1796 nach Montréal weiterzureisen und dort über den Winter 96/97 bei seiner Mutter Bruder, William, zu bleiben, mit seiner Hilfe sich in die Verhältnisse der Company einzuarbeiten, den Seniorpartnern der Company Bericht zu erstatten, ihre weiteren Pläne kennenzulernen, sich mit dem Geschäft der Company im Großen vertraut zu machen und vor allem auch seine eigene Stellung und Zukunft innerhalb der Company zu klären. Armands Brief bedeutete für Anna nicht viel mehr als ein Ruf aus sehr weiter Ferne. Man hört ihn, weiß ihn kaum zu deuten und bleibt sich bewußt, daß man ihn nicht beantworten kann. Armand schien trotz seines jugendlichen Alters von zwanzig Jahren sehr genau zu wissen, was er wollte, und würde nicht zögern, sich durchzusetzen. Wie hätte auch Anna auf den Sohn einwirken können? Gewiß würde sie ihm antworten und ihn davon in Kenntnis setzen, was sich inzwischen in Fort Contreforts ereignet hatte. Aber dieser Brief würde ihn in Montréal frühestens im späten Herbst 1797 erreichen, gut anderthalb Jahre nach der Absendung seines eigenen Briefes. In anderthalb Jahren aber mochten sich die Verhältnisse, von denen Armand in Montréal bestimmt wurde, schon wieder vollkommen verändert haben. Er mußte auf eigene Faust damit zurechtkommen, und Anna zweifelte im Grunde nicht daran, daß ihm solches gelingen würde. Es blieb nur übrig, dem Schicksal seinen Lauf zu lassen und sich lediglich um das zu kümmern, was der Alltag brachte. Das war wichtig genug, und daran allein konnte man sich das Herz wärmen.

Und doch hatte der Brief eine Zeile enthalten, eine einzige

kurze Zeile, von der Anna in der Tiefe berührt wurde. Armand hatte seinem Brief auf der letzten Seite ein kleines Postscriptum beigefügt. Es lautete: »Solltest du etwas von Nagamoun gehört haben, Mama, und von ihrem Vater Paul Soldat, so teile es mir, bitte, in deinem nächsten Brief mit, auch wenn der mich erst Ende nächsten Jahres hier in Montréal erreichen sollte, oder wo ich mich dann sonst aufhalte. Armand.«

Er hatte nicht geschrieben »Paul Soldat und Nagamoun«, sondern »Nagamoun und Paul Soldat«, hatte den Vater wohl nur deswegen mit angeführt, um die Frage nach Nagamoun nicht allzu auffällig zu machen. Was war es, was diese beiden blutjungen Menschenkinder miteinander verband? Das Wort »Kinderfreundschaft« genügte offenbar nicht. Auf alle Fälle hatte Armand die Tochter Paul Soldats, die doch noch ganz und gar ein Kind gewesen war, als er sie zum letztenmal gesehen hatte, nicht vergessen.

Anna sprach mit Paul darüber, als das Söhnlein Charles zur Ruhe gebracht war und die Eheleute sich in ihrem kleinen Wohnraum zusammenfanden. Paul überließ sich für eine Weile seinen Gedanken und begann zögernd: »Ach, Anna, wir haben hier draußen viel gesehen und erlebt und wissen vor allem eins: Wir gehören hierher ins Pays d'en haut; wir würden woanders nicht mehr leben wollen und können. Städte und Dörfer, Behörden und Gesetze, Polizei und Militär und Gouverneure, das haben wir hinter uns gelassen und sind nur noch uns selbst verantwortlich. Auch Armand gehört hierher. Er wird sich alles ansehen da draußen in der Company und in den großen Städten und merken, daß mit der Freiheit, Unabhängigkeit und der Großartigkeit des Indianerlandes nichts in der zivilisierten Welt zu vergleichen ist. Vielleicht denkt er an das Pays d'en haut zurück wie an eine verlorene Heimat. Es ist ja seine Heimat. Vielleicht bedeutet ihm in der Erinnerung Nagamoun so etwas wie ein Wahrzeichen der Heimat – das wilde, ungebärdige Kind, das sie damals war, mit den großen dunklen Augen und einer indianischen Mutter. Ich glaube, Anna, wer hier in der Wildnis heimisch ist, der kann sie nie vergessen und wird sich immer nach ihr zurücksehnen. Er läßt die alte Welt, die europäische, nur noch über sich ergehen, wenn die Umstände es erfordern.«

Die Reihe war an Anna, lange nachzudenken, wobei sie mechanisch, aber mit sehr genauen kleinen Stichen, ein rotes

Einschlagtuch umsäumte, das dem kleinen Charles gute Dienste leisten würde. Sie ging nicht darauf ein, was Paul gesagt hatte. Sie meinte nur nebenbei: »Kann schon sein, daß du recht hast, Paul. Mit der Zeit klärt sich gewöhnlich eins nach dem anderen. Man muß nur warten können.«

Losseh Thiegah erwartete ihr drittes Kind gegen Ende des Jahres. Der Indianerin hatte die Schwangerschaft ganz im Gegensatz zu Anna viele Beschwerden bereitet. Für indianische Frauen war das ungewöhnlich. Meistenteils trugen sie ihre Kinder aus und gebaren sie so leicht und selbstverständlich wie die Tiere des Waldes. Mes Coh Thoutin sorgte sich sehr um seine Frau und war Anna überaus dankbar, daß sie sich, nachdem der kleine Charles erst einmal aus dem Ärgsten heraus war, im November und Dezember des Jahres täglich und auch nächtlich um die von vielen Schmerzen und schweren Übelkeiten geplagte Losseh Thiegah kümmerte.

Am letzten Tag des Jahres setzten die Wehen ein. In der Nacht zum ersten Januar 1797 warf sich Losseh Thiegah so wild und unter wütenden Schmerzen und Schreien auf ihrem Lager hin und her, daß Anna und Mes Coh Thoutin sie gewaltsam festhalten mußten, sonst wäre sie zu Boden gestürzt. Die Indianerinnen gebären meistenteils, das wußte Anna, für sich allein, abseits in hockender Stellung, und bedürfen dabei kaum der Hilfe anderer Frauen. Losseh Thiegah war schon in den Tagen vor der Geburt viel zu schwach, als daß sie das Kind in hockender Stellung hätte zur Welt bringen können. Gegen Morgen endlich, so wollte es Anna erscheinen, bahnte sich das Kind aus dem Leibe der Mutter mit Gewalt einen Weg in die Welt, wurde von einem Schwall dunklen Blutes ins Leben geschwemmt. Weder Mes Coh Thoutin noch Anna wußten, wie die fürchterliche Blutung aus dem Leibe der gequälten Mutter zu stillen wäre. Anna hatte das Neugeborene aus dem erstickenden Schwall gerettet, hatte es gewaschen und erkannt: ein Mädchen, ein wohlgestaltetes kleines Wesen mit einem schwarzen Flaum auf dem Kopf und glatter, lichtbrauner Haut.

Die Mutter blutete sich zu Tode und war schon nicht mehr am Leben, als der erste Januar graute.

Das Neugeborene aber hatte ungerührt von dem, was es angerichtet hatte, forderndc sein Stimmchen erhoben und verlangte nach Nahrung. Anna zögerte nicht. Sie achtete nicht auf Mes Coh Thoutin, der im Schein eines über dem Kamin lodernden Kienspans vor der blutbesudelten Leiche seines Weibes saß und darauf niederstarrte, als hätte sein Blick die Macht, sie wieder zum Leben zu erwecken. Anna entblößte ihre Brust und reichte dem Neugeborenen den Quell des Lebens. Sie schickte die Indianerin, die im Hintergrund als Helferin bereitgestanden hatte, mit einem leisen Wort zu ihrem Mann. Paul sollte kommen und sich Mes Coh Thoutins annehmen. Paul war in wenigen Minuten zur Stelle. Als erstes deckte er eine große Hirschhaut über den toten Leib der Mutter und drückte ihr vorsichtig die offenstehenden Augen zu, schloß ihr auch sachte den Mund, der noch aufklaffte nach dem letzten Schmerzensschrei, verwandelte so das erstarrende Antlitz in die Maske des Schlafs.

Er sagte zu dem Indianer: »Geh hinaus, Mes Coh Thoutin, ich werde das hier in Ordnung bringen. Später rufe ich dich. Wir werden sie bald bestatten, und vergiß nicht, Mes Coh Thoutin: das Kind lebt. Ein schönes Kind, ein Mädchen! Meine Frau hat es an sich genommen und in unser Haus gebracht.«

Ja, Anna hatte das Kind, das ihr an der Brust eingeschlafen war, nachdem es sich gesättigt hatte, in ihr großes Umschlagtuch gehüllt, in ihre und Pauls Schlafkammer hinübergetragen und zu dem kleinen Charles in die Wiege gebettet, die Paul so geräumig gezimmert hatte, daß sogar drei der winzigen Wesen darin Platz gefunden hätten.

Mes Coh Thoutin hatte dem Kinde, das seine Mutter mit ihrem Leben bezahlt hatte, den Namen Othea gegeben, was in der Cree-Sprache »Herz« bedeutete. Nach der Weise der Indianer gab der Name wieder, was dem Vater das Neugeborene zu kennzeichnen schien. Das Kind hatte das Herz der Mutter zum Stillstand gebracht, während sein eigenes Herz zu schlagen begann, und dem Herzen des Vaters großen Schmerz bereitet, indem es ihm die Frau raubte. Das Kind hatte das Herz des Vaters zugleich bei allem Jammer mit Freude erfüllt, denn eine Tochter hatte sich der alternde Indianer schon lange gewünscht.

In seinem Herzen sollte das kleine Herz gut aufgehoben sein, das ohne Mutter aufwachsen würde. Ich nenne sie Othea,

Herz, hatte Mes Coh Thoutin beschlossen. Damit werde ich stets an alles erinnert, was sie mir getan hat.

Anna war nichts weiter übriggeblieben, als die verwaisten Kinder des langjährigen treuen Gefährten ihres Mannes zu sich zu nehmen, den zweijährigen Namay und die winzige Othea zu ihrem schon die Umwelt ein wenig zur Kenntnis nehmenden Charles. Sie hatte alle Hände voll zu tun, die drei Kinder zu versorgen. Glücklicherweise gaben ihre Brüste soviel Milch, daß weder Charles noch Othea Hunger zu leiden brauchten. Sie entwickelten sich gesund und munter in der Pflege der gleichen Mutter, als wären sie Zwillinge. Namay hatte zu lernen, daß die beiden Kleinen mit Respekt und Vorsicht zu behandeln waren, wenn er ihnen nicht weh tun wollte. Aber er ließ erkennen, daß er von Natur gehorsam und duldsam geartet war, dabei verläßlich, so daß Anna mit ihm gar keine Schwierigkeiten und nur aufzupassen hatte, daß er seine winzigen Geschwister nicht durch allzu viel Sympathie zu Schaden brachte.

Wieder bewies es sich in diesem Winter, daß die Voyageurs, die nun zu einigen Dutzenden im Fort Contreforts versammelt waren, soweit Paul Soldat sie nicht auf Außenposten weit im Umland bis ins Gebirge hinein geschickt hatte, um den Indianern den Umtausch der erbeuteten Pelze zu erleichtern, daß diese trink- und sangeslustigen, kraus- oder stoppelbärtigen Voyageurs beinahe allesamt verhinderte Väter oder Großväter waren. Ihre Anteilnahme an den drei kleinen Kindern und ihrer Mutter erlahmte auch auf die Dauer nicht; Anna konnte manch einem von ihnen keinen größeren Gefallen erweisen, als wenn sie ihn bat, ihr in der nie abreißenden Bemühung um die drei kleinen Erdenbürger beizustehen, insbesondere ihr den kleinen Namay abzunehmen, der ihr in der Pflege der beiden Säuglinge häufig in die Quere geriet.

Der Winter ging hin mit seinen Schneestürmen und Nordlichtern, den Wochen der tiefen Kälte und der Totenstille seiner verschneiten Nächte, dem Donnern des im Frost sich spaltenden Flußeises und dem gemächlichen, aber niemals abreißenden Tauschen und Handeln mit den indianischen Jägern. Auf einem so vorgeschobenen Posten wie Fort Contreforts vermochte Paul Soldat nach Belieben zu bestimmen, wie teuer er Rum und Brandy an die Indianer verkaufte. Er verkaufte sie sehr teuer, um den Indianern die Lust daran zu verderben, was ihm aber nur unvollkommen gelang.

Es würde eine ergiebige Saison werden. Die Zeit, in welcher der gierige Claas Forke die indianischen Jäger verärgert hatte, war vorüber. Mit Paul Soldat, der denken konnte wie jeder Indianer und das noch besser, war gut auszukommen, und der Handel florierte. Die Streitigkeiten unter den Voyageurs, die sonst das Leben eines Postenchefs über Gebühr belasteten, blieben im Winter 1796/97 so gut wie völlig aus. Die Gegenwart einer weißen Frau im Lager, die drei Kinder zu versorgen hatte, machte es den rauhen Männern zur Pflicht, sich gesittet zu benehmen. Wenn Anna – blühend, freundlich, reif und überaus erfahren – die Männer darum bat, sich zu besinnen und den Frieden zu wahren, was anders durfte ein kanadischer Voyageur französischen Bluts dann tun, als solcher Bitte einer Frau zu entsprechen.

Mes Coh Thoutin konnte sich nicht entschließen, sich unter den Indianerinnen, die mit den Jägern gewöhnlich vor dem Fort erschienen und manchmal für Wochen in seiner nächsten Nähe mit den Männern ein Lager aufschlugen, eine zweite Frau zu wählen, wobei er wohl auf wenig Widerstand gestoßen wäre. Er hatte bereits zu lange und zu eng in der Gesellschaft von weißen Leuten gelebt und gearbeitet, als daß ihm jetzt eine Indianerin, die nur nach indianischer Weise zu reden und zu denken wußte, als neue Gefährtin oder auch nur als Dienerin erstrebenswert erschien. Auch hätte dann seines Maître Frau die kleine Othea und seinen Namay der fremden Frau aus einer der hier lebenden Sippen der Cree übergeben müssen.

Es kam ihm ganz so vor, als würde er für den Tod seiner Losseh Thiegah dadurch entschädigt, daß seine Kinder nun in der Obhut einer weißen Mutter aufwuchsen und damit sicherlich von klein auf in die Künste des weißen Mannes eingeweiht wurden, die er, Mes Coh Thoutin, sich als Erwachsener nur sehr unvollkommen oder gar nicht mehr hatte aneignen können.

Konnte er sich etwas Besseres wünschen, nachdem ihm Losseh Thiegah genommen war, als daß die im Lager allgemein verehrte Anna ihm Sohn und Tochter versorgte und großzog? Nein, gewiß nicht! Der große Geist hatte es doch nicht ganz schlecht mit ihm gemeint.

Die Jahre gingen hin, wanderten vorüber wie der große Fluß Athabasca zu Füßen des Fort Contreforts, bald drängender und schneller, bald langsamer und nachdenklicher. Doch strömten sie wie das gewaltige Gewässer immer in die gleiche Richtung, blieben als Vergangenheit zurück, wanden sich durch die Dickichte und wilden Wälder des Geschehens, als wüßten sie nicht, wohin sie sich wenden sollten, und fanden doch – wie der Athabasca seinen Weg nach Nordosten – die ihnen unverbrüchlich zudiktierte Richtung in die Zukunft.

So wie das leise, dumpfe Grollen eines jenseits des Horizonts niedergehenden Gewitters drangen zuweilen unbestimmte Nachrichten aus dem weit entfernten Osten zu den Leuten auf dem gegen das Gebirge vorgeschobenen Posten, Nachrichten, die Paul und Anna zur Kenntnis nahmen wie unbestätigte Gerüchte. Denn bei ihnen in den waldigen Vorbergen der »Felsigen Gipfel«, wie die Indianer sagten, herrschte ein Frieden so vollkommen, als könnte er nie gestört werden. Alexander Mackenzie, den Paul gut genug kannte, da er unter ihm mit Mes Coh Thoutin auf die weite Reise nach Bella Bella am Pazifischen Ozean gegangen war, jener unruhige, von ständigem Durst auf große Erfolge und Taten angetriebene junge Mann, sollte sich von der North-West Company losgesagt und sich einer anderen, seiner außerordentlichen Tatkraft und seinen beträchtlichen Mitteln vielleicht besser entsprechenden Gesellschaft des Pelzhandels zur Verfügung gestellt haben. Von dieser Gesellschaft sprach man als der »XY-Company«, als sei den Gründern partout kein vernünftiger Name eingefallen.

Auch berichteten Indianer darüber, die gelegentlich in ihren Kanus von Osten oder von Westen her auftauchten – die Kinder des Landes wurden manchmal ohne ersichtlichen Anlaß von der Lust angewandelt, sich zu Land oder zu Wasser auf unbestimmte Wanderschaft zu begeben, andere Einöden kennenzulernen und mit anderen Indianern Freundschaften zu schließen oder sich auch in plötzlichem Überfall oder vorher angekündigtem Kampf mit ihnen zu messen. Von solchen durch die Wildnis abenteuernden Mannschaften erfuhren die Leute des Fort Contreforts – anders waren Nachrichten und Neuigkeiten im Pays d'en haut überhaupt nicht zu verbreiten; aber so taten sie es erstaunlich schnell –, daß an manchen Knotenpunkten des weitverzweigten Netzes von Kanuwegen im Indianerland die Agenten der verschiedenen Gesellschaften unter sich und mit den wenigen unabhängigen Händlern in Mißgunst, Neid und Streit geraten waren. Die Indianer begriffen die Launen der weißen Männer nur selten, wußten doch die Pelzhändler nur allzu gut, daß bei aller Boshaftigkeit der Konkurrenz jeder von ihnen darauf bedacht zu sein hatte, die Preise so günstig, das heißt so niedrig wie möglich zu halten. Also verbargen die Händler stets, und sie brauchten es nicht untereinander abzusprechen, vor den Indianern die wahre Ursache ihrer von Jahr zu Jahr bösartiger werdenden Zwistigkeiten.

In die entlegenen Landschaften vor den Toren des Hochgebirges am Oberlauf des Athabasca war die verderbliche Unruhe, mit welcher die Pelzhändler sich in den Jahren um die Jahrhundertwende das Leben sauer machten, noch nicht vorgedrungen. Im und um das Fort Contreforts herrschte Frieden und Einigkeit mit den Indianern und den tausend und mehr Meilen weit entfernt wohnenden Oberen der Company, deren Nachrichten, Aufträge, Empfehlungen und Anordnungen die Leute im Fort ohnehin nur einmal im Jahr erreichten, im späten Herbst nämlich, wenn die Kanubrigaden mit den Tauschwaren für die kommende Saison aus Osten eintrafen, gewöhnlich nur wenige Wochen, manchmal nur Tage vor dem Einbruch des Winters, der alle Seen, Gewässer und Ströme in seine eisigen Ketten schloß und die Kanus zur Untätigkeit verdammte.

So wie der Gouvernail der ersten Brigade das Fort im Frühling verließ und stets einen Brief Annas an ihren Sohn nach Osten mitnahm, so brachten die im späten Herbst zurückkehrenden Brigaden der Mutter jedes Jahr einen Brief und Bericht Armands. Die Briefe enthielten so gut wie ausschließlich sachliche Nachrichten und bezogen sich auf die Erfahrungen Armands mit den Seniorpartnern der Company, vor allem auch mit seinem Onkel William in Montréal. William Corssen, Annas Bruder, spielte in der schnell wachsenden Stadt Montréal eine offenbar längst anerkannte, wichtige Rolle – wie aus Armands Briefen hervorging – und nahm sich des jungen Neffen aus dem Pays d'en haut vielleicht auch deshalb mit besonderer Sorgfalt an, weil ihm seine kluge und aus dem Hintergrund sicherlich sehr intensiv mitwirkende Frau Martine, geborene Leblois (die Schwester von Annas erstem

Mann), keine Kinder geschenkt hatte. Der Oheim William war es auch, der dafür sorgte, daß Armand für einen ganzen Winter nach London übersiedelte, daß der junge Mann aus dem fernsten, noch kaum erforschten Nordwesten des amerikanischen Kontinents die letzten Konsequenzen der unwahrscheinlichen Pelzhandelsgeschäfte kennenlernte, die in den – für Leute in London unvorstellbaren – Einöden des Pays d'en haut ihren Anfang nahmen.

Sowohl Anna wie auch Paul glaubten den Briefen Armands entnehmen zu können, daß der junge Armand von den Erkenntnissen und Erfahrungen, die sich ihm in der Welt des weißen Mannes, seiner eigenen, wie er nicht abstreiten konnte, aufdrängten, nicht sonderlich angetan oder gar überzeugt war. Er hatte von des Vaters Seite französisches, von der Mutter her deutsches Blut in den Adern. War also unverfälschter Europäer. Aber sein Wesen war nicht in den Siedlungen der Weißen, sondern in der für Europa unerhörten Weite, in der urwilden Einsamkeit und der Leere des Indianerlandes im fernsten Westen und Nordwesten der neuen Welt geformt worden.

Wie war es doch im fernsten Nordwesten? Wenn ein Indianer dem Agenten der Company eine Zusage gemacht hatte, oft nur mit einem Wort oder Kopfnicken, fühlte er sich noch nach einem oder zwei Jahren, dann fühlte sich sein Sohn, wenn der Vater darüber weggestorben sein sollte, noch nach fünf oder zehn Jahren so fest an diese Zusage gebunden, als wäre sie verbrieft und versiegelt worden – und bezahlte die Schuld. Dort in den ungebändigten Ödnissen unter den »schmutzigen Wilden« wurden den Voyageurs für tausend und mehr gefahrvolle Meilen Ladungen von kostbaren Pelzen anvertraut, die in Montréal und erst recht in London ein Vermögen darstellten. Daß diese Werte von den meist bettelarmen Voyageurs veruntreut werden könnten, das hatten weder sein Großvater noch sein Vater und nun ebensowenig seine Mutter überhaupt in ihre Berechnungen mit einbezogen. Im herrenlosen Pays d'en haut gab es keine Schlösser an den Türen, und es gab keine Herren und keine Knechte, wenn auch die Unterschiede im Besitz der einzelnen Personen bedeutend waren.

Man beneidete sich nicht, denn man stand mit immer nur wenigen Gefährten der ungebändigten Wildnis gegenüber;

die aber mochte jederzeit aus dem Hinterhalt in lautlosem Ansprung einem jeden nach dem Leben trachten.

Paul sagte in der Neujahrsnacht, der Wende vom achtzehnten zum neunzehnten Jahrhundert, also von 1799 zu 1800, zu Anna und hob ihr den Becher mit warmem Rumpunsch entgegen: »Anna, da haben wir also deines Armand Brief noch einmal gelesen, den letzten. Er ist zwar schon anderthalb Jahre alt, aber Armand wird sich in der Zwischenzeit nicht wesentlich verändert haben, sonst hätte er sich schon früher gewandelt. Er schreibt, er wüßte nun, was es mit dem Pelzhandel auf sich hat; aber wenn er nun daran dächte, zu uns ins allerfernste Pays d'en haut zurückzukehren, dann wäre er zwar um einen Berg von Einsichten und Kenntnissen reicher geworden, doch hätte er, außer vielleicht einigen Männern in Montréal, inzwischen niemand kennengelernt, der ihm höhere Achtung abverlangt hätte als etwa sein Vater oder die alten, bewährten Voyageurs Jules Pradier und Basil Caron oder auch der pockennarbige Indianer Mes Coh Thoutin, der Freund und Helfer seines Großvaters Paul Soldat. Ja, und er schreibt auch, Anna, er wäre sehr froh, daß wir geheiratet hätten; er brauchte sich nun nicht mehr Sorgen um dich zu machen, aber wir sollten vor Claas Forke auf der Hut bleiben. Ich glaube nicht, daß ich mich täusche, Anna: er spürt, daß er am Ende seiner Lehr- und Wanderjahre angekommen ist; er drängt nach Hause, um hier, wo er hingehört, eine Aufgabe zu übernehmen, die ihm nach seiner Meinung besser ansteht als das Sitzen und Reden und Rechnen in irgendeinem Kontor. Anna, ob er es schafft, noch in diesem Jahr zu uns zurückzukehren oder erst im nächsten, das weiß ich nicht. Aber im nächsten ist er bestimmt wieder da! Und dann wird er begreifen, daß ich auf dem Platze sitze, auf den eigentlich er gehört. Wird es dann nicht Schwierigkeiten geben?«

Paul und Anna, Nagamoun und Basil Caron hatten sich dem lauten Freudenfest entzogen, das die Voyageurs zur Feier des neugeborenen Jahres 1800 bei klirrender Kälte auf dem großen Platz in der Mitte des Handelspostens veranstalteten. Dort loderte ein mächtiges Feuer zum nächtlichen Himmel, hatte mit seiner Wärme den Schnee ringsum auf zehn und mehr Schritte weggetaut, wurde stets von neuem gespeist, knackte, prasselte, sprühte Funken und lud die vom Rum beflügelten Voyageurs immer wieder von neuem ein, im

Bereich seines warmen Strahlenkranzes die Ronde zu tanzen. Und wer nicht tanzte, der sang im Takt die alten Kanulieder, die ihre Frische behalten hatten in den vielen Jahrzehnten – bald Jahrhunderten –, seit sie sich in indianischen Rindenkanus mit den dritten und vierten Söhnen franko-kanadischer Bauern vom unteren Sankt Lorenz auf den nassen Weg zu den großen Seen und darüber hinaus nach Norden und Westen bis unter die Hänge des Felsengebirges vorgewagt hatten. Paul und Anna wußten, wann es sich empfahl, die Voyageurs sich selbst und ihrer überbordenden Feuchtfröhlichkeit zu überlassen. Gewiß, es erschien ihnen als etwas unvergleichlich Herrliches, eine weiße Frau heiter und voller Zustimmung in ihrer Mitte zu wissen, und dazu solch eine Frau, reif und schön und mächtig, denn sie war ja Inhaberin eines Anteils der großen Company, von der sie alle mit ihrem Wohl und Wehe abhingen. Aber dann war es auch wieder gut, wenn die Frau sie allein ließ, so daß sie ihren Scherzen und Geschichten keinen Zwang mehr anzulegen brauchten.

Anna hatte es den Männern leichtgemacht, hatte vorgeschützt, daß sie sich um ihre Kinder kümmern müßte, und sich in ihr Haus zurückgezogen, die Tür hinter sich geschlossen. Daß ihr Ehemann, Nagamoun und auch der allmählich zum getreuen Ekkehard von Frau und Kindern aufgerückte Basil Caron ihr folgten, hatte keiner der zu einer wilden Sanges-, Tanz- und Saufnacht entschlossenen Voyageurs übelgenommen oder überhaupt recht bemerkt. Paul hatte das Feuer im großen Raum des Haupthauses neu entfacht, einen Punsch nach seinem Geschmack gebraut und sich dann mit den Seinen, nachdem Anna nach den drei Kleinen gesehen und sie fest schlafend gefunden hatte, im Halbkreis vor den Flammen niedergelassen. Nicht nur ein neues Jahr, ein neues Jahrhundert hatte begonnen. Sicherlich recht genau hatte er nach dem Stand der Sterne die Mitternacht bestimmen können. Ein neues Jahrhundert, was würde es bringen? Anna hatte darum gebeten, daß er den letzten Brief Armands noch einmal vorläse. Ein dankbarer Blick Nagamouns hatte sie erwärmt und zugleich auf leise Weise beunruhigt wie stets, wenn sie die Namen Armand und Nagamoun nebeneinander dachte.

Gewiß hatte Anna nach ihrer Hochzeit mit Paul ihrem Sohn mitgeteilt, wie überraschend und von Grund auf sich ihre eigenen und die Verhältnisse im Fort Contreforts geändert hatten. Allerdings hatte der Brief den oberen Athabasca erst im Frühjahr des auf die Hochzeit folgenden Jahres mit den Kanus verlassen können, in welchen die über Winter eingehandelten Pelze ihre lange Reise zum Lac Supérieur, von dort nach Montréal und nach London antraten. Aber erst sehr spät hatte Anna aus London den Antwortbrief ihres Sohnes erhalten, einen sehr langen Brief, in welchem er darauf einging, daß seine Mutter sich aus der Witwenschaft gelöst und mit einem anderen Mann verbunden hatte. (Brauchten doch alle Briefe und Nachrichten aus Europa in den fernen Westen und Nordwesten Nordamerikas eine schier unerträglich lange Zeit, ihr Ziel zu erreichen, wurden sie nun ostwärts oder westwärts auf die Reise geschickt. Im Winter versperrte das Eis den Kanus die Wasserstraßen; im Sommer vermochten zwar die Boote unter den schnellen Paddeln der Voyageurs sich überallhin zu bewegen, wurden aber auch dann häufig behindert und für Tage oder gar Wochen aufgehalten, ohne daß dergleichen je vorauszuberechnen war. Im langen Winter ruhte auch die Segelschiffahrt über den dann von wütenden Stürmen gepeitschten Nordatlantik. Verpaßte also ein Brief aus dem Nordwesten im Frühling das letzte Kanu oder im Herbst das letzte Segelschiff von Montréal nach London, so hatte er mindestens ein weiteres halbes Jahr zu warten, ehe er endlich auf den Weg gebracht wurde.)

Armand hatte geschrieben:

»*Daß Du Dich und den Handelsposten einem so guten Manne wie Paul Soldat anvertraut hast, liebe Mutter, erleichtert mich sehr. Und beinahe noch mehr erleichtert es mich, daß Du den gierigen Claas Forke losgeworden bist. Mit einem anderen Wort als ›gierig‹ kann ich ihn nicht kennzeichnen; ich gestehe heute, daß er mir damals – ich war ja noch nicht recht aus den Kinderschuhen heraus – dauernd Angst eingejagt hat, so als ob man jederzeit des Schlimmsten von ihm gewärtig sein müßte. Was Paul Soldat erreicht hat, nämlich Claas Forke zu vertreiben, das hätte ich nie zuwege gebracht; heute vielleicht, aber damals nicht. Du hast mich ständig beschworen, ruhig zu bleiben; denn Claas Forke, so sagtest Du stets, hätte das Geschäft des Postens ganz außerordentlich gefördert. Nein, liebe Mutter, wie sollte ich Dir verübeln, daß Du noch einmal geheiratet hast! Du bist noch nicht alt; Du hast Deinen Mann verloren und meinen Bruder Walther. Dann hast Du auch mich noch wegschicken müssen, denn im Fort Contreforts konnte ich nur eine Seite des Pelzhandels kennenlernen. Was es wirklich mit ihm auf sich hat, das habe ich mir erst in Montréal und jetzt hier in London angeeignet. Also, liebe Mutter, bleibt mir nur übrig, Dich nachträglich zu Deinem Entschluß zu beglückwünschen. Paul Soldat, davon bin ich überzeugt, wird das Seine tun, Dir auf unserem entlegenen Handelsposten das Dasein so leicht wie möglich zu machen. Was mich ein wenig beunruhigt ist nur dies: Wo ist Claas Forke geblieben? Ihr müßt euch vor ihm vorsehen, denn ich glaube, daß er sich mit einer Niederlage niemals abfindet.«*

Es hätte dieser Mahnung Armands übrigens nicht bedurft. Denn wenn auch Claas Forke sich am oberen Athabasca weder blicken noch hören ließ, so sagten sich Paul und Anna doch, daß er noch am Leben wäre und auch das Pays d'en haut nicht verlassen haben konnte. Denn sowohl das eine wie das andere wäre ihnen von durchreisenden Indianern oder von den Voyageurs der im Herbst aus dem Osten eintreffenden Kanus wenigstens gerüchteweise zugetragen worden. Trotz der großen Entfernungen und Verspätungen wußten die wenigen weißen Männer und ihre Voyageurs, aber auch die Indianer übereinander stets recht gut Bescheid – blieb es doch unter Umständen für manchen von ihnen sogar lebenswichtig, stets unterrichtet zu bleiben, wer, wo, wann und was in den Wäldern hinter den Wäldern im Gange war.

Nachdem Anna erst einmal in vollem Umfang erfaßt hatte, was Armand ihr in seinem Brief geschrieben hatte, meinte sie: »Er muß sehr viel verständiger geworden sein, Paul, seit er von hier Abschied genommen hat. Es wird ihm nicht leichtgefallen sein, sich mit den vielen Menschen und den für ihn ganz und gar ungewohnten Verhältnissen in Montréal und erst recht in London vertraut zu machen; sicherlich ist er oft genug durch all das Neue verwirrt worden. Aber vielleicht sieht er seitdem die Heimat, ich meine unser Pays d'en haut, in einem rosigen Licht, wie sie es gar nicht verdient. Sein Brief sagt mir, daß er sich danach sehnt, zurückzukehren. Darüber bin ich froh, Paul.«

Paul hatte nur geantwortet: »Ja, Anna!«

In der Neujahrsnacht, die das Jahr 1799 und damit das ganze achtzehnte Jahrhundert endgültig in die Vergangenheit verwies, hatten um den lodernden Kamin im Haupthaus des

Forts Contreforts auch Nagamoun und Basil Caron zu dem kleinen Halbkreis von Menschen gehört, die sich von den Flammen erwärmen ließen. Beide, das schmale großäugige Mädchen mit der bräunlich getönten Haut, das sich gar nicht mehr kindlich benahm und bewegte (kannte es doch etwa gleichaltrige Kinder überhaupt nicht), und der massiv gebaute, grauhaarige Voyageur Basil Caron, mit grimmigem, schlecht rasiertem Gesicht und freundlichen Augen, hatten der Unterhaltung des Maître Paul und seiner Frau wortlos gelauscht.

Für diese beiden insbesondere las Paul aus dem Briefe nochmals die Absätze vor, in denen Armand von der politischen Unruhe im fernen Europa berichtete, von den Greueln der Französischen Revolution, die aber beinahe vergessen wären und nun in den Namen Bonaparte mündeten, Napoleon, der sich offenbar anschickte, mit seinen Armeen die Schrecken des Krieges auch noch in andere europäische Länder zu tragen. England aber hätte die Franzosen in einer gewaltigen Seeschlacht bei Abukir vor der ägyptischen Küste geschlagen und wäre fest entschlossen, dem aufsteigenden Diktator Widerstand zu leisten. Die Geschäfte in London seien allerdings – wenigstens vorläufig – durch die Unruhe auf dem europäischen Kontinent nicht beeinflußt. Jedoch könnte niemand voraussagen, was die kommenden Jahre bringen würden, denn dieser Napoleon hätte zwar zur See verloren, aber zu Lande in Europa und in Ägypten glänzende Siege erfochten. Bedeutete aber Napoleon das Ende der großen Französischen Revolution, so hätte sich ihr blutiger Aufwand nicht gelohnt. Dann hätte man den Teufel mit Beelzebub ausgetrieben, und ihm, Armand, wäre die monarchisch verbrämte, aber in Wahrheit vom Parlament gelenkte englische Demokratie wesentlich lieber als der von London aus nicht ganz durchschaubare Wirrwarr in Frankreich und auf dem europäischen Kontinent überhaupt.

Am Schluß hatte Armand einen Satz hinzugefügt, den Paul mit erhobener Stimme vorlas:

»Wenn ich dies alles bedenke, so kommt es mir vor, als lebten wir in unserem entlegenen Pays d'en haut in einem wahren Paradies. In unser wildes Indianerland reicht keines Kaisers oder Königs Macht; durch die Wildnis ziehen keine Armeen fremder Mächte und kein Marschall hat uns etwas zu sagen.

Die Gesetze geben wir uns selber und richten uns dabei nach unseren und der Indianer Vorstellungen von Anstand, Ehrlichkeit und Hilfsbereitschaft. Natürlich müssen wir verdienen, sonst können wir uns nicht halten. Aber die Indianer sind's zufrieden; denn die Werkzeuge und Güter, die wir ihnen liefern, auch der Brandy, sind ihnen hoch willkommen und erleichtern ihr Dasein auf eine ihnen früher gar nicht vorstellbare Weise. Und es wird dabei nicht geschossen und gemordet, nicht gebrannt und nicht geköpft. Wo könnte man in Europa wie bei uns tausend und mehr Meilen weit im ungeschützten Kanu durch das Land reisen, ohne Polizei und Militär, ohne Zoll und Paßkontrolle! Die meisten wissen gar nicht, wie gut es ihnen geht im Pays d'en haut. Aber ich weiß es jetzt!«

Nagamoun begehrte zu wissen, was Revolution bedeutete und ob es wirklich unvermeidlich wäre, daß sich die Völker mit Krieg überzögen, anstatt sich auf vernünftige Weise zu einigen. Und sie wollte weiter wissen, woher die Kaiser und Könige ihre Macht nähmen, wer sie ihnen verliehen hätte. Sie würde als Oberhaupt nur jemand anerkennen, der bewiesen hätte, daß er unter den eigenen Leuten und auch den Nachbarn stets Frieden und Freundlichkeit bewirkt hätte. Lebten sie hier im fernsten Pays d'en haut doch unter den weit verstreuten, dünn gesäten Indianern ganz ohne Streit und Zank und fühlten sich ganz sicher, auch ohne Gouverneure und Generäle.

Paul Soldat versuchte zu erklären, was Revolution bedeuten mochte. Er kam damit nicht recht vom Fleck; er lebte schon viel zu lange im freien Indianerland, als daß ihm Erscheinungen wie Napoleon Bonaparte noch irgendwie verständlich, notwendig oder gar bewundernswert erschienen.

Basil Caron räusperte sich schließlich und gab mit rauher Stimme, als würde er nur schwer Herr seines Grolls, einen Satz zum Besten: »Bei uns ist alles einfach und klar. Die da draußen, wo Armand jetzt ist, sind allesamt verrückt. Ich danke meinem Schöpfer und der Heiligen Mutter Gottes, daß wir hier am Athabasca unseren Frieden haben und niemandem untertan sind als uns selber.«

Danach sagte keiner mehr etwas.

Nach einigen stillen Minuten erst machte Anna den Beschluß:

»Nun gut, wir wissen, was wir haben, und sind damit zufrieden. Das neue Jahrhundert kann gar nicht besser anfangen. Aber jetzt ist es höchste Zeit, schlafen zu gehen. Wir können hier so beruhigt schlafen, wie draußen in der von Streit und Geschrei erfüllten Welt sicherlich nur wenige andere Menschen.«

20

Der Indianersommer des Jahres 1801 war schon so gut wie vergangen. Zwar prangte am Rande der Lichtung, die mit der Zeit um das Fort Contreforts in immer weiterem Umkreis ausgeschlagen worden war, das Laub an den Bäumen noch in voller Pracht des Herbstes, überloderte das ins Schwärzliche spielende Grün der Fichten mit goldenen, purpurnen und blutroten Farben. Die Sonne wärmte noch, wenn sie im Mittag stand. Aber gegen Abend verging die Wärme schnell, verflog in die ungeheure Kuppel des wolkenlosen Himmels, in welchem früh dann die Sterne ihre Glitzerpracht entfalteten; schon regierten sie mehr als die Hälfte der vierundzwanzig Stunden eines Tages mit ihrem silbernen und regenbogenbunten Gefunkel. Denn die Tag- und Nachtgleiche war schon seit vier Wochen darüber, jede Nacht entriß dem vor ihr vergangenen Tag ein Dutzend Minuten mehr als die letzte und vorletzte Nacht.

Es fror bereits Nacht für Nacht, und wenn nicht seit Wochen die Luft völlig unbewegt und still über der königlichen Einöde gelagert hätte, als wäre der Gott der Winde durch den Machtspruch eines Größeren in Fesseln geschlagen, so hätten die Birken, Espen und Ahorne längst ihr letztes buntes Blatt davonflattern lassen.

Man konnte meinen, die ganze Welt hielte den Atem an, um nur ja nicht die vollkommene Schöne, die süße Traurigkeit dieses letzten Nachklangs des zu Tode ermatteten Sommers zu verletzen.

Aller Menschen im Fort hatte sich, wenn auch bei jedem anders, eine leise, aber unaufhaltsam steigende Spannung bemächtigt.

Anna hatte sich dreimal dabei überrascht, daß sie lange über dem Hochufer des Stroms gestanden hatte, den Blick unverwandt in die gleiche Richtung gewendet, in die auch das mächtige Gewässer ständig strebte, Tag für Tag und Jahr für Jahr. Den Strom herauf mußten irgendwann in diesen Tagen die Kanus auftauchen, welche die Tauschgüter für den kommenden Winter heranfrachten würden. Die Kanus würden tief im Wasser liegen unter der Last der vielen Packs, und die stämmigen Voyageurs ihre Paddel hart durch die glitzernde Feuchte stemmen müssen, um die Boote gegen die zwar nicht allzu starke, aber gleichmäßig saugende Strömung voranzubringen. Anna hatte sich gesagt, in diesem Jahr muß Armand mit den Kanus bei uns eintreffen, wenn er überhaupt kommen will. Doch schob sie die Möglichkeit, daß Armand überhaupt nicht wiederkehren könnte, stets von neuem über sich selbst erzürnt, abermals beiseite. Er kommt, mein Ältester, er gehört hierher ins Niemandsland der großen Wälder und nicht in die künstlichen Städte des Ostens!

Auch Paul Soldat hatte sich klargemacht, daß Armand wohl überhaupt nicht mehr im fernen Westen zu erwarten wäre, wenn er nicht in diesem Jahr 1801 mit den drei Kanubrigaden einträfe, die der Posten zu seiner Versorgung bereits bedurfte. Paul sagte sich, Armand hat zwar geschrieben, wie sehr er damit einverstanden ist, daß seine Mutter mich geheiratet hat, aber inzwischen ist er zu einem Mann geworden, der trotz seiner Jugend schon viel mehr von Geschäften und der Welt gesehen und begriffen hat, als ich mit meinen nun schon zweiundsechzig Jahren. Anna wartet auf ihn. Es wäre ein schwerer Schlag für sie, wenn er in diesem Jahr nicht käme. Gewiß, unser kleiner Charles und die beiden Indianerkinder halten sie in Atem, obgleich die Kinder längst aus dem Ärgsten heraus sind und uns allen viel Freude und Spaß bereiten. Doch Armand bedeutet für sie etwas anderes, stellt die Brücke dar zu dem Leben und der Welt, aus der sie kam, zu ihrem Vater und Justin Leblois aus acadischem Geschlecht, durch die sie ein Teil des Pays d'en haut wurde, mit ihm verwuchs. Aber wird nicht Armand jetzt meine Stellung beanspruchen? Wird er nicht von der Company zum Hauptagenten für den ganzen Athabasca-Bezirk bestimmt worden sein? Nun, ich werde ihm nicht im Wege stehen. Ich werde langsam müde, und wenn Anna nicht wäre und unser Charles, der erst noch in den

Sattel gesetzt werden muß, so könnte ich abtreten. Merkwürdig, daß ich mir um Nagamoun keine Sorgen mache. Sie ist ihrer selbst so sicher mit ihren sechzehn Jahren, weiß so genau, was sie will, daß sie mich nicht mehr braucht. Dinge und Menschen fügen sich ihr wie von selber. Gestern Abend erst sagte sie mir: »In diesem Jahr kommt Armand wieder. Ich weiß es, Vater.« Gebe Gott, daß sie sich nicht täuscht. Denn täuschte sie sich, so würde sie wahrscheinlich – ja, wie soll man das ausdrücken? – erlöschen, wie eine Kerze erlischt, deren Docht alles Wachs verbraucht hat.

Paul Soldat wußte sehr genau über seine Tochter Bescheid, wenn er auch kaum noch auf sie einzuwirken vermochte. Nagamoun verrichtete alles, was der Alltag ihr abverlangte, schon seit Wochen wie im Traum. Sie nahm die Menschen und Dinge ihrer Umgebung nur noch wahr wie durch einen Schleier oder Nebel, der ihre Umrisse unscharf werden ließ. Immer voller und reicher tönte in ihr der immer gleiche Akkord; die zwei Silben des Namens Armand ließen ihn unablässig erklingen. Bald wird er dasein, sang es im Herzen Nagamouns. Sie erinnerte sich daran, daß ihr Name in der Cree-Sprache »Gesang« bedeutete und lachte in sich hinein.

Sie wußte auch, daß sie zu einem ungewöhnlich schönen Mädchen herangewachsen war. Sie hatte sich im vergangenen Sommer manchmal lange in dem klaren Spiegel des kleinen, stillen Waldsees betrachtet, in welchem sie abseits vom Lager während der heißen Zeit zu baden pflegte. Weder Anna noch ihr Vater sahen es gern, wenn sie dort in der Wildnis allein badete. Aber sie hatte sich nie auch nur für eine Sekunde unsicher gefühlt. Die Wildnis war nicht ihr Feind. Sie, Nagamoun, war ein Teil von ihr.

Aus dem mageren Kinde mit den übergroßen Augen war ein bräunlich schönes Geschöpf geworden, wie ein bunter Falter aus unscheinbarem Kokon. Die Linien ihres Körpers, die sich unter dem schmucklosen, bis zu den Waden reichenden Lederkleid, das über den Hüften gegürtet wurde, abzeichneten, verrieten in sanft geschwungenen Kurven ein vollkommenes Ebenmaß. Aus dem runden Halsausschnitt, der durch eine Stickerei aus bunten Glasperlen bescheiden verziert wurde, hob sich ein schlanker, sehr zierlicher Hals, dessen Haut wie die des Gesichts bräunlich überhaucht war und sanft wie die Haut von reifen Pfirsichen. Schmal zwar das

Antlitz und hoch die Stirn, und immer noch wie in Kindertagen alle anderen Züge beherrschend: die großen, dunklen Augen, mandelförmig geschnitten, überwölbt von beinahe ein wenig zu starken Brauen, die zu den Schläfen hinschwangen wie Flügel. Die flachen Wangen wurden nur selten von ein wenig Rot überhaucht. Die Backenknochen zeichneten sich erkennbar ab, was das Gesicht deutlich anders erscheinen ließ als die Gesichter rein weißer Mädchen. Doch wenn auch die Wangen sich nur selten röteten, so blühten doch die Lippen des vollen Mundes in tief dunklem Rot, kräftig gezeichnet. Die Nase schmal, kaum merklich gebogen, mit betonten, sehr beweglichen Nüstern. Die Ohren klein, zierlich fast, in vollendetem Oval, lagen dicht am Kopf. Das Kinn zeigte sich bestimmt und fest geformt, bog sich in die makellose Säule des Halses. Das nachtbraune Haar, seidig und flach gewellt, war ziemlich tief am schön gerundeten Hinterkopf zu einem Knoten geschlungen, der fast zu schwer schien für die zärtliche Anmut des schlanken Nackens.

Nagamouns Stimme hatte eine samtige, tiefere Färbung angenommen, und wenn sie wollte, so schwang diese Stimme weich, warm und dunkel, wie das Summen eines großen Wasserfalls aus weiter Ferne.

Und immer wollte es jedem, der dergleichen zu empfinden fähig war, so vorkommen, als strahlte von diesem fremdartig schönen Mischlingsmädchen, einer Métisse, wie die Voyageurs sagen, ein warmer Glanz auf alle Dinge und Menschen über, mit denen sie in Berührung kam.

Nagamoun war eigentlich der einzige Mensch im Lager, der nicht von Spannungen beunruhigt wurde. Mit heiterer Gelassenheit bestätigte sie sich jeden Abend: heute ist er also nicht gekommen, mein Armand. Nun, dann wird er morgen kommen oder übermorgen oder in zwei Wochen; aber er kommt, ich weiß es.

Ich brauche nicht mehr lange zu warten.

Die wenigen Voyageurs, die wintersüber im Lager verblieben waren, hatten während des Sommers ein geräumiges neues Schlafhaus für die zwei Dutzend Kanuruderer gebaut, die über die Zahl der vorjährigen Überwinterer hinaus bald im Fort Contreforts eintreffen würden. Der Pelzhandel am oberen und mittleren Athabasca hatte unter Pauls und Annas ebenso vorsichtiger wie großzügiger Pflege und Aufsicht Jahr für Jahr beträchtlich zugenommen, so daß die Company dem Posten in Erwartung weiteren Wachstums vier Kanuladungen von Tauschgütern mehr als im Vorjahr zustellen würde. So hatten es Paul und Anna in der Abrechnung der Pelzlieferung empfohlen, die im vergangenen Frühjahr gleich nach der Abdrift des Eises auf dem hochgehenden Athabasca stromab in Marsch gesetzt worden war. Die Voyageurs, die im Fort verblieben waren, verlangten sehnsüchtig danach, ihre alten und möglichst viele weitere Kameraden wiederzusehen, von ihnen tausend Neuigkeiten zu erfahren, die sie unterwegs oder in Grand Portage am Oberen See aufgefischt oder die ihnen dort von Montréal, vom unteren Sankt Lorenz, aus Québec oder gar von der Welt »draußen« zugetragen worden waren. Man war schon zu lange unter sich; es war höchste Zeit, daß neue Leute auftauchten, mit denen man schwatzen und streiten, mit denen man trinken und singen konnte und, wenn's hoch kam, um ein loderndes Feuer die Ronde tanzen; endlich einmal wieder würde man dann tief schlafen, schweißnaß und erschöpft, aber selig und, Gott sei Dank, keines klaren Gedankens mehr fähig.

So rannen die Tage dieses makellosen Herbstes ruhig fort, hielten sich immer noch in goldenem Gleichgewicht zwischen sonniger Helle und frostiger Mitternacht. Das Wetter schien sich jeden Tag erneut darauf einzurichten, daß die Brigaden den Strom herauf endlich in Sicht kämen und angemessen empfangen werden müßten.

Endlich geschah es! Paul Soldat hatte bereits ernsthaft hinter verschlossener Tür mit Anna erwogen, was noch vor dem Winter in aller Eile zu verrichten wäre, wenn die Kanus – Gott allein weiß, aus welchem bösen Grunde – in diesem Jahr nicht rechtzeitig vor dem Eis den Handelsposten erreichten.

Basil Caron, der grimmige Voyageur, der ebenso wie sein Gefährte Jules Pradier endgültig in den innersten Kern der Mannschaft von Fort Contreforts aufgenommen war, auch er heimlich von Zweifeln und Ängsten gequält, war es, der eines Abends, als er mit allen anderen beim Essen saß, plötzlich aufsprang, als hätte ihn ein lauter Ruf erreicht; er stürzte ins Freie auf die Kante des Hochufers. Er als einziger hatte mit scharfem Ohr die Laute unterschieden, die sich nicht in den Lärm und die sonstigen Geräusche des abendlichen Lagers einordnen ließen: eine Ahnung von Gesang war in Carons Ohr gedrungen. So singen die Voyageurs, wenn sie sich nach langer Reise zum letzten Einsatz der Kräfte anfeuern, um mit Bravour ins Ziel zu schießen und den Leuten an Land zu beweisen, daß sie mit ihrer Courage noch längst nicht am Ende sind.

»Die Brigaden!« schrie Basil Caron. Wenige Minuten später drängten sich alle Menschen des Lagers neben ihm am Hochufer, auch Anna mit den drei Kindern und Nagamoun. Schon stürmten Jules Pradier und einige andere den breit ausgehobenen Weg zum Flußufer hinunter, um zuzugreifen und die Buge der Boote an Land zu heben. Paul zählte die Boote, die unregelmäßig ausgeschwärmt, heranrückten. Er zählte sechzehn Kanus. Sein Herz wurde leicht: Die Company war offenbar mit seiner Arbeit zufrieden und hatte ihm eine Brigade von vier Booten mehr als im vorigen Jahr herausgeschickt, sicherlich in der Erwartung, daß der Handel von Fort Contreforts sich weiter ausweiten würde.

Eine Viertelstunde später waren die Männer des Forts, der Postenchef voran, aber auch Anna mit den Kindern an der Bootslände unterhalb des Hochufers versammelt. Daß Nagamoun sich erst als letzte aufgemacht hatte und sehr langsam und wie zögernd den Pfad zum Flußufer hinunterging, war niemand aufgefallen. Das aufgeregt laute Gerede der Voyageurs schien sie zu stören. Sie wanderte hinter der am Ufer den Kanus entgegenfiebernden Schar zwei, drei Dutzend Schritte weiter und blieb abseits mit hängenden Armen stehen. Wer sie in diesen Augenblicken gesehen hätte, der wäre erschrocken, so weit aufgerissen starrten ihre Augen über das sich schon umdunkelnde Wasser den Booten entgegen.

Noch einmal stimmten sie an, die Ruderer der heranfliegenden Kanus:

»En roulant ma boule roulant,
en roulant ma boule
en roulant mal boule roulant,
en roulant ma boule – – –«

Schon fielen die Voyageurs am Ufer aus Leibeskräften ein, stampften ins Wasser, griffen nach den Bugen der vordersten Boote, hoben sie vorsichtig an und setzten sie auf Sand. Solches gebot die Höflichkeit, denn nun konnten die Ruderer trockenen Fußes an Land springen, brauchten nicht erst selbst ins flache Uferwasser zu steigen, um die Boote vor dem Aufprall an den Boden abzufangen, zu heben und aufs Trockene zu ziehen.

Der erste, der den Fuß auf den feuchten Sand des Ufers setzte, war ein junger, hochgewachsener Mann mit breiten Schultern und schmalen Hüften. Er trug sich nicht wie ein Voyageur, wenn er auch offenbar als Avant des ersten Bootes und wahrscheinlich als Vormann der ganzen Flottille das lange Ruder des Bugmannes geführt hatte wie die Avants in allen anderen Booten. Schon vom Wasser her hatte dieser Bursche im Lederhemd und engen Kniehosen, die aber nicht mit einer bunten Schärpe gegürtet waren wie die der Voyageurs, sondern nur mit einem schmalen ledernen Riemen, die Gruppe der Menschen gemustert, die zum Empfang der Kanus bereitstanden. An Anna war sein Blick hängengeblieben, und auf sie stürmte er zu, umarmte sie. »Mutter, ich bin wieder da, Gott sei Dank, ich bin wieder hier!«

Anna wußte nicht, ob sie lachen oder weinen sollte. Die starken jungen Arme um ihre Schultern, die ihr fast die Luft abpreßten, waren die Arme ihres Sohnes! Mein Ältester, mein Armand! Er ist noch größer geworden. Und die ganze Flottille hört auf sein Kommando. Er sieht seinem Großvater ähnlicher als seinem Vater!

Sie wollte sich auf die Zehenspitzen erheben, um ihn zu küssen, fühlte sich aber plötzlich durch junge, starke Arme aufgehoben und geküßt. Sie stöhnte: »Armand, laß mich zu Boden, du erdrückst mich, mein Junge.«

Sie fühlte wieder Boden unter den Füßen und blickte sich um: lauter lachende Männergesichter um sie her, bekannte und fremde; ihr nächster Gedanke: wo ist Paul?

Paul Soldat stand einige Schritte abseits unter den Männern. Auf seinem Gesicht, als dem einzigen, war das Lächeln nur wie ein Versuch.

Anna hatte sich aus der Umarmung gelöst. Sie griff den Sohn unter den Arm. »Komm, Armand, du mußt meinen Mann begrüßen!«

Einen Augenblick war es, als zögerte Armand, doch hatte er sich sofort in der Gewalt. »Ja, Mutter, natürlich, wo ist Paul Soldat?«

Da war er! Armand streckte dem zweiten Mann seiner Mutter die Hand entgegen. Der ältere mit dem schweren grauhaarigen Schädel, untersetzt und breit, mit wuchtigen Schultern, löste sich aus dem Ring der Voyageurs, trat einen Schritt auf den jüngeren Mann zu und schlug kräftig in seine Hand ein. Seine Stimme klang rauh, aber er hatte sie voll in der Gewalt: »Sei willkommen, Armand! Wir haben auf dich gewartet. Deine Mutter vor allem! Wir sind heilfroh, daß ihr da seid. Habt ihr eine gute Reise gehabt?«

Armand ließ die Hand des Älteren noch immer nicht aus der seinen. Alle sollten erkennen, daß er diesem Manne wohlgesonnen war, daß es an ihm nicht liegen würde, wenn es galt, mit dem zweiten Mann seiner Mutter gütlich auszukommen.

»Ja, Paul Soldat, wir haben eine nicht allzu schlechte Reise gehabt, haben keinen Mann, kein Kanu und kein Pack verloren. Schlechtes Wetter hat uns lange aufgehalten am Anfang der Reise, auf dem Winnipeg-See schon und dann besonders auf dem Lac Ile-à-la-Crosse. Zuletzt den Athabasca aufwärts haben wir das beste Wetter gehabt, das sich denken läßt. Ich freue mich, daß ich endlich wieder hier bin, wo ich hingehöre, und daß ich soviel Tauschgut mitbringe. Wir werden den Handel erweitern können.«

Paul Soldat erwiderte: »Ja, wir sind gut vorangekommen in den letzten Jahren, und es sieht so aus, als ob es dabei bleibt. Du wirst alle Hände voll zu tun haben. Davon später mehr, Armand. Jetzt sieh dir deine Mutter an, sie will dir ihren Jüngsten vorstellen, dein Brüderchen Charles.«

In Annas Gesicht zitterte es ein wenig, als bäte sie um Vergebung und wüßte nicht, ob sie gewährt werden würde. Doch Armand beugte sich mit strahlendem Lächeln zu dem Bürschlein mit dem roten Pompon auf der Mütze nieder, faßte es bei den Schultern und schüttelte es freundschaftlich.

»Charles, kleines Bruderherz, das ist ja prächtig! Wir werden gute Freundschaft halten, oder meinst du nicht?«

Der Kleine zeigte sich sehr angetan von so freundlicher Begrüßung durch seinen großen Bruder. Er entschloß sich, den hochgewachsenen jungen Mann erfreulich zu finden und krähte: »Du bist der Armand! Mutter hat mir schon erzählt, daß du mein Bruder bist. Du bringst so viele Kanus, wie ich noch nie auf einem Haufen gesehen habe, und du warst bis nach London. Wenn ich groß bin, fahre ich auch dorthin.«

Armand richtete sich wieder auf und bestätigte, offensichtlich begeistert: »Das ist großartig, Charles! Gewiß, auch du mußt nach London reisen, und ich sage dir dann, wie du fahren mußt.«

Der Kleine hätte das Gespräch sicherlich gern fortgesetzt, aber nun drängten Basil Caron und Jules Pradier heran und andere der Voyageurs, den so erfreulich umgänglichen Ältesten von »Madame« zu begrüßen. Der nicht ganz ausgebackene Bursch von damals war als ein fertiger Mann zurückgekehrt, hatte bereits mehr gesehen, gelernt und erlebt, als die Voyageurs allesamt in ihrem ganzen Leben erleben würden.

Inzwischen waren auch die Männer der übrigen Kanus an Land gestiegen. Die Sonne ging bereits zur Rüste. Die Männer wußten, daß die Kanus noch vor der Nacht entladen werden mußten und wollten wissen, wie und wo die Packs unter Dach und Fach gebracht werden sollten.

Armand schien plötzlich von einer merkwürdigen Unruhe ergriffen zu werden, als verlöre er die Geduld, weiterhin mit den Voyageurs des Postens die einzelnen Zwischenfälle der langen Reise vom Lac Supérieur bis hierher zu den Vorbergen der »Felsigen«, der Rockies, zu erörtern. Er wandte sich unvermittelt an seine Mutter, die sich bereits anschickte, mit den Kleinen über den Fußweg zum Hochufer hinaufzusteigen, um im Haupthaus das Abendessen zu richten, und hielt sie zurück: »Mutter, du schriebst mir in deinem letzten Brief, den ich in Grand Portage vorgefunden habe, daß Nagamoun noch bei euch lebt. Wo ist sie?«

Anna hielt inne. Sie hatte in ihrer Aufregung nicht beachtet, daß Nagamoun nicht neben ihr oder ihrem Vater gestanden hatte, als Armand an Land gesprungen war und dann reihum mit vielen guten Worten begrüßt wurde.

Anna blickte sich um. Die rotgoldenen Abschiedsfanfaren des Tages verblaßten. Wo war das seltsame Kind, das immer seine eigenen Wege ging? Warum hatte sie nicht wie alle anderen zum Empfang bereitgestanden? Noch war es hell genug zu erkennen, daß hundert Schritt flußauf eine einzelne Gestalt reglos zu warten schien. Das konnte niemand anders sein als Nagamoun. Anna wies das Ufer entlang:

»Das da wird sie sein, Armand! Du wirst sie nicht wiedererkennen. Sie ist kein Kind mehr. Sie hat mehr auf dich gewartet als wir alle. Vielleicht sogar mehr als ich. Sie ist eigenwillig; wenn du sie begrüßen willst, so mußt du zu ihr gehen. Sie wird dich hier vor so vielen Zeugen nicht begrüßen wollen.«

Der junge Mann gab keine Antwort, ließ sich nicht einmal Zeit, die letzten Worte der Mutter anzuhören. Mit weit ausholenden Schritten wanderte er den Strand entlang. Doch wurden seine Schritte zögernder, als er sich der reglos wartenden Gestalt näherte. Immer hatte ihm das Kind vor Augen gestanden, in das er auf eine zwar knabenhafte, aber seltsam leidenschaftliche Weise vernarrt gewesen war. Ganz gewiß, die Mutter hatte recht: Dies war kein Kind mehr. Er hielt inne vor dem jungen, schlanken Mädchen, unter dessen schlichtem Ledergewand sich zwei sanfte Hügel zärtlich wölbten. Nagamoun stand mit hängenden Armen, ohne sich zu regen. Aber so unerhört voller Leben flammten ihm zwei große, dunkle Augen entgegen, daß sein Puls plötzlich zu jagen begann. Sie leuchteten ihn an, diese Augen! Sie wollten ihn bezwingen und bezwangen ihn! Für ein paar Herzschläge lang riß er seine Augen von den ihren los und umfaßte mit einem einzigen schnellen Blick das Wesen, das vor ihm stand, reglos und doch unmerklich bebend, von den leicht gewellten, dunkel glänzenden Haaren über der hohen Stirn bis hinunter zu den schmalen Füßen in leichten, dicht anliegenden Mokassins, geschmückt mit Stachelschweinsborsten.

Der halboffene Mund formte ein Wort, ohne daß Nagamoun sich dessen bewußt zu werden schien: »Armand!«

Ein tiefer Seufzer entrang sich der Brust des jungen Mannes. »Nagamoun, kleine Nagamoun! Was ist aus dir geworden! Fast hätte ich dich nicht wiedererkannt! Dabei habe ich dich nie vergessen! Nagamoun, du bist das schönste Mädchen, das ich je gesehen habe.«

Gleich darauf erlebte Armand ein Wunder, das ihm das Herz abermals zu schnellerem Schlag erregte. Ganz sachte in den Augenwinkeln und mit einem leisen Zucken der Brauen beginnend, zu den Nasenflügeln fortschreitend, die sich kaum merklich blähten, dann sich in den Mundwinkeln ansiedelnd und schließlich die Lippen ein wenig in die Breite ziehend, so daß ganz schmal die Perlenschnur der Zähne aufschimmerte – ein Lächeln eroberte sich so das Antlitz des Mädchens; und die Augen, die ihn anfangs sehr ernst, beinahe feindlich angeschaut hatten, blickten mit einmal warm und zärtlich hingegeben. Dies fremdartig wunderbare Geschöpf, wie es ihn anlächelte, als verfügte es über alle Seligkeiten dieser Welt! Nagamoun, Nagamoun, mein Gesang! Jetzt begreife ich, was ich manchmal nicht mehr verstanden habe, warum es mir nie gelungen ist, dich zu vergessen. Ohne daß er es wollte, wiederholte er: »Nagamoun, wie schön du geworden bist!«

Die wenigen Augenblicke, die vergangen waren, hatten genügt, dem Mädchen die volle Sicherheit wiederzugeben. Der Schatz, den sie aus der Kindheit in die Jahre der Reife hinübergetragen hatte, hatte sich als echt erwiesen. Der Kindertraum hatte sich bestätigt, stand vor ihr als ein junger Mann mit klarem, hartgeschnittenem Gesicht, im Abendwind wehenden Braunhaar, mit kräftigen Schultern; er war beinahe um einen halben Kopf größer als sie selbst. Sie lächelte nicht mehr, sie lachte ihn an: »Ach Armand, ich habe es gewußt, nun bist du da, und jetzt fängt es an!«

Armand fragte zurück, ängstlich beinahe und zögernd: »Was fängt an, Nagamoun?«

Sie flüsterte zurück, noch leiser, aber voll grenzenloser Zuversicht – und die Freude, die das Mädchen durchbebte, sprang auf den Mann über: »Das Leben, Armand, das Leben!«

Eigentlich war schon alles entschieden.

21

Es war, als wollte sich nie mehr auch nur ein Hauch von Wind erregen über der vollkommen still ihre herbstliche Pracht darbietenden Einöde. Prachtvollen und überreich mit Farben bedachten Kulissen gleich zogen sich die Fronten des Waldes auf beiden Ufern des Stroms, schmäler werdend und dunkler, je weiter sie sich entfernten, bis in den Horizont hinunter, wo das Gewässer und die begleitenden Wälderwände zu einem einzigen Punkt ineinander zu rinnen schienen. Nein, kein noch so leiser Atem des Windes am Mittag oder um die Mitternacht! Nur gegen Morgen und am Abend wehte kaum merklich die Luft vom Wasser zum Wald hinauf, oder wenn es schon dunkelte, hinunter, um bald darauf wieder einzuschlafen. Es war wirklich, als hielte die ganze Welt den Atem an, um nur ja die regenbogenbunte Pracht der im Herbstlaub prangenden Waldränder so lange wie möglich zu erhalten. Der Oktober neigte sich schon dem November zu; trotzdem schenkte die Sonne der ruhevollen wilden Welt wenigstens für einige Stunden am Tage nicht nur unermeßlichen Glanz, sondern auch eine gelinde Wärme, als wollte sie die Menschen für die in jeder Nacht schon bitter einfallende Kälte entschädigen.

Die Voyageurs im Fort Contreforts und auch die Cree-Familien, die, wie es um diese Jahreszeit üblich war, sich in der weiten Lichtung um die Palisaden des Forts für einige Wochen niedergelassen hatten, nahmen die letzten goldenen Tage des sinkenden Jahres hin als ein kostbares Geschenk. Man konnte die Vorbereitungen für den Winter treffen, ohne von Wind, Regen und nassem Schnee behindert zu werden. Denn früher oder später mußte das schlechte Wetter ja einsetzen und damit die übelsten und am schwersten zu ertragenden Wochen des ganzen Jahres.

»Bei allen Heiligen, ich kann mich nicht erinnern«, sagte Jules Pradier, »je einen so stillen und angenehmen Herbst erlebt zu haben wie diesen.«

Wieviel schneller ging den Leuten im Lager die Arbeit von der Hand, wenn das meiste davon im Freien verrichtet werden konnte! Und jedermann war freundlich und umgänglich gestimmt, da ihm nicht ständig ein häßlicher Wind um die Ohren pfiff, bitterkalter Regen die Kleider näßte und die Füße im Morast versanken.

Armand Leblois hatte sich vom ersten Tage an der Geschäfte im Lager angenommen, als hätten sie längst in seiner Hand gelegen und wären ihm vollkommen vertraut. In der Tat war ihm von Kind auf in Fleisch und Blut übergegangen, was jeweils auf den einsamen Pelzhandelsposten in der Wildnis zu versehen war, außerdem hatte er in der Ferne bis ins sagenhafte Europa hinüber zu begreifen gelernt, wie im Getriebe des über Tausende von Meilen weit sich dehnenden Pelzhandels der North-West Company, der Hudon's Bay Company, anderer kleiner Gesellschaften und der wagemutigen Einzelhändler die Räder ineinander griffen und wie keines von ihnen stillstehen durfte, wenn nicht das Ganze zum Erliegen kommen sollte. Doch wußte Armand es so einzurichten, daß die Autorität Paul Soldats und auch die seiner Mutter niemals angetastet wurde. Und wenn er schon in seiner jugendlichen Frische und Unbekümmertheit Anordnungen gab, so tat er dies stets im Auftrag des alten Lagerleiters.

Für das Persönliche blieb in diesen schönen letzten Tagen vor Anbruch des Winters wenig oder gar keine Zeit. Auch empfanden Nagamoun ebenso wie Armand, daß sie sich an die räumliche Nähe des Menschen, auf den nun die Kompaßnadel ihres Innern unbeirrbar hinwies, erst gewöhnen mußten. Nach jener sonderbaren ersten Stunde des Wiedersehens und Erkennens wurden beide von einer wortlosen Scheu beherrscht, miteinander allein zu sein oder sich gar zu berühren. Nur aus der Ferne, wenn sie glaubten, daß niemand sonst es bemerkte, lächelten sie sich manchmal an, als wären sie ein Bündnis eingegangen, das noch geheimgehalten werden mußte. Nach jedem solchen Lächeln bemächtigte sich ihres ganzen Wesens eine wunderbare Wärme, ein solches Wohlbefinden, als wandelten sie auf Wolken und nicht auf der harten Erde.

Die erfahrene Anna wurde bald der Verwandlung inne, die sich an Nagamoun und Armand vollzog. Nagamoun hatte sich also nicht getäuscht, ihre jungen Jahre nicht an ein Trugbild verloren, und Armand mochte in der Welt draußen viel gesehen, wohl auch schon manch ein Mädchen erlebt haben, war aber nun mit einem Schlage von der Unbedingtheit Nagamouns, die in all den Jahren niemals abgelenkt worden war, überwältigt worden. Armand, das war deutlich, hatte sich von den Eindrücken und Versuchungen der großen Welt nicht endgültig verlocken lassen. Allzu tief war er in seinem Wesen von der freien Wildnis geprägt, in der er groß geworden war. Er hatte sich in seinen Wander- und Lehrjahren stets nach ihr zurückgesehnt, seiner Heimat, vielleicht sogar wie nach einem verlorenen Paradies, und nun erschien ihm die fremdartig schöne, ganz in sich selber ruhende Nagamoun, dies Mädchen aus indianischem und europäischem Blut, der Inbegriff all dessen zu sein, was ihm die heimatliche, die königliche Einöde unentbehrlich machte. Nagamoun, Freiheit, Weite, Glanz, herrlich wildes Dasein, niemandem untertan – und wie schön sie ist! Nicht nur schön, weil sich in ihrem Wesen und Leibe die Summe der Schönheiten beider Rassen darstellte, die ihr von Vaters und Mutters Seite mitgegeben waren, sondern als ob darüber hinaus ein Mehr, ein wesentlich Neues entstanden wäre, eine neue Schönheit. Nagamoun, meine entzückende, meine schöne, meine wunderbare Nagamoun! Sie hat auf mich gewartet, viele leere Jahre, hat mich nie vergessen! Wie ist das möglich? Und sie war ihrer Sache ganz sicher! Ja, ich liebe sie, wenn auch noch ein langer Weg vor uns liegt. Aber dieser Weg wird sich uns nicht verweigern.

Dies alles, wenn auch ungewisser und nicht in so deutliche Worte geformt, dachte Armand schon in den ersten Tagen nach seiner Ankunft, wenn er, was ihm bis dahin nur höchst selten passiert war, des Abends nicht einschlafen konnte und sein Sinn von dem wunderbaren Dreiklang der Silben des Namens Nagamoun durchtönt wurde.

Paul Soldat hatte sich vor der Ankunft der Kanubrigaden im geheimen mancherlei Sorgen gemacht. Jetzt bekannte er seiner Frau: »Anna, ich finde, daß sich Armand großartig entwickelt hat. Er wird es weit bringen, wenn er will. Es erstaunt mich, wie selbstverständlich die Voyageurs auf ihn eingehen und seine Anordnungen befolgen, obgleich die allermeisten älter sind als er und in mancher Hinsicht sicherlich auch erfahrener. Ich denke, Anna, Armand sollte sich den Winter über mit der Leitung eines solchen Handelspostens wie des unseren in der Praxis vertraut machen. Dann aber wird er Manns genug sein, noch weiter im Westen – am Saskatchewan, Athabasca oder am Peace – einen neuen Posten zu gründen und sein eigener Herr zu werden, soweit die Zugehörigkeit zur Company dies erlaubt. Nach allem, was wir im letzten Jahr gehört haben, scheint sich das weitere Vordringen des Pelzhandels unserer Company nicht so sehr den Athabasca als vielmehr den Peace aufwärts zu vollziehen. Dafür hat Alexander Mackenzie gesorgt. Er ist vorangegangen, und Spätere werden sich seine Erkundungen und seine Route zunutze machen. Deshalb meine ich, daß Armand sich am Peace festsetzen sollte.« Anna hatte abgewehrt: »Ich mag noch nicht daran denken, Paul, daß Armand wieder fortgeht. Gewiß, du und ich, wir werden noch für ein paar weitere Jahre imstande sein, unseren großen District am mittleren und oberen Athabasca wie bisher und hoffentlich noch ergiebiger abzuernten. Wir kämen ohne Armand aus. Aber es ist schön, ihn hierzuhaben und von seiner jungen Kraft entlastet zu werden. Warten wir erst einmal ab, Paul. In einem halben Jahr werden wir besser beurteilen können, was zu geschehen hat, als jetzt.«

Dabei war es geblieben.

Bis weit in den November hinein hielt sich das makellose Herbstwetter. Dann entdeckte Paul Soldat eines frühen Morgens, als er vor Sonnenaufgang ins Freie trat, daß sich über den schon milchig-blau erhellten klaren Himmel feine langgedehnte Wolkenstriche von Nordosten her in großer Höhe schnurgerade nach Südwesten dehnten. Sofort begriff er: Das Wetter war im Begriff umzuschlagen; der Anbruch des Winters würde höchstens noch einen oder zwei Tage auf sich warten lassen. An diesem Tag mochte noch die Sonne scheinen, wenn auch nicht mehr aus so tiefblauem Himmel wie die Wochen zuvor; auch am nächsten Tag würde sie deutlich als weißer Glutfunken zu erkennen sein – hinter einem Vorhang aus dünnem Dunst. Danach sollte Wind aufkommen, wahrscheinlich Sturm aus Nordosten; er würde eisigen Regen bringen, in wenigen Stunden alle Blätter von den Bäumen reißen; und würde sich schließlich in Schnee verwandeln – es mochte geschehen, daß in einer Woche die ganze Welt unter Lasten von Schnee begraben lag.

An diesem Tag der ersten Vorzeichen schlechten Wetters stellten sich im Fort Contreforts einige Besucher ein, die weder geladen waren noch erwartet wurden. Es kamen den Athabasca hinauf oder hinunter von Zeit zu Zeit indianische Jäger allein oder mit ihren Familien am Posten vorbei, um ihre Winterfänge abzusprechen und sich dafür auszurüsten, ließen sich auch für einige Tage oder Wochen in nächster Nähe des Forts nieder, um andere Stammesgenossen zu treffen, mit ihnen Erfahrungen und Neuigkeiten auszutauschen, und auch um das für die Kinder der Wildnis stets absonderlich und nicht selten lächerlich bleibende Leben und Treiben der weißen Männer zu beobachten, sich darüber aufzuhalten und endlos zu schwatzen. Weißhäutige Besucher aber erwartete niemand mehr um diese Jahreszeit; sie waren ohnehin fast nie zu erleben in diesen entlegenen Gefilden.

Der Zufall wollte es, daß niemand im Lager die fünf Männer in ihrem hoch aus dem Wasser ragenden, also kaum mit Fracht beladenen Kanu hatte ankommen sehen. Paul Soldat und Armand hatten um diese frühe Nachmittagsstunde die gesamte Mannschaft des Postens, also etwa dreißig Voyageurs, in dem großen Hauptraum des Haupthauses versammelt, um möglichst mit der Zustimmung der Mehrheit etwa die Hälfte seiner Leute auf die fünfzig oder hundert Meilen ins Umfeld des Postens vorgeschobenen Außenstationen abzuordnen. Je zwei oder drei Mann, die miteinander harmonieren mußten, hatten sich, klug verteilt, ins Vorgelände zu setzen. Jeder dieser Außenposten war mit einem kleinen Vorrat an Tauschgütern versehen, um die indianischen Jäger anzulocken. Es gab Indianer genug, die sich scheuten, das unruhige und zuweilen lärmende Fort aufzusuchen, sich hinter den hohen Palisaden unsicher und wie gefangen fühlten und lieber draußen in der freien Wildnis ihre Geschäfte abwickelten.

Eine Anzahl von Voyageurs hatte auf alle Fälle im Hauptlager zu bleiben, um die dort angelieferten Pelze zu registrieren, zu sortieren und für den Abtransport im kommenden Frühling zu bearbeiten und zu verpacken. Paul Soldat ließ es sich besonders angelegen sein – wie es ihm auch von Anna empfohlen war –, den Männern die Winterarbeit nicht zuzudiktieren, sondern ihnen die Möglichkeit zu geben, sich aus eigenem Antrieb für die einsamen und nicht immer ungefährlichen Außenposten oder die einfachere und weniger Geschick erfordernde, aber nie abreißende Arbeit im Hauptlager zu entscheiden. Die vier ständig im Dienst des Lagers stehenden Indianer – ihr Vormann war der nach dem Tode seiner Frau merklich alternde, aber noch unermüdlich zähe und umsichtige Mes Coh Thoutin – waren allesamt in einem Kanu flußab unterwegs, um das Fleisch eines feisten Elches einzubringen, den Mes Coh Thoutin am Abend zuvor erlegt hatte – mit Pfeil und Bogen übrigens. (Da ihm und seinen drei Gehilfen oblag, das Lager mit Fleisch zu versorgen und einen möglichst großen Vorrat an Trockenfleisch einzubringen, zog es Thoutin vor, sich auf der Jagd der alten Waffen der Indianer zu bedienen, um das übrige Wild der Umgegend nicht durch den lauten Knall der Schüsse zu verschrecken.)

Anna benutzte das große Palaver der Voyageurs mit dem Postenchef, das sicherlich einige Stunden andauern würde, um in einem kleinen, sehr fest gebauten Nebenhaus des Haupthauses die Lieferlisten für besonders wertvolle Tauschgüter, die mit den Kanubrigaden eingetroffen waren, mit den Warenbeständen zu vergleichen. Dies Haus mit nur einer einzigen Öffnung, einer kräftigen Bohlentür, war ausschließlich dazu bestimmt, begehrte und auch gefährliche Vorräte an Pulver und Blei, an Äxten, Jagdmessern, Wolldecken und Brandy-Fäßchen einerseits, andererseits die im Laufe des

Winters einkommenden besonders kostbaren Pelze, Hermelin etwa, Marder, Nerz und Weißfuchs, sicher zu verwahren. Das einräumige Blockhaus war mit einem Kamin versehen, damit man den Raum notfalls erwärmen und auch bei starker Kälte darin arbeiten konnte.

Anna hatte die drei Kinder, die sie wie Geschwister großzog, mit in dieses Lagerhaus genommen, um die vergnügte und abenteuerlustige Gesellschaft im Auge zu behalten. Die Tür nach draußen hatte sie geschlossen. Das im Kamin lodernde Feuer und zwei ruhig mit rötlicher Flamme brennende Kienspäne an beiden Ecken des Kaminsimses gaben ihr für ihre Schreibarbeit genügend Licht. Abseits an der Schmalseite der Blockhütte spielten die drei Kinder »Pelzhandel« mit einigen Fellstückchen, die sie aufgelesen hatten, und Holzscheiten, die das Tauschgut darstellen sollten. Das Söhnchen Mes Coh Thoutins, der kleine Namay, machte dabei den weißen Händler. Seine jüngere Schwester Othea und der um nur drei Monate ältere Nachkömmling Annas, der kleine Charles, traten als indianische Jäger auf, die ernsthaft feilschten, um für ihre Pelzfetzchen möglichst große Scheite Brennholz einzutauschen. Die Kinder waren mit ihrem Spiel beschäftigt; Anna brauchte nur von Zeit zu Zeit einen Blick zu ihnen hinüber zu werfen. Wie beinahe stets vertrugen die drei sich ausgezeichnet, wobei allerdings Charles dazu neigte, den Ton anzugeben; der ältere Namay hatte also zu gehorchen, während die kleine Othea sich darauf verlassen konnte, daß Charles nicht nur glimpflich mit ihr verfuhr, sondern ihr großmütig Vorteile zuschanzte.

Anna hockte vor dem Kamin auf einem Schemel, hatte auf den Knien das schwere, in Schweinsleder gebundene große Hauptbuch des Postens aufgeschlagen und verglich, Posten für Posten, ob die Eintragungen einer zerknitterten Lieferliste richtig in das Hauptbuch übertragen waren, nachdem sie sich in der halben Stunde zuvor vergewissert hatte, daß die Äxte und Beile auf den Vorratsgestellen vorhanden waren, wie sie in der Frachtliste verzeichnet standen.

Anna vernahm, daß hinter ihrem Rücken die Tür der Hütte geöffnet wurde; das Knarren war unverkennbar. Doch mochte sie sich nicht unterbrechen lassen, um nicht noch einmal nachzählen zu müssen. Es konnte sich nur um Basil Caron handeln, der den Raum betreten hatte, denn er brauchte an der

Versammlung der Männer des Lagers nicht unbedingt teilzunehmen, stand doch für ihn ohnehin fest, daß er im Hauptlager bleiben und wie stets dem Postenchef zur Hand gehen würde.

Anna fühlte den Schwall kühlerer Luft, der hinter ihrem Rücken durch die geöffnete Tür ins Innere des Raumes drang, blickte sich aber nicht um. Caron sah ja, daß sie die Liste erst bis zum Ende durchkontrollieren und dann erst angesprochen sein wollte.

Es war aber nicht Carons Stimme, die sich vernehmen ließ, sondern eine andere, fremde – oder doch nicht ganz fremde –, eine knarrende, harte Stimme ohne jede Spur von Freundlichkeit: »Das trifft sich ja gut! Da bin ich ja gleich an der richtigen Adresse. Sieh dich mal um, Anna, wer hier steht!«

Anna hätte sich nicht umzudrehen brauchen. Wer es war, dem diese Stimme gehörte, das wußte sie sofort. War ihr nicht in Jahren, die längst vergangen und vergessen waren, diese Stimme bis in die Träume gefolgt! Nie wieder hatte sie ihren Tonfall vernehmen wollen! Ein Widerwille, der ihr beinahe Übelkeit bereitete, machte ihr die Kehle eng. Langsam, als wären ihre Glieder steif geworden, drehte sie sich um; sie achtete nicht darauf, daß ihr das große Buch von den Knien glitt, die Liste dazu, und aufgeblättert liegenblieb.

Die Kinder an der Schmalseite des Raumes waren plötzlich erstarrt. Anders als Kinder sonst reagierten sie auf plötzlichen Schrecken nicht mit lautem Geschrei, sondern verstummten mit weit aufgerissenen Augen zu völliger Laut- und Reglosigkeit – wobei es der kleine Charles seinem älteren indianischen Ziehbruder, Namay, gleichtat.

Annas Widerwille verwandelte sich in Entsetzen, als sie der Gestalt ansichtig wurde, die in der Türöffnung stand und nun zwei Schritte weiter in den Raum vordrang. Auf dem Kopf saß dem breitschultrigen, untersetzten Mann eine schmierige Pelzkappe. Seine Kleider aus Wolle und Leder zeigten sich an vielen Stellen zerlumpt und zerfetzt. Die Mokassins schienen mit Moos ausgestopft zu sein, wirkten riesig und unförmig, ganz und gar ausgetreten, als umschlössen sie Klumpfüße. In der Rechten trug der Mann eine langläufige Flinte, deren Lederriemen am Boden schleifte. Überboten aber wurde dieser elende Aufzug von dem Gesicht des Mannes, das sich bis auf Augen, Nase und Mund hinter einem schwarzgrau verfilzten

Bart wie einer formlosen Maske verbarg. Aber die Augen unter den borstigen Brauen blickten unheimlich lebendig, hart und höhnisch. Das Gesicht grinste unter seinem wildwuchernden Bart; zwischen den unnatürlich rotschimmernden, in die Breite gezogenen Lippen kamen zwei Reihen gelblicher Zähne zum Vorschein.

Fast ohne es zu wissen, flüsterte Anna in den Raum, in dem bis dahin nur das Knacken der Scheite im Kamin zu hören gewesen war: »Claas Forke, schrecklich siehst du aus!«

Der Eindringling stieß ein heiseres Lachen hervor. Er verfiel plötzlich ins Deutsche, sprach mit jenem niederdeutschen Tonfall, den Anna noch von ihrem Vater her im Ohre hatte und den auch Paul Soldat nicht verleugnen konnte, wenn er mit seiner Frau allein war und vertraulich mit ihr sprechen wollte. Das zerlumpte Ungeheuer, das bei ihr eingedrungen war, verfügte über die gleiche Melodie der Worte und Sätze wie die beiden Männer, denen sie auf dieser Welt am meisten vertraute: ihrem Vater, der nur noch in ihrer Erinnerung lebte, und ihrem Mann, der kaum einen Steinwurf weit entfernt mit Armand und den Voyageurs im breiten Hauptraum des Haupthauses zu finden sein mußte.

Claas Forke erwiderte: »Das kann wohl sein, Anna! Aber wir haben es jetzt bis hierher geschafft; hier wird uns keiner mehr was tun. Morgen oder übermorgen gibt es Eis und Schnee; dann ist es sowieso bald vorbei mit der Wasserfahrt.«

Anna begriff nur unvollkommen, was mit diesen Worten gemeint war. Sie hatte sich erhoben. »Laß mich gehen, Claas! Ich rufe meinen Mann und Armand, mit denen mußt du verhandeln, nicht mit mir!«

Der zerlumpte Besucher machte keine Anstalten, ihr den Weg freizugeben. Er hatte sich breitbeinig zwischen die Tür und Anna gepflanzt, musterte die Frau von oben bis unten, streifte mit den Blicken das übelbehandelte Hauptbuch und die drei abseits hockenden Kinder, die immer noch wie gebannt herüberstarrten. Forke knurrte, und die Bosheit in seiner Stimme wurde noch deutlicher als zuvor: »So, Armand ist auch wieder da. Der junge Mann wird erstaunt gewesen sein, daß sich seine Mama dem früheren Knecht seines Vaters an den Hals geworfen hat. Bei mir wärst du besser aufgehoben gewesen, Anna. Aber das hast du verpfuscht.«

Anna fühlte sich plötzlich von jener Angst gewürgt, vor der sie Jahre zuvor beinahe kapituliert hatte. Ihre Stimme wurde schrill: »Laß mich hinaus, Claas! Es ist mein Mann, mit dem du reden mußt, laß mich hinaus!«

Noch immer gab der in Fetzen gekleidete Unhold ihr den Weg nicht frei. Mit Hohn fuhr Forke fort: »Warum so eilig, Anna? Ich hatte gemeint, der langstielige Paul Soldat würde es nicht schaffen und früher oder später hier wieder verschwinden. Der bringt nie ein Geschäft auf die Beine! Und ich meinte, du würdest mit der Zeit begreifen, was du und der Handelsposten an mir verloren haben. Aber nun ist ja dein kostbarer Armand wieder da, und die Company wird dem Sohn der Anteilseignerin allerlei Befugnisse eingeräumt haben. Ich komme wieder zu spät. Pech muß man haben. Ich habe eben immer Pech.«

Anna geriet außer sich. Sie schrie es laut hinaus: »Geh, Claas! Laß mich hinaus, Claas, oder ich schreie dir den ganzen Posten auf den Hals. Du kannst mir nicht mehr drohen!«

Offenbar hatte sie den richtigen Ton getroffen. Claas Forke stellte den Kolben seiner Büchse neben sich auf den Fußboden und gab ihr den Weg zur Tür frei: »Na, dann lauf, Anna! Einer gegen zwei oder drei Dutzend, das gibt mir keine Chance!«

Anna hetzte so dicht an dem bösen Gast vorüber, daß sie seinen Arm mit dem ihren streifte. Sie spürte es wie einen elektrischen Schlag. Sie flog zum Haupthaus hinüber, drängte sich durch die erstaunten Voyageurs und stand vor Paul Soldat, der auf einen Schemel gestiegen war, um sich den Voyageurs in einem Schlußwort besser verständlich zu machen. Anna rief, allen vernehmbar: »Paul, bei mir im Kontor ist Claas Forke. Ich weiß nicht, was er von uns will. Er hat mich erschreckt. Du mußt kommen! Und auch Armand!«

Anna würde niemals in die Versammlung der Männer eingedrungen sein, wenn nicht besonders Dringliches sie dazu gezwungen hätte. Paul hatte gerade mit den Sätzen begonnen: »Also, um noch einmal zusammenzufassen. Ich zähle erst die Namen der Männer auf, die im Fort bleiben. Zunächst Jules Pradier und Basil Caron, das versteht sich beinahe von selbst, dann Baptiste Curiace...«, und war steckengeblieben, als Anna, eilig und offenbar aufgeregt, zwischen den Männern herandrängte.

»Claas Forke...?« wiederholte Paul verdutzt, faßte sich aber sofort, sprang vom Schemel und eilte durch die Gasse, die sich zwischen den versammelten Voyageurs öffnete, zur Tür und ins Freie. Armand folgte ihm auf dem Fuße, auch Jules Pradier und Basil Caron schlossen sich sofort an.

Die Tür des Kontorhauses fanden die vier bis auf einen Spalt geschlossen. Der Lauf einer Flinte blickte durch die Ritze. Vom Innern des Hauses her tönte den Männern die Stimme Claas Forkes entgegen: »Halt, Paul, stehenbleiben, drei Schritte Abstand! Anna hat die Kinder hier im Raum zurückgelassen. Ein gutes Unterpfand dafür, daß ihr euch freundlich benehmt. Paul, die Sache ist so: Ich bin mit meinen beiden Männern in Not. Die anderen zwei sind von den Indianern umgebracht worden, hinten im Westen, wo der Athabasca aus dem Gebirge tritt. Die Indianer dort sind nicht so freundlich wie die Cree und scheuen sich nicht, einen weißen Mann zu töten. Wir mußten Hals über Kopf fliehen, ohne Ausrüstung und Proviant. Der Winter steht vor der Tür, Paul, wir sind am Ende. Du mußt uns Obdach geben. Das ist das Gesetz der Wälder.«

Der Flintenlauf war auf Pauls Brust gerichtet. Alle wußten es, die den beiden gefolgt waren, sich aber in respektvollem Abstand hielten:

Der Mann im Kontorhaus ist verrückt oder völlig verzweifelt, vielleicht beides. Und außerdem hat er recht, wenn er sich auf das Gesetz der Wälder beruft; die Gastfreundschaft darf niemandem verweigert werden, auch nicht dem unerwünschten Besucher, selbst nicht dem Feind, wenn die Gewalten der Wildnis, Frost und Hunger das Leben bedrohen.

Paul brauchte nicht lange nachzudenken. Wenn es stimmte, was Claas Forke durch den Türspalt gerufen hatte, dann mußte ihm Unterschlupf und Ernährung geboten werden. Wenn er vom Gebirge her verfolgt worden war, so war er hier im Fort Contreforts in der Tat gerettet. Denn es lag unbestreitbar bereits tief im Gebiet der Cree, und die Indianer aus den Bergen oder von jenseits der Berge würden nicht wagen, mit Waffen in der Hand in die Jagdgründe der Cree vorzudringen, wenn sie nicht den offenen Krieg zwischen den Stämmen riskieren wollten. Paul erwiderte so laut, daß alle es hören konnten:

»Das alles hättest du ohne Drohungen vorbringen können,

Claas Forke. Es versteht sich von selbst, daß wir euch Obdach und Nahrung gewähren, wenn ihr in Not seid. Dies erkläre ich bindend, und alle meine Voyageurs sind Zeugen. Nimm die Flinte weg, komme heraus, Claas, und gib die Kinder frei.«

Die Flinte verschwand nicht gleich aus der Türritze, senkte sich aber nach einigen Sekunden zögernd und wurde schließlich zurückgezogen. Die Tür flog auf und Claas Forke trat ins Freie.

Alle erkannten es im vollen Licht des Nachmittags: Dieser Mann ist wirklich am Ende. Seine Kleidung war zerfetzt und verkommen. Der zerlumpte Überrock schien nur noch durch den ledernen Gürtel zusammengehalten zu werden. Gesicht und Hände waren seit Tagen oder Wochen nicht mehr mit Wasser in Berührung gekommen. Der Bart wucherte wüst und verfilzt bis zu den Ohren und Augen. Trotzdem war zu erkennen, daß das Gesicht darunter eingefallen und hohl war. Nur die Lippen leuchteten häßlich rot aus dem Haargestrüpp hervor. Claas Forke hatte seine Flinte unter den rechten Arm genommen und hielt den Finger um den Abzug gekrümmt, als traute er dem Frieden nicht.

Paul Soldat fragte:

»Claas, wo sind die zwei Männer, von denen du gesprochen hast?«

Die Antwort kam sogleich: »Sie sitzen unterhalb des Steilufers im Kanu, hundert Schritte stromab von der Bootslände. Ich wollte erst allein sehen, was hier oben bei euch los ist.«

»Gut, Claas, hole sie herauf! Ich gebe dir zwei Männer mit, so daß euer ganzes Gepäck auf einmal nach oben geschafft werden kann.«

»Nötig ist das nicht, Paul« – man merkte, daß Claas unter seinem Bart ein Grinsen versuchte –, »was wir an Gepäck zu tragen haben, ist nicht der Rede wert. Wir sind froh, daß wir es selber gerade noch bis hierher geschafft haben.«

Paul gab zwei jugendlichen Voyageurs einen Wink. Die beiden schlossen sich dem zerlumpten Manne an, der vor ihnen breitschultrig, aber mit unsicherem Schritt dem weit geöffneten unteren Tor in den Palisaden des Forts zustrebte, durch das er zwanzig Minuten zuvor ungesehen eingedrungen war.

Anna hatte ihren Mann beschworen: »Ich will nicht, Paul, daß er jemals wieder das Haupthaus betritt, erst recht nicht den Anbau, in dem wir wohnen. Auch das Kontorhaus darf er nicht wieder betreten. Paul, ich bitte dich, laß Mes Coh Thoutin bei uns im Hause schlafen, im großen Hauptraum. Er erwacht des Nachts bei dem leisesten Laut, auch für Armand könnten wir eine Kammer neben dem Hauptraum freimachen. Nagamoun schläft ja auch in einer solchen Kammer auf der anderen Seite. Paul, wenn ihr schon den Forke und seine Leute jetzt nicht wegschicken könnt, so laßt sie wenigstens nicht im Lager wohnen. Vor den Palisaden stehen zwei Hütten leer; in einer davon können sie überwintern, aber nicht innerhalb der Palisaden.«

Paul erwiderte: »Anna, deine alte Furcht vor Claas Forke spielt dir einen Streich. Der Mann mit seinen zwei halbverhungerten Voyageurs kann uns nichts anhaben. Und im nächsten Frühling werden wir sie los.«

Anna antwortete erregt, wie Paul es sonst nicht von ihr gewohnt war: »Bis zum nächsten Frühjahr vergehen fünf oder sechs Monate, Paul. Ich bestehe darauf, daß die drei nicht im Fort, sondern außerhalb untergebracht werden. Und es wird ihnen nichts geschenkt, Paul. Alles, was sie an Nahrung, Kleidung und Ausrüstung von uns haben wollen, erhalten sie nur auf Kredit. Die Company hat nichts zu verschenken. Auf keinen Fall an diese drei!«

Paul hatte nachzugeben, er hatte Annas Wunsch zu erfüllen.

Aus Claas Forke war nicht viel herauszubekommen. Aber seine beiden elend abgetriebenen Voyageurs vermochten auf die Dauer nicht den Mund zu halten und verrieten nach und nach, was sich auf dem kleinen Handelsposten ihres Maîtres am obersten Athabasca abgespielt hatte. Aus ihren Berichten ging deutlich hervor, daß die Indianer, die im und jenseits des hohen Gebirges zu Hause waren, dem weißen Mann von vornherein feindlich und mißtrauisch gegenübergetreten waren. Sie schienen auch an den Flüssen und Strömen des Gebirges viel dichter zu sitzen, als es im Lande der Waldindianer üblich war; diese lebten weit verstreut in verhältnismäßig kleinen Verbänden beisammen; für größere hätten die Einöden nicht genügend Nahrung geboten. Die Ströme jenseits des Gebirges aber, die alle schon dem großen Ozean im Westen zustrebten, waren so unerhört reich an Fischen, daß die Indianer an ihren Ufern niemals Mangel litten, daher auch nicht in gleichem Maße wie die Indianer des Pays d'en haut auf die Werkzeuge und Waffen des weißen Mannes angewiesen waren.

Claas Forke hatte dies offenbar nicht schnell genug begriffen und es besonders klug und listig anzufangen gemeint, wenn er sich dem Fort Contreforts ein Dutzend Kanutage stromauf vor die Nase setzte und, wie er glaubte, die Indianer abfing, die weiter im Osten ihre Pelze eintauschen wollten. Er hatte mit den Indianern des Gebirges ebenso harten Handel treiben wollen, wie er es von den großen Wäldern her und weiter im Süden in den Prärien gewohnt gewesen war, seit er dem Fort Contreforts hatte den Rücken kehren müssen. Seine Rechnung war nicht aufgegangen. Die Indianer hatten mit großer Übermacht seinen Posten überfallen und zwei seiner Leute, die sich nicht rechtzeitig retten konnten, gefangen fortgeführt – sicherlich waren die beiden inzwischen einen schrecklichen Tod am Marterpfahl gestorben. Claas Forke und die beiden Voyageurs, die mit ihm entkommen waren, hatten nur ihr nacktes Leben gerettet. Es war ihnen keine andere Wahl geblieben, als den Athabasca abwärts zu versuchen, noch vor dem Winter Fort Contreforts zu erreichen, das kräftig zu schädigen sie eigentlich beabsichtigt hatten.

Paul Soldat wußte: Claas Forke nimmt sich immer zuviel vor. Im Grunde glaubt er nur an die Gewalt und macht gerade dadurch seine Anstrengungen zunichte. Er wird nie etwas dazulernen. Wegjagen kann ich ihn jetzt nicht. Aber ich muß ihn uns vom Leibe halten. Mit dem Aufbruch des Eises im nächsten Frühjahr muß er fort, keinen Tag später!

22

Paul Soldat und seine Frau Anna erkannten es in jenem Winter 1801/02 nur in vagen Umrissen. Erst recht begriff Claas Forke nichts von ferneren Zusammenhängen. Der einzige, der eine gewisse Übersicht besaß und die Einzelereignisse in größere Zusammenhänge einzuordnen vermochte, war der inzwischen fünfundzwanzigjährige Armand Leblois. Er versuchte zuweilen, seiner Mutter und ihrem zweiten Mann auseinanderzusetzen, daß die höchst einseitige und oberflächliche Ausbeutung des Pays d'en haut durch den Pelzhandel in ihrer ursprünglichen Form schwieriger wurde und kaum in der alten Weise fortzusetzen wäre. Armand fand jedoch bei den beiden Älteren keinen rechten Glauben. Paul und insbesondere Anna hatten den größeren Teil ihres Daseins in den unermeßlichen, leeren Weiten des Indianerlandes verbracht. Ihnen war es von jeher selbstverständlich, daß der nächste weiße Händler viele Hunderte von Meilen entfernt sein flüchtiges Lager aufgeschlagen, sein grobes Blockhaus errichtet hatte und jederzeit bereit sein mußte, seinen Handelsposten an einen anderen Strom, an eine ganz andere Wasserscheide im Westen oder Nordwesten zu verlegen. Im übrigen gehörten in ihre Welt lediglich die unentbehrlichen Voyageurs, die beinahe mehr noch als sie selber vom erfolgreichen Funktionieren der einzelnen Handelsposten abhingen. Und dann waren da, äußerst dünn gesät, die Indianer des Pays d'en haut, vielfach in Bewegung, unstet und kaum an bestimmte Wohnsitze gebunden, die ohnehin in wenigen Tagen aufgerichtet und wieder abgebrochen wurden. Daß die weglosen Einöden, die unermeßlichen Wälder ihnen oder überhaupt irgendeinem Menschen als Eigentum gehörten, war und blieb den Kindern der Wildnis unbegreiflich. Wenn überhaupt, so begriffen die Indianer höchstens das Jagdrecht in bestimmten Regionen oder das Recht, in gewissen Flüssen oder Seen zu fischen, als »Eigentum« ihres Stammes oder ihres Clans. Eine Streitaxt, Pfeil und Bogen, ein Kriegsgefangener, auch ein Weib unter Umständen, das war »Eigentum«. Die weiten, leeren Wälder indessen, das Netz der hundertfach verzweigten Gewässer, das wie ein Geflecht von Adern über die Einöden gebreitet war, mit einem Wort »das Land«, das war so selbstverständlich wie die Luft zum Atmen und in nie endender Fülle vorhanden.

Auch für die nach Westen und Nordwesten vordringenden Pelzhändler war es zunächst gleichsam naturgegeben, daß man sich nicht in die Quere zu kommen brauchte, daß stets irgendwo an einem anderen, für die wunderbaren Rindenkanus jederzeit befahrbaren Fluß oder Strom unerschlossene Möglichkeiten des Handels warteten, daß nur eine weitere Wasserscheide in kurzer Portage zu überwinden wäre, um ein vom Pelzhandel noch nicht erfaßtes Gebiet dem eigenen Vorteil dienstbar zu machen.

Überall hungerten die Waldindianer nach den Waffen und Werkzeugen des weißen Mannes, die ihnen den Kampf um die Existenz des Stammes oder der Familie unvorstellbar erleichterten. Diese Erleichterung, verbrämt durch den Sorgenbrecher Branntwein, war so groß und verführerisch, daß die Waldindianer da, wo der Pelzhandel bis zu ihnen vorgedrungen war, schon in wenigen Jahren oder Jahrzehnten verführt wurden, die ursprüngliche Lebensweise aufzugeben. Damit aber wurden sie, ohne es je vollkommen zu begreifen, zu bloßen Zubringern eines weltweiten Handelsgeschäftes, das bis nach Asien und Europa reichte und den Leuten, die in Montréal oder London die Fäden in der Hand hielten, außerordentliche Gewinne erbrachte.

Die mit unerhörter Kühnheit oder – vielleicht ist das der bessere Ausdruck – Unverfrorenheit in die Wildnis vordringenden Einzelhändler, erst recht die franko-kanadischen Ruderer der Kanus, die Voyageurs, hatten lediglich den kleinen Ausschnitt des weltweiten Handels vor Augen, den sie unter Einsatz ihrer gesunden Knochen, oft genug auch ihres Lebens, zu bewältigen hatten, indem sie die Pelze aus ihren Ursprungsgebieten zu den Märkten in Marsch setzten. Für jeden von ihnen verstand es sich von selbst, daß das Pays d'en haut reichlich Platz bot für alle, die es mit ihm aufzunehmen wagten, daß man also dem ein paar hundert, vielleicht sogar tausend Meilen weiter lebenden Konkurrenten sein Gebiet nicht zu neiden brauchte.

Noch lag das Pays d'en haut, jenes ungeheuere Gebiet westlich und nordwestlich der großen amerikanischen Seen und der Hudson Bay, weit außerhalb der großen Weltpolitik und erfreute sich deshalb eines ahnungslosen Friedens, der nur hier und da durch gelegentliche Feld- und Abenteuerzüge seiner Indianerstämme unterbrochen wurde. Von den Erschütterungen des Siebenjährigen Krieges, von der geschichtemachenden Umwälzung des Amerikanischen Unabhängigkeitskrieges, von den Wirren, Greueln und anschließenden Kriegen der Großen Französischen Revolution hatte das Pays d'en haut – und damit auch der Pelzhandel – so gut wie nichts gemerkt. Wer im weltpolitischen Niemandsland des Pays d'en haut sich umtrieb, sei er weiß oder indianisch, wurde von der großen Unruhe der Welt nicht erreicht, erfuhr nicht einmal etwas davon. Kein Wunder also, daß die Zahl beutegieriger und abenteuerlustiger Männer, die in das Eldorado der Pelze drängten, wo noch kein Kaiser und kein König, kein Polizist und kein Soldat ihnen Vorschriften machte, immer größer wurde.

Mit der Zeit aber waren die Pioniere unter den Pelzhändlern bis an die westliche und nordwestliche Grenze des Pays d'en haut vorgedrungen, wo ihnen entweder die Kältewüsten der arktischen Tundren oder die abweisenden und drohenden Wälle des Felsengebirges Einhalt geboten. Der Raum, der für die Zwecke des Pelzhandels nur wenige weitverstreute Handelsposten gestattete, wurde nach und nach eng. Unvermeidlich sahen schließlich die Pelzhändler im anderen nicht mehr den tragbaren Kameraden, sondern den die eigene Existenz bedrohenden Konkurrenten und Feind. Der einzelne, unabhängige Pelzhändler, der seine Sache nur auf sich selbst, ein paar Voyageurs und eine Kanuladung von Branntwein und einigen Tauschgütern stellte, konnte nicht mehr auf Erfolg und Gewinn rechnen.

Die Pelzhändler schlossen sich zunächst zu kleineren sogenannten »Concernen« zusammen, deren stärkste später zu der das ganze Pays d'en haut durchdringenden North-West Company und der von ihr abgespaltenen (1804 auf Betreiben von Alexander Mackenzie aber wieder zu ihr, der älteren Company, stoßenden) XY-Company wurden, die dann der ältesten aller Pelzhandelsgesellschaften, der »englischen« Hudson's Bay Company, einer königlich privilegierten Gesellschaft, das Recht streitig machten, über das Einzugsgebiet der Hudson Bay hinaus Handel zu treiben.

Die Hudson's Bay Company hatte ihren Sitz in London; das Eigentum an ihren Anteilen war ursprünglich beinahe ausschließlich auf die Mitglieder des Hohen Adels und auf Angehörige des Königshauses beschränkt. Die North-West Company indessen war »kanadisch«, mit dem Sitz in Montréal. Ihre maßgebenden Leute und Anteilseigner stammten beinahe ausschließlich aus Schottland und brauchten durchaus nicht dem Adel anzugehören; in ihr galt nur, wer etwas leistete und den Gewinn förderte. Verfügte er außerdem noch über ein schottisches Mac im Namen, so standen ihm alle Ränge offen. Die North-West Company, erst recht die sich

1804 mit ihr vereinigende XY-Company, waren also eigentlich in einem viel höheren Maße »amerikanisch« als die Hudson's Bay Company.

Diese, die »englische« Company, erwachte aus ihrem bis dahin sehr einträglichen Schlummer erst, als die ebenso respekt- wie furchtlosen Montréaler auch in das Einzugsgebiet der Hudson Bay und damit der Hudson's Bay Company vordrangen und die Kanus der Indianer abfingen, die ihre Pelze bei der »englischen« Gesellschaft an der West- und Südwestküste der Hudson Bay einzutauschen gewohnt waren.

Die Hudson's Bay Company sah sich gezwungen, ihrerseits Handelsposten ins Innere vorzuschieben, und hielt sich nun umgekehrt keineswegs daran, daß ihr nach der königlichen Charter eigentlich nur die Gewässer offenstanden, die der Hudson Bay und damit dem Atlantischen Ozean zustrebten.

Der Kampf der Konkurrenten um die indianischen Pelzlieferanten wurde mit den Jahren ständig härter. Oft genug setzte die eine Gesellschaft der anderen ihren Handelsposten unmittelbar vor die Nase und versuchte mit nicht immer sauberen oder gewaltlosen Mitteln die indianischen Jäger zu bewegen, ihre Jagdbeute ihr und nicht der anderen zum Tauschhandel anzubieten. Obgleich sie sich kaum allzu große Möglichkeiten des Erfolges ausrechnen konnten, versuchten auch jetzt noch einzelne Händler immer wieder, das Handelsnetz der großen Gesellschaft aufzureißen, sich hier oder da an klug ausgewählten Gewässern festzusetzen und wenigstens kleinere Mengen von Pelzen für sich abzufangen und den größeren, nicht gleichermaßen beweglichen Gesellschaften zu entziehen.

Dies also hatte auch Claas Forke versucht, nachdem er bei den Prärieindianern weiter im Süden nicht allzu viel Erfolg gehabt hatte. Denn dort gab es einerseits nur wenige und nicht sehr wertvolle Pelze einzuhandeln, andererseits litten die Indianer der Prärien niemals Mangel, denn die nach Millionen zählenden Herden der Büffel versorgten sie überreichlich mit allem, was sie zur Nahrung, Kleidung und Behausung brauchten. Claas Forke war also ins Pays d'en haut, das heißt in die großen Wälder zurückgekehrt und hatte am obersten Athabasca, dort, wo der Strom sich durchs Hochgebirge zwängt, die Pelze abfangen wollen, die sonst vielleicht ihren

Weg zum Fort Contreforts gefunden hätten. Doch hatte er nicht bedacht, daß er sich in diesen noch unberührten Gebieten viel vorsichtiger, höflicher und großzügiger hätte benehmen müssen als unter den längst vom Pelzhandel abhängig gewordenen Indianern des Pays d'en haut. Paul Soldat hatte den Mann richtig beurteilt: Von Natur eigensüchtige und grobe Burschen wie dieser Claas Forke lernen nie etwas dazu und sind auf die Dauer stets zum Scheitern verurteilt.

Nun hatten die Leute im Fort Contreforts ihn als unerwünschten Zuwachs vom Schicksal diktiert bekommen, mußten sich für den Winter mit seiner Gegenwart abfinden und außerdem die beiden ihm verbliebenen Voyageurs in Kauf nehmen, die ihrem Maître an groben und abstoßenden Manieren nur wenig nachstanden.

Der Winter des Jahres 1801/02 hätte für die Menschen im Fort Contreforts eine Zeit des Friedens sein können. Paul und Anna hätten aus den Augenwinkeln beobachtet, wie Armand und Nagamoun allmählich die sehnsuchtsvolle Scheu voreinander verloren, sich einander öffneten und schließlich ihr Recht auf ein Miteinander forderten. Das Geschäft mit den Indianern hätte sich in aller Ruhe und Verträglichkeit entfalten können. Armand, der ja in der indianischen Welt groß, dann aber in der europäischen sehr viel hellsichtiger und hellhöriger geworden war, verstand sich mit den indianischen Jägern vorzüglich und wußte sie stets mit dem angenehmen Gefühl zu entlassen, daß sie ein großartiges Geschäft gemacht hätten. Anna war glücklich darüber, daß ihr tüchtiger und kluger Sohn ihr und dem Pays d'en haut die Treue gehalten und sich nicht für die Welt der Städte entschieden hatte, sondern für sie – und für dieses wahrlich berückende Wesen aus zweifachem Blut, für Nagamoun. Ein merkwürdiges Ahnungsvermögen und eine eigenwillige Klugheit statteten die schöne Métisse mit einem Zauber aus, der Anna wie geschaffen schien, das Leben ihres Armand vollkommen zu machen. Anna war eine kluge Frau, die dem menschlichen Dasein hinter die Kulissen geschaut hatte; sie wußte aus eigener Erfahrung, wie sich in den letztvergangenen Jahren auch ihr Dasein wieder gerundet hatte, seit sie in den Nächten nicht mehr allein war und ein Mann wie Paul Soldat, dem sie vertrauen konnte, sie mit vielleicht ein wenig ungeschickter, aber echter und tiefer Zärtlichkeit umworben und schließlich gewonnen hatte.

Ja, der Winter hätte für die Menschen auf dem entlegenen Handelsposten am oberen Athabasca zu einer ruhigen und doch von freundlichem Leben erfüllten Zeit werden können, wenn nicht die Anwesenheit der drei abgerissenen, hohläugigen Männer, die sich unmittelbar vor dem Einbruch des Winters in die Gemeinschaft gedrängt hatten, nach und nach die Stimmung aller beeinträchtigt, um nicht zu sagen vergiftet hätte. Die Männer, die zu der Mannschaft des Forts gehörten, waren sich darüber einig, daß man die drei nicht hatte abweisen dürfen, wollte man sie nicht dem bitteren Tod des Verhungerns und Erfrieren aussetzen. Schon einen Tag nach ihrer Ankunft schlug das Wetter um. Tiefhängende blaugraue Wolken jagten von Nordosten heran, verschluckten die Sonne, als hätte es sie nie gegeben, Sturm kam auf, schneidend und eisig; er trieb Schnee vor sich her in waagerecht sausenden, dichten Schwaden, so feinkörnig und hart wie Sand, jeder ungeschützten Stelle menschlicher Haut schmerzend fühlbar wie lauter spitze Nadeln; Schnee, der sich bald zu riesigen Wehen auftürmte, die Häuser und Schuppen verschüttete und die um das Fort aufgepflanzten Palisaden in hohe Wälle verwandelte.

Der Schneesturm hatte zwar nach zwei Tagen seine Kraft verloren. Auch die Wolken hatten sich gelichtet; sie trieben nur träge noch in lockeren Fetzen über den Himmel und vergingen schließlich vollständig. Die Sonne wagte eine schüchterne Wiederkehr; aber in der Nacht darauf fiel trockene, tiefe Kälte ein. Auch die Luft schien zu erstarren. Nichts regte sich mehr. Der Winter hatte in einem einzigen Ansturm die Welt erobert; es sah ganz danach aus, als ob er in den bevorstehenden fünf Monaten sein hartes Regiment keineswegs zu mildern gesonnen war.

Allmählich wühlte sich das Lager wieder aus den Schneewehen hervor. Der Strom unterhalb des Hochufers hielt nur noch in der Mitte oder an den Außenkanten seiner Windungen eine tiefschwarz glitzernde Bahn offen. An den Rändern oder an den Innenseiten der Windungen, wo die Strömung nur gemählich wanderte, deckte den Athabasca solides Eis. Bald jedoch würde der Strom von Ufer zu Ufer zufrieren und, wenn erst neuer Schnee ihn deckte, eine gute Bahn für die Hundeschlitten der Indianer und einen glatten Pfad für ihre Schneeschuhe abgeben.

Claas Forke war mit seinen zwei Männern, wie Anna gefordert hatte, in einer der Blockhütten außerhalb der Palisaden untergebracht worden. Im Fort selbst wäre kaum für die drei Platz zu schaffen gewesen. Auch lehnten die Voyageurs des Postens es ab, den drei, wie sich bald herausstellte, verlausten Männern bei sich Quartier zu gewähren.

Neben den Hütten vor den Palisaden kampierten in einem halben Dutzend von ledernen spitzen Zelten, deren Wandungen gegen die Kälte mit doppelten Bären- und Hirschfellen abgesichert waren, einige Indianer-Familien mit Männern, Weibern und Kindern, die sich von dem Handelsposten im vergangenen Herbst nicht hatten trennen können; die Jäger und Trapper, die zu diesen Familien gehörten, wollten erst nach dem ersten Schnee damit beginnen, ihre Fallenstrecken auszulegen und größeren Tieren wie Bären und Wölfen nachzuspüren. Das erste, was Claas Forke tat, nachdem er sich mit seinen beiden Voyageurs in der Hütte notdürftig eingerichtet und der erste große Schneesturm seine Kraft verströmt hatte, war, sich bei den Indianerweibern in seiner Nachbarschaft neue Pelzkleider zu bestellen. Erstaunlich schnell brachten die Weiber die plumpen Hosen und lockeren Felljacken zustande, mit denen sie ihre eigenen Männer und sich selbst im Winter vor Frost zu schützen wußten. Claas Forke hatte offenbar begriffen, daß die Leute im Fort ihn erst akzeptieren würden, wenn er sich und seine beiden Männer neu eingekleidet hatte. Als es soweit war, veranstaltete er in seiner Hütte, aber durchaus nicht heimlich, ein großes Wasch- und Scherfest, zog dann die neuen Kleidungsstücke an, warf die alten Lumpen im Freien zu einem großen Haufen zusammen, schichtete Reisig und trockenes Holz darüber und ließ den Haufen verrotteter und verschmutzter Pelze und Wollsachen in Flammen aufgehen – mitsamt all dem Ungeziefer, das sich darin eingenistet hatte.

Die Radikalkur machte Eindruck unter den Voyageurs des Postens, vor allem, seit sich unter ihnen herumgesprochen hatte, daß Claas Forke die Indianerinnen für ihre Arbeit mit einem Silberstück entlohnt hatte. Paul Soldat wollte schließlich von ihm wissen, was es damit auf sich hatte. Claas Forke erwiderte dem Postenchef mit einem breiten Grinsen im nur noch stoppelbärtigen Gesicht:

»Du brauchst es keinem weiterzuerzählen, Paul, auch meine beiden Voyageurs wissen nichts Genaues; der Anna oder dem Armand wirst du es ja wohl anvertrauen, und das ist vielleicht auch gut so. Ich kann dir verraten, daß ich, als wir ankamen, einen Gürtel mit Gold- und Silbermünzen um den Leib gebunden trug, und den habe ich nicht mit verbrannt, das kannst du mir glauben, sondern nur ausgekocht in einer stillen Stunde. Ihr braucht also nicht zu fürchten, daß ich der ehrenwerten Company zur Last fallen werde. Soweit wir unsere Ernährung nicht selbst zusammenschießen oder fischen, werde ich alles, was wir sonst noch brauchen, angemessen bezahlen. Du wirst wegen mir mit der ehrenwerten Company keinen Ärger bekommen.«

Paul hatte dergleichen vermutet und vermied es, sich überrascht zu zeigen. Er meinte nur: »Es wundert mich, daß die Indianerinnen Silbergeld von dir genommen haben. Sie wollen sonst für jede Arbeit nur Gebrauchsgüter oder Alkohol eintauschen.«

Claas Forke grinste: »Die hier sitzen schon lange genug bei euch herum, sind ja auch in den vergangenen Wintern hier gewesen. Sie haben gelernt, daß für ein Stückchen Silber im Laden bei euch ebensogut etwas eingetauscht werden kann wie gegen Pelze.«

»So wird es sein«, entgegnete Paul voller Mißmut. »Die Jäger, die von draußen hereinkommen, wissen mit Geld nichts anzufangen. Ich lege auch keinen Wert darauf, daß sie damit vertraut werden. Das Geschäft würde erschwert. Ich möchte dir nahelegen, in Zukunft die Jäger, wenn sie mit ihren Pelzen hereinkommen, wie üblich dem Handelsposten, das heißt mir oder Armand zu überlassen.«

Damit hatte er sich umgewandt und war durch den Schnee davongestapft, übler Ahnungen voll.

Nichts wollte in diesem Winter nach gewohnter ruhiger Weise ablaufen, und wenn Paul oder Armand zum Teil sehr mühsam und auf Umwegen erforschten, worauf die Schwierigkeiten zurückzuführen waren, so bildeten stets Claas Forke oder seine beiden Leute irgendwo und irgendwie den Anlaß zu all den Mißhelligkeiten.

Armand und Anna hatten sofort erklärt, Claas Forke dürfte

nur für seinen eigenen und seiner zwei Leute Unterhalt in Bargeld bezahlen. Auf keinen Fall dürften ihm Tauschwaren gegen Geld ausgefolgt werden; es bedurfte natürlich keiner allzu lebhaften Phantasie, sich auszumalen, daß Forke versuchen würde, die ankommenden Jäger vor dem Fort abzufangen und ihnen ihre Pelze gegen Brandy oder sonstige Güter abzuhandeln.

Was indessen weder Paul noch Armand verbieten konnten, war, daß sich die eigenen Voyageurs gegen den ihnen später zu zahlenden Lohn mit Tauschwaren versehen ließen, teils für den eigenen Bedarf, aber auch, um sich gelegentlich einige Pelze einzuhandeln. Solches den Voyageurs in beschränktem Umfang zu gestatten, war von jeher auf den Handelsposten üblich. Wie aber war dann zu verhindern, daß die Voyageurs hintenherum die vom Company-Laden erhandelten Güter an die Voyageurs Claas Forkes oder ihn selber weitergaben – gegen gutes Silbergeld, sogar gelegentlich gegen ein kleines Goldstück?

Auf alle Fälle war in der zweiten Hälfte des Winters nicht mehr zu übersehen, daß Claas Forke außerhalb des Forts einen schwunghaften Handel mit den indianischen Jägern betrieb, daß er sich nicht scheute, die abgemattet aus den winterlichen Wäldern anreisenden Indianer mit reichlich »Feuerwasser« in gelöste Stimmung zu versetzen und den halb oder ganz Betrunkenen ihre mühselig genug errungene Beute für ein paar weitere Gläser Rum, ein Stück roten Tuchs oder eine Axt abzunehmen, besser abzuschwindeln.

Auch mußten sich Anna, Paul und Armand schließlich eingestehen, daß es Claas Forke gelungen war, einige der Voyageurs des Postens, die mit den Leblois oder Soldat noch nicht so fest verbunden waren wie etwa Jules Pradier und Basil Caron, mit wahrscheinlich vielen vagen Versprechungen auf seine Seite zu ziehen, sie sogar zu überreden, das bis dahin unverschlossene Warenlager des Postens zu bestehlen. Als eine Revision ergab, daß größere Mengen der Vorräte auf unerklärliche Weise abhanden geraten waren, mußte Paul Soldat sich von Anna sagen lassen, daß es ratsam wäre, die Dinge auf sich beruhen zu lassen. Denn wem wäre schon etwas zu beweisen! Die Voyageurs mußten im Frühjahr die Kanus bemannen, mit denen die Pelzausbeute der Saison ostwärts in Marsch zu setzen war. Das Gesamtergebnis des Winters würde das des Vorjahres kaum wesentlich überschreiten. Das errechneten Paul und Armand schon im Februar und März des Jahres 1802.

Bedenklicher noch erschien es, daß sich unter den Voyageurs im Laufe des Winters eine unerklärliche Aufsässigkeit bemerkbar machte. Zunächst glaubte Paul, daß Armand sich in jugendlichem Tatendrang, vielleicht auch durch einen gewissen Hochmut bei den Voyageurs unbeliebt gemacht hatte. Vielleicht nahm er nicht genügend Rücksicht auf das leicht verletzliche Selbstgefühl der Franko-Kanadier. Aber bei wem auch immer er vorsichtige Erkundigungen einzog, stets wurde ihm versichert, daß Armand seine Befugnisse nie überschritte, ja daß die Voyageurs ihn nach der langen Reise, auf der er sich bewährt hatte, durchaus als einen der ihren anerkannten. Also konnte die Unruhe nur von den drei Leuten ausgehen, die außerhalb der Palisaden hausten und sich dort eng mit indianischen Familien eingelassen hatten – einige Vertreterinnen der indianischen Weiblichkeit waren nur zu gern bereit gewesen, ihre Zelte für eine oder mehrere Nächte mit der Hütte Claas Forkes und seiner beiden Männer zu vertauschen.

Im Fort selbst hatte Paul Soldat nach Weisungen der Company, die schon seit einigen Jahren Gültigkeit besaßen, nicht mehr gestatten dürfen, daß die Voyageurs indianische Frauen, mit denen sie sich verbunden hatten oder verbinden wollten, im Lager unterbrachten und auf Kosten des Forts versorgten. Vor den Palisaden wurde eine wesentlich weniger strenge Moral praktiziert als dahinter, oder genauer: überhaupt keine. Als dann einer der Forkeschen Voyageurs einem Voyageur des Postens die indianische Beischläferin abspenstig machte und zu sich in die Hütte vor den Palisaden nahm, in der sich die Männer drei kleine Schlafkammern abgeteilt hatten, nahm die allgemeine Verärgerung im Lager gefährliche Formen an. Wenn Paul Soldat versuchte, dem Stifter des Unfriedens Vorhaltungen zu machen, so erhielt er nur ausweichende und schließlich herausfordernde Antworten, etwa der Art:

»Paul Soldat, spiel dich nicht auf! Meine Voyageurs sind erwachsene Männer und die deinen auch. Wir sind hier im Pays d'en haut, und jeder kann machen, was er will. Was ich von dir gekauft habe, das habe ich bezahlt, und was deine Voyageurs mir gebracht haben, auch. Und im übrigen: Kannst du mir vielleicht verraten, wo geschrieben steht, daß die indianischen Jäger vom oberen oder mittleren Athabasca ausgerechnet dir allein ihre Pelze anzubieten haben? Das Land gehört hier keinem Menschen; selbst die Indianer haben keine Vorstellung davon, daß es vielleicht ihnen gehören könnte, das heißt, wenn wir ihnen diese Vorstellungen nicht noch beibringen. Wenn ich mir einen Handelsposten gleich neben eurem einrichte, so kann mir das niemand verwehren. Mein Anrecht darauf gilt ebenso wie das deine oder das der Company. Ich weiß es genau, Paul: Mit dem Aufbruch des Eises wollt ihr uns loswerden. Der grüne Junge Armand meint vielleicht, er hätte mir etwas zu befehlen. Du wenigstens solltest es besser wissen. Du bist länger im Indianerland zu Hause als ich. Mein lieber Paul Soldat, es stimmt schon, daß es auch mir empfehlenswert erscheinen könnte, den Schauplatz meiner segensreichen Tätigkeit anderswohin zu verlegen. Aber dann müßten wir uns in die Kosten teilen, die das verursachen würde. Mit anderen Worten, du müßtest mir noch etwas zuzahlen, wenn ich die Pelze, die ich eingehandelt habe, einpacken und mich damit zum Lac Supérieur auf den Weg machen soll. Es sei denn, daß dir ein anderer Vorschlag einleuchtet, nämlich dieser: Du kaufst mir die Pelze ab für den gleichen Preis, den ich am Lac Supérieur erzielen würde. Dann brauche ich mir nicht Gedanken darüber zu machen, wie ich das Zeug fortschaffe, und kann im Frühling gleich anderswohin aufbrechen!«

Paul glaubte nicht recht gehört zu haben. Ein wilder Zorn wallte in ihm auf. Doch entsprach es nicht seiner Art, sich gehenzulassen. Er erwiderte lediglich: »Das könnte dir so passen!« Er wandte sich ohne Gruß um und stapfte durch den lockeren Schnee davon. Er vernahm noch, was Claas Forke hinter ihm herrief: »Allerdings! Sehr gut sogar!«

Der Hohn war unverkennbar.

Am Abend des gleichen Tages saßen sie beisammen in Paul und Annas kleinem Wohnraum und berieten: Paul und Anna, Armand und Nagamoun, Basil Caron und Jules Pradier, außerdem Mes Coh Thoutin, Pauls langjähriger treuer Gefährte mit dem pockennarbigen Gesicht, den Paul hinzugezogen hatte, weil er am besten darüber Bescheid wußte, von welchen Stimmungen die Indianer des Forts und des Vorfelds beherrscht wurden.

Eine ganze Weile schon war hin und her geredet worden. Anna hatte festgestellt, und keiner ihr widersprochen: »Jahrelang haben wir hier Frieden und Eintracht gehabt, nach innen und nach außen. Das ist jetzt nicht mehr so. Wenn wir diesen Mann, der als zerlumpter Bittsteller ankam und jetzt unverschämte Forderungen stellt, nicht loswerden, dann gehen wir einer bösen Zeit entgegen. Wir müssen daher vor allem zusehen, daß er verschwindet!«
Armand ließ sich nachdenklich vernehmen: »Ich wüßte nicht, was wir gegen ihn einwenden könnten. Er hat recht: Das Land gehört niemand, es sei denn, den Indianern. Und die sind froh, daß sich die Handelsposten unter ihnen eingerichtet haben. Sie begreifen bereits, daß dicht beieinander sitzende weiße Konkurrenz zu besseren Preisen für ihre Pelze gezwungen werden kann, als wenn sie nur auf einen einzigen Handelsposten angewiesen sind. Wir würden also die Indianer kaum auf unserer Seite haben, wenn wir uns eines lästigen Konkurrenten mit Gewalt entledigen. Anders wäre es, wenn dieser irgend etwas verübte, was auch in den Augen der Indianer unentschuldbar wäre.«
Zum erstenmal an diesem Abend fühlte sich Mes Coh Thoutin aufgerufen, seine Meinung hörbar zu machen: »Was Armand sagt, ist richtig. Die indianischen Jäger haben begriffen, daß sie einen Händler gegen den anderen ausspielen können und dabei höhere Preise herausschlagen. Ich habe versucht, einigen von ihnen klarzumachen, daß die weißen Händler die Preise nicht beliebig steigern können, weil dann irgendwann kein Vorteil mehr für sie herausspringt, daß sie schließlich einpacken werden und nach Hause fahren. Und was würde dann aus den Indianern? Haben sich doch die Cree längst an stählerne Äxte und Angelhaken, an Messer und Flinten gewöhnt, wollen auch den Branntwein nicht entbehren. Sie müßten sich doch sagen, habe ich den Jägern klargemacht, daß die Indianer nichts von der Flintenmacherei verstehen und erst recht nicht, Blei und Pulver herzustellen. Also sollten sie bei dem Posten bleiben, den sie seit Jahren kennen und mit dem sie immer gut gefahren sind.«
Basil Caron jedoch fügte hinzu: »Ich weiß nicht, wie es dir gegangen ist, Mes Coh Thoutin. Ich habe mir den Mund fusselig geredet, erhielt aber fast ohne Ausnahme die Antwort: Ja, aber der Händler vor den Palisaden bietet mir immer ein

bißchen mehr als der im Fort oder umgekehrt, je nachdem, wem von beiden ich zuerst meine Pelze angeboten habe. Die Jäger fragen nicht danach, was morgen oder übermorgen passieren wird, sondern nur danach, wieviel Schnaps sie heute für ihre Beute einhandeln. Claas Forke geht längst nicht so sparsam mit dem Schnaps um wie wir, obgleich ich nicht weiß, wo er das Zeug herbekommt. Wahrscheinlich hat einer von unseren Leuten die Rumfäßchen mit Wasser aufgefüllt, nachdem er unverschnittenen Rum für Forke abgezapft hat!«

Ein bedrücktes Schweigen senkte sich nach diesen Worten auf die Versammlung. Als einziger begriff wohl Armand, worum es sich handelte: Es gab im Pays d'en haut keine Moral, die für alle gleich verbindlich gewesen wäre, und es gab weder Gesetz noch Recht, das gültig verordnet und durchzusetzen war. Die weißen Händler hatten sich lediglich zu hüten, im täglichen Leben gegen die Sitten und Vorstellungen der Indianer zu verstoßen, wenn sie nicht die Verachtung oder Feindschaft der Eingeborenen heraufbeschwören wollten. Was aber den Handel anbelangte, den die weißen Männern ins Indianerland gebracht hatten, gab es keine indianischen Regeln des Verhaltens, keine allgemein verbindliche Moral. Von Rechten oder Gesetzen, die überall und jederzeit durchgesetzt werden konnten, war erst recht keine Rede im Pays d'en haut.

Armand sprach es aus: »Wer hier im Pays d'en haut glaubt, daß er in seinen Rechten verletzt worden ist, dem bleibt nur die Gewalt oder die List, wenn gutes Zureden nicht hilft. Gewalt gegen einen Mann, der zu uns gehört, würde uns in den Augen der Indianer herabsetzen. Vielleicht wird uns doch nichts anderes übrigbleiben, als uns ohne viel Aufsehen von dem Burschen loszukaufen, der sich uns vor die Nase gesetzt hat.«

Nagamoun hatte im dunklen Hintergrund des Raumes in einer Ecke auf einem niedrigen Schemel gesessen und bis dahin stumm zugehört. Jetzt, nachdem Armand gesprochen hatte, erhob sie zum erstenmal ihre Stimme. Alle horchten auf, sonderbar angerührt, denn in ihrer Stimme schwang deutlich spürbar Furcht: »Ich weiß, daß ich nur zuhören sollte, aber ich muß auch etwas sagen. Ihr müßt tun, was Armand vorschlägt, und wenn es uns noch so teuer zu stehen kommt. Ich wußte es immer, dieser Mann ist böse. Je länger er unter uns ist, desto größeres Unglück wird von ihm ausgehen. Ich wage es kaum noch, das Haus zu verlassen, und vor die Palisaden traue ich mich überhaupt nicht mehr. Er hat mich ein paarmal angesehen, als wollte er mich verschlingen. Und er wird es tun, wenn wir ihn nicht bald loswerden. Ich weiß es. Er ist böse.«

Das waren Worte, wie nur Nagamoun sie sprechen konnte. Sie stammten aus viel größerer Tiefe als der des Verstandes. Armand spürte plötzlich, wie sein Herz sich zusammenkrampfte: Nagamoun fürchtete sich, seine Nagamoun, obgleich er ihr so nahe war, daß niemand wagen konnte, sie anzurühren. Aber sie weiß viel mehr, als wir alle zusammen wissen. Ja, man sollte auf sie hören!

Die kleine Versammlung löste sich erst spät am Abend auf, ohne daß etwas Bestimmtes beschlossen worden war.

Die Sonne wärmte bereits, und die Tage dehnten sich deutlich länger als die Nächte. Am Tage tropfte und gurgelte es von den Dächern. Lachen bildeten sich hier und da, und wo die Sonne hinschien, verschmolzen Schnee und Erdreich zu zähem Morast. Des Nachts aber senkte sich immer noch strenger Frost über das weite Land und ließ es abermals erstarren, mochten auch die schwarzen Fichten an den Waldrändern unter den wärmenden Strahlen des Tagesgestirns längst ihre Schneelasten abgeschüttelt haben.

Es geschah an einem Abend gegen Ende April. Es hatte gerade wieder angefangen zu frieren; der über Tag aufgeweichte Boden der Lagergassen härtete sich von neuem. Diese Stunde mit noch ausreichender Helligkeit wollte Nagamoun benutzen, um einen Lagerschuppen unter der Palisadenwand aufzusuchen, wo eine Auswahl besonders vorzüglicher Pelze ihrer Obhut und Pflege anvertraut war, wo sie also in verhältnismäßig kurzen Abständen die Pelze zu lüften und zu bürsten hatte; insbesondere durfte die nur getrocknete, aber noch nicht gegerbte Innenseite der Felle keinen Schimmel ansetzen.

Solange der Tag genügend Licht gespendet hatte, war Nagamoun bei weit geöffneter Tür in dem kleinen Lagerhaus tätig gewesen. Schließlich wurde es zu dunkel, als daß sie ihre Arbeit noch mit der erforderlichen Sorgfalt hätte fortsetzen können. Sie schaffte Ordnung in der Kammer, trat auf die schon dämmrige Lagerstraße hinaus und zog die Tür der Hütte hinter sich zu.

Als sie um die nächste Ecke biegen wollte, trat ihr plötzlich ein Mann in den Weg: Claas Forke. Er knurrte: »Habe ich dich endlich einmal erwischt, Nagamoun! Immer drehst du dich weg, wenn ich dir begegne, als wäre ich aussätzig. Was bist du anders als eine Métisse, ein dreckiger Mischling wie alle anderen! Wer fragt da lange! Zurück mit dir in die Pelzbude...«

Ehe der Mann weitersprechen konnte, unterbrach ihn ein gellender Schrei des Mädchens: »Armand, Armand! Hilfe!«

Zu mehr kam sie nicht; eine grobe, behaarte Hand preßte sich über ihren Mund und ein klobiger, muskelbewehrter Arm faßte sie um die Hüfte wie in einem Schraubstock, hob sie vom Boden und wollte sie die wenigen Schritte zurück zum Eingang der Fellhütte tragen.

Doch hatte der Schrei des Mädchens die Stille des Abends so fremd und grell zerrissen, daß viele im Lager aufhorchten. Ein Zufall wollte es, daß Armand auf dem Wege ins Haupthaus gewesen war. Der Schrei traf wie ein Pfeil sein Herz. In großen Sätzen rannte er zu der Stelle unter den Palisaden, wo sich der Schuppen an die Stämme lehnte, in dem Nagamoun am späteren Nachmittag hatte arbeiten wollen. Er erreichte den Platz gerade in dem Augenblick, als Forke mit der Schulter die Tür aufstoßen wollte. Denn seine Hände und Arme waren damit beschäftigt, die sich wild sträubende Nagamoun zu bändigen.

Armand hatte keine Waffe bei sich. Mit den bloßen Händen griff er zu, umspanne den Hals des Mannes und riß ihn mit aller Kraft zurück. Forke mußte seine Beute aus den Armen gleiten lassen und warf sich herum, um mit dem Angreifer handgemein zu werden. An Kraft war der untersetzte, stiernackige Mann dem jüngeren sicherlich überlegen, aber nicht an Gewandtheit. Armand wich den fürchterlichen Stößen aus, mit denen Forke auf ihn eindrang, riß ihn mit dem Fuß ein Bein vom Boden. Schwer schlug Forke auf das zertretene, schon wieder gefrierende Erdreich, und zwar, ohne daß er sich abzufangen vermochte, mit dem Gesicht zuunterst. Schon war Armand mit beiden Knien auf ihm, umfaßte mit den Händen seinen Hals und drückte ihm den Kehlkopf nach innen.

»Wenn du dich weiter wehrst, Lump, drücke ich dir die Luft ab und du bist erledigt!«

Claas Forke hatte stets in seinem Leben begriffen, wann er geschlagen war. Armand gewährte ihm für einen Augenblick Luft. Forke ächzte: »Ich gehe schon, laß mich los!«

Armand hielt den Mann fest, bis dem Kerl schwarz vor Augen wurde. Dann entließ er ihn aus seinem Würgegriff. Nach einer Weile erst taumelte Forke hoch, mühsam keuchend. Sah sich gar nicht um, wankte davon.

Armand hatte nicht bemerkt, daß hinter ihm Nagamoun aus der Hütte gesprungen und davongeeilt war. Sie kehrte mit Paul Soldat und Basil Caron zurück.

»Wo ist er?« rief sie.

Armand wies die kleine Nebengasse des Lagers entlang, über die Forke sich taumelnd entfernt hatte. Mit langen Sätzen hetzten Paul und Basil Caron ihm nach.

Sie erreichten ihn am Lagerausgang unter einem halben Dutzend anderer Voyageurs, die im Walde Holz geschlagen hatten und nun zurückkehrten. Es empfahl sich nicht, vor aller Augen eine Szene zu machen oder gar eine Schlägerei heraufzubeschwören; vor dem Lagertor schienen die beiden Männer Forkes auf ihren Maître gewartet zu haben. Erst vor seinem Haus stellten Paul und Caron, dann auch Armand den immer noch nicht wieder der Sprache mächtigen Claas Forke.

Paul keuchte: »Das ist das Ende, Claas! Packt eure Sachen und verschwindet!«

Was noch nie geschehen war, das geschah jetzt: Basil Caron erhob Widerspruch: »Nein, Maître, so geht das nicht! Es muß ein Lagergericht einberufen werden, um über diesen Mann zu befinden. Er hat den Frieden des Lagers gestört, wie er noch niemals gestört worden ist. Bis zur Gerichtsverhandlung ist er im Fort sicher zu verwahren.«

Jules Pradier hatte sich eilends mit ein paar zuverlässigen Voyageurs zu der kleinen Gruppe gesellt. Claas Forke und seine beiden Helfer sahen sich umzingelt. Ja, er hatte stets gewußt, wann sein Spiel verloren war. Abermals hatte er verloren. Der stiernackige, immer noch ächzend um seinen Atem bemühte Mann ließ sich ohne Widerstand hinter die Palisaden zurückführen und in eine feste Kammer einschließen, die einzige übrigens, die von innen nicht geöffnet werden konnte. Von außen war sie über die Rückwand eines Kamins notdürftig zu beheizen. Es gab keine Schlösser im Fort Contreforts, sondern nur hölzerne schwere Riegel, mit denen man die Türen von innen versperren konnte. Das einzige eiserne Schloß mit dem kunstvoll in London geschmiedetem Schlüssel befand sich an der eichenen, mit Kupfer beschlagenen Kiste, in welcher die Lagerleitung das Hauptbuch, einige Schulddokumente und ihren Vorrat an Silber- und wenigen Goldmünzen aufbewahrte. Die Kiste hatte ihren Platz unter Pauls und Annas Lagerstatt und wurde selten aufgeschlossen: nur wenige Voyageurs und erst recht keine Indianer – außer Mes Coh Thoutin – wußten von ihrer Existenz.

Als Armand nach dem abscheulichen und unerhörten Zwischenfall, dem im Fort Contreforts noch nie etwas Vergleichbares vorausgegangen war, endlich eine Gelegenheit fand, mit Nagamoun für eine stille Viertelstunde zusammen zu sein – wiederum in jener Fellhütte, vor der Claas Forke seiner Gier hatte die Zügel schießen lassen –, verwunderte, ja bestürzte ihn fast, wie das Mädchen, das längst zu beinahe jeder Stunde der Tage und Nächte seine Gedanken beherrschte, die Gewalt, die ihr angetan worden war, ganz anders einordnete, als er erwartet hatte. Sie legte den silbrig glänzenden Fuchspelz, den sie eben auf der Hautseite ein wenig geschabt, danach mit Salz eingerieben und dann kräftig durchgeschüttelt hatte, beiseite. Zunächst hatte sie sich von Armand nicht unterbrechen lassen, hockte sich aber nun auf einen Schemel vor die Flammen des Kamins; Nagamoun hatte sie kräftig entfacht, um aus dem Raum die kalte Feuchte zu vertreiben, die gerade den wertvollsten Pelzen gefährlich werden konnte.

Armand lehnte an einem der aus grobem Stein gemauerten Seitenpfeiler der Herdstatt und blickte auf das im Feuerschein kupfrig glimmende Haar des beinahe noch kindhaften Wesens hinunter: – Ach, war etwas Schöneres auf der Welt denkbar, als dieser schmale, unbeschreiblich edle Kopf mit den starken, dunklen Brauen, der feingeflügelten Nase und dem blühenden Mund, der biegsame Körper in glattem Leder, diese schmalen, um die Knie gekreuzten Hände mit der goldbraunen Haut!

Armand hatte berichtet, daß das Lagergericht schon am Vormittag des nächsten Tages zusammentreten sollte. Der alte Basil Caron würde dem Gericht vorsitzen; als Beisitzer wären nach seinem, Armands, Vorschlag der Avant auf seinem Kanu, Gaston Giraud, und von Forkes Leuten der Voyageur benannt worden, der allgemein nur unter seinem Spitznamen Maillet bekannt war. Es hätte keine Schwierigkeiten gegeben; das ganze Lager wäre mit solcher Zusammensetzung des Gerichts einverstanden gewesen.

Nagamoun hatte nicht zu Armand aufgesehen, während er ihr berichtete. Man hätte meinen können, sie hörte überhaupt nicht zu. Und als sie wie im Selbstgespräch nach längerer Pause mit leiser Stimme das Wort nahm, ging sie auf die Worte des jungen Mannes so wenig ein, als hätte sie nichts davon aufgenommen:

»Ach, Armand, ich habe es mir genau überlegt. Es muß ihn wirklich geben, den lieben Gott, von dem mein Vater mir immer erzählt hat, als wir noch am Peace wohnten; auch deine Mutter spricht manchmal von ihm und sagt, er wäre den Menschen gut. Er soll unbegreiflich sein, und wir verstehen ihn nur sehr selten. Aber er wendet doch alles zum besten. Armand, wenn der böse Mann mich nicht angegriffen hätte, um mich hierher zu schleppen, dann gäbe es kein Lagergericht, und wir wären ihn vielleicht nie losgeworden. Er hat mich schon vom ersten Tage an mit seinen Blicken verschlungen. Ich bin nur eine Métisse, ein Halbblut. Schon, als ich noch ein halbes Kind war, hat er mich einmal angefaßt. Doch ich war damals schneller und habe es nicht einmal Tante Anna zu sagen brauchen. Armand, der böse Mann wird fortgejagt werden. Er stand zwischen uns. Jetzt kann ich es dir gestehen, daß ich dir längst hätte sagen sollen: lieber Armand« – jetzt hob Nagamoun die Augen zu dem jungen Manne auf, der am Kamin lehnte, und senkte sie in die seinen –, »was wartest du noch, lieber Armand, warum nimmst du mich nicht zu dir? Vater und Mutter wundern sich schon, daß wir noch immer zögern. Aber wenn du es getan hättest, Armand, solange der böse Mann sich hier noch umhertrieb, dann hätte sich seine Wut gegen dich gerichtet. Und glaube mir, ihm ist alles zuzutrauen. Er ist sehr verschlagen; du hättest dich vielleicht gar nicht wehren können; und er hätte es so eingerichtet, daß niemand ihm die Tat hätte anhängen können. So habe ich ihn heimlich gereizt, damit er einen Fehler machte. Und nun hat er den Fehler gemacht. Ich habe ihn sogar hinter der Hausecke stehen sehen und bin doch nicht weggelaufen. Meine List hat seine Gier überkochen lassen; er packte mich. Ich wußte, daß mein Schrei gehört werden würde. Ich hoffte, daß du ihn hören würdest. Und du hast ihn gehört! So habe ich ihn also zu Fall gebracht. Die ganze Mannschaft ist gegen ihn; und auch die wenigen, die vielleicht heimlich für ihn sind, dürfen das nicht laut werden lassen. Wenn das Eis auf dem Strom bricht und wieder freies Wasser da ist, wird er mit seinen Leuten sein Kanu besteigen und sich schleunigst davonmachen müssen. Man wird hinter ihm herschießen, wie es in solchen Fällen üblich ist, um ihm zu bedeuten, daß er sein Leben verwirkt hat, wenn er sich wieder in der Umgegend zeigen sollte. Ja, Armand, so wird es kommen. Warum fragst du mich nicht schon jetzt, wann wir uns zusammentun, so wie deine Mutter und dein Vater sich verbunden haben?«

Ein Lächeln erschien auf dem Antlitz Nagamouns und war so voller Anmut und so zärtlich, daß Armand sein Blut zum Herzen strömen fühlte; erst nach einem langen, tiefen Atemzug fand er die Kraft zu den Worten: »Ach, Nagamoun, ich frage dich also: wann?«

Eine leichte Röte stieg in Nagamouns Wangen; dem sonst goldfarbenen Antlitz lieh sie den bezaubernden Schimmer einer in Gedanken schon vollzogenen Hingabe. Sie flüsterte: »Jeden Tag, jede Stunde, wann du willst, Armand, Lieber!«

Sie lächelte. – »Nein, lieber nicht! Wir wollen noch die wenigen Tage warten, bis die Bosheit aus dem Lager davongefahren ist. Und wir wollen Vater und Mutter Gelegenheit geben, einiges vorzubereiten, wie es sicherlich ihre Absicht ist. Und dann, Armand, ich will es dir jetzt gleich sagen, damit du dich in Gedanken daran gewöhnst: Wir wollen nicht hier im Fort Contreforts bleiben, neben deiner Mutter und meinem Vater. Oder darf ich doch meinen Stiefbruder heiraten, auf indianisch oder auf europäisch? Ich weiß es nicht genau. Wir wollen für uns allein sein, Armand. Du hast davon gesprochen, daß der Peace River wichtiger zu werden verspricht als der Athabasca hier. Dort werden neue Handelsposten entstehen, meinst du. Du kannst deinen eigenen Posten gründen und brauchst nicht in die Fußstapfen der Eltern zu treten. Wir werden Erfolg haben, Armand, zu zweit! Wenn man uns zusammengegeben hat, dann machen wir uns auf den Weg in ein neues Land.«

Armand mußte für einige Pulsschläge lang die Augen schließen. Wie genau sie seine geheimen Wünsche und Absichten erspürte! Diese dunklen, großen Augen schienen ihn bis auf den Grund zu durchschauen. Sollten sie nur; er hatte nichts zu verbergen. Für sie stand jeder Winkel offen.

»Wie du willst, Nagamoun, wie du willst!«

Sie hob ihm ihre schlanken Arme entgegen. Er griff nach den warmen Händen und zog sie sachte von ihrem Schemel hoch und in seine Arme. So standen sie lange und regungslos und spürten einer des anderen Wärme.

Von der offenen Tür her klang die Stimme Basil Carons, des verläßlichsten aller Voyageurs, eine gute, alte, freundlich spottende Stimme: »Ich suchte dich, Armand, wegen der Aufteilung des Notproviants auf die Kanubrigaden. Ich dachte mir, daß du hier wärst. Seid ihr endlich soweit! Meinen Segen habt ihr schon lange. Paul und Anna werden sich freuen, und das ganze Lager dazu. Für Nagamoun nur das Beste! Na ja, Armand, klar, für dich auch!«

Armand und Nagamoun hatten sich voneinander gelöst. Er ließ seinen Arm auf der Schulter des Mädchens ruhen. Es traf sich gut, daß Basil Caron es war, der sie als erster beglückwünschte. Er würde dafür sorgen, daß der gute Wille im Lager die Oberhand behielt, und die bösen Zungen von vornherein zum Schweigen verurteilt blieben.

Vor dem Lagergericht vertrat Jules Pradier die öffentliche Anklage. Nach der Weise solcher Verfahren, mit denen die Voyageurs im Pays d'en haut mangels anderer Instanzen unter sich Ordnung und Anstand aufrechterhielten, fand die Gerichtsverhandlung am frühen Nachmittag unter freiem Himmel statt. Milde lag in der Luft. Es tropfte von den Dächern. Die hohen Schneewehen würden an diesem Tage weiter in sich zusammensinken. Einer der Männer wollte bereits gehört haben, wie ein Vogel im Tannendickicht sein Frühlingslied probierte.

Das Gericht hatte sich hinter einem groben Tisch niedergelassen, der aus einem der Schlafhäuser der Voyageurs vor das Haupthaus des Lagers getragen worden war. Der Angeklagte Claas Forke stand links abseits vor dem Tisch. Seine Hände waren auf dem Rücken zusammengebunden. Der Ankläger hatte sich rechts des Tisches aufgebaut. Alle übrigen Voyageurs bildeten einen Halbkreis um die Szene, an dessen rechtem Flügel sich Paul Soldat, Anna und Nagamoun eingeordnet hatten, jedoch so, daß sie von den Voyageurs in der ersten Reihe ein wenig abgeschirmt wurden. Im weiteren Umkreis hatten sich die Indianer des Lagers und auch die indianischen Gäste, die außerhalb der Palisaden kampierten, mit ihren Frauen eingefunden und sogar ihre Kinder mitgebracht, die sich musterhaft still verhielten. Die Indianer bewiesen, daß ihnen die Würde einer Gerichtsverhandlung in hohem Maße bewußt war und daß sie ihren Kindern schon früh einschärften, Gerichte und Urteile bitter ernst zu nehmen.

Jules Pradier war wie den meisten Voyageurs aus französisch-kanadischem Geschlecht die Gabe der freien Rede mit in die Wiege gelegt worden. Er schilderte, wie Claas Forke mit seinen Leuten abgerissen und verzweifelt im Lager angekommen wäre und wie Paul Soldat ihm wieder auf die Beine geholfen hätte, obgleich bekannt war, daß Claas Forke sich vor Jahren im Unfrieden von dem Ehepaar Soldat getrennt hatte. Jules Pradier erklärte sich bereit, Zeugen dafür auftreten zu lassen, daß Claas Forke während des Winters mehr als einmal bekundet hätte, er würde sich die knusprige Métisse Nagamoun gelegentlich greifen. Dabei hätte er natürlich gewußt, daß Nagamoun als die Tochter des Maître aus einer nach indianischem Recht gültig geschlossenen Ehe stammte und außerdem niemand im Lager hätte bezweifeln können; der Sohn der Anteilseignerin – von der Company offenbar dazu ausersehen, Postenchef und vielleicht noch mehr zu werden –, Armand, hätte Nagamoun als seine Braut betrachtet; auch sei ja inzwischen bekanntgeworden, daß er ihr Jawort erhalten hätte, so daß einer baldigen Hochzeit nichts mehr im Wege stünde. Claas Forke wäre dieser Sachverhalt ebenso bekannt gewesen wie allen anderen Leuten im Lager. Trotzdem hätte er, und zwar innerhalb der Palisaden, also noch im Bereich des Lagerfriedens, der von jedermann geschätzten und geliebten Nagamoun Gewalt antun wollen. Nach indianischem Recht brauchte Armand ihm keinen ehrlichen Zweikampf anzutragen, sondern könnte hingehen und ihn erschlagen. Außerdem wäre dem Vater ein hohes Bußgeld für die Beleidigung der Tochter zuzusprechen.

Jules Pradier hatte sich in Hitze geredet. Die Zuhörer hingen an seinen Lippen. Dies war ein großer Tag für sie alle, unterbrach er doch die Eintönigkeit des winterlichen Lagerlebens auf höchst dramatische Weise, was die Voyageurs ebenso zu schätzen wußten wie die Indianer. Aber Jules Pradier war noch nicht am Ende.

Er legte nur eine kurze Pause ein, während welcher er sich mit einem roten Sacktuch den Mund wischte und die grobe gestrickte Wollmütze mit der roten Bommel daran, die ihm über die Schulter hing, geraderückte. Pradier verstaute sein Sacktuch umständlich in der Tasche seiner unter den Knien bauschig zusammengebundenen Wollhose, hob beide Hände mit nach außen gerichteten Flächen, als wollte er Schweigen gebieten – aber jedermann war ohnehin ganz Ohr; nicht einmal ein Räuspern war zu hören:

»Ich will meiner Hauptanklage sogleich noch etwas anderes beifügen, Freunde und Gefährten. Keiner von uns hat bisher öffentlich darüber gesprochen, und es wäre wohl auch dabei geblieben, wenn Claas Forke den Frieden des Lagers nicht so abscheulich verletzt und damit uns alle beleidigt hätte. Wie ist er hier angekommen? Ich sagte es schon, als ein Bettler, mit zwei ebenso zerlumpten Gefährten. Und dann hat er Silbergeld aus seinem Leibgurt hervorgezaubert, und einige von uns – ich will die Namen nicht nennen, jeder kennt sie – zu sich hinübergezogen. Er hat angefangen, kaum war er hier einigermaßen warm geworden, mit den indianischen Jägern zu handeln und dem Posten so viele Felle wie nur möglich zu entziehen. Es braucht nicht bewiesen zu werden, denn jeder von uns weiß es – nur die Leitung dieses Handelspostens hatte es lange nicht gewußt –, daß er sich Tauschgüter aus dem Bestand des Lagers angeeignet hat, um damit bei geringen oder gar keinen Unkosten einen Teil der angelieferten Felle an sich zu bringen. Aufs Ganze gesehen mag er dem Handelsposten nicht allzu viel Schaden zugefügt haben. Paul Soldat und Armand Leblois, auch die Postenchefin, haben stets den Indianern das ihre zugebilligt und ihnen auch sonst geholfen, wo sie konnten. Die allermeisten Jäger, insbesondere jene, die schon seit Jahren mit dem Posten gut ausgekommen sind, haben sich nicht versucht gefühlt, mit Claas Forke Geschäfte zu machen, obgleich dieser sich niemals zimperlich zeigte, die Indianer unter Alkohol zu setzen und ihnen dann die Felle für einen Spottpreis abzunehmen. Dies bringe ich alles vor als eine Erweiterung der eigentlichen Anklage, unter welcher Claas Forke hier vor uns steht.«

Jules Pradier wies mit dem Finger zur anderen Seite des

Gerichtstisches hinüber, von wo ihn Claas Forke aus kleinen Augen mit zusammengepreßten Lippen betrachtete. Die Anklage schien ihn wenig zu erschüttern. Pradier hob die Stimme:

»Wir hätten ihn laufenlassen. Zwar hat er unseren Handel, von dem auch wir, die Voyageurs, abhängig sind und der uns Prämien abwirft, wenn er günstig ausfällt, geschädigt. Am meisten aber die Company und den Postenchef, der ihn wenige Monate zuvor aufgenommen hatte, damit er und seine Leute nicht verhungerten oder erfroren, denn der Winter stand vor der Tür. Aber wir sind im Pays d'en haut. Wir wissen genau genug, daß man oftmals fünf gerade sein lassen muß. Die Company verdient genug, und wir sind alle keine Engel. Wie gesagt, wir hätten ihn laufenlassen, und auch Paul Soldat hätte ihn wohl nicht auf Heller und Pfennig zur Kasse gebeten, wenn er nur schleunigst wieder verschwunden wäre, sobald das Eis vom Strom ist. Jetzt aber hat er sich nicht nur die Taschen gepolstert, sondern auch dem Anstand ins Gesicht geschlagen und damit die Ehre aller Voyageurs verletzt. Ich beantrage daher, daß er mit Schimpf und Schande aus dem Lager gejagt wird und daß der gesamte Vorrat der Pelze, die er im Laufe des Winters an sich gebracht hat, der Company verfallen ist. Wenn er noch Silber- oder Goldgeld besitzt, so mag er das mitnehmen. Mit Münzen ist bei den Indianern ohnehin nicht viel anzufangen. Ich möchte außerdem beantragen, daß jene Voyageurs, die geglaubt haben, bei Claas Forke besser auf ihre Kosten zu kommen als bei der Company, mit ihm das Lager verlassen, freiwillig sozusagen. Die betreffenden wissen, wen ich meine. Es soll ihnen nichts geschehen und nichts genommen werden. Aber wir anderen wollen bleiben, was wir waren, ehrliche Voyageurs der Company, und insbesondere unserem Postenchef und seiner Frau Anna verpflichtet. Leute, die es mit dieser Verpflichtung nicht genau genommen haben, wollen wir wohl alle für die lange Reise zum Oberen See nicht unter uns haben. Damit bin ich am Ende, und das Gericht mag sein Urteil sprechen!«

Jules Pradier trat ein wenig in den Hintergrund. Einige laute Rufe des Einverständnisses schienen die vorherrschende Stimmung bei der großen Mehrheit der Zuhörer auszudrücken.

Der Vorsitzende des Gerichts, Basil Caron, hatte sich erhoben, reckte seine Rechte in die Höhe und gebot: »Ruhe, Leute! Der Ankläger hat gesprochen. Ich gebe das Wort jetzt dem Verteidiger des Angeklagten. Es hat sich freiwillig niemand bereit gefunden, ihn zu verteidigen. Auch sein zweiter Voyageur, François Charmant, wollte es nicht. Seinen anderen Voyageur, Maillet, hier neben mir, nahm ich in das Gericht auf, damit mir niemand nachsagen kann, ich hätte es einseitig besetzt. Ich habe also einen von uns zum Verteidiger bestellen müssen und dachte, daß Jean Valandon am besten dazu geeignet ist. Es ist jetzt an dir, Jean, die Sache des Angeklagten zu vertreten.«

In der großen Stille auf dem weiten Platz vor dem Haupthaus war zu vernehmen, daß einige Männer im Hintergrund ein kurzes Gelächter nicht hatten unterdrücken können. Haha, Basil Caron, der alte schlaue Griesgram! Es wußte doch jeder, daß Valandon – und jede Wette könnte man darauf halten, hundert zu eins! – es war, der Claas Forke die Stange gehalten hatte und der wahrscheinlich auch zu dessen Gunsten die Vorräte des Lagers um einiges erleichtert hatte. Der Name Valandon war bisher in diesem Zusammenhang nicht genannt worden und würde auch nicht genannt werden, wenn er die ihm zugedachte Rolle zu allgemeiner heimlicher Belustigung spielte und dann »freiwillig« dem Fort auf Nimmerwiedersehen den Rücken kehrte.

Jean Valandon, für einen Voyageur ein etwas schmächtiger Mann, trat seitlich vor den Gerichtstisch, hielt aber Abstand von dem Angeklagten. Er zog seine Kappe und zupfte mit unsicheren Händen an ihr herum. Er räusperte sich mehrmals umständlich, gab sich aber schließlich einen Ruck und begann mit lauterer Stimme, als nötig gewesen wäre:

»Leute, ihr seht hier diesen Mann, Claas Forke, einen der erfahrensten und erprobtesten Waldläufer und Voyageurs im ganzen Pay d'en haut mit gebundenen Händen vor euch stehen. Das allein schon entspricht nicht der Gerechtigkeit. Denn er hat nichts verbrochen, was Grund genug wäre, ihn der Freiheit zu berauben. Was hat er getan? Wir alle, wenn wir ehrlich sind, brauchen uns kein X für ein U vorzumachen. Wir sind hier im Pays d'en haut unter den Indianern, und es gibt hier keine Polizei und keine königlichen Gerichte, die uns zwingen, allerlei Gesetze zu befolgen, die doch nur alle erlassen sind, die Vorrechte der Herrschenden zu sichern. Hier im

Pays d'en haut brauchen wir uns nur nach den Vorstellungen zu richten, die mit der Zeit unter uns zu allgemeiner Geltung gelangt sind. Und natürlich müssen wir beachten, was die Indianer für recht und billig halten, sonst gibt es großen Ärger. Was ist denn eigentlich geschehen? Claas Forke hat sich ein bißchen mit einer Métisse amüsieren wollen, und eine Métisse, das wissen wir alle, ist doch Freiwild. Die Indianer erkennen sie nicht an; diese Métisse ist sogar von ihrer eigenen indianischen Mutter verlassen worden, wie ich gehört habe. Und zu den Weißen gehört sie auch nicht. Eine Métisse kann sich auf niemand berufen, und deswegen braucht man auch nicht lange zu fackeln, wenn man glaubt, man hätte es wieder einmal nötig und wollte mit ihr ein bißchen Spaß haben. Eine Métisse braucht nicht für voll genommen zu werden. Sie ist keine Indianerin, und sie ist auch keine Weiße. Und sie wird von keiner Moral betroffen, weder in der einen noch in der anderen Welt. Daß schon ein anderer Weißer auf sie ein Auge geworfen hatte, und daß er mehr ist als ein gewöhnlicher Voyageur – ebenso wie ihr Vater –, das war Claas Forkes Pech. Dafür aber hat er bereits seinen Denkzettel weg. Armand Leblois hatte ihn am Boden, und es fehlte nicht viel, so hätte er ihm die Kehle abgedrückt und ihn erwürgt. Wozu also dieser ganze Aufwand! Wegen einer Métisse? Das ist doch fauler Zauber, und wir alle wissen es!

Schlimmer sind die Vorwürfe, die der Ankläger gegen Claas Forke wegen seines Geschäftsgebarens erhoben hat. Dabei ist er aber sehr unbestimmt geblieben. Daß Claas Forke einen Gürtel mit barem Geld mitgebracht hat, ist vom Angeklagten selber nicht bestritten worden. Der Ankläger hat angedeutet, daß Claas Forke sich Handelsgüter auf unrechtmäßigem Wege aus dem Bestand des Lagers angeeignet hätte. Beweise dafür hat er jedoch nicht geliefert. Er kann es auch nicht, denn aus der Tatsache, daß einige Voyageurs des Lagers dem Claas Freundschaft erwiesen haben, läßt sich nichts Greifbares ableiten. Es scheint mir nichts weiter festzustehen, als daß zwischen der Leitung dieses Lagers und Claas Forke von vornherein ein Gegensatz, ja eine Feindschaft bestanden hat, die wahrscheinlich aber auf viel ältere Ereignisse zurückgeht und nichts mit den jetzigen Vorfällen zu tun hat. Da dem Claas Forke nichts wirklich Strafwürdiges vorzuwerfen ist, beantrage ich, daß er auf der Stelle freigelassen wird und daß ihn niemand hindern darf, nach dem Aufbruch des Eises alle seine Vorräte einzupacken und sich mit den Männern, die sich ihm anschließen wollen, zu wenden, wohin er will. Und ich erkläre für meine Person schon an dieser Stelle, daß ich mich ihm anschließen werde, denn ich bin überzeugt, daß ich mit ihm als einem tüchtigen Einzelhändler besser fahren werde als mit der Company. Weder mir noch einem anderen Voyageur dieses Lagers ist nachzuweisen, daß wir uns eines Verbrechens schuldig gemacht haben. Also ist es das beste, Claas Forke und seine Leute trennen sich so bald wie möglich von der Company und diesem Fort, nachdem über ihre bisherigen Leistungen für die Company abgerechnet worden ist.«

Jean Valandon hatte seine Sache nicht schlecht gemacht. Er trat ohne Hast einige Schritte zurück, rührte sich nicht, wartete. Schweigen hatte sich über die ganze Versammlung gesenkt. Die Männer starrten zu Boden oder in die Luft. Was hatte der Ankläger gesagt? Engel sind wir alle nicht, weiß Gott! Eine Métisse? Aber diese Métisse heißt Nagamoun. Und wer hat Nagamoun nicht gern gehabt, wer hat angesichts dieses schönen und scheuen Geschöpfes überhaupt daran gedacht, daß er in Nagamoun tatsächlich nur eine Métisse vor sich hatte? Und Freiwild –? Der Vater hat sie stets als seine rechtmäßige Tochter betrachtet und behandelt, und Anna, die Anteilseignerin, stets das Gleiche getan. Und Armand –? Hatte man nicht Armand heimlich beneidet, daß es ihm gelungen war, die Zuneigung dieser Métisse zu gewinnen? Nein, Métisse hin und Métisse her – Claas Forke war ein widerlicher Bursche, ein dreckiger Hund, er hatte sich an dem Schönsten vergriffen, was im ganzen Lager, ja weit und breit am ganzen oberen Athabasca zu finden war. Man mußte ihm zeigen, daß man nichts mit ihm gemein haben wollte; natürlich mußte er empfindlich gestraft werden. Basil Caron, der dies Gericht herbeigeführt hatte, war wie immer auf dem richtigen Weg gewesen und würde ein gerechtes Urteil fällen.

Basil Caron hatte mehr als eine solche standrechtliche Gerichtsverhandlung in seinem langen, harten Voyageursleben mitgemacht. In den eng verflochtenen kleinen Männergesellschaften der Überwinterer im herren- und gesetzlosen Pays d'en haut pflegte gewöhnlich Einigkeit darüber zu bestehen, wer als der erfahrenste und verläßlichste unter den jeweils fünf oder mehr Dutzend von Männern anzusehen war, die wie auf einem Inselchen in der wegelosen Weite der winterlichen Urwälder des Nordwestens einem mit unfreundlichen Überraschungen nur selten kargendem Geschick ausgesetzt waren. Im Fort Contreforts war es Basil Caron, auf den sich die übergroße Mehrheit aller Männer, die auf diesem vorgeschobenen Handelsposten überwinterten, ohne einen einzigen Gegenvorschlag geeinigt hatten.

Aber Basil Caron wußte auch, daß es bei allen solchen Verhandlungen nicht allein um die Gerechtigkeit ging. In der Langeweile der eiskalt und eintönig sich abspielenden Wintertage war jeder Zwischenfall, ganz gleich welcher Art, willkommen, mußte zu einem Schauspiel ausgestaltet werden, das jedermann nach Kräften genießen konnte.

Die Leiter der Handelsposten, die bestellten Agenten der fernen, mächtigen und dem einfachen Voyageur stets unverständlich bleibenden Company, wurden niemals zu Vorsitzern der Standgerichte oder auch nur zu Beisitzern ernannt. Denn diese Männer waren so gut wie niemals französischen Geblüts, sondern stammten vorwiegend aus Schottland oder von schottischen Inseln wie den Hebriden oder Orkneys. Ein wirkliches Verständnis für Ehre und Anstand – auf beides legte jeder rechtschaffene Voyageur großen Wert – traute man den »Fremden« nicht zu. Aber natürlich wußte jeder franko-kanadische Ruderer es sehr zu schätzen, wenn die Beauftragten der Company, die im Alltag als Vorgesetzte respektiert werden mußten, als Zeugen vor das Lagergericht geladen wurden.

Basil Caron brauchte nicht darüber belehrt zu werden, was er seinen Zuhörern schuldig war. Er erhob sich und ließ mit finster zusammengezogenen Brauen seine Stimme laut über die Häupter der franko-kanadischen und indianischen Männer und Frauen hinweghallen: »Wir haben den Ankläger und den Verteidiger gehört. Jeder weiß, was vorgefallen ist, und wird sich seine Meinung darüber gebildet haben. Der Vollständigkeit halber sind aber jetzt noch die Personen zu vernehmen, die als unmittelbare Zeugen die Untat des Angeklagten miterlebt haben. Ehe wir sie nicht gehört haben, kann das Gericht kein Urteil fällen. Ich fordere als ersten Armand Leblois auf, vorzutreten und mitzuteilen, was er zu dem Vorfall, der hier zur Debatte steht, zu sagen hat.«

Armand hatte dergleichen erwartet. Er richtete seine Worte

nur an den Vorsitzenden des Gerichts, doch sprach er so laut, langsam und deutlich, daß selbst die Indianerfrauen, die schüchtern im Hintergrund standen, jeden seiner Sätze ohne Mühe hören konnten: »Voyageurs und Indianer dieses Handelspostens der großen Company am Athabasca! Euch allen ist bereits bekannt, daß ich auf einen Hilferuf Nagamouns, der Tochter unseres Postenchefs, zum Pelzschuppen an der Palisadenwand eilte und den Angeklagten dabei überraschte, wie er das heftig widerstrebende Mädchen in den Pelzschuppen hineintragen wollte, ganz offenbar, um ihm Gewalt anzutun. Es gelang mir, Nagamoun zu befreien und den Angeklagten zu Fall zu bringen. Ich hätte ihn wahrscheinlich erwürgt, wenn er weiter Widerstand geleistet hätte. Dazu kam es nicht, weil andere Männer hinzukamen, die den Angeklagten in Gewahrsam nahmen. Wir brauchen nicht darüber zu reden, daß es eine Not für uns ist, keine Frauen zu haben, die unsere Sprache sprechen und ebenso denken wie wir. Also verbinden wir uns mit den Frauen unserer indianischen Freunde. Viele von uns lieben die Kinder, die ihnen diese Frauen gebären, wie sie die Kinder lieben würden, die ihnen unter anderen Umständen fern im Osten am unteren Sankt Lorenz geboren worden wären. Andere indessen, ich möchte meinen, nur eine kleine Minderheit, vergessen die Pflichten, die nach meiner Meinung jeder Vater gegenüber seinen Kindern hat. Im allgemeinen wird solches unter uns entschieden verurteilt. Es ist wahr, daß ein Halbblut weder ganz zu der indianischen Seite, noch ganz zu der weißen zu rechnen ist – es sei denn, der Vater hätte von klein auf Sorge getragen, sein Kind als ein Glied seines Volkes zu erziehen. Dies ist hier der Fall. Nagamoun hat früh ihre indianische Mutter verloren, ist immer bei ihrem Vater gewesen, und schließlich hat Anna Leblois sie angenommen, als wäre sie ihr eigenes Kind.

Ohne die Indianer wären wir Weißen nicht hier, und ohne sie könnten wir hier nicht leben. Nagamoun verkörpert in meinen Augen das Beste der beiden Welten, die der Pelzhandel dazu gebracht hat, sich unlöslich zu durchdringen. Die Indianer können und wollen nicht ohne unsere Tauschgüter leben, und wir wollen und können den Pelzhandel nicht aufgeben, der uns ins Pays d'en haut geführt hat – zu den Indianern! Ich verkündige es hiermit offen und jedermann zur Kenntnis: Ich werde Nagamoun heiraten nach indianischem und auch nach weißem Recht, sobald dies möglich ist. Nagamoun ist stolz darauf, und auch ich bin es, daß sie eine Métisse ist. Der Angeklagte hat sich nach indianischem Recht ebenso vergangen wie nach europäischem. Nach beidem also ist er zu bestrafen. Er kann von Glück sagen, daß es bei dem Versuch geblieben ist, das Verbrechen zu begehen. Claas Forke hat sich die Freundschaft der Indianer verscherzt, und er ist es nicht mehr wert, ein weißer Mann zu sein. Er soll fort aus diesem Land, und wer ihn wiedertrifft, der mag ihn erschlagen. Er kann von Glück sagen, daß ich es nicht gleich getan habe!«

Es war dem Sprecher anzumerken, wie er von immer wilderer Erregung gepackt wurde. Die Zuhörer standen wie gebannt. Nicht alles war jedem verständlich, was er vorgebracht hatte. Aber daß er nicht zögern würde, diesen Claas Forke vom Leben zum Tode zu bringen, wenn er ihm zum zweitenmal im Lande der Voyageurs, der Indianer und Pelzhändler begegnete, das war der ganzen Versammlung unbezweifelbar deutlich geworden.

Armand war in die Reihe der Zuhörer zurückgetreten. Basil Caron war der erste, der die starre Benommenheit, die sich der Leute nach Armands Ansprache bemächtigt hatte, abschüttelte. Caron erhob sich.

»Ich fordere Paul Soldat auf, sich zu äußern, als Zeuge sowohl zu dem vorliegenden Fall wie auch als der Leiter des Forts Contreforts.«

Paul Soldat hielt es für richtig, sich hinter den Richtertisch zu begeben, neben dem Schemel Carons, der wieder Platz genommen hatte, aufzustellen und von dort aus das Wort an die Versammelten zu richten:

»Voyageurs! Zu dem Fall, wegen dessen Claas Forke in erster Linie angeklagt ist, habe ich nichts zu sagen, da die Tat mit allen ihren Umständen bekannt ist und von niemand bestritten wird. Ich will mich aber zu den Andeutungen äußern, daß Claas Forke sich zum Schaden der Company und damit auch zum Schaden eines jeden Voyageurs unrechtmäßige Vorteile verschafft hat. Diese Vorfälle bleiben für mich ohne Belang, da kein Name genannt worden ist, auch keiner genannt werden wird und überzeugende Beweise gegen Forke und andere nicht vorgebracht wurden und wohl auch nicht vorgebracht werden können. So stelle ich nur fest, daß der Posten zwar Schaden erlitten hat, jedoch nicht so großen, daß er dadurch in seiner Existenz gefährdet wäre. Wir haben im vorigen Herbst drei von Hunger und Kälte tödlich bedrohte Männer bei uns aufgenommen. So wollte es das Gesetz der Gastfreundschaft, wie es im Pays d'en haut von jeher gegolten hat. Dann aber haben die Geretteten unter uns Unfrieden verschiedener Art gestiftet. Ich verlange, daß von den Tauschgütern, die sich jetzt noch im Besitz des Angeklagten befinden, diejenigen entschädigungslos an das Lager der Company zurückgeliefert werden, von denen Forke nicht nachweisen kann, daß er sie gegen bare Münze von der Company erworben hat. Alles übrige mag er einpacken und mitnehmen und als sein Eigentum betrachten. In viel höherem Maße kommt es mir darauf an, daß er sofort nach dem Aufbruch des Eises mit all denen, die sich ihm anschließen wollen, vom oberen Athabasca verschwindet, und auch ich verlange wie Armand, daß er für vogelfrei erklärt wird für den Fall, daß er sich im Umkreis eines einzigen von uns wieder blicken lassen sollte. Mehr habe ich nicht zu sagen, als verantwortlicher Leiter dieses Handelspostens bitte ich das Gericht, wenn es ihm möglich erscheint, das Urteil in diesem Sinne zu fällen.«

Basil Caron ließ dem Schweigen, das auf diese Worte folgte, genügend Zeit, auszuschwingen. Schließlich erhob er sich abermals und mit gedämpfter Stimme – so die gesamte Zuhörerschaft zwingend, genau hinzuhören – begann er nochmals: »Ich muß nun auch die Hauptzeugin auffordern, sich zu äußern. Ich erwarte nicht, daß sie viel zu sagen hat. Jedermann wird mir zustimmen, wenn ich meine, daß wir ihr nicht gram sein sollten, wenn sie jede Aussage verweigert. Aber ich muß dich der Vollständigkeit halber bitten, Nagamoun, hier an den Tisch zu treten und vorzubringen, was für die Entscheidung des Gerichts noch wichtig sein könnte und bisher nicht vorgebracht worden ist.«

Aller Augen richteten sich auf Nagamoun, die neben Anna am rechten äußersten Ende des Halbkreises der Zuhörer in der zweiten Reihe stand. Nagamoun rührte sich für ein paar Augenblicke lang überhaupt nicht. Doch dann trat sie vor den Richtertisch. Sie war die einzige, die das Wort nur an Basil Caron und nicht an die Versammlung richtete. Dennoch sprach sie laut und deutlich, um zum mindesten von der vorderen Reihe der Zuhörer gut verstanden zu werden.

»Am liebsten hätte ich nichts gesagt, Basil Caron, denn es

weiß jeder, was geschehen ist. Ich wäre auch gar nicht fähig, das Vorgefallene noch einmal nachzuerzählen. Aber dies will ich sagen: Ich habe von Anfang an gewußt, daß Claas Forke ein böser Mann ist. Ich habe ihn stets gefürchtet, und ich fürchte ihn noch jetzt. Was er tut, wird immer vergeblich sein. Er ist immer böse. Das ist der Grund, weshalb er kein Glück hat und auch keins haben wird. Ich will ihn nie wiedersehen. Er soll weggehen von hier und wissen, daß er sein Leben verwirkt hat, wenn er wieder hier angetroffen wird. Wenn aber anders entschieden wird, so sollte sich jeder von uns sagen, daß er fortan ständig um sein Leben fürchten muß.«

Nagamoun senkte das Haupt und schritt zu ihrem Platz an Annas Seite zurück.

Was Nagamoun und wie sie es gesagt hatte, stammte aus ganz anderen Bereichen als das, was vor ihr die Männer dargestellt hatten. Ahnung und Gefühl waren angesprochen worden. Nagamoun schien mehr zu wissen als die Männer. Manchem Zuhörer flog ein leiser Schauder über die Haut, als sie ihre Warnung an jeden richtete.

Basil Caron durfte sich vagen Empfindungen nicht hingeben. Nüchtern brachte er die Versammlung auf den Boden der Tatsachen zurück: »Bevor das Gericht seine Entscheidung trifft, frage ich den Angeklagten, ob er zu dem, was bisher vorgetragen ist, noch etwas zu sagen hat.«

Claas Forke hatte während der Verhandlung wie ein Klotz dagestanden, regungslos, mit auf dem Rücken verschnürten Händen. Nur seine kleinen, unter den struppigen Augenbrauen fast verborgenen Augen hatte er rastlos schweifen lassen. Offenbar war er nicht darauf gefaßt, noch einmal angesprochen zu werden. Es kostete ihn einige Anstrengung zu antworten. Er murrte schließlich, nur den Richtern verständlich und den Zuhörern, die ihm zunächst standen: »Es ist alles Geschwafel, was vorgebracht worden ist. Ich erkenne dieses Gericht nicht an und bin überhaupt nur hier, weil Gewalt gegen mich angewendet wird. Was ich getan habe? Einer Métisse habe ich einen Antrag gemacht, und ihr Liebhaber hat mich zu Boden geschlagen. Gut, so kommt es manchmal, wenn man sich wegen einer Métisse in die Haare gerät. Paul Soldat jedoch ist Agent der Company und verantwortlich für diesen Handelsposten. Er hat nicht mich, sondern ich habe ihn anzuklagen. Er hat es zugelassen, daß ich auf dem Boden dieses Handelspostens hinter Schloß und Riegel gesetzt und vor ein albernes Gericht gestellt wurde, das sich Befugnisse anmaßt, die ihm bestenfalls Manitou, der große Geist, übertragen haben kann. Dies sogenannte Gericht kann mich des Lagers verweisen, aber mehr auch nicht. Ob und wann ich das Pays d'en haut verlasse, bleibt in mein Belieben gestellt. Und wenn mir, falls ich nicht gehorche, der Tod angedroht wird, so möchte ich nur darauf aufmerksam machen, daß dazu zwei Leute gehören: einer, der tötet, und einer, der sich töten läßt. Welche dieser beiden Rollen im Ernstfall ich zu übernehmen gedenke, das möchte ich vorläufig nicht verraten.«

Alle spürten es: dieser Mann war nicht zu brechen. Und wenn Nagamoun vorgab, ihn zu fürchten, dann mochte sich dies auch für jeden anderen empfehlen.

Basil Caron hockte hinter seinem groben Richtertisch, hatte beide Unterarme auf den Tisch gelegt, die Hände gefaltet und blickte vor sich auf die Tischplatte aus den drei schweren, rauhen Planken, als könnte er dort lesen, was weiter von ihm erwartet wurde. Die Zuhörer standen ringsum wie eine Mauer; aller Augen waren auf Claas Forke gerichtet. Dieser Mann war durch keine Anklagen zu erschüttern. Ihm war es gegeben, nur sich selbst als oberstes Gesetz anzuerkennen. Obgleich er zur Stunde gefesselt war, ging eine unheimliche Drohung von ihm aus. Alle spürten es. In einige wankelmütige Herzen schlich sich Bewunderung: Was konnte man ihm schon vorwerfen! Bei Licht besehen nicht viel! Man war im Pays d'en haut ... Wenn ich halb soviel Courage hätte wie der, würde auch ich ein reicher Mann.

Noch immer schien Basil Caron sich nicht äußern zu wollen oder zu können. Plötzlich schwang sich über die Stille eine dunkle Frauenstimme, spröde und rauh vor innerer Erregung; alle blicken zu ihr hin, zu Anna, die plötzlich in der vordersten Reihe der Männer stand:

»Ihr Männer, könnt ihr es nicht begreifen! Nagamoun hat recht: Es handelt sich gar nicht darum, daß der Mann, der dort steht, dies oder jenes Vergehen begangen hat. Es handelt sich vielmehr darum, daß er böse ist, böse von Grund auf und nie etwas anderes sein wird. Wir Frauen wissen das besser als ihr Männer. Ich habe mein ganzes Leben in der Wildnis zugebracht, wo wir uns nur auf uns selbst und sonst niemand und nichts verlassen können. Dieser Mann ist böse, und wenn wir uns und andere vor weiterem Übel bewahren wollen, dann müssen wir ihn zum Tode verurteilen, sonst wird er weiteres Unheil anrichten. Anders ist ihm und uns nicht zu helfen!«

Die Stimme Annas hatte sich zum Schluß fast zu einem Schreien gesteigert. Paul Soldat war hinter sie getreten und berührte sie an der Schulter, sprach ihr zu. Anna schien wie nach übermächtiger Anstrengung plötzlich in sich zusammenzusinken, senkte den Kopf, strich sich mit der Hand wie geistesabwesend über die Augen und ließ sich von ihrem Mann in die Reihe der Zuschauer zurückführen.

Basil Caron hatte den Kopf nur kurz erhoben, als Anna, ohne dazu aufgefordert zu sein, den Lauf der Verhandlung unterbrochen hatte. Doch hatte er keinen Einspruch erhoben. Sie hatte ja recht, die Frauen wissen es besser. Diese ganze Gerichtsverhandlung war nichts weiter als ein Theater, das die Männer für sich aufführten. Und mit bloßem Theater war Gewalten wie diesem Claas Forke nicht beizukommen. Aber man hatte sich darauf eingelassen; das Stück mußte zu Ende gespielt werden, und er, Basil Caron, war der Theaterdirektor, dem nichts erspart blieb, es sei denn, er enttäuschte die Zuschauer. Aber kein franko-kanadischer Voyageur mochte dergleichen riskieren.

Er erhob sich und verkündete mit gleichmütig fester Stimme, als hätte es die kurze Ansprache der Anna Soldat, verwitweten Leblois, geborenen Corssen, gar nicht gegeben: »Die Verhandlung wird unterbrochen. Der Angeklagte bleibt, wo er ist. Seine Bewacher lassen ihn nicht aus den Augen. Das Gericht zieht sich zur Beratung zurück. Der Urteilsspruch wird nicht lange auf sich warten lassen.«

Basil Caron blickte seine Beisitzer auffordernd an und begab sich mit ihnen in den Hauptraum des Haupthauses, wo gewöhnlich die Geschäfte mit den indianischen Jägern abgewickelt wurden. Caron ließ die große Tür hinter sich einfallen. Der Halbkreis der Zuhörer lockerte sich. Hier und da löste sich einer aus der Reihe, um eine irgendwo unterbrochene Arbeit fortzusetzen. Aber fast alle kehrten nach einiger Zeit zurück. Gespräche kamen hier und da auf, doch blieben die Stimmen gedämpft. Die Indianer im Hintergrund redeten auch jetzt nicht miteinander; sie verstanden es besser als die Weißen, sich in Geduld zu üben.

Nach einer guten Viertelstunde öffnete sich die Tür des

Haupthauses; Caron und seine Beisitzer nahmen ihre alten Plätze hinter dem groben Richtertisch wieder ein. Der Kreis der Zuhörer schloß sich sofort wieder; Stille herrschte.

Basil Caron verstand sich auf die Würde seines Amtes. Er wartete, bis auch der leiseste Laut im weiten Halbrund erstorben war. Dann erhob er sich und ließ seinen Blick in die Runde schweifen. Schließlich verkündete er laut und ohne zu zögern, als läse er, was er zu sagen hatte, von einem Papier ab:

»Das Gericht hat sein Urteil gefällt. Es lautet: Claas Forke wird des Lagers verwiesen. Er wird aus dem Gewahrsam des Lagers entlassen, bleibt aber in seiner Behausung vor den Palisaden stets unter Bewachung. Sobald nach dem Aufbruch des Eises offenes Wasser vorhanden ist, hat Claas Forke abzureisen. Falls sich irgendein Voyageur ihm anschließen will, so steht ihm dies frei. Doch kann er dann nicht mehr in die Gemeinschaft dieses Lagers zurückkehren. Jedem Voyageur dieses Lagers, der sich Claas Forke anschließen will, wird der bis heute fällige Lohn ausgezahlt werden. Claas Forke darf an Tauschgütern nur mitnehmen, was an Wert dem der Company von ihm gezahlten Bargeld entspricht. Alles, was darüber hinausgeht, wird ihm entschädigungslos abgenommen und den Vorräten der Company wieder zugeführt. Die Pelze, die Claas Forke bisher eingehandelt hat, werden ihm belassen. Das Gericht ist sich bewußt, daß dies Urteil milde ausgefallen ist, doch knüpft es daran die Bedingung, daß Claas Forke sich am Athabasca und im ganzen Pays d'en haut für keinen von uns mehr sehen läßt. Unterwirft er sich dieser Bedingung nicht, so erkläre ich ihn hiermit für vogelfrei und zum Erzfeind eines jeden guten Voyageurs. Männer wie ihn können wir unter uns nicht gebrauchen. Die Versammlung ist geschlossen.«

23

Das Wetter zeigte sich bereit, die Geduld der Leute am oberen Athabasca nicht länger auf die Probe zu stellen. Unerwartet früh brach in diesem Jahre 1802 das Eis auf den Strömen und Bächen. Zwei Nächte zuvor hatte der Wind plötzlich auf

Süd-Ost gedreht und so warme Luft herangeführt, daß die Männer des Lagers bei ihrer Arbeit im Freien nach kurzer Zeit ins Schwitzen gerieten und sich lachend die Pelzjacken auszogen, die ihnen während des langen Winters längst leid geworden waren. Der Schnee sackte von Stunde zu Stunde merklich in sich zusammen. Unter ihm gurgelte es bereits; vielerlei Wässerchen suchten sich auf dem immer noch tiefgefrorenen Boden ihren Weg zum Hochufer oder zu den Bächen, die zum Athabasca hinunterführten. Über dem Eis des Stroms stand schon seit Tagen Schmelzwasser, schließlich fast einen Fuß tief. Dies Wasser setzte sich bereits sachte stromab in Bewegung. Endlich krachte in der dritten Nacht, in der die Lachen auf den Lagergassen nicht mehr von einer dünnen Eisschicht überzogen wurden, mit ungeheurem Getöse, donnernden Kanonenschüssen ähnlich, das Flußeis auf, wurde von der drängenden Strömung hochgehoben, brach, splitterte, schob sich übereinander, knirschend und kreischend, und versuchte, dem Druck des von unten gewaltsam aufquellenden Wassers nachgebend, sich stromab in Gang zu setzen.

Das beinahe unnatürlich warme Wetter hielt an. Die Bäume, die schwarzen Fichten vor allem, hatten längst das letzte Stäubchen Schnee von ihren Zweigen geschüttelt. Hoch über dem weiten Land zogen die Wildgänse nordwärts. Und dann in langgedehnten Pfeilspitz-Reihen die Kraniche – ihr heiserer Gesang verlockte alle in den blaugrau überdunsteten Himmel hinaufzuschauen. Die Graugänse, die Kraniche! Boten, die untrüglich den Frühling verkündeten! Die Häher in den Waldrändern taten sich schon wichtig, ließen das strahlende Blau ihrer Flügel funkeln und warnten mißtönig vor den Menschen, die sich in die dunklen Gründe vorwagten. Durch das Brombeergestrüpp abseits über dem Hochufer flitzten die Zaunkönige wie geflügelte Geschosse und flöteten ihre bescheidene Hochzeitsstrophe so unermüdlich, als hinge das Schicksal der ganzen Welt davon ab, daß sie sich rechtzeitig ihre Nestchen richteten.

Immerhin zeigten sich fünf Voyageurs willens, mit Claas Forke das Lager zu verlassen. Sie ließen keinen Zweifel daran, warum sie dies taten: unter einem Mann wie ihm würde auf die Dauer mehr Geld zu verdienen sein als mit der eintönigen Schinderei in den Diensten der Company. Niemand erhob Widerspruch. Man war im Pays d'en haut, »ohne Kaiser und

König«, wie die Redensart lautete, und jeder durfte tun und lassen, was er wollte, solange er nicht einem anderen in die Quere kam oder die ungeschriebenen Regeln des Anstands und der Ehre verletzte.

Auch die geschäftliche Auseinandersetzung mit Claas Forke bereitete keine ernsthaften Schwierigkeiten. Die Tauschgüter, deren rechtmäßigen Erwerb Claas Forke nicht nachweisen konnte, lagen schließlich an der Schmalwand seiner Hütte gestapelt und sollten noch einmal von Paul Soldat durchgesehen werden, denn er legte großen Wert darauf, dem Eindringling wirklich nur solche Dinge wieder abzunehmen, die unzweifelhaft nicht mit rechten Dingen in seinen Besitz gelangt waren.

Die zweite Nacht nach dem Eisgang brach an. Noch immer trieben riesige Schollen auf dem hochgehenden Wasser flußab. Noch war nicht daran zu denken, daß einem empfindlichen Rindenkanu zugemutet werden durfte, sich zwischen diesen vielfach tonnenschweren und scharfkantigen Eisbrocken einen Weg zu suchen.

Die während des Winters im Fort Contreforts eingehandelten Pelze lagen, zu etwa neunzig Pfund schweren Packs verschnürt, bereit zur großen Reise ostwärts zum Lac Supérieur und weiter – jedoch erst einen Winter später – zum Sankt Lorenz, nach Montréal. Längst waren die Kanubrigaden eingeteilt; jeder Voyageur wußte, in welchem Kanu er die große Reise nach Osten antreten würde und an welchem Platz im Boot. Jeder kannte »seinen« Avant und »seinen« Gouvernail und natürlich auch den Brigadeführer. Schon Walther Corssen hatte es für richtig gehalten, die Brigaden zu je vier oder fünf Kanus unabhängig voneinander auf die weite Reise zu schicken, damit das Mißgeschick oder Ungeschick eines Kanus oder Brigadeführers nicht den ganzen kostbaren Transport aufhielt oder gar in Frage stellte.

Paul Soldat wollte in diesem Jahr besonders sicher gehen. Die Ausbeute des Winters 1801/02 an Pelzen hatte sich am Schluß doch größer und wertvoller erwiesen, als es Paul und Anna zu hoffen gewagt hatten, obwohl Forke soviel wie nur möglich für seine Rechnung »abgezweigt« hatte. Die Rindenkanus der Brigaden waren sorgfältig durchgesehen, wo nötig ausgebessert und kalfatert worden. Noch lagen die Boote auf dem Hochufer des Flusses aufgereiht, denn die

Bootslände wurde vorläufig durch angetriebenes Eis verbarrikadiert. Das Flußeis war ohnehin in diesem Jahr erstaunlich früh auf seine wüste Donner- und Todesfahrt stromab gegangen. Es kam also auf ein paar Tage nicht an. Paul Soldat würde die Boote auf ihre große Reise nach Osten erst abfahren lassen, wenn wirklich überall freies, offenes Wasser zu erwarten war.

Zudem hatte die Gerichtsverhandlung einen Schlußstrich unter die unerfreuliche Affäre Claas Forke gezogen, so daß nun endlich Entschlüsse reifen konnten, die bis dahin hintan gehalten worden waren. Armand Leblois und Nagamoun waren einig. Sie jedoch bestand darauf, daß die Hochzeit, an der auch die Voyageurs teilnehmen sollten, erst stattfinden dürfte, wenn der »böse Mann« endgültig und für alle Zeiten aus dem Gesichtskreis des Handelspostens und – gebe es Gott! – überhaupt aus dem Pays d'en haut verschwunden war. Armand hatte gemeint, daß man nach dem Entscheid gegen Claas Forke nicht weiter auf ihn Rücksicht nehmen sollte. Doch unterwarf er sich der eindringlichen Bitte des geliebten Mädchens.

Paul und Anna waren übereingekommen, daß Armand so früh wie möglich Gelegenheit geboten werden müßte, sich als Begründer eines neuen Handelspostens zu beweisen. Nach allem, was Armand selbst berichtet hatte und was auch sonst im Lauf der letzten Jahre am oberen Athabasca bekanntgeworden war, würde der weitere Vorstoß des Pelzhandels nach Westen mit großer Wahrscheinlichkeit der Route folgen, die von Alexander Mackenzie und seinen Leuten auf tollkühner Reise zum Pazifischen Ozean vorgezeichnet worden war, das heißt vom Oberlauf des Peace-Flusses vorstoßend und nicht vom oberen Athabasca. Armand würde sich also zum Peace River auf den Weg machen, am Mittellauf des Flusses die Lage erkunden müssen und sich schließlich weiter stromauf festsetzen, vielleicht an jenem Platz, von dem aus Alexander Mackenzie seine große Fahrt begonnen hatte. Es empfahl sich, daß Armand sich für den ersten Abschnitt seiner Reise zum mittleren Peace – am besten wohl über den Wabasca – den Kanubrigaden anschloß, welche die kostbare Ausbeute des vergangenen Winters nach Osten schaffen sollten. Mehr als drei Voyageurs konnte Paul Soldat jedoch nicht freigeben. Armands Kanu würde also nur über eine schwache Mannschaft verfügen, selbst wenn man Nagamoun als vollgültigen Ruderer mit einrechnete. Das Boot würde mit Proviant, vor allem aber einer möglichst vielfältigen Ladung an Tauschgütern bis zur Grenze seiner Tragfähigkeit belastet sein. Es empfahl sich also, Armands Kanu im Verband der ersten Brigade abfahren zu lassen, damit sich Boot und Mannschaft bewähren und notfalls Hilfe finden konnten.

Wieder war es Nagamoun, die einen besonderen Wunsch laut werden ließ, dem weder ihr Vater noch Armand sich schließlich widersetzten, leuchtete er ihnen doch nach einiger Überlegung ein. Nagamoun hatte darum gebeten, das Hochzeitsfest am letzten Tage vor der Abfahrt der Kanubrigaden zu feiern, damit dann auch Armands und ihr Kanu schon vor Tau und Tag des darauffolgenden Morgens auf den dunklen, hochgehenden Wassern des Athabasca nach einem letzten, schnellen Lebewohl davonglitte. Mit Armand im Kanu, auf dem Weg in die eigene neue Zukunft – das, so wollte es Nagamoun, sollte sich ohne Übergang an die Feier anschließen, die noch im Bereich der Eltern liegen würde. Über der ersten Nacht dann, die Armand und ihr allein gehören würde, sollte sich die ungeheure Stille der Wildnis wölben, abgeschirmt nur durch die dünne Wand eines Zeltes – und nicht einmal dies, wenn das Wetter es erlauben sollte. Was hätte Armand anders tun können, als sich diesen zärtlich scheuen Wünschen und Träumen der Geliebten zu unterwerfen.

Jedermann im Fort Contreforts hatte noch hunderterlei zu verrichten in den letzten Tagen vor der Abreise. Weder Paul Soldat noch Basil Caron, erst recht nicht Armand fanden Zeit, sich darum zu kümmern, ob Claas Forke weiter so streng bewacht wurde, wie das Gericht es angeordnet hatte. Der Mann, der den Frieden des Postens gestört hatte, gehörte der Gemeinschaft nicht mehr an. Am einfachsten war es, von ihm und seinen Kumpanen keine Notiz mehr zu nehmen.

Noch segelte im Strom das Eis in großen und kleinen Schollen unablässig und eilig vorbei. Der Strom war stark geschwollen und füllte sein Bett bis an den unteren Rand des Hochufers. Wahrscheinlich drängten bereits die Schmelzwasser aus dem Gebirge gewaltig von Westen her nach. Noch hatte Paul Soldat den Tag des Aufbruchs der Kanu-Flottille nicht festgesetzt – und damit auch der Hochzeit seiner Tochter mit Armand. Paul wollte weder das junge Paar noch die Pelze, die er eingehandelt hatte, durch das Eis gefährden; es durfte ihm auf ein paar Tage mehr oder weniger nicht ankommen.

Die Leute im Fort Contreforts hätten es voraussehen sollen, aber sie taten es nicht: So geschah es denn, daß schon in der dritten Nacht nach dem Eisgang Claas Forke mit den Voyageurs, die sich ihm angeschlossen hatten, ohne Abschied verschwand. Und es verstand sich beinahe von selbst, daß er den kleinen Berg von Tauschgütern, die eigentlich dem Warenlager der Company hätten zurückerstattet werden müssen, wieder an sich genommen, in sein Boot geladen hatte und ohne einen Laut, ohne daß auch nur ein einziger Indianerhund gebellt hätte, abgefahren war – niemand wußte anzugeben, ob er sich gegen oder mit der Strömung des Athabasca auf die Reise gemacht hatte und welches Ziel ihm vorschwebte.

Paul Soldat zuckte nur die Achseln, als ihm gemeldet wurde, daß Claas Forke über Nacht das Weite gesucht und mitgenommen hätte, was ihm sicherlich nicht gehörte. Endlich war man den Burschen los; er hatte sich erneut etwas zuschulden kommen lassen; man würde ihn, wo man ihn auch traf, von neuem belangen können. Nicht nur Paul Soldat, sondern die Voyageurs allesamt atmeten auf. Es war ihnen in Fleisch und Blut übergegangen, daß man sich in den kleinen Gemeinschaften des Pays d'en haut, weltverloren im herren- und wegelosen Indianerland, anständig zu benehmen hatte, wenn das Leben in den langen Nächten und harten Tagen des Winters und auf den gefahrvollen und unerhört anstrengenden Kanureisen des Sommers überhaupt zu ertragen sein sollte.

Nagamoun erschien auf unbegreifliche Weise erleichtert, nachdem Claas Forke mit seinem unehrlichen Abschied nochmals bewiesen hatte, daß er der war, für den man ihn gehalten hatte. Sie sagte zu Armand: »Der ist uns endlich aus den Augen! Ich bin wieder froh. Die Gefahr ist vorbei. Jetzt brauchen wir nur noch an uns zu denken.«

Ganz begriff Armand diese Worte nicht. Aber er war's zufrieden.

Anna hatte Nagamoun lächelnd auseinandergesetzt: »Sieh, mein liebes Mädchen, ihr werdet genauso heiraten müssen wie Paul und ich. Anders geht es hier nicht. Wenn ihr später einmal nach Osten fahren solltet und vielleicht in Grand Portage ein Priester aufzutreiben ist, sicherlich nur ein katholischer, dann könnt ihr euch auf christliche Weise nachträglich trauen lassen. Damit eure Kinder auch in der weißen Welt sich mit Fug und Recht eure Kinder nennen dürfen. Genaugenommen ist das alles nicht sehr wichtig. Wir hier im Indianerland nehmen entweder ernst, was wir tun, und dann braucht kein Priester es zu segnen, oder wir nehmen es nicht ernst, dann hilft uns der Priester auch nichts. Für das ganze Pays d'en haut werdet ihr Mann und Frau sein, und keiner wird wagen, es anzuzweifeln.«

Nagamoun hatte ebenso heiter geantwortet: »Warum nicht auf indianisch, Mama! Das Indianische gehört zu mir genauso wie das Weiße. Und Armand will es nicht anders haben. Er wird an meinen Vater das Brautgeld zahlen müssen, damit Armands Sippe, das heißt du und dein in Montréal lebender Bruder William, mich richtig erworben haben. Und meine Sippe muß sich auch einverstanden erklären. Aber die besteht ja nur aus meinem Vater und mir. Er ist einverstanden, und ich bin es erst recht.«

Sie lächelte tiefer und blickte Anna so strahlend an, daß der alternden Frau warm ums Herz wurde. Nagamoun fuhr fort: »Ach, Mama, das ist ja nur ein Spiel, damit die Voyageurs ihren Spaß haben. Und das sollen sie, am letzten Tag bevor sie auf die lange Reise gehen zum Oberen See. Und natürlich müssen wir dann, Armand und ich, je ein paar Tropfen Blut in einen Becher mit Brandy rinnen lassen, wie es unter den Indianern neuerdings Sitte geworden ist; früher gab es ja bei ihnen keinen Alkohol; Armand und ich werden den Becher je zur Hälfte austrinken und sind dann für den Rest unseres Lebens aus einem Blut. Wir sind das ja sowieso; aber es ist schön, wenn es bei besonderen Gelegenheiten ein wenig feierlich und geheimnisvoll zugeht, denn, Mama, Mann und Frau, das ist immer feierlich und geheimnisvoll, und ich glaube hier im Pays d'en haut ganz besonders!«

Am dritten Tag, nachdem sich Claas Forke weggeschlichen hatte, brandete plötzlich wie aus dem Nichts in einer wahrhaft himmlischen Woge von Herrlichkeit der volle Frühling über den Einöden auf. So überwältigend strahlte an diesem Tage die Sonne vom wolkenlosen Himmel, so wunderbar weich und duftend – und warm vor allem – strömte die Luft aus Südost heran, daß überall im Lager die kleinen Fenster und

Türen weit aufgerissen wurden, um so köstlichem Labsal Eingang zu verschaffen und die letzte Kälte und Muffigkeit des vergangenen Winters aus jedem Winkel zu vertreiben. So hastig war der letzte Schnee geschmolzen, vom starken Gestirn des Tages aufgeleckt, daß es die Schwarzamseln schon lohnend fanden, durch die Reste des noch dicht an den Boden gepreßten vorjährigen Grases zu hüpfen, um hier und da mit energischen Hammerschlägen ihres Schnabels irgend etwas unwahrscheinlich Nahrhaftes zwischen den braunen und grünen Halmen aufzupicken. Ja, mit so gewaltiger Macht hatte der Frühling seine schimmernden Banner aufgerichtet, daß die Menschen im Fort Contreforts durch die von allen Seiten auf sie eindringende Pracht und Süße wie in einen leichten Rausch versetzt wurden.

Es stand nun fest, und Paul hatte es in jedem der Schlafhäuser für die Voyageurs ansagen lassen: In drei Tagen sollte vom ganzen Lager die Hochzeit des Armand Leblois mit Nagamoun Soldat gefeiert werden. Alle Vorbereitungen für die Abreise der mit den Pelzen des Postens beladenen Kanus und des Kanus von Armand und Nagamoun und ihrer Leute wären schon am Tage vor der Hochzeit unbedingt zum Abschluß zu bringen; am Festtage selbst sollte nicht mehr gearbeitet, sondern nur noch gegessen, getrunken, getanzt und gefeiert werden; allesamt wollten sie dann die große Ronde tanzen, die ganze Nacht hindurch um ein großes Freudenfeuer inmitten des Hauptplatzes der Niederlassung vor dem Haupthaus. In der zweiten oder dritten Stunde nach Mitternacht, wenn man sich müde getrunken und getanzt hatte, sollten die an der Bootslände schon bereitliegenden und fertig gepackten zwei Dutzend Kanus der sechs Brigaden des Forts Contreforts bestiegen werden, um noch, wie es der Weise der Voyageurs entsprach, vor dem ersten Morgengrauen die Höhe des großen Stroms zu erreichen und mit den gleichmäßig durchs Wasser gestemmten Paddeln die über tausend Meilen lange Reise zu den Großen Seen anzutreten und – Paul hatte nicht versäumt, auch dies den Voyageurs noch einmal ans Herz zu legen – um dem jungen Paar mit seinen Helfern für ein paar Tage das Geleit zu geben, bis es sich an der Einmündung des La Biche in den Athabasca von den Brigaden absetzen würde, um am oberen Peace einen neuen Handelsposten für die Company, seinen eigenen ersten Posten, zu begründen, für den schon jetzt der neue Name feststand: Fort Nagamoun!

Damit hatte Paul Soldat zunächst den Voyageurs und seinen Pflichten als Postenchef und Lagerleiter Genüge getan. Doch wollte es ihm im geheimen so vorkommen, als fehlte noch etwas sehr Wesentliches, als müßte er sich selbst etwas Tröstliches antun.

Er, Paul, würde in diesem Jahr 1802 nun 63 Jahre alt werden. Das war eine nicht unbeträchtliche Lebensspanne für die Leute im Pays d'en haut, wo, wie die Erfahrung lehrte, mehr als jeder zweite weit vor dem biblischen Alter das Zeitliche, wenn auch nicht segnete, so doch notgedrungen aufgab: Sei es, daß er in den Stromschnellen der ungebändigten Gewässer umkam, sei es, daß ihn einer der plötzlichen tückischen Stürme auf den vielen Seen überraschte und ertränkte, oder daß er in einem Kampf mit Bären oder Wölfen den kürzeren zog, es sei denn, daß ihn eine der unerklärlichen Krankheiten anfiel und die Männer ihn am Ufer eines gleichmütig vorbeischäumenden Flusses unter ein Kreuz aus Birkenstämmchen legten, das vielleicht schon vom Schnee und dem Eis des nächsten Winters zu Fall gebracht wurde. Nun sollte er seine kleine Nagamoun, an die er so viel Liebe gewendet hatte und die doch stets in ein seltsam eigenes, nie ganz durchschaubares Wesen eingeschlossen blieb, nun sollte er also dies Kind, dem er hatte Vater und Mutter zugleich sein müssen, an Armand verlieren. Es mochten Jahre vergehen, ehe er sie wiedersehen würde – wenn ihm solches überhaupt noch beschieden war. So nahm er also, als der Frühling mit einem leuchtenden Fanfarenstoß das allergoldenste Wetter aufgetan hatte – einen Tag vor jenem, für den die Hochzeit angesetzt war – seine Tochter beiseite und fragte auf eine merkwürdig schüchterne Weise, von der Nagamoun unwiderstehlich zu Tränen gerührt wurde:

»Mein liebes Kind, du wirst uns bald verlassen. Seit du geboren bist, habe ich dich nur selten einmal für längere Zeit zu entbehren brauchen. Wir sind immer gut miteinander ausgekommen, wenn du auch manchmal deinen eigenen Kopf aufgesetzt hast; aber es war eigentlich immer, muß ich schon sagen, ein kluger Kopf, und man konnte dich trotz aller Bedenken, die man als Vater haben muß, gewähren lassen. Für dich hat es immer festgestanden, daß Armand dein Mann sein würde. – Und ich, der arme Vater, konnte sehen, wo ich bleibe. Liebe Nagamoun, ehe du mir genommen wirst, möchte ich gern noch einmal einen ganzen Tag mit dir allein sein oder doch wenigstens einige Stunden. Wir haben eure Abreise gründlich vorbereitet. Und wenn noch etwas zu versehen sein sollte, dann werden sicherlich Tante Anna und Armand auch ohne uns damit fertig werden. Wie wär's: Wir nehmen ein leichtes Kanu und fahren zwei oder drei Meilen stromauf, um in aller Ruhe zu fischen. Ein paar Dutzend guter Forellen, Weißfische oder Hechte – oder was uns sonst noch an die Angel geht – werden für den Festtag sehr willkommen sein.«

Im Gesicht des Mannes stand bei dieser Rede soviel Zärtlichkeit und Trauer, daß Nagamoun ihm die Arme um den Hals legte und ihr Gesicht an das seine drückte; sie flüsterte: »Lieber Vater, das ist wunderbar! Das machen wir! Gut, daß du daran gedacht hast! Ich habe mich auch gefragt, wie man es einrichten könnte, daß wir noch einmal ungestört beisammen sind. Aber ich meinte, ich dürfte es dir nicht zumuten, denn du hast vor der Abfahrt der Pelzbrigaden alle Hände voll zu tun. Natürlich bin ich einverstanden. Morgen in aller Frühe fahren wir stromauf, und wenn uns keine Fische an die Angel gehen, so macht das nichts aus, denn worauf es ankommt, ist nur, daß wir noch einmal zusammen sind wie in alten Zeiten, als du mich versorgtest, wie ich gar nicht besser hätte versorgt sein können.«

Sie lächelten sich an, der alte Mann, der längst wußte, was Abschied bedeutet, und die strahlende junge Frau, die ihrer Kraft und ihrer Liebe gewiß einer Zukunft voll goldener Versprechungen entgegenbebte.

Die Nacht vor dem Ausflug hatte gläsern und klar und still ihre Sternenkuppel über den Einöden kreisen lassen. Die Wärme des vergangenen Tages hatte sich bald in die Weiten des nächtlichen Raumes verflüchtigt. Es fehlte nicht viel, und es hätte gegen Morgen wieder Frost gegeben. Paul Soldat und Nagamoun hatten also noch einmal die winterlichen Pelze angelegt, bevor sie sich dem leichten Jagdkanu anvertrauten, um, solange noch die Sterne die stille Welt regierten, einige Meilen den Athabasca stromauf zu paddeln, dann in einer Bucht mit ruhigem Wasser die Angel auszuwerfen. Der Morgen und

Vormittag dieses Tages sollte den beiden ganz allein gehören. Weder Anna noch Armand waren aufgestanden, um Vater und Tochter das Hochufer hinunter zur Bootslände zu begleiten, um vielleicht bei der Abfahrt behilflich zu sein. Auch sonst rührte sich nichts im Lager, als Paul und Nagamoun sich leise aufmachten, das Tor in den Palisaden zu durchschreiten und über den breit ausgetretenen, abschüssigen Pfad vom Hochufer zum leise unruhigen Wasser des Flusses hinunter zu stapfen, wo sie ihr kleines Boot schon am Abend zuvor bereitgelegt hatten.

Niemand also war Zeuge, als die beiden noch in der Dunkelheit ihr Boot bestiegen, es vom Ufer abdrückten, seine Nase stromauf wandten, um es dann mit harten, schnellen Schlägen der Paddel gegen die dicht hinter dem Ufer nur sachte ziehende Strömung voranzutreiben, bis die nächste Biegung des Stroms sie den Augen der Nachschauenden entzogen hätte, hätte es sie gegeben. Es gab sie jedoch nicht.

So wußte später keiner im einzelnen zu berichten, wie Vater und Tochter in aller Herrgottsfrühe zum Fischfang aufgebrochen waren und die Wasserfahrt begonnen hatten, die ihre letzte sein sollte.

24

Absichtlich hatten weder Anna noch Armand sich bei Vater oder Tochter danach erkundigt, wann sie wohl genug gefischt haben und wieder zum Fort zurückkehren würden. Die beiden sollten an diesem Tage vor der Hochzeit allein ihrer Lust und Laune überlassen bleiben. Anna hatte gemeint, daß die beiden wohl spätestens gegen Mittag wieder heimkehren würden. Dann würde die Sonne in dem schattenlosen Kanu allzu heiß für sie werden und das ruhelose Gleißen des Wassers den Augen schier unerträglich.

Von einer seltsamen Unruhe getrieben, begab sich Anna noch vor dem Mittag an den Rand des Hochufers außerhalb der Palisaden, um den Strom hinauf und hinunter zu blicken – vielleicht war das Kanu schon in der Ferne auszumachen.

Sie wunderte sich nicht, als sich nach wenigen Minuten Armand zu ihr gesellte. Mutter und Sohn begrüßten einander nicht. Anna sagte wie zu sich selbst: »Sie müßten jetzt eigentlich von ihrem Ausflug genug bekommen haben. Wenn es so hell und heiß ist wie jetzt, beißen die Fische nicht mehr.«

Armand erwiderte – auch er halb abwesend: »Vielleicht sind sie zwischendurch an Land gegangen, Mutter, und rösten sich einen Fisch. Warum sollen sie diesen letzten Tag nicht genießen.«

Er richtete sich plötzlich auf und starrte angestrengt stromauf. »Ich glaube, sie kommen. Siehst du den schwarzen Punkt auf dem Wasser, Mutter? Das kann nur ein Boot sein.«

Ein Boot war es ganz gewiß, was sonst sollte es sein! Doch näherte es sich nur langsam, so als triebe es mit der Strömung und würde nicht durch die Ruderer bewegt.

Basil Caron hatte sich eingefunden. Drei weitere Voyageurs tauchten auf und blickten ebenfalls dem sachte sich nähernden Fahrzeug entgegen.

Schon war zu erkennen: ein Kanu war es ganz gewiß, das da herantrieb, aber es schien nicht von Ruderern besetzt zu sein, denn über seine Borde ragte keine das Paddel schwingende Gestalt hinaus. Ein leeres Kanu also? Nein, denn dann hätte ein so kleines, leichtes Kanu wie dieses wesentlich höher im Wasser liegen müssen. Die kundigen Beobachter am Land begriffen sofort: Das Boot war beschwert; die Last mußte flach auf dem Boden des Fahrzeugs lagern.

Basil Caron erfaßte es als erster; er rief: »Heilige Mutter Gottes, das ist das Jagdkanu, das sich gestern Abend Paul und Nagamoun bereitgemacht haben, um heute früh damit fischen zu fahren.«

Armand schrie: »Wir müssen das Boot einfangen. Schnell! Wir nehmen eins der großen Kanus und fangen das Jagdkanu ab.«

Die Männer stürmten zur Bootslände hinunter, hatten im Nu eines der großen Boote, die für die Pelzbrigaden bereitlagen, ins Wasser geschoben, sprangen hinein und schossen auf den Strom hinaus. Anna blieb allein auf dem Hochufer zurück. Die Füße waren ihr plötzlich schwer wie Blei. Was hatte sich da ereignet? Etwas Furchtbares mußte geschehen sein. Ich will es gar nicht wissen, dachte sie, denn es läßt sich nicht ungeschehen machen. Aber ich weiß es.

Sie wankte ins Fort zurück, begab sich ohne einen klaren

Gedanken in den Anbau am Haupthaus der Niederlassung, Pauls und ihr Privatquartier, schloß die Tür hinter sich, hockte sich auf den Bettrand mit im Schoß verkrampften Händen und war zu keinem Gedanken mehr fähig. Sie wartete darauf, daß der Blitz aus dem heiter schimmernden Himmel dieses Maientags herniederfahren – und sie treffen würde.

Nur mühsam brachten die Voyageurs die beiden Leichen aus dem Kanu über den steilen Anstieg zum Hochufer hinauf und legten sie innerhalb der Palisaden auf dem großen Platz vor dem Haupthaus ins fahlgrüne Gras, das vom vergangenen Schnee noch immer an den Boden gedrückt war, betteten die beiden Toten neben den gewaltigen Holzstoß, der schon getürmt war, um am Abend des Hochzeitstages entzündet zu werden und den Voyageurs als Mitte für die große Ronde zu dienen, die sie zur Feier ihres Abschieds vom oberen Athabasca und zum Lobe des Hochzeitspaares zu tanzen vorhatten.

Armand war keines einzigen Wortes mehr fähig gewesen, seit er entdeckt hatte, welche Last das stromab treibende Jagdkanu zwischen seinen Wänden aus Birkenrinde verborgen hatte. Er beteiligte sich auch nicht daran, die Leichen an Land zu heben und zum Fort hinaufzutragen. Viele Voyageurs hatten zugegriffen; niemand hatte dem jungen Maître zugemutet, mit Hand anzulegen.

Es bedurfte keiner langen Untersuchung, um festzustellen, wie Vater und Tochter umgekommen waren. Paul war von einem Schuß von hinten zwischen den Schultern genau ins Rückgrat getroffen worden und hatte sicherlich auf der Stelle den Geist aufgegeben. Nagamoun aber war durch einen fürchterlichen Schlag auf den Hinterkopf getötet worden. Dort war nichts weiter zu erkennen als eine grausige Masse aus Haar, Blut und Hirn. Nagamouns Antlitz jedoch war unversehrt. Ihre Augen waren geschlossen. Ihre Lippen fest zusammengepreßt, die Nasenflügel gebläht. Ein entsetzlicher, wahrhaft tödlicher Ernst war über ihre Züge gebreitet. Die unerhörte Schönheit dieses Gesichts zeigte sich so vollkommen wie nie zuvor im Leben, doch zur Maske erstarrt; niemand vermochte länger als ein paar Herzschläge lang in dies überirdisch fremdartige, entrückte Antlitz zu blicken.

Armand raffte sich auf: Er mußte die Mutter suchen und ihr berichten, was dies mitten auf dem Strom abgefangene Kanu an blutiger Fracht getragen hatte. Er fand seine Mutter in ihrem ehelichen Schlafraum immer noch auf dem Bettrand hockend. Er ließ sich sachte neben ihr nieder und legte ihr den Arm um die Schulter. Anna flüsterte heiser: »Du brauchst es mir nicht zu sagen, Armand. Sie sind beide tot.«

Dann löste sich ihre Starre in einen Tränenstrom. Armand merkte gar nicht, daß auch ihm die Tränen über das Gesicht rannen, unaufhaltsam, als wollten sie niemals mehr aufhören zu rinnen.

Lange saßen Mutter und Sohn beieinander und trösteten sich, indem jeder des anderen Nähe fühlte.

Armand hob den Kopf. Wurde nicht draußen sein Name gerufen? Sachte bettete er seine Mutter auf das Lager. Anna ließ es willenlos geschehen, als wäre alle Kraft aus ihren Gliedern gewichen. Unter den geschlossenen Lidern drängten immer noch die Tränen hervor. Sie wird jetzt einschlafen, dachte Armand, schlich leise in den großen Hauptraum des Hauses hinüber und trat vor die Tür. Die Menge der Voyageurs, die sich auf dem Vorplatz gesammelt hatte, teilte sich wie auf ein Kommando und gab Armand den Blick zu der Stelle frei, an welcher die Leichen Paul Soldats und seiner Tochter ins Gras gebettet waren.

Jetzt aber lag neben diesen beiden Körpern, wenn auch im Abstand von ein, zwei Schritten, ein weiterer regloser Leib. Armand erkannte, wer dort auf das winterlich fahle Gras gestreckt lag; er wollte seinen Augen nicht trauen und mußte es doch, als er langsam durch die Gasse, die sich ihm zwischen den Voyageurs geöffnet hatte, näher herzuschritt: Es war Claas Forke, der da lag.

Paul Soldat und Nagamoun wurden auf einem freigeschlagenen Platz über dem Hochufer bestattet. Von dort aus schweifte weit der Blick über den Strom hinweg und die Wälderödnis jenseits davon zu fern sich verlierenden, bläulich umdunsteten Hügeln bis hin zu den wie ein Traum so zarten, nur wie hingehauchten Umrissen des Hochgebirges am äußersten Horizont. Nur bei klarstem Wetter, wenn der Föhn von Westen her ins Land blies, wurde das Gebirge sichtbar. So an diesem Tage des Begräbnisses, an dem die Kanubrigaden sich eigentlich hätten in Marsch setzen sollen, das junge Paar auf die Reise zum oberen Peace River zu geleiten.

Zwei hohe Hügel aus Steinen und Felsbrocken wurden über den Gräbern aufgetürmt. Ein großer über der Ruhestatt Paul Soldats, ein kleinerer über dem Grab Nagamouns. Die Voyageurs hatten darauf bestanden, daß Claas Forke kein ehrliches Begräbnis zugebilligt wurde. Am grimmigsten hatten dies die Männer gefordert, die sich ihm eine Woche zuvor angeschlossen und bei Nacht und ohne Abschied das Lager verlassen hatten. Also war Claas Forke ein schwerer Stein um den Hals und ein anderer an die zusammengeschnürten Füße gebunden worden. Dann hatten die Männer, die sich ihm als Voyageurs verdungen hatten, die von ihrem Blut nicht gereinigte Leiche in eins der großen Kanus geladen, waren stromauf gepaddelt, bis das Fort außer Sicht war, und hatten den schweren Leichnam über Bord geworfen – wobei sie beinahe gekentert wären.

Merkwürdig gleichgültig, mit einem auf unheimliche Weise versteinerten Gesicht hatte Anna das Begräbnis ihres Mannes und seiner Tochter über sich ergehen lassen. Niemand wagte das Wort an sie zu richten, um ihr sein Beileid auszudrücken. Sie zog sich, ohne jemand angesehen zu haben, so als gäbe es auf der Welt nichts weiter als sie selbst und ihren Jammer, in die beiden kleinen Wohnräume hinter dem Haupthaus zurück, die Paul Soldats und ihr Quartier gewesen waren. Niemand wagte, sie dort zu stören. Der sonst im Fort herrschende unbekümmerte Lärm war verstummt. Jedermann bewegte sich leise, und wer etwas zu sagen hatte, der tat es mit gedämpfter Stimme. Armand jedoch erlebte, wahrscheinlich zum erstenmal in seinem jungen Leben, daß Arbeit und Geschäfte weiterlaufen, daß sie vorangebracht werden müssen, auch wenn das Herz nur aus einer einzigen Wunde zu bestehen scheint. Als verstände es sich von selbst, war die Befehlsgewalt im Fort auf Armand Leblois übergegangen.

Basil Caron machte es dem jungen Manne mit wenigen Worten klar: »Armand, deine Mutter ist nicht ansprechbar. Wer weiß, wie lange noch. Ich wüßte natürlich genau, was jetzt veranlaßt werden muß. Aber in den Augen der Voyageurs bin ich nur einer der ihren und kann höchstens etwas empfehlen, weil ich älter bin. Aber ich kann nichts befehlen. Du bist von der Company ausgebildet worden, warst in Montréal und sogar in London. Du wirst früher oder später Hauptagent der Company werden, wie es dein Vater war, dann deine Mutter und schließlich ihr zweiter Mann. Du hast die nötigen Anweisungen zu erteilen; es wird dir jedermann gehorchen. Armand, das wichtigste ist, die Kanubrigaden mit den Pelzen auf den Weg zu bringen. Es darf kein weiterer Tag vertrödelt werden. Du mußt bekanntgeben, daß die Abfahrt auf übermorgen früh um die dritte Stunde angesetzt ist. Jedermann wird dir dankbar sein, daß damit die Dinge wieder ins Lot kommen, er diesen Ort des Schreckens hinter sich zurücklassen kann und der Alltag wieder in sein Recht tritt.«

Armand raffte sich zusammen und fragte: »Du selbst bleibst hier, Basil?«

»Gewiß, Armand, das war schon ausgemacht. Auch Jules Pradier geht nicht mit auf die große Reise und vier, fünf andere ebenfalls nicht. Wenn die Brigaden erst abgefahren sind, werden wir uns überlegen müssen, was hier weiter zu geschehen hat.«

Armand wollte wissen: »Was wird aus den Voyageurs, die sich für Claas Forke entschieden hatten, die uns seinen Leichnam brachten und ihn schließlich wie Unrat in den Fluß warfen?«

Basil bekannte, daß er anstelle Armands die Sache bereits entschieden hatte: »Die Burschen haben sich der Company gegenüber nichts zuschulden kommen lassen, was der Rede wert wäre. Und sie haben schließlich dem Gesetz des Indianerlandes Geltung verschafft. Hätten sie das nicht getan, so würden wir uns jetzt auf die Spur des Claas Forke setzen müssen, du, ich und Jules und vor allem auch Mes Coh Thoutin. Ich habe sie und ihr Kanu mit der Ladung, die ohnehin der Company zustand, in die fünfte Brigade eingereiht, die ja um ein Boot kleiner war als die übrigen Brigaden. Ich hoffe, Armand, du bist damit einverstanden.«

Armand war mit allem einverstanden. So lösten sich also gegen Ende einer schon erblassenden Sternennacht die Kanus von der Bootslände des Fort Contreforts – ohne Gesang diesmal, ohne den Lärm und die lauten Freudenrufe, die sonst den Beginn der großen Fahrt begleiteten. Die Pelze, die im Winter eingehandelt waren, in den ersten Tagen des Frühlings ostwärts auf den Weg zu bringen, bildete die wichtigste Aufgabe der Handelsposten der Company; sie mußte erfüllt werden, auch wenn die Herzen der Voyageurs von Kummer und Elend erfüllt waren.

Basil Caron hatte längst begriffen, wie es zu der Katastrophe gekommen war, die drei Menschenleben gefordert hatte. Doch drängte er sich Armand mit seiner Kenntnis nicht auf. Irgendwann würde Armand zu wissen begehren, was eigentlich passiert wäre. Auch Anna würde sich früher oder später wieder fassen und in allen Einzelheiten erfahren wollen, wie die Geschehnisse zusammenhingen. Im Pays d'en haut gab es keine Ausflüchte. Die Härte und Unberechenbarkeit des Schicksals in den Einöden war nur zu ertragen, wenn man sich ihrer jederzeit bewußt blieb und sich nicht davor fürchtete.

Basil Caron hatte die Voyageurs Claas Forkes mit schonungsloser Gründlichkeit befragt. Anna und Armand wären dazu so kurze Zeit nach der Katastrophe nicht fähig gewesen. Basil aber wollte imstande sein, der von ihm verehrten Anna und dem jungen Armand zuverlässige Auskunft zu geben, wenn sie früher oder später wissen wollten, wie es zu dem Unheil gekommen war, einem Unheil – daran hegte Caron bald keinen Zweifel mehr –, das den Fortbestand des Fort Contreforts überhaupt in Frage stellte.

Folgendes hatte sich also wenige Meilen oberhalb des Forts, jedoch von niemand vorausgesehen oder auch nur geahnt, am Südufer des glasig klaren, unermüdlich wandernden Athabasca abgespielt:

Claas Forke hatte in jener Nacht und in großer Heimlichkeit mit seinen Gefährten das Kanu bestiegen und Kurs stromauf genommen, ohne daß dies irgendwer im Fort wahrgenommen hätte. Das Kanu war bis an den Rand seiner Tragfähigkeit beladen gewesen. Die Ruderer hatten nicht gewußt, daß der größere Teil der im Kanu verladenen Tauschgüter der Company listig entwendet worden war. Dies begriffen sie erst nach der Katastrophe.

Claas Forke hatte seinen Leuten erklärt: »Sie werden natürlich glauben, daß wir uns stromab in Marsch gesetzt haben. Sie glauben auch an die Wirkung ihres Befehls, nach welchem ich das Pays d'en haut so schnell wie möglich zu verlassen habe. Aber ich erkenne das Gericht nicht an, und zu befehlen haben sie uns gar nichts. Wir fahren zum oberen Peace, wohin auch Armand gehen will, wenn er seine Métisse geheiratet hat. Dort werden wir uns einen Platz aussuchen, der günstiger gelegen sein wird als der Armands. Zuvor müssen wir natürlich wissen, wo er sich ansiedeln will. Wir werden uns also nur wenige Meilen stromauf vom Fort Contreforts entfernen, dort in einer geschützten Bucht an Land gehen und das Kanu in den Busch tragen, so daß vom Wasser her keine Spur von uns zu bemerken ist. Tag für Tag wird einer von uns den Fluß entlang in die Nähe des Forts vorrücken, ungesehen natürlich, um zu beobachten, wann sich die Kanubrigaden in Marsch setzen. Dann gehen wir noch in der gleichen oder der nächsten Nacht ebenfalls auf die Reise zum Peace, folgen also Armand. Doch holen wir ihn erst ein, wenn er sich von den Kanubrigaden an der Mündung des La Biche getrennt hat und allein unterwegs ist. Er kann nicht verhindern, daß wir neben seinem Nachtlager auch unser Lager aufschlagen. Wir werden ja sehen, wie er sich dann benimmt. Ist er freundlich und nachgiebig und schließt sich uns an, gut! Ist er es nicht, so werden wir andere Seiten aufziehen müssen.«

So etwa hatte Claas Forke den Voyageurs seine Absicht erklärt. Sehr wohl war seinen Leuten dabei nicht gewesen. Sie hätten es vorgezogen, einen weiten Abstand zwischen sich und Fort Contreforts zu legen und keinen seiner Leute mehr zu Gesicht zu bekommen. Doch nun waren sie einmal mit Claas Forke unterwegs, hatten die Beziehungen zur Company gelöst; es blieb ihnen nichts übrig, als den Weisungen ihres neuen Maître zu folgen. Noch weniger gefiel es ihnen, daß Claas Forke während der Tage, die sie wartend im Busch verbrachten, mit unverhülltem Haß einige dunkle Andeutungen machte, offenbar mehr aus Versehen als mit Absicht:

»Der mir alles verdorben hat, das ist niemand anders als Paul Soldat, dieser Bursche, der sich an meine Stelle gesetzt hat, um die Früchte meiner eigenen harten Arbeit von Jahren einzuheimsen. Den möchte ich mal zu fassen kriegen, ohne daß ein Dutzend Männer dabei sind, ihm beizuspringen. Der hat mir keine Gnade bewiesen, und ich würde ihm auch keinen Pardon geben, das weiß der Teufel!«

Und dann hatte es ein sinnloser Zufall so gefügt, daß gerade in jener Bucht, an deren Rand sich Claas Forke und seine Leute samt ihrem Kanu im Busch verborgen hielten, eines frühen Morgens Paul Soldat und Nagamoun auftauchten, ihr Boot an langer Leine am Ufer festbanden und sich dann sachte hinaustreiben ließen, um zu fischen.

Claas Forkes Männer hatten sich gesagt: Wir brauchen uns

nur ruhig zu verhalten, dann bemerken uns die beiden draußen auf dem Wasser nicht. Wenn die Sonne höher steht und die Fische nicht mehr beißen, werden die beiden ihre Leine einholen und sich wieder auf den Rückweg zum Fort machen. Claas Forke hatte sich an diesen Erwägungen der Männer mit keinem Wort beteiligt, abseits auf einen gestürzten Baum gesetzt und vor sich hin gestarrt, machmal leise Worte vor sich hin murmelnd, deren Sinn niemand verstand. Dann war er plötzlich aufgestanden, hatte seine Flinte unter den Arm genommen, erklärt, daß er jagen gehen wolle, und war verschwunden. Nicht allzu lange Zeit danach waren Forkes Voyageurs in ihrem Versteck durch einen Schuß aufgeschreckt worden und gleich darauf durch den gellenden Aufschrei einer weiblichen Stimme vom Wasser her.

Es hielt die Männer nicht länger in ihrem Versteck. Sie hasteten zum Ufer des Stroms hinunter und sahen: In dem Jagdkanu draußen in der Bucht, von dem aus Paul Soldat und Nagamoun gefischt hatten, saß nur noch das Mädchen aufrecht. Doch erkannten die erfahrenen Kanuleute sogleich, daß das Heck des Bootes nach wie vor belastet war; das konnte nur damit erklärt werden, daß der zweite Ruderer im Boot, Paul Soldat, von der schmalen Ruderbank gefallen war und am Boden des Bootes lag.

Jemand hatte sich der Leine bemächtigt, die das Boot weit draußen in der nur sachte in die Bucht eindringenden Strömung festgehalten hatte, und zog das Boot vom offenen Wasser ans Ufer. Das Mädchen hatte zum Paddel gegriffen und versuchte das Kanu gegen den Zug der Leine ins offene Wasser zu treiben. Aber dazu reichte seine Kraft nicht aus. Das Boot wurde unaufhaltsam ans Ufer gezerrt. Als es den Ufersand berührte, hatte Nagamoun mit aller Kraft ihr nutzlos gewordenes Paddel dem längst ins Freie getretenen Claas Forke an den Kopf geworfen, war über Bord gesprungen und wollte fliehen. Doch brachte ein Hindernis sie schon nach wenigen Schritten noch im Wasser zu Fall. Claas Forke warf sich im gleichen Augenblick über das Mädchen und zerrte es ans Ufer. Sie wehrte sich mit Händen und Füßen wie ein gefangenes wildes Tier. Der Voyageur, der vor dem Gericht als Verteidiger Claas Forkes hatte auftreten müssen, erwachte als erster aus der Erstarrung. Er herrschte seine Gefährten an: »Wir dürfen das nicht zulassen, Männer. Paul Soldat liegt im Boot und ist tot oder schwer verwundet; jetzt soll Nagamoun drankommen; los, wir müssen das verhindern. Forke ist wahnsinnig!«

Die Voyageurs, die sich Forke angeschlossen hatten, aber nicht um zu stehlen, zu schänden und zu töten, sondern wenn möglich, mehr Geld zu verdienen, stürmten los. Was sie jetzt mit ansahen, ernüchterte sie entsetzlich. Sie waren franko-kanadische Voyageurs und hatten, wenn es darauf ankam, die Ehre und den Anstand ihrer Zunft im Leibe.

Sie kamen zu spät. Auch der Bärenkraft Claas Forkes wollte es nicht gelingen, die unheimlich gewandte und kräftige Nagamoun seiner Gier gefügig zu machen. Rasend vor Zorn hob er schließlich im Ringen mit der rechten Hand einen schweren Felsbrocken auf und schlug damit dem Mädchen mit aller Gewalt gegen den Kopf. Nagamoun hatte den Schlag kommen sehen und gerade noch das Gesicht abwenden können; so traf sie der schwere Stein mit aller Wucht auf den Hinterkopf und schlug ihr den Schädel ein. Sie war sofort tot – wie ihr Vater, als ihn der Schuß aus dem Hinterhalt zwischen den Schulterblättern ins Rückgrat getroffen hatte.

Claas Forke war aufgestanden und starrte die Männer an, die keuchend vor ihm innehielten; zu spät waren sie gekommen. Sie hatten auch den zweiten Mord nicht verhindern können.

Forke stand wie ein wütender Stier mit gesenktem Nacken und blutunterlaufenen Augen. »Ich habe euch nicht gerufen. Was wollt ihr hier! Schert euch zurück, wo ihr hingehört. Dies ist meine Angelegenheit!«

Damit hatte er den Bogen überspannt. Jener Voyageur, der noch einige Tage zuvor sein Verteidiger gewesen war – Jean Valandon – warf sich in plötzlichem Entschluß zum Sprecher der übrigen Voyageurs auf. Er hatte sich vorher nicht mit den anderen verabredet, war aber vollkommen sicher, daß sie ihm zustimmten. Er schrie: »Claas, du bist wahnsinnig! Wir sind zwar deine Voyageurs oder wollten es sein. Wir wollen es nicht mehr. Beihilfe zum Mord oder Verschweigen eines Mordes, das haben wir nicht vereinbart. Claas Forke, du bist unser Gefangener. Wir bringen dich ins Fort zurück.«

Claas Forke war schneller. Ehe die anderen sich aufrafften, zuzupacken, riß er die Flinte unter den Arm, die an einem Baum gelehnt hatte, und knurrte die Männer an: »Ihr mich verhaften? Daß ich nicht lache! Wer mich angreift, ist des Todes. Ihr habt zu parieren!«

Langsam hatte er sich einige Schritte zurückbewegt. Sein Finger lag am Abzug der langläufigen Büchse. Daß er sein Wort wahrmachen würde, war nicht zu bezweifeln. Einige Sekunden lang, die eine Ewigkeit schienen, standen sich die Männer stumm gegenüber.

Dann befahl Claas Forke, als wäre er immer noch der Maître: »Legt den Leichnam Nagamouns zu dem anderen ins Boot, schneidet die Leine durch und stoßt es hinaus in die Strömung.«

Es ging eine solche Gewalt von dem untersetzten, bärenstarken Mann mit den kleinen, harten Augen unter den buschigen Augenbrauen aus, daß drei der Männer hinzutraten, die Leiche Nagamouns aufnahmen, ins Boot legten und es mit einem kräftigen Stoß in den Strom hinausstießen. Claas Forke hatte mit schußbereiter Flinte abseits gestanden. Grinsend knurrte er schließlich: »So, sehr brav gemacht, Leute! Anscheinend seid ihr wieder bei Verstand. In der nächsten Nacht gehen wir fort, werden uns stromab vom Fort nochmals auf die Lauer legen, vielleicht kann ich auch noch dem verdammten Armand die Suppe versalzen.«

Den letzten Satz hätte er nicht sagen sollen. Er machte seine Rechnung zuschanden. Da zunächst keiner seiner Leute widersprach, wollte er seinen Willen ein für allemal durchsetzen, in der Meinung wahrscheinlich, daß jetzt der gegebene Augenblick wäre, seine Leute für alle Zukunft zu willenlosen Handlangern zu machen. Er richtete den Lauf seines Gewehrs auf die Brust Jean Valandons, der ihn vor Gericht verteidigt hatte: »Und du, Jean Valandon, du hast die Frechheit begangen, mich anzuklagen, wolltest mich verhaften! Diesen Spieß drehe ich um. Männer, legt Hand an den Burschen und bindet ihm Hände und Füße. Ich werde mir noch überlegen, wie ich mit ihm verfahre.«

Nach allem, was vorangegangen war, brauchte Jean Valandon nicht daran zu zweifeln, was für ein Schicksal Claas Forke ihm zugedacht hatte. Mit der Wut eines in die Enge getriebenen Tieres sprang er Claas Forke plötzlich an und schlug den Lauf der Flinte beiseite. Claas Forke hatte gar nicht Zeit gehabt zu laden; es steckte keine Kugel im Lauf. Der Voyageur hatte sich mit solcher Gewalt auf Claas Forke geworfen, daß dieser stürzte; von der Wucht des eigenen Ansprungs fortgerissen, stürzte Jean Valandon hinterher, ohne recht zupacken zu können oder sich zu fangen, und rollte also von dem schweren Körper herunter, den er zu Fall gebracht hatte, verwirrter noch als der Angegriffene; Jean Valandon war kein besonders guter Kämpfer.

Anders Claas Forke! Seine Flinte war zu Boden gerasselt. Er hatte nur mit ihr gedroht und weder Zeit gehabt, eine neue Kugel in den Lauf zu stoßen, noch Pulver auf die Pfanne zu schütten. Er hatte sich darauf verlassen, daß den Leuten vor seiner bedenkenlosen Angriffslust der Atem ausging. Jetzt allerdings stand die Entscheidung auf des Messers Schneide. Es kam darauf an, sich im Nu als der stets Überlegene zu beweisen. Blitzschnell hatte Claas Forke das kurze, zweischneidige Jagdmesser aus der Scheide gerissen, die er am Gürtel trug. Schon hob er das Messer, um es dem halbbetäubt am Boden liegenden Jean Valandon, der noch nicht begriffen hatte, was geschehen war, in den Hals zu jagen.

Die übrigen Voyageurs hatten wie unter einem Bann gestanden, sich nicht gerührt, blöde vor Schrecken und Fassungslosigkeit. Das blitzende Messer in der Hand Claas Forkes, der sich halb aufgerichtet über den zwei Schritte abseits liegenden Jean Valandon beugte, brachte sie zur Besinnung. Noch ein Mord, noch mehr Blut?

»Nein«, schrie einer, »nein« und nochmals »nein«!

Die drei Männer warfen sich dazwischen; es gelang ihnen auch, Claas Forke von dem wieder zu sich kommenden Valandon abzulenken. Besonders tüchtige Kämpfer waren sie alle nicht, diese Voyageurs. Mit Schlägen, Stößen und Messern einen Gegner kampfunfähig zu machen, das gehörte nicht zu ihren Künsten.

Claas Forke war nicht besiegt. Er war sogar im Vorteil, hatte als einziger eine gefährliche Waffe in der Hand. Er stach zu und schon floß Blut aus einem Oberarm, einem Schenkel. Er hatte Brust oder Bauch treffen wollen, das war klar; doch hatten die Angegriffenen in instinktiver Abwehr das Messer in eine weniger gefährliche Richtung gelenkt.

Der Anblick des eigenen Blutes verwandelte die Männer wie mit einem Zauberschlage. Es ging ums Leben! Jetzt erst zerrissen die Bande des Respekts und der Furcht vor Claas Forke, der vor Wut schäumte. Er schlug und stieß um sich wie ein Tobsüchtiger. Gerade dadurch aber stachelte er seine Voyageurs zu besinnungsloser Wut auf. Ein wüstes Handgemenge folgte. Es gab kein Pardon mehr. Claas Forke erlag der Übermacht.

Die eigenen Leute erschlugen ihn wie einen tollen Hund mit dem Paddel, das Nagamoun aus der Hand gefallen war, als Claas Forke sie an Land gezerrt hatte. Mit dem einzigen Werkzeug, das den Voyageurs gemäß ist und das von ihnen meisterhaft geführt wird.

Als die Männer wieder zur Besinnung kamen, war es Jean Valandon, der die Führung übernahm und den übrigen klarmachte: »Wir müssen zum Fort zurückkehren und den anderen berichten, was sich ereignet hat. Wir müssen bekennen, daß wir Claas Forke auf frischer Tat überrascht und dann auf der Stelle Vergeltung geübt haben. Wer tötet, muß getötet werden. Das ist unser Gesetz. Ein anderes gilt nicht im Pays d'en haut. Man wird uns wieder unter die übrigen Voyageurs der Company einreihen. Wir bringen Forkes Kanu zurück mit der Ladung an Tauschgütern, die er sich ehrlich oder unehrlich angeeignet hat. Man wird uns nicht abweisen im Fort Contreforts.«

Nein, die Voyageurs wurden nicht zurückgewiesen. Schon wenige Tage später waren sie eine Kanumannschaft wie alle anderen, mit der gesamten Ausbeute an Pelzen, die im Fort Contreforts während des Winters 1801/02 zusammengebracht worden war, auf dem Wege nach Osten zum Lac Supérieur. Die Führer der Brigaden wußten noch nicht, daß sie unterwegs erfahren würden, nicht mehr Grand Portage an der Mündung des Tauben-Flusses wäre fortab das Ziel der aus dem Pays d'en haut ostwärts strebenden Kanus der Company. Sie wußten nicht, daß inzwischen die Grenze zwischen britischem Einflußbereich und dem Gebiet der jungen Vereinigten Staaten festgelegt worden war, und zwar auf den neunundvierzigsten Grad nördlicher Breite – und Grand Portage lag südlich dieser Linie, also im Geltungsbereich der United States of America. Die schottisch-kanadische Company hatte also – vorsichtig wie immer – den Umschlagplatz für die Pelze aus dem Pays d'en haut, die am Lac Supérieur in die größeren Montréal-Kanus umgeladen werden mußten, weiter nach Norden verlegt, von der Mündung des Tauben-Flusses an die des Kaministikwia; dort war Fort William gegründet worden.

Im Fort Contreforts am oberen Athabasca herrschte Stille nach der Abreise der Überwinterer. Armand Leblois hatte nicht einmal erwogen, ob es sich für ihn empfahl, die Kanu-Brigaden zum Lac Supérieur zu begleiten. Paul Soldat war nicht mehr. Anna ging wie abwesend umher, wie gebannt von einem schweren, bösen Traum. Wäre der kleine Charles nicht gewesen und die beiden Kinder Mes Coh Thoutins, deren Anna sich angenommen hatte, so hätte die alternde Frau kaum ins Dasein zurückgefunden. Paul tot, Nagamoun tot, die schöne, süße Nagamoun, meinem Armand zugesprochen für ein ganzes Leben, das ihm von ihr mit Wärme und Freude erfüllt worden wäre!

Ja, leer und still war es im Fort geworden. Der alte Basil Caron sagte nicht viel, und auch Jules Pradier war ständig trüber Stimmung.

Eines Tages wußte Armand plötzlich, als wenn es ihm jemand ins Ohr geflüstert hätte: Wir sind allesamt am Ende, und keiner ist es mehr als Mutter und ich. Dabei wird sie in diesem Jahr erst einundfünfzig Jahre alt, und ich werde, wenn alles gutgeht, das glorreiche Alter von fünfundzwanzig Jahren hinter mich bringen. Doch sind wir ganz und gar am Ende, Mutter und ich!

Was soll werden?

25

Es wollte Armand so vorkommen in diesen Wochen, aus denen bald viele Monate wurden, als sei das Licht in der Welt erloschen. Auch noch die blauesten, sonnigsten Tage waren wie von grauen, schlaffen Tüchern verhüllt. Ihm war manchmal, als hätte ihm das Leben die Tür vor der Nase zugeschlagen, ehe er eingetreten war. Er hatte Nagamoun nur wenige Male in den Armen gehalten, ehe sie ihm genommen wurde. Ein Strom von Glück war ihm dabei durch die Adern gebraust; er hatte sich sehr beherrschen müssen, um das Mädchen nicht durch vorschnelles Ungestüm zu verwirren.

Ach, Nagamoun! In jeder Nacht, in der nicht eine übermäßige körperliche Anstrengung ihm den bleiernen Schlaf der Erschöpfung schenkte – und wann war ein junger, gesunder Mann wie Armand wirklich einmal vollkommen erschöpft? –, in jeder Nacht beinahe wurde Armand von dem gleichen Traum gequält: Aus dunklem Nichts tauchte, zunächst nur blaß erkennbar wie ein Schemen, Nagamouns Gesicht vor seinem inneren Auge auf, dies unsagbar schöne, edle und auf bezaubernd ungewisse Weise fremdartige Gesicht des geliebten Mädchens. Ganz sachte verstärkten sich im Traum die Umrisse, wurden deutlich, belebten sich, so als hätte er sie leibhaftig vor sich; die dunklen Augen strahlten ihn an, die feinen Nasenflügel blähten sich ein wenig; eine lockige Strähne des dunklen Haars wurde wie von einem Windhauch über die Stirn geweht. Mit ungeheurer Gewißheit überkam den Schlafenden dann das Bewußtsein, daß es auf der Welt nichts Schöneres für ihn gab als dieses Antlitz.

Eine unwägbare Weile verhielt das stille Traumbild der Geliebten. Dann aber stahl sich um die Augen und den Mund ein Zug hilfloser, für den Betrachter in seiner Schmerzlichkeit kaum zu ertragender Wehmut.

Danach geschah in jedem dieser Träume Armands in stets unerbittlich gleicher Weise dies: Ganz sachte drehte der Kopf, zu dem dies trauervolle, wunderbar schöne Antlitz gehörte, sich von dem Betrachter fort. Jene grausige Masse von dunklem Haar, wüst vermischt und verkrustet mit Blut, unkenntlichen Fetzen von Haut, Knochen und einem helleren Stoff, sie bot sich dem Träumenden abermals dar; der Anblick hatte sich dem entsetzten Armand furchtbar eingeprägt, als man die tote Nagamoun aus dem Boot gehoben und vor ihn in den Sand gebettet hatte. Der zerschmetterte Hinterkopf des Mädchens blieb scheinbar eine Ewigkeit vor dem inneren Auge des Träumenden, in blaßgrauem Dunkel schwebend. Wie eine würgende Flut stieg dann eine verzweifelte Angst in dem Schlafenden hoch, drohte ihn zu ersticken. Er schlug um sich und erwachte von dem gellenden Hilfeschrei, den er selbst ausgestoßen hatte.

Jedesmal weckte er dann die Mutter auf. Anna hatte nicht allein mit den Kindern im Haupthaus schlafen wollen, seit Paul Soldat ebenso wie Nagamoun gewaltsam vom Leben zum Tode gebracht worden war. Armand hatte sich also eine

Kammer neben dem großen Hauptraum des Haupthauses als Schlafraum eingerichtet.

Als Armand zum ersten, zweiten und zum dritten Mal von diesem Traum so fürchterlich aufgestört wurde und sein Schrei die Stille in dem großen Blockhaus zerrissen hatte, war Anna von ihrem Lager aufgesprungen und zur Schlafkammer des Sohnes geeilt. Doch das Haus lag dunkel, und nach dem Schrei blieb die Nacht still. Sie tastete nach einem Kienspan neben der Herdstatt, legte ein wenig Glut unter der Asche frei, blies hinein, so daß der Kienspan Feuer fangen konnte. Im unsicheren roten Licht erkannte sie die weit offenen Augen des Sohns, der nicht gleich begriff, warum die Mutter plötzlich neben seinem Bett auftauchte.

»Du hast entsetzlich geschrien, Armand!« flüsterte Anna.

Er strich sich mit der Hand über die Stirn. »Ach, ich habe von Nagamoun geträumt und wie schrecklich sie umgekommen ist. Mutter, leg dich wieder hin. Es ist nichts zu ändern; sie sind beide tot, Paul Soldat und meine Nagamoun.«

Armand ließ sich auf sein Lager zurücksinken und drehte den Kopf zur Wand. Anna wußte: mein Kind ist er zwar immer noch, aber trösten kann ich ihn nicht mehr. Ihm wurde die Liebe zerstört, noch ehe sie recht begann.

Sie wandte sich leise ab, warf den brennenden Kienspan in die Herdglut, tappte wieder zu ihrem Lager zurück – nein, die Kinder waren glücklicherweise nicht erwacht! – und lag lange mit weit offenen Augen in der Finsternis.

Als die Schreie des Sohnes ihr schon beinahe zur Gewohnheit geworden waren, wurde sie in immer enger sich ziehenden Kreisen von der Frage bedrängt: Warum mußte mir dies alles geschehen? Wer hat Schuld an all dem? Zuerst der Vater, ertrunken im Winnipeg-See; irgendwo mußte sein Leichnam angetrieben sein; aber keiner hat ihn gefunden. Dann Justin, mein Freund aus den Tagen der Jugend, mein Verlobter für viele Jahre und schließlich mein Mann, ein so treuer und zuverlässiger Mann – und schließlich zerdrückt von einer wütenden Bärin, als er meinen kleinen Walther schützen wollte. Und nun mein zweiter Mann, Paul Soldat, ein einfacher Mensch, aber auch er zuverlässig und stark wie ein tausendjähriger Baum im Hochwald – von hinten zwischen die Schulterblätter geschossen, sinnlos umgebracht! Und Nagamoun, dies einmalige Geschöpf, die Braut meines Sohnes, einen Tag vor der Hochzeit! Und nun quält er sich jede Nacht mit dem Grauen, das ihn angesprungen hat, als ihm das Glück schon sicher schien.

Warum geschieht mir all dies? Wer hat Schuld?

Eine Antwort auf diese Frage gab es nicht, genauso wenig wie Armand sie zu finden wußte.

Wenn Anna in diesem schönen, kummervollen Sommer des Jahres 1802 mehr von ihrer Umgebung wahrgenommen hätte – ihr Wesen erwärmte sich nur, wenn sie sich um ihre kleinen Kinder zu kümmern hatte, um Namay, den achtjährigen Sohn Mes Coh Thoutins, ihren eigenen kleinen, nun fünf Jahre zählenden Charles und die nur wenig jüngere Tochter des treuen indianischen Gefährten, die drollige Othea –, wahrlich, es wäre Anna nicht verborgen geblieben, daß der ewig grimmig dreinschauende Basil Caron, dieser in allen Künsten der Wildnis bewanderte, in allen Gefahren der Einöden hundertfach bewährte und im Grunde beinahe rührend gutherzige Mann mit dem Stoppelbart und dem knapp gehaltenen, aber stets störrischen Haupthaar – daß sich Basil Caron um die Gunst des Maître Anna Soldat/Leblois, oder richtiger der Maîtresse bewarb – auf eine scheue und ungeschickte, aber im Grunde höchst liebenswerte und überzeugende Weise. Anna war nicht mehr jung, ganz gewiß nicht; ihr Haar war ergraut, doch immer noch voll und dicht und bauschte sich freundlich um ihr vom Schicksal gezeichnetes, aber nicht zerstörtes Antlitz. Kein Mann blieb von der sanften Würde, die sich in Annas Zügen ausdrückte, von dem strengen, reifen Ebenmaß der Umrisse unberührt. Basil Caron mochte sich sagen: Ich bin zwar nur ein einfacher Voyageur und kann nicht lesen und schreiben und rechnen; Paul Soldat verstand sich zwar darauf und erst recht Justin Leblois, Annas erster Mann. Aber bei Licht besehen waren auch sie nichts weiter als Voyageurs; Anna allein blieb Anteilseignerin der Company. Ich bin der erfahrenste aller Voyageurs weit und breit, und soviel vom Pelzhandel wie Paul Soldat verstehe ich sicherlich. Allein kann sie nicht bleiben, ihr Sohn Armand ist eigentlich noch zu jung und will ja auch anderswo eine neue Station gründen. Das muß er tun, um der Company seine Qualitäten zu beweisen. Nein, allein kann sie nicht bleiben. Ich bin ihr zugetan wie kein anderer, auf mich könnte sie sich verlassen.

Sie brauchte mir nur einen Wink zu geben, und ich wäre für sie da, jetzt und allezeit.

Anna begriff nicht, wie begehrenswert sie war – hier in den himmelweiten Einöden als einzige weiße Frau, abgeschirmt nur durch ihre Kinder. Für Anna gehörte Basil Caron zur Einrichtung des Handelspostens, ein von jeher bewährter, stets verläßlicher Helfer, über den sie in jeder Hinsicht verfügen konnte, ohne zu mehr als einem gelegentlichen freundlichen Wort verpflichtet zu sein. Sie konnte nicht anders als in ihrem Sohn den Nachfolger ihres Ehemanns zu sehen. Doch legte sie Armand nahe, sich in allen Zweifelsfragen nach dem Rat Basil Carons zu richten.

Armand hatte keinen Gedanken mehr darauf verschwendet, daß er eigentlich an den oberen Peace River hatte ziehen wollen – mit Nagamoun. Sie war nicht mehr, und an den Peace zu denken, an seine Zukunft als Pelzhändler, den Aufstieg in der Company, das wollte Armand wie ein Verrat an der verlorenen Geliebten erscheinen. Außerdem hatte er jetzt der Mutter beizustehen. Sie schien sich überhaupt nicht mehr um die Geschäfte des Handelspostens kümmern zu wollen. Und wenn Armand ihren Rat brauchte, so antwortete sie stets: »Du wirst das schon richtig machen, Armand. Ich kann dir nicht raten. Notfalls besprich dich mit Basil, auf den ist Verlaß.« –

Wie es immer geschieht, so geschah es auch hier: Das Leben geht weiter; der Alltag läßt sich auf die Dauer nichts abhandeln. Die quälenden Nachtgesichte, von denen Armand bedrängt wurde, sanken unmerklich in den Hintergrund. Es kam eine Nacht, als schon der Sommer müde wurde, in welcher Nagamoun im Traum dem Geliebten nicht mehr ihren zerstörten Hinterkopf zuwendete, in der nur noch das trauervolle Lächeln um ihre Lippen von ihrem Untergang und Abschied berichtete, das Antlitz mit diesem Lächeln auf den Lippen langsam verblaßte und schließlich verging.

Armand war ein gesunder und kräftiger junger Mann und wurde oft genug von seiner Männlichkeit bedrängt. Gewiß, es gab willige indianische Mädchen genug, die ohne viel Aufhebens das Lager mit ihm geteilt hätten, und auf einen freundlichen Wink und ein paar hübsche Geschenke hätte es ihm nicht anzukommen brauchen. Aber vielleicht gerade deshalb, weil Armand und Nagamoun niemals zur Erfüllung ihrer

Sehnsüchte gelangt waren, brachte er es trotz aller Verlockungen nicht über sich, eine braunhäutige Schöne in seine Arme zu schließen. Nagamoun stand vor allem, wovon sich Armand hätte verlockt fühlen können – und seltsamerweise um so mehr, je stärker die Erinnerung an ihren schrecklichen Tod verblaßte und je deutlicher statt dessen sich in Armand die Erkenntnis festschrieb, welch bezaubernd einmaliger, hinreißend fremdartiger, unendlich zärtlicher und liebenswerter Mensch mit seiner süßen Nagamoun der Welt und dem Leben, ihm, verlorengegangen war. Er spürte auch, daß ihm mit Nagamoun der Antrieb erloschen war – was ihn zugleich sonderbar belustigte und erbitterte –, auf dem bereits eingeschlagenen Weg tatkräftig und zielbewußt fortzuschreiten. Er zuckte die Achseln: Was kam es darauf an, ob er am Peace einen neuen Posten gründete oder das Fort Contreforts schlecht und recht betreute! Das hätte Basil Caron ebensogut verrichtet, wahrscheinlich besser noch als er. Aber die Mutter erwartete von ihm, daß er des verstorbenen Gatten Aufgaben wahrnahm, die ja zugleich ihre eigenen waren. Ein Fremder würde sich niemals, so meinte Anna wohl, mit gleicher Sorgfalt um das Wohl und Wehe der Geschäfte kümmern wie ein Mensch aus eigenem Blut.

Es gehörte nicht allzuviel Scharfblick dazu, im Laufe der Monate zu erkennen, daß sich Basil Caron, zuverlässigster aller Gefährten in den Einöden des Pays d'en haut, um Anna bewarb. Armand mußte in sich hineinlächeln, wenn er die treuherzigen, übervorsichtigen Bemühungen Basils, sich seiner Mutter angenehm zu machen, wahrnahm. Anna merkte gar nichts davon. Sie verstand als bloße Freundlichkeit, die sie von jeher gewohnt war, was der grauhaarige Basil, wohl mit heimlich zitterndem Herzen, als einen Versuch sah, Anna seine Liebe zu bekennen. Zunächst hatte sich Armand ein wenig geärgert, als er begriff, wonach der eisengraue Voyageur Verlangen trug. Doch Armand lernte viel und schnell in diesen freudlos verrinnenden Monaten. Die Mutter war wirklich noch eine sehr ansehnliche Frau; dies gestand er sich nicht ohne einen liebevollen Stolz. Ja, er konnte sich schon vorstellen, daß sich das Herz der Männer auf sie richtete, auch jetzt noch, da ihr Haar schon ergraut war, feine Fältchen sich um ihre Augen und Mundwinkel legten, sie vor allem auch gar nicht mehr daran zu denken schien, sich Männern angenehm zu machen oder ihre Bewunderung zu erregen. Er konnte der Mutter unmöglich wünschen, für den Rest ihres Lebens allein zu bleiben. Viel Auswahl gab es hier in der allerfernsten Wildnis nicht. – Und gegen Basil Caron war eigentlich wenig einzuwenden, diesen hundertfach bewährten, unbedingt treuen und der Mutter aufs wärmste ergebenen Mann. Armand zögerte also nicht, den auf seinen Freiersfüßen nicht besonders geschickt agierenden Mann freundlich zu ermutigen. Wenn sich zuweilen die Gelegenheit dazu ergab, so ließ Armand durchblicken, daß er, der erwachsene Sohn, nichts gegen Basil Caron als Bewerber um die Hand seiner Mutter einzuwenden hatte. Solche Haltung war zwar der allgemeinen Stimmung unter den Männern des Handelspostens Fort Contreforts sehr zuträglich, aber es brachte Basil Caron bei Anna keinen Schritt weiter.

Anna hatte um sich her gläserne Wände errichtet. Sie vermochte die übrigen Menschen durch diese Wände hindurch zwar wahrzunehmen, aber hören konnte sie sie nicht. Mit ihr in der abgeschiedenen Kammer lebten nur die drei Kinder; ab und zu fand auch Armand Einlaß. Im übrigen bot ihr das Dasein nichts Neues mehr. Die Handelsgeschäfte mit den Indianern erregten kaum noch ihre Aufmerksamkeit. Die Lagerhaltung und Buchführung konnte nicht besser aufgehoben sein als in den Händen Armands. Die übrigen Voyageurs und die Indianer anzuweisen, abzufertigen und in angemessener Distanz zu halten, das war Basils Aufgabe; und er wurde dieser Aufgabe ohne viel Umstände in hergebrachter Weise mühe- und beinahe lautlos gerecht.

Der einzelne meint manchmal, sein Kummer und sein Elend änderten den Lauf der Welt; wer von einem großen Unglück, einer erschütternden Katastrophe überwältigt wurde, hält es beinahe für selbstverständlich, daß danach nichts mehr so sein kann, wie es vorher gewesen ist.

Aber alles bleibt, wie es war, und die Welt läuft weiter, wie sie immer gelaufen ist. Das Gleichmaß der Tage zieht auch den ins Herz Getroffenen mit der Zeit unweigerlich wieder in seinen Bann, mag auch der Glanz, den das Leben bis dahin gehabt hat, erloschen sein. So erging es Armand. Er fühlte sich manchmal uralt; er tat, was getan werden mußte, aber es lag ihm nichts daran. Die Kanubrigaden des Postens kehrten spät im Herbst, ohne unterwegs Schaden gelitten zu haben, zum Handelsposten am oberen Athabasca zurück. Sie brachten Briefe von der Leitung der Company, aus denen hervorging, daß man Armand bereits am oberen Peace etabliert wähnte, daß man sich im übrigen in Montréal Sorgen machte, wie die Company mit den ständig steigenden Kosten des Pelzhandels fertig werden sollte. Anna und Armand horchten ein paar Tage lang auf und beredeten mit Caron und Pradier, was ihnen schwarz auf weiß bestätigt worden war; manches hatten sie, wenn auch unbestimmt, von durchreisenden Indianern vernommen. Der Kampf um die Anteile an Pelzen, die das Pays d'en haut zu liefern vermochte, war offenbar bitterer und schonungsloser geworden. Die mächtige Hudson's Bay Company hatte ihre alte Politik, einfach am Ufer der Hudson Bay sitzen zu bleiben und die Indianer mit den Pelzen zu sich kommen zu lassen, aufgeben müssen und schob ihre Agenten und Pelzaufkäufer von Jahr zu Jahr weiter nach Westen und Nordwesten vor, ganz ohne Rücksicht darauf, daß sie längst Gebiete erreicht hatte, die ihr nicht durch königlichen Hoheitsakt als eigentliches Handelsgebiet zugesprochen waren, die Gebiete aller Gewässer nämlich, die sich in die Hudson Bay ergossen. Die North-West Company schien insbesondere allen Einzelhändlern den Kampf angesagt zu haben. Längst hatten sich erbitterte Rivalitäten zwischen den Händlern entwickelt. Dazu hatte der ehrgeizige und ewig unruhige Alexander Mackenzie die »Neue North-West Company«, genannt XY-Company, entwickelt, die ebenfalls ungeachtet älterer Ansprüche ihre Handelsposten im Pays d'en haut errichtete, oft genug in Sichtweite eines Postens der North-West Company oder der Hudson's Bay Company. Zu allem Überfluß drängten von Süden her amerikanische Pelzhändler (der Name Jacob Astor war sogar bis ins Fort Contreforts gedrungen) in die dem Vernehmen nach so reichen Landschaften im Nordwesten, die noch immer unter dem alten Voyageurs-Namen Pays d'en haut zusammengefaßt wurden.

Als der Winter das Land hatte weithin erstarren lassen, die hektische Betriebsamkeit der Voyageurs in den Wochen vor dem Frost zwangsläufig zum Erliegen gekommen war, saßen Armand, Basil, Jules Pradier und manchmal auch die Anführer der Kanu-Brigaden an den langen Abenden im Haupthaus um den lodernden Kamin und erörterten die Verhältnisse.

Dabei kam heraus, daß nur einige Tagereisen im Kanu weiter östlich ein neues, starkes »Fort Edmonton« entstanden war; am Peace gab es neue Posten, am Athabasca und weit hinauf nach Norden bis zu dem Ausfluß aus dem Großen Sklaven-See, jenem meilenbreit nordwärts ziehenden Strom, der bereits allgemein nach seinem Entdecker Mackenzie genannt wurde. Jules Pradier, der dickliche, lustige, listige Voyageur, der längst wie Caron zum Stammpersonal des Postens Fort Contreforts gehörte, sprach es aus:

»Die Sache ist ganz einfach so: Am Schluß werden nur die zwei großen Gesellschaften übrigbleiben, die North-West und die Hudson's Bay Company, vielleicht sogar nur eine davon, und die werden es schaffen: einen Weg aufzumachen zum Pazifischen Meer, denn nur auf einem solchen Weg lassen sich die ewig steigenden Kosten auffangen.«

Anna warf ein: »Ich erinnere mich aber, Jules, daß ich solche Gespräche wie jetzt schon mit angehört habe, als mein Vater noch lebte, vor Jahrzehnten also. Es ist trotzdem weitergegangen, und es wurde auch weiter verdient.«

Die anderen hätten Anna wohl kaum widersprochen. Armand jedoch gab zu bedenken: »Ich glaube, Mutter, du unterschätzt die Tatsache, daß die Zahl der Händler sich gegenüber der Zeit meines Großvaters außerordentlich vermehrt hat. Jetzt, so scheint mir nach allem, was wir aus dem Osten von den Brigadeführern und gelegentlich von den Indianern gehört haben, hat sich ein Kampf aller gegen alle um die Pelze entwickelt, von dem zwar die Indianer profitieren, aber um so schneller ihrem alten Leben entfremdet und zu bloßen Zulieferern des Pelzhandels entwürdigt werden.«

Basil Caron war nicht einverstanden. »Warum entwürdigt, Armand? Sollen die Indianer weiter mit Pfeil und Bogen schießen, wenn sie Flinten und Blei haben können, stählerne Angelhaken dazu und wollene Decken, anstatt wie früher in jedem zweiten Winter fast zu verhungern und zu erfrieren?«

Armand meinte: »Stimmt alles, was du sagst, Caron! Was aber, wenn in Europa oder in China plötzlich eine neue Mode aufkommt und die Pelze nicht mehr gefragt sind? Wenn vor allen Dingen Biberhaare nicht mehr gebraucht werden, da man keine steifen Filzhüte mehr tragen will. Was wird dann aus den Indianern? Wer nimmt ihnen dann die Pelze ab? Wer liefert ihnen Pulver und Blei? Sollen wir es ihnen schenken, weil sie uns früher Pelze geliefert haben? Niemand wird das tun, und die Indianer werden noch viel sicherer verhungern und erfrieren als früher.«

Caron ließ als Antwort nur ein unwilliges Grunzen hören und zog sich wieder in seine Schweigsamkeit zurück. Das waren so diese neumodischen Ansichten, die Armand aus dem Osten mitgebracht hatte. Ihm, dem alten Voyageur, konnte man nicht weismachen, daß man den Indianern die Rückkehr in die eigene Vergangenheit wünschen sollte. Sie hatten ein karges und ewig bedrohtes Dasein geführt, hatten sich obendrein gegenseitig nach Herzenslust umgebracht, ohne jemals den Freudentaumel zu spüren, den ihnen erst das Feuerwasser der Weißen geschenkt hatte. Solange er, Basil Caron, denken konnte, hatte es den Pelzhandel gegeben, war verdient worden, hatten die Indianer liebend gern ihre Pelze gegen die Güter des weißen Mannes eingetauscht, und warum um alles in der Welt sollte das nicht immer so weitergehen! Natürlich müßten die Pelzhändler und Pelzhandelsgesellschaften im fernen Montréal untereinander einig werden und dürften sich nicht gegenseitig die Hälse abschneiden, sonst wußte man hier im fernen Pays d'en haut nicht mehr, wie man sich verhalten sollte, und war sogar seines Lebens nicht mehr sicher. Aber das würde sich schon arrangieren, die Großen würden übrigbleiben, die Kleinen in der Versenkung verschwinden; die North-West Company, zu der ja auch Fort Contreforts gehörte, würde auf alle Fälle übrigbleiben, denn bei ihr liefen von jeher die meisten Fäden zusammen.

Erst im Herbst des Jahres 1805 trafen am oberen Athabasca die Briefe ein, mit denen die Leitung der Company in Montréal auf die gewaltsamen Ereignisse reagierte, die sich im Frühjahr 1802 dort abgespielt hatten. In Fort William am Oberen See bei der Einmündung des Kaministikwia (Grand Portage war ja inzwischen amerikanisch geworden und wurde von der kanadischen Company nicht mehr benutzt) hatten die Berichte aus Fort Contreforts niemanden erreicht, der sich zu wichtigen personellen Entscheidungen, wie sie im Fort Contreforts getroffen werden mußten, berechtigt fühlte. Außerdem hatte man sich gesagt: Am Athabasca sitzt Madame Leblois/Soldat, geborene Corssen, Anteilseignerin an der Company, beraten sehr wahrscheinlich von ihrem Sohn Armand. Sie wird gewiß fähig sein, eine Zwischenlösung zu finden. Gesunder Menschenverstand und eine genaue Kenntnis der Verhältnisse waren ihr niemals abzusprechen gewesen.

In Montréal war den hohen Herren der Company auch nichts Besseres eingefallen. Falls Madame es nach dem Tode ihres Mannes nicht vorzog, die Leitung des Postens selbst in der Hand zu behalten, sollte unter ihrer Aufsicht ihr Sohn, den man in Montréal und London in bester Erinnerung hatte, die Niederlassung in der bisherigen Weise weiterführen, jedoch die Fühler athabascaaufwärts ausstrecken, um nicht im Süden den am Nord-Saskatchewan vordringenden Agenten der Company und im Norden den am Peace sich westwärts vortastenden Beauftragten in die Quere zu kommen. Man wäre mit den Ergebnissen des Handels von Fort Contreforts durchaus zufrieden. Man sollte sich dort aus allen Rivalitäten und Streitigkeiten heraushalten, und es wäre nach allem wohl das beste, wenn Armand sich als Postenchef weiter einarbeitete und für eine Reihe von Jahren unter der Aufsicht der Mutter bewiese, daß er den Handel eines sehr wichtigen, wenn auch ebenso entlegenen Bezirks verwalten und weiter entwickeln könnte.

Armand war also in aller Form zum Agenten und Postenchef bestellt worden; das »unter Aufsicht der Mutter« bedeutete in der Praxis wenig.

Armand nahm diese Nachrichten mit einer gewissen bitteren Gleichgültigkeit zur Kenntnis. Er hatte sich in den Jahren, die vergangen waren, verhärtet. Oft genug war er versucht gewesen, brachte es aber nicht ein einziges Mal über sich, eines der verschämt willigen Indianermädchen herbeizuwinken und sich mit ihm zu vergnügen. Die Voyageurs hätten das nur natürlich gefunden; sie machten es selbst nicht anders, und manchmal ergaben sich ja auch aus diesen lockeren Beziehungen dauernde und durchaus ehegleiche Verbindungen. Vielleicht hätte nicht einmal Armands Mutter sich gewundert, wenn der Sohn nur mit Zurückhaltung und auch mit Geschmack vorgegangen wäre. Anna war das Leben in den Männergesellschaften der Pelzhandelsstationen längst gewohnt; sie wußte, daß die Voyageurs selbst Wert darauf legten, ihre amourösen Verbindungen mit den Töchtern der Cree ungeschriebenen zwar, aber sehr bestimmten Regeln des Anstands zu unterstellen. Solange Armand diese Vorschriften beachtet hätte, wäre wohl auch Anna bereit gewesen, dem Sohn zuzugestehen, gelegentlich seiner männlichen Natur die Zügel schießen zu lassen.

Doch Armand wandte sich jedesmal ab, wenn auch die Versuchungen sich wiederholten. Das fremdartig schöne, in leiser Trauer geheimnisvoll lächelnde Antlitz der verlorenen Geliebten tauchte dann vor seinem inneren Auge auf; sie schüttelte – immer noch lächelnd, aber mit leicht zusammengezogenen Brauen – abwehrend das Haupt: Nicht, lieber Armand, nicht, störe, zerstöre nicht!

Also wandte er sich ab; es wäre verräterisch, vielleicht sogar schändlich gewesen, den Wünschen oder der Gier eines Augenblicks nachzugeben.

Er kasteite sich und wurde hart dabei, über sein Alter hinaus ernst, oft genug schroff, dies auch Menschen gegenüber, die er eigentlich liebte wie seine Mutter oder den alten, treuen Basil Caron.

Ganz sachte hatte Basil im Laufe der Monate und Jahre einsehen müssen, daß Anna anscheinend überhaupt nicht merkte oder nicht merken wollte, daß er sich um mehr bewarb als nur um ihre Freundlichkeit und Wertschätzung. Langsam wurde dem eisengrauen Manne klar, daß er nie erreichen würde, was ihm eine Weile als Krönung seines Lebens vorgeschwebt hatte. War es nicht von vornherein ein unerfüllbarer Wunsch gewesen? Voyageurs sind nirgendwo zu Hause, haben keine bleibende Statt, und wenn sie irgendwo Wurzel schlagen wollen, so müssen sie entweder ins Indianische hinüberwechseln oder ganz gegen ihre Art der fröhlichen Verschwendung ihrer sauer verdienten Schillinge entsagen, müssen Goldstück zu Goldstück legen und schließlich, wenn sie alt und müde geworden sind, also mit vierzig oder fünfzig Jahren, in ihr Herkunftsland Québec zurückkehren, sich dort eine überzählige dümmliche Tochter aus der Nachbarschaft von Hochwürden, dem Herrn Pfarrer, zuweisen lassen und versuchen, sich den engen und muffigen Verhältnissen der franko-kanadischen Siedlungen am großen Sankt Lorenz, am Richelieu oder am Rivière du Loup anzupassen; das aber heißt, der herrlichen Freiheit, Wildheit und Weite der Voyageurs zu entsagen.

Armands Herz blieb in Bitterkeit erstarrt, Jahr für Jahr. Die Voyageurs begannen, ihn zu fürchten. Er war unerbittlich in seinen Anforderungen; jeder wußte, daß auch er selbst sich niemals schonte. Die Indianer, die allein oder mit ihren Familien das Fort Contreforts besuchten, um Handel zu treiben und sich für die winterliche Fangsaison auszurüsten, sich auch für einige Wochen oder sogar den ganzen Winter lang in der näheren Umgebung des Postens niederzulassen, auch sie lernten es, Armand Respekt zu erweisen, sich von ihm die Preise diktieren zu lassen, wie sie es selbst einem viel älteren Mann, etwa Basil Caron, niemals zugebilligt hätten. Ohne daß er sich's vorgenommen hatte – auch daran lag ihm nichts –, entwickelte sich das Geschäft des Handelspostens zu immer bedeutenderem Umfang. Anna verfolgte aus dem Hintergrund, ohne daß es ihrem Sohne jemals auffiel, wie dieser im Laufe der Zeit nicht nur seinem Vater, sondern mehr noch seinem Großvater, Walther Corssen, immer ähnlicher wurde: Auch Armand betrieb Arbeit und Geschäft mit Nachdruck und Sorgfalt und war niemals um schnelle Entscheidungen und kluge Einfälle verlegen. Aber er ließ sich von der Arbeit und dem Geschäft in keinem Fall mit Haut und Haar in Besitz nehmen, sondern beharrte den Geschehnissen des Alltags gegenüber, mochten sie sich noch so wichtig und gefährlich darstellen, kühl und unbeirrbar auf Distanz. Anna sagte sich zuweilen: Vielleicht ist es das Geheimnis seiner Wirkung auf Menschen und Dinge, daß er sie im Grunde mit der linken Hand abtut; es ist etwas anderes, worauf es ihm ankommt; aber was ist dies andere?

Für den Großvater Walther Corssen war die Freiheit des Pays d'en haut, die vollständige Unabhängigkeit von Kaisern, Königen, überhaupt irgendwelchen anderen Mächten als denen des Schicksals und der Natur das eigentliche Ziel und der Sinn des Daseins gewesen; ihm war er bis zum Ende seines Lebens treu geblieben. Armand indessen konnte sich einem solchen Ziel nicht mehr verschreiben; es war gar nicht mehr denkbar. Er war längst eingespannt in ein Geflecht von Zwängen und Pflichten, das zu zerreißen oder abzustreifen der Vernunft und auch dem eigenen Vorteil widersprochen hätte. Er war Agent einer großmächtigen Company geworden, ein sehr erfolgreicher Agent, und würde früher oder später Anteilseigner dieser Company werden. Doch hatte er sich als solcher den Vorschriften und Beschlüssen einer begrenzten Anzahl von Männern in Fort William und in Montréal zu unterwerfen, die höchstens zufällig seinen eigenen Wünschen entgegenkamen. Für ihn also bestand die Freiheit nur noch darin, die Zwänge, die ihn einengten, niemals völlig ernst zu nehmen. Ja, wenn er die geliebte Frau, für die er, die für ihn geschaffen gewesen war, gewonnen und mit ihr das einzig vollkommene Dasein, das zu zweien, aufgebaut hätte, dann wären ihm Arbeit, Geschäft und Erfolg sicherlich als Mittel zum Zweck – nämlich die Zweisamkeit zu sichern – willkommen gewesen. Doch solches war ihm nicht gewährt worden. Sinnlos – und grausig dazu – war ihm der Sinn des Daseins ausgelöscht, vernichtet worden, als hätte er nichts Besseres verdient. Nun gut, man lebte weiter. Da war noch die Mutter, die man nicht im Stich lassen durfte, der jüngere Bruder Charles und seine beiden indianischen Ziehgeschwister, Namay und Othea – diesen drei hatte die Mutter ihr Herz geschenkt. Und natürlich waren da auch der Handelsposten und die Voyageurs, mußten die Geschäfte mit den Indianern fortgeführt werden. Aber wichtiger, als all dies genommen zu werden verdiente – und das war nicht viel! – nahm er es nicht.

Gerade deshalb aber kam es Armand manchmal im geheimen so vor, als wäre er hellsichtig geworden. Er verrichtete gewissenhaft, was die Umstände im privaten wie im Arbeitsleben von ihm verlangten. Aber die Umstände bildeten nur eine Kulisse, und die war durchsichtig. Nicht umsonst war er sozusagen an der Front, in den unermeßlichen und stets unberechenbaren Einöden groß geworden, hatte dann den Pelzhandel in Grand Portage und später in Fort William, weiter in Montréal und sogar im fernen London erlernt. War es nicht unsinnig, daß um der steifen Hüte der Leute in England, Deutschland und Frankreich willen (deren Steifheit nur durch den Filz aus Biberhaaren zu erreichen war) die wilden Biber aus einem Flußtal nach dem anderen vertrieben, vielfach ausgerottet wurden? War es vor dem Gewissen zu vertreten, daß in ihrer Art vollkommene Wesen wie Marder, Hermeline, Füchse, Nerze und Bären grausam in stählernen Fallen gefangen und ihrer Felle beraubt wurden, nur damit ein reicher Mandarin in China oder die Geliebte eines Aristokraten in London oder Paris sich in die weichen Felle von vielleicht einigen Dutzend solcher Gottesgeschöpfe hüllen konnten? Armand neigte allerdings nicht dazu, das Recht des Stärkeren zu leugnen, der der Wildnis abverlangte, was sie in scheinbar nicht endender Fülle bot. Er war unter Waldindianern, den

Cree, groß geworden, und da hatte es oft genug geheißen: Wenn ich und die Meinen überleben wollen, dann müssen die Tiere des Waldes daran glauben. Eines lebt vom anderen, und es gibt kein Ausweichen.

Anders stand es mit den Indianern, auch sie Geschöpfe der Wildnis, aber solche mit Menschenantlitz, das sich, wenn es verwittert war, nur wenig von dem des weißen Mannes, etwa eines im Kampf mit Stromschnellen und nackenkrümmenden Portagen gealterten Voyageurs unterschied. Armand wußte auch: Was meine Nagamoun so unvergleichlich schöngemacht hat, waren die Fremdartigkeit in ihren Zügen, die ganz leise betonten Backenknochen, der mandelförmige Schnitt der dunklen Augen, waren die in der Erregung bebenden Nasenflügel, die ihn stets von fern an die beweglichen Nüstern eines Tieres der Wälder erinnert hatten. Mit einem Wort: Was er in Nagamoun so hinreißend gefunden hatte, was ihn daran verzweifeln ließ, jemals etwas gleich Schönes wiederzufinden, das waren die Linien, die ihr das Erbgut ihrer Mutter ins Antlitz, in die Umrisse und Formen ihres Leibes geschrieben hatten; auch die zart kupferige oder rotgoldene Tönung ihrer Haut war ein Erbteil von ihrer Mutter. Wie hätte Armand mit seinem Herzen nicht auf der indianischen Seite sein können!

Nicht plötzlich, aber nach und nach im Laufe der Jahre öffnete ihm die Erinnerung an die nie ganz gewonnene Geliebte die Augen dafür, was die Weißen, und das waren die Pelzhändler und ihre Gehilfen, dem roten Manne angetan hatten. Auch in dieser Hinsicht neigte er nicht zu gefühlvollem Mitleid. Insbesondere die indianische Frau hatte es leichter, seit der Pelzhandel sie mit Nadel und Zwirn, mit wollenen Decken und scharfen Messern bekannt gemacht hatte. Und den Männern hatte der Pelzhandel Pulver, Blei und Flinten geliefert, stählerne Fallen, scharfe Hirschfänger und geschliffene Beile, die nicht schartig wurden, selbst wenn sie in härtestes Kernholz geschlagen wurden. Und auch Feuerwasser –! Armand hatte es an sich selbst mehr als einmal erlebt, daß ein Rausch, wenn er nur nicht in völlige Hemmungslosigkeit übersteigert wird, Freude und eine herrliche Lockerung zu bereiten vermag, die so auf keine andere Weise zu gewinnen ist. Aber offenbar hatte der große Geist zwar die weißen Männer mit der Fähigkeit ausgestattet, wenigstens die meisten von ihnen, zu merken, wann es sich empfahl, aufzuhören,

475

aber nicht die Indianer. Sie vertranken unter Umständen den Gewinn eines ganzen schweren, in eisiger Wildnis verbrachten Winters in wenigen Tagen und Nächten und brachten damit ein Elend über sich und ihre darbenden Familien, das zum Himmel schrie und das die Jäger nur aufzufangen vermochten, indem sie sich von neuem in die Fron und Schuld des weißen Mannes begaben.

Ich bin auch einer von denen, sagte sich Armand, die den Indianer immer fester an den Karren des Pelzhandels spannen – und er muß ihn weiterziehen, ob er will oder nicht. Offenbar liebt der große Geist den weißen Mann mehr als den roten und versieht ihn mit den Mitteln, sich nicht nur die Tiere der Wildnis, sondern auch ihre Menschen dienstbar zu machen, mehr noch: er verlangt den Geschöpfen der Wildnis ab, sich für den weißen Mann aufzuopfern. So unausweichlich wie der Sommer auf den Frühling folgt und auf beide der Herbst und der Winter, so unausweichlich knüpft der weiße Mann an dem dichter und dichter werdenden Netz, mit welchem er sich das Pays d'en haut, seine Tiere und Menschen gefügig macht.

Daß Armand diese Zusammenhänge durchschaute, verdankte er in erster Linie seinem Aufenthalt in Montréal und London. Dort insbesondere war er, ohne sich besonders darum zu bemühen, mit den Gedanken der Französischen Revolution in Berührung gekommen, hatte auch begriffen, was Politik bedeutet; ihm war aufgegangen, daß Macht zu gewinnen und Macht zu besitzen wohl den stärksten Antrieb darstellt, der die Menschen, die Weißen insbesondere, vorantreibt. Armand war ja im Pays d'en haut groß geworden. Die Vorurteile und Wertvorstellungen, die ihm in der weißen Welt von klein auf eingepflanzt worden wären, fehlten ihm, einem Kind der Wildnis, vollkommen. Da er gelernt hatte, stets die Augen offenzuhalten und keinen Zustand als vollkommen gesichert hinzunehmen, hatte er bald durchschaut, was die weiße Welt im Gange hielt, das Streben nach Macht nämlich – und als seiner Frucht nach Gewinn und nach Wohlleben.

Armand hatte lernen müssen, die Welt anzuerkennen, wie sie war. Er war sozusagen in den Pelzhandel hineingeboren worden, konnte sich ihm nicht entziehen. Und in der Tat, es bereitete ihm zuweilen einen beinahe sportlichen Spaß, den indianischen Jägern die Pelze zu einem Preise abzuhandeln, der zwar von ihnen gerade noch als angemessen empfunden wurde, der sie aber in Wahrheit auf manchmal geradezu groteske Weise übervorteilte.

Es war im Grunde nicht sehr wichtig. Am Peace war 1805 Fort Dunvegan gegründet worden, und weitere Posten schoben sich peaceaufwärts vor. Auch vernahm Armand früh schon den Namen Simon Fraser, der 1805 das Fort Rocky Mountain House am Peace gegründet hatte und schließlich auf den Spuren Alexander Mackenzies über das Gebirge nach Westen vordrang. Simon Fraser fing die Sache offenbar gründlicher an, als es Alexander Mackenzie getan hatte; er gründet Fort St. John und Rocky Mountain Portage House, erkundete mit seinen Männern einen leichteren Kanuweg zum oberen Fraser, wo der Posten am Mcleods Lake entstand; einer seiner Leute, ein gewisser McDougall, drang als erster zum Stewart Lake vor. Stewart Lake war nach einem anderen Gefährten Simon Frasers benannt. Auch die Kunde von einem gewaltigen Strom, der westwärts zum Großen Ozean floß, sickerte zum oberen Athabasca durch und wurde von Armand Leblois getreulich vermerkt; Skeena, so sollte der Fluß mit seinem indianischen Namen heißen.*

Am Stewart Lake war 1807 Fort St. James entstanden**. Schließlich gründeten Simon Fraser und seine Leute an der Einmündung des von Westen heranströmenden Nechako (über den aufwärts eine Kanustraße zum Skeena führte) im Jahre 1808 das Fort George***.

Von diesem Ort aus hat sich dann im Jahr zuvor, und zwar am 28. Mai 1807, Simon Fraser mit den Gefährten Stewart und dem Franko-Kanadier Quesnel, siebzehn Voyageurs und zwei Indianern in vier Kanus zu einer Fahrt aufgemacht, die die des Alexander Mackenzie an unerhörter, zäher Zielstrebigkeit und kühnem Wagemut noch weit übertreffen sollte: Fraser war mit seinen Leuten den Strom (der heute seinen Namen trägt) abwärts gezogen, hatte aber bald erkennen müssen, daß die von beiden Seiten an den Fluß herandrängen-

---

* Und so heißt er noch heute.
** Fort St. James und das Städtchen gleichen Namens bildet die älteste bis zum heutigen Tage bestehende Siedlung des weißen Mannes auf dem Gebiet der jetzigen kanadischen Provinz British Columbia.
*** Bei dem heutigen Prince George.

den himmelhohen Wälle, Klippen und Vorgebirge der Pazifischen Küstenkette den Flußlauf in eine nicht endenwollende Folge von fürchterlich sich überstürzenden Schnellen, Wirbeln, Strudeln verwandelte, denen weder die Kanus der Indianer noch die vier Fahrzeuge Frasers gewachsen waren. Er hatte die Kanus schließlich aufgeben müssen und sich zu Lande, geführt von den Einheimischen, durch die vom Strom durchdonnerten Schluchten gequält – in unsäglicher Mühe! –, um schließlich am unteren Ende des Canyons ruhigeres Wasser zu erreichen. Bald danach hatten sich Ebbe und Flut bemerkbar gemacht. Schließlich hatte Fraser mit seinen Leuten Salzwasser geschmeckt.

Wenn er aber bis dahin der Meinung gewesen war, den großen Columbia befahren zu haben (dessen Mündung man schon kannte), so sah er sich schwer enttäuscht. Die Standortberechnung verriet ihm, daß er einen neuen Strom entdeckt hatte; die Columbiamündung nämlich war viel weiter im Süden an der Pazifischen Küste zu suchen. Genauso wie Mackenzies hatte sich auch Simon Frasers ungeheure Leistung als verfehlt erwiesen, konnte doch nicht der geringste Zweifel daran bestehen, daß dieser Strom, den Fraser bezwungen hatte, als regelmäßig zu befahrenden Kanuroute aus dem Inneren des Nordwestens niemals in Frage kam. Auch er hatte also den so dringend benötigten Ausgang zur Küste des Stillen Meeres nicht ausfindig machen können. Das indianische Volk an der Fraser-Mündung hatte sich obendrein feindselig gezeigt; es gelang dem unüberwindlichen Schotten nur knapp, sich und seine Leute ohne Verluste über die halsbrecherischen Kletterpfade, durch die senkrechten Schluchten des Stroms an den Ausgangspunkt dieser kühnsten Entdeckungsreise im amerikanischen Nordwesten zurückzuführen.

Simon Fraser wußte nicht, daß um die gleiche Zeit, in welcher er durch das Hohe Gebirge zum Columbia stoßen wollte (und statt dessen den Fraser River fand), ein anderer Angestellter der North-West Company mit Namen David Thompson, über den oberen North Saskatchewan vordringend, den wahren Oberlauf des Columbia bereits entdeckt hatte (am 30. Juni 1807), und daß erst damit eine brauchbare Kanustraße zum Pazifischen Ozean aus dem Nebel des Ungewissen auftauchte – die aber wiederum den Absichten der North-West Company und der später sich mit ihr vereinigenden Hudson's Bay Company (1821) nicht voll genügen konnte, denn der Mittel- und Unterlauf des Columbia bis zu seiner Mündung zog nicht durch britisches, das heißt kanadisches, sondern durch das Gebiet der Vereinigten Staaten und war schon 1805/06 von den beiden Amerikanern Lewis und Clark (den ersten ihrer Nation, die über Land von Osten her den Stillen Ozean erreichten) erkundet worden.

Den Athabasca aufwärts zu gehen und von ihm aus westwärts über das Gebirge vorzustoßen und die Küste des Stillen Ozeans zu erreichen, daran dachte in der Leitung der North-West Company offenbar niemand. Armand Leblois und seine Mutter, auch Männer wie Basil Caron oder Jules Pradier, die dergleichen hätten denken und planen können, fühlten sich nicht versucht, über ihren ohnehin sehr entlegenen Posten ins hohe Gebirge hinein vorzudringen. War nicht vor Jahren der böse Claas Forke und seine Voyageurs um ein Haar von den Einheimischen umgebracht worden, als er versucht hatte, sich im Bereich der Stämme des Gebirges niederzulassen? Der Name Claas Forke wurde nie mehr erwähnt im Fort Contreforts. Aber die Erfahrungen, die er gemacht hatte, waren in den Schatz der Kenntnisse vom Land weiter westwärts im Gebirge einbezogen worden und wurden berücksichtigt.

An einem jener Abende, an denen beim besten Willen nichts anderes möglich war als dies, saßen die vier Menschen, die den Stamm der Belegschaft des Fort Contreforts am oberen Athabasca bildeten, um den großen Kamin des Haupthauses zusammen und redeten. Es hatte sich eines jener lässigen und endlosen Gespräche entwickelt, die dazu angetan waren, die vielen bedrückenden und bei aller Untätigkeit doch angespannten Stunden zu verbringen, in denen ein Schneesturm aus Nordost die ganze Welt in eine eisige, lichtlose, von abertausend winzigen Nadeln durchfegte Hölle verwandelte, die auf eine Urfeindschaft gegenüber allem Lebendigen eingeschworen zu sein scheint. Man hockte um das Feuer, das nicht ausgehen durfte, wartete und horchte, ob das Orgeln und Winseln im Schornstein nicht vielleicht schon nachließ; man fragte sich, ob die Schneewehen ums Haus nicht vielleicht schon über das Dach hinausreichten; man sorgte sich, ob die oftmals leichtsinnigen Voyageurs genügend Feuerholz in ihren Schlafhäusern aufgestapelt hätten, den manchmal tagelang dauernden Schneesturm zu bestehen. Schon manch einer hatte bei dem tollkühnen Versuch, sich vom Haus zum Stapel des Brennholzes durchzukämpfen, den Weg verloren; verklebte doch der waagerecht treibende, staubfeine, mit aberhundert Stichen die Haut peinigende Schnee nach wenigen Sekunden Augen, Ohren und Nase; in dem heulenden, lichtlosen Nichts sinkt auch Beherzten der Mut, wird er von Urangst gepackt, verliert jede Richtung, stolpert schließlich in irgendeine hüfthohe oder brusthohe Wehe, kämpft kaum noch in der Stille, die ihn plötzlich von allen Seiten umschließt, gibt auf und fällt in den abgrundtiefen Schlaf des Erfrierens.

Um das Feuer im großen Kamin des Haupthauses versammelt saßen »Madame la Maîtresse«, wie Anna schon seit längerer Zeit von den Voyageurs respektvoll genannt wurde, »le jeune Maître«, Armand Leblois, und die beiden erfahrenen Helfer des Postenvorstands, die Voyageurs Basil Caron und Jules Pradier. Jules, als der Rangniederste im Kreise, hatte dafür zu sorgen, daß das Feuer im Gange blieb, was er so gewissenhaft verrichtete, daß Anna ihren hölzernen Lehnstuhl weit in den Hintergrund geschoben hatte, um sich von der Hitze des Herdfeuers nicht den Rocksaum versengen zu lassen.

Armand sagte: »Um den Athabasca scheint sich niemand kümmern zu wollen. Mir soll's recht sein. Wir haben hier genug zu tun, Ärger mit den Indianern steht uns nicht ins Haus. Wir kaufen immer noch leidlich günstig ein. Warum sollten wir uns auf unsichere Unternehmungen weiter im Westen einlassen?«

Anna, mit gedämpfter Stimme aus dem Hintergrund sprechend, so daß alle genau hinzuhorchen hatten: »Fort Contreforts – wir sitzen hier, als wenn es immer so weitergehen müßte. Dabei sind wir längst überflügelt. Im Norden über den Peace, im Süden über den Saskatchewan aufwärts. Mein Vater mußte sein Leben lang der vorderste sein. Wir scheinen das vergessen zu haben.«

Die Männer dachten den Worten der Frau eine Weile hinterher, dieser schon silberhaarigen Madame la Maîtresse, die jeder von ihnen, wenn auch auf verschiedene Weise, aufrichtig und ergeben verehrte. Basil Caron räusperte sich schließlich umständlich und sagte mit rauher Stimme: »Immerfort soll gesteigert werden! Mehr wird verlangt von den hohen Herren in Montréal, jedes Jahr vier, fünf Kanus mehr voll mit Pelzen nach Osten und noch mehr zurück nach Westen mit neuen Tauschwaren. Ich bin nicht mehr der Jüngste. Ich habe das eigentlich satt. Es ist kaum noch zu machen, es sei denn, mit mehr Rum oder Brandy. Damit lassen sich die indianischen Jäger noch immer verlocken, läßt sich immer noch ein Dutzend Felle mehr herausholen. Ich bin nun schon viel älter, als ein anständiger Voyageur eigentlich werden sollte. Und es fällt mir allmählich schwer, das Handeln um die Pelze jahraus, jahrein für das Wichtigste im Leben zu halten, mit all den Schäden, die man dabei anrichtet. Man kommt aus dem alten Dreh einfach nicht heraus!«

Jules Pradier stocherte in den Flammen umher und knurrte: »Wie sollten wir auch, Basil! Wir sind Voyageurs und dazu da, für die Company Geld zu verdienen, ebenso wie Madame das tun muß und Armand. Wir liegen alle an der Kette, die Indianer auch, und spüren das nur deshalb nicht jeden Tag, weil eben die Kette sehr lang und locker ist. Von hier nach Montréal, das dauert, wenn's gutgeht, ein ganzes Jahr, wenn's nicht gutgeht, zwei. Aber daß wir uns ein Bein ausreißen sollen wie Mackenzie oder Fraser oder Thompson, nun also, ich für mein Teil sehe das nicht ein!«

Armand schien nicht richtig zugehört zu haben. Er fing nach einer Weile mit etwas anderem an: »Ich verstehe nicht recht, warum die Company mit aller Gewalt an die Küste des Stillen Ozeans drängt. Man würde sich die Sache außerordentlich erleichtern, wenn man die riesigen Mengen an Proviant, die notwendig sind, um die große Zahl von Voyageurs und Überwinterern zu ernähren, nicht mühselig von Osten her heranschaffen oder von den Prärieindianern weiter im Süden einkaufen müßte, sondern wenn man unterwegs am Rande des Waldlandes, wo der gute Boden anfängt, die Nahrungsmittel anpflanzen würde, die jetzt, da man sie von weither transportieren muß, viel zu viel Platz in den Kanus einnehmen, kostbaren Raum, den man profitabler mit Tauschgütern und Pelzen füllen könnte.«

Aber Basil erhob Einspruch:

»Ja, ich weiß, Armand, das klingt ganz einleuchtend. Aber aus Voyageurs macht man keine Gärtner oder Bauern, und die Indianer sind erst recht nicht dazu zu gebrauchen. Voyageurs wollen paddeln und singen und die Ronde tanzen und sich auf den Portagen schinden. Nur eins wollen sie bestimmt nicht: auf irgendeinem Platz festsitzen und Kohl bauen.«

Anna sagte mit leiser Stimme, wie zu sich selbst: »Es gibt noch andere Leute unter der Sonne, nicht nur Voyageurs. Allerdings nicht im Pays d'en haut!«

Dies Gespräch in einer stürmischen Märznacht des Jahres 1808 war ohne Absicht geführt worden. Auch waren ihm andere ähnliche Unterhaltungen vorangegangen. Doch gerade die Sätze, die während des donnernd und brüllend die Einöden durchtobenden Schneesturms, des letzten im Winter 1807/08, wie sich herausstellen sollte, gesprochen worden waren, gingen nicht unter; sie wirkten fort. Jeder der vier hatte sich endlich vor den Ohren anderer ohne Umschweife zu der Meinung bekannt, die sich langsam in seinem Innern zur Oberfläche, das heißt, ins gesprochene Wort hinaufgearbeitet hatte. Doch hätte wohl keiner aus solchen Ansichten oder Einsichten praktische Folgerungen gezogen, wenn nicht ein ebenso übles wie völlig unerwartetes Ereignis gerade diese vier Menschen besonders erschüttert hätte. Das Gebäude, in dem sie sich bis dahin aufgehoben gefühlt hatten, war in Wahrheit bereits sehr brüchig geworden; es bedurfte nur eines einzigen groben Stoßes, die Wände vollends zum Einsturz zu bringen.

In den Kreis der vier Menschen, die an jenem Sturmabend das Gespräch geführt hatten, welches sich im weiteren Verlauf als schicksalhaft herausstellen sollte, hätte eigentlich noch der Indianer Mes Coh Thoutin gehört. Dieser treue, schon deutlich alternde Mann mit dem pockennarbigen Antlitz, der seiner Maîtresse und dem jungen Maître um so unverbrüchlicher dienstbar war, als Anne Soldat sich seiner Kinder, des kleinen Namay und der stets heiter drolligen Othea, wie eine Mutter annahm und sie mit ihrem eigenen Nachkömmling, dem kleinen Charles, wie eigene Kinder aufzog.

Mes Coh Thoutin war von jeher im Winter mit der Aufgabe betraut worden, so viel frisches Fleisch wie möglich für den Posten zusammenzuschießen, mochte es sich nun um einen Elch handeln, einen Wapiti oder ein Cariboo; auch gelang es dem Indianer immer wieder, einen Bären in seinem Winterquartier aufzustören und das verschlafen zornige Tier zur

Strecke zu bringen. Doch bedurfte Mes Coh Thoutin so gut wie regelmäßig der Hilfe anderer Männer, die erjagten Tiere aus der Decke zu schlagen, solange sie noch warm und in der tiefen Kälte nicht steinhart gefroren waren, und dann die Häute und das Fleisch zum Lager zu schaffen.

Jules Pradier hatte sich von jeher danach gedrängt, mit Mes Coh Thoutin auf die Jagd zu gehen, hatte sich sogar, sosehr dies auch sonst den Voyageurs nicht liegen mochte, zu einem guten Schützen entwickelt. Auf einem dieser Jagdausflüge waren die beiden Männer auf eine Doppelspur gestoßen: zwei Rothirsche hatten sich offenbar für eine Weile zusammengetan. Doch dann erwies es sich, daß die beiden Tiere miteinander uneins geworden wären. Der Schnee zeigte sich vielfach zertrampelt auf einer Lichtung im Walde, von der aus dann zwei Spuren in verschiedenen Richtungen fortführten. Jules Pradier war sofort Feuer und Flamme, als Mes Coh Thoutin vorschlug, daß Pradier der einen und er der anderen folgen sollte; vielleicht gelänge es, gleich beider Hirsche am selben Tag habhaft zu werden.

Mes Coh Thoutin hatte sich dem Beutetier auf Schußweite nähern können und den Hirsch mit einem gutgezielten Blattschuß zu Fall gebracht. Der Indianer machte sich sofort an die schwere Arbeit, das Tier von der Bauchseite her aufzuschneiden und kunstgerecht zu enthäuten, dann auszuweiden und in große Brocken Fleisch aufzuteilen, die Knochen aus den Gelenken zu lösen, um die Beute gut auf dem Schlitten verpacken zu können. Doch der Schlitten mußte aus dem Lager erst herbeigeholt werden. Nach Möglichkeit war das Fleisch noch am gleichen Abend einzubringen, damit nicht über Nacht Wölfe oder andere Raubtiere sich an ihm gütlich taten. Mes Coh Thoutin wartete also nicht auf Jules Pradier, als er an der Stelle, an welcher sich die beiden Männer getrennt hatten, noch keine zurückführende Spur des Gefährten entdecken konnte. Pradier würde nicht so viel Glück gehabt haben wie er selber und war vielleicht dem anderen Hirsch noch immer auf der Fährte.

Aber Pradier kehrte auch am nächsten Morgen nicht ins Lager zurück. Das Wetter hatte sich nach dem großen Schneesturm zwar vollkommen beruhigt, doch war noch einmal tiefe Kälte eingefallen. Unter Führung von Mes Coh Thoutin machten sich zwei Voyageurs, dazu Armand und Basil Caron auf den Weg, nach Jules Pradier zu suchen. Die Männer waren zwar besorgt, glaubten aber nicht an ein Unglück. Oft genug kam es vor, daß die Jäger im Walde von der Nacht überrascht wurden und irgendwo im Schutz des Wurzelwerks einer gestürzten Fichte oder unter überhängenden Felsen die Nacht im Freien verbrachten, wobei gewöhnlich ein Unterschlupf aus übereinandergeschichteten Fichtenzweigen, wenn er nur geschickt angelegt war, sie vor der schlimmsten Kälte schützte.

Sie fanden Jules Pradier tot und steifgefroren wie ein Brett. Er war in ein Sumpfloch eingebrochen, wie sie in den Wäldern vor dem hohen Gebirge nicht allzu selten zu finden sind: eine warme Quelle verhindert, daß der Boden gefriert. Die Quelle sprudelt weiter und schafft einen kleinen Sumpf um sich her. Ein Schneesturm vermag dann eine Brücke über den nicht gefrorenen sumpfigen Flecken zu breiten, die unter Umständen mehrere Tage vorhält und nach außen nicht verrät, daß sie völlig grundloses Gelände verbirgt.

In ein solches Sumpfloch war Jules Pradier eingebrochen und zwar ganz an seinem Rande, wo der aufgeweichte Grund wieder in festgefrorene Erde überging. Auf der Stelle mußte er tief eingesunken sein, vielleicht zunächst nur bis zu den Schenkeln; er hatte sich nicht befreien können und war immer tiefer in den eisigen Morast hinuntergesogen worden, der ihn schließlich bis unter die Achselhöhlen umschloß. Wäre Mes Coh Thoutin noch am Abend des Unglücks zu ihm vorgedrungen, so hätte man ihn sicherlich retten können. Doch am nächsten Vormittag war es zu spät. Wahrscheinlich hatte sich Pradier lange gemüht, aus der saugenden Umarmung herauszukommen. Er war schließlich erschlafft und an Unterkühlung gestorben.

Es erwies sich als schwierig, den Toten aus dem Morast zu heben, fanden doch auch die Helfer für ihre Füße keinen festen Halt und mußten sich erst eine Plattform bauen.

»Noch einer!« schrie Anna, als sie des Toten ansichtig wurde, den man auf einer Bahre vor dem Haupthaus abgesetzt hatte. »Schon wieder einer!« schrie sie noch einmal, schlug die Hände vors Gesicht und taumelte in ihre Kammer zurück.

Am Abend dieses Unglückstages nahm Anna ihren Sohn beiseite, faßte ihn bei den Oberarmen, als wollte sie ihn schütteln, flüsterte aber nur: »Armand, ich kann nicht mehr! Das Pays d'en haut ist zuviel für mein Leben und für einen Menschen; es ist unmenschlich! Es hat mir zuviel geraubt. Komm, mein Sohn, laß uns fortgehen. Das Pays d'en haut geht über meine Kraft.«

26

Noch einer! Immer wieder noch einer! Dieser Ausruf Annas gellte manch einem der Voyageurs, die Zeugen der »Heimkehr« des Jules Pradier gewesen waren, lange in den Ohren. Wie eine bleischwere Decke hatte sich der Jammer über die Männer im Fort Contreforts gebreitet. Die Indianer allerdings, die zum Handelsposten gehörigen und die in seinem Vorfeld als zeitweilige Gäste angesiedelten, zeigten sich unberührt von der Katastrophe, die dem dicklichen, nicht gerade hochgewachsenen Jules Pradier, der allen mit seiner unverwüstlichen Heiterkeit und seinem sich selbst und andere ironisierenden gallischen Mutterwitz so manche trübe Stunde vertrieben hatte, zum Verhängnis geworden war. Aber vielleicht verstanden es die Indianer lediglich besser als die Weißen, ihre Gefühle zu verbergen. Auch war ihnen in viel höherem Maße als selbst den Voyageurs seit frühester Jugend vertraut, daß zu jedem menschlichen Dasein in den Einöden, in den unermeßlichen Wildnissen des Pays d'en haut ständige, lebensbedrohende Gefahr ebenso gehört wie die Luft und das Wasser, der Chinook* und das Nordlicht.

Mes Coh Thoutin allerdings, der sich vielleicht heimlich Vorwürfe machte, daß er Jules Pradier, der bei all seiner Erfahrung doch nur ein Voyageur und kein Waldläufer gewesen war, allein auf die zweite Wildfährte und damit ins Verderben geschickt hatte, Mes Coh Thoutin schien das Lachen, das niemals zu seinen starken Seiten gehört hatte, nun vollkommen

---

* Chinook, ein warmer, föhnartiger Wind, der schwülfeuchte Luft aus Westen vom Gebirge in die Niederungen trägt. Im Winter und Frühling bringt er unweigerlich Tauwetter; im Sommer läßt er die Menschen erschlaffen.

verlernt zu haben. Schwer hingen ihm die Brauen über den dunklen Augen, und sein von Pockennarben zerstörtes, tiefbraunes Gesicht schien wie aus zerknittertem alten Leder gebildet und in trostlosem Ernst wie erstarrt. Als sich im Lager herumsprach, daß Madame la Maîtresse und ihr Sohn, der junge Maître, die Leitung des Handelspostens aufgeben und nach Osten zurückkehren wollten, war Mes Coh Thoutin der erste, der erklärte, ohne daß er darüber hatte nachdenken müssen, daß er der Mutter Anna, die ihm seine Kinder großzog, folgen würde, wohin immer sie zu gehen beschloß. Basil Caron hatte sich endgültig einzugestehen, daß es ihm nie vergönnt sein würde, Anna zu gewinnen, und daß er sich entscheiden müßte, ob er der grauhaarigen Frau folgen wollte, auch wenn ihm in ihrer Nähe nur die Rolle eines Helfers, Dieners und Beraters beschieden blieb wie in all den Jahren zuvor. Basil Caron sann seinem und dem Schicksal der Menschen, die sich dem Pays d'en haut anvertraut hatten, für einige Tage mit noch grimmigerer Miene, als er sie sonst zur Schau trug, nach, so daß niemand ihn anzusprechen wagte, der nicht durch die Umstände dazu gezwungen war. Dann hatte der treue schlichte Mann sich zum Verzicht durchgerungen. Er trat vor Anna hin, als er sie an einem Nachmittag in den ersten Tagen des April im Haupthaus allein wußte:

»Anna, es ist gut, daß ich dich einmal unter vier Augen sprechen kann. Ich habe seit Jahren gespart und in den Büchern der Company in Montréal genügend Geld gut, daß ich mich für den Rest meiner Tage am unteren Sankt Lorenz bei Trois Pistoles, wo ich geboren bin, niederlassen könnte. Aber nun willst du dich mit Armand aus den Geschäften zurückziehen. Wenn ich deine Absichten richtig verstehe, so wirst du dich wohl in der Nähe von Montréal, das heißt deines Bruders William und seiner Kinder, niederlassen, und Armand wird im Kontor der Company in Montréal oder womöglich gar in London tätig sein. Aber, Anna, wir kennen uns lange genug, und ich muß dir gestehen, daß ich nicht daran glaube, daß du wirklich das Leben im Pays d'en haut mit dem in der Stadt vertauschen kannst. Gewiß, das Dasein hier draußen im Indianerland ist dir im Laufe der Jahre teuer zu stehen gekommen. Jules Pradier muß dir sehr ans Herz gewachsen gewesen sein, daß gerade sein Tod die bis dahin gerade noch erträgliche Last deiner Erlebnisse hier unerträglich gemacht hat. Ich verstehe das gut, denn ich weiß, daß selbst der allerstiernackigste Voyageur merkt, wann er sich bei schwierigen Portagen kein drittes oder gar viertes Pack aufladen darf, es sei denn, er riskiert absichtlich, sich den Hals oder die Knochen zu brechen. Anna, ich weiß, die wege- und gesetzlosen Einöden des Pays d'en haut fordern mehr von uns weißen Menschen, als wir auf die Dauer zu leisten vermögen. Aber doch schlägt uns alle die Wildnis in ihren Bann, und wenn wir uns erst einmal an ihre erbarmungslose Freiheit gewöhnt haben, dann kommen wir nicht mehr los. Ich meine, Anna, auch du wirst das nicht, und schließlich nicht darauf verzichten wollen, hundert Meilen Einöde um dich zu haben und darin ein König zu sein. Für diesen Fall aber, meine liebe Anna, kann ich dich nicht allein lassen. Armand ist ein junger Mann mit seinen dreißig oder einunddreißig Jahren und muß seinen eigenen Weg gehen. Für mich aber warst du immer die Frau, von der die Voyageurs träumen, wenn sie einmal das Träumen ankommt, was ja nicht allzuoft geschieht. Du brauchst jemand, Anna, der dir beisteht. Du bist nicht mehr die Jüngste, und was du noch an Kraft besitzt, das wird deinen drei Kindern gehören. Also werde ich, wenn du es erlaubst, bei dir bleiben, bis ich weiß, daß für deine Sicherheit und dein Wohlergehen zuverlässig durch andere gesorgt wird, was ja wohl nur dein Bruder William in Montréal oder deine Söhne Armand und Charles übernehmen könnten. Anna, sprich nur ein Wort, und du kannst sicher sein, daß dir, solange ich lebe, niemand und nichts zu nahe treten wird.«

Anna hatte hinter dem großen Kontobuch der Station am Tisch gesessen und aufmerksam zugehört. Eine so lange Rede mochte der wortkarge Mann in seinem ganzen Leben nie gehalten haben. Ganz gewiß, sagte sich Anna, hat er tagelang jedes Wort überlegt, hat im stillen vor sich hin gesprochen, was er ihr mitzuteilen gedachte. Die rauhe, vor Erregung tiefer noch als sonst klingende Rede erschütterte sie. In diesem Augenblick erst fiel es ihr wie Schuppen von den Augen: Basil hat um mich geworben, seit Jahren, und ich habe es nicht gemerkt. Sie erhob sich, schritt um den Tisch und legte ihm ihre Hände auf die klobigen Schultern:

»Basil, ich meine wirklich, daß es das beste für mich ist, mich in Montréal oder in der Nähe meines Bruders William niederzulassen. Aber das wird so schnell nicht zu bewerkstelligen sein, wird vielleicht Jahre in Anspruch nehmen. Und du solltest nicht vergessen, daß du eigentlich nach Trois Pistoles gehörst und dort mit dem Geld, das du dir erspart hast, sicherlich ein geachteter Mann sein würdest. Aber bis es soweit ist, mein lieber Basil, welch besseren Menschen könnte ich mir als Berater und Beschützer denken als dich! Ich danke dir, daß du bei uns bleiben willst, und auch Armand wird dir danken!«

Sie beugte sich ein wenig vor – sie war größer als Basil – und hauchte dem Manne mit dem eisengrauen Borstenhaar einen Kuß auf die wie immer von stachligen Stoppeln eingerahmten Lippen. Dann schritt sie schnell um den Tisch zurück zu dem Platz, an dem sie gesessen hatte, blieb dort aber stehen und blickte vor sich hin mit verkrampften Händen, als wäre sie zutiefst erschrocken über das, was sie soeben getan hatte. Basil Caron stand eine Weile lang wie erstarrt. Er spürte, daß ihn ein Zittern ankam, und konnte es nicht beherrschen. Dann wandte er sich langsam ohne ein Wort ab und verließ den Raum. – Dieser Tag begründete ein geheimes Einverständnis zwischen Basil und Anna, das sich zwar niemals in Worten oder Taten ausdrückte, aber in der Stille lebendig blieb und sie beide trug.

Es verstand sich von selbst, daß weder Anna noch Armand den Handelsposten von heute auf morgen sich selbst überlassen durften, auch wenn ihnen die Lust vergangen war, sich weiter den Geschäften zu widmen. Nach dem Aufbruch des Flußeises im Frühjahr 1808 nahm der Führer der Kanu-Brigaden ein Schreiben Armands an die Leitung der Company in Fort William und in Montréal mit, in welchem Anna und Armand ihre Absicht kund taten, aus ihrem Dienst als Überwinterer auszuscheiden. Sobald ein Nachfolger bestimmt und am oberen Athabasca eingetroffen wäre, würden sich Anna und Armand allein oder mit den Kanu-Brigaden ostwärts auf den Weg machen, um sich in Fort William oder in Montréal zu gegebener Zeit mit den maßgebenden Eignern der Company darüber zu unterhalten, ob und wie Armand der Company weiter zur Verfügung stehen könnte. Anna hatte in dem Schreiben ausdrücklich darauf hingewiesen, daß sie auf ihrem Anteil am Vermögen der Company beharrte, auch nicht beabsichtigte, ihn zu veräußern oder an ihre Söhne Armand und

Charles abzugeben, sondern daß ihr Bruder William in Montréal befugt wäre, ihren Anteil genauso wie seinen eigenen nach wie vor gewinnbringend zu verwalten.

Als dieser Brief erst einmal auf den Weg gebracht war und nach der Abreise der Brigaden Stille einkehrte, bemächtigte sich der beiden Menschen das Gefühl, es sei ihnen ein Stein vom Herzen gerollt.

Armand hatte den Ausruf der Mutter nicht vergessen, der ihr angesichts des toten Jules Pradier über die zitternden Lippen gekommen war: »Noch einer! Schon wieder einer!«

Hatte sie recht? War es dies? Ging die ungebändigte Wildnis des Nordwestens in der Tat über die Kraft des weißen Mannes? War sie zuviel für ein einziges Leben? Er, Armand, hatte ja erfahren, wie angenehm und gefahrlos das Leben in den Städten der weißen Welt, in Montréal, in Quebec, in London sich anließ. Dort wurde man nicht überfordert und brauchte nicht dauernd darauf vorbereitet zu sein, einen plötzlichen und gewaltsamen Tod gewärtigen zu müssen. Gewiß, auch dort gab es Katastrophen genug, gab es Kriege, Wassernot, Feuersbrünste und die Gewalttaten der Mächtigen. Aber sie waren fast stets von Menschen gemacht; man stand ihnen auch nur selten allein gegenüber.

Hier aber im grenzenlosen Indianerland des Westens und Nordwestens, wo kein Kaiser und kein König im Zeichen ihrer Krone, kein Priester und kein Richter im Zeichen ihrer Talare etwas zu sagen hatten, hier sprangen die Gefahren der Wildnis den einzelnen unvermutet an, sinnlos wütende Raubtiere aus dem Hintergrund, und Gnade kannten sie nicht, die Bären, Wölfe, Wolverinen und Berglöwen. Und es nutzte auch nicht viel, daß man sich hütete, den Umkreis der menschlichen Behausung allzuweit zu überschreiten, oder ständig eine Waffe trug. Oft genug wurden die Menschen unmittelbar vor der eigenen Tür vom Tode überfallen, kamen gar nicht erst dazu, den Hahn ihrer Flinte zu spannen oder das Messer aus der Scheide zu ziehen. Oder wenn das Kanu den unter den Voyageurs vielberedeten »fil d'eau« in den schäumenden Stromschnellen, die vielleicht einzig sich bietende Strähne glatten Wassers, um einige Handbreiten verfehlte, dann zerschellte das Kanu an den Felsen ebenso wie die Knochen und Schädel der Männer, die geglaubt hatten, allen denkbaren Tücken der Wildwasser gewachsen zu sein. Denn wild in jedem Sinn des Wortes ist die Wildnis wirklich; die ihre messerscharfen Eiskristalle waagerecht vor sich hertreibenden Schneestürme des Winters, die aus blauem Himmel über die vielen großen Seen des Pays d'en haut herstürzenden Fallböen vermögen den Menschen ebenso jäh den Garaus zu machen wie die heimtückischen Sümpfe in den großen Wäldern oder die unter den Füßen der schwerbepackten Träger auf den Portagen wegbrechenden oder rollenden Brocken des felsigen Untergrunds.

Armand war seinem Großvater ähnlicher als seinem Vater; er dachte wie jener allzuviel nach. Er rechnete sich mehr als einmal vor, was die Mutter in ihrem Leben verloren hatte, verloren an das Pays d'en haut! Nagamouns schrecklicher Tod hatte seine Mutter ebenso tief verwundet wie ihn selber. Und daß ihr der langjährige zuverlässige Gefährte, Jules Pradier, von heute auf morgen genommen wurde, war sozusagen nur der Tropfen gewesen, der das Faß zum Überlaufen gebracht hatte.

Ich werde also von hier fortgehen, sagte sich Armand, ohne das hohe Gebirge gesehen, geschweige denn überstiegen zu haben. Aber der erste wäre ich ohnehin nicht mehr. Alexander Mackenzie, Simon Fraser, David Thompson und andere, sogar schon Amerikaner wie Lewis und Clark sind mir längst zuvorgekommen. Den Lorbeerkranz, irgendwo unter den ersten gewesen zu sein, kann ich mir nicht mehr verdienen.

Als ob sich das überhaupt lohnte! Wurden doch diese außerordentlichen Leistungen vollbracht nur um der höheren Ehre des Pelzhandels, genauer um der Sicherung und Steigerung seiner Profite willen. Selbst Nagamoun war sozusagen ein Ergebnis des Pelzhandels; sie sehnte sich nach der weißen Welt, nach mir, und blieb doch in allem, was mich an ihr bezauberte und immer bezaubern wird, indianisch. Gewiß, der Pelzhandel hat die Indianer nicht umgebracht oder ausgerottet, aber er hat sie verführt, an die Kette künstlich geschaffener neuer Bedürfnisse gelegt und mit der »Milch des weißen Mannes« in eine Abhängigkeit gebracht, die auf die Dauer ebenso tödlich sein wird wie eine Flintenkugel. Ich werde den Pelzhandel ablegen wie einen schon viel zu lange getragenen, schmutzigen und nicht mehr rein zu waschenden Rock. Aber immerhin: meiner Mutter und ihrer Männer Fron hat wenigstens dazu gedient, daß sie nun, wenn sie will, unabhängig leben kann, ihr Unterhalt gesichert ist und daß sie mir und meinem Bruder Charles, wenn wir ihr dessen wert erscheinen, etwas zu vererben haben wird.

Wenn Armand solches bedachte, und er kreiste ständig um solche Vorstellungen, dann pflegte sich am Schluß stets ein sehr bitteres Lächeln auf seinem Gesicht auszubreiten. Die Leute im Fort gingen ihm dann noch eifriger aus dem Wege als es sonst sowieso der Fall war.

Immerhin dauerte es bis zum Frühjahr des Jahres 1810, bis Anna und ihre Leute vom Fort Contreforts am oberen Athabasca Abschied nehmen konnten. Entscheidungen verzögerten sich im Pays d'en haut stets um ein bis zwei Jahre oder sogar noch länger; die im Kanu zurückzulegenden Entfernungen übertrafen im Grunde menschliches Maß. In Wahrheit hatten Anna und Armand nicht damit gerechnet, daß sich ihr weiteres Verhältnis zur Company so schnell regeln würde. Aber offenbar war man in Fort William oder in Montréal froh gewesen, den seltsamen Zustand auf einem der entlegensten Handelsposten im ganzen Pays d'en haut endlich ändern zu können: Daß dort als einzige weiße Frau Anna Leblois/Soldat zugleich als Anteilseignerin der Company, also in schwer zu beeinflussender Stellung viel zu lange schon saß und auch den Sohn, auf den man viel Mühe verwendet und gern an anderer Stelle eingesetzt hätte, mit Beschlag belegte, war den maßgebenden Leuten der Company schon seit langem nicht recht. Man hatte sich also beeilt, unverzüglich einen neuen geeigneten Postenleiter in Marsch zu setzen, damit er noch im späten Herbst des Jahres 1809 den unteren Athabasca erreichte.

Dieser, ein gewisser Pat Mackee, war als großer Herr angereist, in der Mitte des vordersten Kanus thronend, in blauem Tuchrock, Schnallenschuhen und mit dem silberbetreßten Dreispitz auf dem Kopf. – Zur Erheiterung von Anna und Armand und zur Bestürzung der Voyageurs, die darin ein Zeichen sahen, daß die Zeiten sich wieder einmal geändert hätten, die hohen Herren der Company noch höher, also die Voyageurs noch niedriger geworden waren. Pat Mackee, wie sich herausstellte, hatte längere Zeit in den Diensten der Hudson's Bay Company gestanden, sich an die hochfahrenden Manieren der »Englischen« Company gewöhnt und dabei erkannt, daß man mit ihnen auf Voyageurs wie Indianer einen nur allzu erwünschten Eindruck machte. Im übrigen entpuppte er sich als ein umgänglicher und verständiger und geschickter Bursche, der sich sogleich mit Feuereifer in die Geschäfte des Handelspostens einarbeitete und entschlossen schien, mit Anna und Armand gute Kameradschaft zu halten.

Doch behagte es ihm nicht, daß Basil Caron und besonders Mes Coh Thoutin von den beiden maßgebenden Leuten im Lager ganz selbstverständlich als Gleichstehende behandelt wurden, sosehr ihm auch die Verdienste und Kenntnisse der beiden einleuchteten. Es gab einige Mißhelligkeiten. Anna und Armand hatten klarzumachen, daß ihnen im Zweifelsfall das gute Einvernehmen mit Pat Mackee weniger wichtig war als ihre Freundschaft mit dem Indianer und dem alten Voyageur.

Solche von allen Beteiligten mit unterdrückter Nervosität ertragenen Spannungen trugen nicht dazu bei, den letzten Winter Annas und Armands im Fort Contreforts besonders angenehm zu machen. Als endlich das Eis mit Donnergepolter auf dem Strom geborsten und knirschend, krachend und polternd auf dem hochgehenden Wasserstrom abgetrieben war, als dann ohne Zögern die schon bereiten Brigaden die Kanus zu Wasser gebracht, beladen und startklar gemacht hatten, bestiegen auch Anna und ihre Leute ohne viel Aufhebens und Abschiedsschmerz ihr Fahrzeug und schlossen sich der letzten der Brigaden an, die das Fort stromab verließ – noch vor Sonnenaufgang, nach einer kühlen, regnerischen Nacht. Anna und Armand hielten nicht mehr nach den Gräbern Ausschau, die sie unterhalb des Forts am Ufer des Stroms zurückließen. Die Hügel aus Felsbrocken, die über den beiden Ruhestätten errichtet waren, der des Paul Soldat und der schönen Nagamoun, waren längst unter einem Geflecht von Schlinggewächsen, von grün, braun und golden schimmernden Moosen und Flechten verschwunden. Der Urwald, die Wildnis des Pays d'en haut hatte das Leben, das sich für eine Weile von dem ihren gesondert hatte, wieder in sich aufgenommen. Worauf es ankam, das trugen Anna und Armand unversehrt in ihren Herzen mit sich fort.

Annas Boot war ausreichend bemannt. Sie selbst thronte mit der kleinen Othea wohlverpackt, denn noch ließen sich die Tage des ersten Frühlings kalt und vielfach unfreundlich an, in der Mitte des Bootes. Mes Coh Thoutin ruderte als Avant und Basil Caron als Gouvernail. Die weitere Ruderarbeit verrichteten Armand und der kräftig herangewachsene, schon sechzehn Jahre alte Namay, Mes Coh Thoutins ältester Sohn, den Anna gemeinsam mit ihrem eigenen Sohn Charles und der kleinen Othea aufgezogen hatte. Charles hatte trotz seiner mageren dreizehn Jahre darauf bestanden, unter die Ruderer eingereiht zu werden. Mes Coh Thoutin hatte ihm ein schmaleres, kürzeres Paddel geschnitzt, so daß der junge Bursch mithalten konnte, was er mit zusammengebissenen Zähnen tat. Er wollte als Mann behandelt werden, und es war keiner unter den andern, der seine zähe Unverdrossenheit nicht anerkannte.

Die Voyageurs legten vom ersten Tage an ein mörderisches Tempo vor; ihre im Winter angesammelte überschüssige Kraft wollte verausgabt sein. Der Athabasca führte hohes Wasser und strömte entsprechend schnell und stark. Es war eine Lust, die Boote mit der Strömung dahinschießen zu lassen; den Männern blieb immer noch ausreichender Atem, eines der alten Kanulieder nach dem andern anzustimmen. Ja am zweiten Abend nach der Abfahrt waren sie sogar übermütig genug, die Ronde zu tanzen. Daß man endlich wieder im Gange war, daß man fuhr, daß man die Bugwelle rauschen hörte, mußte gefeiert werden.

Anna jedoch spürte einen leisen Widerwillen in sich aufsteigen. Er verstärkte sich bald. Hatte sie nicht dies alles bereits hinter sich gelassen: Die ewige Hetze und Unruhe, die den Rudertakt anfeuernden Gesänge, das wilde Gejohl und Gestampf der Ronde um die großen Feuer, die ewigen Eifersüchteleien und Zänkereien, wer was im Boot falsch gemacht hätte während des Tages und welche Brigade sich unberechtigte Vorteile verschafft hätte?

Sie nahm schon am Abend des dritten Tages Armand und Basil Caron beiseite und meinte:

»Wir haben gar nicht nötig, uns mit den andern hetzen zu lassen. Ohnehin schläft man viel zu wenig des Nachts, und wenn die Ronde getanzt wird, selbst davon nur die Hälfte. Die Brigaden müssen ihre Pelze so schnell wie möglich nach Osten transportieren, aber wir haben nichts mehr damit zu tun. Ich bin dafür, daß wir höchstens noch bis zum La Biche mithalten. Ich möchte sehen, was aus unserem alten Platz geworden ist. Wir machen dort ein oder zwei Tage Rast. Wir haben es nicht eilig; wir gelangen immer noch vor dem Herbst nach Fort William. Warum lassen wir uns nicht Zeit! Die Brigaden mögen ohne uns weiterfahren!«

Annas Wunsch kam einem Befehl gleich; es dachte niemand daran zu widersprechen. Sie und ihre Leute ließen, als die Einmündung des La Biche in den Athabasca erreicht war, nach einer unruhigen Nacht die Brigaden davonfahren, ohne die Trennung zu bedauern.

Jetzt erst, so kam es Anna vor, war der Abschied vom Fort Contreforts endgültig vollzogen; es sank sonderbar schnell in die Vergessenheit zurück. Man war ja wieder im alten Fort Leblois an der Mündung des La Biche in den Athabasca, wo sich in vergangenen Tagen so viel ereignet hatte – all dies tauchte aus der Vergangenheit herauf und drängte sich in den Vordergrund.

Der Handelsposten war inzwischen neu besetzt, doch erkannten Anna und Armand bald, daß die Geschäfte längst nicht mehr den Umfang erreichten, den sie gehabt hatten, als dieser Posten noch den Namen Leblois führte. Der Nachfolger hatte sich große Mühe zu geben, wenigstens noch einen schmalen Gewinn zu erzielen. Offenbar hatte sich die Anzahl der Handelsposten weiter östlich allzu stark vermehrt; die indianischen Jäger hatten die Oberhand gewonnen, brauchten nicht mehr weit zu fahren, um ihre Pelze loszuwerden, hatten auch gelernt, einen harten Handel zu treiben und Preise herauszuschlagen, die den Händlern nur noch geringen Spielraum ließen und die den Profit in Frage stellten.

Armand und Basil hielten es für wichtig, diesen Zusammenhängen nachzuspüren. Anna indessen dachte an die früheren Jahren zurück, die wieder lebendig wurden angesichts der flachen Giebel der Blockhäuser, deren Entstehung sie zum größten Teil mit angesehen hatte, des glasklar sich mit dem Athabasca vereinenden La Biche, seiner im leuchtenden Grün des Frühlings prangenden Ufer, angesichts der vertrauten Bootslände unterhalb der Palisaden des Platzes, schließlich auch der wenigen Indianerzelte im Vorfeld des Postens, die zwischen den gekreuzten Stangen an ihrer Spitze den Rauch der Kochfeuer in ihrem Innern in den seidenblauen Frühlingshimmel steigen ließen – Anna wußte es mit einmal: wir brauchen nicht so schnell wieder abzufahren; die Zeit, die wir hier hatten, als Justin noch lebte – und auch mein Vater ist zwischen diesen Häusern umhergeschritten –, ach, die Zeit von damals, warum soll ich nicht für ein paar Tage, ein paar Wochen hier verweilen, jetzt im Frühling, da das frische Grün der Birken, Espen, Weiden und Ahorne lauter helle, kühle Fackeln in den Säumen der schwarzen Fichtenwälder entzündet hat!

Anna schob ihren Arm in die Armbeuge ihres Sohnes und ließ einen leichten Druck verspüren; nur selten wurde sie so unmittelbar zärtlich – Armand hielt ganz still unter dieser mütterlichen Berührung. Sie flüsterte: »Armand, wir haben doch Zeit. Die Company verfügt nicht mehr über uns. Niemals habe ich dies Land richtig genießen können, niemals ist das Fahren über die blanken Gewässer, das Wandern über die Portagen für mich etwas anderes gewesen als eine schwere Hetze. Und selbst die beste Laune der Voyageurs hat mich nie darüber hinweggetäuscht, daß immerfort die Peitsche der Company hinter uns herknallte. Jetzt endlich habe ich einmal Zeit, Armand. Wir haben keine Not. Wir sind nicht arm. Sieh, es kommt mir vor, als wollte mein Leben rückwärts noch einmal vor mir abrollen. Ich weiß noch, wie mein Vater, dein Großvater, zu mir sagte: Westlich von uns, Anna, ist kein weißer Mann zu finden. Wir sind die Vordersten! Mein Vater wollte stets der Vorderste sein. Als er es nicht mehr sein konnte und von andern, das heißt von der Company, abhängig wurde, hat er sich aus der Schlinge gezogen und am Winnipeg-See Kanus gebaut, die besten Frachtkanus, die je gebaut worden sind. Paul Soldat war sein Helfer und Mes Coh Thoutin. Paul ist tot, aber Mes Coh Thoutin ist noch bei uns und die Kinder, Gott sei Dank. Und natürlich du, Armand!«

Wieder verspürte Armand den leisen Druck der mütterlichen Hand. So ist es wohl von jeher gewesen, dachte er: Alle haben ihr gehorcht und nahmen ihre Wünsche als Befehl. Ich habe eine wunderbare Frau zur Mutter. Warum sollten wir ihren Wunsch nicht erfüllen!

Am schwersten fiel es dem alten Basil Caron, sich im weiteren Verlauf dieses Sommers 1810 daran zu gewöhnen, daß nicht mehr Tag für Tag eine Mindestzahl von nassen Meilen hinter dem Kanu zurückzubleiben hatte, daß nicht mehr die nächste Portage unbedingt vor dem Abend bewältigt werden mußte und man jedem Gegenwind nachgab und am Ufer ganze oder halbe Nachmittage verschwendete, anstatt gegen den Wind anzurudern und voranzukommen. Aber allmählich begriff auch er, daß Anna auf dieser Reise nach Osten, in den Sonnenaufgang, wie in einem Buch zu lesen vorhatte, daß sie das Tagebuch der Vergangenheit aufblättern wollte. Und da er dieser Frau ergeben war, da sie ihn erfüllte, auch wenn er längst verzichtet hatte, so bereitete es auch ihm schließlich eine neugierige Freude, die vergangenen Stationen des Daseins der Anna Leblois/Soldat, deren Eltern Walther und Anke Corssen geheißen hatten, nach und nach kennenzulernen.

Manchmal kam es Anna so vor, als sähe sie auf dieser Reise ostwärts das große Land, das ungeheure Pays d'en haut, zum erstenmal! Nach und nach rollte der Weg, den ihr Vater von Osten her ihr und ihrem Manne vorgezeichnet hatte, in umgekehrter Richtung vor ihr ab. Da war der Platz am Lac la Biche, wo Annas Vater am Westende des Übergangs vom großen Beaver-Strom her eine Niederlassung gegründet hatte; da war die gemächlich sich dehnende Reise den Beaver stromab mit ihrem scharfen Knick nach Norden bis zum »See wie ein Krummstab«; dann die Reise den Churchill abwärts mit seinen großen, querliegenden Seen, diesen merkwürdigen, breitgefächerten Strom, der nur selten seine Strömung verriet; schließlich südwärts abbiegend, über den silbern schäumenden Sturgeonweir, über den Amisk Lake und den Cumberland Lake zum gewaltigen Saskatchewan hinunter, der das Kanu nach einer letzten großen Portage um seine Grand Rapids zum meeresgleichen Winnipeg-See führte!

Den sieben Menschen, jungen und alten, in Annas Kanu saß auf dieser Reise der Zwang der Geschäfte, die bohrende Drohung, die rechtzeitige Begegnung mit den Ost-Kanus nicht zu verpassen, der nie nachlassende Druck, durch Schnelligkeit Kosten einzusparen, diese und manche andere Nötigung nicht mehr im Nacken. Und sie alle, auch die Kinder, begriffen es schließlich: dies Land, unsere Heimat, das Pays d'en haut, es ist unvergleichlich schön.

Als etwa von Mitte Juli ab die Plage der Insekten allmählich nachließ und schließlich versiegte, als sich der Himmel jeden Tag in tiefer Bläue über Strom und See und Wald von neuem wölbte, von silberweißen Wolkenträumen durchsegelt, die gegen Abend, wenn das Licht sich sachte mit goldenen Tönen auffüllte, lautlos und spurlos vergingen, ja, da verwandelte sich die Reise allmählich in ein lang sich dehnendes Fest, dessen sanfte Freude kein Ende zu finden schien und dessen doch niemand überdrüssig wurde. Wie hoch und weit, von milder Kühle durchweht, spannten sich nicht die Nächte, durchfunkelt von abertausend Sternen, durchsilbert vom fließenden Glanz des Mondes! Wie frisch und duftend fächelten die Winde über die großen Seen, trugen den würzigen Atem der unermeßlichen Wälder, der grünen unberührten Wildnis heran! Wie sprangen die Fische in den Gewässern, urplötzlich die blanken Spiegel zersprühend, die blinkenden Leiber wölbend und wieder in ihr Element zurückklatschend! Wie machtvoll trat des Abends der Elch mit ungeheurem Schaufelgeweih aus der Dickung, senkte die weiche Muffel ins Wasser und schlürfte den Labetrank! Wie sachte vergingen die Lagerfeuer über dem Strand unter den nachtschwarzen Kronen der Fichten und wurden wieder zu heller Lohe entfacht, um die Füße der Schlafenden zu wärmen und die wilden Tiere abzuschrecken! Anna wußte es, und der alte Caron und auch schon Armand: Schönheit, Frieden und Glanz der Wildnis bilden kein sicheres Geschenk, sind nicht ein für allemal gewährt, jeden Augenblick mag die Wildnis die Maske der Freundschaft abwerfen und ein Antlitz des Schreckens und der Grausamkeit enthüllen. Aber Anna erfuhr auch dies: Gerade weil man sich auf ihren Zauber nie verlassen kann, bedeuten ihre schönen und friedvollen Tage ein allerkostbarstes Geschenk.

Es gab keinen Zwischenfall auf dieser gemächlichen Reise über die großen Gewässer des Pays d'en haut nach Osten. Unmerklich milderte sich der strahlende Glanz des Sommers zu der schon zu ahnenden Melancholie des beginnenden Herbstes, als Annas Kanu aus der Mündung des Saskatchewan mit wunderbar gleichmäßig davonfiedernden Bugwellen auf den blanken Spiegel des Winnipeg-Sees hinauswanderte. Eines besonderen Beschlusses bedurfte es nicht: Man würde den Platz zu finden suchen, an dem vor vielen Jahren Walther Corssen mit Paul Soldat und Mes Coh Thoutin Kanus gebaut hatte, von dem aus schließlich Walther Corssen, der alte Meister, in einen nassen Tod auf der Höhe des Sees hinausgefahren war.

Mes Coh Thoutin entdeckte den alten Platz bald – der Urwald hatte ihn schon so gut wie zurückerobert – mit der untrüglichen Sicherheit des Indianers, der in den Umrissen der von Jahr zu Jahr um einige Spannen an Höhe und Umfang zunehmenden Bäume, in den stets unverwechselbaren Formen der bemoosten Felsen am Ufer, in den dunklen Spuren von Feuchtigkeit der in den großen See versickernden Bäche zu lesen versteht wie in einem Buch.

Die Hütten, die damals von Annas Vater errichtet worden waren, die Verschläge und Schuppen, die den werdenden Kanus Schutz geboten hatten, waren verfallen, ihre Dächer eingestürzt und die Türen zerbrochen. Und doch empfand Anna, als spräche an diesem Ort der Geist des verstorbenen Vaters deutlicher zu ihr als an den früheren Stationen seines Daseins, die dieser als der letzten vorausgegangen waren. Sie stand und blickte von dem alten Werftplatz über den See hinaus, dessen jenseitiges Ufer weit hinter dem Horizont verborgen lag. Einem Spiegel gleich aus schwärzlichem Metall dehnte sich die von keinem Windhauch angerührte Oberfläche des Wassers, aufs zarteste gewölbt, in eine, wie es schien, nie erreichbare Ferne. Zur Linken öffnete sich die Mündung des Saskatchewan mit den dunkel bewaldeten Ufern. Die schwarze Zeile des Waldes gegenüber stach zu einer nadelfeinen Spitze vergehend – zwischen Wasser und Himmel halbwegs bis fast in die Mitte des Bildes, das sich der bewegungslos schauenden Anna bot. Dort irgendwo in der Ferne war ihr Vater ertrunken. Mes Coh Thoutin würde ihr die Stelle zeigen müssen, wo man ihm damals ein Kreuz errichtet hatte. Vielleicht stand es sogar noch.

Die Stille war sehr groß. Kein Laut, kein Vogelruf, nicht einmal der heisere Schrei eines Fischadlers aus der Höhe!

Hier also hat mein Vater gelebt, dachte Anna, als er sich von der Company gelöst hatte, so wie ich es jetzt getan habe. Hier hat ihn sein Tod überwältigt – im großen Wasser da draußen! An irgendeiner versteckten Stelle des Ufers ist sein Leichnam angetrieben, aber nie gefunden worden. Er hat es nicht über sich gebracht, in die Städte des Ostens zurückzukehren. Er hat das kaum zu ertragende Pays d'en haut schließlich ertragen und ist hiergeblieben. Er muß gefühlt haben, daß er nur noch hierher paßte – in dies leere, vogelfreie, herrenlose Land! Ich glaube, er hat recht gehabt, ich glaube, ich sollte seine Lehre annehmen. Es war immer gut, wenn ich es tat. Auch ich passe nicht mehr in den Osten.

Am gleichen Abend noch besprach Anna am Feuer mit Basil Caron, Armand und Mes Coh Thoutin – die Kinder hörten mit großen Augen zu –, daß das Jahr zu weit fortgeschritten wäre, als daß man noch Fort William erreichen konnte, ohne sich über Gebühr dabei abzumühen. Es würde sich empfehlen, an diesem schönen, sozusagen schon zuvor als Heimat erwählten Platz zu bleiben, jetzt, noch in der guten Jahreszeit, ein festes Blockhaus für den Winter zu bauen und sich darauf einzurichten, hier die kalte Zeit zu verbringen. Im nächsten Jahr könnte man weiter zusehen.

Mes Coh Thoutin, der sich sonst nur selten zu den Absichten seiner weißen Gefährten äußerte, fügte Annas Worten, ohne daß er nachzudenken hatte, hinzu: »Ja, das ist gut! Und warum sollen wir hier nicht wieder Kanus bauen! Silberbirken gibt es genug, und ich weiß, wo die besten von ihnen zu finden sind. Basil braucht nicht darüber belehrt zu werden, wie ein gutes Frachtkanu auszusehen hat, und Armand weiß es auch. Ich habe nichts von dem vergessen, was ich von meinem Maître Walther Corssen gelernt habe. Wir würden über Winter so viele Kanus fertig bekommen, daß wir das ganze nächste Jahr über von ihrem Verkauf leben könnten. Wenn es nach mir ginge, so brauchten wir nicht weiter ostwärts zu fahren.«

Ein befreiendes Wort war ausgesprochen worden; die andern merkten erst jetzt, daß sie nach solcher Befreiung heimlich Verlangen getragen hatten. Sie hatten sich im stillen gefürchtet, nach Osten zurückkehren, das furchtbare, das geliebte Pays d'en haut verlassen zu müssen. Aber es war ja gar kein »muß« damit verknüpft. Mes Coh Thoutin hatte es deutlich gemacht.

Schon am nächsten Tag begannen die Männer, die Stämme für ein neues Blockhaus zu schlagen. Noch vor dem ersten Frost würde eine gute Wohnung unter Dach und Fach gebracht sein. Zwar würde man darauf angewiesen bleiben, daß der Pelzhandel seine Brigaden mit den Tauschgütern westwärts, mit den Pelzen ostwärts durch den Engpaß der Saskatchewan-Mündung schickte. Aber man wäre keiner Company mehr untertan, das Dasein wäre so oder so gesichert. Und wie ließe sich das Gesetz der indianischen Wildnis vollkommener erfüllen als mit dem Bau der wunderbar leichten, starken und schlankgeschnittenen Fahrzeuge, mit denen und in denen die unermeßlichen Weiten des Pays d'en haut allein zu bezwingen waren!

Anna, Basil Caron und Mes Coh Thoutin wußten, daß sie das Ende ihres Weges gefunden hatten, endlich den Ort des Friedens, der ihnen nach allem Vorausgegangenen zustand. Sie brauchten nur noch dem Beispiel des alten Meisters Walther Corssen nachzuleben.

Armand allerdings und die Kinder standen noch nicht am Ende. Ihr Geschick lag im Nebel der Zukunft, wie das Geschick aller Jugend stets im Ungewissen liegt.